한국 고사성어

한국 고사성어
韓國故事成語

찍은 날 · 2011년 5월 17일
펴낸 날 · 2011년 5월 21일

편저자 · 임종대
펴낸이 · 임형오
본문 그림 · 황종익
펴낸 곳 · 미래문화사

등록 번호 · 제1976-000013호
등록 일자 · 1976년 10월 19일
주소 · 서울시 용산구 효창동 5-421 1F
전화 · 02-715-4507 / 02-713-6647
팩스 · 02-713-4805

E-mail · mirae715@hanmail.net
홈페이지 · www.miraepub.co.kr
ⓒ2011, 미래문화사
ISBN 978-89-7299-393-3 13900

정가 · 43,000원

이 책의 저작권은 도서출판 미래문화사에 있습니다.
이 책의 그림이나 글의 무단 복제를 금합니다.
편저자와의 협의하에 인지는 생략합니다.
잘못 만들어진 책은 바꾸어 드립니다.

한국 고사성어

임종대 편저

미래문화사

들어가는 말

우리나라의 고사를 성어로 묶으면서

우리나라 역사는 우리 민족이 걸어온 궤적軌跡이다. 따라서 선조들이 하신 말씀이나 행적을 아로새기는 일은 후손된 우리가 꼭 해야 할 일 중의 하나다.

특히 우리 조상들이 걸어온 역사에 대한 소신과 자긍심을 갖는 것은 무엇보다도 소중한 일이다. 그것은 역사 속에 깃들어 있는 우리 고유문화를 보존하고 향기롭게 꽃피워 후대에 물려주어야 하기에 그렇다.

그런데 이웃 나라 중국의 고사故事나 성어成語는 스스럼없이 말하면서도 우리 역사 속에 간직된 고사는 성어화하지 못한 아쉬움이 컸다. 아무리 퍼내도 마르지 않는 샘물처럼《삼국사기》나《삼국유사》그리고《고려사》와《조선사》가 풍부하게 자료를 제공하고 있는데도 불구하고 정제精製하는 일에 소홀했던 것 같다. 갈고 닦으면 눈부시게 빛날 보석들을 그냥 창고의 책장 속에 묻어 둔 꼴이다.

자고로 우리나라는 중국과 더불어 한자 문화권에 속해 있으면서

인仁·의義·예禮·지智·덕德에 대한 가르침을 엄격하게 시행해 왔다. 이는 후세 대대로 이어가며 삶의 교훈과 지표로 삼아야 할 가치이다. 이처럼 주옥같은 교훈을 오늘에 되살리고, 나아가 고양高揚시켜 21세기 이후를 대비한다면 우리의 정신문화 확산에 크게 이바지할 것으로 믿는다. 이러한 소망으로 고사 속에 산재해 있는 교훈을 금맥을 캐는 심정으로 성어화하였다. 이는 우리의 찬란한 문화와 선조들로부터 계승되어 온 민족정신을 일깨워 세계 속의 자랑스러운 한국인으로 우뚝 서게 해야겠다는 자각에서였다.

마침 한자 사용이 줄어드는 현시대에서도 고사성어의 가치는 높아져 사회지도층에서부터 일반인에게 이르기까지 널리 애용되고 있다. 이제 고사성어의 이해는 필수적이다. 따라서 우리 역사 속에 산재한 선조들의 얼과 넋을 찾아 아로새김으로써 역사의식을 바르게 넓히고 반만년의 찬란한 문화를 발전시켜 미래의 초석이 되게 해야 한다.

 본서를 펴내는 데 있어서 못내 아쉬웠던 점은 역사의 기록 원본이 순한문으로 되어 있어 어쩔 수 없이 번역본을 참고할 수밖에 없었다. 그러다 보니 성어화 과정에서 부분적으로 시대에 맞는 용어로 바꾸고, 첨삭했음을 밝힌다.
 이렇게 예상 밖으로 꽤 많은 양을 엮고 나니 갓 태어난 옥동자를 보는 것처럼 흐뭇하기 이를 데 없다. 그러나 눈은 떴어도 아직 보지 못하고, 귀가 있어도 듣지 못하는 것처럼 빠지고 보충해야 할 부분이 없지 않으리라 생각된다. 그런 부분을 독자 제현께서 일깨워 주신다면 바로잡아 다듬어 갈 것을 약속 드린다.
 본 《한국 고사성어》를 읽노라면 우리나라 역사를 가로, 또는 세로 지르기로 종횡무진 탐구하는 통쾌함을 느끼게 될 것이다. 본서의 진면목이 바로 여기에 있다.
 한편 편저자의 바람은 청소년들이 읽어 주었으면 하는 마음으로 눈높이를 낮추고 내려 앉아 쓰기 위해 심혈을 기울였다. 남이 아닌 내 아이들에게 읽히기 위해서였는데 그런 느낌이 조금이라도 전달되었으면 한다.

　끝으로 이 책의 편집을 맡은 김한성 주간에게 감사드린다. 교정은 물론 성어화 작업에 많은 도움을 받은 때문이다.

　싣는 순서는 가나다순을 따랐으며, 일상생활이나 상식적으로 알아두면 좋을 만한 내용을 중점적으로 엮었다. 또 일상생활 속에서 스스럼 없이 사용되어 온 우리나라 속담도 한문으로 역譯하여 부록으로 실었으며, 역대 왕조와 상고사에 대해서도 짚어 보았다.

　부디 이 책이 독자 여러분의 많은 사랑을 받게 되길 기원한다.

2011년 4월

편저자

차례

ㄱ

가도공명 假道攻明 • 17	가비삼강 家備三綱 • 19	가사정적 假獅征敵 • 21
가선불금 可船不琴 • 23	가아소세 加我小勢 • 27	가야물감야물 加也勿減也勿 • 29
가화실화 假話失貨 • 32	간자성업 赶者成業 • 34	개장파장 開場罷場 • 36
거정지의 巨正之義 • 38	검행위국 儉行爲國 • 41	견직지간 牽織之間 • 43
견훤지말 甄萱之末 • 45	경도낭저 罄到囊儲 • 49	경봉여불 敬奉如佛 • 51
경승마경 敬乘馬驚 • 53	경지경 更之更 • 55	계가불요 鷄價不要 • 57
계림지신 鷄林之臣 • 59	계명수하 鷄鳴樹下 • 66	계살처노 階殺妻孥 • 68
고시례 高矢禮 • 70	곡경능지 曲逕凌遲 • 72	공계부산란 公鷄不産卵 • 74
공사무사 公事無私 • 76	공수편매 共水騙賣 • 78	공심수덕 空心修德 • 82
공후인 箜篌引 • 84	과욕패가 過欲敗家 • 86	과자배학 寡子倍學 • 87
과지옥룡 騧知玉龍 • 89	관명승진 觀命昇進 • 91	관물불수 官物不受 • 94
관필숭민 官必崇民 • 96	교왕지말 驕王之末 • 98	교제중매 郊薺仲媒 • 101
구관불탁 求官不擢 • 104	구면수절 垢面守節 • 106	구수회의 鳩首會議 • 108
구용 九容 • 110	구존방언 具存方言 • 113	구천십장 九遷十葬 • 115
국운수왕 國運隨王 • 117	국조단군 國祖檀君 • 121	국중비부 國重比父 • 123
군자이편 君子而騙 • 125	권심상수 權心常守 • 127	금두려신 金頭麗臣 • 130
기과필화 氣過必禍 • 133	기부기자 其父其子 • 136	기사와사 起死臥死 • 139
기패기마 碁敗寄馬 • 143	기호지세 騎虎之勢 • 146	

ㄴ

| 난생주몽 卵生朱蒙 • 148 | 내심구압 耐心求鴨 • 151 | 노화삽관 蘆花揷冠 • 153 |
| 누금지효 淚琴之孝 • 156 | 능자승당 能者昇當 • 159 | 니중진주 泥中眞珠 • 163 |

ㄷ

다관지교 多官之交 · 165	다산지책 茶山之冊 · 167	단완불필 斷腕不筆 · 170
답부지책 答夫之策 · 171	당금여석 當金如石 · 173	도모지 塗貌紙 · 175
도미지처 都彌之妻 · 177	도사하영 倒屣下迎 · 179	도이봉부 刀以逢父 · 181
도정누란 到整累卵 · 183	도지기진 都知其眞 · 186	도판여인 圖版女儿 · 188
독여취식 讀如取食 · 192	동가식서가숙 東家食西家宿 · 193	
동혈지우 同穴之友 · 195	두문지의 杜門之義 · 198	두죽시중 豆粥侍中 · 200
두현상량 頭懸上梁 · 201	득수지어 得水之魚 · 204	득어망전 得魚忘筌 · 207

ㅁ

마의태자 麻衣太子 · 209	막비천운 莫非天運 · 211	만덕자선 萬德慈善 · 215
망승도수 忙僧渡水 · 217	망자환채 亡者還債 · 219	매몽득화 買夢得華 · 222
매영탈가 買影奪家 · 224	매호매부락 妹好妹夫樂 · 228	
매화매락 賣畵買樂 · 231	맥반정승 麥飯政丞 · 233	면귀심수 面鬼心水 · 235
면수화의 棉授花衣 · 237	명여우슬 命如牛蝨 · 239	모비지덕 貌比智德 · 241
모심지정 母心之釘 · 244	목중무화 木中無花 · 246	목침교수 木枕絞首 · 248
몽부삼연 夢負三椽 · 250	묘각재판 猫脚裁判 · 252	묘항현령 猫項懸鈴 · 255
무국지왕 無國之王 · 257	무영무애 無影無愛 · 260	무접무향 無蝶無香 · 263
문김생원 文金生員 · 266	문덕지략 文德智略 · 268	문선의민 文宣衣民 · 270
물언아사 勿言我死 · 272	물위모과 勿謂母過 · 274	미국가객 美菊佳客 · 276
미일도거 美溢到去 · 278	미팔당삼 未八當三 · 280	민초지란 民草之亂 · 284

ㅂ

반궁자성 反躬自省 · 287	반선지운 半船之運 · 289	방하견성 放下犬聲 · 292
백결대락 百結碓樂 · 295	백사단심 百死丹心 · 297	별실지록 別室之祿 · 299
보은단동 報恩緞洞 · 301	복완지공 覆椀之功 · 304	부득달박 夫得怛朴 · 306
부어제일 夫於第一 · 311	분여대고 糞如大鼓 · 314	불가상서 不可尙書 · 316
불굴필성 不屈必成 · 318	불립아비 不立我碑 · 321	불사이군 不事二君 · 323
불심축사 佛心築寺 · 325	불안돈목 佛眼豚目 · 328	비명직언 非名直言 · 330
비자등천 飛字登天 · 332		

ㅅ

사금갑 射琴匣 · 334	사색당파 四色黨派 · 336	사웅지투 獅熊之鬪 · 341
삼마태수 三馬太守 · 344	삼부삼근 蔘復三斤 · 346	삼촌설격퇴적 三寸舌擊退敵 · 348
상불개상 尙不開箱 · 353	상전지녀 床塵之女 · 355	색한명당 色漢明堂 · 357
생요왕형 사후불형 生樂王兄 死後佛兄 · 359		서금일롱 書衾一籠 · 361
서동작요 薯童作謠 · 363	선녀익의 仙女翼衣 · 366	선방귀객 先訪貴客 · 369
선선급손 善善及孫 · 371	선즉득복 善則得福 · 372	섭발백발 鑷拔白髮 · 377
세류과변 歲流果變 · 379	세속오계 世俗五戒 · 382	소력탈국 消力奪國 · 384
소병조성 燒餠造星 · 387	소학동자 小學童子 · 389	송도삼절 松都三絶 · 390
쇄골표풍 碎骨飄風 · 392	수백우백 壽百又百 · 394	수서성지 隨序成志 · 396
숙율자락 熟栗自落 · 399	승지허과 僧之虛夸 · 401	시서습자 撕書習字 · 403
시수절화 是誰折花 · 405	시적수첨 柴積修簷 · 408	시죽발복 施粥發福 · 410
식부지덕 媤婦之德 · 413	식자살장 識者殺丈 · 417	식지예교 媤之禮敎 · 420
신구벌작 申具罰酌 · 425	신지부덕 申之婦德 · 427	신토불이 身土不二 · 430
신후진우 信厚眞友 · 432	실기치명 失期恥命 · 436	심통주작 心通酒酌 · 440

아사리판 阿闍梨判	443	아우율목 我又栗木	446	아차실기 峨嗟失期	449
안가팔효 安家八孝	451	안성제기 安城製器	453	안좌작태 安坐作怠	455
압자이척 鴨子以隻	457	야단법석 野壇法席	458	야저중매 野猪仲媒	460
야합공주 野合公主	463	어이아이 於異阿異	465	여민동락 與民同樂	467
여시여시 汝是汝是	469	연함응안 鷰頷鷹眼	471	열기지용 裂起之勇	474
예성강곡 禮成江曲	476	예이태교 禮以胎敎	482	오비삼척 吾鼻三尺	485
오조세조 烏鳥洗澡	488	옥견제혜 玉堅製鞋	490	옥루비산 屋漏庇傘	492
온정목락 溫井沐樂	494	온조지운 溫祚之雲	498	와이구명 蛙以求命	500
왕결여식 王缺如蝕	501	왕명지일 王命只一	503	왕불식언 王不食言	505
왕이려이 王耳驢耳	509	용몽압권 龍夢壓劵	512	용비엄애 用碑掩哀	514
용칭산수 用秤算數	517	우공교인 牛公交人	522	우국여가 憂國如家	524
우승정승 牛乘政丞	527	우치급기 牛治急氣	529	우혁좌초 右革左草	531
웅근성인 熊謹成人	534	웅마하사 雄馬下思	536	원납전 願納錢	539
월사부인 月沙夫人	541	위기득관 爲氣得官	545	위민명판 爲民名判	547
위애투금 爲愛投金	549	위의환자 爲義還子	551	위충위효 爲忠違孝	553
위효불관 爲孝佛寬	555	유신지마 庾信之馬	558	윤언점종 輪言漸腫	560
응부냉추 鷹孵冷秋	563	의기구명 義氣求命	565	의비위국 義比爲國	567
의사불사 義死不辭	571	이립엄천 以笠掩天	573	이매독육 理埋毒肉	580
이무담량 李武膽量	582	이문방부 以文放父	584	이심전심 以心傳心	587
이언치부 耳言致富	588	이완지밀 李莞之密	590	이전투구 泥田鬪狗	594
이주기종 理主氣從	596	이첨신일 已瞻新日	598	이태성동 梨太成洞	600
이판사판 理判事判	602	인고득권 抐睾得權	604	인사수심 人事隨心	606
인삼재상 人蔘宰相	609	인패공촌 因貝空村	610	일보가규 一步可闚	612
일선팔십행 一善八十幸	615	임전무퇴 臨戰無退	619	입지망정 立志忘情	621

ㅈ

자린고비 玆吝高鯡 • 623	자사타천 自辭他薦 • 625	자이구부자 以求父 • 628
작살송호 雀殺松虝 • 630	장전공정 藏錢空鼎 • 632	재다수화 財多隨禍 • 634
재롱십희 才弄十喜 • 637	재배지유 再拜之由 • 641	재이반즌 才以反儆 • 643
재이재앙 財而災殃 • 645	쟁견득후 爭犬得猴 • 647	저두무죄 猪頭無罪 • 649
적함착적 賊喊捉賊 • 652	절각심불 切脚心不 • 655	절육지효 切肉之孝 • 658
접리식과 接梨食果 • 660	접발이슬 接髮移虱 • 662	정괘칠우 鼎掛七又 • 664
정중유어 鼎中遊魚 • 666	제마입의 濟馬立醫 • 668	주불승족 酒不勝足 • 671
주이단청 酒以丹青 • 673	주이압제 酒以壓帝 • 676	주중마우충 主忠馬又忠 • 681
지귀심화 志鬼心火 • 683	지당언야 至當言也 • 685	지도이효 紙掉以孝 • 688
지은지효 知恩之孝 • 690	지이회처 痣以會妻 • 692	진위시차 眞僞視次 • 694
진주대첩 晉州大捷 • 696	진화구주 鎭火救主 • 701	진효지도 眞孝之道 • 704

ㅊ

차돈순명 次頓順命 • 708	차부무병 借斧無柄 • 710	차충공적 借蟲攻敵 • 712
창직개안 搶職開眼 • 714	채갱불망 菜羹不忘 • 716	책루조옥 柵累造獄 • 718
처선지용 處善之勇 • 721	처용지애 處容之哀 • 723	척귤지정 擲橘之情 • 725
천생배필 天生配匹 • 726	청사등롱 青紗燈籠 • 728	초승위결 草繩爲決 • 730
추계지견 追鷄之犬 • 733	추졸도수 抽卒倒首 • 735	축심동인 畜心同人 • 737
충불피사 忠不避死 • 738	충의돌액 衝意突厄 • 740	칠삭위인 七朔偉人 • 742
칠세입춘 七歲立春 • 744		

ㅌ

타금지단 拖錦之端 • 746   타시지애 打是之愛 • 748   탄금무학 彈琴舞鶴 • 750
탈모직간 脫帽直諫 • 752   태사지몽 太師知夢 • 754   태자마적 太子馬跡 • 758
토지간계 兎之肝計 • 760

ㅍ

판진성혼 判眞成婚 • 763   팔왕지한 八王之恨 • 767   패령자계 佩鈴自戒 • 771
패불허비 浿不許非 • 772   편조가운 鞭造家運 • 773   포산조응 捕山爪鷹 • 775
포요투강 抱腰投江 • 777   풍소우목 風梳雨沐 • 779   피곡아직 彼曲我直 • 781
필수사언 必隨師言 • 783

ㅎ

하생하사 何生何死 • 786   한무이와 恨無二蛙 • 788   한비욕강 恨比辱強 • 791
해동공자 海東孔子 • 793   해발휴금 解髮携琴 • 796   행주대첩 幸州大捷 • 798
호기수국 好奇守國 • 801   호래포유 虎來哺乳 • 804   홍랑단심 洪娘丹心 • 806
홍의장군 紅衣將軍 • 810   화비중의 華比重義 • 812   화왕지계 花王之戒 • 814
화편마작 畫騙麻雀 • 817   황천무점 黃泉無店 • 819   효이지지이효 孝而智智而孝 • 821
효이충동 孝而忠同 • 825   효종명판 孝宗明判 • 829   흥청망청 興淸亡請 • 832

부록
 1. 우리나라 속담 •   2. 일상생활 속의 고사성어 •
 3. 우리나라 역사 연대 •   4. 우리나라 역대 왕 일람 •
 5. 인명색인 •

15

가도공명假道攻明

假:빌릴 가　道:길 도　攻:칠 공　明:명나라 명

길을 빌려서 명나라를 침공한다는 뜻으로, 일본이 우리나라에게 명나라를 치고자 하니 길을 내달라고 요구하고 그 평계로 임진왜란을 일으킨 데서 유래했다. 어떤 명분을 내세워 터무니없는 것을 요구하는 것을 비유하여 쓴다.

문헌 :《동국기문東國奇問 · 한국인명사전韓國人名辭典》

　　왜구倭寇들은 삼국三國시대 때부터 조선시대에 이르기까지 틈만 나면 현해탄을 건너와 약탈과 방화를 서슴지 않았다. 하여 조선에서는 합좌合坐(조선시대 당상관들이 모여 중요한 일을 의논하던 일)하여 방어하였으나 나중에는 어쩔 수 없이 무역의 길을 열어주었다. 즉 세종世宗이 동래東萊 부산포釜山浦와 웅천雍川 제포堤浦, 그리고 울산의 염포鹽浦를 열어주어 왜구들의 노략질을 막아내려고 했지만 오히려 더 난동이 심해졌다. 그런 가운데 일본에서는 도요토미 히데요시豊臣秀吉가 백여 년간의 전국시대를 평정, 60여 주를 통합하여 군사권을 쥐게 되자 대륙 침략의 야욕을 품고 대마도주對馬島主 종의지宗義智 현소玄蘇를 조선에 보내 명나라를 정복하고자 하니 길을 빌려 달라고 요청했다. 중국의 36계병법三十六計兵法 중에 제24계 가도벌곽假途伐虢과 같은 가도공명假道攻明 계책을 들고 나온 것이다.

　　조선에서는 당연히 거절하자 도요토미는 정조령征朝令(조선을 정벌한다는 명령)을 내려서 선조 25년(1592년) 임진년 4월 14일, 가토 기요마사加藤淸正, 고니시 유키나가小西行長 등을 앞세워 20여 만 명의 군사로 침공하니, 바로 임진왜란壬辰倭亂이다.

4월 17일, 경상좌수사 박홍朴泓으로부터 왜군이 침공했다는 급보가 전해지자 조정에서는 신립申砬을 삼도도순변사三道都巡邊使로, 이일李鎰을 순변사巡邊使로, 김여물金汝岉을 종사관從事官으로 임명하여 침공에 대적케 하였다.

부산으로 상륙한 왜군은 세 길로 나누어 중로中路는 고니시 유키나가, 동로東路는 가토 기요마사, 서로西路는 구로다 나가사마黑田長政가 맡아 파죽지세로 북상하자 4월 30일, 선조는 결국 평양으로 몽진하는 수모를 겪어야 했다. 왜군은 상륙 20일 만인 5월 2일, 서울을 완전히 점령한 후 다시 북진을 계속하여 40일 만에 평양까지 함락시키니 선조는 다시 의주로 몽진해야 했다.

이때 처음으로 이순신李舜臣으로부터 옥포玉浦에서 승리했다는 소식이 전해왔고, 이어서 서천·당포·당항포, 한산도에서 거듭 승전보가 날아들었다. 그리고 종래에는 부산포에서 크게 승리하여 제해권을 장악하기에 이르렀는데, 이때 세계 해군 역사상 처음으로 일자진一字陣을 쳤다가 적이 몰려오면 학의 날개로 감싸는 학익진법鶴翼陣法을 써 왜군을 괴멸시켰던 것이다.

이처럼 수군 이순신과 육군 조헌趙憲, 고경명高敬命, 곽재우郭再祐 등이 나서서 큰 공을 세웠으나 이순신은 노량해전에서 적의 유탄에 맞아 최후를 맞았다.

일본이 가도공명, 또는 가도정명假道征明이라는 구실로 일으킨 7년간의 전쟁으로 조선은 국토가 황폐화되고, 수많은 인명 피해로 백성은 도탄에 빠졌으며, 정치·경제·문화·사회·사상 등 각 방면에 심각한 타격을 받았다.

가비삼강家備三綱

家 : 집 가　備 : 갖출 비　三 : 석 삼　綱 : 벼리 강

> 한 집안에서 삼강을 지켰다는 뜻으로, 인륜 도덕과 충절을 잘 지키는 모범된 가정을 이르는 말이다.
>
> 문헌 : 《의병義兵들의 항쟁抗爭》

조선 인조仁祖 때 안주목사 겸 방어사 김준金浚(1582~1627)은 정묘호란丁卯胡亂이 일어나자 민병을 모아서 안주성安州城을 지켰다. 그런데 처음에는 절도사 남이흥南以興이 원병을 보내 주어 잘 버티어 냈으나 후금後金의 군사들이 더욱 세차게 공격해오자 중과부적으로 21일째 되는 아침에 그만 성이 함락되고 말았다.

그는 최후까지 성의 기둥을 방패 삼아 적을 막아내다가 끝내 버티지 못하게 되자 아내와 함께 자결했다. 그러자 그의 아들 김유성金有聲이 하늘을 우러르며 말했다.

"신하는 나라를 위하여 죽어야 하고, 아들은 아버지의 복수를 위하여 죽어야 하는 것이 도리요, 직분이다."

그러고 나서 그는 적진 속으로 뛰어들어 용감하게 싸워 많은 적을 무찔렀으나 종래에는 자신도 장렬하게 전사했다.

이에 김준의 아내 김씨도 절개를 지켜 스스로 목숨을 끊었으며, 시집간 그의 딸도 정절을 지키고자 자결하였다.

훗날 관찰사觀察使 김기종金起宗(1582~1635)이 이 사실을 조정에 보고했다.

"한 집안에서 삼강三綱이 온전하게 지켜졌습니다. 김준이 호적胡敵과 싸워 전사한 것은 군위신강君爲臣綱이요, 그의 아들과 딸이 전사하고 자결한 것은 부위자강父爲子綱이며, 그의 아내 김씨가 자결한 것은 부위부강夫爲婦綱입니다."

인조는 김준에게 좌찬성을 추증하고, 고부의 정충사旌忠祠와 충민사忠愍祠에서 제사를 지내 그의 충절을 기리게 했다.

정묘호란과 병자호란丙子胡亂은 인조가 친명親明정책을 폄으로써 후금의 태종과 충돌하게 되어 빚어진 싸움이었다. 그 결과 친명정책을 유지하면서도 후금의 원한도 사지 않는 양면 외교정책을 펴 파국적인 전란은 피했으나 패전국으로서의 부담을 덜 수는 없었다.

가사정적假獅征敵

假 : 거짓 가   獅 : 사자 사   征 : 정복할 정   敵 : 원수 적

> 가짜 사자로 적군을 정벌한다는 말로, 허상을 이용한 계략에 의해서 상대를 물리치는 전략을 이른다.
>
> 문헌 : 《삼국유사三國遺事 · 삼국사기三國史記》

　신라 제22대 지증왕智證王 때의 장수 이사부異斯夫는 본명이 박이종朴伊宗으로, 국경을 지키기 위해 정예군을 양성하려고 했다. 그런데 우산국于山國(울릉도)과 거칠산국居柒山國, 가야伽倻 등에게 그 사실이 알려지면 분쟁이 생길 것이 우려되어 한 꾀를 냈다. 즉 기병훈련 때 군사들에게 여자 옷을 입혀 놀이하는 것처럼 꾸밈으로써 적의 눈을 속이는 술책이었다. 이렇게 해서 양성된 정예군으로 가야를 침공하니 방심하고 있던 가야는 땅을 고스란히 빼앗기고 신라의 제24대 진흥왕眞興王 때에 이르러 사다함斯多솜에게 정복되어 역사의 뒤안길로 사라졌다(526년).

　신라의 조정에서는 공이 많은 장군 이사부異斯夫를 아슬라주阿瑟羅州(강릉)의 군주로 임명했다. 군주가 된 이사부는 더욱 군사 훈련에 열을 올려 사기가 절정에 이르자, 이번에는 우산국을 병합시키기로 마음먹고 정탐병을 보내 그곳의 지세와 주민들의 기질을 알아 오도록 했다. 정탐을 마치고 돌아온 병사가 보고했다.

"우산국 사람들은 건장하며 고집이 셉니다. 따라서 무력으로 굴복시키기에는 힘들 것으로 생각됩니다. 계책을 세우지 않는다면 고전할 것입니다."

이사부는 생각 끝에 명령을 내렸다.

"모두들 산에 가서 커다란 통나무를 베어 오도록 하라."

그렇게 해서 아름드리 통나무를 베어 오자 이번에는 목수를 불러 그 통나무로 사자의 형상을 만들라고 했다.

목수들은 궁금했지만 시키는 대로 통나무를 깎아 험상궂게 생긴 사자 모양을 만들었다.

이사부는 그것들을 우리 안에 넣어 배에 싣고 우산국으로 갔다. 해안에 닿자 우산국 군사들이 언덕 위로 몰려나와 살펴보았다.

그때 뱃머리에 있던 이사부가 고함을 질렀다.

"우산국 사람들은 보아라! 이 사자들이 무섭지 않으냐!"

배에 실린 사자를 본 우산국 사람들이 웅성거리기 시작했다.

이사부가 다시 소리쳤다.

"너희들이 항복하지 않으면 이 사자들을 풀어 놓겠다. 사자들이 얼마나 잔인한 짐승인지 너희들도 잘 알 터이므로 더 이상 설명은 하지 않겠다. 이 사자들은 닷새를 굶주렸다. 사자 밥이 되겠느냐, 아니면 순순히 항복을 하겠느냐?"

겁에 질린 우산국 사람들은 도저히 싸울 용기가 나지 않아 그대로 항복하고 말았다.

이렇게 해서 이사부는 피 한 방울 흘리지 않고 우산국을 신라의 영토로 만드는 데 성공했다. 그는 지략이 뛰어난 지장智將이었다.

가선불금可船不琴

可:옳을 가　船:배 선　不:아니 불　琴:거문고 금

배는 괜찮고 거문고는 안 된다는 뜻으로 이순신의 곧은 신념에서 유래한 말로, 어떤 사물이 그 목적에 따라 평가가 다름을 이른다. 사리판단이 명확할 때를 빗대어 쓴다.

문헌:《조선명인전朝鮮名人傳·한국해학소설전집韓國諧謔小說全集》

　　조선 선조宣祖 때의 명장 이순신李舜臣(1545~1598)은 시호가 충무忠武이고, 한양 건천동乾川洞에서 출생하였다. 그는 덕수德水 이씨 정貞의 아들로 희신羲臣, 요신堯臣, 순신舜臣, 우신禹臣 4형제 중 셋째였다. 그의 조부는 병조참의를 지냈다.

　이순신은 무장武將이었지만 문장과 글씨에도 탁월한 재능을 가지고 있었다. 또 그의 효도하는 마음은 비단결같이 곱고 어린아이처럼 순수했다. 셋째 아들이면서도 어머니에 대한 효성은 누구보다 지극했다.

　선조 9년 (1576년), 나이 32세 때에야 무과에 합격한 이순신은 처음에는 함경도 일대의 국경을 수비하는 책임자로 임명받았다. 종9품의 하찮은 벼슬에다 매서운 찬바람이 불어오는 북녘에서 오랑캐의 침략이 있을 때마다 전투를 치러야 하는 고된 근무여서 모든 사람이 고개를 저었지만 이순신은 전혀 불평하지 않았다.

　그는 36세 되던 해에 전라도 발포鉢浦의 수군水軍 만호萬戶로 승진되었다.

　발포는 지금의 전라도 고흥군 도화면 내발리에 있는 수군 진영으로, 전라좌수영左水營의 관하에 속해 있었다. 만호는 지금의 군수 직위와 비슷한 정4품 벼슬로서, 그 지역의 수비대장이었다. 그동안 줄곧 육지에서만 근무해 온 이순신으로서는 수군을 지휘하는 것이 처음이었다.

　어느 날, 이순신의 직속상관인 좌수사左水使가 사람을 보내 발포진의 동헌 앞에 있는 오동나무를 베어가겠다고 했다.

　이순신이 심부름꾼에게 물었다.

　"그 나무를 무엇에 쓰시려고 한다더냐?"

　"좌수사께서 워낙 풍류를 즐기는 분이 아닙니까? 그동안 좋은 오동나무를 얻으면 거문고를 만들어야겠다고 벼르셨는데, 일전에 이 나무를 보고 마음에 들었던 모양입니다."

　"뭐라고? 거문고를 만들기 위해서라고? 전함이라면 몰라도 거문고라면 안 된다. 가서 그렇게 전해라!"

　"좌수사 어른의 영令을 거역하시겠다는 겁니까?"

　"아무리 웃어른의 영이라 하더라도 부당한 것은 들어줄 수 없다. 나무 하나라도 관청의 재산은 누구든 사사로이 써서는 안 된다."

　그 말을 전해 들은 좌수사는 노발대발하며 이를 바드득 갈았다.

　"흥, 제깟 놈이 강직한 척한다마는 앞으로는 일하기가 좀 까다로울 것이다."

　과연 얼마 후에 이순신은 다른 사람에게 만호 직위를 내주어야 했다. 이렇듯 이순신은 대나무처럼 곧은 성격 때문에 불이익을 당하기도 했다. 그러나 맡은 바 소임을 묵묵히 해낸 결과 선조 22년인 1589년에는 정읍현감이 되었다. 그의 나이 45세 때의 일이니 그리

빠른 출세라고는 할 수 없었다.

부모에 대한 효성이 지극했던 이순신은 정읍현감이 되어서도 혼자 지내시는 어머니를 각별히 봉양했다. 그는 수시로 어머니께 문안 편지를 올리곤 했으나 얼굴을 직접 대하지 못하고, 음성도 직접 듣지 못하는 것을 못내 아쉬워했다.

선조 25년, 임진왜란이 터지자 그는 거북선을 이끌고 옥포玉浦로 나가 왜선 30척, 사천泗川에서 13척, 당포唐浦에서 20척, 한산도閑山島에서 70척, 안골포安骨浦에서 42척, 부산釜山에서 1백 척을 격파했다. 그것은 해전 사상 두 번 다시 없을 엄청난 승리였다.

임진왜란이 일어난 지 3년째 되던 선조 27년(1594년), 이순신은 전라좌수영으로 부임하게 되자 어머니를 십여 리 떨어진 고음천으로 모셨다. 그리고 80 고령의 어머니를 홀로 두고 떠나면서 이순신은 속으로 한없이 울었다. 그의 안타까운 마음과 애국심이 그때의 일기에 잘 드러나 있다.

'어버이 계실 때에는 놀 때도 멀리 떨어져 놀지 말라 했거늘 알면서도 실천할 수 없음은 나라가 어지럽기 때문이 아닌가. 효도를 하기 위해서라도 전력을 다해 왜병을 쳐부술 것이다.'

그해 5월 4일, 이 순신은 일기에 이렇게 적었다.

'오늘은 나를 낳으시고 기르신 어머니의 생신이다. 자식으로서 마땅히 계신 곳으로 달려가 축하하는 술잔을 바쳐야 도리이나 그렇게 할 수 없으니 어찌 평생의 한이 아니겠는가.'

이순신은 아들 울蔚을 자주 고음천으로 보내 어머니를 보살펴 드리도록 했다. 비록 군무로 인해 자신은 못 간다 하더라도 손자만이라도 대신 보내 불편한 것이 없나 살펴 드리고 싶었던 것이다.

이렇게 충성심과 효심으로 만인의 우러름을 받아야 할 그도 1597

년에는 원균元均의 모함을 받아 사형 직전에까지 몰렸다가 정탁鄭琢의 변호로 살아나 권율權慄 장군의 휘하에서 백의종군했다. 그러다가 원균이 참패하자 또다시 삼도수군통제사에 재임명되어 빈약한 패잔병들과 부서진 12척의 배를 이끌고 명량해전에서 적선 31척을 격파하는 혁혁한 전과를 올렸다. 그 후에도 많은 전과를 거두었으나 이듬해 노량해전에서 접전 중 유탄에 맞아 장렬하게 전사했다.

가아소세 加我小勢

加 : 보탤 가 我 : 나 아 小 : 작을 소 勢 : 형세 세

신라의 화랑 장춘랑과 파랑의 고사에서 유래한 말로, 나에게 작은 힘이라도 보태달라는 뜻이다.

문헌 : 《삼국사기三國史記 · 삼국유사三國遺事》

신라의 화랑 장춘랑長春郞과 파랑罷郞이 황산벌에서 백제군과 싸우다가 장렬하게 전사했다. 후에 태종무열왕太宗武烈王(재위 654~661)이 백제를 칠 때 그들이 무열왕의 꿈에 나타나 말했다.

"신臣들은 나라를 위하여 몸을 바쳐 싸우다가 죽었습니다. 그런데 지금은 당唐나라 소정방蘇定方의 위엄에 눌려 꼼짝하지 못하고 있습니다. 그러니 왕께서 저희에게 조그만 힘이라도 보태주소서(加我小勢). 그러면 반드시 나라에 보답하겠나이다."

꿈에서 깨어난 무열왕은 괴이하게 여겨 모산정에서 두 혼을 위한 진혼제鎭魂祭를 올려주도록 했다. 그리고 한산주漢山州에 장의사壯義寺를 새로 짓고, 그들의 명복을 빌어주도록 했다.

《삼국사기》에는 무열왕이 당에 청병을 했으나 회보가 없어서 근

심하자 장춘랑과 파랑이 꿈에 나타나 소정방이 군사를 거느리고 내년 5월에 백제를 치러 온다는 당의 백제 정벌 계획을 알려 주었다고 전한다. 그리고 황산벌 싸움에서 거듭 실패함으로써 전의를 상실하여 사기가 침체되어 있는 무열왕을 도운 우국충정이라 할 수 있다. 한 번도 아니고 여섯 번이나 패전한 신라군에게 다시 전의를 새롭게 다지는 일은 결코 쉬운 일이 아니었을 것이다.

　무열왕은 660년에 나羅·당唐 연합군을 만들어 왕자 법민法敏(문무왕)과 김유신金庾信에게 5만의 군사를 주어 백제를 공격, 멸망시켰다. 이듬해에는 당나라가 다시 고구려를 정벌하기 위해 군사를 보내 왔으나 무열왕은 삼국 통일을 보지 못했다. 그러나 당나라를 내왕하면서 삼국통일의 기초 작업을 진행시켰으며 선덕·진덕의 두 여왕이 신라를 발전시켜나가는데 크게 기여하였다.

가야물감야물 加也勿減也勿

加: 더할 가 也: 어조사 야 勿: 말 물 減: 덜 감

> 항상 더하지도 말고 덜하지도 말라는 뜻으로, 인심이 후하고 즐거움이 넘치는 상태를 나타내는 말이다. 신라 유리왕 때 길쌈 시합을 열고 이긴 편에게 술과 음식을 베풀었던 데서 유래하였다.
> 문헌:《삼국사기三國史記·열양세시기列陽歲時記》

추석秋夕은 음력 8월 보름날을 가리키는 명절名節로 그 명칭은 신라 제3대 유리왕儒理王(재위 24~57) 때부터 비롯되었다.

8월은 각종 곡식을 수확하는 시기여서 1년 가운데 가장 큰 명절로 여겼다. 이날이 되면 추석빔이라 하여 새 옷으로 갈아입고, 햅쌀로 송편과 술을 빚으며, 돼지나 닭을 잡아 음식을 만드는 한편, 온갖 과일을 풍성하게 준비하여 조상祖上에게 차례茶禮를 올린 후, 가족과 친지들이 잔치를 벌였다. 그리고 조상의 묘에 성묘省墓를 하고, 은덕을 기렸다.

유리왕 9년, 왕은 양산부楊山部는 양부梁部로 바꾸고 그곳 족장의 성姓을 이李씨로, 고허부高墟部는 사량부沙梁部로 바꾸고 성을 최崔씨로, 대수부大樹部는 점량부漸梁部로 바꾸고 성을 손孫씨로, 간진부干珍部는 본피부本彼部로 바꾸고 성을 정鄭씨로, 가리부加利部는 한지부漢祇部로 바꾸고 성을 배裵씨로, 명활부明活部는 습비부習比部로 바꾸고 성을 설薛씨로 각각 지정하여 주었다. 또 6부의 여자들을 두 패로

나누어 7월 16일부터 8월 보름날까지 길쌈 시합을 하여 그 성적을 평가하였는데 이때 이긴 편에게는 상을 주고, 진 편은 이긴 편에게 술과 음식을 대접하면서 가무를 즐겼다. 사람들이 춤을 추면서 '회소會召! 회소會召!' 하고 외쳤는데 회소란 어서 모이라는 뜻이지만 여기에는 시합에 져서 안타깝다는 뜻도 담겨 있다. 이 노래가 바로 '회소곡會召曲'이다.

추석에 대한 명칭도 다양하여 가배嘉俳 (또는 嘉排), 가위, 중추가배仲秋嘉俳라고도 하였다.

계절이 가을로 들어서는 시기여서 새로 옷을 장만해야 했는데 이를 추석빔이라고 했다. 이때는 추수를 한 직후이기에 양식이 넉넉해서 인심도 더할 나위 없이 좋았다. 그래서 '더도 말고 덜도 말고 항상 한가위만 같아라.' 라는 말이 생겨난 것이다.

흔히 춘조일 추석월春朝日 秋夕月이라 하는데 이는 봄에는 아침 해가 좋고, 가을에는 저녁달이 좋다는 말로 추석 달빛의 아름다움을 두고 일컫는 말이다.

설날[正初·歲首]과 한식寒食, 추석秋夕, 동지冬至의 네 명절에는 산소에 가서 제사를 지냈다. 특히 한식과 추석이 가장 성대해서 병졸이나 머슴, 거지 등 사회에서 소외되거나 천대받는 하층민들까지도 이때만은 모두 배불리 먹고 함께 즐겼다.

임금이라는 명칭의 어원도 유리왕 때 탄생되었다. 당시에는 국가의 왕을 가리키는 명칭이 따로 있지 않고 거서간居西干, 차차웅次次雄 등의 명칭이 두루 사용되고 있었다. 그런데 유리 거서간이 후계자를 정할 때 당시의 대표적인 세 부족, 즉 박朴, 석昔, 김金씨 중에서 가장 연장자를 선택하기로 했다. 그런데 탈해脫解가 임금의 자리를 사양하며 말하기를 '지혜로운 사람은 이齒가 많다고 하니 떡을 깨물어 이빨의 수(잇금)를 세어 정하자'고 하였다. 니사금은 본래 방언이었으나 그때부터 나라의 최고 수장을 잇금이라 했고, 이 말이 변하여 임금으로 불려지게 되었다.

유리왕의 치적 중에 빼놓을 수 없는 것은 가난한 백성을 보살폈던 일이다. 그가 어느 날 순행을 하다가 한 노파가 굶주림과 추위에 얼어 죽을 지경이 된 것을 보고 웃옷을 벗어 덮어주며 대신들에게 말했다.

"부덕한 내가 백성을 잘 다스리지 못하여 이 지경에 이르렀도다. 나라 안 곳곳을 돌아다니면서 홀아비와 홀어미, 고아 등 늙고 병들어 스스로 생활할 수 없는 이들을 위문하고 그들을 구휼하도록 하라."

그러자 이 소문을 듣고 이웃나라 백성들까지 몰려들었다. 이렇게 시국이 안정되고 살기가 편안해지자 백성들은 '도솔가兜率歌'를 지어 부르니 이것이 가악歌樂의 시초였다.

가화실화假話失貨

假 : 거짓 가 話 : 이야기 화 失 : 잃을 실 貨 : 재화 화

거짓말을 하면 돈을 잃는다는 뜻이다. 잃어버린 돈을 찾아준 사람에게 사례를 하기가 아까워 벌어진 사건에서 유래한 말로, 진실하게 살 것을 권장하는 금언이다.
문헌:《고금청담古今淸談·한국인의 지혜韓國人의 智慧》

정읍井邑 입암면笠岩面에 김만기金萬己라고 인색하기 짝이 없는 구두쇠가 살았는데, 어찌 잘못하여 돈자루를 잃어버렸다. 마음이 조급해진 그는 돈자루를 찾아 주는 사람에게 1백 냥이라는 큰돈을 포상하겠다고 소문을 냈다.

며칠 후, 아주 착하고 정직해 보이는 정판기丁判其라는 젊은이가 불룩한 자루를 메고 찾아왔다. 바로 잃어버렸던 그 돈자루였다.

구두쇠 김 영감은 몹시 기뻤다. 그러나 한편으로는 젊은이에게 주어야 할 1백 냥이 아까워지기 시작했다. 그래서 궁리한 끝에 포상금을 주지 않기 위한 꾀를 냈다. 그는 젊은이가 보는 앞에서 자루 속의 돈을 헤아려 보여 주며 말했다.

"그런데 돈이 1백 냥이나 모자라는데 어찌 된 일이냐? 그러니까 네가 이 속에서 1백 냥을 꺼내 간 것이 틀림없다. 바른대로 말하지 않으면 관가로 보내 물고를 낼 것이니라."

젊은이는 어이가 없었으나 자기의 결백을 증명할 방법이 없으므

로 할 수 없이 현감에게 찾아가 억울함을 호소했다.

현감이 젊은이에게 물었다.

"거짓 없이 말하라. 자루에서 돈을 꺼낸 일이 있는가?"

"어느 안전이라고 거짓말을 하겠습니까? 그런 일은 절대 없었습니다."

현감은 이번엔 구두쇠 김 영감에게 물었다.

"당신의 돈자루에는 돈이 얼마나 들어 있었는가?"

"8백 냥입니다."

"틀림없는가?"

"예, 틀림없습니다."

그러자 현감이 엄숙히 말했다.

"김만기 당신이 잃어 버린 돈자루에는 8백 냥이 들어 있었고, 정판기 젊은이가 주운 돈자루에는 7백 냥이 들어 있었다면 그것은 김만기 당신의 돈자루가 아니다. 젊은이는 이 돈자루를 도로 가지고 가 진짜 주인이 나타나거든 돌려 주도록 하여라."

그리하여 1백 냥을 아끼려다 7백 냥을 잃은 구두쇠 영감은 배가 아팠지만 아무 소리도 못하고 물러났다.

간자성업趕者成業

赶 : 달아날 간 者 : 놈 자 成 : 이룰 성 業 : 업 업

> 쫓겨난 자가 큰일을 이룬다는 말로, 고구려의 시조 주몽의 고사에
> 서 유래했다. 대수롭지 않게 생각했던 일이 뜻하지 않게 큰 성과
> 를 이룰 때를 비유한다.
>
> 문헌 : 《삼국사기三國史記 · 삼국유사三國遺事》

고구려의 시조 동명왕東明王(B.C. 58~B.C.19)은 이름이 고주몽高朱蒙이다. 그의 할아버지 해부루解夫婁는 아들이 없었는데, 어느 날 곤연鯤淵(연못)에서 노란 개구리 모양의 어린아이를 발견하고 데려왔다. 그래서 이름을 황금개구리란 뜻으로 금와金蛙라고 짓고, 태자로 세웠다.

그 후 금와 태자가 왕이 되어 태백산 남쪽 우발수優渤水에 사냥하러 나갔다가 미모의 여인 유화柳花를 만나게 되었다. 유화는 본시 물을 맡아 다스리는 신神 하백河伯의 딸이었는데 천제天帝의 아들 해모수解慕漱의 유혹에 빠져 정을 통했기 때문에 우발수로 귀양 보내졌던 것이다.

그런 사실을 눈치챈 금와왕은 유화를 방안에 가두어 두었는데 얼마 후 닷 되들이만 한 큰 알을 낳았다. 금와왕은 좋지 못한 징조라 생각하여 알을 갖다 버리도록 했다.

그런데 그 알을 돼지에게 주어도 먹지 않고, 길바닥에 버리면 소

와 말이 피해 갔다. 그래서 들판에 버렸더니 새가 날아와 품어주는 것이었다. 이상히 여겨 알을 깨뜨리려 했으나 깨지지 않자 다시 유화에게 주었다.

유화가 그 알을 따뜻하게 싸서 아랫목에 잘 간직해 두니 얼마 후 사내아이가 태어났다. 그 아이는 비범하고 영특하여 일곱 살 때부터 활을 쏘았는데 백발백중이었다. 그래서 부여의 말 중에서 활을 잘 쏘는 사람이라는 뜻으로 이름을 주몽朱蒙이라 하였다.

금와왕에게는 일곱 아들이 있었지만 그 기상이나 행실에서 누구도 주몽을 따르지 못했다.

이에 장자 대소帶素가 시기하여 주몽을 제거해달라고 부왕에게 간청했다. 그러자 금와왕은 주몽을 보호해주기 위해 말을 기르는 천한 일을 시켰다.

주몽은 좋은 말에게는 사료를 적게 주고, 나쁜 말에게는 많이 주어 살찌게 하였다. 그러자 금와왕은 사냥을 나갈 때 자신은 살찐 말을 타고, 주몽에게는 야윈 말을 타게 하니 주몽이 훨씬 더 많은 짐승을 잡았다.

다른 왕자와 신하들이 음모를 꾸며 주몽을 없애려 하자 유화가 주몽에게 몸을 조심하라고 일렀다.

주몽은 그 말을 듣고 평소에 사귀어 오던 오이烏伊, 마리摩離, 협보陜父와 함께 도망하여 졸본천卒本川에 이르러 나라를 세우고, 국호를 고구려라 칭하고 자기의 성姓은 고高씨라 하였다. 이때 주몽의 나이는 22세였으며, 신라 박혁거세 21년, 갑신년이었다.

그는 출생이 특별하여 다른 형제들의 시기를 받고 궁궐에서 도피했지만 결국에는 나라를 세우는 대업을 이루었다.

개장파장 開場罷場

開 : 열 개 場 : 마당 장 罷 : 마칠 파 場 : 마당 장

> 장날에 장이 열리자마자 곧바로 끝난다는 말로 어떤 일이 시작되자마자 끝난다는 뜻. 다른 뜻으로 서로 낫고 못함이 없다는 뜻으로 쓰이기도 한다.
>
> 문헌 : 《한국오천년기문야사韓國五千年奇文野史》

경기도 가평加平 하면下面에 살던 노부부가 모처럼 배를 타고 여행을 하게 되었다. 그런데 배가 강 중심에 이르렀을 때 갑자기 폭풍우가 몰아쳐 배가 심하게 요동치면서 뒤집힐 것처럼 흔들렸다.

그런데도 남편은 요지부동 담담하게 앉아 있는 것이었다. 그런 남편을 보고 아내가 물었다.

"당신은 배가 이렇게 심하게 흔들리는데 아무렇지도 않습니까?"

그러자 남편은 갑자기 차고 있던 시퍼런 칼을 뽑아 아내의 목에 겨누는 것이었다. 그런데 아내는 겁을 먹기는커녕 피식 웃으면서 남편의 얼굴을 쳐다봤다. 그러자 남편이 아내에게 말했다.

"지금 웃음이 나와요? 조금만 움직여도 목에 칼이 꽂힐 판인데……."

이에 아내가 미소를 지으면서 말했다.

"물론 칼은 무섭지요. 하지만 칼이 당신 손에 들려 있는 한 하나도 무섭지 않아요."

남편이 칼을 치우며 말했다.

"폭풍우도 마찬가지요. 당신이 나를 믿듯 저 노련한 선장을 믿는다면 두려울 것이 없소."

대담하기가 남편이나 아내나 피장파장이었다.

그런데 이 피장파장이란 말의 어원은 '개장파장, 즉 장을 열었다가 파장한다'는 말에서 그 유래를 찾아 볼 수 있다. 그러니까 보따리 상인들이 시장에 물건을 팔기 위해 장바닥에 펴는 것이 피장이요, 해가 지면 거두어 싸는 것이 파장이다.

지금은 노상에서 물건을 파는 것이 흔치 않지만 예전의 우리나라 전통 장은 대부분 공터에 천막을 치거나 그냥 노상에 상품을 펴는 것으로 이루어졌었다.

때문에 그 장이 열리고 거두어 싸는 것을 이르는 말이 순수 우리말로 피장파장이고(사전적 해석 : 서로 낫고 못함이 없거나 상대편의 행동에 따라 그와 같은 행동으로 맞서는 일), 한자말로는 개장파장開場罷場이라고 쓴다.

이 외에도 꽃이 '피다'는 말이 있는데 사람의 얼굴에 웃음 꽃이 핀다는 말도 같은 의미다. 이 피다의 피가 펴는 장이고 다 끝나고 짐을 싸는 일이 파한다는 뜻의 파장이다.

거정지의巨正之義

巨:클 거 正:바를 정 之:어조사 지 義:의리 의

> 거정의 의리라는 말로, 조선시대의 의적 임꺽정에게서 유래했다. 자신이 어려운 처지에 놓여 있음에도 불구하고 자신보다 더 어려운 사람을 돌보는 경우를 비유하여 쓴다.
>
> 문헌 :《고금청담古今淸淡》

조선 명종明宗 때 의적義賊 임꺽정林巨正(?~1562)은 양주楊洲에서 백정白丁의 아들로 태어났으며, 힘이 장사였다.

명종 10년, 왜구가 쳐들어오자 임꺽정은 애국심이 발동하여 싸움터에 나가 큰 공을 세웠으나 백정의 아들이라는 이유 때문에 아무 벼슬도 얻지 못하였다.

이에 불만을 품은 그는 부하들을 거느리고 황해도 일대를 누비며 관가나 부잣집을 털어 가난한 사람들에게 나누어 주었다. 그래서 사람들은 그를 의적이라 불렀다. 그러나 조정의 입장에서 보면 대낮에 관아를 습격하고 관리를 살해하는 등 국가의 기강을 흔드는 흉폭한 도적이었다.

그해 봄, 명종이 문정대비文定大妃 윤尹씨에게 보내는 생신 선물을 임꺽정의 무리들이 몽땅 털어가 버렸다. 명종은 이억근李億根을 포도관으로 임명하고, 군사 3백을 주어 이들을 토벌하게 했다.

이억근은 임꺽정의 무리들을 얕잡아 보고 느긋한 마음으로 출발

했다. 청석골 골짜기 곳곳에 매복하고 있던 임꺽정의 부하들은 여유롭게 행군하던 관군을 기습하여 이억근을 비롯한 모두를 전멸시켜 버렸다. 그러자 조정에서는 다시 장수 남치근南致勤과 이몽린李夢麟을 보냈다.

"애들아, 관군이 또 오신단다. 마중 나가자."

임꺽정은 관군이 지나는 길목인 가막재에 숨어 기다렸다. 관군은 둘로 나누어 이몽린은 가막재로 가고, 남치근은 임꺽정의 산채로 직접 쳐들어갔다.

임꺽정은 가막재에서 이몽린의 관군을 통쾌하게 섬멸하고 산채로 와 보니 아내와 자식들이 모두 잡혀 가고 집 또한 잿더미로 변해 있었다. 그래서 어쩔 수 없이 구월산九月山으로 들어간 임꺽정은 부하 서림徐林에게 아내와 자식을 구출해 오라고 하였다.

서림은 양반 차림을 하고 한양에 숨어 들어 옥문을 부수고 임꺽정의 아내와 자식을 구출해 내는 데 성공했다.

그러나 이몽린의 후임으로 온 포도대장 김순고金淳高는 호락호락한 사람이 아니었다.

그는 남대문 옆 한 객주집에 임꺽정의 참모 서림과 내통하는 사람이 있다는 걸 알면서도 그대로 두었다. 서림과 그 부하들이 그 집에 묵게 되면 그때 덮치기 위해서였다.

아니나 다를까, 며칠 후 그 주막에 서림의 일행이 도착했다는 보고를 받자 김순고는 관군을 출동시켜 전원 나포하고, 임꺽정의 형 가도치加都致도 붙잡았다.

서림과 가도치가 붙들리자 임꺽정은 더욱 거세게 관군을 공격했다. 김순고와 남치근은 임꺽정을 잡으려고 서림을 회유했다.

서림은 이제 살길은 관을 돕는 일뿐이라 생각하고 변심하여 관의 앞잡이가 되었다.

관군에게 투항한 서림이 정보를 제공하는 바람에 임꺽정의 싸움은 번번이 참패했다. 그러자 부하들은 모두 항복을 했고, 마땅히 숨을 곳이 없던 임꺽정은 관군의 옷을 빼앗아 입고 그들 틈에 끼어 은신했다. 그러나 결국 그의 신분이 탄로나 관군이 일제히 쏘아대는 화살을 맞고 죽고 말았다.

그때가 명종 17년, 5년 동안 황해도 일대를 주름 잡던 임꺽정은 심복 서림의 배신에 비참한 최후를 맞게 되었다.

검행위국儉行爲國

儉 : 검소할 검　行 : 다닐 행　爲 : 위할 위　國 : 나라 국

검소하게 생활하는 것이 나라를 위하는 일이라는 뜻으로 이성계를 도와 조선 건국에 공을 세운 조온의 생활철학에서 유래했다.
문헌 : 《한국역사韓國歷史 이야기》

조선 건국 공신인 조온趙溫(1347~1417)이 벼슬을 내놓고 한가하게 지내고 있을 때 한 젊은이가 찾아왔다.

막 벼슬길에 오른 젊은이는 전임 대신이며 부원군府阮君인 조온에게 청탁하면 출세가 빠를 것이라고 생각했다.

그런데 젊은이는 조온의 집이 너무 초라한 데 놀랐다. 잘못 찾은 것이 아닐까 하여 머뭇거리다가 사람을 부르니, 안에서 협수룩하게 차린 노인이 나왔다.

"조온 대감께서는 안에 계신가?"

"내가 조온인데, 무슨 일로 오셨소?"

상대방을 하인으로 알았던 젊은이는 깜짝 놀라서 용서를 빌었다. 조온은 부드러운 말로 젊은이를 안심시키고, 방으로 안내했다. 방에는 돗자리가 한 장 달랑 깔려 있고,

책장에 책만 꽂혀 있을 뿐 장식이라곤 아무것도 없었다.

잠시 후, 저녁상이 나왔다. 그런데 상 위에는 보리밥에 반찬이라고는 나물 된장국 한 가지뿐이었다.

그런 형편없는 식사를 해 본 적이 없는 젊은이는 도저히 먹을 수가 없어서 한 숟갈 뜨는 시늉을 하다 수저를 놓았다.

"왜 안 드시오? 소찬이라 입에 맞지 않나 보군."

"아닙니다. 조금 전에 점심을 들어서 시장하지 않습니다."

상을 물린 후, 젊은이가 말했다.

"대감께서는 너무 몸을 돌보지 않으시는 것 같습니다."

그러자 조온이 차분한 목소리로 말했다.

"모든 게 습관 들이기 나름이오. 젊어서는 부모님을 섬기고, 벼슬길에 나서서는 일선에서 주로 생활하다 보니 호사하고 편안한 것과는 자연히 멀어졌소이다. 나는 오히려 이런 생활이 편하오."

"그러나 지금은 벼슬을 그만두셨고, 춘추 또한 높으신데……."

조온은 젊은이를 똑바로 바라보며 말했다.

"잘 들으시오. 나는 이제 늙어서 나라 일에 직접 참여하지는 않지만, 백성과 함께 검소한 생활을 하는 것 또한 나라를 돕는 일이라고 믿고 있소. 지위가 높아지고 공이 조금 있다고 해서 호사를 부리면 안 되오. 부디 이 점을 명심하시오."

젊은이는 벼슬에서 물러나서도 이렇듯 검소하고 청렴한 조온 대감에게 청탁을 하러 온 자신의 행동을 뉘우쳤을 뿐 아니라, 나라와 백성을 생각하는 그의 마음에 깊이 감동하였다.

견직지간牽織之間

牽 : 이끌 견 織 : 짤 직 之 : 어조사 지 間 : 사이 간

견우와 직녀의 사이라는 말로, 견우와 직녀의 전설에서 유래했다. 어쩔 수 없는 사정으로 떨어져 지내는 부부나 연인을 이르는 뜻으로 쓰인다.

문헌 : 《한국인의 풍속 야담 韓國人의 風俗 野談》

견우牽牛와 직녀織女의 설화에서 직녀는 하늘나라 옥황상제의 딸이고, 견우는 목축업을 하는 목동이었다.

귀여움을 독차지하며 자란 아리따운 직녀는 얼굴만 예쁜 것이 아니라 베를 짜는 솜씨도 뛰어났다. 그런 직녀가 피리를 잘 부는 목동 견우와 부모의 허락도 없이 사랑을 맺어 교제를 하자 크게 화가 난 옥황상제가 명령을 하였다.

"너희 두 사람은 벌을 받아야겠다. 지금부터 견우 너는 은하수의 동쪽으로 가서 소를 몰아 밭을 갈고, 직녀 너는 은하수의 서쪽으로 가서 베를 짜며 살게 하라!"

그래서 견우는 동쪽 나라로, 직녀는 서쪽 나라로 떠났다. 1년 중 칠월 칠석날에 한 번씩만 만나도록 명하였다.

견우는 견우대로, 직녀는 직녀대로 눈물로 세월을 보냈다. 사랑하는 사람과 멀리 떨어져 사는 것만큼 괴로운 일은 없다.

1년이 지나 칠석날이 되자 견우와 직녀는 각각 은하수 강가로 갔

다. 오랫동안 만나 보지 못한 터이므로 만나면 그동안 쌓인 이야기라도 하게 될 줄 알았는데, 뜻밖에 강의 폭이 너무 넓어서 멀리서 얼굴밖에 볼 수가 없었다. 견우와 직녀는 하염없이 눈물만 흘렸다. 그런데 그 눈물이 지구까지 흘러내리니 지구에는 큰 홍수가 지게 되었다.

그러자 지구에 사는 날짐승들이 모여서 대책을 논의하였다.

"이거 큰일 났군. 가만히 있다가는 몽땅 떠내려가게 생겼어. 비를 그치게 하는 방법은 견우와 직녀를 만나게 해 주는 것밖에 없겠어."

"그렇게 하자면 누군가 은하수에 다리를 놓아야 하는데……."

그때, 지혜로운 비둘기가 말했다.

"하늘로 높이 날아오를 수 있는 것은 까치님들뿐입니다. 그러니 까치님들께서는 은하수에 올라가 다리를 놓아 주십시오."

"좋습니다. 우리가 해보겠습니다."

다음 해 칠석날, 지구에 있는 모든 까치들은 은하수로 올라가 머리를 서로 맞대어 다리를 만들었다. 그리하여 마침내 견우와 직녀는 그 다리를 밟고 서로 만나, 그동안 그리워 하면서 못다한 이야기를 주고받을 수 있었다.

사람들은 그 다리를 검을 오烏자와 까치 작鵲자를 써서 '오작교烏鵲橋'라고 했다.

매년 칠월 칠석날이 지나면 까치들의 머리가 벗겨지는데 그것은 견우와 직녀가 밟고 지나갔기 때문이고, 칠석날 비가 내리는 것은 견우와 직녀가 만나 기뻐서 흘리는 눈물이라고 한다.

견훤지말甄萱之末

甄 : 질그릇 견 萱 : 원추리 훤 之 : 어조사 지 末 : 끝 말

> 견훤의 종말이라는 뜻으로 후백제의 왕 견훤이 자식에게 축출된 고사에서 유래했다. 화려한 생애의 끝에 비참한 종말을 맞게 됨을 비유한다.
>
> 문헌 : 《삼국사기三國史記 · 한국역사韓國歷史 이야기》

견훤甄萱(867~935)은 신라 상주尙州 가은현加恩縣에서 태어났다. 본래의 성은 이씨李氏였으나 뒤에 견씨甄氏로 바꾸었다. 아버지 아자개阿慈介는 원래 농부였는데 나중에 출세하여 장군이 되었다.

견훤이 태어나 강보 속에 있을 때 아버지가 밭에 나가자 어머니는 밥을 지어 오느라고 아이를 숲 속에 두었는데, 그 사이에 호랑이가 와서 젖을 주니 사람들이 듣고 큰 인물이 될 것이라고 했다.

과연 견훤이 훗날 후백제 왕으로 등극하니 때는 신라 효공왕孝恭王 4년이었다. 그해 8월에 견훤이 고려의 태조에게 사신을 보내 준

마를 바쳤다. 그리고 10월에는 기병 3천을 거느리고 조물성曹物城을 침공하자 고려의 태조가 정병을 거느리고 와서 격전을 벌였으나 승부를 결정하지 못했다.

태조가 평화를 유지하자는 서신을 보내 화친을 청하고 자신의 동생 왕신往信을 볼모로 보내니, 견훤 역시 외조카 진호眞虎를 보내 서로 볼모를 교환했다.

그런데 고려에 보낸 진호가 갑자기 죽자, 견훤은 태조가 일부러 죽였을 거라고 의심하여 왕신을 옥에 가두고, 지난해에 보낸 준마를 돌려달라 하니 태조는 왕신의 신변에 문제가 생길 것을 염려하여 즉시 돌려주었다.

신라 경애왕景哀王 4년 9월, 견훤이 근품성을 쳐서 불태우고, 신라의 고을부를 습격하니 경애왕이 고려의 태조에게 구원을 요청하므로 태조가 군사를 일으켜 원조에 나섰다.

그러자 견훤은 서둘러 신라의 서라벌로 쳐들어갔다. 그때 경애왕은 포석정鮑石亭에서 술을 마시며 유흥을 즐기다가 적이 들이닥치자 부인과 더불어 성남城南의 별궁으로 피신했다. 견훤은 군사를 풀어 닥치는 대로 약탈케 하고, 별궁에서 경애왕을 죽인 후 경애왕의 동생 김부金傅로 하여금 왕위를 계승케 했다. 그리고 또 다른 동생 효렴孝廉과 재상 영경英景 및 왕의 자녀와 궁녀 등 많은 볼모를 잡아 돌아갔다.

이에 고려의 태조가 정예 기병 5천을 이끌고 공산公山 아래에서 견훤과 크게 싸웠는데, 태조의 장수 김낙金樂과 신숭겸申崇謙이 패배하여 죽고, 태조는 겨우 몸만 도망쳤다. 견훤은 승세를 타고 대목군大木郡을 빼앗았다.

신라 경순왕敬順王 6년, 견훤의 부하 공직龔直(?~939)이 견훤의 사치와 무질서를 보고 실망하여 태조에게 투항했다. 지략이 뛰어나고 용감했던 공직이 고려로 가버리자 화가 난 견훤은 공직의 두 아들과 딸 하나를 잡아다 다리의 힘줄을 끊어 버렸다.

9월에는 견훤이 일길찬 상귀相貴에게 수군을 주어 고려의 예성강에서 염주·백주·정주의 배 1백 척을 불태우고, 저산도猪山島의 말 3백 필을 잡아 오게 했다.

신라 경순왕 8년 정월, 견훤은 운주에 고려의 태조가 주둔해 있다는 말을 듣고 곧장 군사 5천 명을 뽑아 쳐들어 갔다. 그러자 고려의 장군 검필黔弼은 견훤이 진을 치기도 전에 공격하여 3천여 명을 베어 죽이니, 웅진 이북의 30여 성의 성주와 견훤의 술사 종훈宗訓과 의사 훈겸訓謙, 용장 상달尙達·최필催弼 등도 태조에게 투항했다.

견훤은 아내가 많아 아들을 10명이나 두었다. 그 중에 넷째 아들 금강金剛이 키가 크고, 지혜가 많았으므로 특별히 사랑하여 왕위를 물려주려고 했다. 그러자 그 형 신검神劍·양검良劍·용검龍劍 등이 시기했다. 그때 양검은 강주도독, 용검은 무주도독으로 있었으며, 신검이 홀로 견훤의 곁에 있었다.

신라 경순왕 9년 3월, 신검은 파진찬 신덕新德·영순英順 등과 함께 견훤을 금산사金山寺에 가두고, 금강을 죽였으며, 스스로 대왕이라 칭하고 나라를 장악했다.

견훤은 금산사에서 석 달 동안 갇혀 있다가 막내아들 능예能乂와 딸 쇠복裵福·애첩 고비姑比 등을 데리고 금성으로 도망쳤다. 그리고 사람을 고려의 태조에게 보내 만나기를 청하니, 태조가 기뻐하며 장군 유검필庾黔弼·만세萬歲 등을 보내 위로하고 데려왔다. 그리고 견훤의 나이가 10년이나 위이므로 상보尙父·尙甫로 삼고, 양주楊州를 식읍으로, 금·비단·병풍·금침·남녀 종 각 40여 명과 궁중의 말 10필을 주었다. 견훤이 태조에게 말했다.

"노신이 전하께 몸을 의탁한 것은 전하의 위력에 힘입어 역자逆子를 베자는 것이니, 청컨대 강한 군사를 빌려주시어 불효자 신검을 멸하게 해준다면 신은 죽어도 여한이 없겠습니다."

그리하여 태조는 그해 9월에 친히 3군을 거느리고 천안에 이르니, 신검이 맞이하여 일리천을 사이에 두고 싸움을 벌였다.

태조는 장군 공훤公萱으로 하여금 기병 2만과 보병 3천으로써 대적하게 했다.

그 결과 신검은 두 아우와 장군 부달富達·소달小達·능환能奐 등 40여 명과 함께 항복했다.

종전 후 군사재판에서 신검은 고려 태조에게 부하들의 협박으로 어쩔 수 없이 그리된 것이라고 용서를 구하므로 죽음만은 면케 해주었다.

그후 견훤은 등창이 나서 황산黃山의 한 사찰에서 생을 마쳤다.

경도낭저磬到囊儲

磬 : 다할 경　**到** : 이를 도　**囊** : 주머니 낭　**儲** : 털어낼 저

> 주머니를 모두 털어냈다는 뜻으로, 자식의 성공을 위해 있는 식량을 다 털어 밥을 지어 준 진정법사의 어머니 이야기에서 유래했다. 상대편을 위하여 가지고 있는 전부를 내어주는 경우를 이른다.
>
> 문헌 : 《삼국유사三國遺事》

　　법사法師 진정眞定은 신라 사람으로 의상義湘의 10대 제자 중 한 사람이며, 속세에 있을 때는 군대에 예속되어 있었다. 그는 집안이 가난해서 장가도 들지 못하고 군대에 복역하면서도 틈틈이 품을 팔아 곡식을 얻어서 홀어머니를 봉양했다. 집안에 재산이라고는 다리 부러진 솥 하나가 전부였다.

　　하루는 한 스님이 와서 절 지을 쇠붙이를 시주施主하라고 하자 어머니는 하나밖에 없는 솥을 내주고 나서 저녁에 진정이 돌아오자 그 사실을 이야기했다. 진정은 전혀 언짢은 기색 없이 오히려 기쁜 얼굴로 말했다.

　　"잘하셨습니다. 불사佛事에 시주하는 일이 얼마나 좋은 일입니까. 비록 솥은 없다 하더라도 먹고사는 데에는 아무 일 없을 것입니다."

　　그는 솥 대신 옹기甕器그릇으로 음식을 익혀 어머니를 봉양했다.

　　그러던 어느 날, 의상義湘법사가 태백산에서 설법說法을 한다는 말을 듣고 진정은 스님이 되었으면 싶어 어머니께 말씀 드렸다.

"의상법사를 찾아가서 도道를 깨우칠까 합니다."

그러자 어머니가 아들 진정에게 말했다.

"불법은 만나기 어렵고, 인생은 너무도 빨리 지나가느니라. 네 뜻이 그러하면 바로 떠나도록 하거라."

"어머니는 연로하시고, 봉양할 사람은 저 하나뿐인데 끝까지 모시지 못하는 불효不孝를 용서하십시오."

"어미 때문에 네가 출가하지 못한다면 그것은 이 어미를 지옥에 떨어지게 하는 것과 같다. 그러하니 어찌 좋은 음식으로 봉양하는 것만이 효도가 되겠느냐. 나는 비록 남의 문전에서 의식衣食을 얻더라도 천수를 다 누릴 것이니 걱정하지 말고 속히 떠나거라."

어머니는 미낭저米囊儲 쌀자루를 모두 털어 밥을 지어 싸주며 말했다.

"가는 도중에 밥을 지어 먹으면 발길이 더디게 될 테니 이 밥을 가지고 가도록 하여라!"

진정은 흐느껴 울면서 말했다.

"어머니를 홀로 두고 출가하는 것도 자식子息된 도리로 차마 못할 일이거늘, 하물며 어머니의 미음米飮거리마저 다 가지고 떠난다면 인간의 도리가 아니지 않습니까?"

진정이 세 번이나 사양했으나 어머니는 끝내 받아들이지 않았다.

진정은 밤낮으로 삼 일 동안 걸어 태백산에 들어가 의상대사에게 귀의하였는데 수양修養하는 동안에 어머니의 부고가 왔다. 진정은 즉시 가부좌를 하고 선정禪定에 들어 어머니를 만나고 7일 만에 깨어났다. 그 후, 해탈解脫의 경지에 올라 매사에 초연超然했다.

경봉여불 敬奉如佛

敬 : 공경 경　奉 : 받들 봉　如 : 같을 여　佛 : 부처 불

공경하기를 부처님 모시듯 하라는 말로 상대를 지극히 아끼고 공경하며 사랑하라는 뜻이다. 평신도를 그리스도 모시듯 하고, 불자를 부처님 모시듯 해야 천국이고 극락이라는 의미이다.
《선조실록宣祖實錄 · 조선금석총람朝鮮金石總覽》

조선시대의 고승 유정惟政(1544~1610)의 속성俗性은 풍천豊川 임任씨이고, 자는 이환離幻, 호는 사명당四溟堂, 또는 송운松雲이라 했으며 경남 밀양에서 태어났다. 어릴 때 아버지를 여의고 조부 밑에서 자라다가 13세 때 경북 황악산 직지사直指寺에 입산했다.

그 후 묘향산의 휴정休靜(서산대사)을 찾아가 불법을 더욱 깊게 수도하고, 풍악산楓嶽山(가을의 금강산) · 팔공산八公山 · 청량산淸凉山 · 태백산太白山 등의 명산을 다니면서 불도를 깨우쳐 불가에서 많은 신망을 받았다.

명종明宗 16년에는 승과僧科에 급제했으며 봉은사 주지로 초빙받았으나 사양하고 묘향산으로 들어가 휴정의 법을 이어받았다.

43세 때 옥주산沃州山 상동암上東庵에서 소나기를 맞아 떨어진 꽃잎을 보고 무상함을 깨달아 문하의 제자들을 해산시키고 홀로 참선에 정진했다.

임진왜란이 일어나자 휴정의 휘하에서 승병을 모아 왜적과 싸웠

다. 또 승군도총섭僧軍都摠攝이 되어 명나라 군사와 함께 평양을 수복하는 데 큰 공을 세웠다. 그리고 도원수 권율權慄과 함께 의령에서 왜적을 크게 격파하니, 그 전공으로 당상관堂上官(정3품)이 되었다.

그는 왜장 가토加藤淸正를 세 차례나 만나 담판을 했는데 그 자리에서 가토가 물었다.

"조선에 어떤 좋은 보배가 있습니까?"

유정은 주저하지 않고 대답했다.

"조선에는 보배가 없고, 일본에는 많습니다."

"뭐라구요? 보배가 일본에 많다고요? 그게 무슨 뜻입니까?"

"우리나라에서는 당신들의 머리를 보배로 여기고 있습니다."

그의 단호한 말에 가토는 간담이 서늘했다.

1597년 정유재란丁酉再亂이 일어나자 울산의 도산島山에서 전공을 세우고, 이듬해 순천에서도 크게 이겼다.

그때 일본은 도요토미 히데요시豊臣秀吉가 죽고, 도쿠가와德川家康가 정권을 잡고 있었다. 유정은 그를 만나 말했다.

"두 나라의 백성들이 도탄에 빠진 지 이미 오래되어 내가 구제하기 위하여 왔습니다."

도쿠가와는 그의 자비로운 언행에 감복하여 그를 마치 부처와 같이 공경하며 극진한 예로 대접했다. 그 덕택에 그는 일본과 강화를 순조롭게 맺고 포로 3500명을 데리고 돌아왔다. 조정에서는 그의 성과를 치하하여 병조판서의 녹을 주고, 어마御馬를 하사했으나 사양하고 걸어서 해인사海印寺로 돌아가 그곳에서 여생을 마쳤다.

경승마경敬乘馬驚

敬:존경 경　乘:오를 승　馬:말 마　驚:놀랄 경

경敬자가 말을 타면 놀랄 경驚자가 된다. 조선시대 임한호에게서 유래한 말로 난처한 경우 순간적인 재치로 교묘히 해결하는 행동을 이른다.

문헌:《독조야집요讀朝野輯要》

　　조선 순조純祖 때 우의정을 지낸 판중추부사判中樞府事 임한호林漢浩(1752~1827)는 당시 벼슬길이 막혀 있던 서얼庶孼(서자와 그 자손)들에게 벼슬길을 열어 준 매우 진보적인 인물이었다.
　　그가 어렸을 때 하루는 글방에서 훈장訓長이 자리를 비우자 친구들과 글자풀이 놀이를 하며 놀았다.
"야, 꼬부랑 할머니가 지팡이를 짚고 가는 글자가 뭐지?"
장난꾸러기 서당 친구가 묻자 한호가 대답했다.
"이에 내乃자!"
글자 생김새를 두고 풀어낸 말이었다.
"그럼 소가 외나무다리 위로 지나가는 자는?"
"그거야 날 생生자지!"
소 우牛자 아래 가로지른 한 일자가 있으니 하는 말이었다.
"그러면 입 아래 발이 달린 글자는?"
"다만 지只자!"

"눈 아래 발이 달린 글자는?"
"야! 그 정도도 모르겠냐? 조개 패貝자 아니냐!"
"갓 밑에 발이 있는 글자는?"
"야야! 그건 구멍 혈穴자야."
"그럼, 스무 하룻날, 해가 대나무 밭으로 오는 글자는?"
"그건 호적 적籍자다."

대 죽竹 밑에 올 래來하고, 열십十 자가 둘이고, 그 밑에 한 일一, 또 날 일日 했으므로 하는 말이었다.

"그럼 삼족三族이란 무엇을 말하는지 아니?"

"그거야 아버지와 아들과 손자를 말하는 거지. 그러나 계보를 말할 땐 좀 달라. 친족親族은 그렇지만 어머니 쪽의 외족外族과 처족妻族은 다른 의미를 지니지. 그리고 후손이라고 할 때의 손자 손孫자는 아들 자子 뒤에 실 사系자를 합해서 쓰는데, 이는 자식이 실처럼 계속해서 이어진다는 뜻 아니겠어? 이렇게 대를 잇는 것을 세대世代라고 하는데 십十자 세 개가 합쳐진 것을 세世라고 하니, 일세대一世代는 삼십 년을 가리키는 거야."

"그렇다면 공경 경敬자는 어떻게 해서 만들어졌는지 아니?"

그런데 한호는 미처 공경할 경자를 찾지 못했다. 그러나 지기는 싫어 책을 뒤적이다 보니 언뜻 말 마馬 부部에 놀랄 경驚자가 있는지라, 됐다 싶어 외쳐댔다.

"허허, 이것 좀 봐! 공경 경자가 언제 말을 타고 여기에 와 있네. 그것도 모르고 엉뚱한 곳에서 찾으니 없지."

임한호는 재치가 뛰어나 어떤 어려움이 닥쳐도 임기응변으로 해결을 잘하였다.

경지경更之更

更:고칠 경 之:어조사 지 更:고칠 경

고친 것을 또 고친다는 뜻으로, 부족함이 많다는 말이다.
최상급은 상지상上之上이고 맨 하급이 경지경인데 그만큼 모자란다는 의미이다.

문헌 :《고금청담 古今淸談》

조선 성종成宗 때 정랑正郞 손영숙孫永叔이란 사람이 호남지방에 부임하였는데 그곳에 자운아紫雲兒라는 기생이 한양에서 내려와 있었다. 손영숙은 자기의 직위를 이용하여 자운아를 희롱했으나, 그의 잠자리 능력이 시원치 않아 자운아는 불만이 많았다.

어느 날, 손영숙이 유생儒生들의 시문詩文을 채점하고 있는 중에 옆에서 구경하던 자운아가 점수를 주는 방법에 대해서 물었다. 손영숙은 가장 잘된 것은 상지상上之上이고, 차례로 상지중上之中, 상지하上之下, 다음은 이지상二之上, 이지중二之中, 이지하二之下, 그리고 여기에 못 들어간 것은 차상次上, 차중次中, 차하次下라 하며, 맨 꼴찌는 경지경更之更이라 한다고 일러 주었다.

그 후 손영숙은 서울로 올라가고, 조치규趙稚圭란 사람이 후임으로 내려와 자운아와 잠자리를 하고 나서 물었다.

"너는 그동안 많은 사람을 겪었을 터인데, 내 잠자리 실력은 어느 정도나 되더냐?"

그러자 자운아가 대답했다.
"네, 상지하쯤 됩니다."
"그러면 한양으로 올라간 손영숙은 어땠느냐?"
"그는 경지경이었습니다."
 손영숙은 머리가 좋아 공부는 잘하였으나 여자를 다루는 능력은 형편이 없었던 것이다. 그리고 기생에게 채점하는 방법을 가르쳐주었는데 정작 자기는 그 기생의 채점에서 맨 꼴찌를 했던 것이다.

계가불요鷄價不要

鷄:닭 계 價:값 가 不:아니 불 要:구할 요

닭 값은 필요 없다. 즉 닭 값은 치르지 않아도 된다는 말로, 자기가 원하는 것은 이미 확보했으니 더 이상의 것은 필요치 않다는 뜻으로 쓰인다.

　　문헌 : 《고금소총古今笑叢 · 한국해학소설대전집韓國諧謔小說大全集》

음심淫心이 발동한 남편이 은근히 부인에게 말을 걸었다.

"내가 오늘 밤 궐사厥事(그 일, 즉 남녀 간의 정사)를 당신이 원하는 만큼 해주면 당신은 나에게 무엇으로 보답하겠소?"

부인이 반색하며 대답했다.

"그렇게만 해준다면야 숨겨 두었던 세목細木(고운 옷감)으로 설빔을 지어 드리지요."

신이 난 남편이 큰소리를 쳤다.

"당신이 약속만 지킨다면 내 열 번도 더 해주겠소."

이렇게 해서 일이 시작되었는데, 남편이 일진일퇴할 때마다 '일차, 이차, 삼차……' 하고 수를 헤아리자 아내가 버럭 화를 냈다.

"아니, 이건 쥐가 나무를 갉는 것이지 무슨 일차 이차예요? 설빔은 고사하고 삼베 잠방이도 아깝소."

"아니, 그럼 당신은 무엇을 일차로 친단 말이오?"

"처음에는 천천히 진입하여 궐물厥物을 옥호玉戶에 가득 채운 다음, 상하와 좌충우돌左衝右突, 구퇴구진九退九進법으로 달래주고, 화심花心 깊숙이 진입하기를 수십 차 거듭하여 마음과 몸이 몽연해지고, 소리는 목에 있지만 입 밖으로 낼 수가 없으며, 눈을 뜨고 보려 해도 뜰 수가 없는 지경에 이르러야 가위 일차가 되고, 그 다음 두 사람이 깨끗이 씻고 나서 다시 시작하는 게 이차가 되는 것이지요."

이렇게 해서 두 사람이 궐사에 대해 논쟁하고 있는데 마침 닭서리꾼이 문 뒤에서 그 말을 엿듣고 큰소리로 말했다.

"아주머니의 말이 옳소. 남편이 말하는 일차 이차는 틀려먹었소. 그건 그렇고, 내가 당신네 닭을 술안주로 할까 해서 두어 마리 빌려 가니 용서하시오. 후일 꼭 갚아 드리리다."

그러자 부인이 속이 후련하다는 듯이 응답했다.

"명관明官의 송결訟決이 그처럼 지공무사至公無私하니 그까짓 닭 몇 마리가 뭣이 아깝겠소. 닭 값은 그만두시구려."

계림지신鷄林之臣

鷄 : 닭 계 林 : 수풀 림 之 : 갈 지 臣 : 신하 신

계림의 신하라는 말로, 신라의 충신 박제상에게서 유래했다. 죽어도 조국을 배반하지 않겠다는 신념을 지닌 사람을 가리킨다.

문헌 : 《삼국유사三國遺事》

　　신라 제17대 내물왕奈勿王 36년(391년), 신라가 명실공히 국가로서의 체제를 갖추자, 바다 건너 왜왕倭王이 사신을 보내왔다.

　"우리나라 왕이 폐하의 명성을 듣고 서로 화친을 맺고자 하신다고 아뢰라고 하셨습니다. 원컨대 폐하께선 왕자 한 분을 저희 왕에게 보내시어 성의를 보여주소서."

　내물왕은 셋째 왕자 미사흔未斯欣(또는 미해美海)을 볼모로 보내기로 했으나 미사흔의 나이 겨우 열 살이라 신하 박사람朴娑覽을 부사로 딸려 보냈다. 왜왕은 이들을 억류하고 30년이 지나도록 보내주지 않았다.

　내물왕이 서거하자 태자 눌지訥祗가 어리므로 제13대 미추왕味鄒王의 조카를 18대 왕으로 추대하니 실성왕實聖王이다. 그러나 눌지를 시기하여 살해하려다가 오히려 자기가 죽음을 당하였다. 그리하여 눌지가 제19대 왕으로 즉위하여 3년째 되던 해(419년), 이번에는 고구려의 장수왕長壽王이 사신을 보내왔다.

"우리나라 왕께서 대왕의 동생 복호卜好(일명 보해寶海)님이 뛰어난 지혜와 재주를 지녔다는 이야기를 들으시고 서로 우의를 돈독하게 지내기를 간청하십니다."

눌지왕訥祗王은 그렇지 않아도 자주 국경을 침범해오는 고구려와 화친을 하고 싶었던 참이라 신하 김무알金武謁을 수행케 하여 선선히 아우 복호를 보내주었다. 그러나 장수왕 역시 복호를 억류하고 돌려보내지 않았다.

눌지왕이 즉위한 지도 어언 10년. 미사흔이 왜국에 억류된 지 36년째로 접어들었고, 고구려의 복호는 8년째가 되었다. 세월이 갈수록 눌지왕은 두 아우의 일로 상심이 커졌다.

그래서 어느 날, 신하들을 불러 놓고 친히 연회를 베풀었다. 술잔이 서너 차례 돌아가고 연회가 무르익어 갈 즈음, 왕은 주르륵 눈물을 흘리며 말했다.

"지난날 선왕께선 진심으로 백성들의 안녕을 염려하시었소. 그래서 사랑하는 아들을 볼모로 왜국으로 보내시고 끝내 그 아들의 얼굴을 못 보신 채 눈을 감으셨소. 또 짐이 즉위한 뒤 이웃나라 고구려가 너무 강성하여 전쟁이 그치지 않았는데 화친을 맺자는 말을 믿고서 동생을 보냈소. 그런데 고구려 또한 지금껏 동생을 돌려보내지 않고 있소. 내가 비록 왕의 자리에 올라 있으나 어느 하루도 두 아우가 잊혀지는 날이 없소. 만약 두 아우를 만나 선왕의 혼령 앞에 인사를 드릴 수 있게 해준다면 그 은혜를 꼭 갚으리다. 이 일을 수행할 만한 사람 누구 없소?"

왕의 호소를 들은 신하들이 송구스런 마음으로 아뢰었다.

"이 일은 용이한 일이 아니어서 지혜와 용기를 갖춘 사람이라야 해낼 수 있나이다. 저희들의 생각으론 삽라군歃羅郡의 태수인 박제상朴堤上(삼국유사에는 김제상金堤上으로 표기됨)이 가장 적합한 사람으로 사료되나이다."

왕이 즉시 제상을 부르니 그는 한걸음에 달려와 아뢰었다.

"대왕께 근심이 있다면 신하로서 명예롭지 못한 일이오니 신하는 그 일을 위해 목숨도 불사해야 할 것이옵니다. 만약 일의 어렵고 쉬움을 따진 뒤에야 행한다면 그것은 진정한 충성이 아닙니다. 신이 비록 못난 사람이긴 하오나 명을 받들어 수행하겠나이다."

눌지왕은 제상의 충성과 용기를 거듭 칭찬하고 그를 고구려로 보냈다.

제상은 즉시 고구려 땅에 잠입, 변장을 하고 복호를 찾아가서 5월 보름날 탈출을 도모하겠다고 계획을 알려주었다. 약속한 날, 제상은 지금의 강원도 고성高城 항만에 배를 대놓고 기다렸다. 복호는 밤중에 왕성을 빠져나와 바닷가로 내달렸다. 뒤늦게 복호가 도망한 사실을 안 장수왕은 군사들로 하여금 추격케 한 결과 고성에 이르러 복호를 발견했다.

그런데 복호는 고구려에 억류당해 있을 때 주위 사람들에게 많은 온정을 베풀어 인심을 얻어 두었었다. 그날 그를 쫓던 군사들도 마찬가지였다. 그들은 복호를 살려 보내주고 싶어서 화살에서 살촉을 빼고 쏘았다. 때문에 복호는 무사히 도망하여 그리웠던 고향, 신라로 돌아올 수 있었다.

눌지왕은 복호를 만나니 왜국에서 오랜 세월, 망향에 젖어 있을 미사흔의 생각이 더욱 간절해졌다. 그래서 기쁨과 슬픔이 엇갈리는 눈물을 흘리며 다시 신하들에게 말했다.
"마치 몸에 한쪽 팔과 한쪽 눈만 있는 것 같소. 비록 한쪽은 얻었으나 다른 한쪽이 없으니 여전히 마음이 아프구려!"
제상은 다시 비장한 결심을 하고 곧장 율포 바닷가로 내달렸다.
제상의 아내는 남편이 왜국으로 건너가기 위해 율포로 갔다는 말을 듣고는 급히 뒤쫓아 갔다. 그녀가 율포에 이르렀을 때 제상이 탄

배는 이미 바다 한가운데로 떠나가고 있었다. 제상의 아내는 애절하게 남편의 이름을 불렀다. 제상은 손을 흔들어 보였으나 배는 이내 아물아물 수평선 너머로 사라져 버렸다.
제상은 왜국에 상륙하자 일단 거짓말로 왜인들에게 말했다.
"나는 신라 사람인데 신라왕이 아무런 죄도 없는 나의 부모를 죽였기 때문에 이곳으로 도망쳐왔소."

왜왕은 제상의 말을 그대로 믿고 그에게 집을 주어 안주케 했다.
제상은 바닷가에서 고기를 잡아 왜왕에게 바쳐 환심을 사는 한편, 은밀하게 왕자 미사흔과 만나 자기가 찾아온 목적을 말하였다.
어느 날 새벽에 안개가 짙게 끼자 제상이 미사흔에게 말했다.
"이런 날이 좋습니다. 어서 먼저 떠나십시오. 저까지 함께 사라지면 왜인들이 알아채고 뒤쫓아 올 것이니 저는 여기 남아서 뒤쫓지 못하도록 하겠습니다."
"지금 나에게 있어 그대는 나의 부형과 같은데 어찌 그대를 버려

두고 혼자 가겠는가?"

"신은 공公의 생명을 구할 수만 있다면 만족할 뿐이지 어찌 살기를 바라겠습니까? 하오니 제 걱정은 마시고 어서 떠나십시오."

제상은 계림 사람 강구려康仇麗를 미사흔에게 딸려 보냈다.

다음날 아침, 왜인들이 미사흔을 살피러 방으로 들어가려 하자 제상이 제지하며 말했다.

"어제 사냥을 하느라 피곤하셔서 아직 일어나지 않으셨으니 기다리도록 하시오."

해가 기울자 감시원들이 이상하게 여겨 다시 물었다.

"이제 일어나실 때가 되지 않았는가?"

그제야 제상이 바르게 말했다.

"미사흔 왕자께서는 이미 신라로 떠난 지 오래되었소."

보고를 받은 왜왕이 기병騎兵으로 하여금 뒤쫓게 했으나 붙잡지 못했다. 이에 제상을 가두고 물었다.

"너는 어찌하여 나 몰래 미사흔 왕자를 보냈느냐?"

"나는 계림의 신하이지 왜국의 신하가 아니오. 따라서 우리 임금의 뜻을 따를 뿐인데 어찌 그런 사실을 그대에게 말하겠소?"

왜왕이 노하여 말했다.

"너는 내 나라에 온 것으로 이미 내 신하가 되었으니 이제부터 계림의 신하라고 말하면 오형五刑(얼굴 피부에 먹물을 넣는 자자형, 코를 베는 형, 발뒤꿈치를 베는 형, 불알을 없애는 궁형, 목을 베어 죽이는 형)에 처할 것이고, 나의 신하라고 말하면 후한 녹祿을 주겠다."

"차라리 계림의 개나 돼지가 될지언정 당신의 신하는 되지 않겠으며, 계림 왕의 매를 맞을지언정 당신의 녹은 받지 않겠소."

극도로 화가 난 왜왕은 제상의 발바닥 살을 도려낸 후 갈대밭의 갈대를 짧게 베어 그 위를 걷게 하였다. 오늘날 갈대에 핏물이 들어 있는 것은 그때 박제상의 피라고 한다.

  왜왕이 형벌을 가한 다음 다시 물었다.

  "너는 어느 나라 신하인가?"

  "계림의 신하요."

  그러자 왜왕은 제상을 뜨거운 철판 위에 서게 하고 다시 물었다.

  "그대는 어느 나라 신하인가?"

  "계림의 신하요."

  왜왕은 제상의 뜻을 꺾을 수 없음을 알고 목도木島로 데려가 불태워 죽였다.

  한편, 미사흔이 신라에 도착하여 강구려로 하여금 먼저 왕에게 알리니, 왕이 놀라고 기뻐하며 동생 복호와 함께 남쪽 교외에까지 나가 맞았다. 그리고 대궐로 돌아와 연회를 베풀고, 죄수들을 모두 사면하는 한편, 제상의 아내에겐 국대부인國大夫人이란 작위를 내리고 그의 딸을 미사흔의 부인으로 맞았다.

  제상의 이 일을 두고 사람들은 곧잘 옛 한漢나라의 신하 주가周苛에 견주곤 하였다.

  주가는 한나라 유방劉邦의 신하였는데 형양 땅에서 초楚나라 군사들의 포로가 되었다. 초왕 항우項羽가 주가에게 물었다.

  "나의 신하가 되면 만호를 주고, 또 제후로 삼겠다."

  주가는 오히려 항우를 꾸짖고 끝내 굽히지 않아 항우에게 죽임을 당하고 말았는데 제상의 충렬은 그에 비해 조금도 못하지 않았다.

  앞서 제상이 왜국으로 떠날 때 그의 부인이 그 소식을 듣고 뒤쫓아갔으나 만나지 못하고 망덕사望德寺 절문 남쪽의 모랫벌에 누워 길게 울부짖었다 하여 그곳 모랫벌을 장사長沙라고 했다. 그리고 친척들이 그를 부축하여 집으로 돌아오는 길에 부인이 다리를 뻗고 주저앉아 일어나지 않았던 곳은 벌지지伐知旨라 했다.

  그 뒤에 부인은 남편에 대한 그리움을 누를 길이 없어 세 딸을 데리고 치술령 고개 위에 올라가서 바다 건너 아득히 왜국을 바라보며 통곡하다 그대로 죽으니 몸은 망부석望夫石이 되고, 그 혼은 치술신모鵄述神母가 되었다.

계명수하鷄鳴樹下

鷄 : 닭 계 鳴 : 울 명 樹 : 나무 수 下 : 아래 하

> 닭이 나무 밑에서 운다는 말로, 상서로운 일이 생길 때에 나타나는 조짐을 뜻한다. 김알지의 탄생설화에서 유래했다.
>
> 문헌:《삼국사기三國史記》

신라 초기의 큰 인물 중에는 특이한 설화를 가진 사람이 많았다. 1대 왕인 박혁거세朴赫居世와 4대 왕 석탈해昔脫解는 알에서 태어났고, 경주 김씨의 시조인 김알지金閼智(65~?)는 금궤에서 출현했다.

탈해이사금, 즉 탈해왕의 아버지는 다파나국多婆那國의 왕으로, 탐라국耽羅國(지금의 제주도)의 여인을 왕녀로 맞았는데, 그의 부인이 7년 만에 커다란 알을 낳았다. 그러자 왕은 상서롭지 못하다 하여 궤짝에 넣어 바다에 띄워 보냈다.

그 궤짝이 파도에 밀려 진한辰韓의 아진포阿珍浦에까지 떠내려 갔다. 그곳에서 한 늙은이가 궤짝을 인양하여 열어 보니 그 속에 어린 아이가 있었다. 이때가 박혁거세 재위 39년의 일이었다.

그래서 아이의 성姓은 궤짝이 처음 발견될 때 까치가 울고 있었기 때문에 까치 작鵲자의 한 변을 취해 석昔씨로 하고, 궤짝을 열고 나왔으므로 탈해脫解라고 지었다.

탈해는 고기잡이를 하며 살았는데 키가 장대하고 두뇌가 명석하

하였다. 그 소문을 들은 남해왕南解王은 그를 공주와 결혼시켜 대보大輔로 등용하고 정사를 맡겼다.

그후 남해왕이 죽을 적에 아들 유리와 사위 탈해에게 일렀다.

"너희들 박과 석 두 성이 나이 많은 순서로 왕위를 잇게 하라."

그리고 잇금의 수로 연장자를 가려 왕위에 오르게 하니 석탈해가 왕이 되었다.

탈해왕 9년 3월에 왕이 밤에 금성金城 서쪽 시림始林을 지나다가 숲 속에서 닭 우는 소리를 듣고 날이 밝자 호공瓠公을 파견하여 살펴보게 했다. 그가 시림에 이르러 보니 자주색 구름이 하늘에서 땅으로 내리뻗쳤는데, 그 빛은 나뭇가지에 걸려 있는 황금 궤를 비추고 있고, 그 나무 밑에서는 흰 닭이 울고 있었다. 하여 즉시 왕에게 보고했다.

왕이 궤짝을 가져오게 하여 열어 보니 그 속에 갓난 사내아이가 누워 있었다. 왕은 크게 기뻐하며 이는 하늘의 뜻이라 하고 거두어 길렀다. 그리고 이름은 알지關智라고 하되 금궤에서 나온 의미를 살려 성을 김씨金氏라 했다. 또 시림을 고쳐 계림鷄林으로 하고 국호로 삼았다. 알지란 어린아이란 뜻이다.

왕이 알지를 수레에 싣고 대궐로 돌아오는데 새와 짐승들이 서로 뒤따르면서 기뻐 춤추었다. 왕이 길일을 가려 태자로 책봉했으나 알지는 왕위를 파사婆娑에게 사양하고 오르지 않았다.

알지가 장성하여 열한熱漢을 낳고, 열한이 아도阿都를 낳고, 아도가 수류首留를 낳고, 수류가 욱부郁部를 낳고, 욱부가 구도俱道(또는 仇刀)를 낳고, 구도가 미추未鄒를 낳았는데, 미추가 왕위에 오르니, 신라의 김씨는 바로 이 알지로부터 번성하게 되었다.

김알지는 경주 김씨의 시조이다.

계살처노階殺妻孥

階 : 섬돌 계 殺 : 죽일 살 妻 : 아내 처 孥 : 자식 노

> 계백이 처자식을 죽이다. 백제의 장군 계백이 전장에 나아가기 전에 전쟁에서 패했을 때를 대비하여 처자식을 죽인 고사에서 유래했다. 어떤 일을 하기 전에 그와 관련된 일을 깨끗이 정리하고 최선을 다하는 것을 뜻한다.
> 문헌 : 《삼국유사三國遺事 권1 · 삼국사기三國史記》

계백階伯(?~660)은 백제의 장수로서 나羅 · 당唐 연합군의 침입을 막다가 황산벌에서 장렬히 전사했다. 직위는 달솔達率이었다.

백제百濟 의자왕義慈王 20년(660년), 당 고종唐高宗이 소정방蘇定方을 신구도대총관으로 삼아 신라와 연합하여 백제를 침공했다. 이에 계백은 결사대 5천 명을 거느리고 나당 연합군에 결사 항거했다. 그러나 황산벌 싸움에서 연합군의 기세에 밀려 마지막이 다가오는 것을 느끼자 가족들을 모아놓고 말했다.

"침략자 당나라와 신라의 대군을 맞아 국가의 존망을 알 수 없게 되었다. 만일 이 싸움에서 진다면 너희들은 모두 적들의 노비가 되어 치욕을 당하게 될 것이니 그보다는 차라리 이 아비의 손에 깨끗이 죽는 것이 어떻겠느냐?"

그러자 가족들은 계백의 말에 따르겠다고 했다. 계백은 눈물을 머금고 가족들을 자기 손으로 죽였다. 역사에 가정假定이란 있을 수 없지만 깊이 생각하여야 할 여지가 있다. 예나 지금이나 전쟁은 첩보

에 능한 자가 승리하기 마련이다. 그런데 싸움이 끝나기도 전에 먼저 가족들을 자기 손으로 죽인 다음 전쟁터로 나간 사실이다. 그리고 그는 황산黃山 들판에 이르러 신라 김유신金庾信의 군사 5만 명과 대결하였다. 계백은 결연한 의지로 장병들에게 최후의 훈시를 했다.

"옛날에 월越나라의 구천句踐은 5천 명의 군사로써 오吳나라의 70만 대군을 격파했다. 오늘 여러분들도 분발하여 승리를 쟁취함으로써 국은에 보답하도록 하라."

죽음을 각오한 병사들이 물밀듯이 쳐들어가서 한 사람이 천 명을 당해 내니, 그야말로 일당천의 용기로 싸웠다. 이와 같이 서로 진퇴하기를 네 번이나 거듭하며 격전했으나 관창官昌의 죽음으로 사기가 오른 신라군의 총공격을 받고 백제군은 중과부적으로 패퇴하고, 계백도 힘이 다하여 결국 전사했다.

여기에서 파생된 말로 결사대決死隊라는 말이 있는데 이는 죽음을 각오한 무리, 또는 군대라는 뜻이다.

고시레高矢禮

高:높을 고 矢:살 시 禮:예도 예

고시에게 드리는 예. 단군시대에 농사짓는 법을 가르쳐 주는 고시에게 예를 차린다는 뜻이다. 농민들이 들녘에서 참을 먹거나 점심을 먹을 때 맨 처음 술이나 밥을 주위에 던지며 외치는 말이다.
문헌:《한국민속담韓國民俗談》

高矢라는 말은 단군檀君왕검이 나라를 세운 후 농사짓는 법을 가르치는 사람에게 내린 직책으로 지금의 농림부장관과 같은 직위였다.《신시본기神市本紀》의 기록에는 당시의 농민들은 고시의 지시에 의하여 농사짓는 법을 배웠다고 한다. 그래서 그후 사람들은 그 공을 잊지 않기 위해서 일을 하다가 참을 먹거나 점심 식사 때 먼저 예를 갖추는 고사告祀를 지냈던 것을 오늘날의 고시례高矢禮라고 한다. 그런데 혹자는 음식에 따라온 귀신을 쫓고 들판에 있는 잡귀를 쫓기 위한 것이라고 말한다. 이는 우리 선조들의 뜻을 잘못 알고 있는 것이라 할 수 있다. 어쨌든 그런 유래가 지금은 음식을 먹기 전에 먼저 떼서 던지며 '고시례' 하고 외치는 풍습으로 남게 되었다.

이런 관습이 나중에는 남의 집에서 음식을 가져와도 먼저 한 쪽을 떼서 던지며 '고시례' 하는 의례적인 관습으로 남게 된 것이다. 이는 중국 신화에서 농사를 주관하는 염제 신농神農 씨보다 훨씬 앞선 일이다.

  더러는 이를 미신이라고 치부하는 경우도 있으나 이는 우리 민족의 정체성을 나타내 주는 귀중한 민속임을 인식하여야 할 것이다. 또 우리 선조들이 감나무에 까치밥을 남겨 놓아 자연과 더불어 친화적으로 나누고자 했던 심정적인 미덕도 같은 범주의 예라 할 것이다.

  명절이나 제사의 차례상茶禮床을 올릴 때에 차 대신 술을 먼저 모사茅砂에 조금씩 세 번 따른 뒤 신주 앞에 올리는데, 이 또한 고시에게 예를 표했던 것처럼 조상님께 예를 표하는 행위다.

  위에서 말한 차례茶禮 또한 우리 선조들이 술 대신 차茶를 조상께 올린 데서 비롯되었다. 예물에서 가장 귀한 예물이 차였음은 차가 조선시대의 혼례 필수 예물이었던 점만 봐도 충분히 증명되고 있다. 앞서 가신 선인들의 은혜에 대한 감사의 예禮를 이처럼 잊지 않고 표했던 것이 우리 민족이다. 그러니까 위의 예는 우리 선조들이 농사짓는 법을 가르쳐준 고시의 공을 감사히 여기는 마음에서 였다. 지방에 따라 '고시레'나 '고수레' 등으로 쓰이기도 하지만 그 의미나 뜻은 위와 같다.

곡경능지 曲逕凌遲

曲 : 굽을 곡 **逕** : 좁은길 경 **凌** : 혹독할 릉 **遲** : 늦을 지

> 곡경은 부정한 사유로 세력을 잡는다는 뜻이고, 능지는 능지처참 의 준말로, 죄인의 사지를 베는 극형을 말한다.
> 부정하게 권세를 잡아 영화를 누리면 끝에 가서는 극형을 당하게 된다는 뜻이다.
> 문헌 : 《선조실록宣祖實錄 · 광해군일기光海君日記》

조선시대 쌍리雙里 이이첨李爾瞻(1560~1623)은 경기도 광주廣州 사람으로 광해군 때에 정권을 잡아 정국을 좌지우지하다가 능지처 참을 당한 사람이다.

그는 일찍이 사마시司馬試에 장원급제하여 권력의 문에 들어섰다.

선조宣祖의 후사 문제로 대북大北과 소북小北이 대립하자 그는 광 해군光海君을 옹립하려는 대북의 영수가 되어 정인홍鄭仁弘을 중심 으로 영창대군永昌大君을 추대하려는 소북小北을 논박하다가 선조宣 祖의 노여움을 사 갑산甲山으로 유배를 당했다.

광해군은 선조의 후궁 공빈恭嬪 김씨金氏의 아들이고, 영창대군永 昌大君은 계비 인목대비仁穆大妃의 아들이었다.

이런 가운데 선조가 갑자기 죽고 광해군이 왕위에 오르자 이이첨 은 일약 예조판서 겸 대제학이 되었다. 그렇게 해서 권세를 얻게 되 자 그는 죽령에서 강도 짓을 하다가 잡혀 온 박응서朴應犀로 하여금 영창대군을 왕위에 옹립하려 했다고 허위 자백을 하게 했다.

그렇게 누명을 씌워서 영창대군을 강화도에 유배시켰다가 얼마 후 증살(蒸殺 : 삶아 죽임)하고, 인목대비의 아버지 김제남金悌南을 사사하게 했으며, 인목대비도 서궁에 유폐시켰다. 그 후 계해년에 인조반정으로 광해군이 폐위되고 인조仁祖가 왕위에 오르자 그는 극형에 처해졌으며, 그의 세 아들도 함께 처형되었다.

이이첨의 세도가 하늘을 찌르던 어느 날, 관아에서 일을 마치고 집에 돌아가다가 의관이 부서지고 얼굴이 피투성이가 되어 울고 있는 맹인을 만나 그 까닭을 묻자 맹인이 대답했다.

"소인은 점술가인데 공公의 아들이 공의 장래에 대하여 길흉을 묻기에 계해년 2월에 흉한 일이 있을 것이라고 하였더니 화를 내며 이 지경으로 만들었습니다."

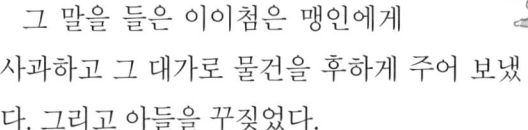

그 말을 들은 이이첨은 맹인에게 사과하고 그 대가로 물건을 후하게 주어 보냈다. 그리고 아들을 꾸짖었다.

"너의 물음에 맹인이 점괘대로 대답했는데 그것이 어찌 죄가 된다고 매질을 하였느냐? 내가 너희들에게 죄를 짓게 했구나."

그도 자신의 곡경능지曲逕凌遲를 예견하고 있었던 것 같다.

부정한 방법으로 지위가 높아진 사람은 사필귀정事必歸正의 진리에 의해 재앙을 받게 된다는 뜻으로 쓰인다.

공계부산란公鷄不産卵

公:어른 공 鷄:닭 계 不:아니 불(부) 産:낳을 산 卵:알 란

> 공계(수탉)는 알을 낳지 못한다. 어떤 일을 성사시킬 수 없을 때 변명의 의미로 쓰인다. 명신 이덕형이 선조에게 '저는 수탉이라서 알을 낳지 못하여 가져오지 못했습니다.'고 말한 고사서 유래했다.
>
> 문헌 : 《고금청담古今淸談 · 한국인의 야담野談》

　　조선 제14대 선조宣祖가 경복궁景福宮 근정전勤政殿에서 문무백관들을 모아 놓고 조회朝會를 하고 있었다.
　승지 한음漢陰 이덕형李德馨(1561~1613)은 뒤늦게서야 도착하여 조용히 자기 자리로 가 앉았다. 그런데 참석한 대신들이 저마다 품속에서 계란 세 개씩을 꺼내 상감마마 앞에 정중히 바치는 것이었다.
　'이상한지고……?'
　지각을 한 터라 감히 고개를 들지 못하고 있던 한음은 생각했다.
　'무슨 일일꼬? 상감마마께 계란을 바치다니……. 상감마마께서 잡수시려고 가져오라고 하지는 않았을 테고, 분명 무슨 곡절이 있는 거로구나.'
　한음은 어제 아내가 앓고 있어서 다른 대신들보다 일찍 퇴청했었다. 때문에 자신이 퇴청한 후 무슨 일이 있었는지 알지 못했다.
　왕이 물었다.
　"계란을 안 가지고 온 사람 없겠지?"

한음은 잠시 망설이다 갑자기 엉덩이를 푸드득! 푸드득! 치고 나서 '꼬끼오' 하고 수탉의 울음소리를 냈다.

용상에 앉아 있던 선조는 물론 만좌의 백관들이 눈이 휘둥그레져 바라보았다.

"이 승지李承旨! 승지는 평소 짐 앞에서 실수를 한 적이 없었거늘, 방금 그 괴성은 무슨 소린고?"

"네, 수탉의 울음소리이옵니다."

"뭐, 수탉의 울음소리? 왜 그런 해괴한 소리를 내는가?"

"아뢰옵기 황송하오나 상감마마께서 방금 들으신 대로 저는 수탉이라서 알을 낳지 못하여 계란을 가져오지 못했나이다."

만좌의 백관들은 천연덕스럽게 아뢰는 한음을 보고 폭소를 터뜨렸다. 선조도 내심 만족스러웠다. 사실은 선조가 이덕형의 재치를 시험해보려고 꾸민 일이었다.

한음은 선조 25년 임진왜란이 일어나자 명나라에 가서 원병을 교섭하여 이여송李如松으로 하여금 일본군을 막게 하고, 자신은 접빈관接賓官으로 활약했다.

그 후, 그는 영의정에까지 올랐으나 영창대군永昌大君의 처형과 폐모론에 반대하다가 직위를 박탈당하고 양근楊根에 내려가 죽었다.

공사무사公事無私

公:공 공 事:일 사 無:없을 무 私:사 사

공적인 일에는 사적인 감정이나 정실이 없다. 즉 어떤 일을 함에 개인의 욕심이 없이 공명정대해야 한다는 뜻이다.
문헌 :《해동명신록海東名臣錄 · 한국인명대사전韓國人名大事典》

조선 제3대 태종太宗 때 대사헌(大司憲 : 검찰총장) 고불古佛 맹사성 孟思誠(1359~1438)은 부하인 지평持平 박안신朴安信과 같이 태종의 사위인 조대림趙大臨을 국문하면서 태종에게는 알리지 않았다. 그 일로 태종의 노여움을 사게 되어 한주韓洲로 유배되었다. 그러나 영의정 성석린成石璘과 도승지 황희黃喜의 간곡한 해명으로 풀려나 이조판서를 지내고 우의정을 거쳐 좌의정에까지 올랐다.

그가 우의정으로 있을 때, 세종世宗이 친히《태종실록》을 보고자 하자 정중한 어조로 말했다.

"실록에 수록한 사실들은 먼 훗날 사람들에게 보이려는 기록입니다. 때문에 이를 보신다 하더라도 내용을 고칠 수는 없습니다. 그런데 전하께서 이를 보신다면 후세의 임금들도 전하를 선례로 삼아 모두 보려고 할 것입니다. 그렇게 되면 사관史官들은 혹시 화를 입을까 두려워한 나머지 본연의 임무를 제대로 수행할 수 없을 것입니다. 전하께서 그렇게 되기를 바라시겠습니까? 공적인 일에 사적인 감정이 개입되면 아니 되니, 뒷사람들에게 사실과 신의를 전달할 수 있게 보시지 않는 것이 옳은 줄로 사료되옵니다."

세종은 고개를 끄덕이며 그의 올바른 충정을 높이 평가하여 벼슬을 영전시켜 주었다.

그는 황희黃喜와 함께 조선 초기의 문화를 이룩하는 데 크게 공헌을 했다. 그는 성격이 강직하고, 청렴하여 정승으로 있을 때에도 집의 지붕에서 빗물이 새고, 고향에 갈 때에도 남루한 차림으로 행차하여 그곳 수령이 그를 알아보지 못하고 야유하는 일도 있었다.

시문詩文과 음률音律에도 밝아 향악鄕樂을 정리하고, 악기를 직접 제작하기도 했다.

사후에는 청백리에 추대되었고, 효자정문孝子旌門도 세워졌다.

공수편매共水騙賣

共:한가지 공 水:물 수 騙:속일 편 賣:팔 매

공공의 물을 속여서 팔다. 봉이 김 선달이 대동강 물을 판 고사에서 유래한 말로, 남을 감쪽같이 속이는 행위를 이른다.

문헌 : 《한국해학소설집韓國諧謔小說集》

평양平壤 선교리에 봉이鳳伊 김선달金先達이라는 사람이 살았다. 그는 똑똑하고 재주가 많았지만 미천한 신분으로 태어났기 때문에 과거를 볼 수가 없었다.

선달이라는 직위는 그를 부를 마땅한 호칭이 없자 그의 재주를 높이 평가한 주위의 사람들이 편의상 붙여준 것이었다.

김 선달은 자기가 아무리 노력을 해도 벼슬길에 들기는 어렵다고 생각하고 하루하루를 선교리 동구 밖에 있는 능라도 주막집에서 소일했다.

그러던 어느 날, 화려한 비단옷 차림의 한양 사람들이 떼로 몰려와 평양 거리를 쓸고 다닌다는 소문을 듣게 되었다. 알고 보니 그들은 평양의 특산물을 싸게 싹쓸이 해다가 한양에서 비싸게 팔려는 투기꾼들이었다. 그들은 많은 돈을 전대에 차고 저잣거리를 휘젓고 다니면서 물건을 후려치는 등 볼썽사납게 굴었다.

김 선달은 그들의 행위를 그대로 보고만 있을 수가 없었다. 그래서 그들을 골탕 먹일 좋은 방법이 없을까 골똘히 생각하면서 대동 강가로 가는데 갑자기 물장수들을 만나게 되었다. 순간적으로 좋은 생각이 떠오른 선달은 모사를 꾸미기 시작했다. 그는 물장수들에게 말했다.

"우리 주막에 가서 대포나 한잔 합시다."

"아니 선달님께서 어쩐 일로 술을 다 사십니까?"

"내 술은 술이 아닌가? 마셔 보게나, 아주 달콤할 테니……."

마침 출출하던 물장수들은 선뜻 김 선달을 따라나섰다. 술이 두어 순배 돌아가 입에 침이 돌자 선달이 제안을 했다.

"여보게들! 내가 재미있는 일을 한번 벌여 보려고 하는데 좀 도와 주겠나?"

"좋지요! 무슨 일입니까?"

"내가 여러분들께 엽전 다섯 냥씩을 나누어 줄 테니 그것을 가지고 있다가 대동강에서 물을 길어 갈 때마다 나에게 한 냥씩만 주고 가면 돼! 한 이삼일만 하면 될 게야."

"그까짓 일쯤이야 협조고 자시고가 어디 있겠습니까. 그렇게 해 드리지요."

"자, 그럼 내일부터 내가 여차저차하면 당신들은 저차여차해주시오. 그럼 내 섭섭지 않게 인사는 하리다."

그러고는 모두에게 다섯 냥씩을 나누어 주었다.

다음날, 김 선달은 커다란 소쿠리를 챙겨들고 물장수들이 대동강에서 물을 길어 마을로 나가는 길목에 자리를 잡고 앉았다. 물장수들은 약속대로 엽전을 한 냥씩 소쿠리에 던져 주고 갔다.

잠시 후, 한양의 양반 패거리들이 나타났다. 그들은 물장수들에게서 꼬박꼬박 엽전 한 냥씩을 받는 김 선달을 보고는 크게 놀랐다.

"아니, 영감은 지금 무슨 돈을 받고 있는 거요?"

"보면 모르시오? 물값이오, 물값! 내 강에서 물을 길어 가니까 물값을 받아야 할 것 아니오."

"아니, 저 대동강 물이 모두 당신 것이란 말이오?"

김 선달은 귀찮다는 듯 손을 휘휘 내저었다.

"허허! 그렇대두요. 남의 장사 방해하지 말고 저리들 가시오. 보아하니 한양에서 온 양반들 같은데 꽤나 답답들 하시구만!"

그렇게 하루를 지내고 다음날이 밝았다. 김 선달은 또다시 강가로 나가 어제처럼 돈을 받았다.

해가 중천에 떠오르자 한양 투기꾼들이 다시 몰려 나왔다. 그때 물지게를 지고 오는 사람에게 김 선달이 말했다.

"자네는 밀린 돈이 열 냥인 거 알고 있지? 내일은 모두 가지고 와야 하네."

"네! 내일은 틀림없이 가져다 드리겠습니다."

그러자 투기꾼들은 김 선달에게 대동강 물을 팔라고 떼를 쓰기 시작했다. 김 선달은 못이기는 척 물러나며 말했다.

"내 자손 대대로 편히 먹고 살 소중한 재산인데……. 하지만 어르신네들의 말씀이니 어쩔 수 없구려. 얼마면 사실 생각입니까?"

"2천 냥이면 어떻겠소?"

"2천 냥? 어디 셈을 한번 해봅시다. 하루에 오십 냥만 치더라도 열흘이면 오백 냥, 그럼 한달 열흘이면 본전을 모두 뽑는데……. 헤헤! 그걸로는 어림도 없소이다."

"노인장, 그러지 말고 우리들의 성의를 봐서 적당한 선에서 넘겨 주시오. 그럼 배를 올려 4천 냥 드리리다."

"안 되오. 정히 그러시다면 5천 냥을 당장 현금으로 내시오. 그 전에는 아예 말도 꺼내지 마시고……!"

　투기꾼들은 5천 냥이면 엄청난 돈인데도 망설이지 않고 선뜻 전대를 풀어 돈을 보이면서 매매를 해버리자고 서둘렀다. 물론 간단한 계약서도 썼다.

　김 선달은 계약서에 도장을 찍고 신이 나서 어쩔 줄을 몰라하는 그들을 두고 돈자루를 지고 잽싸게 사라져버렸다.

　이튿날, 한양 양반 패거리들은 길목에 천막까지 치고 느긋하게 앉아서 돈을 받으려 했으나 돈을 내는 물장수는 하나도 없었다.

　"아니, 왜 물값을 안 내는 거요?"

　"물값이라니, 무슨 물값을 내라는 거요? 당신들 미쳤소?"

　물장수들은 어이가 없다는 듯이 빤히 쳐다봤다.

　"우리가 저 대동강을 샀단 말이오. 그러니 오늘부터는 물값을 우리에게 내고 가슈."

　젊은 물장사가 나서며 빽하고 소리를 질렀다.

　"허허, 이런 얼간이들을 보았나! 저 대동강 물이 누구의 것인데 누구한테 어떻게 샀다는 거요?"

　그러자 투기꾼들은 계약서를 내밀면서 한사코 물값을 내라고 했다. 그러자 물장수가 말했다.

　"쯧!쯧! 당신들이 속은 거요. 우리는 그 선달 영감이 여차저차하면 저차여차해달라기에 그렇게 해준 것뿐이란 말이오."

　그제야 한양 양반 패거리들은 땅을 치며 길길이 날뛰었으나 김 선달은 이미 물 판 돈 중에서 일부를 물장수들에게 나누어 주고 평양을 떠난 뒤였다.

공심수덕空心修德

空 : 빌 공   心 : 마음 심   修 : 닦을 수   德 : 큰 덕

마음을 비워야 덕을 닦을 수 있다는 뜻이다. 찻잔에 물이 가득 차 있으면 더이상 다른 물을 부을 수 없듯이 아집과 사심을 버려 마음을 비워야 진리를 받아들일 수 있다. 즉 욕심을 버려야 덕을 쌓을 수 있다는 뜻.

문헌 : 《한국인의 야담野談 · 잡기雜記》

오재두吳再斗 스님이 오랜 수행 생활을 통하여 학문이 깊어지자 세상 사람들에게 바른 삶의 도리를 일깨워주기 위해 법문法文을 열었다. 그러자 원근 각지에서 찾아오는 손님들로 절문이 닳토록 붐볐다. 스님은 누가 찾아와도 마다하지 않고 늘 겸손하게 한 사람 한 사람을 따뜻하게 대해주었다.

그런데 이웃 마을에 사는 선비 셋이 스님을 시기하여 헛소문을 퍼뜨리며 헐뜯었다.

"겨우 땡중 주제에 알면 얼마나 안다고……."

"염불 몇 줄 외우고, 불경佛經 몇 권 뒤적인 주제에 세상 이치를 다 아는 양 거들먹거리는 꼴이라니……."

"틀림없이 그저 사술邪術이나 펴는 똘중일 게야."

그들은 스님의 학덕을 깎아내려 상대적으로 자기들의 지식이 우월함을 내세우려고 했다.

"이럴 것이 아니라 우리가 직접 찾아가 골탕을 먹여줍시다."

이렇게 작당한 세 선비가 스님을 찾아가서 깍듯이 예의를 갖추는 척하면서 말을 걸었다.

"저희는 산 아래 사는 선비들이온데 스님께 가르침을 받으러 왔습니다."

스님은 선비들의 인사를 받고 방으로 안내한 다음 찻잔을 내놓더니 아무 말 없이 찻잔에 뜨거운 작설차雀舌茶를 넘칠 만큼 가득 부었다. 하얀 김이 모락모락 피어오르는 찻잔은 너무 뜨거워서 손을 댈 수조차 없었다. 그때 스님이 선비들에게 말했다.

"소승이 미련하여 물을 너무 뜨겁게 했군요. 여기 찬물이 있으니 이걸 부어 식혀서 드시지요?"

그러자 선비들은 왠지 자기들이 무시당한 듯한 느낌이 들었다.

"여보시오, 스님! 이렇게 찻잔이 넘칠 지경인데 어떻게 여기에 찬물을 더 부으라는 거요?"

스님은 고개를 끄덕이며 정색을 하고 말했다.

"바로 그것입니다. 소승에게 배우러 왔다는 분들이 자기의 아집과 시기심으로 가득 차 있는데 소승의 말이 들어갈 자리가 어디에 있겠습니까? 진정으로 제 말을 듣기를 원한다면 우선 마음을 깨끗이 비우셔야 됩니다. 마음에 빈 자리가 많을수록 많이 배울 수 있는 법이지요. 자만과 아집이 가득한 마음은 찻잔에 물이 가득 들어 있는 것이나 다름없습니다."

스님의 얘기를 듣고 선비들은 부끄러움으로 얼굴조차 들지 못하고 암자를 떠났다.

공후인箜篌引

箜 : 공후 공　篌 : 공후 후　引 : 이끌 인

> 남편이 강물에 빠져 죽음을 슬퍼하여 부른 노래. 고조선시대의 노래 〈황조가〉와 함께 전해져 내려오고 있다. 절개를 지킨 백수 광부의 처가 부른 노래다.
>
> 문헌 : 《최표崔豹의 고금주古今注》

　고조선古朝鮮시대의 시가詩歌인 〈공후인箜篌引〉에는 슬픈 사연이 담겨 있다.
　대동강에서 뱃사공을 하던 곽리자고霍里子高가 어느 날 새벽에 강으로 나갔는데 백수광부(白首狂夫 : 흰머리의 미친 사람)가 강을 가로질러 건너는 것이었다. 그러자 그의 아내가 화급히 따라가며 건너지 말라고 소리쳐 불렀으나 듣는 둥 마는 둥 계속 물속으로 들어가 결국 빠져 죽고 말았다. 그러자 그의 아내가 슬퍼하면서 〈공무도하가公無渡河歌〉를 지어 부르기 시작했다.

　　임이여 강을 건너지 마오. 공무도하公無渡河
　　그래도 임은 기어이 건너가셨네. 공경도하公竟渡河
　　결국 물에 빠져 돌아가시니, 수하이사墮河而死
　　아, 이 일을 어찌해야 하오리. 당내공하當奈公何

노래를 다 마친 그녀는 남편이 빠져 죽은 강물로 들어가 목숨을 끊었다.

　그 광경을 목격한 곽리자고는 집에 돌아와 처 여옥麗玉에게 나루터에서 있었던 일을 노래와 함께 이야기해 주었다. 여옥은 그 사연을 듣고 몹시 슬퍼하면서 공후를 가지고 남편이 불러 주는 시가에 곡조를 붙여 〈공무도하가〉를 완성했다. 그 노래를 들은 사람들은 울지 않는 사람이 없었다.

　이 노래는 고구려 유리왕琉璃王의 〈황조가黃鳥歌〉와 함께 우리나라에서 가장 오래된 것으로 전해지고 있다.

과욕패가過慾敗家

過:지나칠 과 慾:욕심 욕 敗:패할 패 家:집 가

> 욕심이 지나치면 집안을 망친다는 뜻이다. 즉 허망한 과욕은 자신을 망치게 하는 것은 물론 가족까지 잃게 한다. 과욕을 경계하라는 교훈이다.
>
> 문헌 : 《한국인의 지혜智慧 · 고금청담古今淸談》

조선 인조仁祖 때, 사헌부에 윤후길尹厚吉이라는 나졸이 있었다.

하루는 그가 옥문을 지키고 있는데 한 죄수가 자기를 풀어주면 평생 먹고살 만한 돈 삼천 냥을 주겠다고 제의했다. 생각해 보니 그 돈만 있으면 고된 나졸직을 그만두더라도 평생토록 배부르게 살 수 있을 것 같아 뒷일은 생각하지 않고 그 죄인과 함께 달아났다.

하지만 이내 잡혀 사헌부에 끌려와 고문을 당한 끝에 범죄 사실을 고백할 수밖에 없었다. 평생 편히 살려던 꿈이 수포로 돌아간 것은 물론이고, 고문으로 얻은 상처로 거의 죽을 지경에 이르게 되었다. 가까스로 목숨을 유지하여 옥살이를 마치고 나오니 가족들은 물론 남아 있는 것이라고는 아무것도 없었다.

과욕은 신세를 망치게 되고 끝내는 가족도 지키지 못하는 패가敗家의 어리석은 짓이라는 것을 깨우쳐주는 말이다.

과자배학 寡子倍學

寡:홀어미 과 子:아들 자 倍:갑절 배 學:배울 학

> 홀어미의 아들은 남보다 갑절이나 더 배우고 법도를 잘 지켜야 한다. 즉 편모슬하에서 자란 아들은 아버지 없이 자라 버릇없다는 욕辱을 먹지 않도록 경계하여야 한다는 말이다.
>
> 문헌:《고금청담古今淸談》

조선 명종明宗 때 이준경李浚慶(1499~1572)은 본관이 광주廣洲이며 호는 동고東皐이다. 중종中宗 17년에 생원生員이 되는 것으로 관직에 올라 명종明宗 20년(1565년) 때에는 영의정에까지 올랐다. 그는 기묘사화己卯士禍 와중에 죄인을 변호했다가 김안로金安老의 미움을 사 파직되었다. 그 후 김안로가 문정왕후文定王后 폐위 사건에 연루되어 처형되자 다시 복귀되었는데, 청렴하고 검소하여 덕망이 높았다.

준경은 일찍 아버지를 여의고 홀어니를 모시고 자랐는데, 어머니 신申씨는 효경편孝經編의 내용대로 아들을 엄하게 교육했다.

"효경에 과부의 아들과는 사귀지 말라 했느니라. 이는 과부의 자식은 자칫 버릇이 없을 수 있어 그를 경계한 말이니, 너는 반드시 남보다 열 갑절이나 더 조심하고 잘 배워서 모범이 되도록 하여라."

그는 어머니의 말씀을 명심하여, 형 윤경潤慶과 함께 종형 연경延慶의 문하에서 열심히 공부했다. 그래서 마침내 문신정시文臣庭試에

장원하여 벼슬을 하기 시작하였다.

그는 대사헌 때 윤임尹任 일파로 몰려 귀양을 가게 되었으나 나중에 풀려나 함경도 순변사가 되어 북쪽 변방의 국방을 맡았고, 다시 전라도 순찰사가 되어 호남지방에 침입하는 왜적을 격퇴하는 공을 세웠다. 그 후 우의정과 좌의정을 거쳐 영의정에까지 올랐으나 1567년 명종이 승하하자 신진사류新進士類의 정적 기대승奇大升 등의 공격을 받아 영의정을 사임하고 영중추부사領中樞府事를 역임했다.

그는 죽을 때 붕당朋黨이 심해질 것이라는 예언을 하여 규탄을 받았으나 뒤에 실제로 동서분당東西分黨이 일어나 미래를 내다보는 높은 혜안을 인정받기도 했다.

선조 묘정에 배향되었으며 시호는 충정공忠正公이다.

과지옥룡胯知玉龍

胯 : 사타구니 과   知 : 알 지   玉 : 구슬 옥   龍 : 용 룡

허리 아래 옥룡(남근)은 알고 있다. 즉 나라를 지키겠다는 강한 의지를 피력한 말이다. 또한 남성의 강한 기개를 나타낸 말이다. 나라를 위해 목숨을 바치는 장렬한 기개를 뜻한다.

문헌 : 《일계집日溪集 · 고금청담古今淸談》

조선 제14대 선조宣祖 때의 무신 문기방文紀房(?~1597)은 본관이 남평南平이고, 자는 중률仲律로, 문익점文益漸의 후손이다. 그는 어려서부터 전쟁놀이를 좋아하더니 자라서도 역시 힘이 뛰어나고, 말타기와 활쏘기를 잘하여 무과에 급제했다.

임진왜란이 일어나자 동생 명회明會와 함께 의병을 모아 전라도 병마절도사兵馬節度使 이복남李福男을 따라 남원에서 싸웠다. 그때 왜적은 숙성령宿星嶺을 넘어오고, 관군은 순천을 지나 남원에 이르렀는데, 의병들은 무장한 일본군을 보자 겁을 먹고 달아나 겨우 50여 명만 남아 있었다.

왜적의 선봉이 남원성 아래로 바짝 다가오자 그는 명회에게 강한 의지로 말했다.

"나는 오늘 이 싸움에서 죽어 나라의 은혜에 보답하겠다."

그는 활을 당겨 쏘느라고 오른쪽 손가락이 문드러지자 왼손으로 쏘고, 왼쪽 손가락마저 문드러지자 이렇게 시를 읊었다.

평생토록 순국은 나의 뜻이다.
허리 아래 옥룡은 알고 있으리.

허리 아래 옥룡이란 대장부를 상징하는 남근을 이르는 말이다.
그러자 아우 명회가 화답했다.

힘을 다해 싸웠건만 고성孤城이 되었구나.
그 누가 나라의 위태함을 구해 주려나?

형제는 치열한 싸움 중에도 이 글을 적삼 소매에 피로 써 놓고, 육박전을 벌이다가 장렬히 전사하니 충신의 일생이 그렇게 끝났다.

관명승진 觀命昇進

觀:볼 관 命:목숨 명 昇:오를 승 進:나아갈 진

관명의 승진이라는 말로, 숙종 때 호조판서를 지낸 이관명의 승진에서 유래했다. 공적인 일을 소신껏 추진하여 인정받고 성공함으로써 고속 승진하는 경우를 이른다.

문헌:《국조인물지國朝人物志》

조선 숙종肅宗 때 당하관(정3품) 이관명李觀命(1661~1733)이 어명으로 영남에 내려가 백성들의 실태를 살피고 돌아왔다.

"수의어사 이관명 알현이오."

옥좌에 정좌한 숙종은 용안에 희색이 만면하여 그를 맞았다.

"얼마나 객고가 많았는가? 그래, 백성들을 직접 살펴본 소회는 어떠한고?"

"상감마마께서 정사를 바르게 펴신 덕택에 지방 관리들도 모두 백성들을 잘 보살펴 주고 있었습니다. 다만 통영에 있는 섬 하나가 후궁의 땅으로 되어 있사온데, 그곳 백성들에게 부과하는 공물이 너무 많아 원성이 자자하였기로 감히 아뢰옵니다."

숙종은 후궁의 땅이라는 데 크게 노하였다.

"과인이 조그만 섬 하나를 후궁에게 주었기로서니 그것을 탓하여 감히 나를 비방하다니……!"

숙종이 주먹으로 앞에 놓여 있는 상을 내려치니 박살이 나고 말았

다. 갑자기 궐내의 분위기가 싸늘해졌다. 그러나 관명은 조금도 굽히지 않고 목소리를 가다듬어 아뢰었다.

"소신이 예전에 경연에 참여하올 때에는 전하께서 이러지 않으셨사옵니다. 그런데 소신이 외지에 나가 있던 동안에 전하의 성정이 이처럼 과격해지셨으니 이는 전하께 올바르게 간쟁諫爭하는 사람이 없었기 때문일 것입니다. 하오니 모든 신하들을 파직시키옵소서."

그는 서슴지 않고 자기가 생각한 바를 그대로 아뢰었다.

그러자 숙종은 시립侍立하고 있는 승지에게 명하였다.

"승지는 전교를 쓸 준비를 하라."

신하들은 관명에게 큰 벌이 내려질 것으로 알고 숨을 죽였다.

"전 수의어사 이관명에게 부제학을 제수한다."

숙종의 분부에 승지는 깜짝 놀라 붓끝이 움직이지 않았다. 너무도 생각 밖의 일이었다. 주위에 함께 있던 신하들도 서로 바라보기만 할 뿐 왜 그런 교지를 내리는 것인지 도무지 짐작을 할 수가 없었다.

숙종이 다시 명했다.

"승지, 나의 말을 다 썼는가?"

"예!"

"그럼 다시 부제학 이관명에게 홍문제학을 제수한다고 쓰라."

괴이하게 여기는 것은 승지만이 아니었다. 만조백관이 웅성거렸다. 숙종은 잇달아 명을 내렸다.

"홍문제학 이관명에게 예조참판을 제수한다."

숙종은 이관명의 관작을 한자리에서 세 번이나 높이어 정경正卿으로 삼았다.

"경의 간언으로 이제 과인의 잘못을 알았소. 하여 경을 예조참판에 제수하는 것이오. 앞으로도 그런 자세로 짐의 잘못을 바로잡아

나라를 태평하게 하시오."

  이 고사를 두고 후세 사람들은 갑자기 고속 승진하는 것을 관명승진이라 했다.

  그는 훗날 예조판서를 거쳐 이조판서, 우의정, 좌의정을 지냈다.

  저서에《병산집屛山集》이 있다.

관물불수官物不受

官:관청 관 物:물건 물 不:아니 불 受:받을 수

> 관청의 물건은 받지 않는다는 뜻으로, 공과 사를 구분하는 것이 엄격하여 청렴한 경우를 이른다. 공공의 물건을 사사로이 남용해서는 안된다는 가르침이다.
>
> 문헌 : 《고금청담古今淸談》

조선 중종中宗 때, 홍순복洪順福은 본관은 남양南陽이고, 호는 고암顧庵으로 청렴하고 지조가 굳은 선비였다.

그의 장조부(丈祖父 : 아내의 조부) 김맹유金孟鍒가 고을 원님으로 부임하여 오자 인사차 방문하니 장조부가 의외라는 듯 말했다.

"그대의 집은 가난하여 무엇인가 재화財貨가 될 만한 것을 하나쯤은 달라고 할 법도 한데 왜 그런 말을 하지 않는가?"

그러자 순복이 단호하게 말했다.

"관가의 물건이라면 저는 절대로 받지 않습니다."

이에 장조부가 이상하다는 듯이 다시 말했다.

"사소한 것일 뿐인데 무에 그리 흥분하는가? 그러지 말고 필요한 것이 있으면 언제든지 말하게."

인사가 끝나고 돌아오려고 일어서자 벌꿀 5홉과 개가죽 반 장을 주는 것이었다. 그는 마지못하여 받아왔으나 집에 와서 아무리 생각해봐도 도저히 안되겠다 싶어 받아 온 물건을 다시 돌려보내면서

정중히 말했다.

"개가죽으로 말 안장을 만들어 쓰다 보면 닳아 끊어질 걱정을 해야 되고, 달콤한 꿀을 먹고 먼 길을 가다 보면 갈증이 더해 오히려 치료를 해야 할 염려가 있어 아예 돌려드리고자 합니다."

순복은 이처럼 매사에 공과 사를 확실하게 구별하여 행하는 의로운 사람이었다.

관필숭민 官必崇民

官:벼슬 관 必:반드시 필 崇:숭상할 숭 民:백성 민

국가의 녹을 받는 벼슬아치는 반드시 백성들을 잘 받들어야 한다. 즉 관리들은 국민들에게 친절하게 봉사해야 한다는 공직자의 자세를 이르는 말이다.

문헌 : 《조선명신록朝鮮名臣錄》

　　조선 제4대 세종世宗 때의 무신으로 좌의정에까지 올랐던 최윤덕崔潤德(1376~1445)이 모친상을 당하여 식솔들을 데리고 창원으로 내려가고 있었다. 도중에 어느 고을을 지나게 되었는데, 서너 명의 수령들이 냇가에 천막을 치고 천렵川獵을 하다가 말을 타고 가는 최윤덕을 보고 혀를 차며 말했다.

"저런 고얀 놈이 있나? 상복을 입은 채로 말을 타고 가다니……. 그리고 이 부근의 시골 놈이 분명한데, 어찌 수령에게 예를 갖추지 않는 게야?"

"저런 놈은 잡아다가 호되게 다스려야 해."

수령들은 하인을 시켜 최윤덕의 종을 잡아오게 하고 캐물었다.

"네 주인이 누구이며 어디로 가느냐?"

"예! 최윤덕이라 하고 지금 창원으로 가는 중입니다."

"뭐라구? 좌의정 최윤덕 대감을 말하는 것이냐?"

"예."

"어허! 이거 난리 났군. 난리가 났어!"

수령들은 금방 사색이 되어 서둘러 천막을 걷고 술자리를 치웠다. 그리고 최윤덕의 숙소로 찾아가 머리를 조아리며 용서를 빌었다.

최윤덕은 준엄하게 꾸짖었다.

"백성을 종 보듯 하는 너희들의 마음부터 고치도록 하여라. 목민관은 백성들 위에 군림하는 자가 아니라, 백성들을 떠받드는 자가 되어야 하느니라. 알겠느냐?"

"예."

수령들은 얼굴도 제대로 들지 못하고 조용히 물러갔다.

교왕지말 驕王之末

驕:교만할 교 **王**:임금 왕 **之**:어조사 지 **末**:끝 말

교만한 왕의 끝이라는 말로, 태봉국 왕 궁예의 고사에서 유래했다. 높은 지위에 올랐을 때 덕을 베풀지 않고 교만하면 그 말로가 비참해진다는 뜻으로 쓰인다.

문헌 : 《삼국사기 三國史記》

애꾸눈 왕 궁예弓裔(?~918)의 출생에 대해서는 명확한 기록이 없어 확실한 것은 알 수가 없다. 다만 성은 김金씨로 신라 제47대 헌안왕憲安王의 후궁한테서 태어난 서자로 알려져 있다. (제48대 경문왕景文王의 자손이라는 설도 있다.)

당시의 신라는 정치가 혼란하여 곳곳에서 도적이 일어났고, 조정에서 멀리 떨어진 지방에서는 지엄한 왕의 명령도 먹혀들지 않을 정도로 어지러웠다.

나라가 어지러우면 권력을 가진 사람들이 그 힘을 이용한 음모가 판을 치게 된다. 궁예 역시 왕가의 권력 다툼이 있을 때 태어났다. 갓 태어난 궁예의 생명에 위험이 닥쳐오자 후궁이 궁안에서 담넘어에 있는 유모에게 아기를 던졌는데, 그때 유모의 손가락에 눈을 찔려 애꾸눈이 되었다고 한다. 다쳐 피를 흘리는 궁예를 세달사世達寺라는 절에 맡겨 중이 되었는데 법명은 선종善宗이다.

어느 날, 까마귀 한 마리가 궁예 앞에 '왕王'자가 씌어져 있는 부

적을 떨어뜨리고 날아갔다.

궁예는 그것을 보고 언제인가는 자신이 왕이 되리라고 기대하게 되었다. 그 후, 청년이 된 그는 절에서 나와 도적의 우두머리인 기훤箕萱의 부하로 들어갔다. 그러나 기훤과 마음이 맞지 않아 그를 버리고 이번에는 북원의 도적 양길梁吉의 부하가 되어 공을 세웠다. 양길은 궁예를 신임하여 군사까지 맡기며 후하게 대해 주었다.

궁예는 그 힘을 빌어 명주와 철원을 함락시키고, 부자들로부터 재물을 빼앗아 가난한 사람들에게 나누어 주어 어진 장군이라는 칭송과 함께 민심을 모았다.

그를 따르는 군사의 수효는 날이 갈수록 늘어났다. 그는 싸울 때마다 이겨서 강원도의 여러 고을을 차지했는데, 이 무렵 송악 출신 왕건王建도 그의 부하로 들어왔다. 왕건의 세력까지 합친 궁예는 도읍을 송악松嶽으로 정하고 왕건을 태수太守로 삼았다.

양길은 부하인 궁예가 크게 성공하자 자기의 지위가 위태로워짐을 느껴 먼저 궁예를 쳤다. 궁예는 왕건으로 하여금 반격하게 하여 양길을 죽이고, 신라 효공왕 5년에는 정식으로 나라를 세우고, 스스로 왕위에 올라 국호를 후고구려라 했다. 그리고 왕건에게 금성과 나주를 치게 하여 후백제의 견훤甄萱을 견제했다.

효공왕 8년에는 국호를 마진摩震이라 개칭하고 연호를 무태武泰로 바꾼 뒤 수도를 철원으로 옮겼다. 그리고 중앙관청으로 광평성廣評省을 두어 나랏일을 토의케 하는 한편, 각 지방에 관청을 둠으로써 나라의 기초를 튼튼하게 다졌다. 또 궁궐과 누대 등을 호화롭게 꾸며 자신의 위상을 높였다.

그리고 계속해서 평양까지 점령하여 신라의 북쪽 영토를 거의 다 차지함으로써 그 세력이 신라를 앞지르게 되었다.

그러자 신라의 많은 장수와 학자들이 투항하였으나 신라에 대하여 원한을 품고 있던 그는 그들을 받아들이지 않고 모두 죽여 버렸다. 그의 잔악한 본성이 이때부터 서서히 드러나기 시작한 것이다.

궁예는 911년에 국호를 태봉泰封이라 고치고, 연호를 수덕만세水德萬歲라 했다. 그리고 자신을 미륵불彌勒佛이라고 하고, 맏아들은 청광보살靑光菩薩, 막내아들은 신광보살神光菩薩이라고 불렀다. 또 스스로는 머리에 금관을 쓰고, 방포方袍(중의 옷)를 걸치고 다녔다. 그는 불경 20권을 만들어 승려 석총釋聰에게 보여주며 자랑했다. 석총은 '이것은 불경이 아니라 사악하고 괴상한 이야기에 지나지 않는다.'고 직언을 했다. 궁예는 몹시 노하여 석총을 그 자리에서 죽여 버렸다. 이때부터 백성들의 마음은 차차 궁예에게서 멀어져 갔다.

궁예의 왕비가 그의 난폭한 행동을 염려하여 평상심을 찾으라고 간곡히 간하였다. 화가 난 궁예는 왕비에게 말했다.

"감히 미륵불을 가르치려 하다니……. 너 요즘 다른 사내와 가까이 지내고 있지? 나는 미륵불이야. 미륵불은 사람의 마음을 꿰뚫어 볼 수 있는 관심觀心 능력이 있어서 상대방의 눈동자만 보아도 속마음을 훤히 알 수가 있어."

그러고는 끔찍하게 왕비를 인두로 지져대자 아들 청광보살과 신광보살이 말렸다. 더 화가 난 궁예는 그 자리에서 철퇴로 두 아들을 때려 죽여 버렸다. 또 신하들도 걸핏하면 트집을 잡아 죽였다.

그러자 장수 신숭겸申崇謙, 홍유洪儒, 복지겸卜智謙, 배현경裵玄慶 등이 그를 축출하고 왕건을 왕으로 추대하는 반란을 일으켰다. 궁예는 몰래 달아나다가 평강에서 백성들에게 붙잡혀 살해되고 말았다.

이로써 태봉국은 28년이라는 짧은 역사로 끝나고 고려가 열리게 되었다.

교체중매郊彘仲媒

郊:들 교　彘:돼지 체　仲:버금 중　媒:중매 매

산돼지가 중매를 하다. 고구려 산상왕에게서 유래한 말로 뜻하지 않은 일이나 사물이 계기가 되어 일이 잘 이루어짐을 뜻한다.

문헌 :《삼국사기三國史記》

고구려의 제8대 신대왕新大王(재위 165~179)은 4형제를 두었다. 첫째 남무男武(고국천왕), 둘째가 발기發岐, 셋째가 연우延優, 넷째가 계수罽須 4형제였다. 고국천왕 남무가 죽자 후사가 없었던 황후가 이를 숨기고 둘째 시동생 발기를 찾아갔다.

"대왕께서 왕자가 없으니 왕위를 계승하십시오."

그러자 발기는 형수인 왕후가 자신을 시험하는 것으로 알고, 엄연히 형님이 계신데 경솔한 행동을 삼가라며 단호히 말했다. 왕후는 부끄러웠으나 대권을 이어야 했기 때문에 셋째 시동생인 연우를 찾아갔다. 연우는 의관을 정제하고 형수인 왕후를 정중히 맞았다.

"제가 찾아 온 까닭은 대왕이 승하하여 발기 시동생을 찾아갔으나 나를 의심하기에 숙叔아자비를 찾아왔습니다."

연우는 왕후를 맞아 상을 차리는데 고기를 썰다가 일부러 손가락을 베었다. 피가 흐르자 왕후가 치마끈을 찢어 상처를 싸매 주었다. 궁궐로 돌아온 왕후는 고국천왕 시신을 향해 말했다.

한국 고사성어　101

"연우를 왕위에 계승하라 하셨죠?"

거짓말로 던진 말이지만 이 말이 공식화되어 연우는 왕위를 계승하게 되었다. 연우가 왕위를 계승하게 되었다는 소식을 들은 형 발기가 군병을 이끌고 왕궁을 포위하였다. 궁문을 굳게 닫은 연우는 3일을 버텼는데 발기가 스스로 물러서더니 요동 땅으로 가 공손강公孫康에게 동생 연우를 처단하겠다며 군사 3만을 요청했다. 공손강은 그렇지 않아도 눈에 가시같은 고구려를 치려고 기회만 보고 있던 참이라 잘 되었다 싶어 군사 3만을 내주었다. 그러면서 말했다.

"괘씸한 아우를 무찌르고 왕위를 탈환하시오."

산상왕에 오른 연우는 형 발기가 3만의 군사를 앞세워 쳐들어오자 아우 계수에게 군사를 주어 맞서도록 했다. 막내 아우 계수가 형 발기를 향해 말했다.

"연우 형이 왕위를 사양하지 않고 잇는 것은 의리가 아니지만, 그렇다고 나라를 망치려고 요동의 군사를 빌려 고구려를 쳐들어 왔으니 죽은 뒤에 무슨 면목으로 선조들을 대하겠습니까?"

발기는 계수의 이 말을 듣고 부끄럽고 면목이 없어 달아나 스스로 목숨을 끊었다.

궁궐이 평정을 되찾자 산상왕은 잔치를 열고 동생 계수를 청하였다. 그리고 예우를 다하여 발기 형을 장사 지내고 온 계수에게 형제의 우의를 다한 것에 대해 칭찬을 아끼지 않았다. 장례 후 정식으로 왕위에 오른 산상왕은 형수 우씨를 왕후로 맞이했다.

산상왕 7년(203) 3월에 왕은 아이 갖기를 간절히 기도했다. 그날 밤 꿈을 꾸게 되었는데 흰옷을 입은 조상이 나타나더니 말했다.

"연우야, 네가 소후小后첩으로 하여금 아들 낳게 될 것이니라."

꿈을 꾼 산상왕은 하늘이 준 기회라고 생각하면서 때를 기다렸다.

산상왕 12년(208) 왕이 사냥을 나가게 되었는데 산돼지를 보고 시위를 당겼으나 맞지 않고 달아났다. 그러자 신하들이 산돼지를 쫓아가 주통촌酒桶村에까지 이르게 되었다. 그때 시끄러운 소리에 한 처녀가 뛰쳐나오더니 달아나는 산돼지를 낚아 채 쫓아오던 사람에게 주었다. 장정이 몰아도 잡지 못하던 것을 처녀가 잡아주자 신하들은 의아해 하면서 왕 앞으로 가지고 갔다.

"누가 잡았느냐?"

"주통촌의 처녀가 잡아 주었습니다."

그 말을 듣자 산상왕이 그 집으로 가 인사를 받고 전날의 꿈을 생각하게 되었다. 이렇게 하여 산상왕은 두통촌에 뜻하지도 않았던 소후를 두게 되었다.

두통촌에 소후를 두었다는 소식을 들은 왕후는 군사를 보내 그녀를 죽이려 했다. 그러자 소후는 남장을 하고 산속으로 달아났으나, 얼마 못 가 잡히고 말았다. 군사들이 칼을 빼 그녀를 죽이려하자 말했다. "너희가 나를 죽이려 하는데 이것이 대왕의 명령이냐? 그렇지 않으면 왕후의 명령이냐?"

"왕후의 명령입니다."

"그럼 듣거라. 내 뱃속에는 대왕이 남겨 준 새 생명이 있다. 내 죽음은 곧 왕자의 죽음이니 그래도 죽이겠느냐?"

이 말을 듣고 대궐로 돌아가 왕후에게 고하자 펄펄 뛸 뿐 어찌하지 못했다. 산상왕이 그 이야기를 듣고 두통촌을 찾았다. 그리고 그해 9월에 아이를 낳으니 산돼지를 말미암아 낳은 아기이므로 이름을 들교郊 자에 돼지체彘 자를 써 '교체'라 하고 그녀를 궁으로 불러 소후로 삼았다. 서기 218년 산상왕이 승하하자 교체가 왕위에 오르니 그가 바로 11대 동천왕東川王이다.

구관불탁求官不擢

求:구할(바랄) 구　官:벼슬 관　不:아니 불　擢:뽑을(선발) 탁

> 벼슬을 억지로 구하는 사람은 뽑지 않는다는 뜻이다. 벼슬을 사사로이 청탁하는 사람에게는 주려던 벼슬도 주지 않는다는 말이다.
> 문헌 : 《조선인물고朝鮮人物考 · 국조명신록國朝名臣錄》

　조선 명종明宗 때, 이조판서를 지낸 이후백李後白(1520~1578)은 본관이 연안延安이고, 호는 청련靑蓮으로 인사 관리를 공평무사하게 했던 청백리였다.

　그에게 친척 한 사람이 찾아와서 벼슬 한 자리를 은근히 청탁했다. 그런데 그 사람은 이미 관리로 채용하려고 작성해 둔 명단에 올려져 있었다. 이후백은 그 명부를 펼쳐 보이며 말했다.

　"보시게! 나는 그대의 이름을 이렇게 적어 두고, 장차 순서대로 채용하고자 했는데 그대가 염치없이 벼슬을 달라는 말을 하니 만약 그대에게 벼슬을 먼저 준다면 이는 공평한 도리가 아니지 않은가. 아깝게 되었네. 그대가 벼슬을 청탁하지 아니했다면 벼슬을 하게 되었을 텐데……."

　벼슬자리를 부탁한 친척은 부끄러워하면서 돌아갔다.

　그는 사람을 관직에 임명할 때에는 여러 사람에게 그 사람의 인품과 능력이 어떤지 먼저 알아보고 만약 합당하지 못하다는 여론이면

단호하게 배격했다.

　청련은 특별히 명종의 신임을 얻어 부모를 모시면서 공부하라는 사가독서賜暇讀書(나라에서 특별히 휴가를 주어 공부를 하도록 배려하는 제도. 세종 때에 실시) 특혜를 받게 되었으며, 그 후 도승지를 거쳐 이조참판과 대제학을 역임했다.

　그는 함안咸安의 문회서원文會書院에 제향되었고, 시호는 문청공文淸公이다.

구면수절垢面守節

垢:때 구　面:얼굴 면　守:지킬 수　節:절개 절

때가 낀 얼굴로 수절을 하다. 즉 일부러 몸을 더럽게 꾸며 뭇 남자들의 접근을 피함으로써 정절을 지킨 한 기생에게서 유래한 말로 절개가 굳은 여인을 이르는 말이다.

문헌 : 《국조인물지國朝人物志》

조선 영조英祖 때 좌의정 조문명趙文命(1680~1732)은 본관이 풍양豊壤이고, 호는 학암鶴巖, 시호는 문충文忠으로 풍채와 인물이 뛰어났었다.

그가 명나라에 사신으로 가던 길에 안주安州에서 하룻밤을 묵게 되었다. 그날 밤, 그 고을의 원과 함께 백상루百祥樓에서 술을 마시는데 그 자리에 겨우 열두 살인 어린 기생이 있었다. 그는 그 기생을 귀여워했고, 그 기생도 그를 따랐다. 연회가 끝나고 두 사람이 휘영청 밝은 달밤에 따로 만나서 정담을 나누던 중에 그가 손가락으로 기둥에 성숙한 여체를 그려 보여주면서 말했다.

"네가 너무 어린 것이 안타깝구나. 네 몸이 이렇게만 되었다면 우리가 오늘 밤을 헛되이 보내지는 않을 텐데······."

그리고 선물로 부채 하나를 주었다.

몇 해 후, 그가 또다시 안주를 지나다가 백상루에서 하루를 묵게 되었다.

그날 밤, 한 사람이 그를 찾아와 부채를 주면서 말했다.
"소인의 누이동생이 이 부채를 대감께 드리라고 했습니다."
부채를 보니 낯익은 부채인데 시가 한 수 쓰여 있었다.

안주 한 번 떠난 뒤엔 소식이 없어 서러워라. 安陵一別黯消魂
기둥에 그렸던 그림 어이 차마 잊으리오. 忍忘當時畵柱恩
고운 상자 속에 부채를 간직하고 摩挲篋裏扇猶在
가을바람이 지날 때마다 눈물을 짓네. 半是秋風半淚痕

그는 몇 해 전의 귀여웠던 어린 기생을 생각해내고 가상하여 안부를 물었다.
"네, 소인의 누이동생은 이 부채를 받은 후 영원히 수절할 것을 맹세하고, 오직 시를 짓고 책 읽는 것을 낙으로 삼으며 지내고 있습니다. 그 절개가 어찌나 강한지 관가의 지시에도 꺾이지 않고 지금까지 처녀로 있습니다."
그 말을 들은 그는 급히 그녀를 불러오게 했다. 그런데 몇 년 만에 만난 그녀의 미모는 그대로 잃지 않고 있었으나, 머리에 빗질도 아니하고 때 묻은 얼굴로 남루한 차림이었다. 그 까닭을 물으니 그녀가 말했다.
"기생의 몸이다 보니 뭇 남정네들이 업신여겨 넘보는지라 정절을 지키기 위해 일부러 이렇게 더럽게 하고 지냈습니다."
참으로 애절하고도 감동적인 대답이었다.
그는 그녀와 격정의 밤을 지내고, 그녀를 데리고 돌아가서 일생을 행복하게 해로했다.

구수회의鳩首會議

鳩:비둘기 구 首:머리 수 會:모일 회 議:의논할 의

> 비둘기들이 머리를 맞대고 회의를 하다. 즉 여러 사람이 모여 진지하게 의논하는 것을 이른다.
> 문헌: 《고사성어 대사전故事成語 大事典》

비둘기 구鳩자는 새 조鳥자와 아홉 구九자를 결합해서 만들어진 글자다. '구九'가 붙은 까닭은 비둘기들이 머리를 맞대고 '구구' 거리면서 울기 때문에 그 음을 따온 것으로 상형문자象形文字이다.

비둘기는 여러 마리가 떼를 지어 사는 습성이 있다. 비슷한 말 중에 구합鳩合이라는 말이 있는데, 이는 많은 사람을 불러 모은다는 규합糾合의 뜻으로 쓰인다.

비둘기는 그렇게 떼 지어 살면서도 서로 다투거나 무리지어 먹이를 독차지하는 법이 없다. 그래서 평화를 상징하고 원앙鴛鴦과 함께 금슬 좋은 부부에 비유하기도 한다.

또 구민鳩民이라는 말은 중국 고전《춘추좌전春秋左傳》에 나오는데 이는 백성들이 비둘기들처럼 편안하게 모여 사는 것을 뜻한다. 이처럼 서로 돕고 아끼는 좋은 뜻으로 쓰이지만 구주鳩酒하면 독주毒酒를 가리키기도 한다.

비둘기는 먹이를 쪼아먹을 때 서로 머리를 맞대고 한 알씩 콕콕

쪼아 먹는다. 이것을 멀리서 보면 마치 서로 이야기를 주고받는 것처럼 보여 사람들이 구수회의란 말을 붙여 사용하게 된 것이다.

비둘기는 서로 싸우지 않아 우정이나 공존을 뜻하기도 하지만 암수의 사이가 좋아 많은 사람들의 사랑을 받는다. 그렇지만 이 새는 둥지를 짓지 못하고 다른 새가 지어 놓은 둥지에 들어가 알을 낳는다. 이런 비둘기의 습성을 따서 남의 집에 들어가 살면서 행세하는 것을 구거작소鳩居鵲巢(비둘기가 까치 둥지에서 삶)라 하기도 한다. 그런데 자기 집을 말할 때도 겸손한 뜻으로 구거鳩居라 표현하기도 하는데 이는 널리 쓰는 말은 아니다. 허나 윗사람에게 겸손을 나타낼 때 비둘기 집처럼 누추하다는 뜻으로 하는 말이다.

구용九容

九: 아홉 구　容: 얼굴 용

아홉 얼굴, 즉 심신 수양에 필요한 아홉 가지 태도와 몸가짐을 일컫는 말이다. 신언서판身言書判과 비슷한 뜻이다.
문헌: 《격몽요결擊蒙要訣 지신장持身章》

율곡栗谷 이이李珥(1536~1584)가 쓴 《격몽요결擊蒙要訣·지신장持身章》에 나오는 구용九容은 ①족용중足容重, ②수용공手容恭, ③목용단目容端 ④구용지口容止, ⑤성용정聲容靜, ⑥두용직頭容直, ⑦기용숙氣容肅, ⑧입용덕立容德, ⑨색용장色容莊 등의 아홉 가지를 말한다.

이는 군자가 몸과 마음을 수양하는 방법을 가리키는 말이다. ①족용중足容重은 걸을 때에는 발걸음을 무겁게 해서 경망스럽게 보이지 않도록 해야 한다는 뜻이고, ②수용공手容恭은 손은 공손하게 두어 태만하고 게으른 느낌을 주지 않아야 한다는 뜻이며, ③목용단目容端은 눈의 움직임을 단정하게 해 곁눈질을 하지 않아야 한다는 말이다. ④구용지口容止는 입을 굳게 다물어 언행을 신중하게 해야 한다는 뜻이고, ⑤성용정聲容靜이란 재채기나 기침을 삼가서 주변을 고요하게 조성해야 한다는 의미이다. ⑥두용직頭容直이란 머리는 곧게 하여 한쪽으로 기울지 않도록 해야 한다는 말이며, ⑦기용숙氣容肅이란 숨소리를 점잖고 엄숙하며 맑게 해야 한다는 뜻이고, ⑧입용

덕立容德이란 서 있을 때의 자세는 중심을 똑바로 잡고 의젓하게 하면서 덕이 있어야 한다는 의미이다. ⑨색용장色容莊이란 표정은 씩씩하고 근엄하되 인자함을 잃지 않아야 한다는 아홉가지 행위를 말한다.

이 책은 1577년(선조 10년) 학문을 시작하는 아이들을 가르치기 위해 10장으로 편찬했으며, 각 장의 내용은 다음과 같다.

제1장 입지立志에서는 학문에 뜻을 둔 사람은 성인聖人이 되기를 목표로 하여 물러서지 말고 나아가야 한다고 하였으며, 제2장 혁구습革舊習에서는 학문을 성취하기 위해서는 행동을 게을리하지 말며, 겉으로 드러나는 것만을 모방하지 말고, 안일한 것에 얽매이지 말 것 등 구체적 조항 8개를 들고 있다.

제3장 지신持身에서는 몸을 바르게 지키는 방도를 제시하여 뜻을 어지럽히지 말고 학문의 기초를 마련하라고 하였다.

제4장 독서讀書는 독서가 도道에 들어가기 위한 궁리의 전제가 되어야하며, 단정한 자세로 깊이 정독할 것을 가르치고, 독서의 순서를 제시하였다.

제5장 사친事親(어버이를 섬김)에서는 부모 섬기기를 비롯하여 부모의 뜻이 의리에 어긋날 때에는 자식이 부드럽게 아뢰어 뜻을 바꾸게 하라는 등의 내용이 실려 있다.

제6장 돌아가신 분에 대한 상제喪制와 제7장 돌아가신 분을 모시는 제례祭禮에는 주희朱熹의 가례家禮에 따라서 할 것과 반드시 사당을 갖추라는 내용 등이 실려 있다.

제8장 거가居家에는 부부간의 예를 비롯하여 집안을 다스리고 가산을 관리하는 방법이 예시되어 있으며, 제9장 접인接人에는 사회생활을 하는 데 필요한 기본적인 교양이 기록되어 있으며, 10장 처세

處世에는 과거를 거쳐 벼슬 생활을 하는 목민관이 백성들을 대하는 자세에서 주의해야 할 점들이 실려 있다.

  이 책은 학문에 뜻을 두는 것으로부터 시작하여 자기 몸을 바로 세우고, 성리학性理學의 근본 이념을 일상생활에 구체적으로 적용하는 것까지 설명하고 있다. 또 자연과 사회를 파악하는 데 이기理氣 철학이 바탕이 되며, 부모와 자식 사이의 효孝가 사회 질서의 근본 이념임을 다루고 있다. 그러니까 선비, 즉 사족士族들이 사회를 주도하던 조선시대의 가장 기본적인 교과서라 할 수 있는 지침서다.

  그러나 사회 운영의 철학과 질서가 크게 바뀐 현대에는 그 내용들을 그대로 적용하기에는 여러 가지 문제가 없지 않다. 그러면서도 내용 하나하나에는 연구의 가치가 충분하다고 하겠다. 친필본인 이이 수필《격몽요결李珥手筆擊夢要訣》은 보물 제602호로 지정되어 있다.

구존방언 具存方言

具:갖출 구 **存**:있을 존 **方**:모 방 **言**:말씀 언

방언을 그대로 둔다는 말로, 자기 나라 말을 그대로 쓰는 것이 옳다는 뜻이다.

문헌 : 《삼국유사三國遺事 권21》

 제2대 남해거서간南解居西干(남해왕南解王 · 남해차차웅次次雄이라고도 한다)의 아버지는 혁거세요, 어머니는 알영부인閼英夫人이며, 그의 비는 운제부인雲帝夫人(혹은 운제雲梯. 지금 영일의 서쪽 운제산에 모셔져 있는데 가뭄에 기우제를 올리면 효험이 있다고 한다)이다. 그는 왕위에 오른 지 21년 만인 갑신년에 세상을 떠났는데, 혁거세왕赫居世王, 노례왕弩禮王과 함께 삼황三皇으로 일컬어지고 있으며, 그 중의 첫째로 꼽힌다.

신라에서는 왕을 거서간居西干, 또는 마립간麻立干이라 일컬었는데, 진한의 말로 왕이라는 뜻이다. 어떤 이는 귀인을 부르는 호칭이라고도 하며, 차차웅次次雄은 자충慈充이라고도 하는데 무당을 이르는 말이다. 이는 사람들이 무당은 귀신을 섬기고 인생의 운명을 점쳐 주는 까닭으로 무당을 두려워하고 공경하므로 촌장을 그렇게 불렀다고 한다.

또 이사금尼師今이라고도 했는데 이는 잇금, 즉 임금을 이르는 말

이다.

남해왕이 세상을 떠나자 아들 노례弩禮=유리왕儒理王가 탈해脫解에게 왕위를 양보했다.

그러자 탈해가 말했다.

"거룩하고 슬기로운 사람은 이(齒)의 수가 많다고 들었습니다."

그래서 떡을 물어 이의 개수를 확인했더니 노례가 많아 먼저 왕위에 올랐다. 이때부터 왕의 칭호를 임금이라 했는데 이는 잇금이 변이된 말이다. 노례가 매부 탈해에게 왕위를 양위하는 아름다운 미덕을 보여준 예이다.

신라 왕으로서 거서간, 또는 차차웅으로 불린 사람은 각각 한 사람이고, 이사금이라 불린 사람은 열여섯, 마립간이라 불린 사람은 네 사람이었다.

신라 말기의 유학자 최치원(崔致遠 : 경주 최씨의 시조)은 제왕 연대력帝王年代曆을 지으면서 품격이 떨어진다고 생각해서였던지 거서간으로 말하지 않고, 모왕某王이라고만 기술했다. 그러나 역사적인 사실을 기록할 때는 구존방언具存方言, 즉 당시 쓰던 말을 그대로 살려 두는 것이 마땅할 것이다.

참고로 추봉追封된 왕은 모두 갈문왕葛文王이라고 불렀는데 이는 왕의 생부나 장인 등의 근친에게 주던 봉작封爵이었다.

구천십장九遷十葬

九:아홉 구   遷:옮길 천   十:열 십   葬:장사 장

묘지를 아홉 번 옮기어 열 번 장사 지낸다는 말로, 무슨 일이 억지로 되지 않고 운이 닿아야 이루어짐을 비유한 말이다.

문헌:《조야집요朝野集要》

조선 명종 때 남사고南師古(1509~1571)는 본관이 영양英陽이고, 호는 격암格庵으로, 역학易學·풍수風水·천문天文·복서卜筮·상법相法에 이르기까지 두루 박식한 학자였다.

그는 예언을 정확하게 잘하여 10년 뒤에 일어날 동서분당과, 30~40년 뒤에 일어날 임진왜란까지도 예견하였다.

그가 젊어서 말을 타고 울진 불영사佛影寺로 가는데 길에서 만난 한 스님이 자기도 태워 달라고 했다. 그래서 함께 타고 가다가 부용봉芙蓉峯에 올라 큰 소나무 아래에서 잠시 쉬면서 바둑을 두었다. 그런데 스님이 갑자기 외마디 고함을 지르고는 보이지 않더니 한참만에 나타나 말했다.

"두렵지 않았습니까?"

"아니오. 왜 무섭습니까?"

"어허, 그렇다면 가르칠 만한 인재로군!"

스님은 남사고에게 책을 한 권 주면서 당부했다.

"그대는 선택받은 사람이니 이 책을 가지고 꼭 힘써 배우도록 하시오."

말을 남긴 스님은 어데론지 사라져 버렸다. 남사고는 그길로 동굴로 들어가 현묘한 술법에 통달하여 유명한 지관이 되었다.

그런데 그가 부친상을 당하여 좋은 터를 잡아 장사를 치르고 나서 다시 살펴보니 좋은 땅이 못되었다. 그래서 이장을 하고, 또 살펴보니 역시 자리가 안 좋아 또다시 이장했다. 이렇게 여러 번 되풀이 하다가 마침내 명당을 찾아냈다.

"용이 날아서 하늘에 오르는 지형이다."

그는 기뻐하면서 이장을 했다. 그런데 봉분을 쌓는 일꾼들의 노래가 괴이했다.

"아홉 번 이장하여 열 번째 장사하는 남사고야, 죽은 뱀이 나뭇가지에 걸린 터를 두고 용이 날아서 하늘로 오르는 지형이라니 웬 말이냐?"

그는 놀라 다시 산세를 살펴보니 과연 일꾼들의 노래가 옳았다. 그래서 급히 그 노래를 한 일꾼을 찾았으나 온데간데없었다.

그러자 어떤 사람이 그에게 물었다.

"당신은 다른 사람의 운명은 잘 알면서 왜 자신의 운명은 모르고 헛일만 거듭합니까?"

그는 서글프게 대답했다.

"그러게나 말일세. 동기가 사적인 욕심으로 차 있으면 보는 눈이 도리어 어두워지기 때문 아니겠나!"

국운수왕國運隨王

國:나라 국 運:운세 운 隨:따를 수 王:임금 왕

나라의 운은 임금을 따른다. 고구려 광개토왕에게서 유래한 말로 나라의 흥성은 통치자의 능력에 따라 달라진다는 뜻이다.

문헌 : 《삼국사기三國史記》

고구려 제19대 광개토왕廣開土王(374~412)은 제17대 소수림왕小獸林王 5년에 고국양왕故國壤王(?~391)의 아들로 태어나 드넓은 만주 땅에 나라를 세워 동북 지역에서는 가장 큰 국가를 만들었다.

그 영토는 중국의 북쪽 송화강에서 동쪽의 요하에까지 이르렀다.

왕이 되기 전 광개토왕의 이름은 담덕談德이었는데, 어렸을 적부터 호랑이를 활로 쏘아 잡을 만큼 용맹스러웠다. 12세 때 태자로 책봉되었고, 18세 때(391년) 왕위에 올랐다.

담덕의 할아버지 고국원왕故國原王 때에는 중국 전연前燕의 침략을 받곤 했다. 한번은 연나라의 왕 모용성慕容盛이 5만 명의 군사를 이끌고 국내성에 쳐들어와 궁궐을 불태우고 미천왕美川王의 무덤을 파헤쳐 시신을 꺼내 갔다. 또 왕의 어머니와 함께 고구려 백성 5만여 명을 잡아갔다.

그러자 고국원왕은 343년에 동생을 연나라에 파견하여 조공朝貢하고, 미천왕의 시신을 찾아왔으며, 355년에 다시 조공하고 어머니도 모셔왔다. 뼈에 사무치는 회한이었지만 힘이 부족한 고구려로서는 어쩔 수 없었다.

고국원왕 41년에는 백제의 근초고왕近肖古王이 3만여 명의 군사를 이끌고 평양성을 공격해 왔는데, 이때 고국원왕은 앞장서서 싸우다가 전사했다. 담덕의 아버지 고국양왕은 중국의 후연後燕이 고구려를 넘보자 군사를 일으켜 먼저 후연으로 쳐들어가 요동을 점령했다. 담덕이 태자가 되기 1년 전의 일이었다.

385년 11월, 고구려는 후연의 반격을 받아 요동성에서 싸우다가 후퇴하였다. 이때 고국양왕이 담덕에게 간절히 부탁했다.

"담덕아, 너는 반드시 아버지가 당한 이 수치를 씻어야 한다."

"예, 아버지 말씀대로 고구려인의 용맹스러움을 꼭 보여 드리겠습니다."

담덕은 열심히 무술을 닦는 한편으로 병법도 깊이 연구했다.

392년 5월, 고국양왕이 세상을 떠나자 담덕이 왕위에 오르니 그가 광개토왕이다.

광개토왕은 왕위에 오르자마자 영락永樂이라는 연호를 사용하게 함으로써 고구려의 위상을 만방에 선포했다. 그리고 평양에 아홉 개의 절을 지어 불교를 널리 전파하였으며, 나라의 교육기관인 태학太學의 문을 넓혀 교육에도 힘썼다.

392년 7월에는 4만여 명의 군사를 이끌고 석현石峴, 관미성關彌城 등 백제의 성 10여 곳을 점령하고, 9월에는 거란契丹을 쳐들어가 그곳에 잡혀 있던 고구려 백성 1만 명을 귀국시켰다.

그해 10월에는 백제 북방의 주요 요새를 모두 빼앗은 후 새롭게 일곱 개 성을 쌓았다. 이어서 3천여 명의 기병을 이끌고 북쪽 변방을 괴롭히는 비려국碑麗國을 정벌했다.

이 무렵, 백제에서는 진사왕辰斯王(?~392)이 물러나고 아신왕阿莘王(?~405)이 뒤를 이어 나라를 다스리고 있었다.

광개토왕은 백제를 정벌하고자 수군을 앞세워 한강을 넘어 백제의 도읍지 위례성慰禮城을 포위했다. 그러자 백제의 아신왕은 크게 저항 한 번 하지 못하고 스스로 항복했다.

광개토왕은 아신왕을 살려 주고, 대신 그의 동생을 포함해 10명을 볼모로 데리고 고구려로 돌아왔다. 이때 고구려는 백제의 58개 성을 점령했다.

한편, 아신왕은 왕자 전지腆支를 일본에 보내 구원병을 요청하는 등 다시 고구려를 공격할 준비를 갖추었다. 광개토왕은 그런 정황을 알고 대비를 하고 있는데 신라에서 사신이 왔다.

"대왕마마, 원병을 보내어 저희 나라를 침범한 왜구를 무찔러 주십시오."

광개토왕은 즉각 기병 등 군사 5만 명을 신라에 보냈고, 소식을 들은 왜구들은 곧바로 달아나 버렸다.

백제의 아신왕은 고구려군이 왜구를 퇴각시켰다는 말을 듣고 고구려를 공격하려던 계획을 포기했다.

광개토왕이 남쪽에 신경을 쓰는 사이에 후연의 모용희慕容熙가 3만 명의 대군을 이끌고 고구려의 북방 요새인 신성新城과 남소성南蘇城을 점령했다.

광개토왕은 이를 계기로 북방 정벌을 계획하고 6만 명의 대군을 밤낮으로 훈련시켰다. 그리고 402년, 드디어 요하遼河를 건너 숙군성宿軍城으로 진군하였다. 숙군성에는 후연의 장수 모용희가 진을 치고 있었다.

마침내 양쪽 군사가 맞붙어 싸운 결과 모용희는 패하여 북문으로 달아났다.

　숙군성이 함락되었다는 소식을 들은 후연의 다른 성주들은 겁을 먹고 달아나 고구려군은 효동성까지 쉽게 차지할 수 있었다. 이어서 광개토왕이 고구려 북쪽의 동부여東扶餘도 정벌하기로 하자 그 소식을 들은 동부여의 왕은 대항할 수 없음을 깨닫고 항복했다.

　동부여를 정벌한 광개토왕은 내친김에 숙신족肅愼族까지 정벌하기로 했다. 그래서 얼음이 언 목단강을 건너 적진 속에 뛰어들어 닥치는 대로 무찔렀다.

　부상을 입은 숙신족장은 광개토왕 앞에 무릎을 꿇고 항복했다.

　"너희는 전에도 우리나라를 괴롭힌 적이 있는데 앞으로는 절대 그런 일이 없도록 하라."

　광개토왕은 족장을 죽이지 않고 타일렀다. 이로써 광개토왕은 북쪽으로 동부여東夫餘·북부여北夫餘를 정복하고 송화강松花江 유역의 비려국碑麗國과 식신息愼·숙진肅眞까지 점령하여 시베리아에 이르는 대제국을 이루었다. 그러니까 광개토왕은 북쪽의 송화강에서 동쪽의 요하遼河에 이르는 광대한 땅을 고구려의 영토로 만들었던 것이다.

　광개토왕은 40세인 414년에 세상을 떠나고, 뒤를 이어 왕자 거련巨連이 왕위에 오르니, 그가 곧 20대 장수왕長壽王이다.

국조단군國祖檀君

國:나라 국 祖:조상 조 檀:향나무 단 君:임금 군

우리나라를 세운 시조 단군왕검을 가리키는 말이다.
단군왕검이 아버지 환웅의 도움으로 아사달(평양)에 도읍을 정하고 나라 이름을 조선이라 했다. 이 조선이 바로 고조선, 즉 단군조선이다.

문헌 : 《삼국유사三國遺事》

중국 북위北魏의 정사正史 《위서魏書》와 《단군고기檀君古記》에 의하면 기원전 2333년, 천제天帝 환인桓因(제석천왕帝釋天王)의 아들 환웅桓雄이 땅으로 내려가 세상을 다스리고자 했다.

아버지가 아들의 뜻을 알고 태백太伯을 내려다보니 과연 인간이 살아갈 만한 곳이므로 천부인天符印 세 개를 주어서 내려가 다스리게 하였다.

이에 환웅은 3천 명의 무리를 거느리고 태백산太白山(지금의 묘향산) 신단수神壇樹 밑으로 내려오니 그곳을 일러 신시神市라 하였다. 그는 풍백風伯(바람), 우사雨師(비), 운사雲師(구름)를 거느리고 곡穀(농업), 명命(생명), 병病(질병), 형刑(형벌), 선악善惡(도덕) 등 인간세상의 360여 가지 일을 주관하여 세상을 다스리기 시작하였다.

그때 곰 한 마리와 호랑이 한 마리가 환웅에게 사람이 되기를 원하니 환웅이 신령스런 쑥 한 줌과 마늘 20개를 주며 말했다.

"너희들이 이것을 먹고 백 일 동안만 햇빛을 보지 않는다면 인간이 될 것이다."

그러자 곰은 인내심을 가지고 그 말대로 시행하여 삼칠일 만에 여자의 몸으로 태어났으나, 호랑이는 그 기간을 참지 못하고 중간에 굴 밖으로 뛰쳐나가 햇빛을 보는 바람에 사람이 되지 못하였다.

여자가 된 곰, 웅녀熊女는 혼인할 상대가 없어 날마다 신단수神壇樹 밑에서 아기 갖기를 기원하였다. 이에 환웅이 사람으로 변하여 웅녀와 결혼해서 아들을 낳으니 그가 바로 단군檀君(일명 단군왕검檀君王儉)이다.

단군은 평양성에 도읍을 정하고 국호를 조선이라 하였다. 때는 요堯 임금 50년이었다. 이후 1500년간 나라를 다스리다가 주周나라 무왕武王이 즉위한 기묘년에 기자箕子를 조선에 봉하므로 단군은 장당경藏唐京으로 옮겼다가 뒤에 다시 아사달阿斯達로 옮기고, 거기서 산신山神이 되었는데 나이가 1908세였다.

건국신화는 천지가 개벽한 후 음양이 생기고, 그 속에서 사람과 삼라만상이 발생하였으며, 하늘로부터 통치할 사람이 내려와 국가를 건설하고 다스린다는 것이 일반적이다.

단군 숭배사상은 고려와 조선시대를 거쳐 대중화되었으며, 조선조 세종은 평양에 사당을 짓고 고구려 시조 동명성왕東明聖王과 단군檀君을 함께 모시고 국조國祖로 받들었다. 그리고 조선 후기에는 단군교와 대종교가 생겨났다.

국중비부 國重比父

國:나라 국　重:중할 중　比:비교할 비　父:아버지 부

> 나라가 아버지보다 더 중하다. 즉 나라를 위하여 일하는 사람은 부모보다 나라를 중히 여겨야 한다는 충절을 강조한 말이다.
> 문헌 : 《선조실록宣祖實錄 · 국조인물고國朝人物考》

　　조선 제14대 선조宣祖 때의 충신 송상현宋象賢(1551~1592)은 본관이 여산礪山이고, 호는 천곡泉谷인데 임진왜란 때 왜장倭將도 존경할 만큼 훌륭한 인물이었다.

　그는 현감 송복흥宋復興의 아들로 태어나 10여 세에 경사經史를 읽었으며, 벼슬길에 올라서는 질정관質正官(특정의 사안에 대하여 질의하거나 해명·학습을 담당하는 사신)으로 명나라에 다녀오기도 했다.

　임진왜란이 일어났을 때 그는 동래부사로 있었는데, 왜적이 부산에 상륙하여 동래성을 포위하자 부산첨사 정발鄭撥과 함께 용감히 싸워 성을 지켰다. 그러나 불행히 정발이 적군의 총에 맞아 전사하니 전세가 불리해져 성을 지키기가 어렵게 되었다. 그러자 옆에서 분전하고 있는 신여로申汝櫓에게 말했다.

　"나는 이곳을 지켜야 할 책임자로서 마땅히 이 성과 운명을 같이해야 하지만 그대에게는 노모가 계시니 죽어서는 안 된다. 그러니 안전한 곳으로 물러나 있거라."

전황이 악화되어 왜적이 성을 넘어 들어오고, 이제 더 버틸 수 없다는 것을 알았다. 그는 갑옷 위에 조복朝服을 갖추어 입고, 북쪽을 향하여 큰 절을 올리고 난 다음, 아들에게 주는 유언을 시로 남겼다.

원병이 끊겨 성은 외롭고, 중천에 뜬 달에는 달무리가 졌구나.
군사의 진陣을 줄지어 놓고 베개를 높이 베고 생각에 잠겼노라.
임금과 신하의 의리는 무엇보다 중하고,
부모에 대한 자식의 은혜는 그것보다는 가볍도다.

그러고 나서 밀려오는 적을 맞아 분투하다가 적병에 의해 장렬하게 전사했다.
《동국전란사東國戰亂史》에는 끝까지 싸우다가 전사한 그의 충절과 감투 정신에 왜장 히라요시平義智도 감동하여 그의 시신을 동문 밖에 장사지내고 '충절 송상현의 무덤忠節 宋象賢之墓'이라는 비명과 함께 시를 지어 바치고 장례식을 지내 주었다고 한다. 시호는 충렬공忠烈公이다.

군자이편 君子而騙

君:임금 군 子:아들 자 而:그리하여 이 騙:속일 편

점잖은 사람(군자)이기 때문에 속는다는 말로, 세상 물정을 모르기 때문에 속는다는 뜻이다. 즉 순수하기 때문에 남에게 이용 당하는 사람을 안타깝게 여겨 동정하는 말이다.

문헌 : 《영조실록英祖實錄 · 국조인물고國朝人物考》

조선 제19대 숙종 때 조태채趙泰采(1660~1722)는 호가 이우당二憂堂이었으며, 우의정을 지냈다.

그가 부인 심沈씨를 잃고 얼마 안 된 어느 날, 하급직의 서리 한 명이 근무 시간에 늦게 출근하여 벌로 볼기를 때리려 하자 울면서 호소했다.

"소인의 잘못을 모르는 바 아니오나 사정 말씀이나 드리고 벌을 받아도 받겠습니다. 소인은 상처를 하여 어린 것 셋을 데리고 있사온데 큰 놈이 다섯 살, 다음이 세 살, 끝이 딸년으로 난 지 여섯 달밖에 안 됩니다. 그래서 제가 혼자 아비 겸 어미 역할을 하며 키우고 있사온데, 오늘 아침 어린 것이 울고 보채어 이웃집 아주머니께 젖을 좀 먹여 달라고 부탁하고 나니 나머지 두 놈이 또 배고프다 울기에 죽을 끓여 먹여 주고 오느라 이렇게 되었사오니 그저 죽여 주시옵소서."

그러자 조 정승은 눈물을 지으며 동정했다.

"네 처지가 정녕 나와 같구나."

그런데 나중에 사실을 알고 보니 그 하급 서리의 행위는 모두 매 맞는 것을 모면하기 위한 거짓말이었다. 상관의 정에 호소하여 당장의 상황을 모면하고자 했던 것이다.

조태채 정승은 노론老論의 네 대신 중 한 사람으로 그 영향력이 대단했지만 천성이 워낙 착해서 이처럼 하급직 서리에게도 속을 정도였다. 그는 나중에 소론少論에 의해 세력이 밀리자 사직하고 관직에서 물러났으나 후에 소론의 사주를 받은 목호룡睦虎龍의 고변으로 진도에 유배되었다가 사사되었다. 저서로《이우당집二憂堂集》이 있다.

권심상수權心常守

權:권세 권 心:마음 심 常:항상 상 守:지킬 수

권력자의 마음은 항상 자신의 권력을 지키는 데에 있다. 가진 자는 가진 것을 지키기 위해서 애쓰고, 권력자는 항상 권력을 지향한다는 뜻이다.

문헌 :《오상원 우화 吳尙源 寓話》

동물 나라에서 호랑이 임금이 노경에 접어들자 금은보화로 화려하게 장식된 옥좌를 더듬다가 불현듯 자기의 권좌를 노리는 자가 있지나 않을까 하는 불안한 생각이 스치고 지나갔다. 그래서 급히 산속의 짐승들을 모두 불러들였다.

명령이 떨어지자 많은 짐승들이 앞을 다투어 달려와서 엎드려 머리를 조아렸다.

"부르심을 받자옵고 황급히 달려왔사옵니다. 무슨 긴한 분부라도?"

호랑이 임금은 위엄을 갖추고 한번 둘러본 다음,

"빠진 자가 없으렷다?"

하고 물었다. 표범의 얼굴이 눈에 띄지 않았기 때문에 그를 의식해서 한 말이었다. 그러자 눈치 빠른 여우가 말했다.

"표범 어르신께 전갈을 했으나 출타 중이라 아직 대령치 못했사옵니다."

한국 고사성어 127

호랑이 임금은 심히 불쾌한 듯 입속에서 큰 숨을 한번 죽인 다음 입을 열었다.

"짐이 그대들의 도움을 받아 권좌에 오른 후 참으로 긴 세월이 흘러갔다. 이 긴 세월 동안 짐이 무한한 영광을 누릴 수 있었던 것은 오직 그대들이 밤낮을 가리지 않고 짐을 보좌한 노고 때문이라는 것을 짐은 잠시라도 잊은 적이 없다. 그러나 이제 짐도 노경에 접어들고 보니 하루하루 기력은 쇠약해지고, 사리를 판단하는 능력 또한 흐려져 예전과 같지 못하다. 그래서 생각한 끝에 보다 강력하고 총명한 후계자를 골라 이 권좌를 물려주려고 한다. 경들의 뜻은 어떠한가?"

잠시 후 무거운 침묵을 깨고 여우가 조심스럽게 입을 열었다.

"임금님의 그 깊으신 뜻을 모르는 바 아니오나 부디 그 결심을 거두심이 옳은 줄로 아뢰옵니다. 예로부터 임금은 제 스스로를 위해 있는 것이 아니라 나라와 백성을 위해 있는 것이라 하였습니다. 어찌 자기의 노쇠함을 탓하여 나라와 백성을 저버릴 수가 있겠습니까? 하오니 그 뜻을 거두심이 옳을까 하옵니다."

호랑이 임금은 만족스러운 웃음을 머금으며 늙은 산양에게 시선을 돌렸다.

"짐은 늘 그대의 깊은 경륜을 높이 사오고 있다. 경은 어떻게 생각하는가?"

"제 뜻도 같은 줄로 아뢰옵니다."

호랑이 임금의 속마음을 속속들이 알고 있는 늙은 산양은 호랑이 임금이 여우의 말을 듣는 순간 입가에 흘린 웃음의 뜻을 모를 리 없었다.

이번에는 늦게 당도한 표범을 향해 낮은 목소리로 말했다.

"짐은 늘 마음속 깊이 그대를 후계자로 점찍어 왔었다. 자, 그대의 생각은 어떠한가?"

"황송하옵니다."

표범은 일단 머리를 조아리고 나서 당당하게 말했다.

"예로부터 어진 자와 어리석은 자의 차이는 자기를 알고 모르는 데 있다 하였습니다. 영광이 다하기 전에 자리를 물러나면 길이 영광을 누릴 수 있으나, 영광이 다한 연후에 물러나면 남는 것은 회오와 모멸뿐이라 하였습니다."

호랑이 임금은 고개를 끄덕이고 나서 말을 이었다.

"그러나 여기에 모인 모두가 짐의 뜻을 거두도록 만류하는데 그대만이 그렇지 않으니 남은 길은 오직 하나뿐이로구나!"

말이 떨어지자마자 호랑이 임금은 표범을 한 입에 물어 쓰러뜨리고 나서 한탄하듯 말했다.

"짐의 뜻은 그렇지 않았으나 어찌할 도리가 없었다. 지금 짐은 이보다 더 슬플 수가 없구나! 바라건대 앞으로는 짐이 또다시 이런 슬픈 일을 겪지 않도록 하라."

금두려신金頭麗臣

金:쇠 금 頭:머리 두 麗:빛날 려 臣:신하 신

> 금으로 된 머리의 고려 신하라는 말로 고려의 개국공신 신숭겸이
> 주군 왕건을 위하여 목이 잘린 고사에서 유래했다. 목숨을 바칠
> 정도의 충절을 의미한다.
>
> 문헌 :《한국오천년야사韓國五千年野史》

고려의 충신 신숭겸申崇謙(?~927)의 원래 이름은 능산能山이었으며, 시호는 장절壯節로 평산平山 신申씨의 시조이다.

918년, 태봉泰封의 궁예弓裔가 패악무도를 일삼자 신숭겸·홍유洪儒·복지겸卜智謙·배현경裵玄慶 등이 왕건王建의 집에 모여서 궁예를 축출하고 왕건을 왕으로 추대하자는 결의를 했다.

신숭겸이 왕건에게 말했다.

"폭군의 폐위는 대세이자 천명天命입니다. 그러니 하夏나라의 걸桀과 주周나라의 주紂와 같은 궁예 왕을 폐위하고 나라를 바로 세워야 합니다."

왕건이 주위를 보며 조용히 말했다.

"나는 충의를 신조로 삼고 살아온 사람이오. 그런데 비록 왕이 난폭하다 하더라도 신하된 도리로 어찌 두 마음을 가지겠소?"

그러자 좌우의 사람들이 한결같이 말했다.

"즉위한 지 몇 년 만에 처자식을 살해하고, 피폐한 백성들의 원성

또한 하늘을 찌르는데 장군께서 이를 외면하면 참으로 무책임한 일이 됩니다. 또 하늘이 주는 운運을 제때에 받지 않으면 도리어 재앙을 받게 됩니다. 대세의 좋은 기운은 만나기 어려운 법, 천재일우의 기회를 놓치지 마십시오."

모인 사람들이 이번 거사가 천명임을 강변하자 왕건은 할 수 없이 허락했다. 고려의 개국 위업은 이렇게 하여 이루어졌다.

개국이 완성되고 평화롭던 어느 날, 신숭겸이 태조太祖 왕건을 따라 평주(평산平山)로 사냥을 나가게 되었다. 그때 하늘에 기러기 세 마리가 날아가는 것을 보고 태조가 말했다.

"누가 저 기러기를 쏘아서 맞힐 수 있겠는가?"

신숭겸이 나서서 말했다.

"몇 번째 기러기를 맞힐까요?"

그러자 태조가 신숭겸에게 말했다.

"세 번째 기러기의 왼쪽 날개를 맞혀보시오."

신숭겸이 즉시 활시위를 당기자 날아가던 세 번째 기러기가 땅에 떨어졌다. 확인해 보니 과연 왼쪽 날개를 맞고 떨어져 있었다.

태조는 신숭겸의 활 솜씨에 감탄하고 근처 땅 300결結을 하사하였다. 그리고 자손들이 그를 시조始祖로 삼도록 하고, 본관本貫을 평산平山으로 지정해주었다. 사람들은 그 땅을 궁위弓位라고 불렀다.

태조 10년, 서기 927년에 태조는 신라 경애왕景哀王이 포석정鮑石亭에서 잔치를 벌이다가 후백제의 견훤에게 살해되었다는 말을 듣고 정기精騎 5천 명을 거느리고 후백제를 치고자 공산公山에 이르렀다. 그 소식을 접한 견훤甄萱은 야음을 틈타 고려군을 완전히 포위했다. 사태가 위급해지자 신숭겸이 태조에게 말했다.

"제가 대왕의 용모와 비슷하니 대왕으로 변장하여 어차를 타고 출전하겠습니다. 대왕께서는 이 틈을 이용하여 탈출하십시오."

그리하여 태조 왕건은 일반 군졸로 변장하여 탈출하고, 신숭겸은 왕건의 옷을 입고 출전하여 치열하게 싸웠다.

견훤은 신숭겸을 왕건으로 알고 군사를 몰아 사로잡아 놓고 보니 복장만 왕의 것이었을 뿐 왕건이 아니었다. 견훤은 속은 것에 대해 화가 났지만 한편 신숭겸의 행동을 가상하게 여겨 말했다.

"비록 적장이기는 하지만 참으로 충성심이 장하구나. 죽을 줄 뻔히 알면서 사지로 뛰어들다니……. 그러나 너는 나를 속인 적의 장수이니 어찌하겠느냐. 나를 원망하지 말거라."

견훤의 말이 끝나기가 무섭게 신숭겸의 머리가 땅에 떨어졌다.

견훤이 말했다.

"비록 적장이기는 하지만 참으로 훌륭한 인물이다. 시신이나마 돌아가게 해주어라!"

그리하여 신숭겸의 머리를 그가 타고 있던 말에 매달아 쫓으니 말은 태안사泰安寺로 달려가 절 앞에서 슬피 울부짖었다. 주지 스님이 놀라 나와 보니 신숭겸 장군의 두상인지라 양지바른 곳에 안장했다.

전쟁이 끝나고 왕건은 자기를 대신하여 죽은 신숭겸의 시신을 찾았으나 머리가 없음을 확인하고 금으로 그 머리를 만들어 붙인 후 시신과 함께 장례를 지내주었다. 그리고 사찰 지묘사智妙寺를 세워 명복을 빌게 하는 한편, 장절壯節이라는 시호를 내려주었다. 그야말로 주인을 위하여 목숨을 바친 위주헌명爲主獻命이었다.

기과필화 氣過必禍

氣:기운 기　過:지나칠 과　必:반드시 필　禍:재앙 화

기가 지나치면 반드시 화를 입는다는 말로, 조광조의 어머니가 남곤의 어렸을 적 지나친 기세를 보고 그의 성정을 예측한 데에서 유래했다. 너그럽고 온화한 성품을 장려하는 의미로 쓰인다.
문헌 : 《조선명인전朝鮮名人傳 · 한국韓國의 인간상人間象》

　　조광조趙光祖(1482~1519)와 남곤南袞(1471~1527)은 어려서 서당에 다닐 때부터 10여 년의 나이 차이가 있음에도 불구하고 절친한 사이였다. 두 사람의 총명과 슬기는 스승을 늘 흐뭇하게 하였다.
　그들이 과거를 눈앞에 두고 학문에 열중하고 있던 어느 날, 머리를 식히기 위해 가까운 산으로 산책을 나갔다. 산으로 가는 길에는 예쁜 처녀 아이들이 많이 오가고 있었다. 조광조는 그 처녀들을 보는 순간 공연히 가슴이 뛰고 얼굴이 상기되었다. 마음은 괜히 부끄러우면서도 시선은 줄곧 처녀들에게 쏠려 있었다.
　'내가 왜 이러지? 앞으로 해야 될 공부가 많고, 어머니 말씀대로 나라의 동량이 되어야 할 텐데……'
　조광조는 스스로 생각해도 자신을 이해할 수가 없었다.
　'이렇게 마음이 약해선 안 되지. 장차 어쩌려고……'
　조광조가 마음고생으로 뒤처져 걷는 동안 남곤은 저만치 앞서서 한눈을 팔지 않고, 오직 앞만 바라보면서 씩씩하게 걸어갔다. 조광조는 걸음을 빨리 하여 남곤을 따라갔다.

'역시 남곤은 나보다 낫구나. 난 아직도 수양이 부족한 거야.'

집으로 돌아온 조광조는 어머니에게 오늘 있었던 일을 모두 이야기하였다. 아들의 말을 다 듣고 난 어머니가 말하였다.

"애야, 그건 걱정할 일이 아니다. 네 나이 때에 처녀들에게 관심을 갖는 것은 아주 자연스러운 일이란다. 그러니까 그건 잘못이 아니다. 네 또래의 사내라면 누구나 갖게 되는 생각이란다."

"어머니, 그렇지 않습니다. 저와 함께 간 남곤은 처녀들에게 눈길 한 번 주지 않고 꼿꼿이 걸어갔습니다."

"음, 그랬어?"

"예, 어머니. 남곤은 확실히 저와는 다릅니다."

어머니는 한동안 무언가를 골똘히 생각하다가 단호하게 말했다.

"아무래도 안 되겠다. 오늘 밤에 남의 눈에 띄지 않게 이사를 가야겠다."

"갑자기 무슨 말씀이세요? 이사라니요?"

"아무 말 말고 조용히 이삿짐을 싸도록 해라."

조광조는 갑작스런 어머니의 결정에 어리둥절하였다. 그러나 어머니의 말에 따라 짐을 꾸려 산을 넘어 다른 마을로 이사를 했다.

"어머니, 이렇게 야반도주하는 이유가 무엇인지요?"

"애야, 사람은 자기 감정에 솔직해야 한다. 예쁜 처녀가 옆을 지나가면 너 같은 총각이 눈길을 주는 것은 당연한 이치다. 그런데 남곤은 자기 감정을 숨기고 목석처럼 행동했다고 하지 않았느냐. 그것만으로도 그 아이가 얼마나 차디찬 사람인지 알 수 있겠다. 사람은 따뜻함과 너그러움이 있어야 되는 것이란다. 엄격함과 꼿꼿함만 가지고는 너그럽고 덕이 있는 사람이 될 수 없단다. 엄히 다스려야 할 때도 있지만, 너그러이 용서하고 관용을 베풀어야 할 때도 있어야 하는 것이란다. 앞으로 남곤은 여러 사람을 피 흘리게 할 것이니, 조심하는 것이 좋겠다. 참으로 냉혹한 사람이야."

조광조는 어머니의 말을 듣고 고개를 숙였다.

훗날, 남곤은 여러 관직을 두루 거치는 동안 실제로 칼날처럼 냉엄한 정치를 했다. 그는 훈구파勳舊派의 선봉에서 기묘사화己卯士禍를 일으켜 집권자 조광조 등 신진사류新進士類를 숙청한 후, 좌의정을 거쳐 영의정에까지 올랐다. 그러나 만년에는 자기의 잘못을 자책하며 화를 입을까봐 자기의 저서를 불태우기도 했다.

기부기자其父其子

其:그 기 父:아비 부 其:그 기 子:아들 자

> 그 아버지에 그 아들이라는 말로, 조선 초 무기 제조 기술자인 최무선과 그의 아들 해산 부자에게서 유래했다. 아버지와 아들이 닮았음을 비유하는 말이다.
>
> 문헌 : 《세종실록世宗實錄》

고려 말, 최무선崔茂宣(1325~1395)은 무기의 중요성을 알고 조정에 화통도감火㷁都監을 설치케 주청하여 화약과 화포火砲・신포信砲・화통火㷁 등 각종 화기를 만들어 대마도의 왜선 500여 척을 격파했다. 그런데 왜군의 침입이 잦아들자 화통도감火㷁都監을 폐지하자는 여론이 비등했다. 유지비가 많이 든다는 것이 이유였다.

그것은 최무선을 시기하는 무리들의 모함에 지나지 않는 억지였다. 사실 대포는 해전에서 그 위력을 보였으나 실제로는 뭍에서 더 필요한 무기였다.

여론에 밀린 창왕昌王이 마침내 화통도감을 없애버리자 최무선은 하늘을 올려다보며 탄식했다.

"내 나이 이제 육십, 화약과 함께 살아온 일생이 결코 후회스럽지는 않지만 그 기술이 여기서 끝나지 않을까 염려스럽구나."

그는 화약 제조에 몰두하다가 늦게서야 아내를 맞는 바람에 아들이 이제 겨우 열 살밖에 안 되었다. 그는 어린 아들에게라도 화약 제조의 비밀을 전하리라 결심했다.

1392년 7월, 고려는 5백 년 역사의 막을 내리고 이성계에 의해 조선 왕조로 바뀌었다.

이성계李成桂는 대포의 위력과 필요성을 누구보다 잘 알고 있었으므로 최무선에게 무기 만드는 관청을 맡도록 했으나 그는 몸이 쇠약해졌다는 이유로 사양했다.

1395년 3월, 최무선은 자신의 생명이 다했음을 느끼고 아들 해산海山(1380~1443)에게 화약 제조법인《화약수련법火藥修鍊法》과《화포법火砲法》의 책자를 주며 당부했다.

"이 책을 열심히 읽고 연구하여 화약 만드는 법은 물론이고, 내가 발명한 대포보다도 더 강한 무기를 만들어내도록 하여라. 대포는 옮기기가 불편한 게 흠이니 그 점도 개선하도록 하여라."

그는 이 말을 유언으로 남기고 죽었다.

그리고 5년이 지난 1400년, 태조太祖 때부터의 충신 권근權近이 태종太宗에게 아뢰었다.

"장차 왜구의 침입이 염려됩니다. 고려 때에도 그들이 극성을 부렸으나 그때는 최무선의 대포가 있어 물리칠 수 있었습니다. 하오니 그 아들에게 아버지의 뜻을 잇게 하여 대포와 같은 위력 있는 무기를 생산하도록 어명을 내리시옵소서."

권근의 추천으로 해산은 20세의 나이로 무기를 다루는 군기감軍器監의 관리가 되었다. 해산은 아버지 이름을 헛되지 않게 하기 위해 뼈를 깎는 노력을 기울였다. 보람이 있어 1407년, 전에 비해 두 배나 폭발력이 강한 화약을 만들어내는 데 성공하였으며, 기술자만도 33명이나 길러 내었다.

해산은 그것으로 그치지 않았다. 1409년에는 사방을 방패로 막은 바퀴 달린 수레식 대포, 즉 화차火車를 발명했다. 그로써 적진 속으로 들어가 공격할 수가 있어 파괴력이 훨씬 높아졌다.

화차 덕분에 오랑캐와 왜구를 물리치자 사람들은 그에 대한 칭찬을 아끼지 않았다.

"그 아버지에 그 아들이구먼其父其子."

2년 뒤, 최해산은 완구碗口라는 새로운 대포를 발명했다. 밥그릇처럼 생겼다고 해서 그런 이름이 붙여졌다. 크기는 대, 중, 소의 세 종류였는데, 그 위력이 대단해서 집채나 성문이 단번에 날아갈 정도였다. 이런 최해산의 노력이 인정을 받아 태종은 그에게 정4품 군기감승軍器監丞의 직책을 내렸다.

실제 그의 공은 엄청났다. 그가 처음 관직에 몸을 담았을 때는 화약이 겨우 4근 4냥밖에 없었으나 나중에는 1천5백 배가 넘는 6천9백 근으로 늘어났다. 대포도 2백 문이 채 안 되었으나 그가 군기감으로 일한 뒤에는 1만3천5백 문으로 증가되었다. 또 포병도 1만 명으로 불어났으며, 어마어마하게 큰 무기고도 건립되었다.

최해산이 죽은 뒤 1471년에는 그가 생시에 그렇게 바라던 화약제조공장인 '화약감조청'이 세워졌으며, 정이오鄭以吾라는 사람은 〈화약고기火藥古記〉라는 글을 지어 최무선의 공을 역사에 길이 남도록 하였다.

기사와사 起死臥死

起:일어날 기　死:죽을 사　臥:누울 와　死:죽을 사

서서 죽으나 누워서 죽으나 죽는 것은 마찬가지다. 즉 이러나저러나 결과는 한가지라는 뜻으로 쓰인다.

문헌 : 《고금청담古今淸談》

조선 제17대 효종孝宗 때 무인 출신 우의정 이완李浣(1602~1674)은 본관이 경주이고, 호가 매죽헌梅竹軒이며, 시호는 정익공貞翼公이다.

사냥을 좋아하였던 그가 하루는 노루를 쫓다가 날이 저물어 깊은 산속을 헤매게 되었다. 그런데 산중에 대궐 같은 큰 집이 있어 대문을 두드렸다. 그러자 갓 스물이 될락 말락한 아름다운 여인이 나와서 말했다.

"여기는 손님이 머물 곳이 못 되니 그냥 돌아가도록 하십시오."

"맹수들이 득실거리는 이 깊은 산중에 날은 저물고 인가도 없는데 어디로 가겠소? 아무 데라도 좋으니 하룻밤 쉬어가게 해주시오."

"잠자리를 드리지 않으려고 이러는 것이 아니라 손님께서 여기에 머무시면 반드시 죽게 될 것입니다. 그래도 괜찮으시다면 들어오시지요."

"좋습니다. 나가서 맹수의 밥이 되나 집 안에서 죽으나 마찬가지이니까요."

이렇게 해서 그는 집으로 들어왔다. 그리고 여인이 홀로 깊은 산중에 있게 된 사연을 들었다.

"이곳은 도둑의 소굴입니다. 저는 본래 양가의 딸이었으나 여기에 잡혀 와서 벌써 한 해를 넘겼습니다. 비록 비단으로 몸을 감고 구슬로 치장했으나 감옥살이나 다를 것이 없습니다. 저의 간절한 소원은 하루빨리 이곳에서 벗어나 좋은 사람을 만나 평생을 편안하게 사는 것입니다."

이야기를 마친 여인은 밥을 짓고, 도둑들이 사냥해온 고기로 반찬을 장만하여 술과 함께 상을 차려 왔다. 이완은 배부르게 먹고 거나하게 취하여 여인의 무릎을 베고 누워서 수작을 벌였다.

"우리가 이렇게 된 것은 하늘의 뜻이 아닌가 싶소. 또 정절을 지켜 몸이 깨끗하다 하더라도 누가 믿어 주겠소? 인명은 재천이라 했으니 생사는 하늘에 맡겨 두고 귀한 인연이나 맺어 봅시다."

이완은 여인을 꾀어 한바탕 뜨거운 운우지정을 나누었다.

그때 뜰에서 '쿵' 하는 소리가 들렸다. 여인은 얼굴빛이 사색이 되어 재촉했다.

"큰일났습니다. 도둑의 우두머리가 왔습니다."

그러나 이완은 침착하게 말했다.

"이제 당신이나 나는 일어나도 죽고, 누워 있어도 죽을 거요. 그냥 이대로 있도록 합시다."

이윽고 도둑의 우두머리가 방으로 들어왔다.

"웬 놈이 감히 이곳에 들어왔느냐?"

이완은 조금도 두려워하는 기색 없이 천천히 말했다.

"노루를 쫓다가 길을 잃어 여기까지 오게 되었소이다."

"그러면 행랑에나 머물 것이지 감히 남의 유부녀를 범하다니 그러고도 살기를 바라느냐?"

"사람이 태어나면 언젠가는 죽는 법이오. 무엇을 두려워하겠소!"

도둑은 굵은 새끼로 그를 묶어 대들보에 매달아 놓고, 여인으로 하여금 멧돼지를 삶고 술을 가져오게 했다. 도둑은 고기를 썰어 우물우물 씹으며 술 한 동이를 다 마셨다. 묶여 있던 이완이 말했다.

"여보시오. 나도 한잔합시다. 아무리 인심이 야박하기로서니 어찌 사내가 옆에 사람을 두고 혼자만 술을 마신단 말이요. 어차피 죽을 목숨인데 나도 고기 맛이나 보고 죽읍시다."

"참으로 큰 그릇이로다."

도둑은 포박한 것을 풀어 주면서 말했다.

"이제 비로소 대장부를 만났습니다. 장차 나라의 큰 간성이 될 인재를 내 어찌 죽이겠습니까? 우리 같이 한잔합시다."

도둑은 다시 술상을 차려오게 하여 서로 취하게 마셨다.

"저 여인은 이제까지는 나의 아내였으나 그대와 이미 정을 통했으니 지금부터는 그대가 가지시오."

도둑은 이완에게 형제의 의를 맺자고 하며 말했다.

"내가 뒷날 어려움을 당하여 내 목숨이 그대의 손에 달리게 될 때가 있을 것이오. 그때 오늘의 정의情誼를 잊지 않는다면 고맙겠소."

이완은 그의 말대로 뒷날 과거에서 무과에 급제하여 현령, 군수,

부사 등을 거쳐 평안도 병마절도사에 올랐다. 그리고 1636년에는 병자호란이 일어나자 김자점金自點을 도와 정방산성正方山城 싸움에서 크게 승리했다. 효종이 송시열宋時烈과 북벌을 계획하자 신무기 제조, 성곽 개수 및 신축 등 전쟁 준비를 완벽하게 해냈다. 그러나 효종의 갑작스런 별세로 무산되고 말았다.

그는 그 후 수어사, 포도대장 등을 거쳐 우의정에까지 올랐다.

그는 보기 드물게 문무文武를 겸한 훌륭한 인물이었다.

그가 포도대장 시절 어느 날, 큰 도둑을 잡아 처형하려다가 자세히 보니 바로 옛날 형제의 의를 맺었던 그 도둑이었다.

이완은 효종에게 도둑과의 지난날의 이야기를 말씀 드리고, 용서케 하여 인재로 등용했다.

도둑은 무과에 급제하여 성을 지키는 부장이 되었다.

기패기마碁敗寄馬

碁:바둑 기 **敗**:질 패 **寄**:맡길 기 **馬**:말 마

> 바둑에 져서 말을 맡긴다는 말로, 어떤 목적을 위하여 싸움이나 경쟁에서 일부러 져주는 경우를 이른다. 작전상 후퇴라는 말과 비슷한 말이다.
>
> 문헌 : 《조선오백년기담朝鮮五百年奇譚》

덕원군德源君(본명 : 이서李曙 1449~1498)은 세조世祖의 아들로 성종成宗 때 종부시 도제조의 직을 맡아 종실의 규찰과 선왕 제향소를 관리했다. 그는 성격이 호탕하였으며 잡기 중에 바둑 두기를 매우 좋아하였다. 실력도 뛰어나서 주위에는 아무도 그를 상대할 만한 사람이 없었다.

어느 날, 한 군졸軍卒이 찾아와서 아뢰었다.

"소인은 향군鄕軍이온데 이번에 번을 들기 위해 한양에 왔습니다. 오래전부터 대군마마께서 바둑을 잘 두신다는 말을 들어온 터라 한 수 가르쳐주십사 하고 이렇게 찾아 뵈었습니다."

"알겠다. 실력이 어느 정도인지 모르지만 한번 두어 보자꾸나!"

덕원군은 심심하던 차에 잘됐다 싶어 바둑판 앞에 마주 앉았다.

애기가愛碁家는 원래 서로 적수만 되면 상대 신분의 귀천, 남녀노소를 가리지 않는다.

군졸이 입을 열었다.

"바둑은 그냥 두면 재미가 없고 내기 바둑이 재미있는 줄 아옵니다. 만약 제가 이기면 쌀 한 가마니를 주시고, 소인이 지면 제가 끌고 온 말을 드리면 어떠할지요?"

"좋다. 두려움을 모르는 자로구나. 어서 바둑알을 놓거라."

그러나 처음에는 팽팽하던 바둑이 결과는 덕원군이 근소한 차이로 승리하였다.

"제가 졌습니다. 약속한 대로 제 말을 드리고 가겠습니다."

"그럴 필요 없네. 자네 덕분에 재미있게 시간을 보냈으니 말은 그냥 가져 가도록 하게나."

"아닙니다. 약속을 어길 수는 없습니다."

그렇게 해서 그 군졸은 말을 두고 돌아가서 번을 서고, 석 달 뒤에 다시 덕원군을 찾았다. 그리고 이번에도 말을 건 내기 바둑을 두자고 제의하였다. 덕원군은 반가워하며 마주 앉았다.

"그동안 바둑 실력은 좀 늘었느냐?"

"예. 나름대로 열심히 했습니다."

덕원군은 초반부터 그의 실력에 당황했다.

'이자의 실력이 보통이 아니로구나. 지난번과는 전혀 다른 걸.'

덕원군은 끝내 그의 상대가 되지 못했다. 일방적인 패배에 덕원군은 약속대로 그의 말을 되돌려주면서 말했다.

"너의 솜씨가 참으로 놀랍다.

그런데 지난번에는 어찌해서 나에게 졌느냐?"

"예. 죄송하오나 그래야만 했던 사정이 있었습니다. 한양에 말을 타고 오긴 했지만 먹이고 재울 방법이 없어서 대군마마께 잠시 맡겨 둘 요량으로 그랬습니다. 그런데 이제 번이 끝나서 다시 찾아가는 것입니다. 황공합니다."

덕원군은 그 군졸의 남다른 기지에 껄껄 웃을 수밖에 없었다.

덕원군은 신숙주와 더불어 국사를 돌보기도 했으며, 성종 2년에는 전북 고창에 있는 선운사禪雲寺를 중건하도록 하여 행호幸浩 선사에게 발원문을 직접 초하기도 했다.

덕원군은 성현의 학문을 전수하여 유종儒宗이라는 칭송을 받기도 했다.

기호지세騎虎之勢

騎:탈 기 虎:호랑이 호 之:어조사 지 勢:형세 세

> 호랑이를 탄 기세라는 뜻이다. 즉 이왕 시작했으면 끝까지 가는 데까지 갈 수밖에 없음을 이르는 말. 사람이 범의 등에 탔다면 내릴 수는 없고 가는 데까지 가 본다는 것이 기호지세이다.
> 문헌:《고려사절요高麗史節要·고금청담古今淸談》

고려 태조太祖 왕건王建(877~943)은 개성 부근 예성강 근처에서 태어났다. 그의 아버지는 왕륭王隆이었으며 지방 사찬沙飡 호족으로 덕망이 높았다. 896년 궁예의 세력이 확장 일로에 있자 왕륭은 송악의 궁예 예하로 들어가 금성태수가 되었다.

그 후 왕건이 성장하여 20세에 이르자 광주와 충주, 그리고 당성 등을 공략하여 성공하자 아찬阿飡이 되었다.

왕건은 예성강에서 훈련된 수군을 거느리고 금성錦城:羅州을 함락시키고 10여 고을을 평정했다.

왕건이 어느 날 정주貞州를 지나다가 목이 말라 우물가에서 물을 긷고 있는 여인에게 물을 청했다. 그러자 여인은 물을 길은 다음 물바가지에

버들잎을 띄워 주었다. 급하게 마시지 말라는 배려였다. 그녀의 지혜가 마음에 든 왕건은 그날 밤 그녀의 집에 들어가 여인의 부모로부터 허락을 받은 다음 그녀와 정식으로 부부의 연을 맺었다. 이가 바로 토호土豪 천궁天弓의 딸 유씨柳氏부인이었다.

당시 왕건은 궁예弓裔 밑에서 장군으로 있을 때였다. 왕건은 전장에서 쉴 새 없이 싸우다가 어느 날 문득 그녀의 소식을 수소문하니 절에 들어가 수절하고 있다고 했다. 왕건은 먼저 가정을 안정시키는 일이 무엇보다 필요하다는 것을 느끼고 그녀를 불러 올렸다. 그리고 개국을 이룬 후에는 그녀를 왕후로 맞으니 신혜왕후神惠王后가 되었다.

그 무렵, 궁예는 난폭한 행동으로 실정失政을 거듭하여 군왕으로서 자질을 의심받게 되었다. 그래서 부하 장수들이 왕건을 왕으로 추대하려 하자 왕건은 결정을 못 내리고 망설였다. 이를 눈치챈 유씨 부인은 남편에게 상황이 긴박하게 돌아가는 기호지세이니 장수들의 말대로 추대를 수락하라고 격려했다. 이로써 왕건은 홍유洪儒 · 배현경裵玄慶 신숭겸申崇謙 복지겸卜智謙 등과 함께 고려를 세울 수 있었다.

수나라 황제 양견楊堅의 부인 독고獨孤씨나 왕건의 부인 유씨는 영리하여 사세 판단과 내조를 잘한 왕후이다.

난생주몽 卵生朱蒙

卵:알 란 生:날 생 朱:붉을 주 蒙:어릴 몽

알에서 태어난 주몽이라는 말로, 고구려의 시조 주몽의 고사에서 유래했다. 대수롭지 않게 생각했던 일이 뜻하지 않게 큰 성과를 이루는 것을 비유하여 쓴다.

문헌:《삼국유사三國遺事》

주몽朱蒙(B.C. 58~19)은 고구려의 시조 동명왕東明王의 이름이며, 성은 고高씨이다.

동부여왕東扶餘王 해부루解夫婁가 아들 갖기를 원하여 명산대천을 찾아 치성을 드리다가 곤연鯤淵 연못가 돌 밑에서 노란 개구리 모양의 어린아이를 주워 왔다. 해부루는 기뻐하면서 황금개구리란 뜻으로 이름을 금와金蛙라고 하였다. 그가 자라 태자가 되었고, 해부루가 죽자 마침내 왕이 되었다.

금와왕이 태백산 남쪽 우발수優渤水에 사냥하러 나갔다가 미모의 유화柳花를 만나게 되었다. 그녀는 본시 하백河伯의 딸이었다. 그런데 천제天帝의 아들 해모수解慕漱의 유혹에 빠져 정을 통했다. 그러자 부모는 딸이 정절을 지키지 못하고 함부로 몸을 허락했다 하여 그곳으로 귀양 보낸 것이었다.

금와왕은 그녀를 방안에 가두어 두게 했는데 해모수가 햇빛이 되어 다시 그녀를 찾아와 정을 통한 후 닷 되들이만 한 큰 알을 낳았다. 금와왕은 유화부인의 방에 있는 알을 보고 좋지 못한 징조라 하여 갖다 버리도록 했다.

그래서 그 알을 돼지에게 주었으나 먹지 않았고, 길바닥에 버렸더니 소와 말이 피해 갔으며, 들판에 버리니 날아가던 새가 내려와 품어주었다. 왕이 이상히 여겨 그 알을 깨뜨리려 했으나 깨지지 않아 도로 유화 부인에게 주었다.

유화 부인이 그 알을 잘 싸서 따뜻한 곳에 두었더니 얼마 후 사내 아이가 알을 깨고 나왔다. 생김새가 비범하고 영특하게 생긴 그 아이는 일곱 살이 되자 활을 만들어 쏘는데 백발백중이었다. 부여에서는 활 잘 쏘는 사람을 주몽이라 하였기 때문에 그에 따라 이름을 주몽이라 하였다.

금와왕에게는 일곱 아들이 있었는데 모두 주몽만 못했다. 그런데도 장자 대소帶素는 주몽을 시기하여 그는 사람이 낳은 자식이 아니니 없애 버려야 한다고 부왕에게 아뢰었다.

그러나 금와왕은 그의 말을 듣지 않고 주몽에게 말 기르는 임무를 맡겼다. 주몽이 말을 맡아 기르게 되었는데 그는 좋은 말에게는 사료를 적게 주고, 나쁜 말에게는 좋은 먹이를 주어 살찌게 했다. 그래서 사냥을 나갈 때면 왕이 살찐 말을 타고 주몽은 야윈 말을 탔는데 이 말이 야위기는 했으나 좋은 말이라 주몽이 잡은 짐승이 항상 많았다.

이를 시기하여 왕자와 신하들이 공모하여 주몽을 없애려 하자 유화 부인은 주몽에게 차라리 궁을 떠나 살라고 일렀다.

주몽은 평소에 사귀어오던 오이烏伊, 마리摩離, 협보陜父 등과 함께 궁을 떠나게 되었는데 엄수淹水에 이르러 강을 건널 수 없게 되자 물에게 말했다.

"나는 천제의 아들이오. 나를 쫓는 자가 있으니 길을 여시오."

이에 물고기와 자라가 모여들어 다리를 만들어 건너게 한 후 흩어지니 쫓는 자들은 건널 수가 없었다.

주몽은 졸본천卒本川에 이르러 나라를 세우고 국호를 고구려라 하고, 성姓을 고高씨로 정했다.

그때 주몽의 나이는 22세로, 신라 박혁거세 21년(갑신년), B.C 38년이었다.

내심구압 耐心求鴨

耐:참을 내　心:마음 심　求:구할 구　鴨:오리 압

> 인내심이 오리를 구하다. 참을성의 중요함을 이르는 말로 조선 세종 때의 재상 윤회의 고사에서 유래했다.
> 문헌 : 《국조명신록國朝名臣錄》

조선 세종 때의 명신 윤회尹淮(1380~1436)는 어려서부터 경사經史에 통달하여 신동으로 불렸다. 그는 노비변정도감에서 제십방第十房을 맡아 신속 정확하게 판결하여 주위의 주목을 받았다.

그가 어느 날 길을 가다가 날이 저물어 어느 집을 찾아 하룻밤 자고 가기를 청했으나 주인은 냉정히 거절하고 들어가 버렸다.

윤회는 너무 피곤한 나머지 그 집의 뜰 아래에 앉아 잠시 쉬고 있었다. 그런데 그 집 어린아이가 나와 진주 구슬을 가지고 놀다가 땅바닥에 떨어뜨리자 곁에 있던 거위가 그것을 냉큼 삼켜버렸다. 그것을 보지 못한 아이는 이리저리 찾다가 윤회의 얼굴을 빤히 쳐다보더니 얼른 안으로 들어가는 것이었다. 아이는 구슬을 윤회가 가져간 것으로 의심하는 눈치였다.

잠시 후, 쫓아나온 주인이 다짜고짜 윤회를 범인으로 단정하고 진주 구슬을 내놓으라고 다그쳤다.

"방금 우리 아이가 가지고 나간 진주 구슬이 없어졌으니, 네 소행이 분명하렷다!"

그러고는 하인을 불러 윤회의 온몸을 뒤지게 했다. 그러나 진주 구슬이 발견되지 않자 그를 결박하고, 내일 아침에 관가로 끌고 가겠다고 했다. 윤회는 아무 저항 없이 묶이면서 주인에게 부탁했다.

"좋소. 구슬을 찾고 싶다면 저 거위도 내 곁에 묶어주시오."

주인이 그 이유를 물었으나 윤회는 그에 대해서는 대답하지 않고 하여튼 거위를 곁에 함께 있게 해달라고만 하였다. 별로 어려운 일도 아니고 해서 주인은 그렇게 했다.

다음날 아침, 주인이 나오자 윤회는 거위가 눈 똥을 가리키며 헤쳐 보라고 했다. 주인이 이상히 여겨 헤쳐 보니 그 속에서 진주 구슬이 나오는 것이 아닌가! 깜짝 놀란 주인이 사과하며 말했다.

"어제는 왜 이야기를 하지 않았소? 그때 이야기했으면 이렇게 묶이는 고역을 치르지 않았을 텐데……."

그러자 윤회가 대답했다.

"만약 내가 어제 거위가 진주 구슬을 먹었다고 말했다면 주인장께서는 빨리 그 사실을 확인해보고 싶은 나머지 그 거위의 배를 갈라 진주 구슬을 꺼냈을 것이 아니오. 그렇게 애꿎은 짐승을 죽게 하느니 내가 하룻밤을 고생하는 편이 낫다고 생각했던 거요."

그는 이처럼 사리 판단이 분명하고, 특히 사람의 마음을 통찰해 보는 안목이 높았다. 훗날 그는 관직에 올라 세종의 두터운 신임을 얻었다. 병조판서, 예문관 대제학을 역임하면서 인자한 마음씨로 어떤 일도 실수 없이 처리했다. 그는 주호酒豪로도 이름이 났는데 세종이 절주하라는 의미에서 하루에 술 석 잔씩만 마시라며 작은 잔을 하사하자 대장간에서 큰 사발로 늘려 석 잔씩 마셨다고 한다.

노화삽관蘆花揷冠

蘆:갈대 로 花:꽃 화 揷:꽂을 삽 冠:갓 관

모자에 갈대꽃을 꽂다. 고구려 때 미천왕을 옹립하는 거사에 찬성한다는 뜻으로 갓에 갈대꽃을 꽂았던 고사에서 유래했다. 어떤 일에 대해서 비밀리에 찬성 여부를 확인하는 암호를 이른다.

문헌:《삼국사기三國史記 권 제17》

서기 280년, 고구려의 13대 서천왕西川王(재위 270~292) 11년, 만주 동북방에서 수렵 생활을 하던 숙신족肅愼族이 고구려 땅을 침범하니, 많은 백성들이 죽고 재물을 약탈당했다. 그러자 서천왕은 아우 달고達賈를 불러 간곡하게 명했다.

"네가 남달리 지략이 뛰어나고 용맹스러우니 숙신족을 물리치도록 하라."

달고는 즉시 싸움터로 나가 숙신족의 대장을 죽이고, 단로성檀盧城과 그 외 여러 성을 빼앗았다.

왕은 그의 공을 높이 사 양맥과 숙신 두 부락을 그에게 주었다. 백성들도 달고의 용맹을 침이 마르도록 칭송했다.

서천왕이 죽자 아들 봉상왕烽上王(재위 292~300 : 일명 치갈왕雉葛王)이 대를 이어 제14대 왕이 되었다.

봉상왕은 천성이 오만하고 의심이 많았다. 그러한 그가 백성들의 존경을 한 몸에 받고 있는 달고를 내버려 둘 까닭이 없었다. 자기의 지위를 빼앗아갈까봐 지레 겁을 먹은 그는 군사를 풀어 숙부인 달고를 처치해버렸다. 또 자신의 아우 돌고咄固에게도 역모를 도모했다는 누명을 씌워 사약을 내렸다. 그러자 돌고의 아들 을불乙弗은 자신의 목숨도 위태롭다고 생각하고 미리 도망을 쳤다.

봉상왕은 사치와 향락을 일삼으며 대궐을 크게 짓는 등 국력을 낭비함으로써 나라를 어렵게 몰아갔다.

대궐 공사가 끝나던 해에는 봉화산에서 귀신의 곡哭소리가 들린다는 등 민심이 흉흉해지고, 그해 겨울부터 이듬해 봄까지는 지진이 거듭되었으며, 설상가상으로 가뭄까지 겹쳤다. 자연히 흉년이 들고, 백성들은 굶주려 누렇게 붓는 부황으로 쓰러져갔다. 그런데도 봉상왕은 또다시 대궐을 수리하라고 명령했다. 백성이야 어떻게 되든 대궐이 웅장해야 왕의 위엄이 선다는 생각이었다.

한편, 을불은 궁궐에서 도망친 후 정처 없이 떠돌다가 수실촌이라는 마을에 이르렀다. 거기서 그는 살기 위한 궁여지책으로 한 부잣집의 머슴이 되었다가 나중에는 비류강에서 뱃사공이 되었다.

어느덧 6년이란 세월이 흘렀다.

조정에서는 국상國相 창조리倉助利를 비롯하여 조불祖弗, 소우蕭友 등의 신하들이 나라를 바로잡기로 뜻을 모았다.

"이제 백성들은 지칠 대로 지쳤소. 그러니 임금을 폐하고 돌고의 아드님 을불을 모셔다 새 임금으로 모십시다."

그래서 조불과 소우는 변장을 하고 을불을 찾아 나섰다. 그들이 우연히 비류강에 이르러 강을 건너고자 배를 탔는데 뱃사공이 을불, 바로 그 사람인 것을 발견했다. 그들은 을불에게 사정을 이야기하고 함께 도성으로 돌아와 은밀하게 기회를 노렸다.

그즈음, 봉상왕은 신하들을 데리고 후산으로 사냥을 나갔다. 창조리와 조불, 소우 세 사람은 그때를 틈타 거사를 행하기로 하고 여러 사람들에게 말했다.

"나와 뜻을 같이 할 사람은 나처럼 하라."

그러고 나서 그가 갈대를 꺾어 관冠에 꽂으니, 여러 사람들이 모두 따라서 했다. 창조리는 모든 사람의 마음이 같은 것을

확인하고 드디어 왕을 폐하여 별실에 가두고 을불로 하여금 왕위에 오르게 하니 그가 바로 제15대 미천왕美川王(재위 300~331)이다.

누금지효淚琴之孝

淚:눈물 루 琴:거문고 금 之:어조사 지 孝:효도 효

눈물 젖은 거문고의 효도라는 말로, 조선 성종 때 남산골의 한 선비 이야기에서 유래했다. 정성이 지극한 효도를 빗대어 쓴다.
문헌:《성종실록成宗實錄·고금청담古今淸淡》

　　조선 제9대 성종成宗(1457~1494)은 세조世祖의 손자로서 재위 13개월 만에 타계한 예종睿宗에 이어 13세에 왕위에 올랐다. 왕위 등극 후 처음에는 나이가 너무 어려 세조비 정희대비貞熹大妃의 7년 섭정을 받았지만 성인이 되어 국정을 맡고 나서는 선정을 베풀었다.
　그는 세조 때 이룩한 문화를 되살려 꽃을 피웠고, 외교에도 각별히 신경을 쓰는 한편, 인재를 널리 등용했다. 그리고 농사를 적극 권장하고, 백성을 자식처럼 돌봤으며, 억울하게 옥살이를 하는 일이 없도록 애썼다. 또 백성들의 삶을 살피기 위해 수시로 야행을 했다.
　어느 늦은 가을밤, 성종이 야행을 하고 있는데 남산 밑 어느 오막살이 안에서 한밤중에 간간이 흐느끼는 소리와 함께 때아닌 거문고 소리가 들렸다.
　성종은 걸음을 멈추고 고개를 갸우뚱거렸다.
　'그거 참 괴이한 일이다. 기쁜 일과 슬픈 일이 한꺼번에 겹친 모양이로구나!'

성종은 호기심이 동해서 오막살이 가까이로 가서 들창 안을 가만히 들여다보았다.

방 안에서는 고깔을 쓴 여승 차림의 한 여인이 덩실덩실 춤을 추고, 옆에는 한 사내가 낡은 거문고를 타고 있는 가운데, 술상 앞에 앉은 노인은 훌쩍훌쩍 울고 있었다.

성종은 방 안의 분위기가 풀리지 않는 수수께끼처럼 느껴졌다. 그래서 밖에 사람이 왔다는 신호로 '에헴'하고 기침을 하니 거문고 소리가 뚝 그치고 노래 부르던 사내가 나왔다.

"누구십니까?"

성종은 자신이 조금 전에 방 안의 광경을 엿보았다는 사실을 털어놓은 다음, 그 곡절을 물었다.

사내와 여인이 머뭇거리자 술상 앞에서 울던 노인이 말했다.

"다 보셨다니 무엇을 숨기겠소. 이 애는 내 아들이고, 이 애는 며느리랍니다. 오늘이 이 늙은 것의 회갑인데 살림이 워낙 어렵다보니 뭐 차릴 게 있어야지요. 생각다 못해 며느리가 제 머리를 잘라 팔아서 이렇게 조촐하게나마 술상을 마련하고, 흥을 돋우기 위해 흉한 머리를 고깔로 감추고 춤을 추니, 아들이 거기에 맞추어 거문고를 연주했던 것입니다. 하여, 내가 저들의 지극한 효성을 보고 목이 메어 울었던 것입니다."

성종은 연신 고개를 끄덕이며 감탄했다.

"지금까지 수많은 효도 사례를 들었지만 이보다 더 귀한 효도는 없었소. 내 장담컨대 반드시 큰 복이 내릴 것이오."

이튿날 아침, 어제의 그 오막살이집에 관복을 차려 입은 관리가 찾아와 허리를 정중하게 숙이며 말했다.

"어명이오. 어서 입궐할 채비를 하시오."

노인은 영문을 몰라 손을 내저었다.

"잘못 찾아오셨습니다. 저는 대궐에 입궐할 사람이 못 됩니다."

"허허! 어젯 밤 만난 분이 상감마마이셨소."

"뭐, 뭐라고요?"

노인 일가족은 허겁지겁 임금이 있는 궁궐을 향하여 큰절을 올렸다. 그리고 노인과 아들 부부는 궁궐에 당도하여 융숭한 대접을 받고, 상금과 쌀을 하사받았다.

성종은 스스로가 학문을 즐기고 사예서화射藝書畵에도 능하였으며, 농사를 적극 장려하는 한편, 인재를 등용, 제도를 정비하여 나라를 크게 융성케 했다.

능자승당能者昇當

能:능할 능　者:놈 자　昇:오를 승　當:마땅 당

능력 있는 자가 승진하는 것은 당연하다는 말로, 조선 성종 시대의 문장가 구종직의 고사에서 유래했다.

문헌:《동국여지승람東國與地勝覽·동문선東文選》

조선 제7대 세조世祖(1417~1468)의 큰아들 덕종德宗(추존명: 1438~1457)이 세자로 책봉된 후 갑자기 요절하여 둘째 아들 광晄이 왕위에 오르니 바로 예종睿宗(1450~1469)이다. 그런데 예종 또한 왕위에 오른 지 1년 만에 승하하니, 사람들은 세조가 단종을 죽이고 왕위를 찬탈했기 때문에 인과응보로 그의 아들들이 모두 요절한 것이라고 수군거렸다.

예종의 뒤를 이어 제9대 성종成宗(1547~1494)이 즉위하자, 세조의 왕비 윤씨를 비롯하여 성종의 생모와 양모가 모두 살아 있어 궁중에는 과부 왕비가 셋이나 있게 되었다.

성종은 할머니와 두 어머니를 위하여 잔치를 벌이는 일이 많았다. 때문에 궁중에서는 노랫소리와 장구 소리가 떠날 날

이 없었다.

성종이 나이가 들어 성인이 되자 궁녀들은 왕의 사랑을 먼저 차지하려고 은근히 교태를 부렸다. 성종은 술도 잘하고, 풍류 기질이 있었다. 또 유능한 선비를 아끼어 크게 쓸 줄도 알고, 해학도 즐겼다.

학문을 장려하기 위하여 세종 때 설립되었으나 세조 때 폐지되었던 집현전을 홍문관弘文館으로 개칭하여 임금의 자문기관으로 부활시켰다.

또 《동국통감東國通鑑》《동국여지승람東國輿地勝覽》《동문선東文選》 등을 편찬케 하였고, 나라의 기강이 되는 《경국대전經國大典》도 완성시켰다. 그는 실력이 있는 사람을 극진히 우대하였다.

한번은 종묘에 제사를 지내는데 축관祝官으로 지명된 장령掌令이 축문祝文을 읽다가 모르는 글자가 나오자 당황하여 그냥 서 있었다. 성종은 어이가 없어 환궁하는 즉시 그를 무관으로 좌천시켜 버렸다. 언관들이 들고 일어나 문관을 무관으로 임명하는 것이 불가함을 말하자,

"축문도 제대로 못 읽는 사람이 무슨 문관이오?"

하고 일언지하에 묵살해 버렸다.

훗날 좌찬성을 지낸 문장가 구종직丘從直(1404~1477)이 처음으로 과거에 급제하여 교서관校書館 정자正字 벼슬에 올라 경복궁 안에서 숙직을 하게 되었다. 시골 사람이 처음 궁 안으로 들어온지라 마침 시간도 한가해서 경회루 구경을 나갔다가 왕의 행차를 만나게 되었다. 어명 없이는 들어오지 못하는 곳에서 왕의 행차와 마주치자 구종직은 그 자리에 엎디어 대죄하였다. 성종이 그에게 말했다.

"너는 누군데 여기까지 들어왔느냐?"

"네, 시골에서 올라와 교서관의 말직에 있는 구종직이옵니다. 경

회루 경치가 좋다 하기에 구경하러 들어왔습니다."

"노래를 할 줄 아느냐?"

"격양가擊壤歌를 조금 부를 줄 아옵니다만……."

"그래? 그럼 어디 한 번 불러보아라."

구종직은 농부들이 부르는 격양가를 열심히 불렀다. 그러자 성종은 흡족해 하며 다시 물었다.

"경서經書를 읽을 줄 아느냐?"

"예, 알고 있습니다."

"무슨 경서를 잘 알고 있는고?"

"《춘추春秋》를 조금 알고 있습니다."

"어디 한번 외워보도록 하라."

구종직은 목소리를 가다듬어 《춘추좌전》을 막힘없이 줄줄 외워 내려갔다.

성종은 마음이 흡족한 나머지 어주御酒까지 하사하며 칭찬하고, 다음날로 구종직의 벼슬을 일약 부교리副校理로 승격시키니, 삼사(三司:사헌부·사간원의 양사로 홍문관을 합한 속칭)에서는 반대하는 여론이 빗 발치듯 하였다. 그러자 성종이 언관들에게 말했다.

"경들이 급제한 지 얼마 안 되는 사람을 승진시켰다고 반대하는데 그럼 어디 《춘추좌전》을 외울 수 있는 자 있거든 나와 보시오."

그러나 한 사람도 나서는 사람이 없자 성종은 구종직에게 외워보라고 하였다. 구종직은 전날과 같이 자신 있게 줄줄 외웠다. 성종이 말했다.

"경들도 과거에 급제했고 경력 또한 많은 사람들인데 어찌하여 경전 하나 제대로 외우지 못하면서 신진의 벼슬을 승격시켰다고 반대만 하오? 무릇 관리는 실력이 가장 우선하는 것이오. 경들도 공부를 좀 하도록 하시오."

성종의 파격적인 인사에 반대하던 신하들은 오히려 무안만 당하여 묵묵부답이었다.

성종은 수렴청정으로 다져진 왕권이 흔들리지 않게 권력의 균형을 이루었고 권신들의 세력을 견제하였으며, 사림士林 세력을 끌어들여 유교사상儒敎思想을 정착시켜 왕도정치를 실현했다.

권농치민勸農治民에 힘쓰면서 현명한 왕으로 세조 때 이룩한 초기의 문화가 개화되었다. 독서당讀書堂을 설치하고 향학鄕學에도 힘을 기울였다.

또, 종교적인 면에서는 배불排佛 정책을 강화하여 화장火葬 풍습을 없애고, 승려들의 도성 출입을 금지시켰으며, 사대부 집안의 부녀가 비구니 되는 것도 금지시켰다. 6촌 이내의 결혼을 금하고 정치적으로는 도학정치道學政治의 기틀을 세워나갔다.

성종 당시 태평성대가 이뤄지자 성종 스스로도 퇴폐 풍조에 빠져 궁중을 빠져나가 규방을 출입하다가 왕비 윤씨가 그의 얼굴에 손톱 자국을 내는 사건이 발생하여 폐비되는 비화가 있게 되었다.

이는 연산군대에 이르러서 정쟁의 불씨가 되었다.

성종은 1494년 38세로 생을 마감했으며 능은 선릉이다.

니중진주泥中眞珠

泥:진흙 니 中:가운데 중 眞:참 진 珠:구슬 주

진흙 속의 진주라는 말로, 훌륭한 인물은 진흙 속의 진주처럼 언젠가는 빛을 발한다는 뜻이다.

문헌:《고금청담古今淸談》

유진동柳辰仝(1497~1561)은 중종中宗 때 공조판서를 지낸 사람으로 서화書畵를 잘했는데 특히 죽화竹畵와 큰 글씨인 대서大書를 잘 썼다. 태조 4년에 기공된 숭례문崇禮門은 세종 29년에 정분鄭苯에게 명하여 신조新造했다고 실록은 기록하고 있다. 그리고 현판 글씨는 지봉유설芝峰類說에 양영대군讓寧大君이 썼다고 기록되어 있는데 일설에는 유진동이 조선 명종 때 썼다고도 한다.

유진동은 일찍이 양친을 여의고 제대로 공부도 못 한 채 건달들과 어울리면서 남의 가축을 훔치고, 한길에서 힘자랑하는 것이 생활의 전부였다. 그런 그가 중종 때 호조판서를 지낸 이자견李自堅(1454~1529)의 눈에 띄게 되었다.

이자견은 나이가 스물 전이었는데 유진동이 장차 큰 인물이 될 것을 알고 자기 누님에게 그와 혼인할 것을 권하였다. 평소 동생을 누구보다도 믿고 있던 그의 누님은 별말 없이 길일을 택하여 건달 유진동과 혼인을 하였다.

혼인 후에도 진동은 시정의 무뢰배와 어울리며 심지어 처갓집 종들에게까지 행패를 부렸다. 장모는 매우 걱정했으나 자견은 별로 걱정하지 않고 때가 오기를 기다렸다.

드디어 얼마 후에 그를 필요로 하는 때가 왔다.

진동이 말을 타고 사냥을 갔다가 그만 말에서 떨어졌다. 화가 난 그는 그날로 위험한 무술과 담을 쌓고 군자가 업業으로 할 것은 학문學文이라고 생각하여 문을 걸어 잠그고 독서에 전심전력을 다했다. 그 결과 마침내 과거에 급제하여 벼슬이 판서에까지 이르고, 자견과 그 아우도 재상이 되어 형제가 안찰사로 임명되는 등 명성을 얻었다.

1550년 진동은 명종明宗의 성절사聖節使가 되어 나라의 대업을 위해 명나라에 다녀오기도 했다. 또 조정에서 주역周易을 권장하자 경연관으로 기용되었으며 도총관과 지중추부사를 지내다가 과로로 중풍中風에 걸려 생애를 마쳤다.

진동은 늙어서도 항상 자기를 바른 사람으로 이끌어 준 처남 자견을 부모나 다름없이 공경했다.

164

다관지교 多官之交

多:많을 다 官:벼슬 관 之:어조사 지 交:사귈 교

사다함과 무관랑의 사귐이라는 말로, 사다함의 친구 무관랑이 병으로 죽자 친구였던 사다함도 7일 만에 따라 죽은 고사에서 유래했다. 목숨을 아끼지 않을 만큼의 깊은 우정을 이른다.

문헌 : 《삼국사기三國史記》

신라의 사다함斯多含은 내물왕奈勿王의 7대손으로 아버지는 급찬級湌 구리지仇梨知이다. 본래 진골 가문의 귀한 자손으로 풍모가 수려하고 지기志氣가 분명하므로 주위 사람들이 화랑으로 천거하니 마지못해 응했다. 낭도郎徒가 된 뒤에는 그를 따르는 무리가 무려 1천 명에 달했으며 사다함은 그들 모두에게서 환심을 얻었다.

진흥왕眞興王이 이찬 이사부異斯夫에게 명해 가락국駕洛國:加耶을 정벌할 때 나이 15세의 사다함이 종군하기를 청했다. 왕은 나이가 어리다는 이유로 허락지 않았으나 그 뜻이 확고하므로 귀당비장貴幢裨將(지방 단위 부대의 수장)으로 임명하여 출전하도록 했다.

사다함이 가락국 국경에 당도하여 먼저 원수元帥에게 말하기를 우리가 앞장서 전단량栴檀梁(성문 이름. 양은 가락국 말로 문을 가리킴)으로 쳐들어가겠다고 하였다. 그곳 주민들은 갑자기 신라 군사들이 쳐들어오므로 제대로 싸워 보지도 못하고 흩어졌다. 그래서 쉽게 가락국을 점령하였으며 결국은 멸망시켰다.

군사들이 개선하여 돌아오자 진흥왕은 사다함의 공을 인정하여 가락국 사람 3백 명을 하인으로 주었다. 그러나 그는 그들을 받는 즉시 모두 방면해주었다. 또 토지를 하사했는데 굳이 사양하므로 왕이 강권하니 알천閼川의 불모지를 청해 받았다.

사다함은 무관랑武官郎과 생사를 같이하기로 약속한 친구였는데, 무관랑이 병들어 먼저 죽자 그의 죽음을 매우 슬퍼하다가 7일 만에 그를 따라 죽었다. 당시 사다함의 나이 17세였다.

사람들은 사다함과 무관랑의 의로운 정을 기리며 사다함의 '다' 와 무관랑의 '관'을 따 다관지교多官之交라 불렀다.

다산지책茶山之冊

茶:차 다 山:뫼 산 之:어조사 지 冊:책 책

> 다산의 책이라는 말로 정약용의 활발한 저술 활동에서 유래했다. 자기 분야에 뛰어난 업적을 이룬 경우를 칭송하는 뜻으로 쓰인다.
> 문헌 : 《다산선생茶山先生의 생애生涯와 업적業績》

다산茶山 정약용丁若鏞(1762~1836)은 영조 38년, 경기도 광주廣州의 마현馬峴이라는 마을에서 태어났다.

아버지 정재원丁載遠이 호조좌랑戶曹左郎으로 기용되자 상경하여 열 살 때 경서經書와 사서史書를 수학하고 이익李瀷의 유고遺稿를 보고 감명을 받아 민생民生을 위한 경세經世에 뜻을 두게 되었다.

다음은 그가 일곱 살 때 지은 글이다.

'작은 산이 큰 산을 가리니 멀고 가까운 차이를 알겠다.'

그는 어린 나이임에도 사물을 관찰하는 눈이 예리하여 주위 사람들을 놀라게 했다. 정약용의 눈높이는 이미 산의 아름다움이 아닌 멀고 가까운 거리를 본 것이다. 어린 나이에 과학적인 시각을 가지고 있었던 것이다. 그의 아버지는 다산의 글을 보고 아들이 수학적 재능이 뛰어난 것을 알았다.

다산은 22세 때인 1789년에 과거에 급제하고, 1794년도에 경기도 암행어사가 되었다.

　나중에 형조참의를 지내고 규장각의 서지書誌 편찬 사업에 참여하기도 했다. 그는 누구도 따를 수 없는 실력을 갖추어 출세의 길로 올라선 것이다.

　하지만 운명의 신이 전적으로 그의 편만을 들어주지는 않았다. 그의 불행은 1791년 천주교에 대한 탄압과 함께 시작되었다.

　천주교인이었던 그는 같은 남인이었던 공서파攻西派의 탄핵으로 처남 이승훈李承薰과 함께 체포되어 유배되었다.

　그가 천주교에 관심을 기울인 것은 천주교와 함께 들어오는 서양의 과학을 받아들이기 위해서였다. 하지만 천주교 박해는 당파 싸움의 와중에서 더욱 거세졌다. 그리하여 이른바 황사영黃嗣永 백서 사건이 일어나 다산은 옥에 갇혀 모진 고문을 받은 후 겨우 목숨을 건져 전라남도 강진康津 땅으로 귀양을 가게 되었다. 그는 고문을 당할 때 이렇게 말했다.

　"법규에 대해서 자세히 설명하지 않고 형벌을 가하는 것은 백성을 잡을 목적으로 그물질하는 것과 같다."

　그는 백성에 대한 박해와 가렴주구를 강력히 항의하였으며 평민의 인권 보호를 위해 힘썼다.

　유배지 다산茶山 산정山亭에서 19여 년 동안의 귀양살이는 그의 인생을 크게 바꾸어 놓았다. 그는 그곳에서 백성들과 더불어 살며 현실을 똑바로 보게 되었다.

　또 경서학經書學을 중심으로 한 학문을 깊게 연구하고 체계화하였으며, 밤낮을 가리지 않고 책을 읽고 실학을 집대성하는 데 혼신의 힘을 기울였다.

　그의 책 대부분이 귀양살이 때 쓰여졌다. 그는 훗날 귀양살이 때를 회고하며 이렇게 말했다.

"나는 스무 살 때 겨레와 나라를 위해서 전제·관제·군제 등을 바로잡고, 경전의 풀이도 다시 하려는 정열을 가졌었다."

귀양살이는 다산을 대학자로 만드는 좋은 기회가 된 셈이다.

그의 학문은 역경에 처했을 때 오히려 더 무르익었던 것이다.

그는 전통적인 학문에만 머물지 않고 중국을 거쳐서 들어오는 서양 학문도 우리 실정에 맞게 접목시켰다.

그가 평생 집필한 책은 5백8권이나 되었으며, 70여 편의 다시茶詩도 썼다. 이러한 엄청난 저술은 역사상 보기 드문 일이었다. 50년 동안 글을 썼다고 치면 해마다 10권의 책을 펴낸 셈이 된다.

다산은 인문과학 외에 자연과학과 산림경제山林經濟, 어류魚類에 대한 해설을 써 조선의 자연과학 수준을 한 단계 높이 끌어올리는 데 크게 기여했다.

서른한 살 때에는 수원성을 축성하게 되자 기중기起重機를 만들어 무거운 바윗돌을 쉽게 옮길 수 있게 하기도 했다.

그는 의학에도 관심이 깊어 천연두에 관한 의학서《마과회통麻科會通》을 펴내고 종두법種痘法도 소개하였다.

한평생을 실천적 학문 연구와 저술 활동에 바친 다산은 1836년 74세로 세상을 떠났다.

단완불필斷腕不筆

斷:끊을 단 腕:팔목 완 不:아니 불 筆:쓸 필

손목이 잘린다고 해도 글을 쓰지 않겠다. 영조가 승지에게 폐세자 전지를 쓰게 하자 승지가 '내 팔이 끊어지더라도 전지를 받아쓰지 못하겠다'고 한 고사에서 유래했다.

문헌 : 《한국인물지國朝人物志》

　　조선 제21대 영조英祖 때 도승지都承旨 이이장李彛章(1703~1764)은 영조가 사도세자思悼世子를 폐위하라는 전지를 받아쓰도록 명하자 꿇어 엎드려 말했다.

"신의 팔이 잘린다고 해도 차마 그것만은 쓰지 못하겠나이다."

영조는 성이 나서 큰소리로 호통을 쳤다.

"아니, 그렇게 마음이 약해서야 어떻게 큰일을 할 수 있겠는가?"

그러나 그가 완강히 거부하니 할 수 없이 다른 승지가 받아썼다.

도승지는 왕의 전지傳旨를 받아 써야 할 책임이 있는 직책인데, 이를 거절하는 것은 죽음을 각오하지 아니하고는 할 수 없는 일이었다.

이이장은 사마시司馬試를 거쳐 문과에 급제하여 전라도 암행어사暗行御史를 지낸 인재였다. 1748년에는 서장관書狀官으로 청나라에 다녀와 동부승지同副承旨를 거쳐 도승지로 있을 때의 일이었다.

답부지책答夫之策

答:대답 답 夫:지아비 부 之:갈 지 策:꾀 책

답부라는 사람의 책략이라는 말로, 고구려 때의 국상 명림답부에게서 유래했다. 전투에서 시간을 끌어 상대가 지치게 한 후 싸우면 이긴다는 뜻이다.

문헌:《삼국사기三國史記 열전 제5》

고구려 제8대 신대왕新大王(재위 165~179) 때 한漢나라 현도태수玄菟太守 경림耿臨이 대군을 이끌고 고구려를 공격해왔다. 긴급 대책 회의를 연 신대왕이 공격과 방어, 어느 쪽이 유리한가를 물으니 대신들이 말했다.

"한나라가 병력이 많은 것을 믿고 우리를 얕보고 있으므로 만약 지금 나가 싸우지 않는다면 더욱 깔보고 더 자주 쳐들어 올 것입니다. 다행히 우리는 산이 험하고 문이 좁으니 이를 잘 활용하면 한 사람이 적군 백 명도 당해 낼 수 있을 것입니다. 그러니 청컨대 군사를 내어 공격하십시오."

그러자 국상國相 명림답부明臨答夫가 말했다.

"그렇지 않습니다. 한나라 군사는 강병으로서 사기가 충천하오니 그 서슬을 당할 수 없을 것입니다. 아군이 많을 때는 싸워야 하고, 적을 때는 지켜야 하는 것이 병법입니다. 그리고 지금 한나라 군사는 천 리 밖에서 군량미를 운반해 와야 하는 약점이 있습니다. 그러므로 우리가 참호를 깊이 파고 성곽을 높이 쌓아 그들의 침공을 막으며 기다리면 저들은 한 달을 넘기지 못하고 굶주리고 지쳐 돌아갈 것입니다. 그때 우리가 들이치면 뜻을 이룰 수 있을 것입니다."

신대왕이 답부의 말에 수긍하여 성문을 닫고 굳게 지키니, 과연 한나라 군사들이 지치고 굶주려 결국 퇴각했다. 이때 답부가 수천의 기병을 거느리고 추격하여 교전하니, 한나라 군사는 대패하여 단 한 필의 말도 살아 돌아가지 못했다. 왕은 크게 기뻐하여 답부에게 좌원과 질산을 식읍으로 주어 격려했다.

그가 113세로 죽자 왕이 7일간이나 정무를 쉬며 친히 조상弔喪하였다.

신대왕과 명림답부는 특별한 관계였다. 165년 신대왕의 형 차대왕次大王의 학정을 보다 못한 답부가 차대왕을 살해하고 차대왕의 아우 백고伯固를 왕위에 등극케 하니 그가 신대왕이다. 그리고 신대왕이 명림답부를 국상으로 임명했던 것이다.

당금여석當金如石

當:마땅 당　**金**:돈 금　**如**:같을 여　**石**:돌 석

> 황금 보기를 돌같이 한다는 말로, 아버지의 유훈을 끝까지 지킨 고려의 충신 최영 장군의 이야기에서 유래했다. 재물을 탐하지 말라는 뜻.
>
> 문헌 :《태조실록太祖實錄·한국명인전韓國名人傳》

고려 말의 장군 최영崔瑩(1316~1388)은 본관은 동주東州요, 시호는 무민武愍이다.

키가 크고 힘이 센 그는 1358년 오예포吾乂浦에 침입한 왜적과 대적하여 왜선 400여 척을 격파했다. 또 1361년에는 홍건적紅巾賊 4만이 서경(西京 : 평양)을 공격하여 개경開京에까지 이르자 이를 격퇴시켰으며, 1363년엔 흥왕사興王寺의 변을 진압하였다.

1376년 우왕 2년에 왜적이 삼남지방(三南地方 : 충청도, 전라도, 경상도)에 쳐들어와 양민을 괴롭히자 홍산鴻山에서 맞싸워 크게 무찔렀다. 그러자 패하여 쫓겨간 왜구들은 최영을 백수최만호白首崔萬戶라 하여 그의 옆에는 얼씬도 하지 않았다. 이 밖에도 크고 작은 난을 모두 평정하여 나라를 안정시켰다.

그가 이렇게 명장이 된 데에는 그의 아버지 최원직崔元直의 유언을 따랐기 때문이었다. 최원직은 사헌규정司憲糾正으로 있으면서 관리들을 규찰하고 풍속을 교정하는 일을 맡아 했다.

최영이 열여섯 살 때 아버지가 세상을 하직하며 이렇게 유언했다.

"재물을 탐내지 말고 황금 보기를 돌과 같이 하라當金如石."

최영은 그 유언을 작은 나무쪽에 써서 허리에 차고 다니면서 평생토록 실천했다. 그는 일국의 제일 가는 장수임에도 불구하고 비좁은 집에서 불평 없이 살았다. 그리고 오직 나라를 위하는 일에만 몰두하여 싸움에 임하면 싸움마다 모두 승리를 거두었다.

그런 그도 요승 신돈辛旽의 참소로 좌천되었다가 공민왕 20년에 신돈이 처형되자 다시 찬성사贊成事가 되었다.

최영은 명나라 철령위鐵嶺衛 문제를 계기로 요동정벌을 주장하여 그 계획이 서자 팔도도통사가 되어 우왕과 함께 평양에 진출하였는데, 이때 이성계李成桂가 위화도에서 회군하는 바람에 뜻을 이루지 못했다.

최영은 이성계의 일파에 의해 고봉(고양)에 유배되었다가 죽음을 당하였다.

그는 막강한 병권을 잡고 있었지만 사사로운 부탁은 한마디도 들어주지 않았다. 오로지 옳은 것만을 가려서 받아들인 귀인이었다.

그는 신라의 백결百結 선생과 조선의 황희黃喜 정승과 더불어 3대의인三大義人으로 꼽힌다.

도모지 塗貌紙

塗:칠할 도   貌:모양 모   紙:종이 지

물 묻힌 종이를 바른다는 말로, 죄인의 얼굴에 물을 적신 종이를 겹겹으로 붙여 마침내 숨이 막혀 죽음에 이르게 하는 형벌의 하나다.

문헌:《매천야록梅泉野錄·한국문화상징사전韓國文化象徵辭典》

황현黃玹(1855~1910)은 호가 매천梅泉으로 전남 광양光陽 출신이다. 어려서부터 시문詩文을 잘 지었으며 1885년 생원시生員試에 장원하였다. 1910년 경술국치庚戌國恥인 한일병합이 되자 통분하여 절명시 4편을 남기고 음독 자결하였다.

새와 짐승도 슬피 울고 강산도 찡그리는데　鳥獸哀鳴海岳嚬
무궁화 삼천리 강산은 이미 망하였노라.　權花世界已沈淪
가을 등불 아래 책을 덮고 눈물로 생각하니　秋燈掩卷懷千古
세상에 배운 사람 노릇 이토록 힘들 줄이야.　難作人間識字人

위의 글은 매천의 심정을 잘 나타낸 절명시 중의 삼편이다. 나라를 잃는 재변災變을 겪으면서 선비 매천의 선택은 자결의 길밖에 달리 길이 없었다. 이는 조선인의 꿋꿋한 기상과 정신의 표출이었다. 또 그가 남긴《매천야록梅泉野錄》은 한말의 비사를 기록한 책으로

한국 고사성어 175

영남과 호남의 선비들이 성금을 모아 출간하였으며 최근세사를 연구하는 귀중한 사료로 활용되고 있다. 매천은 47년간의 기록을 야록으로 남겼는데 여기에는 국정 전반에 걸쳐 다루고 있으며 고종의 즉위와 일본의 관계, 그리고 친일파의 매국 행위까지 수록하고 있다. 이《매천야록》에 민간에서 행한 형사적 문제를 다음과 같은 기록으로 남겼다.

윤리, 도덕적으로 도저히 용납할 수 없는 자에게 세상에 알려지는 것을 극도로 꺼려 그 일가 친척이 도모지塗貌紙라는 형벌을 시행했다는 내용이다.

혈육을 매로 때려 죽일 수도 없고, 그렇다고 칼을 사용하여 죽일 수도 없으며 사약을 먹여, 죽일 수도 없을 때 부득이하게 단행했던 방법이다. 즉 죄인을 움직이지 못하게 나무에 묶어 놓고, 물에 적신 한지韓紙를 한 장, 두 장 얼굴에 몇 장이고 겹쳐 바른다. 이렇게 하면 형벌을 받는 사람은 앞이 보이지도 않고, 나중에는 소리를 들을 수도, 말할 수도 없는 상태가 된다. 이처럼 여러겹을 바르고 난 다음 이만하면 됐다 싶을 때까지 바른다. 그런 다음에는 한지의 물기가 점점 말라가면서 도저히 숨을 쉴 수가 없게 되어 결국 죽게 된다.

이런 형벌은 집안의 명예를 실추시킴은 물론 윤리, 도덕적으로 도저히 한 하늘 아래에서 머리를 두고 같이 살 수 없는 금수와 같은 일을 저지른 자에게 내려지는 친족간의 형벌이었다.

현재 우리가 사용하는 '도무지' 라는 말은 바로 이 도모지란 이 말에서 유래한 말이다.

도미지처 都彌之妻

都:도읍 도 彌:그칠 미 之:어조사 지 妻:아내 처

'도미의 아내'라는 뜻으로, 품행이 바르고 절개가 있는 유부녀를 말한다.

문헌 : 《삼국사기열전三國史記列傳》

都彌는 백제 사람으로 심성이 깊고 가족을 사랑하는 성실한 사람이었다. 그는 비록 부역의 대상으로 편입된 미천한 신분이었지만 자못 의리를 알았다. 그의 아내는 용모가 아름답고 절개를 지키는 행실이 바른 여자여서 사람들의 칭송이 자자했다.

백제의 제14대 개루왕蓋婁王(?~166)이 도미의 처가 예쁘다는 소문을 듣고 도미를 불러 말했다.

"대저 여자들이란 비록 지조를 지키고 결백한 것을 제일로 삼는 것 같지만, 사람이 없는 곳에서 교묘한 말로 유혹하면 마음이 변하지 않는 사람이 없을 것이니라."

그러자 도미는 자기 부인을 두고 하는 말인 것을 알고 대답했다.

"무릇 사람의 정이란 헤아리기 어려운 것입니다. 그러나 저의 아내만큼은 죽는 한이 있어도 두 마음을 갖지 않을 것입니다."

"허! 정말 그럴까? 네가 장담을 하니 어디 한번 시험을 해보자."

왕이 도미를 궁에 잡아 두고는 한 신하에게 왕의 의복을 입혀 밤

에 도미의 집으로 보냈다. 왕으로 변장한 그 신하가 도미의 아내에게 말했다.

"네가 예쁘다는 소문을 듣고 네 남편과 내기를 하여 내가 이겼으므로 너를 궁인宮人으로 삼기로 했다. 그리 되면 너는 고생에서 벗어나 호강을 하게 될 것이다. 그러니 오늘 밤 내 수청을 들도록 하여라!"

그리고 들어가 옷을 벗기려 하자 도미의 아내가 말했다.

"대왕께서는 허언을 하지 않으실 것이니 제가 어찌 따르지 않겠습니까. 청컨대 먼저 방에 들어가 계시면 저도 옷을 갈아입고 들어가겠습니다."

그러고는 물러나 계집종을 치장시켜 들여보냈다.

왕이 후에 그 말을 전해 듣고 크게 노하여 왕을 속인 죄로 도미의 두 눈알을 빼고, 작은 배에 태워 강물에 띄워버렸다. 그러고는 그 아내를 끌어다가 강제로 수청을 들도록 시키니 그녀가 말했다.

"낭군을 이미 잃었으니 홀로 이 한 몸을 지킬 수가 없습니다. 하물며 감히 어명을 또다시 어길 수 있겠습니까? 그러나 지금 월경 중이라서 몸이 더러우니 다음날 목욕을 하고 다시 오겠습니다."

왕이 그 말을 믿고 허락했다.

도미의 아내는 그길로 곧바로 도망쳐 강어귀로 나갔으나 강을 건널 수가 없었다. 절망한 나머지 하늘을 우러르며 통곡하니 문득 작은 쪽배 하나가 물결을 따라 흘러왔다. 도미의 아내가 그 배를 타고 천성도泉城島에 다다르니 남편이 죽지 않고 그곳에 있었다. 두 사람은 풀뿌리를 캐 연명하다가 함께 배를 타고 고구려의 산산蒜山 아래에 이르니 사람들이 불쌍히 여겨 옷과 음식을 주었다. 그들은 그곳에서 나그네로 살다가 일생을 마쳤다.

도사하영 倒屣下迎

倒:거꾸로 도　屣:짚신 사　下:내려갈 하　迎:맞을 영

> 짚신을 거꾸로 신고 내려가 영접한다는 말로, 사람을 진실한 마음으로 공손하게 영접하는 태도를 말한다.
> 문헌:《해동명신록海東名臣錄·고금청담古今淸談》

　　조선 제16대 인조仁祖 때 좌의정 이정귀李廷龜(1564~1635)의 부인은 판서 권극지權克智의 딸이었다.

　　그녀는 부덕婦德을 갖추고 검소하여 화려한 비단옷은 한 번도 입어 본 적이 없었다.

　　한번은 정명공주貞明公主 집에서 잔치가 있어 고관高官 부인들이 다 모이게 되었다. 참석한 부인들이 한결같이 화려한 비단옷에 비싼 패물로 치장하니, 참으로 화려했다.

　　그런데 느지막하게 가마를 타고 늙수그레한 한 부인이 왔다. 옷은 비록 베옷이었으나 단정하고 검소한 차림이었다. 그녀가 막 뜰에 들어서자 이를 본 공주가 신을 거꾸로 신고 급하게 내려가 반갑게 맞았다. 자연히 모든 부인들이 의아하게 바라보는 가운데 공주는 정중하게 그 부인을 안내하여 윗자리에 모

시고 극진한 예로써 대접하니 모두 이상하게 여겼다. 잔치의 흥취가 무르익어 가고 있을 때, 그 부인이 먼저 일어나서 돌아가려고 하자 공주가 아직 이르다면서 말렸다. 그러자 그 부인이 말했다.

"저의 집 식구들이 돌아올 시간이 되었으니 어서 가서 저녁을 차려야 합니다."

그의 남편은 조정의 약원도제조藥院都提調였고, 맏아들은 이조판서吏曹判書였으며, 둘째 아들은 승지承旨였다.

이 사실을 안 좌중의 부인들은 크게 놀라면서 자신들의 지나친 사치를 부끄러워했다.

좌의정 이정귀는 경서학에도 밝아 명明나라의 송응창宋應昌의 요청으로 그곳 사람들에게 경서經書를 강의 하기도 하였다.

그가 병조참지로 있을 때 1598년 명나로 병부주사兵部主事 정응태丁應泰가 '조선이 왜병을 끌어들여 명나라를 침범하려 한다'고 명나라 조정에 무고하였다. 이때 조선국의 변무주문辯誣奏文을 지어 명나라에 가 정응태가 무고했음을 밝혀 정응태를 명나라 조정에서 파면시키게도 했다.

이정귀는 이처럼 국제간의 어려운 문제도 명쾌하게 해결했던 명신으로 글씨도 잘 썼을 뿐만 아니라 문장가로도 이름이 높았다.

그런 인물의 집안에 그 부인이었으니 그 남편에 그 부인인 기부기부其夫其婦가 아닐 수 없다.

도이봉부刀以逢父

刀:칼 도 以:써 이 逢:만날 봉 父:아비 부

> 칼로 인하여 아버지를 만나다. 유리왕이 태내에 있을 때 아버지 주몽을 이별했으나 훗날 부러진 칼을 증표로 만나게 된 고사에서 유래했다. 어떤 물건을 근거로 극적인 만남이 이루어지는 것을 말한다.
>
> 문헌 : 《삼국사기三國史記》

고구려 유리왕琉璃王(?~A.D.18)의 휘諱는 유리類利, 또는 유류儒留이며, 주몽朱蒙의 아들이다. 주몽은 고구려가 통치하던 비류국沸流國의 둘째 공주 소서노召西奴를 새 왕비로 맞아 비류沸流와 온조溫祚, 두 아들을 두었다. 유리왕이 태어나기 전에 아버지 주몽은 나라를 세우려고 남쪽으로 내려갔기 때문에 아버지의 얼굴을 한 번도 보지 못하였다.

유리도 소년 시절에 아버지 주몽처럼 활을 잘 쏘았다.

어느 날, 유리가 활쏘기 연습을 하다가 화살이 빗나가는 바람에 지나가던 여인의 물동이를 깨뜨렸다. 물을 흠뻑 뒤집어 쓴 부인이 몹시 노하여 욕설을 퍼부었다.

"천하에 버릇없고, 아비 없는 후레자식 같으니라구……."

그 말을 들은 유리는 어머니에게 달려가 엎드려 울며 아버지가 누구냐고 물었다. 어머니 예씨禮氏는 그때까지 숨겨온 아버지에 대한 이야기를 자세히 들려주었다.

"너의 아버지는 일찍이 큰 뜻이 있으셔서 남쪽으로 내려가 지금 고구려를 세우신 주몽왕이시다. 네 아버지가 떠날 때 나에게 말씀하기를 '이후 사내아이를 낳거든 증표가 될 물건을 소나무 밑 일곱 모난 돌 아래에 묻어두었으니, 그것을 가지고 찾아오게 하라'고 하시었느니라."

유리는 그날부터 산등성이와 골짜기를 헤매며 소나무 밑 일곱 모난 돌을 찾았으나 찾을 수가 없었다.

그러던 어느 날, 우연히 집 마루 기둥의 주춧돌을 보니 일곱 모로 다듬어져 있었다. 눈이 번쩍 뜨인 유리는 그 밑을 파 오매불망 찾고 있던 증표, 즉 도막난 칼을 찾았다.

유리는 그 칼을 가슴에 품고 졸본卒本 땅으로 주몽을 찾아가 보여 주었다. 주몽이 자신의 칼과 맞춰보니 딱 들어맞았다.

"네가 정녕 내 아들 유리로구나!"

주몽은 감격에 겨워 유리를 덥석 끌어안았다. 그리고 그날로 유리를 왕자로 삼았다. 유리의 나이 18세요, 고구려 건국 19년이었다. 그로부터 다섯 달이 지난 9월, 주몽은 갑자기 세상을 떠났다.

유리는 아버지를 이어 왕위에 오른 뒤 옆 나라 송양국宋讓國의 딸을 왕비로 맞았다. 그리고 즉위한 지 3년 만에 골천鶻川에 이궁離宮을 짓는 등 나라의 면모를 새로이 일신했다. 그 후 왕비가 죽자 골천 사람의 딸 화희禾姬와 한인漢人의 딸 치희雉姬를 계실로 맞아들였다.

그 후 부왕을 계승하여 약탈을 일삼는 선비鮮卑와 부여의 대소왕帶素王 등 주위의 여러 나라를 정복하여 영토를 확장하였다.

도정누란到整累卵

到:이를 거꾸로 도　整:정제할 정　累:쌓을 누　卵:달걀 란

달걀을 거꾸로 쌓다. 사명당과 서산대사가 서로 도력을 겨룰 때 달걀을 거꾸로 차곡차곡 쌓은 데서 유래했다. 불가능하다고 여겨지는 일을 해낼 때 이르는 말이다.

문헌:《선조실록宣祖實錄 · 한국인韓國人의 인간상人間象》

조선 제14대 선조宣祖 때 의병장 사명당四溟堂 유정惟政(1544~1610)이 오랫동안 금강산金剛山 등지에서 도를 닦은 끝에 축지법을 익히자 혼자 생각했다.

'묘향산에 도술 높은 서산대사西山大師 : 휴정休靜(1520~1604)라는 큰스님이 계시다는데 그와 도력을 한번 겨뤄 봐야겠다. 만약 나의 도력이 모자라면 그 스님을 스승으로 모시고 도를 더 닦아야지.'

사명당은 이제 막 익힌 축지법을 이용하여 몇 걸음 만에 묘향산 입구에 닿았다.

서산대사는 사명당이 올 줄을 미리 알고 묘향산 골짜기의 물을 아래에서 위로 거꾸로 흐르게 해 놓았다. 그 광경을 본 사명당은 큰 감동을 받았다.

'역시 도술이 뛰어난 스님이시군!'

사명당은 새 한 마리를 잡아 가지고 서산대사 앞에 가서 물었다.

"대사님, 제가 이 새를 어떻게 하리라고 생각하십니까?"

그러자 서산대사가 대문 문지방에 다리를 앞뒤로 걸치고 서서 되물었다.

"대사, 그럼 내가 지금 밖으로 나갈 것인지 안으로 들어갈 것인지 맞혀 보시오. 그러면 나도 맞히리다."

"그거야 나오시든지 들어가시든지 대사님의 마음에 달린 것 아니겠습니까? 그러나 대사님은 저를 맞으러 나오시는 길이니까 아마 나오시리라 생각합니다."

서산대사가 빙그레 웃으며 말했다.

"당신 역시 손안의 새를 죽이든 살리든 당신 마음이 아니겠소. 그러나 대사가 산 목숨을 죽이지는 않을 것으로 아오."

"맞습니다. 스님께서 수수께끼 하나를 못 맞히게 하기 위해서 귀한 생명을 죽일 수는 없지요. 허허허."

사명당은 시원스럽게 웃고 나서 손안의 새를 날려 보냈다.

두 대사는 마루방에 마주 앉았다. 사명당은 냉수 한 그릇을 청한 다음 그 물에 가지고 온 바늘 백 쌈을 쏟았다. 그러자 바늘이 곧 먹음직스런 국수로 변했다.

"대사, 그 국수 맛이 참 좋을 것 같구려. 내가 먹어도 되겠소?"

서산대사는 순식간에 국수 한 그릇을 후루룩 마셔버리더니 곧바로 바늘 백 쌈을 뱉어냈다.

그러자 사명당은 준비해 온 달걀 백 개를 차례차례 괴어 올리기 시작했다.

"대사의 도력이 참으로 놀랍구려."

서산대사도 달걀 백 개를 가져오도록 하더니 처음 한 개를 허공에 머물게 한 다음 그 아래쪽으로 연이어 받쳐 내려가면서 거꾸로 쌓는 것이었다.

분명히 서산대사의 재주가 더 뛰어났다. 그때 사명당이 오른손을 들자 하늘에 구름이 모여들어 금세 소나기가 쏟아졌다.
　"대사의 도력도 참으로 놀랍군요. 허허허……."
　말을 마친 서산대사는 내리는 빗줄기를 거꾸로 하늘로 솟아오르게 했다. 땅에는 한 방울의 비도 떨어지지 않게 만든 것이다. 이번에도 사명당이 진 셈이다.
　"대사님, 제가 졌습니다. 이제부터 대사님의 제자가 되어 열심히 배우겠습니다."
　사명당은 큰절을 하고는 서산대사의 제자가 되었다.
　서산대사 밑에서 도를 닦은 사명당은 임진왜란 때에 왜장 가토加藤淸正와 세 번이나 만나 담판을 지었으며, 1604년에는 국서國書를 가지고 홀홀단신 일본에 건너가 도쿠가와德川家康를 만나 강화를 맺고, 포로 3500명을 데리고 돌아왔다.

도지기진 都知其眞

都:모두 도 知:알 지 其:그 기 眞:참 진

> 누구나 알고 있는 그것이 진리이다. 즉 진리는 평범한 가운데에 있다는 뜻으로, 세수를 할 때 코를 만지는 것만큼 쉽고 가까운 곳에 있다는 말이다.
>
> 문헌 :《선운사禪雲寺 주지승전승住持僧傳承》

주지住持 스님에게 한 불자佛子가 찾아와 물었다.
"진리眞理란 도대체 뭡니까?"
"자네, 아닌 밤중에 홍두깨 격으로 그게 무슨 소린가?"
"진리가 무엇인지 알아듣기 쉽게 설명해 주십시오."
스님은 눈을 감고 한참 생각에 잠겼다가 말했다.
"으음! 진리는 말로나 글로 표현할 수 없을 만큼 사유思惟된 인식과 외계의 존재, 혹은 현실이 일치하는 것을 말하는 것이라네. 그래서 불립문자不立文字라는 말도 있지 않은가. 이는 글로는 도저히 설명할 수 없다는 말이지. 그러나 자네가 그토록 간절히 청하니 내가 아는 대로 설명하겠네.

딸만 셋을 둔 홀어머니가 있었다네. 모녀는 늘 함께 생활을 하다 보니 서로 사정이 통하게 되어 말하지 않아도 이심전심以心傳心으로 심정이 통하게 되었지. 그러니까 무슨 말이든지 툭 터놓고 서슴없이 나누는 아주 돈독한 모녀母女 사이였던 게야.

그러던 어느 해에 딸의 나이가 차 시집을 가게 되자 어머니가 딸을 앉혀놓고 다짐을 했어.

'시집을 가거든 무슨 일이든지 기탄없이 이 에미에게 말해야 한다.'

'예, 아무렴요. 어머니께 무엇을 감추겠습니까?'

그 후 딸이 혼인을 하여 사위와 함께 신행新行을 왔는데 어머니가 딸을 골방에 불러 놓고 물었다네.

'애야, 첫날밤을 치르는데 남편이 어떻게 했는지 말해 주렴.'

그러자 딸이 약속한 대로 대답했다네.

'맨 처음 머리에 쓴 족두리와 비녀를 빼고……'

'그다음은?'

'저고리 옷고름을 풀고.'

'다음은?'

'치마끈을 풀고…….'

'그 다음은?'

'남편과 이불 속으로 들어갔지요.'

'다음은?'

'그리고 남편이…… 에이 어머니도…….'

하고는 말을 잇지 못하는 거야. 어머니도 더 이상은 물을 수 없는 처지라 마찬가지고……. 그 어머니는 세 딸을 두었는데 똑같이 이 대목에서 말을 맺곤 했다네. 진리란 바로 이와 같은 거라네. 말할 필요가 없고, 말을 하지 않아도 누구나 다 아는(도지都知), 그런 거 말일세(기진其眞)."

도판여인圖版女儿

圖:그림 도 版:조각 판 女:계집 녀 儿:어진사람 인

지도를 그리는 딸(女儿)이라는 말로, 조선 말 대동여지도를 그린 김정호의 딸을 이르는 말이다. 효성이 지극한 딸, 또는 어떤 일에 결정적인 도움을 준 딸을 뜻한다.
문헌:《조선명인전朝鮮名人傳·한국의 인간상人間像》

조선 말의 지리학자 고산자古山子 김정호金正浩(?~1864)는《대동여지도大東輿地圖》를 만들기 위해 30여 년간 조선 팔도를 세 번, 백두산을 여덟 번이나 오르내렸다. 그리하여 1861년, 마침내《대동여지도》2첩을 완성했다. 또《여지승람輿地勝覽》의 잘못된 곳을 정정하기 위하여 32권 15책의《대동지지大東地志》를 집필했으며,《지구도地球圖》도 제작했다.

김정호의 이런 업적 뒤에는 지도를 그리고 판각을 하면서 그와 함께 고생을 한 딸의 효성이 있었기에 가능했다.

김정호가 최초로 지도를 보게 된 것은 같은 서당에 다니던 친구 김용희로부터 읍도邑圖를 본 것이 처음이었다.

"야, 이거 정말 신기하구나. 이것만 있으면 이 마을 전체를 앉아서 꿰뚫어 볼 수 있잖아."

지도에는 산과 내, 그리고 마을의 위치와 가구 수가 적혀 있었다.

김정호는 지도를 들고 현장을 답사해 보았다. 그러나 강 왼쪽에

있다는 산이 오른쪽에 있는가 하면, 마을 앞으로 굽이쳐 흐르는 내가 뒤로 흐르는 것으로 그려져 있는 등 잘못된 곳이 많았다.

"뭐야? 사실과 너무 다르잖아. 이런 지도를 어떻게 믿어. 좀 더 정확하게 만들 수 없을까?"

세월은 흘러 어느덧 그의 나이 스물이 되었다. 청년 김정호는 지도에 대한 관심을 버리지 못하고 있었다.

'손바닥 보듯이 정확한 지도를 만들기 위해서 내 일생을 걸겠다.'
그렇게 각오를 다진 김정호는 괴나리봇짐 하나만을 등에 진 채 전국 방방곡곡을 답사하기 시작했다.

그러기를 20년, 때로는 사람 사는 집이 한 채도 보이지 않는 첩첩산중에서 늑대가 울부짖는 소리를 들으며 꼬박 밤을 새워야 했고, 때로는 눈 속에 파묻혀 가물가물 의식을 잃어가다가 사냥꾼에 의해 간신히 구출되기도 했다.

어느 해 여름, 심한 설사 때문에 잠시 집으로 돌아와 보니 남의 집 방아품으로 겨우겨우 끼니를 이어가던 아내는 몇 해 만에 돌아온 남편을 보고도 별로 반가워하지 않았다. 다만 어린 딸 순녀만이 다 해진 버선발로 달려와 반갑게 맞아주었다.

"지도가 당신하고 무슨 상관이 있다고 집 내버리고 미친 사람처럼 싸돌아다니는 거요? 나랏님이 그 일을 하랍디까? 아니면 벼슬을 내려준답디까?"

아내가 매섭게 투정부터 해대자, 딸 순녀는 어머니에게 그만 하라고 말리며 아버지를 방으로 모신 후 큰절을 올렸다.

지치고 굶주린 데다가 병까지 얻은 김정호는 그날 밤 몸이 불덩이처럼 뜨거워지더니 이윽고 헛소리까지 하기 시작했다.

그의 아내는 그제야 남편의 병이 심상치 않음을 알고 간호를 하며 눈물을 흘렸다.

'식구 굶기고, 본인 병들어 죽게 되는 고생을 무엇하러 사서 하는지…….'

그런 모습을 보고 있던 순녀는 밖으로 나가더니 저녁 무렵이 되어서야 다시 나타났다.

"어머니, 여기 아버지 약 지어 왔어요. 어서 달여 드리세요."

"갑자기 네가 무슨 수로 ……?"

김정호의 아내는 무심코 딸을 돌아보다 짧게 잘려진 머리카락을 보고 왈칵 눈물을 쏟았다.

"여보! 순녀가 제 머리카락을 팔아 약을 지어 왔소. 효녀 둔 덕분에 살아난 줄이나 아시우."

김정호는 딸의 까까머리를 안타깝게 쳐다보면서 혼잣말로 되뇌었다.

"순녀야, 고맙다. 내 지도를 꼭 완성해서 보답해 주마."

몸이 회복되자 김정호는 울며불며 붙잡는 아내의 손길을 뿌리치고 세 번째 답사에 나섰다.

그리고 다시 그가 돌아왔을 때는 그를 애타게 기다리던 아내는 이미 세상을 떠난 지 오래였고, 아버지가 집을 비운 사이에 시집을 갔던 딸 순녀는 남편을 여의고 돌아와 홀로 친정집을 지키고 있었다.

김정호는 돌아오자마자 조사해온 자료를 바탕으로 지도 작성에 들어갔다.

그렇게 하여 도본을 완성했으나 목판 새기는 일이 문제였다. 목판 조각가를 구할 돈이 없던 김정호는 딸에게 목판 파는 기술을 가르쳤다. 그리하여 순녀는 누구도 따를 수 없는 김정호의 훌륭한 조수가 되었다.

순녀는 자신의 신세는 까마득히 잊고 목판을 새기는 데 온 힘을 쏟았다. 아버지를 돕는 것이 무엇보다 행복했다.

목판 작업을 시작한 지 10년 만에 일이 어느 정도 마무리되어 철종哲宗 12년인 1861년, 김정호는 처음으로 종이에 지도를 찍어 내었다. 그 감격은 아버지와 딸의 가슴을 울렸다. 김정호는 지도 이름을 '대동여지도'라고 붙였다.

김정호는 본관이 청도淸道이고, 황해도 출신인데 어려서 한양으로 올라와 공부하는 일에 누구보다 열심이었다. 그러다가 지도 만드는 일에 뜻을 품고 오직 지도 만드는 일에만 나서게 된 것이다.

이렇게 하여 모처럼 32권 15책의 《대동여지도》를 딸과 함께 그리고 판각하여 이를 흥선대원군興宣大院君에게 바쳤다. 그러나 흥선대원군과 대신들은 지도의 정밀함에 놀라 나라의 기밀을 누설한다는 죄목으로 각판刻板을 불태우고 김정호를 구금해 마침내 옥사하게 하였다. 《대동여지도》는 이런 험난한 과정을 거쳐 나오게 된 것이다.

독여취식讀如取食

讀:읽을 독　如:같을 여　取:취할 취　食:밥 식

책을 읽는 것은 밥을 먹는 것과 같다. 독서의 중요성과 유익함을 강조한 말이다. 밥은 몸의 양식이지만 독서는 마음의 양식이라는 뜻이다.

문헌 : 《인조실록仁祖實錄 · 한국인물고韓國人物考》

조선 제16대 인조仁祖 때 학자 조위한趙緯韓(1567~1649)이 홍문관에서 숙직을 하고 있는데 한 학동學童이 책을 읽다가 중간에 갑자기 책을 내던지며 말했다.

"책을 덮기만 하면 읽었던 내용들이 모두 머릿속에서 달아나 버리니, 이래 가지고야 책을 읽는 것이 무슨 소용이람."

그러자 조위한이 그 학동을 조용히 깨우쳐 주었다.

"그것은 사람이 밥을 먹으면 그 밥이 항상 뱃속에 남아 있는 것이 아니라 삭아서 똥이 되어 빠져나가 버리고, 그 영양분만 남아서 신체를 윤택하게 하는 이치와 같은 거라네. 따라서 당장은 그 내용을 잊어버린다고 해도 무엇인가 저절로 습득되는 것이 있는 법이야. 그러니 책 읽기를 쉽게 포기하는 것은 우매한 짓이라네."

조위한은 1624년 이괄李适의 난을 토벌하였으며 직제학을 거쳐 공조참판을 지냈다. 그는 서예가로도 이름이 높았으며 어려운 민생을 그린 《유민탄流民嘆》이라는 작품을 썼으나 전해지지는 않고 있다.

동가식서가숙 東家食西家宿

東:동녘 동　家:집 가　食:밥 식　西:서녘 서　家:집 가　宿:잘 숙

> 동쪽에서 밥 먹고, 서쪽에서 잠잔다. 즉 정처없이 떠도는 것을 이르는 말이다. 고려의 정권 밑에서 녹을 받아먹던 신하들이 지조 없이 조선의 태조 밑에 들어가 다시 녹을 먹는다는 비아냥에서 연유했다.
>
> 문헌 :《고사성어사전故事成語事典·국사대사전國史大事典》

고려 말 송헌松軒 이성계李成桂(1335~1408)는 본관은 전주全州이고 이자춘李子春의 아들로 영흥永興 출신이다. 그는 요동정벌을 반대하였으나 그의 의사가 묵살되고 도리어 우군도통사右軍都統使로 임명되어 요동을 정벌하라는 명령을 받았다.

이에 반감을 품은 이성계는 위화도威化島에서 회군하여 최영崔瑩을 숙청하고, 우왕禑王을 폐위한 뒤 창왕昌王을 옹립한 다음 군사권을 장악하였다.

이듬해에는 다시 창왕을 폐위하고 공양왕恭讓王을 옹립한 후 영삼사사領三司事가 되고 이듬해 삼군도총제사三軍都摠制使가 되어 구세력의 경제권을 박탈하는 전제田制를 개혁했다.

1392년에는 공양왕을 원주로 추방하고 마침내 태조太祖로 왕위에 오르게 되었다. 그리고 이듬해 국호를 조선朝鮮이라 정하고 서울을 한양漢陽으로 옮겼다. 이성계는 이렇게 위화도威化島에서 회군하여 고려를 무너뜨리고 새로이 조선왕조朝鮮王祖를 개국한 후 공신들을

위로하기 위하여 문무 백관들을 모아 연회를 베풀었다. 이때 참석한 사람들은 모두 고려 왕조의 대신들이었다.

그런 자리에는 으레 기생들도 참석했는데 마침 명기 설매雪梅도 그 자리에 참석했다. 한참 분위기가 무르익어 흥에 겨워지자 한 정승이 술에 취하여 설매에게 수작을 걸었다.

"내 듣자하니 너는 동쪽 집에서 아침을 먹고 서쪽 집에서 잔다東家食西家宿던데 나하고도 한번 놀아보면 어떻겠느냐?"

그러자 설매가 날카롭게 쏘아붙였다.

"좋지요! 저도 나으리 말씀대로 동가식서가숙하는 천한 몸이요, 대감께서도 왕씨를 섬겼다가 다시 이씨를 섬기는 몸이니, 같은 사람끼리 노는 것도 격에 맞는 일이겠지요."

그러자 그 정승의 얼굴이 붉어진 것은 물론이고 곁에서 듣던 다른 대신들도 얼굴을 들지 못했다.

그러나 이 말은 흔히 할 일 없이 떠도는 사람이나 건달, 놈팽이들을 비꼬는 말로도 쓰인다.

동혈지우同穴之友

同:한가지 동 穴:굴 혈 之:어조사 지 友:벗 우

> 같은 굴에 사는 친구라는 말로 부부를 뜻한다. 한 수도자가 여인을 흠모하여 꿈에 그 여인과 살았다는 내용으로, 사찰 정토사가 세워지게 된 설화에서 유래했다.
>
> 문헌 : 《삼국유사三國遺事》

신라 때 세달사世達寺(지금의 흥교사興敎寺)에서 토지 관리인으로 조신調信 스님을 임명했다. 그런데 조신은 태수 김흔金昕의 딸을 깊이 사랑하여 낙산사洛山寺의 관음보살에게 그 여자와 혼인하게 해줄 것을 간절히 빌었다. 그러나 그 여자는 다른 배필이 생겨 시집을 가게 되었다.

그는 관음보살이 자기의 소원을 들어주지 않음을 원망하여 날이 저물도록 슬피 울다가 잠이 들었다. 그리고 꿈을 꾸었는데 자기가 결혼하고자 했던 낭자가 반가이 웃으며 다가왔다.

"저는 일찍이 스님을 잠깐 보고 속으로 사랑하게 되었는데 부모님의 명령에 못 이겨 다른 사람에게 시집갔습니다. 그러나 이제 함께 무덤에 들어갈 동혈지우同穴之友가 되고 싶어 찾아왔습니다."

조신은 자기가 바라던 여자와 같이 있게 되었다는 것이 기뻐 함께 고향으로 갔다. 그리고 사십여 년을 같이 살며 아들 딸을 다섯이나 두었으나 집이라곤 벽뿐이요, 끼니조차 해결하지 못해 겨우 구걸하

여 연명을 했다.

그렇게 떠돌다가 명주 해현령蟹縣嶺에서 열다섯 살 된 큰아이가 굶어 죽어 나머지 네 자녀를 데리고 다시 우곡현羽曲縣에 이르러 띠 풀로 집을 짓고 살았다.

세월은 흘러 그는 늙고 병들어 일어나지도 못했다. 그래서 딸아이가 밥을 얻으러 다니다가 개에게 물려 피투성이가 되어 들어와 눕자 부인이 흐느껴 울며 말했다.

"내가 처음 당신을 만났을 때는 얼굴도 아름답고, 의복도 깨끗했습니다. 한 가지 음식이라도 나누어 먹으면서 함께 산 지 사십 년이 되어 정도 깊게 들고, 숨은 사랑도 굳어졌으니 참으로 두터운 인연이었습니다. 그러나 이제 쇠약해져 병이 심해지고, 굶주림과 추위로 더 이상 버티기 힘들게 되었습니다. 게다가 걸식하는 부끄러움은 산더미를 짊어지는 것보다 더 무겁습니다. 아이들이 추위에 떨고 굶주려도 미처 돌보지 못하는데 어느 틈에 부부의 정을 즐길 수 있겠습니까? 어여쁜 얼굴과 웃음도 풀 위의 이슬처럼 사라져버렸고, 아름다운 난꽃 같은 백년가약도 한 조각 구름이 바람에 날아가듯 없어져 버렸습니다. 곰곰이 생각해보니 당신은 나 때문에 괴로움을 받고, 나는 당신 때문에 근심이 되니 어찌해서 이 지경에 이르렀는지 가슴만 아픕니다. 역경을 당하면 버리고, 순경에 있으면 가까이 하는 것은 사람으로서 차마 못할 일이지만 헤어지고 만나는 것도 운명이니, 우리 이제 헤어집시다."

조신 스님이 이 말을 듣고 맞는 말이라 생각하여 각기 아이 둘씩을 나눠서 데리고 떠나기로 했다.

"나는 고향으로 갈 테니, 당신은 남쪽으로 가시오."

막 헤어져 길을 떠나려 할 때 깜짝 꿈을 깨었다.

아침에 일어나보니 조신 스님은 수염과 머리털이 모두 희어져 몰골이 한평생 고생을 겪은 것처럼 수척해져 있었다. 그리고 탐염貪染의 마음도 얼음 녹듯 사라져 버려 마음 깊이 참회해 마지않았다.

해현蟹縣에 찾아가 꿈에 묻었던 아이를 파 보니 둥그런 돌부처가 나왔다. 그는 사찰의 토지를 관리하는 일을 그만두고 전 재산을 쏟아 정토사淨土寺를 세우고 부지런히 선행을 쌓았다.

두문지의 杜門之義

杜:막을 두 門:문 문 之:의(어조사) 지 義:옳을 의

> 문을 막아 의로움을 지킨다는 말로, 고려가 망하고 이성계가 조선을 건국하자 고려를 섬기던 충신들이 조선의 곡식을 먹지 않겠다 하며 두문동杜門洞에 들어가서 고사리만을 캐 먹고 산 데서 유래했다.
>
> 문헌:《국사대사전國史大事典 · 고금청담古今淸談》

이성계李成桂(재위 1392~1398)가 고려를 무너뜨리고 조선朝鮮(1392년)을 건국하니 고려를 섬기던 충신들이 두 임금을 섬길 수 없다고 하여 모든 영화와 명예를 버리고 경기도 개풍군開豊郡 광덕면光德面 광덕산 골짜기에 들어가 고사리를 따다 연명하며 끝까지 고려에 충성할 것을 맹세했다.

그때 고려 충신들이 몸을 씻은 샘을 세신정洗身井이라 불렀으며, 그들이 머물렀던 곳을 두문동杜門洞이라 하였고, 그들의 충의를 두문지의杜門之義라 했다.

기록에 나와 있는 그때의 충신들을 보면 아래와 같다.

첫째, 장성 사람 서중보徐仲輔를 비롯하여 우헌迂軒 허옹許邕, 김해 사람인 허기許麒 등을 두문동 72현으로 꼽는다.

둘째, 개별적인 기록으로는 부평 사람 이의李倚, 개성 사람 고천우高天佑, 김해 사람 김진문金振門, 인천 사람 채귀하蔡貴河, 변숙邊肅, 성산 사람 전신全信, 파평 사람 김인기金仁奇, 청송 사람 심원부沈元符,

진주 사람 강회중姜淮仲 부자 등 10인과 신규申珪, 신혼申琿, 조희생趙義生, 임선미林先味, 이경李瓊, 맹호성孟好誠, 고천상高天祥, 등이 있었다.

셋째, 태학생(太學生 : 성균관 소속의 생원, 진사의 총칭) 69명이 분신 자살했거나 끝까지 항거하다가 굶어 죽었다.

넷째, 무신 48인이 있으며, 조선에 충성하지 않아 끝내 몰살당한 사람이 많았는데 이들을 위해 제21대 영조英祖 때 표절사表節祠를 세워 배향配享하였다.

다섯째, 두문동에서 5리쯤 떨어진 곳에 궁녀동宮女洞이 있는데 그곳에서는 고려의 궁녀들이 의롭게 죽었다.

이상의 인원 수만 해도 199명, 궁녀를 합하면 200명이 훨씬 넘는 숫자다. 기록이 빠진 것을 감안하면 이 외의 수는 헤아리기가 힘들 정도이다. 또 두문동이 아닌 명산대천을 헤매다가 죽거나, 벼슬하지 않고 의義를 지켰던 숨은 사람이 수없이 많았던 것을 감안하면 그 수는 짐작하기조차 어렵다.

두죽시중豆粥侍中

豆:콩 두　粥:죽 죽　侍:모실 시　中:가운데 중

> 콩죽만 먹는 시중이라는 말로, 고려 말에 나라의 정치를 총괄하던 문하시중이 조선 초에 태종 이방원의 회유에도 굽히지 않고 콩죽만 먹으며 지조를 지킨 고사에서 유래했다. 불의와 타협하지 않는 지조가 굳은 사람을 이른다.
>
> 문헌:《고려사高麗史・고금청담古今淸談》

고려 말에 좌시중左侍中 우현보禹玄寶(1333~1400)는 정몽주鄭夢周가 선죽교에서 피살된 후 모든 사람들이 두려워하여 그곳으로 가기를 꺼리자 천마산의 스님을 시켜 장사를 지내준 의로운 사람이었다.

그는 조선의 건국 주역 태종太宗과는 매우 친한 벗이었다. 태종이 우현보를 청백리에 봉하고 나라의 중책을 맡기려 하였으나 그는 망국지신亡國之臣임을 내세워 극력 사양했다. 또한 조선에서 주는 녹미는 안 먹겠다는 결벽으로 그의 의복은 언제나 철에 맞지 않았고, 조석의 끼니를 잇기가 어려웠다. 그래서 항상 콩을 맷돌에 갈아서 나물과 함께 죽을 끓여 먹었으므로 사람들은 우왕 때 시중을 지냈다 하여 그를 두죽시중豆粥侍中이라고 불렀다.

그는 쓰러져 가는 고려를 구하지 못했다는 자괴감으로 자신의 무덤조차 선영에 쓰지 않고 따로이 쓰게 했다.

두현상량頭懸上梁

頭 : 머리 두   懸 : 매달 현   上 : 윗 상   梁 : 들보 량

> 머리를 상량에 매단다는 말로, 수양하는 사람이 스스로 육체적 고통을 극복함으로써 자신의 목표를 달성한다는 뜻이다. 신라 자장법사에게서 유래했다.
>
> 문헌 : 《삼국유사三國遺事 · 불교대사전佛敎大辭典》

신라의 대덕 자장慈藏의 속명은 김선종金善宗으로 그의 아버지 소판蘇判 무림茂林은 진한의 진골眞骨로서 관리직을 맡고 있었는데 뒤를 이을 아들이 없었다. 그래서 관음보살에게 자식 하나만 점지해줄 것을 빌었다.

"만약 아들을 낳게 해주시면 불법에 귀의케 하겠습니다."

그 후 아내가 별이 품 안으로 들어오는 태몽을 꾸고 아들을 낳았는데, 석가세존과 생일이 같은 날이었다. 그래서 선종善宗이라고 이름을 지었다.

선종의 부모가 세상을 떠나자, 그는 어렵게 결혼했으나 세속의 번거로움이 싫어져 아내와 자식을 버리고 원녕사元寧寺를 세운 후 입산했다. 그리고 깊고 험한 산속에서 독실하게 불법을 수행했다.

그는 수행할 때 자기 스스로를 다스리기 위해 주위에 가시덤불을 둘러치고, 맨몸으로 들어앉아 조금만 움직여도 가시가 찌르도록 하고, 머리카락을 들보에 매달아 졸음을 막았다.

그 무렵 조정에서는 재상의 자리가 비게 되자 선덕여왕善德女王이 그를 여러 번 불렀으나 나아가지 않자 칙령을 내렸다.

"명령에 불응하면 목을 베어버리리라."

그러자 자장이 여왕에게 말했다.

"차라리 하루 동안 계를 지키다가 죽을지언정 계를 어기고 백년 살기를 원치 않습니다."

그의 단호한 뜻이 조정에 알려지자 왕도 더 이상 속세로 돌아오라고 강요하지 않았다.

그는 비바람을 피해서 바위 사이에 틀어박혀 수도하며 살았다.

그런데 이상한 새가 곡식을 물어다 주어 그것으로 공양을 했다.

어느 날, 그의 꿈에 하늘 사람이 와서 다섯 가지 계를 주었다. 꿈을 깬 그는 비로소 골짜기를 나오니 마을의 부녀자들이 다투어 와서 계戒를 받았다.

그 후 더 깊은 불법을 연구하고자 636년에 승실僧實 등 10여 명과 함께 당唐나라의 청량산으로 갔다. 그 산에는 문수보살의 소상塑像이 있었는데, 그곳 사람들에 의하면 제석천帝釋天(불법을 지키는 신)이 장인을 데리고 와서 만들었다고 했다. 자장은 그 소상 앞에서 수련했다. 그런데 꿈에 소상이 그의 이마를 어루만지면서 범게梵偈를 주었다. 그러나 그 의미를 알 수가 없었는데 이튿날 아침 처음 보는 스님이 와서 해석해주며 말했다.

"비록 만 가지 교敎를 배운다 하더라도 이보다 더 나은 것은 없을 것이오."

말을 마친 스님은 자기가 지니고 있던 가사와 사리 등을 주고는 사라졌다. 자장은 불경과 불상이 없었으므로 대장경 1부와 번당幡幢·화개花蓋(불당을 장식하는 깃발) 등 불교를 알릴 수 있는 자료들을 가져가게 해달라고 당태종唐太宗에게 청해서 모두 가져왔다.

그가 신라에 되돌아오자 조정에서도 뜻을 같이 하여 의논했다.

"불교가 우리나라에 들어온 지 오래되었지만 그것을 주관하고 받드는 규범이 없으니 이를 통괄해서 관장할 필요가 있다."

논의가 이에 이르자 칙령을 내려 자장을 대국통大國統으로 삼고, 불교의 일체 규범을 주관하도록 했다. 자장은 중책의 소임을 느끼고 궁중과 황룡사皇龍寺에서 대승론大乘論을 활발하게 펴 불교를 포교했다. 그래서 계를 받고 부처를 받드는 이가 열 집 중에 여덟, 아홉 집이나 되었고, 스님이 되기를 청하는 이들이 갈수록 늘어났다. 이에 통도사通度寺를 세워 스님 지망자들을 받아들였다. 또 자기 집에 세웠던 원녕사를 고쳐 짓고 낙성회를 열어 잡화雜花(화엄경)를 강했다.

자장은 황룡사 9층탑의 창건을 건의하여 645년에 완성하고, 통도사通度寺를 창건했으며, 10여 개의 사탑寺塔도 건립했다. 또 당나라 연호를 쓰도록 하고, 그들의 의관제도를 도입하여 정리하니 외관상으로 신분을 구분 짓는 제도적 장치가 마련되었다.

자장은 말년에 태백산에 정암사淨巖寺를 세운 뒤 그곳에서 생을 마감했다.

득수지어 得水之魚

得:얻을 득 水:물 수 之:어조사 지 魚:고기 어

물을 만난 물고기라는 말로, 어떤 일에서 크게 도움이 되는 상황이 되었음을 이르는 말이다.

문헌 : 《삼국유사三國遺事》

신라 30대 문무왕文武王(?~681)은 태종무열왕의 맏아들이며, 어머니는 김유신金庾信의 누이 동생 문명왕후文明王后이고, 비는 자의왕후慈儀王后이다.

660년에 태자로 책봉되어 나당羅唐 연합군이 백제를 공격할 때 김유신과 함께 5만의 군대를 이끌고 백제를 멸망시켰다. 661년, 태종무열왕이 죽자 왕위에 올라 삼국 통일의 유업을 계승하였으며, 이듬해에는 나당이 연합하여 고구려 정복에 나섰으나 당의 군대가 전멸당함으로써 제1차 고구려 정벌에 실패했다. 668년 재차 나당 연합군을 동원하여 고구려를 공격하여 마침내 삼국 통일의 위업을 달성했다. 그리고 674년 당唐으로부터 받아온 연력年曆을 신라의 신력新曆으로 바꾸어 썼다.

문무왕 13년, 이상한 별이 나타나고 지진이 자주 일어나 왕이 근심하자 김유신金庾信이 말했다.

"지금의 이변은 그 화가 소신에게 있는 것으로서 국가의 재앙은

아니오니 대왕께서는 걱정하지 마소서!"

"그렇다면 내 근심이 더욱 크구려."

문무왕이 점술가에게 명해 국가의 안녕과 김유신의 건강을 위해 기도하게 하자 기도를 마친 점술가가 말했다.

"수십 명의 무장 병사들이 김유신 장군의 집에서 울며 나왔는데 갑자기 없어졌나이다."

김유신이 그 말을 듣고 말했다.

"그들은 필시 나를 보호해 주던 신병神兵들일 것이다. 그들이 나의 명이 다함을 알고 가버린 것이니, 나는 곧 죽을 것이다."

그 후 김유신이 병으로 눕게 되자 왕이 몸소 왕림하여 문병하니, 김유신이 말했다.

"신이 대왕의 팔다리가 되어 섬기고자 했사오나 명이 다하여 다시 용안을 뵙지 못할 것 같사옵니다."

왕이 눈물을 흘리며 말했다.

"그동안 과인은 경이 있어 득수지어得水之魚인 듯 좋았는데 이제 그대에게 피치 못할 일이 생긴다면 백성은 어찌하며, 사직은 어찌하란 말인가?"

"어리석고 불초한 소신이 국가에 무슨 도움이 되었겠습니까. 다만 자애롭고 밝으신 전하께서 저를 믿고 일을 맡겨 주셨기 때문에 적게나마 도울 수 있었습니다. 이제 삼한三韓이 한 집안이 되고, 백성들은 두 마음을 갖지 않게 되었으니 곧 태평이 오리라 믿습니다. 신이 보건대 왕실이 처음에는 잘하지만 끝까지 잘하는 일이 적으니 그 점이 염려되옵니다. 바라옵건대 전하께서는 소인배들을 멀리 하시고 어진 이를 가까이 하십시오. 위로는 조정이 화합하고 아래로는 백성들을 안정되게 하시어 국가의 위업이 무궁하게 된다면 신은 죽어도 여한이 없습니다."

문무왕은 아직도 김유신이 할 일이 태산 같다면서 안타까워하였다.

김유신은 삼국 통일을 이룩한 후 당나라 세력을 축출하기 위해 고구려 유민들과 협력하여 667년 당나라 세력을 끝내 한반도에서 몰아내는 데 성공했다.

문무왕은 681년, 죽음에 임박하자 '내 유골을 화장한 후에 동해에 묻어주면 용이 되어 왜구의 침입을 막겠다.'고 유언하여 세계에서도 유일한 수중릉에 안치되었다.

이 수중릉은 1967년, 경북 경주시 양북면 봉길리 앞바다 대왕암大王岩에 있음이 확인되어 현재는 사적 제158호로 지정되어 있다.

대왕암에 오르면 동서남북 사방으로 바닷물이 드나들어 마치 수로를 인위적으로 만든 것처럼 보인다. 안쪽의 공간은 비교적 넓고 큰 돌이 놓여 있는데 수면은 이 돌을 약간 덮을 정도로 유지되고 있다. 문무왕의 유골은 그 돌 밑에 안장되어 있을 것으로 추정된다.

죽어서도 나라를 지키겠다는 문무왕의 호국정신은 우리 후손들이 본받아야 할 교훈이다.

득어망전得魚忘筌

得:얻을 득　魚:고기 어　忘:잊을 망　筌:통발 전

물고기를 잡으면 그 물고기를 잡는 데 사용했던 통발은 버린다. 즉 필요한 것을 얻고 나면 불필요한 것은 거추장스러워 버리게 된다는 뜻. 토사구팽兎死狗烹과 같은 의미이다.

문헌 : 《불교대사전佛敎大辭典》

조선 중종中宗, 인종仁宗 연간에 진묵당震默堂 속명 : 일옥一玉 (1562~1633) 스님이 있었다.

그는 전북 만경 불거촌佛居村에서 출생하여 일곱 살 때 전주의 서쪽에 있는 봉서사鳳棲寺로 출가했는데 머리가 영특하고 신통력을 가지고 있었다.

당시 전주에는 유교학자 봉곡鳳谷 김동준金東準이 있었다. 두 사람은 마음이 잘 통하여 절친했다. 그래서 봉곡은 진묵당을 참 도인道人이라 하고, 진묵당은 봉곡을 거유巨儒라 불렀다.

하루는 변산의 월명암에 있던 진묵당이 봉곡을 찾아가 《통감通鑑》을 빌려 달라고 하였다. 봉곡은 진묵당의 부탁이라 빌려주기는 했으나 아무래도 한 번 읽은 책은 찢어버리는 그의 괴팍한 행실이 못 미더워 제자 한 사람을 몰래 딸려 보냈다.

아니나 다를까, 진묵당은 봉서사로 가는 사이에 빌려간 통감을 한 권 읽고 나면 찢어 버리고, 두 번째 것을 읽고 나면 역시 또 버리는 것이었다. 뒤따라가던 봉곡의 제자가 그것을 모두 주워 가지고 돌아온 것은 물론이다.

그 뒤 진묵당이 다시 봉곡을 찾아오자 봉곡이 그를 나무랐다.

"남의 책을 빌려 갔으면 마땅히 반환하는 것이 예의이거늘 길거리에 모두 버리다니 그런 법이 어디 있소?"

그러자 진묵당은 껄껄 웃으면서 대답했다.

"여득어자망전如得魚者忘筌이오."

이 말은 물고기를 얻은 자가 통발(물고기를 잡는 데 쓰는 대나무로 만든 용기)을 버리는 것과 같다. 즉 물고기를 얻었는데 무엇하러 통발을 챙기겠느냐는 뜻이다.

약이 오른 봉곡이 시험 삼아 《통감》의 각 대목을 낱낱이 물으니 진묵당은 하나도 빠뜨리지 않고 모두 정확하게 대답했다. 대단한 기억력의 소유자였다.

진묵당은 술을 매우 좋아했는데, 술이라고 부르면 마시지 않고, 곡차穀茶라고 해야만 마시는 객기를 부리기도 했다. 그는 1633년 72세로 입적했다.

마의태자麻衣太子

麻:삼 마 衣:옷 의 太:클 태 子:아들 자

> 신라가 망하자 마지막 임금 경순왕敬順王의 왕자가 마의麻衣를 입고 금강산으로 들어가 초근목피草根木皮로 여생을 마친 데서 유래한 말이다. 끝까지 자존심을 지키는 사람을 비유한다.
> 문헌:《동국여지승람東國輿勝覽·한국인명대사전韓國人名大辭典》

　　신라의 마지막 왕 경순왕敬順王(재위 927~935) 때에 후백제의 견훤甄萱의 잦은 침공으로 국력이 극도로 약화되고, 변방도 야금야금 약탈당해 영토가 좁아졌다. 거기에다가 고려의 세력이 강해지자 경순왕은 대신들과 태자에게 피폐한 백성들을 그냥 둘 수 없으니 고려에 항복하겠다고 말했다. 이에 태자가 비분하며 말했다.

　　"한 나라의 존망은 하늘에 달려 있습니다. 천년사직千年社稷을 어떻게 하루아침에 내어주려 하십니까?"

　　경순왕이 떨리는 목소리로 말했다.

　　"외적으로는 백제의 침공이 잦고, 내적으로는 군웅이 할거하여 나라의 위태함이 이 지경에 이르렀는데, 죄 없는 백성들을 전쟁터에 내몰아 피를 흘리게 하는 짓은 차마 못 하겠다."

　　결국 군신회의君臣會義에서 찬반토론 끝에 고려의 태조에게 항복할 것을 결의했다.

　　그러자 태자는 부왕에게 통곡으로 하직하고 개골산(皆骨山 : 겨울

금강산의 이름)에 들어가 바위를 지붕 삼아 평생 삼베옷을 입고, 풀을 뜯으면서 한 많은 생을 마쳤다. 사람들은 태자가 삼베옷을 입고 절개와 위신을 지켰다고 하여 마의태자麻衣太子라고 불렀다.

경순왕은 고려의 태조로부터 유화궁柳花宮을 하사받고 왕건의 딸 낙랑공주樂浪公主를 맞아 정승政丞에 봉해졌으며, 경주를 식읍食邑으로 받았다. 그리고 경주의 사심관事審官이 되었다.

막비천운莫非天運

莫 : 말 막 非 : 아닐 비 天 : 하늘 천 運 : 운수 운

> 하늘의 운은 막지 못한다는 말로, 태조 이성계가 아들인 태종을 제거하려 했으나 뜻대로 이루어지지 않자 혼자 중얼거렸던 말이다.
>
> 문헌 : 《태종실록太宗實錄 · 한국인명대사전韓國人名大辭典》

조선의 태조太祖 이성계李成桂(1335~1408)는 제1차 왕자의 난이 일어나자 둘째 아들 방과芳果(정종定宗)에게 선위한 뒤 상왕이 되었다. 1400년 다섯째 왕자 방원芳遠(1367~1422)이 제2차 왕자의 난을 일으켜 태종太宗으로 즉위하자 태상왕太上王이 되어 함흥으로 은거해 버렸다. 태종은 태상왕의 노여움을 풀고자 성석린成石璘, 박순朴淳 등을 태상왕이 은거하고 있는 함흥으로 보냈으나 모두 죽임을 당하여 돌아오지 못했다. 여기에서 유래된 말이 함흥차사咸興差使이다. 태종은 마지막으로 무학대사無學大師를 불러 자기의 심정을 털어놓고 아버지를 꼭 모셔 오도록 간곡히 부탁했다.

이성계와 가깝게 지냈던 무학대사는 석왕사에서 이성계를 만나 그간의 정을 나누었다. 그리고 태종에 대해 말했다.

"금상에게 비록 과실이 있다 하나 전하의 사랑하는 아들이 아닙니까? 이제 인륜을 끊어버리신다면 금상은 그 자리에 편안하게 앉아 있을 수가 없을 것입니다. 보위가 불안하면 신하와 백성들의 마

음이 동요되고, 나라가 위태롭게 될 것입니다. 부디 이를 통찰하시어 하늘이 맡기신 왕업을 보전케 하시옵소서."

이렇게 무학대사의 간절한 설득으로 이성계는 함흥을 떠나 한양漢陽으로 되돌아오게 되었다.

소식을 들은 태종은 심복 하륜河崙 이하 백관들을 거느리고 친히 의정부까지 출영했다. 구름같은 차일을 치고 환영 준비를 서두를 때, 하륜이 태종에게 아뢰었다.

"차일遮日의 기둥을 아름드리 나무로 해야 하옵니다."

"왜 그래야 되오?"

태종은 물론 다른 여러 신하들도 괴이하게 여길 뿐, 하륜의 저의를 아는 이가 없었다.

"차차 아시게 될 테니 꼭 큰 기둥을 써야 되옵니다."

워낙에 지혜 주머니인 하륜이요, 또 누구보다도 신임이 두터운 그인지라 태종은 더 이상 묻지 않고 그리하게 했다.

이윽고 태상왕의 환도식還都式이 엄숙하고도 장엄한 분위기 속에서 거행되고 있었다. 이성계는 마련된 상좌에 앉아 태종이 들어와 배알하기를 기다렸다.

드디어 태종이 곤룡포와 익선관에 위의도 당당하게 만조백관을 거느리고 나타났다. 그가 늠름하게 들어오는 양을 굽어보고 있던 이성계의 얼굴에는 순간 노기의 빛이 번뜩였다. 조금 전까지만 해도 마음을 돌리려 했던 그였으나 생각이 돌변하여 자기도 모르게 입술을 파르르 떨었다.

'고얀 놈! 네가 무슨 면목으로 그리도 화려하게 내 앞에 나타난단 말이냐?'

순간 그는 옆에 놓인 활을 들어 태종을 향하여 시위를 당겼다. 실로 아슬아슬한 순간, 태종은 날쌔게 기둥 뒤로 몸을 피했고, 살은 푸르르 날아가 차일의 큰 기둥에 꽂혔다.

이성계는 화살을 내던지면서 탄식했다.

"천운은 어쩔 수가 없구나(莫非天運)."

이어서 헌주獻酒 의식이 진행되었다. 물론 태종이 손수 술을 따라 부왕에게 올려야 했다. 그때 옆에 있던 하륜이 태종에게 귓속말로 말했다.

"아직도 태상왕의 노기를 측량키 어렵사오니 시관侍官으로 하여금 잔을 대신 드리게 하옵소서."

이에 태종이 술은 자기가 손수 따랐지만 그 잔은 시관을 시켜 올리게 하였다. 그러자 이성계는 긴 한숨과 함께 소매 속에서 쇠뭉치를 꺼내어 던져버리고, 잔을 받으며 말했다.

"어찌하랴! 하늘이 정한 운수로다."

그제야 옥새를 태종에게 내어주며 말했다.

"옛다, 이놈! 탐내던 게 바로 이것이지?"

태종은 세 번 사양하는 척하다가 그것을 받았다.

이성계는 왕위에서 7년, 상왕으로 10년 만인 춘추 74세에 승하했다.

한편, 태종으로 하여금 위기를 모면케 했던 하륜은 실로 태종의 명참모요, 팔과 다리와 같은 고굉지신股肱之臣으로 많은 공로를 세웠으나 이성계로서는 얄밉기 짝이 없는 존재였다. 그래서인지 하륜은 꿈에 이성계의 노기 찬 꾸지람을 듣고 병을 얻어 결국 일어나지 못하고 죽었다.

 태종은 구파 세력의 거물인 정몽주鄭夢周를 암살하고, 여덟째 아우 방석芳碩에 이어 일곱째 아우 방번芳蕃도 죽였다. 나중에는 바로 위 형인 방간芳幹마저 평정했다. 그러니까 왕위를 승계하기 위해서 형과 아우 셋을 죽인 것이다.

 그는 억불숭유 정책을 펴고, 사병私兵을 혁파했으며, 호패법號牌法 실시, 주자소鑄字所 설치,《고려사高麗史》편찬, 신문고申聞鼓 설치 등 많은 치적을 남긴 후 셋째 아들 세종世宗에게 선위하였다.

만덕자선萬德慈善

萬 : 일만 만　德 : 큰 덕　慈 : 사랑할 자　善 : 착할 선

 만덕이 베푼 자비로움이라는 말로, 어렵게 돈을 모아 불우한 이웃을 돕는 경우를 비유하여 쓴다. 제주도의 기녀 김만덕의 선행에서 유래했다.

문헌 : 《조선사의 여인들朝鮮史의 女人들》

조선 정조正祖(1752~1800) 때 김만덕金萬德은 제주도의 한 유복한 가정에서 태어났다. 아버지는 전라도 나주羅州에 왕복하면서 특산물인 미역과 전복·귤 등을 파는 상인이었다. 그렇게 번 돈으로 보리와 밀을 경작하여 남부럽지 않은 집안을 꾸려나갔다.

그러나 김만덕은 어려서 부모를 잃고 가산이 기울어 기녀妓女의 생활을 시작하였다. 점차 나이가 들어 세상의 이치를 깨우치자 자신이 양인의 신분임을 내세워 기녀 생활을 청산하고 아버지가 그랬던 것처럼 장사를 시작, 객주집을 차렸다. 그리고 거기에서 모은 돈을 밑천으로 제주도와 육지를 연결하는 교역을 시작하였는데 쌀과 옷감과 약재 등 제주도에 귀한 것을 육지에서 들여오고, 또 귤, 말총, 양태 등 육지에 귀한 것을 제주도에서 보내 30여 년의 노력 끝에 제주도에서 손꼽히는 부호가 되었다.

그때 제주도에는 몇 년째 극심한 가뭄으로 흉년이 들어 곳곳에서 굶어 죽는 사람들이 속출하였다. 그러나 관가에서는 하늘의 일이니

인력으로는 어찌할 수 없는 일이라며 방관만 하고 있었다.

김만덕에게는 이웃들의 고통이 결코 남의 일처럼 보이지 않았다.

"차마 눈뜨고 볼 수가 없구나. 풀뿌리, 나무뿌리까지 캐 먹으면서도 목숨을 부지하지 못하니, 저들을 위하여 무엇인가를 해야 되겠다. 모두가 내 형제요, 자매인데 어찌 외면만 하겠는가."

김만덕은 조정에서도 손을 쓸 수 없었던 백성들의 피폐한 삶을 구제하고자 고생하여 모은 돈을 털어 육지에서 곡식을 사들여 나누어 주었다. 하여 많은 사람들이 목숨을 구할 수 있었다.

그녀의 자선은 조정에까지 알려져 정조는 김만덕을 궁에 불러들여 '내의원 의녀반수內醫院 醫女班首'라는 벼슬을 내리고, 칭찬하였다.

"네가 여자의 몸으로 천여 명의 귀중한 목숨을 살려냈으니 참으로 갸륵한 일이다. 남을 위해 자기 재산을 쓰는 것은 대단히 어려운 일이거늘 주저 없이 자선을 베푼 것은 너의 마음이 지극히 선하고 아름다운 까닭일 것이다."

정조는 그녀를 격려하는 뜻으로 금강산을 구경할 수 있게 해주었다. 그 후 그녀는 평범한 촌부로 돌아와 여생을 보냈다.

현종 6년, 제주도로 유배된 추사 김정희金正喜는 그녀의 행적에 크게 감동하여 '은광세恩光世(은혜의 빛이 온세상에 번진다)'라고 쓴 편액을 써서 그녀의 후손에게 보냈다. 정승 채제공蔡濟恭은 만덕의 행실을 기록한 전기傳記를 쓰기도 했다.

망승도수忙僧渡水

忙 : 바쁠 망 僧 : 중 승 渡 : 건널 도 水 : 물 수

바쁜 스님의 물 건너기란 말로, 되는 일이 없이 이리저리 꼬이기만 하는 것을 뜻한다.

문헌 : 《용제총화慵齊叢話》

　조선시대에는 억불숭유抑佛崇儒 정책을 폈던 관계로 스님에 대한 항설이 많았다. 이 이야기도 그런 배경에서 유래했다.
　한 스님이 과부에게 장가를 가려 하자 마땅찮게 생각한 상좌上座가 남녀가 화합할 때에는 생콩가루를 먹고 물을 마시면 최고로 좋다고 가르쳐 주었다. 그래서 스님은 상좌의 말대로 생콩가루를 물에 타 먹고 과부의 방에 들어갔다.
　그런데 생콩가루를 먹고 물을 마시면 설사가 나게 마련이다. 신방에 들어간 스님도 예외가 될 수는 없었다.
　과부를 기다리고 있는 사이 뱃속이 부글부글 끓다가 뒤가 급해져 겨우 참고 막 변소로 가려 하는데 눈치 없는 과부가 들어와 툭 쳤다. 그러자 새 이불에 배설물이 쏟아져 악취가 진동했다. 과부는 질겁을 하고 스님을 내쫓아버렸다.
　스님이 정신없이 달아나다 보니 하얀 메밀꽃이 달빛에 비쳐 개울처럼 보이는 곳이 나타났다. 스님은 그곳이 냇물인 줄 알고 옷을 벗

고 들어가니 밭이었다.

다음에 또 하얀 물이 나타나니 이번에는 속지 않는다고 생각하고 그대로 걸어가니 그건 진짜 물이어서 옷이 모두 젖어 버렸다. 물속에서 기어나와 할 수 없이 옷을 말리느라 다리 아래에서 쉬고 있는데 동네 부인들이 와서 목욕을 하기 시작했다. 그러다가 지독한 냄새를 피우고 있는 스님을 발견하고는 '우'하고 달려들어 흠씬 두들겨 팼다.

스님은 실컷 얻어맞고 옷을 벗은 채 쓰러져 있었다. 그런데 이번에는 지나가던 행인이 스님의 음경은 약에 좋다며 자르려고 달려들었다. 혼비백산한 스님이 줄행랑 끝에 겨우 절로 돌아와 문을 열라고 했으나 대답이 없자 개구멍으로 기어 들어갔다. 그러자 상좌가 '이놈의 개가 어제 밤에 와서 기름을 훔쳐 먹더니 오늘 또 왔다'고 하며 몽둥이로 내려쳤다. 스님은 급한 나머지 '나일세! 나란 말이야!' 하며 쓰러지자 그때서야 상좌가 업고 들어갔다.

이때부터 무슨 일을 하다가 거듭 낭패하는 일을 가리켜 망승도수라 했다.

망자환채 亡者還債

亡 : 죽을 망　者 : 놈 자　還 : 돌아올 환　債 : 빚질 채

죽은 자가 빚을 갚아 주었다는 말로, 채무자가 죽은 사람을 핑계로 빚을 탕감받은 고사에서 유래했다. 터무니없는 일을 끌어대어 책임을 회피하는 경우를 이른다.

　　　　　문헌 :《용재총화慵齋叢話 · 잡기雜記》

예산禮山의 고리대금업자 김장득金長得은 우직하면서도 인색하기 짝이 없어 빚을 주면 독촉이 불같았다. 때문에 그에게서 돈을 빌린 강진해姜鎭海라는 사람도 그에게 톡톡히 당했다. 그래서 그에게 골탕을 먹여주려고 꾀를 내어 아내에게 말했다.

"장득이가 내일 틀림없이 종놈을 보내 빚을 독촉할 텐데, 그러면 당신은 지금 내가 하라는 대로만 하시오. 속닥속닥!"

이튿날, 그는 홑이불을 머리까지 뒤집어쓰고 시체처럼 누워 있었다. 그의 아내는 남편이 시킨 대로 머리를 풀고 슬피 울었다. 그때 아니나 다를까 김장득의 종이 찾아왔는데, 그 광경을 보고는 웬일이냐고 물었다.

"남편이 어제 저녁 늦게 돌아와 식은 밥 몇 순갈을 뜨고는 밤중에 가슴을 치더니 별안간 죽었지 뭐예요. 이제 어린 것들하고 살아갈 일을 생각하니 천지가 무너지는 것 같습니다. 흑!흑!흑!"

종이 급히 돌아가 보고 들은 대로 고하자 장득은 돈을 떼이는가

싶어 가슴이 쓰라렸다.

그런데 며칠 후, 뜻밖에 죽었다던 강진해가 찾아왔다.

"죽었다고 들었는데 어찌 된 일인가?"

"소인이 죽은 지 사흘 만에 다행히 다시 살아나 이제야 겨우 찾아뵙게 되었습니다. 죄송합니다."

"죽은 사람이 살아났다는 얘기는 들었지만 실제로 보기는 처음이네. 그럼 자네는 저승 구경도 했겠구먼?"

"예, 저승도 이승과 비슷하던걸요."

"그래? 어디 저승 얘기 좀 들어 보세."

"예. 얼굴이 흉악한 차사가 소인을 끌고 가는데 꼭 이승과 같더라고요. 염라국에 들어서니 큰 궁전에 귀신 졸개들이 늘어서 있고, 한 험상궂게 생긴 자가 붉은 옷을 입고 앉아 있는데 그이가 바로 염라대왕이라고 하더군요. 그 염라대왕이 책을 들추어 보더니 '이자는 아직 오지 않을 사람이니 당장 돌려보내라!' 하지 않겠어요. 그래서 차사를 따라 나오는데 길가에서 어떤 사람이 소인의 손을 잡고 반가워하기에 자세히 보니 바로 어르신의 돌아가신 아버지였습니다."

"아니, 그러니까 돌아가신 우리 선친을 뵈었단 말이냐?"

"예. 그런데 어르신이 워낙 남루한 모습이어서 처음에는 몰라뵈었다가 혹시나 해서 물었더니 지금은 거지 신세가 되었다지 뭡니까? 댁의 소식을 물으시기에 자세히 여쭈었더니 눈물을 금치 못하셨습니다. 마침 소인의 주머니에 돈이 한 푼 있어서 그것을 드려 외상 술값을 갚게 했는데, 소인의 마음도 매우 슬펐습니다."

"그럼 혹시 모친은 못 만나 뵈었느냐?"

"왜요, 뵈었지요. 그런데 황송해서 감히 여쭙기 어렵습니다."

"괜찮다. 우리 둘뿐인데 뭘 망설이느냐?"

"물으시니 부득이 실상을 말씀 드릴 수밖에 없군요. 사실은 소인이 차사와 한 객주집에 들렀더니 그 집 안주인이 바로 어르신의 모친이 아니겠습니까? 모친께서 반가워하시며 좋은 술과 안주를 푸짐하게 주시기에 잘 먹고 나왔습니다."

"그럼 우리 모친께서는 어떻게 살고 계시던가?"

"불행히도 어르신의 모친은 어르신의 선친과 의가 맞지 않아 헤어지고, 소인의 아비와 함께 사시는데 아주 정이 깊다고 했습니다."

김장득은 얼굴이 흙빛이 되어 눈물을 흘리며 말했다.

"이 사실이 누설되면 내 체면이 말이 아니니 이 일은 절대 입 밖에 내지 말게. 그 대신 자네가 빌려간 돈은 모두 탕감해 주겠네."

그 후부터 강진해는 김장득의 집을 뻔질나게 찾아가서 밥과 술을 푸짐하게 대접받고 급전도 마음대로 빌려 썼다.

매몽득화買夢得華

買:살 매 夢:꿈 몽 得:얻을 득 華:빛날 화

꿈을 팔아 영화를 얻는다는 말로, 신라 김유신의 누이동생 문희가 언니 보희의 꿈을 사서 태종무열왕의 왕후가 된 고사에서 유래했다. 대수롭지 않은 일로 큰 이득을 보는 것을 비유해서 쓴다.

문헌:《신라사화新羅史話》

신라의 김유신金庾信(595~673)은 가야국伽倻國 사람으로 서현舒玄의 아들이다. 어머니는 만명부인萬明夫人으로 김유신의 정신적인 지주였다.

김유신에게는 보희寶姬와 문희文姬라는 두 명의 누이동생이 있었다. 어느 날, 보희가 꿈에 서악西岳의 선도산仙桃山에 올라가 소변을 보니 그 양이 엄청나 서라벌이 모두 오줌물에 잠겨버렸다. 그래서 동생 문희에게 그 꿈 이야기를 들려주자 문희는 그 꿈을 팔라고 졸라 비단옷감 한 벌을 주고 샀다.

그런 일이 있은 뒤 정월 어느 날, 김유신이 김춘추金春秋를 데리고 와서 자기 집 앞에서 공차기를 하고 놀았다. 그러다가 짐짓 춘추의 옷을 밟아 옷고름을 떼어놓고는 자기 집에 들어가 꿰매자고 권했다. 춘추는 유신을 따라 들어갔다. 유신은 누이 보희에게 춘추의 옷고름을 달아주도록 권했다.

"오라버니, 남녀가 유별하온데 어찌 그런 일로 남의 남자를 가까이 하겠습니까?"

보희는 양갓집 처녀로서 책잡힐 것을 걱정하여 정중히 사양했다. 그러자 곁에 있던 문희가 자청하여 떨어진 옷고름을 달아주었다. 그것이 인연이 되어 문희는 춘추와 깊은 관계를 맺어 임신을 했고, 그 사실을 유신이 알게 되었다.

"시집도 안 간 처녀가 잉태를 하다니, 이는 우리 가문을 더럽힌 것으로 용납할 수 없는 일이다."

유신은 문희를 짐짓 크게 꾸짖으면서 불태워 죽이겠다고 소문을 퍼뜨렸다. 그리고 선덕여왕善德女王의 남산 행차에 맞추어 자기 집 뜰에다 장작과 섶을 쌓아놓고 불을 질러 연기가 치솟게 했다.

왕이 고을 복판에서 올라오는 연기를 보고 웬일이냐고 묻자 신하들이 아뢰었다.

"김유신 공의 누이가 시집도 가지 않았는데 임신하였기로 그 죄를 물어 화형에 처한다 하옵니다."

"그럼 임신시킨 남자는 누구라 하더냐?"

그러자 왕을 모시고 있던 김춘추의 얼굴색이 검게 변하면서 안절부절못했다. 여왕은 조카 춘추의 소행임을 알고 꾸짖었다.

"네가 한 짓이로구나. 빨리 가서 구해주도록 해라."

일이 이렇게 되자 김춘추는 길일吉日을 택하여 문희와 혼례를 치를 수밖에 없었다.

선덕여왕이 승하하고 진덕여왕眞德女王에 이어 김춘추가 왕위에 오르니 바로 태종무열왕太宗武烈王이다. 문희는 문명왕후文明王后가 되어 삼국 통일을 내조했고, 오남오녀를 낳았으며 득화得華 한 생활을 하였다. 꿈을 판 보희는 평범한 무명의 여성으로 일생을 마쳤다.

매영탈가買影奪家

買 : 살 매　影 : 그림자 영　奪 : 빼앗을 탈　家 : 집 가

> 나무 그림자를 사서 집을 탈취하다. 즉 어떤 일을 이루기 위해서 사전에 치밀하게 준비하는 것을 이르는 말이다.
>
> 문헌 : 《한국인韓國人의 지혜智慧》

　　김성만金成萬이라는 부자 영감이 재산이 많은데도 어떻게 하면 남의 돈을 더 많이 자기 돈으로 만들 수 있을까 매일같이 궁리하였다. 그는 인색하기 짝이 없어서 남에게 베푸는 일이라고는 손톱만큼도 하지 않았다.
　　그의 집 앞에는 커다란 느티나무가 한 그루 서 있었는데 여름이면 시원한 그늘이 드리워져 농부들이 쉬기에 그만이었다. 부자 영감도 그 그늘에 대나무 평상을 내다놓고 뒹굴며 세월을 보냈다.
　　그 마을에는 꾀가 많은 이건필李建弼이라는 총각이 있었다.
　　어느 날, 이건필이 땀을 좀 식힐까 하고 느티나무 그늘로 갔다. 그러자 그 부자 영감이 눈을 부릅뜨고 소리쳤다.
　　"이 녀석아, 왜 주인의 허락도 없이 함부로 남의 나무 그늘에 들어와서 쉬는 거냐?"
　　이건필은 어안이 벙벙해졌다. 동네 한가운데에 있는 나무 그늘이 자기의 것이라고 호통을 치니 기가 막힐 노릇이었다.

"영감님, 그늘에 무슨 임자가 있다고 그러십니까? 임자가 있다면 나무가 임자겠지요."

"허허, 이런 놈을 보았나? 이 나무는 바로 내 나무야. 그러니 이 그늘도 내 것이지. 잔말 말고 썩 나가!"

이건필은 나무가 자기 것이라 해서 그 그늘까지 이용하지 못하게 하는 부자 영감이 얄밉고 괘씸하여 골려 줄 방법을 곰곰이 생각한 끝에 한 생각을 떠올렸다.

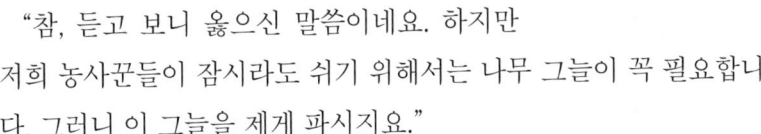

"참, 듣고 보니 옳으신 말씀이네요. 하지만 저희 농사꾼들이 잠시라도 쉬기 위해서는 나무 그늘이 꼭 필요합니다. 그러니 이 그늘을 제게 파시지요."

부자 영감은 나무는 그대로 두고 그늘만 사겠다고 하니 속으로는 흐뭇하면서도 겉으로는 마지못한 척 말했다.

"꼭 필요해서 사야겠다면 못 받아도 닷 냥은 받아야겠네."

이건필은 그동안 모아 두었던 돈을 톡톡 털어서 두 눈 딱 감고 그 그늘을 샀다.

뜻하지 않게 닷 냥을 받아 든 김 영감은 마냥 싱글벙글이었다.

그러나 이건필은 이건필대로 뜻하는 바가 있는지라 속으로 씨익 웃었다.

"자아, 이제부터 이 나무 그늘은 제 것입니다. 나중에 다른 소리 마십시오!"

"아암, 내 체면이 있지, 어찌 다른 소리를 하겠는가?"

부자 영감은 이건필의 마음이 변할까봐 부랴부랴 집으로 들어갔다.

　다음 날, 이건필은 일찌감치 나무 그늘로 나갔다. 그리고 해가 옮아감에 따라 자리를 옮겨 가는 그늘을 따라가며 쉬었다.

　오후가 되자 나무 그늘이 부자 영감의 집 담을 넘어 안방에까지 옮겨 갔다. 이건필은 그 그늘을 따라 안방으로 들어가 누웠다. 부자 영감이 수염을 부르르 떨며 소리쳤다.

　"야, 이놈아! 이게 무슨 버릇없는 짓이냐? 당장 나가지 못할까?"

　이건필이 빙그레 웃으면서 말했다.

　"무슨 말씀이십니까? 여기서 나가야 할 분은 영감님이 아니신가요? 저는 어제 분명히 돈을 주고 이 그늘을 샀습니다. 그러니 영감님이 지금 제 나무 그늘 속에 계시는 겁니다. 그러니 영감님을 쫓아내도 되겠지만 나는 영감님처럼 인색하게 굴지 않고 함께 쓸 작정이니 걱정하지 마십시오."

　부자 영감은 기가 막혔다.

　"여보게, 돈을 돌려주겠네. 그리고 자네만큼은 그늘을 공짜로 쓰도록 해주겠네."

　"아닙니다, 영감님! 대장부가 한 번 행한 일을 물릴 수는 없지요."

　이건필은 나무 그늘을 따라 수시로 영감네 안방을 드나들었다.

　그러던 어느 날, 부자 영감네 집에 하나밖에 없는 고명딸의 혼사를 위해서 사돈 될 사람들이 찾아왔다.

　그날도 나무 그늘은 여전히 그 집 안방으로 옮겨 갔고, 논에서 일하던 이건필은 잔뜩 흙투성이가 되어 방으로 들어가 손님이 있거나 말거나 편안히 드러누웠다.

　"아니, 이 무슨 해괴한 일이랍니까?"

　손님들이 불쾌하여 소리를 지르자 이건필이 나서서 자기가 나무 그늘을 사게 된 내력을 모두 이야기했다. 그러자 사돈 될 손님이 말했다.

"사람으로서 어찌 그럴 수가 있답니까? 고생하는 사람들에게 인정을 베풀지는 못할망정 저절로 생기는 나무 그늘까지 팔아먹다니……. 이런 가문과는 혼인할 의사가 없으니 당장 파혼합시다."

손님들은 화를 내며 미련 없이 나가버렸다. 부자 김 영감은 그제야 사람이 어떻게 살아야 하는지를 뼈저리게 깨달았다.

매호매부락妹好妹夫樂

妹:누이 매 好:좋을 호 妹:누이 매 夫:아비 부 樂:즐거울 락

누이 좋고 매부 좋다. 조선 숙종 때 한 능참봉에게서 유래한 말로, 한 가지 일로 여러 사람이 좋아지는 경우를 이른다

문헌:《대동기문大東奇聞 · 고금청담古今淸淡》

    조선 숙종肅宗 때 안동의 선비 권도온權道溫은 천품이 어질고 집안도 넉넉해서 춘궁기에는 가난한 사람들을 구제하는 일을 낙으로 삼았다. 그래서 그에 대한 칭송이 자자했다.
    새로 부임한 부사府使는 그가 선행만 하는 것이 아니라 경학經學에도 밝은 것을 알고 조정에 천거하여 양주의 능참봉陵參奉으로 임명받게 해주었다. 그리하여 그는 나이 60의 노구를 이끌고 관직에 나가게 되었다. 그런데 권 참봉에게 부족한 것이 하나 있었다.
    그는 일찍이 상처를 했기 때문에 불행하게도 슬하에 자녀가 없었다. 주위 사람들은 그러한 그를 두고 하늘도 무심하다면서 동정했다.
    권 참봉은 양주에 부임하여 별검別檢 김우항金宇抗과 함께 지내게 되었다.
    어느 추운 겨울날이었다.
    능을 지키는 사람들이 허름한 차림의 총각 하나를 끌고 왔다. 권

참봉이 그 곡절을 묻자 총각이 대답했다.

"소인은 70이 넘은 어머니와 35세의 미혼 누님을 모시고 나무를 해다가 팔아 연명을 하고 있습니다. 그런데 갑자기 눈이 많이 와서 나무를 할 수 없어 능 안까지 들어가 나무를 하게 되었습니다. 용서하여 주십시오."

총각은 하염없이 눈물을 흘렸다. 권 참봉은 총각의 처지가 안타까워 김 별검에게 벌하지 말고 다른 방법이 없겠느냐고 물었다.

김 별검 역시 그를 가엾게 여겨 잘 타이른 다음 가여운 생각에 밥상을 차려주니 총각은 국과 김치만 게눈 감추듯 먹고 밥은 먹지 않는 것이었다. 그래서 그 이유를 물으니 어머니와 누님에게 갖다 드리기 위해서라고 했다.

권 참봉은 그 밥을 다 먹게 하고 따로 쌀 한 말과 닭 한 마리를 주어 어머니를 봉양하게 했다.

그리고 며칠이 지났다. 추위는 더욱 심해져 가는데 그 총각이 또 붙들려 왔다.

권 참봉이 화가 나서 물었다.

"왜 또 그랬느냐?"

"참봉 어른을 뵈올 면목이 없습니다만 능 밖에 있는 삭정이(죽은 나뭇가지)를 꺾으려고 나무에 올랐다가 가지가 부러지는 바람에 능 안으로 떨어졌습니다."

그러자 김 별검이 말했다.

"또 용서해 준다 해도 총각의 형편이 나아질 수는 없을 것이다. 하지만 한 가지 방법이 있긴 한데……."

"무슨 좋은 방법이라도 있다는 것입니까?"

김 별감이 머뭇거리며 입을 열었다.

"이렇게 하면 어떻겠는가? 지금 참봉이 홀로 사는데 총각의 누이가 35세 노처녀라고 하니 두 사람이 혼인을 하면 처가도 돌보아 주게 되고, 권 참봉도 일신이 평안해질 터이니 이보다 좋은 일이 어디 있겠는가!"

권 참봉은 김 별검의 제안이 싫지 않아 총각에게 어머니의 승낙을 받아 오게 했다. 물론 총각의 집에서는 거절할 이유가 없었다.

이렇게 하여 60세의 신랑과 35세 신부의 혼인이 이루어지게 되었다. 그야말로 누이 좋고, 매부 좋은 (매호매부락 妹好妹夫樂) 경사였다.

세월이 흘러 그 사이 별검 김우항은 부사로 승진하여 안동에서 근무하고 있었다. 어느 날, 권 참봉이 찾아와 말했다.

"부사 나리의 배려로 지금은 23세와 24세의 두 아들을 두게 되었는데 그 아들들이 올해 감시監試에 응시하여 동시급제라는 경사를 보게 되었으니 참으로 감사합니다."

김 부사는 권 참봉의 인사를 받고 그를 백마에 태워 고향 마을로 가게 하니 온 동네 사람들이 모두 나와 환영했다.

매화매락 賣畵買樂

賣:팔 매　畵:그림 화　買:살 매　樂:즐거울 락

그림을 팔아 즐거움을 샀다는 말로, 정조 때의 풍속화가 김홍도가 그림을 팔아 풍류를 즐긴 일화에서 유래했다. 자기가 즐기는 일을 호기롭게 해내는 것을 비유한다.

문헌:《정조실록正祖實錄·홍제전서弘齊全書·조선명인전朝鮮名人傳》

　　조선 정조正祖(1752~1800) 때의 화가 단원檀園 김홍도金弘道(1745~?)는 풍속화의 대가이다. 그는 도화서圖畵署의 화원으로 현감 대우를 받았지만 가정 생활은 돌보지 않고 그림과 풍류에만 젖어 살았다.
　그가 어느 날 한 마을을 지나다가 울타리 안에 있는 아름다운 매화나무를 보고 안으로 들어가 주인에게 물었다.
　"여보시오. 이 나무를 내가 사고 싶은데 얼마면 팔 거요?"
　"나도 매우 아끼는 건데, 정히 사시려면 2백 냥만 주십시오."
　"2백 냥이라……."
　김홍도는 더 이상 할 말이 없었다. 끼니를 이어 가기도 힘든 형편에 2백 냥이라는 거금을 주고 매화나무를 살 수는 없었다. 그는 그 자리에서 매화나무를 감상하는 것으로 만족해야 했다.
　며칠 후, 큰 부자로부터 그림을 그려 달라는 부탁을 받았다.
　김홍도는 서둘러서 불과 며칠 만에 그림을 완성해주고 3백 냥을 받았다.

돈을 받은 그는 2백 냥을 주고 예전 집주인과 흥정했던 그 매화나무를 샀다. 그리고 나머지 돈으로 성대한 술잔치를 마련하여 친구들을 대접했다.

김홍도는 아름다운 매화를 감상하면서 가까운 친구들과 술을 마시는 것이 무척이나 흡족했다. 친구들도 흥겹게 술을 마시면서 마음껏 즐겼다.

"여보게, 단원! 자네가 이런 자리를 마련할 때도 있으니 세상 많이 좋아졌구먼. 그런데 자네가 돈이 어디 있어서 저런 훌륭한 매화나무도 사고, 이렇게 푸짐한 음식을 마련했는가?"

김홍도는 호탕하게 웃으면서 자랑했다.

"그림을 그려 주고 3백 냥을 받았네. 그 중에서 2백 냥으로는 매화를 샀고, 8십 냥은 술과 안주를 마련하는 데 썼네. 그리고 2십 냥은 쌀과 땔나무를 샀지. 어떤가? 이만하면 사나이 생활이 괜찮지?"

"아암, 역시 자네답네."

끼니도 이어 가기 힘든 생활이었지만 아름다움과 풍류를 위해서라면 자기가 가진 모든 재물을 아낌없이 버릴 수 있는 김홍도였다.

그는 산수화, 인물화, 화조도 등에 두루 능했으며, 특히 서민들의 생활 모습을 그린 풍속화를 자기만의 독특한 방법으로 그려냈다.

맥반정승麥飯政丞

麥:보리 맥 飯:밥 반 政:정사 정 丞:도울 승

> 보리밥 정승이라는 말로, 조선 정종 때의 정승 김종수의 고사에서 유래했다. 사회적 신분이나 물질적으로 풍부한 사람이 근검절약 하는 것을 비유하여 쓴다.
>
> 문헌 : 《정조실록正朝實錄 · 몽오집夢梧集》

조선 정종正宗 때의 정승 김종수金鍾秀(1728~1799)는 매우 청렴하고 강직한 사람이었다. 당시의 관습으로 지방관이 새로 임명되면 부임하기 전에 그 지역에 거주하고 있는 전직 대신들에게 인사를 하는 것이 예의였다.

김종수는 신임 지방관들이 찾아오면 허름한 베옷에 나막신을 끌고 나와서 반가이 맞이하며 인사를 받은 후에 굳이 붙들어 앉히고 밥 한 끼를 대접했다.

그러면 그들은 노재상老宰相이 권하는 것이라 사양을 못하고 황송해하며 밥상을 받게 되는데, 밥상에는 언제나 꽁보리밥에 김치 한 접시와 막걸리 한 잔이 전부였다.

지방관들로서는 지금까지 그렇게 험한 음식을 먹어 본 일이 없고, 또 장차 부임하면 호의호식할 터라 그런 음식이 목에 넘어갈 리 없었다.

그러나 겸상하고 있는 김 정승이 맛있게 먹는지라 억지로라도 아니 먹을 수가 없었다. 그러니 그들에게는 고역 중의 상고역이었다. 김 정승은 그때마다 이렇게 말했다.

"어떤가? 이 밥 먹기가 어렵지? 자네가 부임하면 진수성찬이 기다리고 있을 것인데, 그때마다 이 밥상을 생각하게. 자네가 먹는 진수성찬은 보리밥도 제대로 못먹는 백성들의 피와 땀으로 이루어진 것인데 백성들을 먹여 살려야 할 자네들만 잘 먹어서야 되겠는가? 그러니 앞으로 부디 이 늙은이 말을 잊지 말고 선정을 베풀어 백성을 괴롭히지 말게."

그의 충고를 들은 지방관들은 큰 깨달음을 얻고 백성을 잘 보살폈다.

면귀심수 面鬼心水

面 : 얼굴 면　**鬼** : 귀신 귀　**心** : 마음 심　**水** : 물 수

얼굴은 귀신처럼 추하지만 마음은 물처럼 맑다. 즉 겉보기는 나빠 보이지만 속마음은 더없이 고우니, 겉만 보고 그 사람의 마음까지 속단하지 말라는 뜻.

문헌:《마산馬山의 혼魂·고금청담古今淸談》

　　고려 고종高宗(1192~1259) 때 주열朱悅은 첨의부사를 지냈다. 그는 치적이 쌓이자 관찰사로 승진했고, 그에 따른 위엄과 명성이 높아져 사람들이 다 존경하고 두려워했다. 중국에 사신을 보낼 일이 있을 때는 반드시 그가 맨 처음 추천되어 사람들은 그를 전문 봉명사신奉命使臣이라고 불렀다.
　　주열은 도량이 컸다.
　　한번은 어느 고을에 가서 유숙을 하는데 방바닥이 갈라져 있어 그 틈으로 불씨가 들어와 소지품을 다 태워버렸다. 아전들은 불호령이 내릴 것이라 예상하고 벌벌 떨고 있는데 그는 잠잠했다. 큰 태풍이 닥칠 것이라고 예상했으나 미풍도 불지 않으니 그럴 수밖에.
　　또 한번은 어느 고을 수령이 뇌물을 받았다는 보고를 받고는, '탐욕스런 무부武夫가 조그만 뇌물을 받은 것은 개가 음식 찌꺼기를 먹는 것과 같으니 들춰서 문제 삼을 가치가 없다.' 하고 불문에 부치니, 그 수령은 다시는 부정을 저지르지 않았다.

한번은 그가 어떤 자리에서 재상과 이야기를 나누는데 그 자세가 공손하지 않은지라 그것을 거만하게 본 한 아전이 과잉 충성하여 말했다.

"재상이 말씀하시니 마땅히 땅에 엎드려 들으시오."

그러자 주열이 말했다.

"재상의 말을 엎드려 들어야 한다면 임금님의 말씀은 땅을 파고 들어가서 들어야 된단 말입니까?"

하니 그 아전은 아무말도 못했다.

그는 능력 있는 관리요, 훌륭한 외교관이었으나 얼굴이 못생기고, 코가 귤과 같았다. 때문에 한 연회장에서 그가 공주에게 술을 헌수하자 공주가 외면하며 말했다.

"왜 늙고 더러운 귀신 같은 사람이 술을 따르는가?"

그러자 임금이 말했다.

"이 늙은이는 얼굴이 추하기는 귀신 같으나 마음이 맑기는 물과 같으니라."

이에 공주는 무안하여 곧 사과하고 소중히 잔을 받았다.

면수화의 棉授花衣

棉 : 목화 면　授 : 줄 수　花 : 꽃 화　衣 : 입을 의

목화는 꽃과 옷을 제공하여 준다는 말. 두 가지를 다 이롭게 해주는 경우를 뜻한다.
문헌 : 《한국인韓國人의 지혜智慧 · 조선오백년야사朝鮮五百年野史》

조선 영조英祖의 비妃 정성왕후貞聖王后가 별세하여 3년상을 마치자 영조가 직접 새로운 중전을 간택하기로 하였다. 그래서 기라성 같은 사대부의 규수들을 차례로 둘러보는데, 한 규수가 방석을 피해 맨바닥에 앉아 있었다. 이상히 여긴 영조가 물었다.

"어찌하여 방석에 앉지 않고 그리 앉아 있는가?"

"네, 비록 종이라고는 하오나 아버지의 존함이 맨땅 위에 있는데 제가 감히 방석 위에 앉을 수 있겠습니까?"

왕비를 간택할 때는 그 규수가 뉘 댁의 딸인지 알아보기 쉽도록 저마다의 방석머리에 아버지의 명패를 두었는데 그를 두고 한 말이었다. 영조는 그 규수의 사려 깊은 행동에 감탄했다.

영조가 다시 여러 규수들에게 시험하여 물었다.

"이 세상에서 가장 깊은 것은 무엇인가?"

어떤 규수는 산골짜기가 가장 깊다 하고, 어떤 규수는 물이 가장 깊을 것이라 하는 등 대답이 구구했으나 유독 조금 전의 그 규수만

이 다르게 말했다.
"사람의 마음이 가장 깊습니다."
"무슨 이유인가?"
"사물의 깊이는 자로 잴 수 있으나 사람의 마음은 잴 수 없기 때문입니다."
영조가 또 물었다.
"그럼 세상에서 가장 좋은 꽃은 무엇인가?"
어떤 규수는 복숭아꽃이 좋다 하고, 혹은 모란꽃이 좋다 하고, 혹은 해당화가 좋다고 하는데, 그 규수만은 또 달랐다.
"목화꽃이 가장 좋습니다."
영조가 그 까닭을 물었다.
"다른 꽃은 한때만 보기 좋으나 목화꽃은 피었을 때에는 꽃이 좋고, 나중에는 솜이 되거나 무명베가 되어서 세상 사람들을 따뜻하게 해주니 좋습니다."
한 번도 아니고 세 번이나 지혜로운 대답을 들은 영조는 감탄하지 않을 수 없었다. 그래서 그녀를 중전으로 맞으니 바로 정순왕후貞純王后였다.
훗날 정조가 이 일을 상기하여 조관들에게 화부화花復花가 무엇이냐고 물으니 채제공蔡濟恭 한 사람만이 맞혔다 한다.
그 규수가 대궐로 들어가니 그녀의 의상을 만들기 위하여 상궁이 나인에게 치수를 재라 했다. 그러자 상궁에게 무례함을 지적하여 말하였다.
"내가 이제 중전이 될 몸이니 상궁이 직접 재어야 되지 않는가?"
그녀의 나이 겨우 15세 때의 일이었다.

명여우슬命如牛蝨

命:목숨 명 如:같을 여 牛:소 우 蝨:이 슬

소의 목숨이나 이의 목숨은 같다. 즉 큰 동물이나 작은 미물이나 그 생명의 가치는 똑같이 중요하다는 뜻.

문헌:《이야기 한국역사韓國歷史·한국인물사韓國人物史》

고려 고종高宗 때 문하시랑평장사門下侍郞平章事를 지낸 문장가 이규보李奎報(1168~1241)에게 한 친구가 찾아와서 말했다.

"엊저녁에 어떤 사람이 큰 소를 죽이는 것을 보았네. 그 광경이 너무 참혹하여 마음이 아파 견딜 수가 없더군. 앞으로는 맹세코 쇠고기나 돼지고기 같은 동물의 고기는 먹지 않으려고 하네."

이규보가 말했다.

"나는 어떤 사람이 불이 이글이글 피어 오르는 화로를 끼고 앉아 옷의 이를 잡아 태워 죽이는 것을 보았는데, 측은해서 못견디겠더군. 그래서 다시는 이를 잡지 않겠다고 작정했네."

"아니, 그건 미물이 아닌가. 나는 큰 짐승이 죽는 것을 보고 비참한 생각이 들어서 한 말인데, 그대는 하찮은 미물을 들먹여 딴청을 부리니 이는 나를 놀리는 것이 아닌가?"

친구가 화를 내자 이규보가 말했다.

"그게 아닐세! 사람은 물론 소, 말, 돼지, 염소 같은 축생과 하찮은

　벌레까지 피를 가진 모든 생물은 죽기를 원치 않네. 그런데 어찌 큰 것만 대수이겠는가. 소의 죽음이나 이의 죽음이나 모두 마찬가지라는 말일세. 그래서 예로 들어 말한 것이니 노여워하지 말게. 내 말을 납득하지 못하겠으면 그대의 열 손가락을 깨물어 보게. 엄지손가락만 아프고 나머지는 안 아플까? 한 몸에 있는 것은 크건 작건 모두 피와 살로 되어 있기에 그 아픔은 같은 것일세. 더구나 소와 이는 독립된 생명체인데 어떤 생물은 죽음을 싫어하고, 어떤 생물은 죽음을 좋아하겠는가? 돌아가서 조용히 눈을 감고 생각해 보게나. 그래서 달팽이뿔을 쇠뿔과 같이 보고, 메추리를 봉황처럼 볼 수 있는 마음을 기르게. 그런 뒤에 다시 도道를 논하기로 하세."
　이규보는 걸출한 시호詩豪로서 호탕하고 활달한 시풍으로 당대를 풍미했다. 그는 시와 거문고와 술을 즐겨 자칭 삼혹호三酷好 선생이라 했다. 호는 백운거사白雲居士였다.

모비지덕貌比智德

貌 : 모양 모 比 : 견줄 비 智 : 지혜 지 德 : 큰 덕

외모보다는 지혜와 덕이 우선이라는 말로, 고려시대의 장수 강감찬을 두고 이루어진 말이다. 사람은 못생긴 외모보다는 지혜와 덕이 더 중요하다는 뜻이다.
문헌 : 《이야기 한국역사韓國歷史 · 고려사열전高麗史烈傳》

고려시대에 나라를 위기에서 구한 명장 강감찬姜邯贊(948~1031)은 삼한벽상공신三韓壁上功臣 강궁진姜弓珍의 아들이다.

그에게는 태어날 때를 비롯해서 몇 가지 전설이 전해 오고 있다.

그는 한양의 남쪽 관악산 근처에서 태어났다. 후세 사람들은 그가 태어난 곳을 낙성대落星臺라 이름 지었는데, 그가 태어날 때 별이 내려왔다 해서 붙여진 이름이다.

그가 태어날 무렵, 고려의 정세는 매우 어지러웠다. 인접해 있는 거란[契丹]이라는 나라가 호시탐탐 침략을 일삼아 고려 사람들은 뛰어난 장수가 나타나 그들을 물리쳐 주기를 바라고 있었다.

"자네, 어젯밤에 우리 동네로 큰 별 하나가 내려오는 것 봤나?"

"그랬어? 뛰어난 장수라도 태어나려나?"

어느 날, 관악산 아래 한 마을 사람들은 별이 내려앉은 이야기로 떠들썩했다.

한편 강궁진의 집안에서도 부부가 이야기를 나누고 있었다.

"어젯밤 꿈에 별이 제 품 속에 와서 안겼어요."

"그래요? 그건 틀림없이 태몽이오. 당신이 드디어 훌륭한 아이를 낳을 모양이구려."

이렇게 해서 강감찬이 태어났는데 아이는 못생긴 얼굴에 키가 작아 동네 아이들이 놀리고 같이 놀아주지도 않았다.

"야, 쟤는 왜 저렇게 생겼을까? 얼굴이 그물망보다 더 얽었잖아."

강감찬은 이렇게 조롱과 모욕을 받으면서 자라야 했다. 마음속으로는 본인의 잘못이 아닌데 그런 소리를 들어야 하는 처지를 안타깝게도 여겼다.

어머니는 그런 강감찬의 마음을 읽고 따뜻이 다독여 주었다.

강감찬의 어릴 때 이름은 은천殷川이었다.

"은천아, 얼굴이 못생겼다고 해서 못할 일이 무엇이며, 또 잘났다 한들 기쁠 것이 무엇이겠느냐? 중요한 것은 지혜가 있고, 지식이 많아야 훌륭한 일을 해낼 수 있고 남에게 존경을 받는 것이란다. 지금부터는 얼굴이 못생겨 창피하다 생각하지 말고 덕이 없음을 부끄럽게 생각하도록 하여라."

"어머니, 그럼 어떻게 하면 지혜가 많고, 덕이 높은 사람이 될 수 있습니까?"

"그것은 학문을 통해서만 얻을 수 있는 것이다. 부지런히 배우고 익혀야 지혜가 깊어지고, 마음을 넓게 써야 덕이 쌓이는 것이며, 큰 일을 성취할 수 있는 것이다. 네 자신을 두고 스스로 높다고 생각하면 자만심이고, 남이 너를 높게 봐야 진실로 높은 사람인 것이니라. 외모의 잘생기고 못생긴 것은 아무 상관이 없는 것이야."

어머니의 말씀을 깊이 새겨들은 은천은 그때부터 서당에 들어가 글을 배우기 시작하고, 남보다 더 많은 노력을 기울여 마침내 높은 경지에 이르렀다.

　못생겼다는 것 때문에 오히려 더욱 노력하여 학식과 지혜를 키울 수 있었던 것이다.

　강감찬은 유학儒學은 물론, 불경佛經과 병서兵書까지 통달하여 고려 성종 때에는 과거에서 갑과甲科에 일등으로 뽑혀 예부시랑禮部侍郎 등 요직을 지냈다. 또 1018년, 거란의 대군이 침공해 왔을 때에는 많은 군신들이 항복을 주장하였으나 이를 반대하고 맞서 싸워 큰 공훈을 세움으로써 왕으로부터 금으로 만든 꽃을 여덟 송이나 하사 받는 영광도 얻었다. 그가 크게 성공할 수 있었던 것은 어머니의 교훈 때문이었다.

　《고려사열전高麗史烈傳》에도 못생긴 강감찬이 오히려 훌륭한 인물로 성장하게 된 배경은 모두 어머니의 힘이었다고 기록되어 있다.

모심지정 母心之釘

母:어미 모 心:마음 심 之:어조사 지 釘:못 정

어머니 마음에 박힌 못이라는 말로, 자식이 잘못할 때마다 어머니의 마음에 생기는 상처를 이르는 말이다. 효도할 것을 훈육할 때 쓰인다.

문헌 : 《정봉채한담鄭鳳采閑談》

한 홀어머니가 하나뿐인 아들을 애지중지하면서 정성들여 키웠다. 아들은 어머니의 깊은 사랑을 받으면서도 어딘지 점점 버릇이 나빠졌다.

어느덧 나이 열다섯 살의 애티를 벗어나 웬만큼 세상 물정을 알 때가 되었는데도 천방지축이었다. 어머니는 그때마다 어르고 타일렀으나 소용이 없었다. 어떻게든 눌러 앉혀 제자리를 잡도록 해주어야 할텐데 하며 속만 태웠다. 그래서 그날부터 아들이 속을 썩일 때마다 마루 가운데 서 있는 기둥에다 못을 하나씩 박았다.

십여 년이 지나자 더 이상 박을 수 없을 정도로 못이 다닥다닥 박혔다.

어느 날, 아들이 기둥에 박힌 못을 보고 물었다.

"어머니! 여기에 왜 못을 이렇게 박아 놓으셨습니까?"

어머니가 눈물젖은 얼굴로 아들을 보며 말했다.

"그건 네가 나를 속상하게 할 때마다 그 표식으로 박아놓은 것이

니라."

어머니의 울음섞인 말을 듣고 아들은 생각했다.

'아, 내가 그간 어머니께 못 할 일을 너무 많이 했구나.'

그 후부터 아들은 마음을 고쳐 먹고 날마다 어머니의 마음을 위로해 드리고, 힘든 일을 거들기도 하면서 기쁘게 해드렸다.

그러자 어머니는 그때마다 기둥에 박힌 못을 하나씩 빼내었다. 그렇게 하기를 십여 년, 드디어 박혔던 못이 모두 빠지고 없었다. 기쁘게 해 드린 횟수가 마음을 아프게 한 횟수에 이른 것이다.

어머니가 아들을 불렀다. 그리고 기둥을 가리키며 말했다.

"여기 이 기둥을 보거라. 처음에는 네가 나를 실망시켜 못을 박았는데 어느 때부턴가 네가 나를 기쁘게 해주기에 그때마다 하나씩 뽑아냈다. 이제 못이 다 뽑히고 하나도 남지 않았구나. 고맙다."

어머니는 아들이 대견하여 칭찬했다.

아들은 어머니 얼굴의 주름살을 보고 나서 기둥에 뚫린 못자국을 보더니 엉엉 울었다.

"어머니, 제가 잘못했습니다. 오늘 이 기둥을 보니 벌집과 같이 상처투성이군요. 어머니의 마음도 이 기둥과 같이 상처투성이일 것을 생각하니……. 흑!흑! 이제부터는 어머니의 마음이 편안하게 정성을 다해 모시겠습니다."

어머니는 아들을 가슴에 꼭 안고 눈물을 흘렸다.

목중무화木中無花

木:나무 목 中:속 중 無:없을 무 花:꽃 화

> 나무 속에는 꽃이 들어 있지 않다. 즉 꽃은 나무 속에 있는 게 아니라 때가 되면 저절로 생긴다는 말로, 모든 일은 억지로 이루려고 해서는 안 되고 순리적으로 이루어 나가야 한다는 뜻이다.
> 문헌:《대동기문大東奇聞·고금청담古今淸談》

치악산雉岳山의 뒤편 계곡에 도둑들의 소굴이 있었다. 그들은 걸핏하면 상원사上元寺에 찾아와 행패를 부렸다.

"뭐, 스님이면 다야? 너희들은 편히 앉아서 신도들이 갖다 바치는 돈으로 먹고 살고 있으니 무위도식하기는 우리와 다를 바 없잖아. 어차피 너희들도 땀 흘려 번 것이 아닌데 조금 나눠 먹자는 것이 뭐가 나쁘냐?"

도둑들이 윽박지르면 스님들은 저항 한 번 못하고 그들이 요구하는 것은 무엇이든지 내주어야 했다. 그런 일이 계속되자 몇몇 스님들은 관가에 알리자고 했으나 주지 스님은 한사코 허락하지 않았다.

"저들이 미혹迷惑하여 그런 것이니 원한을 사서는 안 된다."

그러던 어느 날, 깊은 밤 주지 스님의 방에 도적이 칼을 들고 들어왔다. 주지 스님은 손님을 맞이하듯 자리에서 일어나 태연히 마주 앉았다.

"그 칼을 버리시오."

"헛소리 하지 말라. 이 칼이야말로 내 수호신이다."

"칼을 든 자는 칼로 죽게 되는 법이오."

그러나 도적은 코웃음을 치면서 쏘아 보았다.

"너희들은 불법佛法이니 무어니 하면서 알아들을 수 없는 해괴한 말들을 주절거리는데, 우리 같은 도적들은 주린 창자를 채우는 게 급하단 말이야!"

"불법을 올바로 깨달으면 모든 근심에서 벗어날 수가 있소."

"도대체 불법이라는 게 어디 있느냐?"

"당신들의 가슴속에 있소. 다만 그대가 스스로 보지 못할 뿐이오."

"그럼 네 가슴에도 있겠구나?"

"그렇소."

"거, 잘됐다. 내가 보고 싶으니 어디 네 가슴 좀 열어보자."

도둑은 시퍼렇게 날선 칼을 주지 스님의 가슴에 겨누었다. 주지住持 스님은 껄껄 웃으며 말하였다.

"참으로 어리석은 자로다. 꽃이 아름답게 피어 있다고 그 나무를 쪼개면 그 속에 꽃이 들어 있더이까? 꽃은 나무 속에 있는 것이 아니라 때가 되면 저절로 생기는 것. 그 칼로 불법을 범하지 마시오."

그 말에 한참 생각하던 도둑은 그제야 자기가 한 짓을 깨우친 듯 칼을 내던지고 주지 스님 앞에 넙죽 엎드렸다.

목침교수木枕絞首

木:나무 목　枕:베개 침　絞:목맬 교　首:머리 수

> 목침을 교수형에 처하다. 조선시대의 문인 임형수가 정쟁에 휘말려 사형을 당하게 되었을 때 목침을 교수형에 처하게 해 희롱했던 고사에서 유래했다. 절대절명의 위기에서도 초연한 자세를 잃지 않는 여유를 이른다.
>
> 문헌 :《한국기인열전韓國奇人烈傳 · 한국인韓國人의 해학諧謔》

　　조선 제11대 중종中宗 때의 문인 금호錦湖 임형수林亨秀(1504~1547)는 쾌활한 성격에 장난치기를 좋아했다. 그는 명종 때 부제학에까지 올랐으나 을사사화로 파직되었다. 그 후 대윤大尹 윤임尹任의 일파로 몰려 사형을 당하게 되었다.

　　사약을 받던 날, 그는 얼굴색 하나 변하지 않고 태연하였다.

　　금부도사가 사약을 내려놓자 하인이 울면서 부엌으로 들어가 안주를 가져왔다. 그는 하인이 가져온 안주를 물리치면서 말했다.

　　"치워라! 술도 별로 마실 때에는 안주가 없는 법인데, 사약에 무슨 안주란 말이냐!"

　　그러고는 안으로 들어가 처자와 작별을 하고 나오면서 열 살 난 아들을 불러 일렀다.

　　"너는 절대로 글을 배우지 마라. 아니, 배우지 않으면 무식한 인간이 될 터이니 배우기는 하되 벼슬은 하지 마라."

　　그가 밖으로 나오자 금부도사가 물었다.

"이제 사약 받을 준비가 다 되었습니까?"

임형수가 빙그레 웃으며 되물었다.

"나는 약을 마시고 고통스럽게 죽느니 목을 졸려 빨리 죽는 것이 좋은데 그리해도 되겠는가?"

그러자 금부도사는 어차피 마지막인데 그만한 뜻 하나 못 들어주랴 싶어 허락했다.

허락을 받은 그는 사랑방으로 들어가 벽에 구멍을 뚫고 노끈을 그곳으로 내밀며 큰소리로 외쳤다.

"자, 이제 노끈을 내 목에 걸었으니 힘껏 잡아당겨라!"

금부 나졸들은 힘껏 노끈을 잡아당겼다.

얼마 후, 이만하면 죽었으리라고 생각하여 문을 열고 들어가 보니, 임형수는 노끈에다 목침을 걸어놓고 그 곁에 누워서 껄껄 웃고 있는 것이 아닌가.

"내 평생 해학을 즐겨왔는데, 오늘 죽는다고 생각하니 섭섭하여 마지막으로 한번 해본 것이니 그리 노여워 말게."

그러고 나서 임형수는 폐하가 있는 북쪽을 향하여 큰절을 올리고 사약을 들이켰다.

그는 죽는 순간까지도 해학을 잃지 않은 큰 그릇이었다.

몽부삼연夢負三椽

夢:꿈 몽 負:짐질 부 三:석 삼 椽:서까래 연

꿈에 서까래 석 장을 짊어졌다는 말로, 태조 이성계가 조선을 창업하기 전 꾼 꿈에서 유래했다. 소망했던 일을 이루게 된다는 뜻으로 쓰인다.

문헌 : 《한국인물사韓國人物史》

조선의 태조太祖 이성계李成桂(1335~1408)는 말 타고 활 쏘는 재주가 뛰어났다. 그는 원元나라 유인우柳仁雨가 공민왕 5년에 쌍성총관부雙城摠管府를 침공했을 때 아버지와 함께 대응하여 큰 공을 세웠다.

그 후 동북면 여진 출신의 사병私兵들을 거느리고 홍건적紅巾賊의 침입을 막아냈으며, 원元나라 장수 나하추納哈出가 쳐들어왔을 때에도 함흥 평야에서 물리쳐 나라를 구했다. 또 명나라의 힘을 업은 여진女眞의 추장 호바투胡拔都가 침입하자 길주吉州에서 물리쳐 함경도 땅을 수복했다.

우왕 14년에 철령위鐵嶺衛를 설치하는 문제로 최영崔瑩에 의해 요동정벌이 결정되자 신진 유학자와 이성계가 반대했으나 용납되지 않았다. 이성계는 우군도통사右軍都統使로 임명되어 요동을 향하다가 위화도威化島에서 군사를 돌이켜 돌아와서 최영 일파를 숙청하고, 1392년 조선을 개국하였다. 그리고 1394년에는 서울을 한양漢陽

으로 옮겼다.

이성계가 왕위에 오르기 전, 안변에 머무를 때 꿈을 꾸었는데 그 내용이 괴이하여 이해할 수가 없었다. 즉, 온 동네 닭이 일시에 울고, 무너진 집에서 서까래 석 장을 짊어지고 나오는데 피었던 꽃이 떨어지고, 거울이 땅에 떨어져 깨지는 것이었다.

그래서 이성계는 파자점破字占을 잘 친다는 도승을 찾아갔다. 그가 바로 무학대사無學大師였는데 그에게 해몽을 부탁했다.

무학대사는 크게 놀라며 말했다.

"하례 드립니다. 닭 울음소리는 꼬끼오이니, 이는 고귀한 분이 될 것이라는 말이고, 서까래 석 장을 짊어진 모습은 바로 왕王자를 뜻하는 것이니, 장차 군왕이 될 것을 뜻하는 꿈입니다."

"하하! 설마요······. 그럼 꽃이 떨어지고 거울이 깨지는 것은 무슨 의미입니까?"

"꽃이 떨어지면 마침내 열매를 맺게 되지요. 또 거울이 깨지면 소리가 나는 법입니다. 그러니까 열매가 맺는다는 것은 계획하고 있는 왕업의 결실을 의미하고, 소리가 난다는 것은 국위가 사방에 떨치는 것을 의미합니다."

그 후 이성계는 전기한 바와 같이 조선을 건국하고, 태조가 되었다.

그는 훗날 무학대사를 만난 곳에 큰 절을 짓고, 왕의 꿈을 해석했다 하여 이름을 석왕사釋王寺라 했다.

한국 고사성어 **251**

묘각재판猫脚裁判

猫:고양이 묘 脚:다리 각 裁:판결 재 判:쪼갤 판

> 고양이 다리의 재판이라는 말로, 고양이에 의해서 화재가 나자 송사를 벌였던 고사에서 유래됐다. 어떤 일이든지 판단하는 기준에 따라 그 결과가 바뀔 수 있음을 의미한다.
>
> 문헌 : 《한국인韓國人의 야담野談》

목화木花 장사를 하기 위해 네 사람이 똑같이 투자投資하여 목화 값이 쌀 때에 많은 목화를 사들였다. 목화 값이 오르면 내다 팔려는 것이었다. 그런데 목화를 창고倉庫에 쌓아두다 보니 쥐가 여기저기에 오줌을 싸는 바람에 목화가 누렇게 되어 고민이 이만저만이 아니었다. 의논한 끝에 고양이를 한 마리 공동으로 사다 놓고 넷이서 다리 하나씩을 맡아 책임지고 보살피기로 했다.

그 후부터 창고에 쥐가 들어오지 않아서 좋았다.

그러던 어느 날, 고양이가 잘못하여 왼쪽 앞발을 다치게 되었다. 그 발을 맡은 친구는 상처에 약을 바르고 헝겊으로 감아 주니 고양이는 절름거리면서도 나머지 세 발로 곧잘 뛰어다녔다.

그런데 그 고양이가 불 때는 아궁이 앞을 지나다가 그만 아픈 다리에 감긴 헝겊에 불이 붙었다. 당황한 고양이는 자기가 살고 있는 목화 창고로 뛰어들어가 이곳저곳으로 마구 뛰어다녔다. 그러자 불이 여기저기에 옮겨 붙어 창고는 순식간에 불더미에 휩싸이고 말았

다. 물론 고양이도 그 안에서 타 죽었다.

 큰 손해를 보게 된 세 사람들은 고양이의 다친 다리를 맡은 친구에게 책임이 있다고 따졌다.

 "자네의 잘못으로 큰 손해를 입었으니 아무 잘못도 없는 우리가 이대로 손해를 보고 있을 수는 없네. 그러니 배상을 해주게."

 고양이 발에 난 상처를 치료해준 친구는 참으로 어처구니가 없었다.

 "여보게들, 창고에 불을 낸 건 내가 아니라 우리가 공동으로 산 고양이 아닌가. 게다가 자네들도 알다시피 나 역시 자네들과 똑같이 손해를 보았고……. 그런데 나에게 손해배상을 하라니, 이렇게 얼토당토 않은 일이 어디 있는가?"

 그러나 세 친구는 막무가내였다.

 아무리 소리 지르며 싸워도 결론은 쉽게 나지 않았다. 네 사람은 마침내 고을 사또를 찾아가서 판정을 받기로 했다. 사또를 찾아간 네 친구가 저마다 자기 주장을 폈다.

 "그러니까 애초에 저 친구가 자기가 맡은 고양이 다리를 잘 보살폈으면 이런 일이 없었을 것입니다."

 "게다가 상처에 헝겊을 감지만 않았더라도 괜찮았을 거구요."

 "그래서 손해배상을 해달라고 요구했는데, 저 친구는 안 된다는 것입니다."

 세 친구가 열을 올리는 동안 상처를 치료해준 친구는 아무 말도 못하고 사또의 판결을 기다렸다. 이야기를 경청한 사또가 엄숙하게 말했다.

 "들거라! 목화 값을 물어낼 사람은 저 사람이 아니라 너희들 세 사람이다. 그러니 너희 세 사람은 돈을 모아서 저 사람에게 목화 값을 물어주도록 해라."
　사또의 판결에 세 친구는 놀라서 물었다.
　"사또 나리, 그게 도대체 무슨 말씀이십니까?"
　"저희들은 저 친구 때문에 손해를 본 사람들이옵니다."
　"아뢰옵기 황송하오나, 사또 나리께서 무언가 잘못 생각하신 것은 아니신지요? 판결을 반대로 내린 것 같사옵니다."
　세 친구가 일시에 사또의 판결이 잘못되었다고 항의하자 사또가 큰소리로 말했다.
　"허허, 버릇없는지고! 그렇다면 지금부터 판결의 근거를 설명해 줄 테니 잘 들어라. 고양이가 다리를 다쳤든, 거기에 헝겊을 감아 불이 붙었든 간에 고양이가 창고에 들어가지 않았다면 불이 나지 않았을 것이 아니냐?"
　"그야 그렇습니다만 고양이는 헝겊에 불이 붙자 목화 창고로 달려간 것이고, 그 결과 불이 났으니 목화 값은 당연히 그 다리의 주인인 저 친구가 물어내야 합니다."
　사또는 혀를 끌끌 차더니 다시 설명했다.
　"답답하구나. 잘 생각해 보아라. 그 고양이가 불붙은 다리를 끌고 목화 창고로 달려갈 때 어떤 다리를 이용했겠느냐?"
　"그야 물론 성한 다리로 달려갔겠지요."
　"그래, 바로 그것이다. 너희들 세 사람이 보살피던 성한 다리가 아니었다면 고양이가 목화 창고로 달려갈 수 있었겠느냐? 결국 목화 창고에 불이 붙게 한 건 성한 세 다리였다는 말이다. 그러니 너희 셋이 저 사람에게 목화 값을 물어 주는 것이 당연하다."
　사또의 설명을 들은 세 친구는 아무 말도 못했다.

묘항현령 猫項懸鈴

猫 : 고양이 묘　項 : 목 항　懸 : 매달 현　鈴 : 방울 령

고양이 목에 방울을 달다. 방법은 그럴 듯한데 전혀 실현 가능성이 없는 일을 일컫는다.

문헌 : 《순오지旬五志》

고양이(猫)에게 몹시 시달리는 쥐들이 생존을 위해 상의했다.

"고양이만 없다면 우리들의 생활도 부러울 것이 없을 텐데 꼭 우리들의 먹을 것이 있을 만한 데에 고양이가 있어 늘 생명의 위협을 느끼며 살 수밖에 없습니다. 이에 대한 좋은 대책이 있으면 기탄없이 말해주시오."

그러자 한 쥐가 나서며 말했다.

"우리가 만약 고양이 목에 방울만 매달 수 있다면 그 소리를 듣고 도망가면 죽음을 피할 수 있을 것이오."

쥐들이 모두 좋은 의견이라고 뜨거운 박수갈채를 보냈다.

그때 늙은 쥐 한마리가 천천히 말을 꺼냈다.

"자네 말이 옳네. 그렇게만 되면 두려울게 없겠지."

늙은 쥐는 좌중을 쭉 둘러보고 나서 다시 말을 이었다.

"그럼, 누가 고양이의 목에 방울을 달겠는가?"

그러자 쥐들은 고개를 숙이며 뿔뿔이 흩어졌다.

이 이야기가 나오는 《순오지旬五志》는 조선시대 때 평론집이다. 효종孝宗 때 학자이며 비평가인 현묵자玄默子 홍만종洪萬宗(1643~1725) 과 정철鄭澈, 송순宋純 등이 1678년 숙종 때 쓴 《십오지十五志》라고도 한다. 부록에는 130여 종의 속담俗談이 실려 있다. 고양이 목에 방울 달기는 바로 이 이야기 속에 실려 있다. 국립중앙도서관에 소장되어 있다.

무국지왕無國之王

無:없을 무 國:나라 국 之:어조사 지 王:임금 왕

나라가 없는 왕이라는 말로. 허울만 그럴 듯할 뿐 실세가 없음을 이른다.

문헌 : 《신증동국여지승람新增東國輿地勝覽·이야기 한국사韓國史》

　신라의 마지막 왕 경순왕敬順王(?~979)의 이름은 부傅이며, 이찬 효종孝宗의 아들이다. 그는 927년 후백제의 견훤甄萱의 침공으로 경애왕景哀王이 죽자 견훤에 의하여 즉위하게 되었다.
　경순왕 4년(930년) 정월에 재암성載巖城의 장군 선필善弼이 고려에 투항하니 태조 왕건王建은 후한 예로 대접하고 상부尙父라는 직위를 주었다. 이듬해 2월에 왕건은 기마병 50여 명을 거느리고 경기京畿에 이르러 경순왕에게 만나기를 청하므로, 경순왕은 백관과 더불어 임해전臨海殿에서 그를 맞아들여 큰 잔치를 베풀었다.
　"나는 하늘의 도움을 입지 못하여 환란이 자주 일어나고, 또 견훤이 우리나라를 자주 침해하니 얼마나 분통한지 모르겠습니다."
　그러면서 눈물을 흘리니 좌우에서 흐느끼지 않는 사람이 없었고, 왕건도 또한 눈물을 흘리면서 위로했다.
　왕건이 그렇게 수십 일 동안 머물다가 돌아가려고 하니 경순왕은 혈성에까지 전송해주며 아우 유렴裕廉을 인질로 딸려보냈다.

왕건 휘하의 군사들은 군기가 엄정하여 머무는 동안 일체의 민폐를 끼치지 않았다. 이에 서라벌의 부녀자들이 기뻐하며 말했다.

"전일에 견훤이 왔을 때에는 시호豺虎(승냥이와 호랑이, 사납고 악독한 사람을 이르기도 함)를 만난 것과 같더니, 왕공王公은 부모를 만나는 것과 같구나."

왕건은 신라의 왕에게는 금채 비단 말안장을, 관료와 장병들에게는 포백布帛(옷감)을 선물로 보냈다.

왕건의 즉위 9년(935년) 10월, 경순왕은 강토를 거의 다 빼앗기고 백성들의 생활은 극도로 피폐했다. 그래서 군신들과 더불어 왕건에게 항복할 것을 의논했는데, 의견이 분분하자 왕자(마의태자)가 말했다.

"국가에는 천명이 있는 것이니 마땅히 스스로 최선을 다하여 굳게 지키다가 최후에 힘이 다하면 그때 의논함이 옳을 것인데, 어찌 싸워보지도 않고 천년사직을 허수로이 하루아침에 다른 사람에게 줄 수 있겠습니까?"

태자의 간곡한 말에 왕이 말했다.

"이처럼 위태로운 형세로 시간만 끌어 무고한 백성들을 참혹하게 죽게 하는 것은 나로서는 차마 할 수 없는 일이다."

경순왕은 시랑侍郎 김봉휴金封休에게 명하여 고려 태조에게 항복문을 보냈다. 그러자 왕자는 통곡하면서 허름한 마로 만든 옷을 입고 개골산皆骨山(금강산)으로 들어가서 일생을 마쳤다.

왕건은 경순왕의 글을 받고, 대상大相 왕철王鐵 등을 보내어 융숭하게 영접하게 한 후, 신하들을 거느리고 직접 교외에까지 마중나와 위로했다. 왕건의 행렬은 향차보마香車寶馬가 30여 리에 연하여 도로가 막히고, 구경하는 사람이 담을 둘러싼 듯했다.
  태조는 동쪽의 좋은 집 한 채를 경순왕에게 주고, 맏딸 낙랑공주樂浪公主를 그에게 시집보냈다. 그리고 정승正承으로 봉하니 그 지위는 태자의 윗자리였다. 그러나 그는 나라도 백성도 없는 무국지왕이었다.

무영무애 無影無愛

無 : 없을 무　影 : 그림자 영　無 : 없을 무　愛 : 사랑 애

> 그림자가 없으면 사랑도 없다. 무영탑을 만든 아사달과 그의 아내 아사녀의 이야기에서 유래했다. 사랑한다는 근거가 없어 믿을 수 없다는 뜻으로 쓴다.
>
> 문헌 : 현진건 《무영탑無影塔》

　　불국사佛國寺는 신라 제23대 법흥왕法興王(?~540) 22년에 창건되었다. 그리고 35대 경덕왕景德王(재위 742~762) 10년에 개수되었다. 그때 뜰에 다보탑多寶塔과 석가탑釋迦塔을 세우게 되었다.

　광대한 불국사 경내에 축성된 다보탑과 석가탑은 구조의 절륜絶倫함을 보여주어 보는 이로 하여금 감동을 자아내게 하고 있다.

　이를 축성한 김대성金大城은 모양리牟梁里에서 태어났는데 머리가 크고 이마가 넓어 붙여진 이름이었다. 그런데 사람들은 김대성이 낳아주신 부모를 위하여 불국사를 세우고 또 전생의 부모를 위하여 석불사石佛寺・석굴암石崛庵을 세웠다고 한다.

　그리고 그가 다보탑과 석가탑을 세우기 위해 마땅한 석공이 없어 애를 태우던 중 백제의 석공 아사달의 기술이 뛰어나다는 소문을 듣고 그를 초청했다.

　그때 아사달에게는 갓 결혼한 아사녀阿斯女라는 예쁜 아내가 있었다. 아사녀는 남편 아사달을 떠나보내고 싶지 않았지만, 길이 남을

작품을 만들고 싶어 하는 남편의 예술에 대한 욕심을 아는지라 울며 배웅했다.

아사달은 신라로 와 불국사 뜰에서 석가탑과 다보탑을 축조하면서도 틈만 나면 고향에 있는 아내의 모습을 떠올리곤 했다.

그때 왕의 행차에 따라왔던 구슬아기가 아사달을 보고는 한눈에 반하여 연모하게 되었다. 그녀는 날마다 아사달을 찾아왔다. 아사달은 그렇잖아도 쓸쓸하던 참이라 그녀가 싫지 않았다. 그렇다고 자기의 아내를 잊어버린 것은 아니었다. 오히려 그녀를 볼 때마다 아내가 더 그리워졌다.

아사달에게는 팽개라는 연적이 있었다. 그는 아사달이 신라에 가고 없음을 기회로 아사녀에게 접근하여 치근거렸다. 견디다 못한 아사녀는 아사달이 있는 신라로 왔다. 그리고 불국사의 주지를 찾아가 남편에 대해서 물었다.

주지 스님은 탑이 거의 다 완성되어 가는데 아내가 왔으니 작업이 늦어질까봐 걱정이 앞섰다. 그래서 솔직하게 털어놓았다.

"지금 낭군께서는 탑을 거의 다 만들어 가고 있소. 이제 며칠만 참고 있으면 천년만년 후손들에게 전해질 훌륭한 탑이 완성될 예정이니 그때까지만 기다려 주시오. 그리고 절 아래에 영지라는 연못이 있는데 탑이 완성되면 그 연못에 탑의 모습이 비칠 것이니 그때 그것을 확인하고 올라오면 만나게 해드리리다."

아사녀는 주지 스님의 말대로 영지로 가서 매일 영지의 수면에 탑의 모습이 비치기를 기다렸다.

그러나 어찌된 영문인지 탑의 모습은 좀처럼 비치지 않았다. 아사달이 구슬아기와 사랑에 빠져 시간을 낭비했기 때문에 탑의 준공이 늦어졌던 것이다. 애가 닳은 아사녀는 식음을 전폐하고 오로지 영지影池에 비칠 탑만을 기다리다가 기진하여 결국 죽고 말았다.

그 후 세상 사람들은 당연히 영지影池에 모습이 비쳐져야 할 탑이 비쳐지지 않았다 해서 그 탑을 그림자 없는 탑 즉, 무영탑無影塔이라 하고 다보탑을 유영탑有影塔이라 했다.

무접무향無蝶無香

無 : 없을 무　蝶 : 나비 접　無 : 없을 무　香 : 향기 향

> 나비가 없음으로 미루어 향기가 없을 것이다. 선덕여왕이 어렸을 적 모란꽃 그림을 보고 향기가 없을 것이라고 예언한 고사에서 유래한 말로 어떤 일에 반드시 갖추어져야 할 요건이 없다면 그것은 완전한 것이 아니라는 뜻이다.
>
> 문헌 : 《삼국사기三國史記》

신라 제27대 선덕여왕善德女王은 진평왕眞平王의 맏딸로서 본명은 김덕만德曼이고, 선덕善德은 시호이며, 호는 성조황고聖祖皇姑다.

그녀는 지혜가 많아 세 가지 앞일을 예측하여 적중시켰다.

그 첫 번째는 모란꽃에 관한 이야기다.

당唐나라 태종太宗이 진평왕에게 붉은색, 자주색, 흰색의 모란꽃 그림과 그 씨앗 세 되를 보내 오자 왕이 덕만에게 보이니 그녀가 말했다.

"이 꽃은 비록 아름다우나 틀림없이 향기가 없을 것입니다."

왕이 웃으면서 말했다.

"그것을 어떻게 알 수 있느냐?"

왕이 묻자 덕만이 대답했다.

"이 꽃 그림에 봉접蜂蝶(벌과 나비)이 없음으로 미루어 알았나이다. 대저 여자가 아름다우면 남자들이 따르고, 꽃에 향기가 있으면 봉접이 따르는 법 아닙니까? 그런데 이 꽃그림은 아름답기는 하지만

봉접을 그리지 않은 것으로 보아 향기가 없음이 분명하나이다."

그래서 그 씨앗을 뜰에 심게 했더니 과연 꽃은 탐스럽게 피었으나 향기가 없었다.

두 번째는 백제 군사를 물리친 이야기다.

날씨가 싸늘한 겨울에 영묘사(靈廟寺 : 선덕여왕 때 경주에 창건한 절) 아래의 옥문지玉門池에 난데없는 개구리 떼가 모여들어 울어댔다. 그러자 사람들이 해괴한 일이라 생각하여 왕에게 보고하였다. 선덕여왕은 급히 각간 알천閼川과 필탄弼呑 등에게 군사 2천 명을 뽑아 서라벌의 서남변西南邊에 있는 옥문곡(玉門谷 : 여자 생식기를 닮은 계곡)을 찾아가서 잠복해 있는 백제의 병사들을 섬멸하라고 명령했다. 두 각간이 왕명대로 찾아가니 한 작은 산 계곡에 과연 백제의 장군 우소于召가 군사 오백 명을 거느리고 독산성獨山城을 습격하려고 잠복해 있어 일망타진했다.

세 번째는 자기의 죽음을 미리 예언한 일이다.

여왕이 신하들에게 자신이 아무 해, 아무 달, 아무 날에 죽거든 낭산 남쪽 비탈의 도리천忉利天 안에 묻어 달라고 당부했다. 그리고 그 날이 되자 예언대로 세상을 떠났다. 신하들은 왕의 당부에 따라 장사를 지냈다.

그로부터 십여 년 뒤 문무대왕文武大王은 선덕여왕의 능 아래에다 사찰 사천왕사(四天王寺 : 섬부주·승신주·우화주·구로주를 일컫는다)를 창건했다. 사람들은 불경에서 사천왕천은 수미산의 중턱에 있고, 그 위에 도리천이 있다고 한 말을 상기하고, 그때서야 선덕여왕의 예언이 맞아 떨어짐을 알았다.

선덕여왕이 생존해 있을 때 신하들이 개구리에 관한 예언을 두고 어떻게 알 수 있었는지 묻자 선덕여왕이 설명했다.

"개구리의 불거져 나온 눈으로 병사를 의미하는 것을 알았고, 옥문玉門은 여근女根(여자 생식기)이고, 여자는 음과 양 중에 음에 속하며, 그 빛깔은 흰 것인 바, 흰 빛은 서쪽을 상징하는 것이므로 적의 병사가 서쪽에 있음을 알았고, 남근男根(남자 생식기)이 여근 속에 들어가면 반드시 죽는 법이니 그들을 쉽게 잡을 수 있을 것이라고 생각했다."

설명을 듣고 난 신하들은 모두 감탄해마지 않았다.

선덕여왕은 분황사芬皇寺를 창건하고, 첨성대瞻星臺와 황룡사皇龍寺 9층탑 등을 건립했다.

문김생원文金生員

文:글 문 金:성 김 生:날 생 員:관원 원

문 생원과 김 생원. 즉 평범한 사람이란 뜻으로, 조선 영조 때 몸가짐과 집안 관리를 잘했던 한 선비의 고사에서 유래했다. 자기 신분이 드러나지 않게 처신하거나 가명을 쓰는 경우를 이른다.
문헌 : 《대동기문大東奇聞》

　조선 21대 영조英祖(1694~1776) 때 자기의 성姓, 문文자에다 어머니의 성, 김金자를 넣어서 문김생원文金生員으로 행세하는 사람이 있었다.

　그는 용모가 못생기고 집안이 몹시 가난하였는데, 그의 여조카는 용모가 잘생겨서 내명부 종4품從四品의 숙원淑媛 품계를 받았다. 그 바람에 가문 전체가 혜택을 입어 벼락부자에 벼락감투를 쓰게 되었고, 숙원의 아우 문성국文聖國은 상궁을 돌보는 소감小監이 되었다.

　성국은 무식한 데다가 사람이 교활하여 주색과 사치를 좋아했다. 외출할 때는 화려한 마차를 타고 다니며 권세를 뽐내고, 집안에서는 하인을 수십 명씩 거느렸으며, 문전에 드나드는 사람이 저자를 이루고, 무뢰한 식객들이 우글우글하였다.

　그러나 숙원의 백부伯父 문김생원은 숙원이 벼슬자리를 만들어 주어도 결코 응하지 않았다. 특히 조카 성국이 보내오는 돈이나 물건은 일체 받아들이지 않을 뿐더러 아예 거래를 끊고 지냈다. 그리고 아내에게는 성국은 집안을 망칠 위험한 인물이니 조심하라고 주의를 주었다.

"성국이란 놈이 저 모양인데 그 권세가 얼마나 가겠소. 졸부귀불상猝富貴不詳이란 말대로 벼락부귀는 얼마 못가는 법이오. 한번 뒤집히는 날에는 멸문지화滅門之禍를 당할 것이니 처신을 조심해서 하고, 나는 아예 1년에 한 차례씩만 집에 올 것이니 그리 아시오."

이렇게 말하고는 대지팡이에 짚신을 신고 명산대찰名山大刹을 찾아 정처 없이 떠나 버렸다. 그리고 본성을 감추고 김씨로 행세하며 섣달 그믐 캄캄한 밤에야 한 번씩 집에 들러 성묘를 하고, 처자를 만났다.

몇 해 후, 아니나 다를까 숙원 동생 성국이 모반의 죄를 범해 사사賜死를 당하고, 그에 따라 문씨文氏 일문一門도 멸망했다. 그러나 문김생원의 집안만은 화를 면하게 되었다. 그가 일찍이 어머니의 성까지 넣어서 행동을 조심한 것은 선견지명先見之明이 있었기 때문이었다.

문덕지략文德之略

文:글 문 德:큰 덕 之:갈 지 略:꾀 략

문덕의 지략이라는 말로, 조그만 힘으로 엄청난 큰 힘을 깨뜨린 을지문덕의 고사에서 유래했다. 지략이 뛰어난 사람을 비유하는 말이다.

문헌 :《삼국사기三國史記 열전 제4》

　　을지문덕乙支文德은 고구려 영양왕嬰陽王 때 사람으로 그의 가계보는 자세한 내용이 전해지지 않고 있다. 다만 그는 자질이 침착하고 날쌔며 지략과 술수가 뛰어났고, 글을 잘 알고, 잘 지었다고 전해지고 있다.

　　서기 612년, 수隋나라 양제煬帝가 우문술宇文述과 우중문宇仲文에게 고구려를 치게 했다. 그러자 을지문덕은 실태를 파악하기 위해 적의 진영에 들어가 거짓으로 항복했다.

　　우문술과 우중문은 고구려의 왕이나 을지문덕이 찾아오거든 잡아두라는 황제의 밀지를 받고 을지문덕을 억류시키려 했으나 상서우승(尙書右丞 : 상서도성에 속한 관리) 유사룡劉士龍이 항복하기 위해 온 적장을 억류하는 것은 도리가 아니라고 굳이 말리므로 그냥 돌아가게 했다. 그러나 곧바로 후회하고 사람을 보내 더 의논할 일이 있으니 다시 오라고 했으나 을지문덕은 속지 않았다.

　　을지문덕을 놓친 우문술은 식량이 떨어졌으므로 회군하려 했으나 정예 부대로 추격하면 성과를 이룰 것이라는 우중문의 주장에 따라 압록강을 건너 추격했다.

을지문덕은 수나라 군사가 굶주리고 있음을 알고 그들을 지치게 하고자 싸움마다 패하는 척하니, 우문술은 하루 동안에 일곱 번을 싸워 모두 이겼다. 그러자 여러 번 이긴 것을 믿고 마침내 살수(薩水: 청천강)를 건너 평양성에서 30리 되는 지점에까지 쫓아오니 을지문덕이 우중문에게 우롱하는 시를 지어 보냈다.

그대의 신묘한 계책은 천문天文을 꿰뚫었고　神策究天文
기묘한 계산은 지리地理를 통달했도다.　妙算窮地理
싸움마다 이겨 공이 높아졌으니　戰勝功旣高
그것으로 만족하고 그만 그침이 어떠한가?　知足願云止

을지문덕은 사자를 보내어 거짓으로 항복하며 말했다.
"군사를 돌려 돌아가면 왕을 모시고 행재소(行在所: 황제나 왕이 행차할 때 머무는 임시 처소)로 찾아가겠다."

우문술은 군사들이 지쳐 있어 더 싸울 수 없다고 생각하고 을지문덕의 항복을 핑계 삼아 돌아가기 위해 살수를 반쯤 건넜을 때 을지문덕이 후미를 공격하니 한꺼번에 걷잡을 수 없이 무너졌다. 그들이 돌아가는 데 걸린 시간은 하루 낮 하룻밤 동안이었고, 그 거리는 450리였다. 또 처음 요하遼河를 건넜을 때에는 아홉 개 부대의 군대가 30만 5000명이었는데, 요동성으로 되돌아간 자는 겨우 2700명이었다. 고구려가 그 많은 군사를 거의 다 섬멸할 수 있었던 것은 을지문덕의 지략 때문이었다.

문선의민 文宣衣民

文:글월 문　宣:펼 선　衣:옷 의　民:백성 민

문씨가 백성들에게 옷을 입히다 즉 고려 문익점이 원나라에서 목화씨를 가져와 보급시킴으로써 백성들이 따뜻하게 지내게 해준 것을 말한다. 여러 사람을 위하여 최선을 다한다는 뜻으로 쓰인다.

문헌 : 《조선고금명현전朝鮮古今名賢傳》

려 말기의 학자 문익점文益漸(1329~1398)의 자는 일신日新이고, 호는 삼우당三憂堂이며, 시호는 충선忠宣이다. 그가 서장관書狀官이 되어 사신 이공수李公遂를 따라 원元나라에 갔을 때였다. 그곳에는 고려의 왕족 덕흥군德興君이 있었는데 그는 원나라가 고려를 쳐들어오자 최유崔濡와 더불어 원나라에 협조했다. 원나라의 왕이 문익점에게도 그 덕흥군을 따르라고 명했으나 듣지 아니하므로 교지(交趾 : 월남의 북부 하노이 지방)에 삼 년간 유배를 보냈다.

　문익점은 그곳 유배지에서 사람들이 목화를 재배하여 옷을 지어 입는 것을 보고, 그것을 본국에 가져가 국민의 의생활에 도움을 주고자 했으나 반출이 금지된 탓으로 뜻을 이룰 수 없었다. 그래서 고심 끝에 목화씨 세 개를 붓대롱[筆管] 속에 숨겨서 몰래 가져왔다.

　그리고는 그의 장인 정천익鄭天益과 함께 고향 경남 산청에서 밭에 뿌렸으나 재배법을 몰라 겨우 한 개만 싹을 틔울 수 있었다. 그래서 각고의 노력으로 번식을 거듭했다. 계속해서 목화로 솜 타는 법과 실을 뽑는 방법, 그리고 베짜는 것까지 개발하니 마침내 온 나라 방방곡곡의 백성들이 따뜻한 무명으로 옷을 만들어 입을 수 있게 되었다.

제7대 세조世祖 때 그의 사당이 세워졌으며, 만인을 따뜻하게 입힌 공로로 충선공忠宣公 시호도 받았다.

이황李滉, 송시열宋時烈, 이이李珥 등 여러 사람이 그를 찬양한 글을 지었다.

옛적에 신농이 백성들에게 논밭 갈기를 가르쳤고　神農教民耕
후직后稷이 백성들에게 모심기를 가르쳤는데　后稷教民稼
문 충선공은 만백성들에 무명옷을 입혀주었으니　忠宣衣我民
그 충성한 공은 옛적의 그것보다 갑절이나 되도다.　豊功倍前昔

물언아사 勿言我死

勿:말 물 言:말씀 언 我:나 아 死:죽을 사

나의 죽음을 알리지 말라. 즉 어떤 사실이 상대에게 알려지면 자신이 불리해지므로 그 사실을 숨기고자 할 때에 쓴다.

문헌 : 《선조실록宣祖實錄·고금청담古今淸談》

민족의 성웅聖雄 이순신李舜臣은 본관이 덕수德水이고, 자는 여해汝諧이며, 시호는 충무忠武이다. 그는 무과에 급제하여 국가의 문서와 장부를 담당하고 말과 가마에 대한 일을 맡는 사복시주부司僕寺主簿를 거쳐 종4품 조산보만호造山堡萬戶와 정읍현감 등을 두루 거쳤다. 서애西厓 유성룡柳成龍이 그의 용감함과 재능을 알고 조정에 천거하여 전라좌도 수군절도사全羅左道水軍節度使가 되었다.

당시 조야에서는 왜란에 대비하지 않았는데, 장군만은 거북선을 만들고 군비 확충에 힘을 다했다. 마침내 임진왜란이 일어나자 거북선으로 옥포에서 적선 30여 척을 격파한 것을 비롯하여, 사천에서 13척을, 당포에서 20여 척을, 당항포에서 100여 척을, 한산도에서 70여 척을, 부산 앞바다에서 100여 척을 격침시키는 등 남해안 일대의 적군을 거의 소탕했다.

그의 능력을 높이 평가한 선조는 이순신을 삼도수군통제사三道水軍統制使로 승진시켰다. 그러자 상급자였던 원균元均이 그의 휘하에 들어가게 된 데 대하여 반감을 품고 그를 모함했다. 그로 인하여 서울로 압송되어 사형선고까지 받게 되었다. 그러나 다행히 정탁鄭琢의 변호와 그간의 전공이 참작되어 사면을 받고, 권율權慄의 휘하에서 백의종군(白衣從軍 : 벼슬 없이 군대를 따라 싸움)하였다.

정유재란이 일어나자 원균이 배를 몰고 나가 싸웠으나 참패하고 말았다. 그러자 이순신은 다시 삼도수군통제사가 되어 원균이 싸우다가 남긴 13척의 배와 빈약한 병력으로 명량해전에서 적선 133척과 싸워 31척을 격파했다. 그의 전략이 뛰어났음을 또다시 입증한 것이다. 또 명나라 원병과 합세하여, 노량 앞바다에서 철수하는 왜선 500척과 싸워 200척을 불 태웠다. 그때 불행하게도 적의 총알에 가슴을 맞았다. 그러자 그는 병사들의 사기가 떨어질 것을 염려하여 이렇게 말했다.

"지금은 싸움이 위급한 상태다. 그러니 나의 죽음을 병사들에게 말하지 말라."

당부를 마치자마자 숨을 거두니 조카 이완弛緩이 그의 유언대로 장군의 전사 사실을 숨기고 여전히 용맹하게 싸워 많은 전과를 거두었다. 이순신 장군은 4형제 중 셋째였는데 첫째가 희신羲臣, 둘째가 요신堯臣, 셋째가 순신舜臣, 넷째가 우신禹臣이었다. 이는 고대 중국 황제들의 이름을 따온 것이었다. 또 장군은 차茶를 좋아하여 아들과 조카들 이름까지도 모두 초두艸 변을 붙여 지었다.

문장에도 능하여 시조와 《난중일기》같은 좋은 글도 많이 남겼다.

물위모과 勿謂母過

勿:말 물 謂:이를 위 母:어머니 모 過:허물 과

어머니의 허물을 말하니 차마 듣지 못하겠다는 말로, 상대편이 자기의 의사와 맞지 않는 말을 할 때를 비유하여 쓴다.

문헌 : ≪대동기문大東奇聞≫

조선 제11대 중종中宗 때 성리학자 조헌趙憲(1544~1592)은 백천 사람으로 호는 중봉重峯, 시호는 문열文烈이며, 율곡 이이의 학문을 이어받았다. 그는 효성이 지극하여 부모님을 모시고자 외직을 자청, 보은현감을 지냈다.

다섯 살 때 여러 아이들과 정자에서 천자문千字文을 읽고 있는데 벼슬아치들이 떠들썩하게 지나가자 모든 아이들이 책을 덮고 구경하였으나 유독 조헌만이 홀로 책 읽기를 계속했다. 이를 본 훈장이 기특하게 여기고 그 까닭을 묻자 그가 대답했다.

"책을 읽을 때는 오로지 마음을 모아 책 읽는 데에만 집중하라는 아버지의 말씀대로 한 것입니다."

그는 어릴 때부터 이렇게 부모님에 대한 공경이 남달랐다.

선조宣祖 때 일본 사신이 와 명나라를 치고자 길을 빌려 달라고, 즉 가도공명假途攻明을 요청했다. 옥천에서 이 소식을 들은 그는 일본 사신을 처단할 것과, 왜란에 대비하여야 한다고 상소를 올렸으

나 받아들여지지 않았다. 그러자 그는 자신의 얼굴이 피투성이가 되도록 머리를 돌기둥에 쳤다.

이듬해에 임진왜란壬辰倭亂이 일어나자 옥천에서 의병 1700명을 규합하고, 승장 영규靈圭가 이끄는 승병과 합세하여 청주淸州를 수복했다. 또 금산에서 전라도로 향하는 왜적을 맞아 영규와 아들 완기完基 등 의병 700명과 함께 싸웠으나 중과부적으로 모두 장렬히 전사하였다. 후세 사람들은 그들을 기리는 칠백의총七百義塚을 만들어 숭앙하고 있다.

그는 어릴 때 어머니를 여의고 계모에게서 자랐다.

한 번은 외가에 가서 외할머니를 뵈었더니 외할머니가 등을 쓰다듬으며 말씀하셨다.

"어린 네가 계모에게서 학대를 받는다 하니 마음이 아프구나!"

그 말을 들은 조헌은 한동안 외가에 가는 발길을 끊었다. 그리고 오랜만에 외가에 가니 외할머니가 물었다.

"그동안 어찌하여 나에게 오지 아니했느냐?"

"어머니의 잘못을 말씀하시니 차마 듣기 거북하여 그랬습니다."

그 후 할머니는 다시는 그에게 계모의 허물을 말하지 않았다. 그는 계모한테도 효심이 이와 같았다.

그가 세상을 떠난 후 나라에서는 영의정領議政을 추증하고, 옥천에 표충사表忠祠를 지어 제사를 지내게 했다.

미국가객美菊佳客

美:아름다울 미 菊:국화 국 佳:아름다울 가 客:손 객

아름다운 국화가 좋은 손님이다. 즉 국화의 아름다움을 손님에 비유하여 예찬하는 말이다.

문헌 : 《대동기문大東奇聞》

신용개申用漑(1463~1519)는 조선 제11대 중종中宗 때 문신으로 신숙주申叔舟의 손자다. 본관本貫은 고령이고, 호는 이요정二樂亭으로 성종成宗 때 좌의정을 지냈으며, 시호는 문경공文景公이다.

김종직金宗直의 문하였던 그는 술을 무척 좋아해서 한 번 술을 마시기 시작하면 만취가 되어야 그만두었다.

그는 유난히 국화꽃을 탐하여 해마다 여덟 개의 화분에 국화를 심어 길렀는데 가을이 되면 꽃이 만개하여 아름다웠다.

하루는 그가 식구들에게 일렀다.

"오늘 아주 귀한 손님이 오실 터이니 술과 안주를 장만해 놓도록 하여라."

하여 온 집안이 요란스럽게 음식을 차려 놓고 해가 저물도록 손님을 기다렸다. 그러나 손님은 한 사람도 오지 않았다. 부인이 이상히 여겨 어찌 된 일이냐고 물으니 그가 말했다.

"달이 떠서 달빛이 집안까지 곱게 비추고, 국화꽃 향기가 가득하

니 이것이 귀한 손님이 아니오."

그러고는 여덟 화분의 국화꽃과 어우러져 술을 나누었다.

그가 성종成宗을 4년간이나 모셔 깊은 신임을 얻고, 무오사화 때 투옥되었다가 곧 석방되어 직제학과 도승지를 지낸 것도 그만큼 신임이 두터웠기 때문이었다.

그는 호가 이요정二樂亭이었듯이 늘 두 가지의 즐거움을 안고 산 사람이었다.

미일도거 美溢到去

美:아름다울 미 溢:넘칠 일 到:이를 도 去:버릴 거

너무 아름다우면 쫓겨난다는 말. 재상 이덕형이 그의 애인이 죄가 없는데도 지나치게 영리하고 아름다웠기 때문에 사랑에 빠져 나라의 일을 그르칠까봐 쫓아낸 고사에서 유래했다.

문헌:《해동야사海東野史》

조선 선조宣祖 때 문신 이덕형李德馨(1561~1613)은 본관이 경기도 광주廣州이고, 호는 한음漢陰이며, 시호는 문익文翼이다.

그가 동지중추부사同知中樞府事라는 중임을 맡았을 때, 임진왜란이 일어났다. 나라의 존망이 너무 위급하여 잠시도 대궐을 떠날 틈이 없었다. 그래서 어쩔 수 없이 대궐 문밖에 소실小室을 두고, 거기에서 숙식을 했다.

몹시 무더운 어느 날, 그가 상감과 긴히 의논할 일이 있어서 밤 늦게야 소실의 집으로 돌아왔다. 그러고는 목이 말라 물을 달라고 할 기운도 없어 입만 벌리고 손을 내밀었다. 소실은 미리 제호탕(醍醐湯 : 더위를 풀어주고 목마른 것을 그치게 하는 탕약)을 준비해 두었다가 그에게 건넸다. 그러나 그는 탕약을 달게 받아 마시지 않고 소실을 빤히 쳐다보면서 말했다.

"나는 이제 그대와 헤어져야 하겠소. 그러니 나를 기다리지 말고 마음대로 살 곳을 찾아가시오."

말을 마친 한음은 뒤돌아보지 않고 문을 열고 밖으로 나가버렸다. 소실은 갑자기 소박을 당한 까닭을 알지 못하고 밤새워 울었다. 그리고 다음날, 그와 가장 친한 이항복李恒福을 찾아가 자초지종을 이야기했다. 이항복도 역시 의아해하면서 한음을 쫓아가 물었다.

"그토록 아끼고 사랑하는 소실이 아무런 죄가 없는데도 차버린 까닭이 무엇인가?"

한음은 의미심장하게 웃으면서 말했다.

"그 사람이 죄가 있어서가 아니네. 내가 지난번 상감과 국사를 의논하고 늦게 돌아와 목이 몹시 말라 말도 못하고 손을 내민 적이 있었다네. 그때 그 사람이 미리 제호탕을 준비해 두었다가 내어 주었어. 처음 그 여자를 만났을 때 그 영리하고 총명함이 나로 하여금 사랑에 빠지게 했었거든. 그런데 그날 물사발을 받고 보니 사랑스런 마음이 더욱 깊어지지 뭐야. 그런데 다시 생각해 보니 왜란으로 온 나라가 혼란지경인데 소실에게만 빠져 있다면 나라의 중책을 맡고 있는 나로서 어디 가당찮은 일인가? 소실의 사랑스러움은 나를 미혹에 빠지게 만들고 그러다보면 국사를 그르치게 될 것이 분명하지 않겠는가. 그래서 국사에 전념하고자 취한 행동이라네."

자초지종을 듣고 있던 이항복이 말했다.

"공은 참으로 충성스러운 신하요, 대장부라야 할 수 있는 일을 했군! 나로서는 도저히 미치지 못할 일이네."

미팔당삼未八當三

未:아닐 미　八:여덟 팔　當:마땅 당　三:석 삼

여덟이 아니라 셋으로도 충분하다. 즉 어떤 일을 해결하는 데에는 그 중심이 되는 부분만 해결하면 나머지는 저절로 풀린다는 뜻이다.

문헌 : 《대한계년사大韓季年史》

개화기開花期의 정치가이자 선각자였던 월남月南 이상재李商在(1850~1927)는 본관이 한산韓山이고 희택羲宅의 아들이다. 1867년 과거에 응시했으나 낙방하였는데 이장직李長稙의 소개로 박정양朴定陽을 알게 되어 그 인연으로 신사유람단의 한 사람으로 일본에 다녀오면서 홍영식洪英植과 사귀었다. 홍영식이 우정국총관郵政局總管이 되자 이상재는 우정국 주사가 되었다. 그 후, 갑신정변의 실패로 낙향해 있다가 박정양이 주미 한국대사관 공사로 부임하자 이상재는 일등서기관으로 동참하게 되었다.

그는 미국에 있는 동안 양복을 일체 입지 않고 사모관대와 조복을 통상복으로 입고 어디든지 거리낌 없이 드나들었다. 한국의 고유한 풍습이 널리 알려지기를 바라는 의도에서였다.

어느 날, 그가 사모관대를 쓰고 조복에 나막신을 신은 채 공원을 산책하노라니 어린아이들이 그를 에워싸고 도포 자락을 잡아끄는가 하면 돌팔매질을 하고, 손가락질을 하며 놀렸다. 그러나 그는 웃는 낯으로 그들을 대했다. 그런데 그 광경을 보고 있던 다른 사람들이 경찰에 신고하여 아이들이 모두 붙들려가게 되었다.

그 사실을 신문의 기사를 읽고 난 뒤에야 알게 된 이상재는 경찰서장을 찾아가 천진난만한 어린아이들이 생전 처음 보는 외국 풍속의 복장을 보고 호기심으로 그랬을 뿐, 악의가 있어 그런 것이 아니니 방면해 주라고 청했다. 이에 경찰들도 그의 인격에 감동하여 아이들을 풀어주었다.

이처럼 월남의 고매한 인품이 알려지자 한국에 대한 인식이 미국의 상하의원에서 두루 새롭게 알려지게 되었다.

그러자 청국 사신들은 우리나라를 자기들의 속국인 것처럼 대하여 오다가 한국의 외교관들이 오히려 자기들보다 우대를 받는 것을 보고 시기하기 시작했다. 그리고 끝내 그것이 빌미가 되어 박정양과 이상재는 귀국을 해야 했다.

고국으로 돌아온 이상재는 학부學部의 학무국장을 거쳐 의정부 총무국장이 되었다.

당시 국내에서는 백동전白銅錢을 남발하여 경제가 도탄에 빠지고, 삼남지방에서는 동학란東學亂이 일어나 민심이 흉흉했다. 그런 가운데 조정에서는 이미 폐지했던 전운사轉運司를 복구하고자 고종高宗의 윤허까지 받아냈다. 그러나 이상재는 그 일이 잘못된 것이라 판단하고 집행하지 않았다. 이에 고종은 처음에는 왜 바로 집행하지 않느냐고 대로大怒하였으나 이내 그 일이 잘못된 것임을 깨닫고 중지하게 했다.

한때 임금의 명을 거역하여 죽음을 각오해야 했던 이상재는 살아난 것을 기뻐하기보다는 뒤늦게나마 고종이 현명한 판단을 내려준 데 대하여 어린애처럼 좋아했다.

그리고 얼마 있다가 일본에 병탄을 당하는 치욕스런 일이 일어났다.

그 후, 이토 히로부미伊藤博文와 이완용李完用, 송병준宋秉畯 등이 합석한 한 만찬자리에 공교롭게 함께하게 되었다. 그 자리에서 이상재가 이완용과 송병준을 보고 불쑥 말했다.

"대감들은 동경東京에 가서 사시지요."

두 사람이 어리둥절해서 말을 받았다.

"영감, 별안간 그게 무슨 말이오?"

이상재가 다시 싸늘하게 쏘아보며 말했다.

"대감들은 나라를 망하게 하는 데는 천재들이 아니요? 그러니 당신들이 동경에 가 있게 되면 이번에는 일본이 망하게 될 것이니 하는 말이외다."

그러자 좌중은 물을 끼얹은 듯 조용해지며 모두들 사색이 되었다. 일본 총독 이토 히로부미도 있는 자리에서 월남이 아니고는 감히 못할 소리였다. 이처럼 뼈 있는 말을 거침없이 내쏘는 이상재의 대담성은 훗날 총리가 된 김홍집金弘集과 정사를 토의하는 자리에서도 여지없이 나타났다.

팔도감사八道監司 김홍집이 말했다.

"작금 탐관오리가 우글우글해서 백성들이 살 수가 없으니 여덟 놈만 목을 베면 될 텐데……."

이에 이상재가 맞받아서 말했다.

"여덟 사람이 아니라 세 놈만 없애도 되겠지요."

김홍집은 되로 주고 말로 받은 셈

이었다. 이 말은 윗물이 맑아야 아랫물이 맑다는 뜻이었는데, 이런 이상재의 기지機智는 곳곳에서 드러났다.

한번은 일본을 시찰하고 돌아온 이상재에게 소감을 묻자 짧게 대답했다.

"동양에서 제일 큰 병기창을 보니 대포와 총검이 산처럼 쌓여 있어 일본이 강국인 것은 틀림없었소. 그런데 성경 말씀에 칼로 일어서는 자는 칼로 망한다고 하였으니 그것이 걱정이오."

이는 일본이 망할 것을 예언한 말이기도 했다.

이상재는 1927년, 78세로 해방을 보지 못한 채 일제의 암울한 비구름 속으로 사라져갔다.

민초지란民草之亂

民:백성 민 草:풀 초 之:어조사 지 亂:어지러울 란

풀뿌리 백성들의 난리라는 말로, 조선 말기에 홍경래가 주축이 되어 평안도 지방에서 일어났던 민란에서 유래했다. 힘없는 사람들일지라도 뭉치면 무서운 위력을 발휘한다는 뜻으로 쓰인다.

문헌 :《관서신미록關西辛未錄》

조선의 마지막 왕 제23대 순조純祖 때 민중 반란을 일으킨 홍경래洪景來(1771~1812)는 평안도 용강龍岡에서 태어났다. 그는 외숙 유학권柳學權에게서 글을 배웠는데 총명한 데다가 언변도 뛰어났다. 또 그는 열아홉 살에 사마시司馬試에 응시했다가 낙방을 했다. 그리고 얼마 후 자기보다 실력이 모자라는 양반집 자식들은 모두 급제했음을 알게 되어 분노하지 않을 수 없었다. 거기다가 서북인西北人은 문무文武를 막론하고 고관高官에는 등용시키지 않는 지역 차별이 있다는 것을 알고부터는 더욱 강하게 불만을 품게 되었다.

이때부터 홍경래는 정처 없이 8도를 돌아다니며 민심을 살폈다. 그 결과 평안도 출신들은 안동 김씨들에게 배척당하고 있어 나라에 불만을 가진 사람이 많다는 것을 알았다. 그래서 박천博川의 청용사靑龍寺에서 명문가의 서자 우군칙禹君則과 의기투합하여 반란을 일으키기로 모의했다.

그는 만주의 마적단 정시수鄭始守와 가산군嘉山郡에서 제일가는 부

자이면서 무과에 급제한 이희저李禧著, 병법에 밝은 진사 김창시金昌始, 태천泰川의 김사용金士用과 개천의 소문난 장사 홍총각洪總角 등 30여 명의 동지들을 모았다. 그들은 한결같이 과거 제도를 비롯 권문세가의 부패와 흉흉한 민심을 토로하고 있었다. 특히 남양 홍씨가 조정에 들어오면서 그들에 대한 불평이 높았다.

홍경래는 금광 채굴을 구실로 유민流民 장정들을 끌어모은 후, 기회를 보다가 제일 먼저 가산군嘉山郡을 습격, 군수 정저鄭著와 그의 아버지를 죽이고, 엿새 만에 여덟 고을을 손에 넣었다.

반란이 성공적으로 이루어지자 홍경래는 스스로 평서대원사平西大元師라 칭하고 김사용金士用을 부원수로, 김창시金昌始를 참모로, 박성간朴聖幹을 병참장으로 임명하여 조직을 확고히 하는 한편, 점령지에서는 창고를 열어 백성들에게 곡식을 나누어주는 등 민심 수습에도 노력했다. 그리하여 가산, 곽산郭山 정주定州, 선천宣川, 용천龍川 등지까지 점령했다. 조정에서는 많은 현상금을 걸고 홍경래를 체포하라고 독려했다.

홍경래는 남으로 내려가는 제일의 관문인 안주安州를 공격하기 위하여 박천의 송림리松林里로 집결하였다.

한편, 안주성安州城을 지키던 이해우李海愚와 조종영趙鍾永은 홍경래의 난 소식을 듣고 군사를 둘로 나누어 홍경래가 있는 송림을 좌우에서 습격했다.

그때 부상을 당해 거동이 불편했던 홍경래는 그들을 당해내지 못하고 정주성으로 도망가 성문을 굳게 닫고 홍총각洪總角 등 다른 장수의 지원군이 도착하기만을 기다렸다. 그러나 겨울이 가고 봄이 오도록 그들은 오지 않고 성안에서는 식량마저 동이 났다.

그때 관군 이요헌李堯憲이 화약으로 성벽을 폭파하고 물밀듯이 들이닥쳤다.

　끼니도 제대로 못하고 지칠 대로 지친 홍경래의 반군들은 진격해 들어오는 관군을 막아낼 수가 없었다.

　최후가 닥쳤음을 안 홍경래는 관군에게 외쳤다.

　"여기 홍경래가 나간다. 나를 잡아 상금을 타거라."

　관군들은 그에게 활을 쏘아대 벌집을 만들어 버렸다.

　홍경래의 난은 부패한 조선 말기의 혼탁한 정치 상황을 말해주는 사건이었다.

반궁자성 反躬自省

反:거꾸로 반　躬:몸 궁　自:스스로 자　省:살필 성

 잘못된 원인을 자신에게서 찾는다. 즉 허물을 자기 자신에게서 찾아 고친다는 말이다.

문헌:《익재난고益齋亂藁 · 익재진자찬益齋眞自贊》

　이제현李齊賢(1287~1367)은 고려 제25대 충렬왕 때의 유학자로 본관은 경주慶州이고, 호는 익재益齋 · 실재實齋 · 역옹櫟翁이다.
　15세에 성균관시成均館試에 장원으로 합격하였으며, 22세에 예문춘추관藝文春秋館에 발탁되어 4번이나 재상을 지낸 뛰어난 정치가였다.
　제현은 자기를 경계할 때면 이렇게 말했다.
　"사슴을 쫓는 자는 산을 보지 못하고, 돈을 움켜쥔 자는 사람이 보이지 않는다. 가을철의 털끝 같은 작은 것은 살필 수 있어도 수레에 가득 실은 땔나무는 보이지 않는다. 이는 마음이 오로지 한곳에 쏠려 있고 눈이 다른 데에 미치지 못하기 때문이다."
　그는 충선왕忠宣王을 따라 원元나라에 갔다가 그곳 수도 연경燕京에서 뛰어난 재능으로 문재文才를 드러냈다. 그래서 그곳의 인재 조맹부趙孟頫 등과 교류하며 지냈다. 그는 평소 이렇게 말했다.
　"우禹 임금은 물에 빠진 사람이 있으면 자기가 그를 빠지게 한 것

같이 여겼고, 직稷은 굶주린 사람이 있으면 자기가 그를 굶주리게 한 것같이 여겼다. 하늘이 큰 인물에게 소임을 맡길 때는 이 세상을 구제하려 함인데 곤궁하고 불쌍한 사람을 보고도 구제할 생각을 않는다면 어찌 그것이 하늘의 뜻이라 하겠는가. 그리고 높은 곳에 올라 아래를 내려다보는 것은 어려운 일이 아닌데 왜 몇 걸음밖에 굽어보지 못 한단 말인가?"

그는 또 모든 잘못은 남에게 있는 것이 아니라 자신에게 있는 것이라며 자성할 것을 촉구했다.

"학문이 빈약하면 도道를 깨닫는 것도 늦는 것이 당연하다. 이 모든 것이 나에게서 나오는 것이거늘 어찌 스스로 반성하지 않는가? 내가 이제 나이 들어 벼슬에서 물러났으니 뭇사람들의 비방만 듣겠구나. 분명히 말하노니 한 번 보고 세 번 생각하라. 그리고 쉬지 말고 공부하라."

그는 선비들의 삶을 다음과 같이 말했다.

"사람의 재주는 배[舟]의 노[楫]와 같고, 운명은 그 배에 불어오는 순풍과 같은 것이며, 순풍에 이끌려가는 돛배라 할지라도 그 배를 운용하는 사람이 그만한 인물이 되지 못하면 세상의 거친 파도와 풍랑을 어떻게 헤쳐 나가겠는가?"라고 하였다. 이를 일러 반궁자성, 또는 반궁자문反躬自問이라고 한다.

반선지운半船之運

半:반 반　船:배 선　之:어조사 지　運:운수 운

몸의 반은 배 위에, 반은 땅 위에 있는 운이라는 말. 피할 수 없는 운명을 뜻한다.

문헌 :《태종실록太宗實錄 · 한국인명대사전韓國人名大辭典》

　　조선 태조 이성계李成桂(재위 1392~1398)는 제1차 왕자의 난에 화가 나서 왕위를 방과芳果 정종定宗(1357~1419)에게 물려주고 함경남도 함흥으로 가서 은거했다. 이에 아들 방원芳遠이 제2차 왕자의 난을 일으켜 정종으로부터 왕위를 이양받아 태종이 된 후, 아버지를 모셔오고자 차사差使라는 임시 벼슬을 내려 수차례 보냈으나 그때마다 이성계는 차사를 죽여버렸다. 하여 한 번 간 후 돌아오지 못하는 사람을 빗대어 함흥차사咸興差使라 했다.

　그러자 차사에 지원하는 사람이 아무도 없었다. 그때 판중추부사判中樞府事 박순朴淳이 스스로 다녀오겠다고 자원했다. 그는 이성계에게로 갈 때 새끼가 딸린 어미 말을 데리고 가서 새끼 말은 이성계의 집 앞 나무에 매어 놓고 어미 말만 타고 안으로 들어갔다.

　박순과 이성계가 대청에 마주 앉아 이야기를 나누고 있을 때 어미 말이 새끼를 찾으며 애타게 울었다. 태조가 이 광경을 보고 박순에게 그 까닭을 물었다.

"어미 말이 새끼와 떨어지지 않으려고 그러하옵니다. 비록 짐승이지만 지극한 정이 가상하지 않습니까?"

이성계는 박순과 친구 사이라서 바둑을 두며 서로의 정을 나누었다. 그때 천장에서 어미 쥐가 새끼를 안고 떨어졌다. 어미 쥐는 떨어지고 나서도 새끼를 안고 있었다. 그것을 본 이성계가 가상히 여기자 박순은 그때서야 비로소 자기가 태종의 명을 받은 차사임을 밝히고 울면서 간청했다.

"하찮은 미물인 쥐도 죽을 때까지 제 새끼를 감싸주는데 하물며 사람으로서 어찌 자식을 버릴 수 있겠나이까? 지금 태종이 오매불망 전하를 그리워하고 있사오니 이제 그만 노여움을 푸시고 저와 함께 귀경하시옵소서!"

이에 감동한 이성계는 함주咸州에 들렀다가 돌아가겠다고 했다.

박순은 그렇게 확약을 받고 귀로에 올랐고, 태조는 지금까지와는 달리 그를 살려주어 돌아가게 했다.

그러나 이성계의 신하들이 전례와 같이 죽여야 한다고 주장을 펴고 나섰다. 이성계는 옛 친구와의 정을 생각하여 그를 죽이고 싶지 않았다. 그래서 그가 용흥강龍興江을 충분히 건너갔으리라 생각되었을 때 그를 죽이라 명령하면서 조건을 달았다.

"만약 그가 이미 강을 건넜으면 더 쫓지 말도록 하라."

그러나 불행하게도 박순은 몸이 불편한 탓으로 시간이 늦어져 병사들이 도착했을 때 몸의 반은 육지에, 반은 강을 건너는 배 위에 있어 그만 죽임을 당하고 말았다.

이성계는 반선지운半船之運으로 죽은 옛 친구를 그리워하며 매우 슬퍼했고, 박순의 아내 임씨任氏는 남편이 죽었다는 부음을 듣고 자결했다.

태종은 그의 공을 찬양하여 충민忠愍이라는 시호를 내려 충신으로 칭송하고, 그의 고향에 충신·열녀의 두 정문旌門을 세우게 했다.

방하견성放下犬聲

放:놓을 방　下:아래 하　犬:개 견　聲:소리 성

> 개소리를 그만 하라. 즉 이론이나 상황에 맞지 않는 허튼소리는 하지 말라는 뜻이다. 말을 할 때는 전후 좌우 상하를 가려서 하라는 의미로 쓰인다.
>
> 문헌 :《한국인의 지혜韓國人의 智慧 · 잡기雜記》

　　논산論山 대곡代谷에서 3대째 소농小農을 경작하면서 살던 안두기安斗基라는 사람이 생일을 맞자, 자식들이 기르던 개를 잡아서 생신 상을 차리려 했다. 그런데 눈치를 챈 개가 사람 곁으로 오지 않고 슬슬 피했다. 그러다가 안두기가 볼일을 보러 변소에 들어가자 개가 따라 들어갔다. 그것을 본 큰 아들이 올가미를 감추고 변소 문 뒤에 숨어서 기다렸다.

　　잠시 후, 변소에서 나오는 개에게 올가미를 씌우려고 덤비자 개가 놀라서 도망치다가 그만 마당가의 우물에 빠질 뻔했다. 마침 우물가에서 손을 씻으려던 둘째 아들이 엉겁결에 개의 뒷다리를 붙잡았다. 개를 잡긴 했으나 하도 요동치는 바람에 도움을 청하지 않을 수 없었다. 그래서 변소에 있는 아버지에게 급하게 말했다.

　　"아버지 빨리 나오시오. 아버지, 빨리……."

　　그런데 그 모습이 우물에 처박힌 개를 거꾸로 붙잡고 외치고 있어서 마치 개를 아버지라 부르는 형국이었다.

그렇게 어렵사리 개를 잡아 가마솥에 안치고 불을 지폈다. 그때 셋째 아들이 방으로 들어와 아버지가 앉아 있는 방석 밑에 손을 넣어 방이 따뜻한지 만져 보면서 말했다.

"방금 개를 안쳤더니 방이 뜨뜻해 오네요."

이번에는 아버지가 방석 위에 앉아있는 것을 보고 개를 안쳤다고 하니 아버지가 개가 된 꼴이었다.

음식이 다 마련되자 동네 노인들을 청해 놓고 술과 개고기를 대접하니 모두들 소매를 걷어 올리고 맛있게 먹으면서 뼈다귀를 획획 문 밖으로 내던졌다. 그러자 동네 개들이 모여들어 서로 으르렁거리면서 다투어 먹었다. 이것을 본 넷째 아들이 말했다.

"허허, 오늘이 개 생일이구먼."

그날이 자기 아버지의 생일인 것을 생각하지 않고 개들이 잘 먹는다고 개의 생일이라고 한 것인데 마치 자기 아버지를 개라고 지칭한 꼴이 되었다.

안두기는 아들이 열 형제나 되어 아들들이 서로 먼저 아버지의 생신을 축하하려고 여기저기서 모셔가려 했다. 그래서 큰 아들이 이를 확인하려는데 다섯째가 보이지 않으므로, 자기 아들에게 다섯째 작은아버지에게 가서 어떻게 할 것인지 물어보고 오라고 했다. 아이가 다섯째 작은아버지 집에 가서 말했다.

"오늘 할아버지 저녁 진지를 어느 댁에서 차릴 것인지 물어보고 오래요."

마침 다섯째 동생이 뒷간에 있었는데 식구들이 다 분주했던 탓으로 미처 대답하는 소리가 들리지 않았다. 그래서 조카가 아무 대답도 못 듣고 그냥 가버리면 안 되겠다 싶어 소리를 질렀다.

"할아버지 저녁 진지는 여기서 차린다고 전해라!"

그 뜻은 우리 집에서 모신다는 것이었는데. 변소 안에서 '여기서 차린다'고 하니 아버지는 그날 저녁 밥상을 뒷간 안에서 받아야 할 판이었다.

안두기는 아들들을 다 세간을 내어주고 막내아들과 함께 살고 있었다. 그런데 기르던 개를 잡아먹고 나니 도둑이 들까 걱정이 되어 말했다.

"애들아, 어디서 강아지 새끼라도 하나 얻어다가 기르면 어떻겠느냐? 함께 있던 짐승이 없어지니 서운하구나."

그러자 아들이 말했다.

"아버지, 이젠 개소리 좀 그만하세요."

개에 대한 이야기를 그만하라는 말이었는데, 아버지의 말이 개소리가 된 꼴이니 또 실수였다.

말은 조금만 부주의해도 엉뚱한 뜻으로 바뀔 수 있다.

어떤 사람이 자기 어머니를 승용차의 옆자리에 모시고 가며 아버지에게 이렇게 말했다.

"집에서 어머니를 싣고 가서 장터에 내려 놓고, 거기서 작은아버지를 싣고 가서 작은아버지 집에 내려놓고 난 다음, 다시 장을 본 어머니를 싣고 오겠습니다."

이 말은 어머니와 작은아버지를 차에 싣는 물건으로 취급한다는 뜻으로 들린다. 말은 항상 주의해서 하라는 가르침을 주는 이야기이다.

백결대락百結碓樂

百:일백 백　結:맺을 결　碓:방아 대　樂:풍류 락

> 백결의 방아악이라는 말로, 백결 선생이 가난을 슬퍼하는 아내를 위로해 주기 위하여 거문고를 연주했던 고사에서 유래했다. 어려움을 참고 이겨내는 의연한 태도를 이른다.
> 문헌 :《삼국사기 열전三國史記烈傳 제8》

　신라 제20대 자비왕慈悲王 때 악성 백결百結 선생은 백성들의 살림이 어려워지자 왕에게 정치를 바로잡아야 한다고 상소했다. 그러나 개선의 기미가 보이지 않자 벼슬을 버리고 경주 낭산狼山 밑에서 숨어 살았다. 자연히 살림살이가 가난해져 옷을 누더기처럼 백百 곳이나 기워[結] 입고 다녔는데 마치 온몸에 메추라기를 달아 맨 것과 같아 그를 동리東里 또는, 백결 선생이라는 별호로 불렀다.
　어느 해 세모歲暮에 다른 집에서는 떡방아를 찧는 소리가 요란했으나 백결 선생의 집에서는 그러하질 못했다. 그러자 그의 아내가 한숨을 쉬며 말했다.
　"다른 사람들은 모두 곡식이 있어 설을 쇠는데 우리는 그렇질 못하니 어떻게 차례를 지내리까?"
　그러자 백결 선생이 말했다.
　"대저 사람이 살고 죽는 것은 명命에 달려 있고, 부귀富貴는 하늘에 달려 있는 것이오. 오는 것을 막지 못하고 가는 것을 쫓을 수 없

는 것이 인생인데 그대는 어찌 그렇게 마음 상해 하시오? 내 그대를 위하여 떡방아 찧는 소리를 연주해주리니 마음이라도 즐겁게 가지시오."

그러고는 거문고를 잡고 덩더쿵! 떵더쿵! 하고 떡방아 찧는 소리를 연주했다. 이것이 그의 유명한 '방아악', 즉 대악碓樂이지만 안타깝게도 곡은 전하지 않는다.

백결 선생은 인간의 희로애락喜怒哀樂의 모든 심사를 거문고 가락에 실어 풍미하였다.

후세 사람들은 신라 사람으로서 공명정대하기는 김양金陽만한 이가 없으며, 영웅호걸로는 김유신金庾信만한 이가 없다. 그러나 백결 선생은 두 분을 합친 것과 같은 인격자였다고 칭송했다.

백사단심百死丹心

百:일백 백　死:죽을 사　丹:붉을 단　心:마음 심

> 백 번 죽어도 변하지 않는 마음이라는 말로, 고려의 충신 정몽주가 죽음을 무릅쓰고 충절을 지킨 고사에서 유래했다. 오직 한 임금만을 위하는 절개를 뜻한다.
> 문헌:《조선명인전朝鮮名人傳·포은집圃隱集》

정몽주鄭夢周(1337~1392)는 목은牧隱 이색李穡, 야은冶隱 길재吉再와 함께 고려 말 삼은三隱 중 한 사람이다. 그의 본관은 연일延日이고, 호는 포은圃隱이며, 자는 달가達可, 시호는 문충文忠이다.

어머니가 그를 잉태했을 때 난蘭의 꿈을 꾸어 처음에는 이름을 몽란夢蘭이라 했다. 그가 아홉 살 때에는 흑룡黑龍이 나무에서 떨어지는 꿈을 꾼 후 나가보니 그가 나무 밑에 떨어져 있었기 때문에 몽룡夢龍이라 했다가, 장성한 다음에 몽주라고 개명했다. 공민왕恭愍王 때 세 번이나 장원급제하였고, 벼슬이 삼중대광(三重大匡 : 정1품)에 이르렀다.

고려 우왕禑王 때 성균관대사성으로 있던 정몽주는 배명친원排明親元의 외교 노선을 반대하다가 언양彦陽으로 유배되기도 했다. 그리고 1379년에는 조전원수助戰元帥가 되어 이성계李成桂 휘하에서 왜구 토벌에 참전했다. 그러나 이성계李成桂는 위화도威化島에서 회군한 후, 날로 세력이 강해져 마침내 조선 건국의 대업을 꾀하기 시작했다. 그러자 정몽주는 김진양金震陽 등과 죽음을 두려워하지 않고 고려를 지키려고 했다. 옆에서 지켜보고 있던 이성계의 셋째 아들 이방원李芳遠이 정몽주의 마음을 회유시키기 위하여 그의 뜻을 묻는 시조를 읊었다.

이런들 어떠하며 저런들 어떠하리. 如此亦何如 如彼亦何如
만수산 드렁칡이 얽혀진들 어떠하리. 城隍堂後壇 頹落亦何如
우리도 이같이 얽혀져 백년까지 누리리라. 我輩若此爲 不死亦何如

이에 정몽주는 즉석에서 시를 지어 거절했다.

이 몸이 죽고 죽어 일백 번 고쳐 죽어 此身死了死了 一百番更死了
백골白骨이 진토塵土 되어 넋이라도 있고 없고 白骨爲塵土 魂魄有也無
임 향한 일편단심이야 가실 줄이 있으랴. 向主一片丹心 寧有改理也歟

어떤 일이 있어도 고려 왕조를 향한 마음은 변치 않으리라는 뜻이다.
정몽주가 고려에 대한 확고한 충성심, 즉 백사단심百死丹心을 드러내자 이방원은 그의 마음이 변하지 않을 것임을 알고 제거하기로 작정했다. 그래서 조영규趙英珪를 시켜 사냥을 하다가 말에서 떨어져 다친 이성계를 문병하고 돌아가던 정몽주를 선죽교善竹橋에서 죽였다.
이방원은 훗날 왕위에 오른 뒤 그의 충절을 기리어 영의정에 추증하고, 익양부원군益陽府院君으로 추봉했다.

별실지록別室之祿

別:따로 별　室:방 실　之:어조사 지　祿:봉급 록

> 별실에 쌓아둔 녹봉이라는 뜻으로, 의롭지 않은 돈은 그냥 보관만 할 뿐 쓰지 않는다, 또는 그 돈을 말한다.
> 문헌:《단종실록端宗實錄 선원계보璿系譜》

조선시대의 문신 하위지河緯地(1412~1456)는 본관이 진주晉州요, 호는 단계丹溪이며, 시호는 충렬忠烈로 사육신死六臣의 한 사람이다.

그는 인품이 침착하고 말수가 적었으며, 오로지 집현전에서 학문에만 열중한 첫 손에 꼽히는 청백리였다.

1453년 수양대군이 조카 단종端宗으로부터 왕위를 빼앗고 세조로 등극한 후 하위지를 예조참의에 임명했다. 그러자 하위지는 이를 고사하고 고향 선산善山에 내려가 은둔했다. 그러나 세조가 강압적으로 명령하자 마지못해 부임은 했으나 '나는 단종의 신하이지 세조의 신하가 아니다.' 하여 세조가 준 녹봉을 쓰지 아니하고 별도의 장소에 쌓아 두었다.

그는 다른 충신들과 함께 단종 복위를 꾀하다 탄로가 났으나 세조는 그의 인품을 아껴서 마음을 돌려 함께 일하자고 종용했다. 그러자 그는 단호히 말했다.

"이미 역적逆賊이라 이름 지었으면 응당 죽일 것이지 어찌하여 묻고 또 묻는 것이오? 아무리 그리해도 내 마음은 변하지 않을 것이니 더 이상 괴롭히지 마시오."

그러자 세조가 말했다.

"너는 이미 내가 준 녹봉을 받아 먹었으니 짐의 신하가 되었는데 이제 와서 다른 말을 하는 게냐?"

"천만의 말씀이오. 나는 당신이 의롭지 않음을 알기에 당신이 준 부끄러운 녹봉을 한 푼, 한 톨도 축내지 않고 모두 별실에 따로 모아 두었소이다."

세조는 그의 확고한 충절에 어찌할 수 없다고 생각하고 성삼문成三問·박팽년朴彭年·이개李塏·유응부兪應孚·유성원柳誠源 등과 함께 작형(灼刑 : 불로 살을 지지는 형벌)에 처했다.

그는 나중에 이조판서에 추증되었다.

같은 사육신의 한 사람인 성삼문도 역시 세조가 준 녹봉을 먹지 아니했다고 한다.

보은단동 報恩緞洞

報:갚을 보 恩:은혜 은 緞:신 뒤축 단 洞:고을 동

> 은혜를 베푼 사람이 살았던 동네라는 말. 자기의 처지는 생각지 않고 가난하고 어려운 사람을 도와주었는데 도움을 받은 사람이 훗날 큰일을 해결해준 고사에서 유래했다.
>
> 문헌:《한국인의 지혜 韓國人의 智慧》

　조선 제14대 선조宣祖 때 명나라 통역관 홍순언洪純彦은 한양의 미동美洞에 살았다. 그는 본래 호협한 사람으로 뛰어난 친화력이 있어 중국에 가는 사신을 수행했다.

　통주通州에 도착하여 여정을 풀고 구경도 할 겸 청루에 놀러 나갔다가 몸을 판다는 여인의 글을 보고 찾아 들어갔다. 그런데 그녀가 소복을 한 채 수심이 가득하길래 물어보니 부모가 갑자기 병으로 돌아가셨으나 장사지낼 돈이 없어서 몸을 팔러 나왔다고 했다. 홍순언은 그 말을 듣고 거금 3백금을 몸값으로 주고 그녀를 청루에서 풀려나게 해주었다. 그녀는 무척이나 고마워하며 그의 이름을 물었으나 그는 다만 조선의 홍 역관이라고만 알려주었다.

　그리고 귀국 후 그는 3백금이라는 막대한 국고금을 축낸 사실이 드러나 옥에 갇히게 되었다.

　그 무렵, 명나라에는 태조 이성계의 아버지가 이자춘李子春이 아니라 고려의 권신 이인임李仁任이라고 잘못 알려져 그를 바로잡는

일로 외교적 마찰을 겪고 있었다. 그러니까 명나라에서는 조선 건국 후 200여 년간이나 이성계가 전주全州 이씨가 아닌 성주星州 이씨인 이인임의 아들로 잘못 알려져 있었다. 더군다나 이인임은 매관매직을 하다가 이성계에 의해 참형慘刑된 사람이었다. 그런 그를 태조의 아버지로 기록해놓고, 고려의 왕을 넷이나 죽이고 쿠데타로 정권을 탈취했으므로 정통성을 인정할 수 없다고 주장하면서 잘못된 기록을 수정해주지 않고 있었다. 그러니까 《대명회전大明會典》의 잘못된 기록이 외교상 문제가 되고 있었던 것이다.

그래서 13대에 걸쳐 15차례나 사신을 보냈으나 고쳐지지 않았다. 선조는 대로大怒하여 사신들의 잘못이니 꼭 바로잡도록 하라고 엄명을 내렸다. 그러자 대신들이 모여서 숙의를 했다.

"이 일을 해결하려면 명나라의 사정을 잘 아는 홍순언이 꼭 필요한데 그가 감옥에 갇혀 있으니 우리가 대신 공금을 갚아주고 그를 명나라로 보내기로 합시다."

이렇게 해서 홍순언은 감옥에서 풀려나 주청사 황정욱黃廷彧과 함께 명나라로 가게 되었다.

홍순언이 사신 일행과 조양문에 도착하자 뜻밖에 예부시랑 석성石星이 마중 나오더니 뒤이어 기병이 달려왔다. 그러면서 '홍 역관이 누구냐'고 찾더니 홍순언을 정중히 모시고 가는 것이었다.

그가 한 객실에 들어 기다리니 지체가 높아 보이는 부부가 다가와 큰절을 올리고 나서 말했다.

"나으리! 저는 나으리의 은혜를 하루도 잊어 본 적이 없습니다."

부인 옆에 있던 남편도 정중히 머리를 숙이며 말했다.

"통주에서 어른께서 베푸신 은혜는 저도 잘 알고 있습니다. 어른께서는 천하의 대인이십니다."

홍순언은 그때서야 몇 년 전의 일을 떠올렸다.

그 여자는 청루에서 나와 부모의 양반가도를 이어 받아 석성石星의 후처로 들어갔는데 석성이 출세하여 예부상서가 되었던 것이다.

석성이 홍순언에게 물었다.

"이번에는 무슨 일로 오시게 되었습니까?"

홍순언이 종계변무宗系辨誣 문제로 왔다고 말하자 그는 적극적으로 나서서 조선 왕실의 종계를 바르게 고쳐 주었다. 그리고 홍순언이 돌아올 때 그 부인이 손수 짰다는 비단 10필에 손수 보은단報恩緞이라는 글씨를 수놓아 홍순언에게 주었다.

귀국하자 사람들이 그 비단을 사러 홍순언의 집 앞에 구름처럼 모여드니 그 동네를 보은단동報恩緞洞이라 하였는데 지금의 서울 중구 소공동 롯데호텔 부근이다.

선조는 공이 큰 홍순언에게 2등 공신을 주고, 당능군唐陵君이라는 군호君號까지 내렸다.

임진왜란 때에는 홍순언이 지원병을 요청하기 위해 다시 명나라에 가니 석성이 병부상서로 승진하여 적극적으로 도와주어 일이 순조롭게 되었다. 홍순언은 역관 출신이어서 큰 벼슬은 못했으나 그의 손자 홍효손洪孝孫은 숙천부사를 지냈다.

복완지공 覆椀之功

覆:엎지를(돌이킬) 복 椀:주발 완 之:어조사 지 功:공 공

독약이 든 밥상을 엎지른 공이라는 말로, 왕을 독살하려 했던 이자겸의 난에서 유래했다. 어떤 일이 잘못 되었음을 알고 모험을 하면서까지 바로잡는 행동을 이른다.

문헌 : 《인물한국사人物韓國史》

고려의 이자겸李資謙(?~1126)은 둘째 딸이 제16대 예종睿宗의 비로 책봉되자 소성군개국백邵城郡開國佰의 자리에 올라 세력가가 되었다. 예종이 죽자(1122년) 그는 왕위를 탐내던 왕제들을 물리치고 외손자를 인종仁宗으로 옹립하고, 자기의 셋째 딸과 넷째 딸을 비妃로 삼게 했다.

그렇게 해서 막강한 위세를 얻자 자기 일파를 요직에 등용하고, 자기는 태자와 동등한 대우를 받았다. 또 매관매직을 통하여 부를 축적하고, 권세와 더불어 십팔자十八子, 즉 이李씨가 임금이 되리라는 참위설讖緯說을 퍼뜨렸다. 그리고 왕위를 찬탈하기 위해 인종을 자기 집에 초대하여 독살을 시도했다. 즉 자신의 딸인 왕비를 시켜 독이 든 음식을 인종에게 가져다 주라고 했던 것이다. 그러자 왕비는 아버지의 말을 들으면 남편인 왕을 죽인 요부妖婦가 될 것이고, 안 들으면 불효가 된다는 생각에 심하게 갈등하던 끝에 상을 들고 가다가 일부러 넘어져 음식을 엎질러버렸다. 그녀는 남편을 살림과

동시에 아버지의 명령도 거역하지 않는 지혜를 발휘했던 것이다.

얼마 후 이자겸의 이 음모가 탄로나 붙잡히자 왕비 이씨도 역적의 딸이라 하여 폐비되었다.

그러나 인종은 일부러 상을 엎질러 자신의 목숨을 구해준 이씨에게 토지와 노비를 하사하고 끝까지 돌보아 주었다. 그 후부터 밥상을 들고 가다 엎어지는 여인을 비꼬는 말로 복완지공覆椀之功을 세우려고 하느냐고 놀리게 되었다.

부득달박夫得怛朴

夫:아비 부   得:얻을 득   怛:슬퍼할 달   朴:성 박

부득과 박박이라는 두 성인을 가리키는 말로, '노힐부득'과 '달달박박' 두 사람이 성불했다는 이야기에서 유래했다.

문헌 :《삼국유사三國遺事 권3》

 신라의 백월산白月山은 구사군仇史郡(경남 창원) 북쪽에 있으며 산줄기가 빼어난 데다가 백 리나 뻗은 진산鎭山이었다.

이 산 동남쪽 선천촌仙川村에 노힐부득努肹夫得이라는 사람과 달달박박怛怛朴朴이라는 사람이 살고 있었다. 노힐부득의 아버지는 월장月藏이고, 어머니는 미승味勝이라 했다. 달달박박의 아버지는 수범修梵이고, 어머니는 범마梵摩였다.

노힐부득과 달달박박은 풍골이 범상치 않았는데 속세를 떠나 살려는 생각이 같아 서로 친하게 사귀었다. 두 사람은 나이가 20세가 되자 마을 동북쪽 고개 너머에 있는 법적방法積房으로 가서 머리를 깎고 스님이 되었다. 그들은 치산촌 법종골法宗谷 승도촌僧道村에 있는 절이 수양할 만한 곳이라는 말을 듣고 그곳으로 가서, 부득은 회진암懷眞庵에 머물고, 박박은 유리광사琉璃光寺에 머물렀다. 이들은 모두 처자들이 있었으나 속세를 완전히 떠날 생각을 하고 서로 만나 의논했다.

"기름진 밭에 풍년이 들어 곡식을 거두어 들이는 것도 좋지만 그보다는 옷과 음식이 원하는 대로 생기고, 저절로 배부르며, 따뜻한 것이 더 좋다. 또 여자와 집이 좋기는 하지만 연화장蓮華藏에서 부처님들과 함께 놀고, 앵무새나 공작새와 함께 즐기는 것이 더 좋다. 더구나 불도를 배웠으면 마땅히 부처가 되어야 하고, 참된 마음을 닦았으면 반드시 진리를 얻어야 하지 않겠는가. 이제 우리들이 머리를 깎고 중이 되었으니 마땅히 세속에서 벗어나 무상의 도를 이뤄야 할 터인데 어찌 속세의 무리들과 다름없이 지낸단 말인가?"

그래서 그들은 깊은 골짜기로 들어가기로 했다. 그런데 그날 밤 각자 꿈을 꾸었는데 백호白毫의 빛이 서쪽으로부터 오더니 빛 속에서 금빛 팔이 내려와 이마를 어루만져주는 것이었다. 기이하게 생각한 두 사람이 서로 꿈 이야기를 해보니 그 내용이 똑같았다. 두 사람은 분명 부처님의 계시라고 생각하고 백월산 무등골無等谷로 들어갔다.

박박은 북쪽 고개의 사자암獅子岩 위에 판자로 8척 방을 만들고 살았으므로 판방板房이라 하고, 부득은 동쪽의 돌무더기 밑에 승방장僧方丈을 만들어 살았으므로 뇌방磊房이라고 했다.

부득은 부지런히 미륵을 구했고, 박박은 미타불을 공경하며 쉬지 않고 외웠다.

기유년(706년) 4월 8일, 날이 저물어 가는데 나이가 한 스물쯤 되어 보이는 아름다운 낭자娘子가 난초 향기와 사향 향기를 풍기면서 홀연히 박박의 판방에 찾아와 자고 가기를 청하는 글을 지어 보였다.

길 가는데 날이 저물어 천산이 어두워지네.
길은 어둡고 성은 멀어 인가가 보이지 않으니

오늘 저녁 이 암자에서 묵어 가려고 하는데,
자비로운 스님께서는 굳이 꾸짖지 말아주오.

그러자 박박이 낭자에게 말했다.
"절은 경건해야 하는 곳이니 그대가 가까이 할 곳이 아니오. 하니 지체 말고 떠나시오."
그러고는 문을 닫고 들어가버려 말할 틈도 주지 않았다. 낭자는 할 수 없이 남쪽 뇌방으로 가서 먼저와 같이 청했다. 부득이 말했다.
"그대는 어디서 왔소?"
"저의 마음이 태허太虛(하늘)와 같은데 어찌 오가는 것이 있겠습니까? 그저 스님의 덕행이 높다는 말을 들었기에 장차 보리菩提를 이뤄주려 할 뿐입니다."
그러고는 시를 한 수 지어 주었다.

첩첩 산중에 날은 저문데
가고 가도 인가는 보이지 않네.
대나무와 소나무 그늘은 한층 깊고
냇물 물소리는 한결 새롭게 들리는데,
길을 잃어 찾아 온 것만은 아니라오.
스님께 큰 길을 일깨워 주려 함이니
부디 내 청을 따라주시되
내가 누구인지 묻질랑 마시오.

부득이 그 말을 듣고 적이 놀라며 말했다.
"이곳은 부녀자가 함께 있을 곳은 아니지만 중생의 뜻을 따르는 것 또한 보살행菩薩行의 하나이고, 더구나 깊은 골짜기에 밤이 어두웠으니 어찌 소홀히 대접할 수 있겠소? 불편하겠지만 하룻밤은 머무실 수 있을 테니 그리하시오."

부득은 그를 암자 안에 머물게 했다.

밤이 깊어지자 아름다운 낭자가 한 지붕 아래 머무는지라 부득은 설레는 마음을 가다듬고 지조를 지키기 위해 벽을 바라보며 쉬지 않고 염불을 외웠다. 이윽고 날이 샐 무렵에 낭자가 부득을 불렀다.

"스님! 죄송하오나 내가 갑자기 해산 기미가 있어 그러하니 짚자리를 좀 깔아 주십시오."

부득이 조심스럽게 짚자리를 마련해주고 불쌍한 생각이 들어 촛불을 밝혀 주자 해산을 마친 낭자가 이번에는 목욕을 시켜달라고 했다.

부득은 부끄러움과 두려운 심정으로 욕조를 마련해 낭자를 그 가운데 앉히고 목욕을 시키자 욕조 속의 물에서 향내가 풍기며 금빛으로 변했다. 부득이 크게 놀라자 낭자가 말했다.

"스님께서도 함께 목욕하는 것이 좋겠습니다."

부득이 마지못해 그 말대로 하니 갑자기 정신이 맑아지고 피부가 금빛으로 변했다. 문득 옆을 돌아보니 언제 만들어졌는지 연화대蓮花臺 하나가 있었다. 낭자가 부득에게 거기 올라앉으라고 권하며 말했다.

"실은 내가 관음보살이오. 대사를 도와 큰 깨달음을 얻게 하려고 온 것입니다."

말을 마치더니 금세 보이지 않았다.

한편, 박박은 낭자가 떠난 뒤에 생각했다.

"어젯 밤에 부득이 아마 파계했을 것이니 가서 위로를 해주어야겠다."

그러나 가서 보니 부득이 미륵존상이 되어 연화대에 앉아 있는데 몸빛이 모두 금빛이었다. 박박은 자기도 모르게 머리를 조아리고 절하며 말했다.

"어떻게 이렇게 되셨습니까?"

부득이 그 까닭을 자세히 말하자 박박이 탄식하며 말했다.

"나는 마음에 가린 것이 있어서 부처를 만나고도 모시지 못했습니다. 스님께서는 어질어 먼저 뜻을 이루셨습니다. 바라건대 도반의 정을 잊지 마시고 부디 소승도 계도해주소서!"

부득이 말했다.

"욕조에 아직도 금액이 남아 있으니 목욕을 할 수 있을 것이오."

그래서 박박도 목욕을 하니 역시 부득과 같이 무량수불이 되었다.

부어제일 夫於第一

夫:지아비 부 於:늘 어 第:차례 제 一:한 일

> 남편이 제일이라는 말로, 조선 중종 때 정승을 지낸 홍언필의 부인에게서 유래했다. 조건이 모두 같아도 내 남편이 제일 좋다는, 지어미의 도를 깨우쳐 주는 말이다.
>
> 문헌:《고금청담古今淸談》

조선 제11대 중종中宗 때 영의정 송질宋軼(1454~1520)은 점잖기로 유명하고, 그의 정경부인貞敬夫人은 투기가 심하기로 유명하여, 그 내외는 이 유명, 저 유명을 합쳐 더욱 유명했다.

그러나 송 정승의 유명은 세인의 존경을 받는 유명이었으나 부인의 유명은 남편과 집안의 체면을 깎는 유명으로, 그 행실이 정승의 부인으로서는 심히 도가 어긋나는 것이었다.

한번은 시중을 드는 계집아이가 송 정승의 세숫물을 떠다 놓고는 수건을 들고 서 있었다. 정승이 세수를 하고 수건을 받으려다가 계집애가 귀여워 별 생각없이 '그것 참 귀엽기도 하다'고 하면서 손을 어루만져 주었다.

다음날 아침, 송 대감은 밥상의 밥 뚜껑을 열다가 기겁을 했다. 밥그릇 속에는 밥 대신 피가 뚝뚝 떨어지는 계집아이의 손가락이 담겨 있었다. 두말할 것 없이 부인의 소행이었다. 소스라치게 놀란 대감은 그 아이의 아비를 불러 종의 문서를 내주고, 토지 몇 마지기를 떼어 주며 사과하고 돌려보냈다.

송 정승에게는 딸이 셋 있었는데 모두 외탁을 하여 어머니를 빼닮았다. 송 정승은 이런 딸들을 다잡기 위해서는 특단의 조치가 필요하다고 생각해서 먹물 세 사발을 타놓고 딸들을 불렀다.

"너희들도 너희 어머니처럼 투기를 한다면 패가망신敗家亡身할 것이 분명하니 마음을 그리 쓰지 않겠다고 약속을 하든지, 아니면 이 약을 먹고 죽든지, 둘 중 하나를 선택하도록 하여라!"

그러자 위로 두 딸은 투기를 않겠다고 다짐을 했으나 막내딸은 '제 성미대로 못 살 바에야 차라리 죽겠습니다.' 면서 먹물을 마시려고 했다. 두 언니가 깜짝 놀라 사발을 빼앗기는 했지만 송 정승은 막내딸의 장래가 크게 걱정되었다. 그래서 그 성미를 누를 수 있는 사윗감을 고르는 중에 홍언필洪彦弼(1476~1549)을 만났다.

그는 17세의 어린 나이였으나 이미 상처한 경험이 있었다. 그러나 송 정승은 그의 늠름함이 능히 한 여자를 제어할 수 있는 사윗감이라고 생각되어 자기의 셋째 딸과 혼인할 것을 제의했다. 홍언필도 정승의 딸에게 새 장가를 가게 되니 거절할 이유가 없었다.

혼사 전날, 송 정승이 홍언필의 귀에다 대고 말했다.

"내 딸이 다 좋지만 한 가지 성미가 사나우니 그 애의 성질을 누르기 위해서는 이러저러 하라."

그러나 정경부인은 사윗감이 상처한 경험이 있다는 말을 듣고 크게 노怒했다.

"내 딸이 어떤 딸인데 재취로 보내다니요. 재상가의 체통이 안 섭니다. 예단을 물리세요."

장모의 거센 반발에 부딪치자 홍언필도 화가 치밀어 말했다.

"내가 비록 상처한 몸이기는 하지만 장인어른께서 결정하신 일을 장모께서 뒤엎다니 이런 법이 어디 있습니까? 제가 이 댁 딸 아니면 장가를 못 들 것 같습니까?"

그러자 송 정승이 나서서 말했다.

"사내 대장부가 소견 좁은 아낙네와 같이 행동하면 안 되네. 자네가 참게나."

사위는 장인의 말에 못 이기는 척하고 그냥 처가에 머물기는 했으나 신방에는 들어가지 않았다.

그 후 3년 동안, 홍언필은 처가에는 얼씬도 안 했다. 그러나 장인과는 은밀하게 소식을 주고 받으며 열심히 공부하여 과거에 급제하자 그제야 정식으로 처가에 들렀다.

뒤늦게야 사위의 됨됨이를 알게 된 정경부인은 자신의 경솔함을 부끄럽게 생각하고 사과했다.

그 후 홍언필이 정승에 오르니 그의 부인으로서는 친정아버지와 남편, 그리고 훗날 영상에 오른 아들까지 부父 · 부夫 · 자子 모두 세 정승을 맞았다.

말년에 사람들이 세 정승을 보시니 누가 제일 좋으냐고 묻자 그녀는 이렇게 대답했다.

"아버지가 정승이었을 때는 젊은 탓에 그냥 좋았고, 남편이 정승이었을 때는 내가 정승이 된 것 같아 좋았으며, 아들이 정승이 되었을 때는 내 나이가 들어 비록 늙었으나 마음이 피어오르는 구름 같아 좋았소. 그래도 남편이 정승이었을 때가 제일 좋았던 것 같소."

분여대고糞如大鼓

糞:똥 분 如:같을 여 大:큰 대 鼓:북 고

> 똥덩어리가 커다란 북 만하다. 즉 똥덩어리가 크니 따라서 그 똥을 눈 사람의 신체도 클 것이라는 말이다. 어떤 한 가지로 미루어 다른 것을 알 수 있다는 뜻이다.
>
> 문헌 : ≪삼국유사三國遺事 권1≫

신라 제22대 지증왕智證王은 성이 김金씨였으며, 이름은 지대로智大路, 지도로智度路, 또는 지철로智哲老라고 했다. 지증智證은 시호였는데, 시호가 우리나라에서 쓰이기 시작한 것은 이때가 처음이었다. 또 왕을 마립간麻立干이라고 부른 것도 그때부터였다.

그런데 지증왕은 음경의 길이가 한 자 다섯 치나 되어 그에 걸맞은 왕후를 구하기가 어려웠다. 그래서 전국에 왕후가 될 배필을 구하는 방을 붙였다.

모량부牟梁部의 한 관리가 동로수冬老樹 아래 개울가를 지나는데 개 두 마리가 북만큼 큰 똥덩어리를 앞에 놓고 서로 으르렁대고 있었다. 관리는 그 똥을 싼 임자가 여자라면 왕의 짝이 될 만하겠다고 생각하고 수소문하니 한 소녀가 말했다.

"모량부 상공相公의 딸이 그곳에서 빨래를 하면서 누는 것을 보았습니다."

하여 그 상공의 집을 찾아가 보니 놀랍게도 그 딸의 신장이 일곱

자 다섯 치나 되는 거인이었다.

　왕에게 그 사실을 알리니 왕이 친히 수레를 보내어 그 딸을 궁중으로 맞아들여 왕후로 삼았다. 뭇 신하들은 왕의 경사를 축하했다.

　이 지증왕 때 박이종朴伊宗이 우릉도于陵島의 오랑캐들이 깊은 바다물을 핑계 삼아 조공朝貢을 하지 않자 나무로 사자를 만들어 싣고 가 그들을 위협하여 항복을 받아냈다.

불가상서不可尙書

不:아니 불 可:옳을 가 尙:높을 상 書:글 서

'아니오'라고 말하는 상서라는 뜻으로, 고려 선종 때 왕의 정치가 옳지 않을 경우 그 부당함을 직언했던 상서 위계정의 행실에서 유래했다. 사실대로 직언을 하는 사람을 가리킨다.

문헌:《고려사절요高麗史節要 · 한국인명대사전韓國人名大辭典》

려 제13대 선종宣宗(1049~1094) 때의 상서尙書 위계정(?~1107)魏繼廷은 비록 왕이라 하더라도 잘못하면 '불가不可합니다.'라고 아뢰는 지조 있는 선비였다.

선종宣宗이 총애하는 애첩 만춘萬春이 자기 집을 지나치게 웅장하고 화려하게 짓고 있었다. 그러나 그녀가 왕의 총애를 받는 애첩이라는 사실을 알기 때문에 누구도 그 부당함을 말하지 못했다. 그러나 계정은 그에 아랑곳하지 않고 직언을 했다.

"만춘이 폐하를 속이고 백성들을 고생시켜 사사로운 개인 집을 너무 거대하게 짓고 있습니다. 청컨대 그것을 헐게 하소서!"

감히 입에 담을 수 없는 일인데도 거침없이 아뢰었던 것이다.

그런 계정에게 한번은 왕이 연등회 자리에서 술에 취해서 춤을 추어보라고 명하였다. 그러자 계정은 주저하지 않고 소신을 밝혔다.

"광대가 있는데 대신의 몸으로 어떻게 여러 사람 앞에서 춤을 춥니까? 아무리 전하의 명령이라 해도 그것만은 못하겠습니다."

듣고 있던 다른 동료 대신이 계정의 행동에 끼어들어 참견했다.

"폐하의 말씀에 '아니오'라고 말하는 것은 신하된 도리가 아닐 것이오. 그러니 전하의 말씀대로 춤을 추는 것이 옳은 일이오."

그러자 계정이 정색을 하며 말했다.

"일찍이 증자曾子는 '전하의 말이라고 '예!예!'만 하면 그 나라는 망할 날이 얼마 남지 않았다.'라고 말씀하셨소."

하고 그는 끝내 춤을 추지 않았다.

위계정은 그 후 정직성과 청렴성이 인정되어 벼슬은 문하시중門下侍中에 이르렀고, 나이가 들어 사표를 냈으나 허락하지 않고 200일의 휴가를 줄 정도로 왕의 후한 대접도 받았다. 자연히 백성들에게도 신망이 두터웠으며, 문장에도 뛰어났다. 시호는 충렬공忠烈公이다.

불굴필성不屈必成

不:아니 불 屈:굽힐 굴 必:반드시 필 成:이룰 성

굽히지 않으면 반드시 성공한다. 고려의 장수 박서의 고사에서 유래한 말로 힘이 모자라더라도 포기하지 않고 끝까지 노력하면 종래에는 성공한다는 뜻이다.

문헌 :《고려사高麗史 · 이야기 한국사韓國史》

고려의 제23대 고종高宗(1192~1259) 12년, 몽고의 사신 저고여著古與 일행이 고려에서 공물貢物을 가지고 압록강을 건너가던 중 압록강 함신진咸新鎭(의주義州)에서 여진족에게 살해당하는 사건이 벌어졌다.

몽고에서는 이것이 고려인의 짓이라 여겨 국교를 단절하고 고종 18년에 몽고의 태종太宗(칭기즈칸의 셋째 아들)이 장수 살리타(撒禮塔)로 하여금 40만 대군으로 고려를 침략하게 하였다. 살리타는 함신진을 포위하고 이렇게 위협했다.

"나는 몽고의 장수다. 항복하지 않으면 모조리 짓밟아 버리겠다."

그러자 겁을 먹은 부사 김한金侃은 방어 책임자 조숙창趙叔昌과 함께 항복했다.

피 한 방울 흘리지 않고 함신진을 장악한 몽고군은 철주鐵州로 길을 잡았다.

가는 중에 항복한 조숙창이 살리타에게 말했다.

"나는 원수元帥 조충趙沖의 아들이오. 우리 아버지는 일찍이 귀국의 원수 합진哈眞과 형제의 의를 약속한 바 있었소. 그러니 나의 목숨만은 살려 주시오."

그리고 나서 그는 삭주 선덕진宣德鎭의 성주에게 찾아가 함께 항복할 것을 권유했다.

그렇게 하여 여러 성을 쉽게 점령한 몽고군은 가는 곳마다 조숙창으로 하여금 성을 지키는 책임자에게 항복을 권유토록 사주했다.

철주성鐵州城에 이르렀을 때, 몽고군은 사로잡은 서창랑장瑞昌郎將 문대文大로 하여금 통역을 하게 했다.

"진짜 몽고 군사가 왔으니 속히 항복하라."

그러나 문대는 몽고인들의 말을 반대로 통역했다.

"가짜 몽고 군사가 왔으니 성문을 굳게 닫고 항복하지 말라!"

그러자 몽고군은 문대를 죽이고 성을 공격했다.

성안에서는 양식이 다 떨어져 상황이 매우 위급했다. 그러자 판관判官 이희적李希勣은 성안의 부녀자와 어린아이들이 적에게 욕을 당하고 죽느니 차라리 내 손으로 처치하리라 생각하고 창고로 들어가게 한 다음 불을 질렀다. 그리고 장병들과 함께 결사적으로 싸웠으나 이길 가망이 없자 스스로 목숨을 끊었다. 그로써 성은 끝내 함락되고 말았다.

그해 9월, 무신 최충헌崔忠獻의 아들 최우崔瑀는 몽고군을 무찌르기 위해 대장군 채송년蔡松年을 북계병마사北界兵馬使로 삼아 군사를 모았다. 그 결과 귀주병마사 박서朴犀, 삭주 분도장군 김중온金仲溫, 정주 분도장군 김경손金慶孫 등이 정주·삭주·위주·태주의 수령들과 군사를 거느리고 귀주성으로 집결했다.

몽고군은 성을 여러 겹으로 포위하고 밤낮없이 공격했다.

고종 19년 정월, 박서朴犀 등은 몽고군이 누차樓車와 대포차大砲車 그리고 운제雲梯 등으로 공격해오자 한 달 동안이나 버티어 이들을 물리쳤다.

김경손 역시 결사대 12명과 함께 분전, 격퇴했는데 대군이 다시 몰려오자 귀주龜州로 가서 박서와 함께 싸웠다.

몽고군은 귀주를 도저히 공략할 수 없게 되자 개성으로 쳐들어가 그곳을 함락시키고 다시 귀주를 쳤으나 대패하고 말았다.

이에 고려 조정에서 항복할 것을 권유하자 눈물을 머금고 항복했다. 그때 몽고군 장수가 말했다.

"나는 전쟁터에 나가 수없이 싸웠지만 이렇게 공격을 당하고도 끝까지 버티는 장수는 보지 못했다. 이 성을 지킨 장수들은 후일 반드시 유명한 장수나 재상이 될 것이다."

그의 예언대로 박서는 뒤에 문하평장사門下平章事가 되었으며, 김경손金慶孫은 추밀원樞密院 부사副使가 되었다.

불립아비不立我碑

不:아니 불 立:설 립 我:나 아 碑:비석 비

> 나의 비석을 세우지 말라. 조선의 대학자 이황이 자신의 묘지에 비석을 세우지 말라고 유언한 데서 유래했다. 공연히 불필요한 일에 낭비하지 말라는 뜻으로 쓰인다.
> 문헌 : 《국조인물지國朝人物志》

퇴계退溪 이황李滉(1501~1570)은 진성眞城 사람으로, 조선 명종明宗 때 우찬성을 지냈다. 도산서원陶山書院을 세워 후진을 양성하고, 주자학朱子學을 집대성하였으며, 성리학性理學의 태두가 되어 동방의 주자朱子라 불렸다. 율곡 이이李珥와 함께 유학의 쌍벽을 이루었으며, 시와 문장은 물론 글씨도 뛰어났다.

그는 한양 서성문西城門에 우거寓居하였는데, 정성 성誠을 기본으로 일생 동안 공경할 경敬을 실천하고, 이기이원론理氣二元論을 발전시켰다. 그는 이기호발설理氣互發說을 핵심 사상으로 삼았으며, 이원론을 반대하는 기호학파畿湖學派에 대응하는 영남학파嶺南學派를 이끌었다.

그의 생각을 전해주는 좋은 예화가 있다.

이웃집의 밤나무 가지가 자기 집 담을 넘어와 가을이면 앞마당에 알밤이 뚝뚝 떨어졌다. 그러자 아이들이 주워서 먹을 것을 염려하여 그 밤을 주워 담 너머로 홀홀 던졌다. 지나가던 사람이 그 광경을 보고 말했다.

"저절로 떨어진 알밤인데 그냥 주워 먹으면 되지 구태여 되돌려 던질 것이 뭐 있습니까?"

그러자 퇴계가 말했다.

"어허, 무슨 소리! 아무리 저절로 떨어진 밤이라 하더라도 엄연히 임자가 있지 않은가. 또 아이들이 밤에 맛을 들이면 나중에는 나무에까지 올라갈지도 모르잖는가."

퇴계는 풍기군수로 있을 때 교육사업에 뜻을 두었으며 나중에 도산서원陶山書院을 설립하여 후진 양성과 학문 연구에 전력을 다했다. 그는 현실세계와 학문의 세계를 엄격히 구분하였으며, 죽는 날까지 학자적 태도로 일관했다.

그는 만년에 임종할 무렵이 되자 자기의 묘에 비석을 세우지 말고 조그마한 돌에 '진보眞寶 이씨李氏 퇴계의 묘'라고 표시나 해두라고 당부했다.

그는, '이미 알려진 사람의 이름을 어찌 어리석게 비석에 새기려 하는가? 사람들 입으로 전하는 말이 비석보다 좋을 것이다(人之大名 豈刻愚石 路上行人 口勝於碑).'라는 이은보감二恩寶鑑의 말을 실천했던 것이다.

자손들이 조상의 비문에 과장하지 말고 사실대로 기록할 것을 깨우쳐주는 말이기도 하다.

불사이군不事二君

不:아니 불　事:섬길 사　二:두 이　君:임금 군

두 임금을 섬기지 않는다는 말로, 강한 지조와 굳은 충절을 뜻한다. 길재가 조선 태종의 입각 권유를 거절한 고사에서 유래했다.
문헌:《한국의 인간상韓國의 人間像》

고려 말의 충신 길재吉再(1353~1419)는 본관은 해평海平이고, 자는 재부再父이며, 호는 야은冶隱으로, 삼은三隱 중의 한 사람이다.

그는 어렸을 때 냉산 도리사桃李寺에 들어가 글을 배웠다. 길재의 아버지 길원진吉元進은 보성의 원님으로 있었는데 생활이 어려워서 아내를 잠시 친정에 가 있게 했다. 때문에 먼 타향에 있던 길재는 어머니를 그리워한 나머지 이런 일화를 남겼다.

하루는 그가 시냇가에서 놀다가 자라를 잡자 자신의 안타까운 마음을 생각해서 살려주며 말했다.

"자라야, 내가 너를 삶아 먹고자 했는데 너도 나와 같이 어머니를 잃은 것이 안타까워서 그냥 돌려보내주마."

그는 아버지가 어머니와 떨어져 후처를 맞아들여 어머니가 슬퍼하자 아버지에 대한 자신의 마음을 정중하게 말했다.

"아버지가 비록 부당한 일을 하였더라도 아내된 사람이나 아들이 불평하는 마음을 가지는 것은 옳지 않습니다."

이 말에 어머니는 아들에게 크게 감동했다.

그런 얼마 후 이방원(李芳遠 : 뒤에 태종)이 그를 등용하려고 불렀으나 처음에는 가지 않았다. 그러나 이방원의 명령을 받은 그 고을의 원이 그에게 이방원을 만나도록 종용하자 마지못해 한양으로 올라갔다. 이방원은 자기 형인 정종定宗에게 청하여 그를 태상박사太常博士에 임명하게 했으나 길재는 거절하며 자기의 뜻을 글로 올렸다.

"저는 고려 때 과거에 급제하고, 문하주서門下注書의 벼슬을 지냈습니다. 예로부터 아낙은 두 남편을 섬기면 아니 되고, 신하는 두 임금을 섬겨서는 안 된다(不事二君)고 했습니다. 바라옵건대 저로 하여금 고향에 돌아가서 노모를 봉양하다가 여생을 마칠 수 있도록 해 주십시오."

정종은 그의 지조와 효성을 가상히 여겨 예를 다하여 대접하고 고향 선산善山으로 돌아가게 했다.

훗날, 세종이 즉위하자 상왕이 된 태종이 분부했다.

"길재는 두 임금을 섬기지 않는 충신이다. 그러니 그의 아들에게는 벼슬을 주고, 그에게는 충절의 정문旌門을 세워 주도록 하라."

세종은 태종의 분부대로 그의 아들 길사순吉師舜에게 종묘부승宗廟副丞의 벼슬과 함께 정문을 세워주게 했다.

길재는 고향에서 양가良家의 자제들을 교육하였으며 성리학性理學을 가르쳐 김숙자金叔滋·김종직金宗直·김굉필金宏弼·조광조趙光祖 등에게 학통을 잇게 했다.

불심축사佛心築寺

佛:부처 불 心:마음 심 築:지을 축 寺:절 사

불심으로 사찰을 짓다. 불국사를 지은 김대성의 고사에서 유래한 말로, 불심이 있어야 절을 짓는다는 뜻. 어떤 일에 뜻이 있어야 그와 관련된 일을 하게 된다는 의미로 쓰인다.
문헌:《삼국유사三國遺事·신라사화新羅史話》

경주 토함산吐含山 기슭에 있는 불국사佛國寺는 신라 법흥왕法興王 22년(535년)에 창건되고, 경덕왕景德王 10년에 개축되었으나 임진왜란 때 전소되었다. 현재 목조건물은 조선 영조 때 다시 세운 것이다. 그러나 석조 건물인 다보탑多寶塔과 석가탑釋迦塔은 불국사 개축 당시 김대성金大城에 의해 세워졌다.

이와 관련하여 다음과 같은 설화가 전해져 온다.

모량리牟梁里의 경조慶祖라는 여인이 아들을 낳았는데 머리는 크고 이마가 넓어 이름을 대성이라 지었다. 대성의 어머니는 가난하여 남의 집 허드렛일을 해주거나 더부살이를 하며 겨우 생활을 해 나갔다.

어느 날 그의 집 앞을 지나던 고승高僧 점개漸開 스님이 그녀에게 시주施主를 하라고 했다.

"죄송합니다. 저희 집은 가난하여 부처님께 바칠 것이 없군요."

대성의 어머니가 안타깝게 말하자 옆에 있던 대성이가 어머니에게 말했다.

"제가 그동안 남의 집 더부살이로 장만해 두었던 그 밭이라도 시주하시죠."

그러자 어머니도 크게 감동하여 이를 허락했다.

대성이는 그 전에 흥륜사興輪寺 육륜법회六輪法會에 참석한 적이 있었는데 그때 한 여승이 삼베麻布 50여 필을 시주하는 것을 보고 신심이 생겨 자신도 땅을 시주하기로 마음먹고 있었던 것이다. 그런데 그 일이 있는 뒤에 대성이가 갑자기 죽었다.

한편, 대성이가 죽던 날 밤, 재상 김문량金文亮의 꿈에 모량리의 대성이를 부탁한다는 현몽을 받았다. 기이하게 생각한 그가 다음 날 모량리로 찾아가 확인해보니 대성이가 방금 세상을 떠났다는 것이었다.

그날 밤, 김문량의 부인이 임신을 하여 아기가 태어나자 김문량은 이름을 현몽했던 대로 대성大城이라고 지었다. 죽은 모량리의 대성이가 자신의 아들로 다시 태어난 것이라는 윤회환생을 믿었던 것이다.

김대성은 무럭무럭 자라 늠름한 청년이 되어 가면서 사냥을 즐겨 했는데 하루는 토함산에서 곰 한 마리를 잡았다. 그리고 그날 밤 토함산 밑에서 자게 되었는데 꿈에 죽은 곰이 나타나 말했다.

"너는 아무 죄도 없는 나를 죽였으니 원수를 갚겠다."

김대성은 크게 놀라 곰에게 진심으로 용서를 빌었다. 그러자 곰이 말했다.

"그럼, 나를 위해 절을 세워 주면 용서하겠다."

"좋소. 꼭 절을 지어 주겠소."

김대성은 곰과 약속한 대로 장수사長壽寺를 세우고 곰의 명복을 빌어주었다.

  그 뒤 김대성은 벼슬길에 올라 중시中侍가 되었다가 52세에 물러나서 불국사佛國寺와 석굴암石窟庵을 짓는 일에 모든 힘을 쏟았다. 그는 불국사는 현생의 부모님을 위해서 짓고, 석굴암은 전생(모량리에 살았을 때)의 부모님을 위해서 만들었다.

  불국사는 원래 2천 칸이 넘는 큰 절이었다. 그런데 임진왜란 때 불에 타 대부분 없어졌고, 현재의 불국사는 조선 후기에 다시 지은 것이다.

  불국사 앞쪽에는 청운교靑雲橋와 백운교白雲橋의 돌층계가 있고, 그 옆에는 연화교蓮華橋와 칠보교七寶橋가 있었으며, 대웅전 앞뜰에는 석가탑釋迦塔과 다보탑多寶塔이 마주 서 있는데, 이들 모두가 신라 예술의 걸작품들이다.

  이 두 탑은 아주 대조적이다. 즉 석가탑이 우아하고 소박하여 남성적이라면, 다보탑은 화려하고 섬세하여 여성적이다.

  석굴암은 중국의 원강석굴, 일본의 호류사 사원과 더불어 동양 3대 예술 건축물로 손꼽히고 있다.

불안돈목佛眼豚目

佛:부처 불 眼:눈 안 豚:돼지 돈 目:눈 목

부처님의 눈과 돼지의 눈이라는 말로 세상 만물이 부처님의 눈으로 보면 다 부처님같이 보이고, 돼지의 눈으로 보면 다 돼지같이 보인다. 즉 사물은 보는 시각에 따라 평가가 달라질 수 있다는 뜻.

출헌 : ≪조선금석총람朝鮮金石總覽≫

무학無學 대사(1327~1405)의 이름은 자초自超이고, 성은 박朴씨이며, 문하시랑 인일仁一의 아들로, 무학은 호이다. 합천군 삼기三岐 출신으로 18세 때 소지선사小止禪師에 의해 중이 되고, 혜명국사慧明國師에게서 불법을 배웠으며, 진주鎭州의 길상사吉祥寺와 묘향산 금강굴金剛窟에서 수도修道했다. 그 후 원나라 연경燕京에 유학하여 지공선사指空禪師에게서 가르침을 받은 후 1356년에 귀국했다.

1392년, 조선 개국 후 왕사王師가 되었으며, 태조 이성계李成桂에게 한양漢陽을 수도로 정하라고 추천했다.

그는 조선 창업에 많은 기여를 한 까닭에 태조가 스승으로 대접하고 친구처럼 사귀었으며, 고굉지신股肱之臣으로 아끼었다.

태조가 도읍을 한양으로 옮기고 시국이 안정되어 모처럼 만조백관들에게 잔치를 베풀 때 무학대사도 태조 곁에서 즐거이 동참하고 있었다. 한창 잔치가 무르익자 이성계는 좌중을 더욱 흥겹게 하려고 무학을 향해서 농을 걸었다.

"대사, 오늘은 우리 파탈擺脫하고 피차 흉허물 없이 놀아 봅시다."

무학은 손을 합장合掌하며 말했다.

"성은이 망극하올 뿐입니다."

태조는 너털웃음을 웃으면서 넌지시 말했다.

"오늘 대사의 얼굴을 자세히 뜯어 보니 꼭 돼지같이 생겼소이다 그려."

이 말을 들은 좌중은 일시에 웃음바다를 이루었다. 무학은 어이없다는 듯 껄껄 웃고 나서 한마디했다.

"소승이 뵈옵기에 대왕께서는 꼭 부처님을 닮으셨습니다."

그러자 태조는 심드렁해서 말했다.

"아니, 나는 대사를 돼지에 비유했는데 대사는 나를 부처님이라 하시오? 오늘은 군신의 예를 떠나자 하지 않았소?"

무학은 너털웃음을 한참 웃고 난 다음 말을 이었다.

"그건 대왕께서 모르시는 말씀입니다. 무릇 세상 만물이 부처님 눈(佛眼)으로 보면 다 부처님같이 보이고 돼지의 눈(豚目)으로 보면 다 돼지같이만 보이는 것이지요."

그러자 사람들은 아연 긴장하여 태조의 눈치만 살폈다. 그러나 태조는 웃으며 말했다.

"허허허! 내가 졌소이다."

비명직언非名直言

非:아닐 비　名:이름날 명　直:곧을 직　言:여쭐 언

군주가 바른 길을 가지 않으면 그 신하는 직책을 걸고 간해야 한다. 명예를 위해서가 아니라 직책상 해야 할 말은 한다는 뜻이다.

문헌: ≪삼국사기三國史記≫

고구려의 창조리倉助利는 제14대 봉상왕烽上王(?~300) 때 국상國相이 되었다.

296년 전연前燕의 모용외慕容廆가 침입해 오자 왕이 여러 신하에게 물었다.

"모용외의 병력이 강하여 우리 국경을 자주 침범하는데 어떻게 하면 좋겠는가?"

그러자 창조리가 나서서 말했다.

"고노자高奴子가 현명하고 또 용감하니 능히 그들을 막을 수 있을 것입니다. 아무리 강적이라 해도 고노자 앞에는 당해내지 못할 것입니다."

왕이 고노자를 신성 태수新城 太守로 삼아 출격시키니 과연 모용외가 다시 침략하지 못했다.

봉상왕 9년 가을, 왕은 15세 이상의 남자들을 징발하여 궁궐을 증축하는 공사를 시작했다. 그런데 백성들이 토목공사에 지친 나머지 도망하는 자가 속출했다. 게다가 가뭄이라는 천재까지 겹쳐 굶주리는 백성이 많아지자 창조리가 왕에게 간하였다.

"지금 백성들은 천재天災로 인하여 살 곳을 잃고 사방으로 유랑하는데 폐하께서는 그러한 백성들을 무리하게 부리니 백성의 부모로서 못할 일입니다. 또 이러한 때에 이웃의 강적이 침공해오면 어떻게 하겠습니까? 숙고하여 주시옵소서."

그러자 왕이 크게 노하여 소리쳤다.

"궁궐이 장엄하고 화려하지 못하면 어떻게 임금으로서 위엄을 세울 수 있겠는가? 대주부大主簿는 지금 백성들에게 인심을 얻기 위하여 짐을 비방하는 것이 아닌가?"

그러자 창조리도 굽히지 않고 대답했다.

"임금이 도탄에 빠진 백성을 구하지 않는 것은 어질지 못함이요, 신하로서 임금에게 바른말을 간하지 아니하면 충성스러운 신하가 아니옵니다."

"썩 물러가렷다! 감히 짐을 가르치려 들다니……."

왕은 자신의 잘못을 깨닫지 못해 사치를 일삼고 유흥에 빠져 여러 차례 간하여도 소용이 없었다. 창조리는 대주부의 직에서 물러나 칩거했다. 그러자 조불祖弗, 소우蕭友 등이 찾아와 국가의 난맥상을 성토하면서 끝내는 왕의 퇴위를 모의하기에 이르렀다. 그러자 왕은 스스로 자결했고, 창조리는 을불乙弗, 즉 미천왕美川王을 옹립했다. 그는 일신상의 명예를 위해서가 아니라 신하된 도리로 해야 할 말은 반드시 했다.

비자등천飛字登天

飛:날 비　字:글자 자　登:오를 등　天:하늘 천

비飛라는 글자가 하늘로 날아갔다는 말로, 어떤 일이 그 일을 주도했던 사람과 운명을 같이 할 때 비유하여 쓴다.

문헌 : ≪한국인물고韓國人物考≫

조선 제13대 명종明宗 때 봉래蓬萊 양사언楊士彦(1517~1584)은 강릉부사江陵府使 함흥부윤咸興府尹 등을 지냈으며, 문장에 능하고 시조를 잘 지었다.

그는 서예가로서도 일가를 이루었으며, 문과에 급제하여 안평대군安平大君 · 김구金絿 · 한호韓濩와 함께 조선 전기의 4대 서예가로 명성을 얻었고, 특히 초서草書를 잘 썼다.

그는 큰 글씨도 잘 썼는데, 한번은 '날 비飛' 자를 써서 아들 만고萬古에게 주며 말했다.

"내가 심혈을 기울여 쓴 글자이니 소중히 간직하도록 하라."

만고는 아버지의 말씀을 받들어서 조용한 방에 잘 보관해 두었다. 그런데 양사언이 안변의 원으로 있을 때 큰 화재가 나 그 책임으로 귀양갔다가 2년 후 형을 마치고 돌아오는 도중 아쉽게도 병사했다. 바로 그날, 아들이 보관하고 있던 '비飛' 자가 하늘로 날아 올라갔는데 그 행방을 알지 못하였다. 그러니까 말 그대로 비자등천飛字登天

한 것이다. 사람들은 그 글씨를 쓸 때 온 정성을 기울여 썼기 때문에 그 글자에는 혼이 담겨 있어 그와 운명을 같이 한 것이라고 했다.

그의 저서 《봉래시집蓬萊詩集》에 아래와 같은 시조가 실려 있다.

> 태산이 높다 하되
> 하늘 아래 뫼이로다.
> 오르고 또 오르면
> 못 오를 리 없건마는
> 사람이 제 아니 오르고
> 뫼만 높다 하더라.

양사언은 자연을 사랑하고 산수를 즐겨 금강산을 자주 왕래했으며 '봉래'라는 호도 여기서 연유했다고 한다.

지금도 금강산 만폭동萬瀑洞의 넓직한 바위에 '봉래풍악원화동천 蓬萊楓嶽元和洞天'이라는 여덟 글자가 새겨져 있는데, 그가 쓴 글씨다.

사금갑射琴匣

射:쏠 사 琴:거문고 금 匣:갑 갑

거문고 상자를 쏘라는 말로, 신라 비처왕이 궁중에 숨어 있는 사람을 제거한 일을 기념하기 위해 보름날 오곡밥을 지어먹는 유래가 되었다.

문헌 : 《삼국유사三國遺事 권1》

신라 제21대 비처왕(毗處王 : 소지왕炤知王) 즉위 10년(서기 479) 어느 날, 왕이 천천정天泉亭에 행차했다.

행차 중에 까마귀와 쥐가 나타나더니 쥐가 사람처럼 말을 했다.

"저 까마귀를 따라 가보십시오."

그래서 왕은 기사騎士에게 까마귀가 날아가는 곳으로 따라가게 했다. 까마귀가 피촌(避村 : 경주 남산의 동쪽 기슭)에 이르자 멧돼지 두 마리가 한창 싸우고 있었다.

돼지 싸움에 정신이 팔려 구경하다 그만 까마귀의 행방을 잃어버려 근처를 배회하고 있노라니까 한 노인이 물속에서 나와 서찰書札을 하나 건네주었다. 그 겉봉에는 이렇게 씌어 있었다.

"이 서찰을 열어보면 두 사람이 죽을 것이요, 열어보지 않으면 한 사람이 죽을 것이다."

기사가 돌아와 왕에게 드리니 왕이 말했다.

"열어보고 두 사람이 죽는 것보다는 열어보지 않고 한 사람만 죽게 하는 편이 낫겠구나."

그러자 곁에 서 있던 일관日官이 아뢰었다.

"두 사람이란 보통 사람을 가리키는 것이고, 한 사람이란 바로 폐하를 가리키는 것입니다."

왕은 일관의 말이 옳다고 생각하여 서찰을 열어보게 했다. 거기에는 이렇게 쓰여 있었다.

"금갑琴匣(거문고 상자)을 쏘라."

왕은 곧 궁으로 돌아가 거문고 상자를 향해 활을 쏘았다. 그런데 그 안에는 내전內殿의 분향수도焚香修道(불사를 맡아 하는 일) 중이 숨어 있었다. 그래서 추궁한 결과 궁주宮主와의 불륜 사실이 밝혀져 두 사람은 죽임을 당했다.

그때부터 매년 정월의 첫 해일亥日, 자일子日, 오일午日에는 모든 일을 조심하여 함부로 행동하지 않았고, 정월 보름날은 오기일烏忌日(까마귀를 기리는 날)이라 하여 오곡밥을 지어 까마귀에게 제사를 지내주는 풍속이 생겨나 지금까지도 행해지고 있다.

사색당파四色黨派

四:넉 사 色:빛 색 黨:무리 당 派:나누어 나갈 파

조선시대 노론老論, 소론小論, 남인南人, 북인北人 등의 당파를 가리키는 말. 단합하지 못하고 분열되는 현상을 이른다.
문헌 : 《당의통략黨議通略》

　사색당파는 조선시대 노론老論 · 소론少論 · 남인南人 · 북인北人의 사대당파四大黨派를 말하며, 제14대 선조宣祖 8년(1575년), 동서분당東西分黨을 계기로 340년간이나 계속되었다. 이러한 당파가 생긴 것은 16대 인조仁祖 · 17대 효종孝宗 때였는데, 서인西人에서 노론과 소론이 파생되었고, 동인東人에서 남인과 북인이 갈라졌다. 그 중에 북인은 다시 대북大北과 소북小北으로 양분되었고, 인조반정仁祖反正으로 서인이 권세를 잡게 되자 대북은 전멸 상태에까지 이르렀다. 그러나 소북은 간신히 명맥을 유지하게 되니 북인이 바로 그들이다.

　당쟁의 원인은 첫째가 유학파儒學派의 대립이었으며, 둘째는 왕실 내 외척들의 내홍이었고, 셋째로는 정치적 제도의 미비였다. 구체적 원인은 선조 때 김효원金孝元과 심의겸沈義謙에 의한 동서 대립을 들 수 있으나 그 뿌리는 유학의 주자학朱子學에 있다.

　충청도 남포의 백이정白頤正이 원나라에서 주자학을 들여와 고려

말 정몽주鄭夢周로 계승되어 조선의 점필재佔畢齋 김종직金宗直이 이어받고, 그 문하에서 김굉필金宏弼, 정여창鄭汝昌, 김일손金馹孫, 조광조趙光祖 등의 석학들이 배출되었다.

이들은 은연 중 정치적으로 연대되어 무오사화戊午士禍, 갑자사화甲子士禍, 기묘사화己卯士禍, 을사사화乙巳士禍 등이 연달아 발생했다. 이렇게 반목과 숙청이 반복되는 당쟁은 중앙에 집중한 양반 관리들의 치열한 권력 쟁탈 경쟁 때문이었다.

선조가 즉위한 뒤 사림파士林派의 대표적 직위인 이조전랑吏曹銓郞에 이해李瀣가 천거되자 사림파의 구세력인 이조참의 심의겸沈義謙이 이를 거부했다. 이해가 권신 윤원형尹元衡의 문객으로 신세를 졌다는 것이 이유였다. 그러나 끝내 정랑에 기용되었다. 그리고 이듬해 심의겸의 동생 충겸忠謙이 이조전랑에 천거되자 김효원金孝元이 척신戚臣의 사유물이 될 수 없다 하여 반대하고 나섰다.

이렇게 하여 김효원을 지지하는 신진 사림파와 심의겸을 지지하는 기성 사림파의 대립이 시작되었다.

여기서 김효원이 동대문 밖 낙산에 살았다 하여 그 일파를 동인東人이라 했고, 심의겸이 서쪽 정동에 집이 있었으므로 그 일파를 서인西人이라 불렀다.

전랑銓郞이란 이조吏曹 정랑과 좌랑을 일컬으며 내외 관원을 천거, 전형하는 정5품 직책이었다. 이조판서吏曹判書가 삼사三司인 홍문관弘文館, 사헌부司憲府, 사간원司諫院 중에서 덕망 있는 사람을 추천하여 임금이 임명했다. 이 자리를 거치면 재상의 길이 열리게 되어 있었다.

이처럼 요직이다 보니 그 인사권을 두고 치열한 대립 구도가 형성되게 마련이었다.

또 양반들은 국가로부터 과전科田과 공신전功臣田을 받았는데 그들은 관직을 떠나면 그를 중심으로 동족 부락이 형성되었다.

이렇게 되자 나중에는 과전으로 지급할 토지가 모자라 과전법科田法을 직전법職田法으로 개편하기에 이르렀다. 직전법이란 현직에 있는 사람에 한하여 토지를 지급해 주는 제도였다.

그마저 나누어 줄 토지가 없어 신진 관료와 구 관리들 간에 대립이 생겼다. 훈구파勳舊派와 사림파士林派의 대립도 이와 깊은 관련이 있다.

서인은 다시 노老·소少 양당으로 갈라지면서, 노론은 송시열宋時烈, 김익훈金益勳 등이 대표적 인물이었고, 소론은 조지겸趙持謙, 윤증尹拯 등이 중심이 되어 조선 말기까지 정권 쟁탈을 벌였다. 당시 부제학副提學 율곡栗谷 이이李珥는 서인이면서도 1584년 선조 17년, 병으로 세상을 떠날 때까지 약 10년간에 걸쳐 양 파의 대립을 완화하기 위해 노력했다.

그가 죽은 후에는 이산해李山海, 노수신盧守愼, 유성룡柳成龍 등 동인의 쟁쟁한 인물들이 등용됨으로써 서인의 세력은 기울고, 동인의 세력이 강화되자 내부 분열이 생기어 1591년 선조 24년에는 남인과 북인의 두 갈래로 또다시 분파되었다. 남인은 우성전禹性傳, 유성룡 등이 중심이 되었고, 북인은 이발李潑, 이산해李山海 등이 영수가 되었다.

남인, 북인의 명칭의 유래는 우성전의 집이 남산 밑에 있었으므로 남인南人이라 했고, 이발李潑은 북악산 밑에 살았으므로 북인北人이라 불렀다.

1592년 선조 25년에 임진왜란壬辰倭亂이 발발하여 그로부터 7년간은 국가와 민족이 존망의 위기에 직면했던 관계로 파쟁을 벌일

겨를이 없었으나 전란이 끝나자 곧 남인인 유성룡은 화의를 주장했다는 이유로 실각되었고, 북인의 남이공南以恭이 정권을 쥐게 되었다. 그리고 북인의 득세로 동인의 명칭은 없어졌다.

그러나 북인 또한 세력이 커짐에 따라 내분이 일어나 대소양북大小兩北으로 다시 나누어지고, 대북은 다시 골북骨北, 육북肉北, 중북中北, 피북皮北, 탁북濁北 등의 6파로 분열되었으며, 소북 또한 청淸, 탁濁 양북으로 분파되었다. 대소 양북은 광해군光海君의 즉위로 이이첨李爾瞻 등의 대북이 세력을 잡아 광해군 재위 15년 동안 집권하였다. 그러나 인조반정仁祖反正으로 광해군이 물러나자 서인이 다시 정권을 잡음으로써 대북은 몰락했다. 그 후 서인은 공서功西와 청서淸西로 분파되었으며, 김유金瑬를 중심으로 한 노서老西와 이를 반대한 소장파 소서少西로 다시 나뉘었다. 그리고 이들은 원당原黨, 낙당洛黨, 산당, 한당 등으로 세분되어 대립했다.

그러나 서인이 집권하고 있던 동안에도 남인은 이원익李元翼의 등용으로 명맥을 이어왔고, 북인 중 대북은 전멸했으나 소북은 남아서, 남, 소북의 3파 대립의 형세를 이루게 되었다. 이것을 3색이라 일컬었고, 후에 서인이 노론과 소론, 양론으로 분파되니 남인, 서인, 노론, 소론을 4색이라 부르게 되었던 것이다.

경종景宗이 즉위하자 세자 책립 문제를 둘러싸고 노소론이 충돌한 결과 소론이 승리하고 노론이 참패했으며, 또한 신임사화辛壬士禍로 인하여 김창집金昌集, 이건명李健命 등 수십 명의 서인 지도자들이 숙청을 당하여 노론은 일대 타격을 받았다. 경종 다음에 영조英祖가 즉위하자 신임사화의 참상을 목도한 왕은 노소 양파의 조정에 힘을 기울여 탕평책蕩平策을 폈다. 다음 왕인 정조正祖 또한 전왕의 시책을 계승하여 탕평에 주력했으므로 이로부터 당쟁은 크게 완화되었으나 권세는 노론이 장악했다. 그러나 영조 때에는 시파時派와 벽파 僻派의 새로운 대립이 생겨났다.

헌종憲宗과 철종哲宗의 3대간은 외척의 세력 다툼은 잦았으나 이전과 같은 참극은 없었고, 고종高宗의 등극 후는 대원군大院君의 파당 타파와 인재등용 시책으로 당파 관념이 점차로 사라졌다.

이와같은 당쟁은 백성들로 하여금 상전 앞에 아부해야 살아남는 풍토를 조성하게 해 서로 중상하고 반목하는 불신 풍조가 계속되었다.

이런 붕당朋黨은 내정뿐만 아니라 대외 관계와 국방 정책에까지 영향을 미쳐 임진왜란, 병자호란 같은 국란을 초래하여 나라 발전에 엄청난 지장을 가져왔다.

홍경래란洪景來亂과 동학혁명東學亂 등도 당쟁의 산물이었다.

또 밖으로 청清, 일日, 러露 등 인접 강대국들의 각축장이 된 것도 340여 년간 지속되어온 당쟁이 그 빌미를 제공했다.

사웅지투 獅熊之鬪

獅:사자 사 熊:곰 웅 之:어조사 지 鬪:싸움 투

사자와 곰의 싸움이라는 말로, 근대 불교계의 거두 만공 스님과 만해 스님의 일화에서 유래했다. 곰과 사자의 우열을 가리기 힘든 다툼을 이른다.

문헌 : 《만해한용운연구萬海韓龍雲硏究》

만해萬海 한용운韓龍雲(1879~1944)은 설악산 오세암五歲庵에 들어갔다가 다시 인제 백담사百潭寺로 가서 연곡連谷에게 계를 받고 스님이 되었다. 그의 계명은 봉완奉玩이고, 본관은 청주淸州이며, 홍성洪城 출신이다. 그는 어렸을 때 서당에서 한학을 배우다가 동학혁명東學革命에 가담하기도 했다.

1910년, 한일병합이 되자 시베리아 등지로 방랑하다가 돌아와 불교를 개혁하고 현실 참여를 주장하였으며, 불교 대중화와 항일독립운동에 힘썼다.

그리고 1919년, 3·1운동 때에는 민족대표 33인의 한 사람으로 참여했다가 체포되어 3년형을 선고받았다.

만해는 일제 때 일본인들의 지배를 받는 것을 치욕적으로 생각하여 민적民籍이 없이 살았다. 그로 인하여 받은 대가는 혹독했다. 배급제가 시행되면서 식량과 의류 등 일체의 생활 필수품을 받을 수 없는 것도 그중의 하나였다. 그런 고초 속에서도 무남독녀 외딸 영

숙英淑은 왜놈 학교에 보내지 않는다며 집에서 손수 공부를 가르쳤다.

1937년 봄, 조선총독부에서는 불교를 친일화시키려고 전국 31개 본산의 주지住持회의를 소집하였다. 그 자리에서 마곡사麻谷寺의 만공滿空 송도암宋道巖(1871~1946) 선사가 총독부를 향해 일성을 토했다.

"옛날에는 시골 승려들이 감히 장안에 들어서지도 못했고, 어쩌다 몰래 들어오면 볼기도 때리고 엄한 법률로 다스렸는데, 이제 총독부에까지 들어오게 되었다. 그러니 기분이 좋아야 할 터인데 도리어 볼기 맞던 시절이 그립도다. 우리를 여기에 부른 것은 소위 사찰령을 내려 승려의 조직을 휘어잡으려는 속셈 같은데, 만일 그리한다면 총독부가 무간지옥無間地獄과 무엇이 다르겠는가? 그런 음모를 꾸미는 총독이야말로 진짜로 무간지옥에 떨어질 것이다."

만공은 들고 있던 지팡이로 책상을 치며 일장 연설을 했다.

그러자 장내는 아연 긴장하여 총독 미나미 지로男次郎를 주시했다. 금방 무슨 날벼락이라도 내리지 않겠는가 마음을 졸이며 만공이 무모하다고 원망의 시선을 보내는 사람도 있었다.

아니나 다를까, 헌병이 들이닥쳐 만공 스님을 체포하려 했다. 그런데 총독이 무슨 생각에선지 이를 제지시켰다. 그리고 참석한 스님들을 전부 총독관저로 초대하여 다과를 대접하고 돌려보냈다. 만공의 호통에 스님들의 친일화 계획을 포기했던 것이다.

만공은 한달음에 만해 스님을 찾아갔다. 만공이 총독을 호되게 꾸짖은 소식은 삽시간에 장안에 퍼졌다. 그런데 그 일을 미리 알고 있던 만해는 만공이 찾아오자 매우 반가이 맞았다.

만해가 입을 열었다.

"기왕이면 호령만 하지 말고 스님의 주장자柱杖子(지팡이)로 총독의 머리통이라도 한 대 갈겼더라면 시원했을걸…….”

그러자 만공이 받았다.

"막대기 싸움은 곰熊이나 하는 짓이고, 호령은 사자라야 하는 법이지."

그러니까 만공 자신은 사자가 되고, 만해는 곰이라는 이야기였다.

만해가 다시 입을 열었다.

"호령은 새끼 사자가 하고, 큰 사자는 그림자만 보여주는 법이지."

그리되면 만공은 새끼 사자이고, 만해는 큰 사자라는 뜻이다.

당대 불교계의 걸출한 두 선사는 서로 자웅을 겨룰 만큼 마음을 주고받았는데, 만해가 떠나자 만공은 '이제 한양에 가도 만날 사람이 없구나.' 하면서 한양에는 발걸음을 비치지 않았다고 한다.

삼마태수三馬太守

三:석 삼 馬:말 마 太:클 태 守:지킬 수

세 마리의 말만 가진 태수라는 말로, 숙종 때 사람 송흠에게서 유래했다. 청백리를 가리키는 말이다.

문헌 : 《고사성어 대사전故事成語 大事典》

조선시대에는 고을 수령首領이 임기를 마친 다음 다른 부임지赴任地로 떠날 때에는 고을에서 감사의 표시로 좋은 말 여덟 마리를 바치는 관례가 있었다.

그런데 중종 때 송흠宋欽(1459~1547)은 담양부사潭陽府使로 있다가 장흥부사長興府使로 부임해 갈 때 세 마리의 말만 받았다. 그 세 마리 말 중 한 필은 본인이 탈 말이었고, 나머지 두 필은 어머니와 아내가 탈 말이었다. 그래서 사람들은 그를 삼마태수三馬太守라 불렀다. 그는 그처럼 청렴하기도 했지만, 연산군燕山君의 학정이 심할 때에는 물러나 후진들에게 경서經書를 가르치며 조용히 지낸 처세가이기도 했다.

이와 흡사한 이야기로《고려사高麗史》권121 열전34에 최석崔奭에 대한 이야기가 있다.

고려 충렬왕 때 최석崔奭은 어렸을 때 이름은 최석崔錫이라 했는데 청렴한 관리였다. 그때에도 역시 임기가 끝나는 부사에게는 일곱 필의 말을 주도록 되어 있었다. 그러나 승평昇平(지금의 순천)부사였던 그는 임기를 마치고 떠날 때 일곱 필의 말을 받지 않았을 뿐 아니라, 애초 그에게 주려던 말이 새끼를 낳아 여덟 필이 되자 그 새끼 말까지도 그곳 백성들에게 돌려주었다. 이에 고을 사람들이 그의 뜻을 기려 비를 세우니 바로 팔마비八馬碑다.

지금도 순천에서는 '팔마의 고장'이라 하여 청백리의 자부심이 대단하다.

삼부삼근蔘復三斤

蔘:인삼 삼 復:돌아올 부 三:석 삼 斤:무게 근

인삼 세 근을 되찾다. 즉 잃어버린 것으로 생각해 찾지 않았던 물건이 뜻밖에 다시 되돌아 왔음을 의미한다.

문헌: 《인조실록仁祖實錄 · 오리집梧里集》

오리정승梧里政丞 이원익李元翼(1547~1634)은 본관은 전주全州이고, 억재億載의 아들이었다. 이원익이 금부사禁府使로 있을 때 난리가 날 것이라는 등 시국이 뒤숭숭해서 선조宣祖는 인재를 구해야겠다고 생각하고 좋은 사람을 천거하라고 했다. 그러자 승정원의 좌부승지左副承旨가 들어와 말하였다.

"어명대로 구하긴 했습니다만 그가 워낙 쇠약해 있으니 삼蔘 서 근만 하사해주시면 기력을 키워 봉사할 것입니다."

선조는 어련하랴 싶어 믿고 삼 서 근을 보내 주었다. 그런데 며칠 후 데리고 들어온 인물이 석 자 세 치 관복이 끌릴 정도로 작은 체구에 얼굴은 말처럼 길쭉하여 도무지 볼품이 없었다. 선조는 어이가 없어 내뱉듯이 말했다.

"삼 서 근만 버렸군!"

그 사람이 바로 오리梧里 이원익李元翼이었다.

훗날 임진왜란을 당하여 선조가 피란길에 오르게 되었다. 그런데

아무리 몽진蒙塵 길이라 해도 수라水刺가 번번이 늦어 참을 수가 없었다. 그래서 수라 상궁을 불러 나무라니 그가 말했다.

"다름이 아니오라 이원익 도순찰사都巡察使가 와서 먼저 한 가지씩 먹어 보고는, 뙤약볕에 한참씩 드러누웠다가 그제야 들여보내기 때문에 이렇게 늦사옵니다."

그래서 이원익을 불러 탓하자 그가 말했다.

"이 혼란 중에 어떤 일이 있을지 누가 알겠사옵니까? 그래서 신이 먼저 한 가지씩 먹어 본 것이고, 만약에 독이 들었을 경우 볕에 누워 있으면 빨리 퍼질 것이라 여겨 그렇게 신의 소견껏 하였을 뿐이옵니다."

선조는 고개를 끄덕이며 말했다.

"거 참, 삼 서 근 다시 찾았군!"

이원익은 1573년 명나라에 다녀와 황해도사黃海道事가 되어 크게 인망을 얻었다. 뒤에 원익은 팔십을 넘기고, 원로대신으로서 광해군 때 여주로 귀양가 있다가 인조반정엔 영의정領議政에 있었으며, 광해군을 죽이고자 할 때 대비大妃에게 간청하여 유배에 그치게 하는 등 세상이 바로 잡히는 것을 보고야 눈을 감았다.

그는 문장에도 뛰어났으며 청백리에 녹선되었고 시호는 문충文忠이다.

삼촌설격퇴적 三寸舌擊退敵

三:석 삼　寸:치 촌　舌:혀 설　擊:칠 격　退:물러갈 퇴　敵:원수 적

> 세 치 혀로 적을 물리치다. 거란이 80만 대군을 이끌고 고려를 쳐들어 왔을 때 서희 장군이 이론으로 따져 물리친 고사에서 유래했다. 웅변의 중요함을 이르는 말이다.
>
> 문헌:《고려사절요高麗史節要·이야기 한국사韓國史》

거란契丹 916년, 고려 건국 2년 전에 중국 북쪽에 생성된 나라로, 발해渤海를 멸하여 동단국(東丹國 : 동쪽 글안)을 세우고, 또 진晉나라를 합쳐서 국호를 대요大遼라 했다.

고려 태조太祖는 거란을 오랑캐로 여겨 거란에서 보낸 사신 30명을 귀양 보내고, 선물로 보낸 낙타 50필도 굶겨 죽여버렸다. 그것은 거란이 무도한 나라임을 백성들에게 알리고, 거란에게 망한 발해의 유민을 받아들여 고구려의 옛 땅을 되찾으려는 뜻에서였다.

그런데 송宋나라를 쳐서 중국을 통일하려던 거란은 고려의 제4대 광종光宗이 송나라와 국교를 맺자 제6대 성종成宗 12년에 요동을 지키고 있던 소손녕蕭遜寧으로 하여금 80만의 군사를 거느리고 압록강을 건너 고려를 치게 했다.

그러자 고려에서는 993년 윤서안尹庶顔을 선봉장으로 내세웠으나 청진강 싸움에서 패하여 포로가 되고 말았다. 이에 고려는 시종 박양유朴良柔를 상군사上軍使로, 내사시랑內史侍郎 서희徐熙(942~998)를

중군사中軍使로, 문화시랑 최량崔亮을 하군사로 임명해서, 오랑캐를 막도록 조치하였다.

왕은 안북부安北部까지 나가 장수들을 독려하는 한편, 예부소경禮部少卿 이몽전李蒙戩을 사신으로 임명하여 적진으로 들여보냈다. 그래서 적진의 정황을 살피고 온 이몽전이 말했다.

"적장의 말이 고려가 압록강까지 나온 것은 거란 땅을 침범한 것이 아니냐고 하였습니다."

왕은 서희 등 장군들과 중신을 모아놓고 대책을 의논하였다.

"적장은 누구이고, 병력은 얼마나 되는고?"

왕의 얼굴에는 수심이 가득했다.

"적장은 소손녕이고, 80만은 되리라고 생각하옵니다."

"저들 거란은 송나라를 쳐서 중원中原을 통일하는 데 목적이 있을 것이오. 그런데 우리 고려가 송나라와 국교를 맺고 있으니 우리를 먼저 쳐서 송과 손을 끊게 하겠다는 심산이 아니겠소? 따라서 송과 손을 끊으면 물러가겠다고 했다는데 사실이오?"

박양유朴良柔가 나서서 말했다.

"신의 생각으로는 발해의 옛 땅 대동강 이북을 떼어 주면서 화평책을 써야 할 줄 압니다."

이에 서희徐熙가 반대를 하고 나섰다.

"태조대왕께서 고구려의 옛 땅을 되찾으시려는 큰 뜻으로 확장해 놓으신 것을 쉽사리 적의 손에 넘겨주어서는 안됩니다. 비록 거란이 강한 나라라 할지라도 싸우지도 않고 국토를 빼앗긴다는 것은 우리 고려의 수치입니다. 신이 이 일을 반드시 해결하겠습니다."

서희의 자신 있고 강경한 태도에 좌중은 잠잠해졌다. 이지백李知白이 말했다.

"신도 중군사의 의견에 찬성합니다. 싸우지도 않고 국토를 내준다는 것은 태조대왕께 큰 죄가 된다고 생각합니다."

이렇게 고려의 조정에서는 결론을 내리지 못하고 우왕좌왕하는 사이 거란군 진영에서는 사신 이몽전이 다녀간 지 한 달이 지나도 소식이 없으므로 드디어 안융진安戎鎭을 공격하게 되었다.

거란군은 벌판 싸움엔 능하였으나 험준한 산이 우뚝우뚝 솟은 고려 땅에서는 어떻게 공격을 해야 좋을지 지지부진했다.

적장 소손녕은 당황하여 고려로 사람을 보냈다.

"귀국의 대신을 우리 진으로 보내면 서로 회담을 한 뒤에 적절한 결정을 내리겠소이다."

그러나 거란군의 진중으로 가겠다고 나서는 사람이 없었다.

그때 서희가 나서며 말했다.

"신이 어리석고 부족하오나 적진에 들어가 담판을 짓겠나이다."

"장군이 간다면 과인도 안심하겠소. 그러나 중군사의 중책은 누가 담당한단 말이오?"

"폐하! 중군사나 상군사가 없어도 반드시 적을 물리치겠습니다. 만약 목적을 이루지 못하면 신은 다시 돌아오지 않겠사오니 만수무강하소서."

서희는 적진을 향하여 말을 달렸다.

소손녕의 군막으로 인도된 서희는 소손녕과 마주 앉았다.

소손녕은 점잔을 빼며 위협적인 어투로 입을 열었다.

"장군! 고려국은 신라 땅을 근거로 건국된 나라임에 틀림없소. 그리고 우리 거란은 옛 고구려 땅에서 일어난 나라임이 확실하오. 그런데 귀국이 우리 거란의 영토인 옛날 고구려 땅을 침범했소. 그리고 귀국은 국경이 우리나라와 연접해 있는데도 불구하고 우리나라를 적대시하고 멀리 바다를 건너 송나라와 국교를 맺고 있소, 내가 군사를 거느리고 온 이유도 여기에 있소. 그러므로 첫째, 귀국에서 즉시 우리 영토인 옛 고구려 땅을 내놓고 조공을 바칠 것이며, 둘째 송나라와 단교를 하면 군사를 돌이키겠으나 그렇지 않으면 80만 대군을 이끌고 대동강을 건너 개경을 무찌를 것이니 이에 대한 장군의 의견을 말하시오.”

서희는 정신을 바짝 차리고 조목조목 따지며 설득했다.

"우리 고려가 신라에서 일어났다고 장군은 말하지만, 그게 아니라 우리나라는 분명히 고구려의 후신이오. 때문에 국호도 고구려를 줄여 고려라고 하였소. 국경 문제를 말한다면 거란의 동경부까지가 모두 우리 고려의 영토가 되어야 함이 마땅하거늘 어째서 우리나라가 침범하였다고 하시오? 그리고 우리가 귀국에 조공을 못한 것은 압록강 연안의 여진족 때문에 길이 막혀서 그런 것이었소. 이제라도 여진족을 쫓아버리고 압록강 이남의 땅을 돌려준다면 조공을 하겠소.”

소손녕이 말했다.

"우리 황제께서는 귀국을 치려고 하는 게 아니라 귀국이 송나라와 국교를 맺고 우리나라를 오랑캐처럼 여기기 때문에 이렇게 군사를 움직인 것이오. 그러면 우리가 군사를 일으켜 송을 친다면 귀국에서는 어떻게 하겠소?”

"남의 나라를 먼저 쳐들어간 일이 없는 우리가 어찌 다른 나라의 싸움에 끼어들겠소? 우리 민족은 예부터 평화를 즐기는 순박하고 온후한 민족이오.”

이렇게 논리 정연한 서희의 말에 할 말을 잃은 소손녕은 회담의 내용을 자기 나라 황제에게 보고하여 그 회답을 서희에게 전하였다.

"우리 황제께서 말씀하시기를, 고려국은 압록강 이남의 땅에 성을 쌓아 공로(貢路 : 조공을 바치러 다니는 길)를 개척하여 매년 사신을 보내고 서로 교통하겠다면 군사를 회군시키라고 했소. 그리하겠소?"

"좋소. 그리하겠소."

이리하여 중군사 서희 장군은 세 치의 짧은 혀 하나로 소손녕이 거느린 80만 대군을 물리쳤다.

이를 두고 후세 사람들은 '삼촌설 격퇴적三寸舌 擊退敵' 또는 '서희 담판徐熙談判'이라 이르게 되었다.

상불개상 尙不開箱

尙:아직 상　不:아니 불　開:열 개　箱:상자 상

아직 상자를 열지 않았다는 말로, 숙종 때 한 청렴한 선비의 삶에서 유래했다. 곧고 깨끗하며, 고고한 사람을 이른다.

문헌:《금계필담錦溪筆談》

 제19대 숙종肅宗(재위 1674~1720)이 정월 대보름날 밤에 남산의 가난한 선비들을 생각해서 약밥 한 상자를 가져오게 한 다음 말했다.

"이것을 가지고 남산골에 가서 굶주림이 가장 심한 사람에게 전하여 주도록 하라."

어명을 받은 내관內官은 남산골에 가서 이리저리 찾아다니다가 한 집을 살펴보니 집이 반쯤은 헐어지고, 뜰에는 눈이 소복이 쌓여 있는데 사람의 발자국이 없었다. 그래서 희미한 등잔 불빛이 새어나오는 문 뒤에 귀를 대고 들어보니 아낙네의 힘없는 소리가 들렸다.

"따뜻한 물이라도 한 모금 마시면 좋으련만……."

그러자 역시 힘이 없는 남자의 목소리도 들려왔다.

"구들에 불기가 끊어진 지도 사흘이 지났으니 어디서 따뜻한 물을 구하겠소?"

내관은 이 집이 가장 가난한 집이라 생각하고, 그 약밥 상자를 창문을 열고 밀어넣어 주었다.

그리고 여러 해가 지난 정월 대보름날, 숙종은 옛일을 생각하며 혼잣말로 중얼거렸다.

"내가 보낸 약밥을 받은 사람들이 어떻게 사는지 궁금하구나!"

그러자 옆에 있던 홍문관 이서우李瑞雨(1633~?)가 말했다.

"전하! 소신이 그때 그 약밥을 받았었나이다. 신은 그때 추위와 굶주림을 견디지 못하여 아내와 함께 죽을 지경에 이르렀는데 갑자기 창문으로 약밥 한 상자가 들어왔습니다. 그 약밥을 물에 말아 아내와 함께 여러 날을 연명하여 죽지 아니하고 살아날 수 있었나이다."

"오! 그런 일이 있었는가? 그럼 그 약밥 상자 속에 다른 물건은 들어 있지 않았던가?"

"예, 은덩이 하나가 함께 들어 있었나이다."

"그것이면 한 재산으로 족했을 것인데?"

"네에! 신은 그것이 어디의 누가 보냈는지 모르는 까닭으로 지금까지 상자를 열지 않고 그대로 보관해두고 있나이다."

숙종은 사경을 헤매는 가난 속에서도 함부로 남의 재산은 취하지 않은 이서우의 청렴함에 감탄하고, 그를 특별히 공조참판으로 승진시켰다.

그는 시문에 뛰어나고 글씨도 잘써 문주사文珠寺 풍담대사비楓潭大師碑를 썼다.

상전지녀床廛之女

床:책상 상 廛:전방 전 之:어조사 지 女:계집 녀

상전에 간 여자라는 말로, 공연히 싱겁게 피식피식 웃는 사람을 이른다. 직접 거론하기 거북할 때 묵시적으로 지칭하는 경우를 비유한다.

문헌:《한국인의 야담韓國人의 野談》

왕정王政시대의 궁중宮中 나인內人들의 생활은 남녀 관계를 철저하게 통제하는 가혹한 것이었다. 그래서 그들에게 다소나마 위안을 주고자 동성끼리 결혼을 시켜 일반 가정과 같이 영감·마누라라고 부르며 살게 하였다. 이때 임금은 그들에게 살림 도구 일체를 마련하여 주었다.

그들은 가구로 자개장을 애용했는데 그 때문에 자개장을 동성 결혼을 상징하는 물건으로 인식하기도 했다.

그들은 또 암소뿔을 깎아 '각신角腎'이라는 것을 만들어 성생활의 도구로 썼다. 만드는 법은 암소의 뿔을 두께 한 푼 정도로 얇게 속을 후벼낸 후 그 안을 솜으로 채우고, 더운 물에 담가두면 부드럽게 탄력이 생겨 남성 대용품으로 제법 쓸만 했다고 한다.

이 각신은 아녀자들이 만들 수 있는 물건이 아니라서 상전床廛이라는 일용 잡화상에서 팔았다. 그래서 장옷을 쓴 여인이 상전에 들어와 말을 하지 않고 씽긋이 웃으며 돈을 내밀면, 주인은 눈치로 알

아차리고 종이에 싼 그것을 내어주었다고 한다.

조선 후기의 왕들은 하나같이 생존 기간이 짧았는데 남녀 관계를 탐닉한 데 원인이 있었던 것으로 추정된다. 궁중에는 왕의 시중을 드는 나인들이 다수여서 경희궁慶熙宮(예전 서울고등학교 자리)에 따로 수용하였었는데, 일제시대 때 궁의 여러 건물이 이축될 때 그런 물건들이 수십 개나 쏟아져 나와 외국인 수집가에게 고가로 팔렸다고 한다.

색한명당 色漢明堂

色:빛 색 漢:사나이 한 明:밝을 명 堂:집 당

색한, 즉 여색을 좋아하는 사내의 명당이라는 말로, 여자의 은밀한 부위를 은유적으로 이른 말이다.
　　　문헌:《태평한화太平閒話·어우야담於于野譚》

　이(蝨:슬) 한 마리가 부친상父親喪을 당해 지관地官과 함께 묏자리를 보러 갔다. 마침 보드라운 여인의 인체人體를 두루 살피다가 두 유방乳房 사이에 이르자 지관이 말했다.

"내외용호內外龍虎가 비록 분명하긴 하나 앞이 높고 뒤가 낮으니 불가하오."

그리고 다시 배꼽 위에 이르더니 아래쪽을 내려다보며 말했다.

"옥야천리沃野千里에 구멍이 있어 주산主山과 용호龍虎가 흐려지니 불가하오."

또다시 한참을 더듬어 배 밑 두 다리 사이에 이르자 발걸음을 멈추며 말했다.

"이곳이 명당明堂이오. 방서方書에 전하기를 토산土山의 음陰이 무성한 곳이 가위 정혈正穴이며, 그 정혈 아래에 무덤을 쓰면 참으로 백자천손百子千孫이 만세향화萬歲香火한다고 했소이다. 이곳으로 정하시오."

그러자 이란 놈이 크게 기뻐하며 일꾼을 사서 무덤을 파려고 하자 벼룩 한 마리가 뛰어나와 얼굴을 부라리며 꾸짖었다.

"네 이놈, 어떤 놈이 감히 사대부가士大夫家의 선묘先墓에 암장을 하려 하는고?"

이가 크게 놀라 그 사연을 물으니 벼룩이란 놈이 사람의 중심부에서 깊게 파인 골을 가리키면서 호통을 쳤다.

"이놈! 이것이 홍 생원洪生員 댁의 친산쌍분親山雙墳이란 사실을 네 놈이 몰랐단 말이냐?"

이란 놈은 벼룩의 호통에 혹시 명상을 잘못 걸었나 싶어 제 아비의 무덤자리를 정하지 못하고 그대로 달아났다.

생요왕형 사후불형 生樂王兄 死後佛兄

生:날 생 樂:즐길 요 王:임금 왕 兄:맏 형
死:죽을 사 後:뒤 후 佛:부처 불 兄:맏 형

살아서는 임금의 형이요, 죽은 뒤에는 부처의 형이다. 양녕대군의 고사에서 유래한 말로, 자신의 팔자가 최고로 좋다는 의미로 쓰인다.

문헌:《한국인의 지혜韓國人의 지혜智慧 · 고금청담古今淸談》

조선 제3대 태종太宗의 장남 양녕대군讓寧大君(1394~1462)이 세자로 책봉되었으나 셋째 아우 충녕忠寧(세종)에게 왕위를 양위하고 주유천하하고 있을 때 스님이 된 둘째 동생 효령대군孝寧大君(1396~1486)의 초대를 받았다.

"형님 못 뵈온 지 참 오래되었습니다. 이번 2월 15일은 석가의 열반 일이오니 부디 오셔서 마음속의 정한도 풀고 형제간의 우애도 나누시는 것이 어떻겠습니까? 소제 다소의 음식을 장만해 놓고 기다리겠나이다."

양녕은 휘하의 수족들을 거느리고 효령이 수도하고 있는 회암사 부근으로 가서 사냥을 한 후, 잡은 짐승을 사찰의 경내에서 구워 먹으며 술을 마셨다. 냄새가 사찰의 경내에까지 진동하자 효령이 형님이 온 줄 알고 마중을 나오니 양녕이 기생들까지 끼고 앉아 희희낙락하고 있는 것이었다.

"형님! 이 아우의 입장을 살펴서라도 경건해야 할 절 경내에서 이게 무슨 일입니까?"

효령대군이 이맛살을 찌푸리자 양녕은 호탕하게 웃으며 말했다.

"나는 살아서는 왕의 형이요, 죽어서는 부처의 형(兄佛)이 될 테니 무엇이 두렵겠느냐? 또 왕이니 왕세자니 하는 것은 다 괴로운 것인데 우리는 그런 것에서 벗어나 이렇게 자유로이 만날 수 있으니 얼마나 좋으냐?"

"지당하신 말씀입니다. 저도 즐겁습니다."

그러나 두 형제의 마음속은 진실로 기쁨만 충만한 것은 아니었으리라.

서금일롱書衾一籠

書:책 서 衾:이불 금 一:한 일 籠:농 롱

40여 년간 높은 벼슬에 있었던 사람의 재산이 책과 이불과 농 하나뿐이라는 말로, 청빈한 선비정신을 가리킨다.

문헌 : 《고금청담古今淸談》

고려 제34대 공민왕恭愍王 때 문과에 급제하여 보문각寶文閣 학사를 지낸 안성安省(1344~1421)은 호는 설천雪泉이고, 본관은 경기도 광주이다.

그는 태어날 때부터 한쪽 눈이 작아서 작을 소少자와 눈 목目자, 즉 소목少目으로 불렸다. 어느 날 왕이 그의 이름을 보고 소少자와 목目자를 합쳐 성省이라고 작명하여 하사했다.

그는 조선이 건국되자 태종太宗 때까지 봉직하며 참찬參贊과 평안감사平壤監司를 지냈다.

그는 고려에서 조선까지 40년 동안 높은 벼슬을 했으나 재산이라곤 책과 이불과 장롱 하나뿐이었다. 그런데 그 농마저 부서지자 부인 송씨가 푸념을 했다.

"이제 수리할 종이도 없으니 무엇으로 고칠꼬?"

"허허! 무슨 새삼스런 걱정이오? 처음엔 그 농조차 없지않았소?"

"남들은 10년만 벼슬해도 먹고 살 걱정을 안 한다는데 40년 벼슬에 이 꼴이라면 누가 곧이듣겠습니까?"

그는 그간 벼슬을 했으나 종이 한 장도 자기 것이 아니면 손대지 아니했다. 그야말로 책과 이불과 농 하나가 전 재산이었던 것이다.

조선 개국 후, 태조 2년에 안성은 청백리에 뽑혀 송경유후松京留後에 임명되었다. 그러나 그는 '대대로 고려에 벼슬한 가문으로서 내가 어찌 다른 사람의 신하가 되어 송경에 가서 조상의 영혼을 대하랴!' 하고 궁전 기둥에 머리를 부딪히며 통곡하였다.

태조는 이런 신하를 죽이면 후세에 충성하는 선비가 없어진다고 생각하여 죽이려는 좌우를 제지하고 그를 급히 붙들어 내보내 살렸다고 한다.

안성은 눈은 작았지만 티없이 맑고 깨끗해 누구도 그에게 견줄 수 없는 백설이었다. 그래서 청백리로 길이 길이 이름을 떨치게 되었다. 그의 시호는 사간思簡이다.

서동작요薯童作謠

薯:마 서 童:아이 동 作:지을 작 謠:노래 요

서동이 노래를 지었다는 말. 백제의 무왕이 된 서동과 신라 선화공주의 사랑 이야기에서 유래했다. 어떤 일의 변죽을 울려 목적한 바를 이루는 행위를 이른다.

문헌 : 《국조인물고國朝人物考 · 삼국유사三國遺事》

백제 제30대 무왕武王(재위 600~641)의 어머니는 과부로 남지南池라는 연못가에 집을 짓고 살았다. 그런데 그 못의 용과 관계하여 무왕 장璋을 낳았다. 그러나 《국사대사전國史大事典》에는 법왕法王의 아들로 기록되어 있다.

무왕의 아명은 그가 항상 마를 캐다 팔아 생활했으므로 마 서薯자를 써서 서동薯童이라 불렀다.

서동은 신라 진평왕眞平王의 셋째 딸 선화공주善花公主가 세상에 둘도 없는 아름다움을 지녔다는 소문을 들었다. 그래서 머리를 깎고 서라벌로 들어가서 그곳 아이들에게 마를 나누어 주며 친하게 사귀었다. 그리고 한 편의 동요를 지어 아이들로 하여금 부르고 다니게 했다.

선화공주님은 남 몰래 시집가려고
밤마다 서동을 만나 함께 지낸다네.

동요童謠는 아이들의 입에서 입으로 번져 마침내 대궐에까지 들어가게 되었다. 신라의 백관百官들은 동요의 내용을 사실로 믿고 선화공주의 부정한 행실을 극력 탄핵하여 먼 시골로 유배流配시키도록 했다. 공주가 억울한 누명을 쓰고 유배의 길을 떠날 때 왕후王后는 순금 한 자루를 노자로 몰래 주었다.

선화공주가 유배지로 가는 도중에 서동이 나타나 자기가 서동이라 말하고 앞으로 잘 모시겠다고 했다. 공주는 그를 잘 알지 못하였지만 어쩐지 미덥고 친근감이 들었다. 그래서 함께 백제로 가서 살기로 약속했다.

그런데 당장 먹고 살 생활비를 걱정하자 선화공주는 모후가 준 금을 꺼내 보여 주었다. 그러자 서동이 물었다.

"이게 무엇이오?"

"황금입니다. 우리 부부가 평생 동안 편안히 살아갈 수 있는 보물이에요."

"이게 그리 중한 것이오? 이런 것은 내가 마를 캐던 흙 속에 많이 있었는데……."

공주는 깜짝 놀랐다.

"이것은 세상에서 가장 귀중한 보물입니다. 지금 그곳을 안다면 그 보물을 캐 왕궁王宮으로 실어 보내도록 합시다."

이렇게 해서 서동과 공주는 황금을 잔뜩 쌓아놓고 용화산龍華山 사자사獅子寺의 지명법사知命法師에게로 가서 수송 방법을 물었다.

지명법사는 흔쾌히 응락했다.

"내가 빠른 시간 내에 당신들이 원하는 왕궁으로 보내주겠소. 그러니 그 금들을 이리로 가져오시오."

선화공주는 편지를 써서 금과 함께 지명법사에게 맡겼다. 법사는 황금과 공주의 편지를 신라의 궁궐로 보냈다.

이렇게 하여 진평왕으로부터 부부로 공식적인 인정을 받게 된 서동은 막대한 금을 가지고 사비성泗沘城으로 들어가 백성들의 인심을 얻고 드디어 왕위에까지 오르니 그가 바로 백제의 제30대 무왕武王(재위 600~641)이다.

선녀익의 仙女翼衣

仙:신선 선　女:계집 녀　翼:날개 익　衣:옷 의

선녀의 날개옷이라는 말로 선녀와 나무꾼이라는 옛날이야기에서 유래했다. 어떤 일이 완벽하게 이루어지기 전에는 빠져나갈 빌미를 주어서는 안 된다는 뜻으로 쓰인다.
문헌 : 《이야기 한국사韓國史 · 한국전래동화韓國傳來童話》

　　노총각이 산에 올라가 나무를 베고 있는데 사슴 한 마리가 달려오더니 다급하게 애원했다.
　"아저씨, 나 좀 살려주시오. 저쪽에서 사냥꾼이 나를 잡으려고 쫓아오고 있소."
　노총각은 사슴이 가엾어 얼른 나뭇단 밑에 숨겨 주었다. 잠시 후 사냥꾼이 쫓아와 물었다.
　"여보시오, 조금 전에 사슴 한 마리 도망가는 것 못 보았소?"
　"아, 예. 방금 저 산 너머로 도망치더군요."
　사냥꾼은 청년이 가리켜 주는 쪽으로 사라졌다.
　사슴은 죽음을 면하게 되자 노총각에게 거듭 사례를 하며 말했다.
　"고맙소. 나는 이 산 산신령의 아들인데 봄 날씨가 따뜻해서 사슴으로 변장하고 놀러 나왔다가 당신 덕에 큰 봉변을 피했소. 그래서 보답하고자 하니 바라는 것을 말해 주시오. 내 힘으로 될 수 있는 일이라면 들어주리다."

노총각은 잠시 생각하다가 말했다.

"그러면 내가 아직 노총각인데 예쁜 색시를 하나 구해주시오."

사슴은 잠깐 머리를 갸웃거리며 생각하더니 말했다.

"그렇다면 좋은 수가 있소. 저 절벽을 올라가면 그 위에 연못이 있을 것이오. 보름날이면 그곳으로 천상에서 선녀가 내려와서 목욕을 할 텐데 그때 마음에 드는 선녀의 날개옷을 감추어 두시오. 그러면 그 선녀는 천상에 올라가지 못할 것이니 그때 그 선녀를 잘 설득하여 아내로 삼으시오. 그러나 자식을 셋 낳기 전에는 결코 날개옷을 보여주지 마시오. 만약 그 전에 보여주면 천상으로 올라가버릴 것이니……."

말을 마친 사슴은 어디론지 사라져 버렸다.

며칠 후 보름날, 노총각은 사슴이 가르쳐 준 대로 절벽 위로 올라가 보니 과연 연못이 있고, 아름다운 선녀들이 목욕을 하고 있었다. 노총각은 살금살금 기어가 한 선녀의 옷을 품속에 감추고 바위 뒤에 숨었다.

이윽고 목욕을 마친 선녀들은 저마다 옷을 입고 하늘로 올라갔다. 그런데 한 선녀가 옷이 없어 당황해하고 있었다.

노총각은 선녀에게 다가가 말했다.

"어쩌나, 날개옷이 없어졌나보군요. 깊은 밤에 산속에 선녀님 혼자 있으면 산짐승들에게 위험할 테니 우선 우리 집으로 갑시다."

그렇게 해서 노총각은 예쁜 선녀를 데리고 집으로 와서 부부가 되어 함께 살았다.

세월이 흘러 부부는 아들 형제를 두었다. 아내는 날개옷은 잊어버린 듯 행복하게 생활했다.

그러던 어느 날, 둥그렇게 떠오르는 보름달을 보며 아내가 말했다.

"아, 내 날개옷은 누가 가져갔을까? 한번 입어보고 싶은데……."

남편은 아내의 그런 모습에 너무 마음이 아팠다. 그래서 아이들이 셋 되기 전에는 절대 날개옷을 내어주지 말라던 사슴의 당부를 잊고 숨겨두었던 옷을 꺼내주었다.

아내는 그 옷을 보자마자 얼른 주워 입고, 아이들을 한쪽 팔에 하나씩 각각 안더니 하늘로 올라가 버렸다. 아내가 마음 아파하는 것을 견디지 못한 여린 마음이 아내를 잃어버리게 한 것이다.

선방귀객先訪貴客

先:먼저 선　訪:꾀할 방　貴:귀할 귀　客:손 객

> 먼저 방문하는 사람이 귀한 손님이라는 말. 조선 중종의 비, 문정왕후가 간택받은 일화에서 유래했다.
> 문헌:《국조보감國朝寶鑑·한국인의 지혜韓國人의 智慧》

　　조선 제11대 중종中宗(1488~1544)이 계비繼妃를 간택하고자 교지敎旨를 내렸다.

　　간택揀擇하는 날, 윤지임尹之任도 딸을 응모시키려 했으나 공교롭게도 병이 나서 꼼짝할 수가 없었다. 경쟁자는 파성군坡城君 윤금손尹金孫의 딸이었고, 윤금손은 이미 판서까지 지낸 사람이었다. 윤지임은 자기의 불운을 한탄하며 점을 쳐보기로 했다.

　　한편, 점쟁이는 운세를 보니 귀한 손님이 찾아올 괘가 나오는지라 하인에게 내일 아침 맨 먼저 오는 손님은 귀한 손님(先訪貴客)이니, 잘 모시라고 일렀다.

　　다음날 아침, 윤지임이 점쟁이를 찾아가니 융숭한 대접을 하며 딸의 사주를 보고 말했다.

　　"국모가 될 사주요, 그리고 당신은 부원군府院君이 될 것이요."

　　그때, 윤지임은 6품 별좌別坐 자리에 있을 뿐이었다.

　　드디어 간택 일이 되었으나 윤씨 딸의 사정을 전해 들은 왕은 간택 날을 연기해 참석하게 해 주었다.

이래서 윤지임의 딸이 마침내 왕비가 되니, 그가 바로 지금 서울의 태릉에 묻혀 있는 문정왕후文定王后이다.

이런 일이 있은 후로 일반 시장이나 가게에서도 첫 손님을 개시 손님, 즉 선방귀객이라 하여 중요시하고 있다.

문정왕후는 1남 4녀를 두었는데 그 아들이 명종明宗이고, 남동생은 을사사화를 주도한 윤원형尹元衡이다.

그녀는 조선시대의 국시였던 숭유배불崇儒排佛 정책에 관계 없이 불교의 중흥을 도모했다.

선선급손 善善及孫

善:착할 선 **善**:착할 선 **及**:미칠 급 **孫**:손자 손

> 착하고 좋은 일을 거듭하면 그 자손에게까지 영향이 미친다는 말. 김유신의 손자에 얽힌 고사에서 유래했다.
> 문헌:《삼국사기三國史記 열전 제3권》

김유신金庾信의 맏손자 김윤중金允中은 제33대 성덕왕聖德王 때 대아찬大阿湌을 지냈다. 왕이 그의 할아버지의 은공을 못 잊어서 그를 총애하니 왕의 친척들이 몹시 시기했다.

때는 중추 보름이었는데 왕이 월성(경주) 남산의 꼭대기에 올라 시종관과 함께 술을 마시고, 김윤중을 불러올 것을 명하니, 왕의 친척 중에 어떤 자가 불평을 했다.

"종실 친척들 중에 사람이 없지 않은데 구태여 가깝지도 않은 사람을 부르시니 어찌 친척들과 친하다 하겠습니까?"

그러자 왕이 말했다.

"오늘 내가 그대들과 함께 평안하게 지내는 것은 모두 윤중의 조부祖父 덕이오. 만약 공의 말과 같이 은공을 잊어버린다면 좋은 일을 한 것에 대한 의리가 아니오."

왕은 윤중을 불러 가까이 앉히고 그의 조부의 훌륭함을 칭찬했다.

선즉득복善則得福

善:착할 선 則:곧 즉 得:얻을 득 福:복 복

> 착하면 복을 받는다. 남에게 좋은 일을 베풀면 그만큼의 보답을 받게 된다는 뜻이다.
>
> 문헌 :《효종실록孝宗實錄 · 한국오천년야사韓國五千年野史》

조선의 제17대 효종孝宗(1619~1659)이 폐포파립敝袍破笠(해진 옷과 부서진 갓) 차림으로 잠행潛幸(임금이 남몰래 행동함)을 나갔다. 때는 마침 한여름이어서 매미 우는 소리가 들려오는데, 날이 저물어 그날 저녁을 지낼 마땅한 곳을 찾느라 두리번거리는데 어디선가 낭랑하게 글을 읽는 소리가 들려왔다. 한여름에 글을 읽다니, 궁금하기도 하고 하룻저녁 잠자리도 알아보자는 생각이 들어 찾아갔다.

그 집 대문에 이르러서 '이리 오너라, 이리 오너라.' 부르니까 한 중년 선비가 나왔다.

"지나가던 나그네인데 날이 저물어 그러하니 하룻밤 유숙하게 해주시오."

"워낙 누추해서……"

"한데보다는 낫겠지요. 아무 데나 좋으니 허락해주시오."

"정히 그러시다면 들어오십시오."

이리하여 방에 들어서니 한쪽 벽에 '아독무어我獨無魚(나 혼자만 물고기가 없다)'라고 쓰여진 글귀가 보였다.

효종은 그 글을 써붙인 이유가 궁금해서 물었다.

"주인장, 저 글이 무슨 뜻이오?"

"아, 아실 것 없소이다. 그저 장난으로 써놓은 것일 뿐이오."

이윽고 밥상을 차려 왔다. 그런데 밥이 녹쌀밥(메밀밥)이었다. 거기에다 반찬이라곤 달랑 배추국 하나였으나 시장이 반찬이라 효종은 달게 들었다. 그런데 주인은 식사를 하지 않는 것이었다. 물어보나마나 손님을 대접하느라 밥이 없어 굶는 것이 분명했다. 효종은 어떻게든 돕고 싶어서 물었다.

"저 '아독무어'라는 말이 대체 무슨 뜻이오?"

"재차 물으시는 걸 보니 호기심도 많소이다. '공부는 했으나 고기가 없어서 과거에 급제를 하지 못한다.'는 뜻이올시다."

"허허! 뭔가 사연이 있을 것 같은데 마저 말해 보시구려."

"별 뜻 없는 글인데 물으시니 대답하겠습니다."

그리고 그 뜻을 설명하기 시작했다.

"꾀꼬리와 왜가리가 살았는데 서로 자기가 노래를 잘한다고 시비가 붙었답니다. 그래서 제3자에게 판결을 받자고 했죠. 그리하여 하늘 높이 유유자적하며 나는 솔개에게 부탁했읍죠. 그런데 약삭 빠른 왜가리는 판결 전날 밤 붕어 한 마리를 잡아가지고 솔개를 찾아가 자기를 뽑아 달라고 부탁을 했답니다. 다음날, 꾀꼬리와 왜가리는 솔개를 찾아가서 누가 더 노래를 잘하는지 가려 달라고 하며 꾀꼬리가 먼저 아리따운 목소리로 한 곡조를 기가 막히게 뽑았죠. 그런데 이것이 무슨 날벼락입니까! 솔개가 면박을 주며 말했답니다.

'아니, 그것도 노래라고 불러? 영락없이 돼지 목 따는 목소리지.'

그러고는 왜가리에게 말했죠.

'다음은 왜가리 선생께서 한번 불러보시지.'
그러자 왜가리가 왝! 왝! 소리를 질러댔죠. 솔개는 무릎을 탁 치면서 '허허, 과연 사내 대장부 목소리로다. 가슴이 탁 트이는 것 같구먼!' 하고 칭찬하더랍니다. 그런 사정을 글로 써 놓은 것입니다."

이야기를 다 들은 효종이 말했다.

"주인장! 과거 시험이 있다고 하거든 꼭 올라가서 응시해 보시구려. 그리고 그때 한양에 가거든 종로의 어디어디에서 나와 만납시다. 마침 이번 시험관이 나와 절친한 사람이 될 거라고 하니 도움이 될 것 같소."

그리고 효종은 상경하자마자 별과를 본다는 방榜을 전국에 내걸게 했다.

당연히 아독무어 선비도 괴나리봇짐을 짊어지고 한양으로 향했다. 그리고 약속된 장소에서 그 나그네를 만나니, 나그네가 말했다.

"이번 시험은 백 보 앞에다 세필細筆로 솔개 연鳶자를 써놓고 무슨 자냐고 물어서 알아맞히는 것이라고 합디다."

선비는 이제 장원급제는 따놓은 당상이라고 생각했다.

이튿날, 과장에 들어가니 팔도에서 올라온 응시자들이 우글우글했다. 그런데 과거를 마치고 나온 선비들이 모두들 툴툴거렸다.

"세상에 무슨 놈의 과거가 이래? 시제를 세필로 보일락 말락하게 써놓고 읽으라니 천리안千里眼이 아니고서야 누가 그걸 읽겠어!"

드디어 선비 차례가 되었다.

그런데 과장에 들어서자 가슴이 두근거리고, 모든 생각이 머리에서 싹 달아나 아무 생각도 나지 않았다. 과시관이 말했다.

"저기에 쓰인 글자가 무슨 자인지 읽어 보시오."

선비는 입이 얼어붙은 듯 대답을 하지 못했다.

"두 번째 묻겠소. 어서 말하시오."

"……."

"이제 마지막이오. 어서 말하시오."

선비는 다급한 나머지 생각나는 대로 대답했다.

"예, 빙빙 연자입니다."

효종은 낙심을 하면서 혼잣말로 중얼거렸다.

'공부는 많이 했지만 운이 따르지 않는구나!'

선비도 실망하여 고개를 숙이고 나오는데 그제야 '아, 솔개 연자지!' 하고 떠오르는 것이었다. 그러나 때는 지나갔다. 십년공부 나무아미타불이 되고 만 것이다. 억수로 운이 없었다.

선비는 이제 자기는 틀렸고 누군가에게 일러 주어 좋은 일이나 하자고 생각했다.

그래서 다음 차례를 기다리고 있는 젊은이에게 자기는 '빙빙 연'자라고 해서 낙방했는데 '솔개 연'자라고 말하라고 일러주었다. 그 젊은이가 과장으로 들어갔다.

한편, 과시관으로 앉아있던 효종은 이제 흥미가 없었다. 워낙 한 사람만을 위한 과거였던지라 정답을 알 사람도 없을 터여서 어찌할까 망설이고 있는데 한 젊은이가 들어섰다. 그리고 대뜸 말했다.

"답을 한양음으로 말할까요? 아니면 시골음으로 말할까요?"

효종은 그 말이 흥미로웠다.

"두 가지 다 말해 보아라."

"한양음으로는 솔개 연이올시다. 그러나 시골에서는 하늘에서 빙빙 돈다고 해서 빙빙 연이라고도 합니다."

젊은이는 자기에게 호의를 베풀어준 그 선비에게 보답하고자 순간적으로 재치를 발휘했던 것이다.

"뭐, 빙빙 연? 그럼 조금 전 그 선비도 맞힌 거잖아. 내가 시골음을 몰랐구나. 여봐라! 조금 전 그 과객을 찾아 들여라! 어서."

그리하여 그 선비가 다시 불려왔다.

"미안하오. 선비가 장원이오. 조금 전에는 내가 시골음을 몰라서 그런 것이니까 섭섭하게 생각하지 마시오."

그리하여 두 사람 모두 급제하여 후에 한 사람은 평양감사平壤監司가 되고, 또 한 사람은 도승지都承旨가 되었다.

섭발백발鑷拔白髮

鑷:족집게 섭　拔:뽑을 발　白:흰 백　髮:터럭 발

> 족집게로 흰 머리털을 뽑다. 늙지 않고 오래 살면서 인생을 즐기려는 욕구를 이르는 말이다.
>
> 문헌 : 《대동기문大東奇聞》

사람이 나이를 먹으면 늙게 마련이다. 그러나 동서고금을 막론하고 늙어 보이는 것이 싫어서 머리털을 염색하고, 주름살을 펴는 성형수술을 한다. 또 오래 살고 싶어서 지렁이나 뱀 같은 혐오식품도 게걸스럽게 먹어댄다. 중국의 진시황秦始皇이 장생불사長生不死하려고 불로초不老草를 구했던 것도 다 이런 뜻이었다.

우리 역사의 고사 중에 연안 이씨 이호민李好閔(1553~1634)은 호가 오봉五峯이고, 시호는 문희文僖이며, 조선 선조宣祖 때 좌찬성左贊成을 역임한 선비였다.

임진왜란이 일어났을 때 그는 명나라에 가서 군사 원조를 받아내는 외교적 역량을 발휘하기도 했다.

그가 늘그막에 벼슬을 그만두고 한가하게 지내면서 항상 족집게로 흰 머리털을 뽑았다. 그것을 본 이덕형李德馨이 물었다.

"벼슬도 이미 높은 지위까지 누리셨는데 더 이상 무슨 소망이 있어서 흰 털을 뽑아내십니까?"

"허허! 한漢나라의 법이 비록 관대하다고 해도 사람을 죽인 자는 반드시 죽이듯이, 백발이 사람 죽이기를 좋아하는 까닭으로 하는 수 없이 뽑아 버리고 있습니다."

그는 중국과 왕래하는 문서를 관장하였는데 1608년 선조가 죽자 영창대군永昌大君의 즉위를 반대하고 광해군의 즉위를 도왔다. 선조가 죽고 광해군이 즉위하자 고부청시청승습사告訃請諡請承襲使가 되어 명明나라에 들어가 예부禮部에서 적서嫡庶의 구별 없이 장남을 세우자는 주장을 폈다.

세류과변 歲流果變

歲:해 세 流:흐를 류 果:실과 과 變:변할 변

세월에 따라 과일도 변한다. 삼국시대에는 밤[栗]이 컸으나 지금은 작아졌다는 데서 유래했다. 시간이 흐르면 자연에도 변화가 온다는 의미로 쓰인다.

문헌 : 《조선금석총람朝鮮金石總覽 · 삼국유사해제三國遺事解題》

《삼국유사三國遺事》를 쓴 일연一然(1205~1289) 스님은 속명이 김견명金見明이며, 경상도 경산 출생으로 김언필金彦必의 아들이다. 견명은 9살 때 해양海陽 무량사無量寺로 출가하였고, 1227년 승과에 급제하여 삼중대사三重大師가 되었으며, 74세(1259)에 대선사大禪師가 되었다.

1281년에는 운문사雲門寺에서 왕에게 법설을 강론하였으며, 국존國尊으로 추대되었다. 그러나 노모를 봉양하기 위하여 고향으로 돌아왔다.

일연의 저서 《삼국유사三國遺事》는 《삼국사기三國史記》와 함께 우리나라 고대사 연구에 중요한 자료가 되고 있다.

이 삼국유사 중 〈원효불기元曉不羈〉에 다음과 같은 기록이 있다.

'원효元曉 스님의 어머니가 아기를 가져 이미 만삭이었는데 불지佛地라는 골짜기를 지나다가 급하게 산기産氣가 있어 집으로 돌아가지 못하고 옷을 나무에 걸어놓고 그 아래에서 아기를 낳았다. 그 나

무는 사라수娑羅樹, 열매는 사라율娑羅栗(밤)이라고 했다.'

또 이런 이야기도 나온다.

'한 절에서 잡일을 하는 일꾼들에게 저녁 끼니로 밤 두 알씩을 주었다. 일꾼들이 양이 적다고 관청에 호소하니 관리가 그 밤을 가져다가 검사해 보았다. 그런데 밤톨이 워낙 커서 한 알이 밥그릇에 가득 찼으므로 도리어 한 알씩만 주라고 판결했다. 그 후부터 그곳을 밤나무골, 즉 율곡栗谷이라고 했다.'

원효는 출가하자 자기가 살던 집을 절로 고쳐 이름을 초개사初開寺라고 했다. 또 사라수가 있는 곳에도 절을 세우고 사라사娑羅寺라 했다.

이처럼 밤과 인연된 사건이 많은 것은 밤나무를 신목神木으로 여기는 우리 선조들의 정신적인 흐름 때문이었다. 그래서 삼국시대 때부터 지금까지 기록에 나타난 밤나무나 그 나무에 열리는 밤의 크기를 살펴보는 것도 흥미롭다.

《고려도경高麗圖經》23권 〈토산土産〉편에는 밤이 복숭아 만하고, 맛이 달아 좋다는 기록이 있다. 그런데 오늘날의 밤 크기가 호두알만한 것에 비교하면 쉽게 납득하기 어려우나 당시의 기록이 그러하니 그대로 받아들일 수밖에 없다. 즉 신라시대에는 밥그릇에 가득 찼던 밤이 시간이 지남에 따라 고려 때는 복숭아만 해지고, 요즘에는 호두알만 해졌다는 것이다.

《한국문화상징사전》의 〈삼국지위서 동이전〉에는 '마한馬韓에서 배梨만 한 크기의 밤이 난다'는 기록이 있으며, 《후한서後漢書》와 《수서隋書 북사北史》에도 '백제에서는 큰 밤이 나온다'고 기록되어 있다. 이러한 기록들을 종합하면 삼국시대 무렵에는 오늘날의 밤보다도 훨씬 큰 밤이 있었던 듯하다.

혼례식의 폐백幣帛 때 신부의 치마에 대추와 밤을 던져 주는 것은 아들을 많이 낳으라는 뜻에서 행하는 의식이다. 제사 상에서 조율이시棗栗梨柹의 순서로 상에 오르는 것도 밤이 그만큼 귀중한 대접을 받기 때문이다. 밤나무가 오래전부터 신물神物을 만드는 신성한 재료가 되었던 것 또한 의미심장하다.

밤은 임신을 상징하는데, 그것은 하나의 주머니에 여러 개의 밤톨이 의좋게 들어 있어 형제간의 우애를 나타내고, 자식과 동기간, 형제를 뜻한다.

세속오계世俗五戒

世:세상 세 俗:풍습 속 五:다섯 오 戒:경계할 계

사람이 지켜야 할 다섯 가지 계율. 신라시대에 화랑들이 지키던 계율이어서 화랑오계라고도 한다.
문헌 : 《삼국사기三國史記 열전 제45》

신라의 사량부沙梁部에 귀산貴山이라는 사람이 있었다. 그는 아간阿干 무은武殷의 아들로 젊어서 학문學問과 덕德을 기르기 위해 남다르게 노력했다.

그는 추항箒項과 깊이 사귀어 서로 마음을 바르게 하고 어진 사람을 찾아 도리를 다하자고 다짐했다.

이때 원광법사圓光法師가 수隋나라에서 유학하다가 돌아와 가실사加悉寺에 거처하고 있었는데, 사람들이 그를 높이 받들었다. 귀산도 그의 문하에 들어가 가르침을 받았다.

원광법사는 자기를 따르는 수도승들에게 늘 이렇게 가르쳤다.

"불가에는 열 가지 보살계菩薩戒가 있느니라. 그런데 그대들은 이를 능히 감당하지 못할 것이다. 하여 세속의 5계를 설하겠노라. 첫째는 충성忠誠으로 임금을 섬기고(事君以忠), 둘째는 효도로써 어버이를 섬기며(事親以孝), 셋째는 신의信義로써 벗을 사귀고(交友以信), 넷째는 싸움에 임하되 후퇴해서는 안되고(臨戰無退), 다섯째는 생물

은 반드시 가려서 죽여야 하느니라(殺生有擇). 이의 실행에 소홀함이 없도록 하여라."

이에 귀산이 물었다.

"다른 가르침은 알겠으나 생물을 가려서 죽이라는 것은 잘 모르겠습니다."

원광법사가 대답했다.

"생명이 나서 자라는 봄·여름에는 살생해서는 아니 되느니라. 특히 기르고 부리는 것은 죽이지 않는 것이니 말·소·닭·개가 그러하느니라."

이에 귀산은 법사의 주선함을 잘 받들어 실수하지 않겠다고 다짐했다.

진평왕眞平王 24년(서기 602년) 8월에 백제가 대군을 일으켜 아막성阿莫城을 포위하니, 왕은 파진간 건품乾品·무리굴武梨屈·이리벌伊梨伐과 급간 무은武殷·비리야比梨耶로 하여금 방어케 했다. 이때 귀산은 소감직少監職으로 전선에 나가니 백제가 패하였으므로 천산泉山 늪으로 물러가 잠복하고 있었다. 그런데 아군이 진격하다가 힘이 다하여 퇴각하자 귀산이 큰소리로 외쳤다.

"내 일찍이 스승에게 배우기를 전쟁에서는 물러서지 말라 했으니 어찌 달아날 수 있으랴!"

그는 아버지가 부상을 당하여 위태롭자 자기의 말에 태워 보내고 창을 휘두르며 나아가 싸웠다.

이에 군사들이 사기충천하여 추항과 함께 맹렬히 돌격하여 치니, 적의 시체가 들에 가득하고 말 한 필도 살아 돌아가지 못했다. 그러나 안타깝게 귀산도 온몸이 창에 찔려 돌아오는 도중에 전사했다.

소력탈국消力奪國

消:사라질 소　力:힘 력　奪:빼앗을 탈　國:나라 국

힘이 빠지게 한 다음 나라를 침공하여 빼앗다. 즉 적을 공격할 때 미리 상대의 힘을 쇠진하게 한 다음 침공하여 이긴다는 뜻.
문헌:《삼국사기三國史記·고금청담古今淸談》

백제의 제20대 개로왕蓋鹵王(455~475)은 비유왕毗有王(?~455)의 장자로 비유왕 재위 29년에 즉위했다. 그는 아버지의 뒤를 이어 나라를 정비하고 부국강병을 위해 온 힘을 기울여 안정된 국정을 이끌었다.

왕은 평소 바둑을 무척 즐겨서 수가 높은 사람을 보면 아무나 궁중으로 불러들여 대국을 했다.

그 무렵, 백제는 고구려와 사이가 좋지 않아 자주 싸우고 있었다.

어느 날, 개로왕에게 도림道琳이라는 한 스님이 찾아왔다.

"소승은 고구려의 승려인데 죄를 지어 백제로 도망오게 되었습니다. 그런데 전하께서 바둑의 수가 높으시다고 듣잡고 한 수 배우고 싶어 찾아왔습니다. 하오니 한 수 가르쳐 주신다면 더없는 영광으로 알겠습니다."

그는 고구려의 첩자로서 백제의 국력을 염탐하러 온 자였다.

고구려의 장수왕長壽王은 자주 침범해오는 백제를 치기 위해 고심하던 끝에 도림을 백제의 궁중으로 들여 보냈던 것이다.
 개로왕은 그와 대국을 한 결과 도림의 수에 아주 매료되고 말았다. 그래서 빈객賓客으로 머물게 하며 매일같이 바둑을 두었다.
 그러던 어느 날, 도림이 말했다.
 "소승이 다른 나라 사람임에도 불구하고 분에 넘치는 대우待遇를 해 주시니 뭐라 감사의 말씀을 드려야 할지 모르겠습니다. 하여 귀국貴國을 위하여 소승이 느낀 바를 간언해도 괜찮겠습니까?"
 "그래, 무슨 말이든지 해 보시오."
 개로왕은 기꺼이 응낙하였다.
 "귀국은 산이 험준하여 어느 나라든지 쉽게 침범을 하지 못할 것입니다. 이것은 하늘이 베푼 은덕입니다. 그러니 국가의 위엄을 드러내기 위하여 궁궐을 크게 지어 위엄을 나타내는 것이 좋을 듯하옵니다."
 개로왕은 도림의 말을 받아들여 나라의 모든 장정들을 징발하여 돌을 나르고, 나무를 베어 마침내 위용이 당당한 궁궐을 세웠다. 궁궐이 완성되자 이번에는 낭비된 국고를 채우기 위하여 많은 세금을 거두어 들였다. 그 결과, 노역으로 지친 백성들이 굶주리게 되니 왕에 대한 원망이 하늘을 찔렀다.
 그러자 도림은 고구려로 되돌아가서 장수왕에게 아뢰었다.
 "지금이야말로 백제를 넘어뜨릴 절호의 기회입니다. 지금 백제의 백성들은 왕을 원망하지 않는 사람이 단 한 사람도 없습니다."
 장수왕은 크게 기뻐하며 군사를 일으켜 일제히 백제를 공격했다.
 백제의 개로왕은 갑자기 적을 맞이하여 싸우려 했으나 국력이 이미 쇠퇴했기 때문에 어쩔 수가 없었다. 그때야 비로소 도림에게 속았음을 깨달았으나 때는 이미 늦어 있었다.

화근은 바둑이었다. 한낱 놀이에 불과한 바둑에 빠져 야금야금 국력이 탕진되고, 어려움이 중첩되어 있는 때에 침공까지 당하여 어찌할 수가 없었다. 왕은 다급한 나머지 궁궐을 나와 도망쳤으나 고구려의 장수에게 잡혀 아차성阿且城으로 끌려가 살해되었다. 이들 장수들은 백제에서 죄를 짓고 고구려로 도망간 사람들이었다.

소병조성燒餠造星

燒:불땔 소　餠:떡 병　造:만들 조　星:별 성

> 호떡으로 별을 만든다는 말로, 엉뚱한 핑계를 대고 자기의 욕심을 채우는 행위를 이른다.
>
> 문헌 :《한국인의 지혜韓國人의 智慧》

을사조약乙巳條約 후 을사오적乙巳五賊으로 불리던 사람들은 내부대신 이지용李址鎔, 군부대신 이근택李根澤, 외부대신 박제순朴齊純, 학부대신 이완용李完用, 농상공부대신 권중현權重顯 등 다섯 사람이었다.

일본은 무장한 병사들을 궁궐로 데리고 들어와 황제와 대신들을 위협하고 조약을 체결함으로써 외교권은 물론 내정까지 관장하였다. 이처럼 한일 병탄倂呑 중이던 1920년대, 월남月南 이상재李商在(1850~1927)가 시국 강연회를 열었다. 장내는 청중으로 가득 차 있고, 연단 옆에는 일본 경찰이 칼을 짚고 앉아 감시하고 있었다. 조선인의 강연회에는 으레 일본의 고등계 형사가 지켜보고 있게 마련이었다.

월남은 연단에 올라 큰기침을 한 후 연설을 시작했다.

"내가 조금 전에 보았던 이야기를 하나 하겠습니다. 내가 이곳으로 오는데 골목에서 호떡 한 개를 가지고 두 아이가 싸우고 있었습니다. 한 아이는 중학생이고, 다른 한 아이는 소학교 학생 같았는데, 소학교 학생이 가진 호떡을 중학생이 예쁜 별로 만들어 주겠다면서 빼앗아 조금씩 먹기 시작합디다. 소학생이 울면서 앙탈을 하니까 이번에는 달떡을 만들어 주겠다면서 살살 꼬여 결국 그 호떡 한 개를 다 먹어버리니, 소학생은 억울하고 어처구니가 없어서 자꾸 울기만 합디다."

월남의 이야기가 이에 이르자, 청중들은 벌써 그 이야기가 무엇을 뜻하는지 알아차리고 우레와 같은 박수갈채를 보냈다.

여기서 호떡은 우리나라를 가리키는 것이고, 소학생은 우리나라 사람, 중학생은 일본인을 비유했던 것이다.

처음에는 어리둥절해 있던 일본인 경찰은 사태가 심상치 않음을 뒤늦게야 깨닫고 고래고래 소리를 질러 연설을 중지시켰다. 결국 그날의 강연은 계속하지 못하고 그것으로 끝나버렸지만, 촌철살인 寸鐵殺人이라는 말처럼 월남은 자기가 전하고자 하는 뜻을 그 짧은 이야기로 충분히 전했던 것이다.

소학동자小學童子

小:작을 소 學:배울 학 童:아이 동 子:아들 자

《소학》을 배우는 아이라는 뜻으로 행실이 바르고 도덕관이 확고하여 모든 면에서 타의 모범이 되는 사람을 일컫는다. 《소학》은 청소년들이 꼭 읽고 실천해야 할 책이다.

문헌 : 《국조인물지國朝人物志》

조선 제9대 성종成宗 때 이황李滉 · 이언적李彦迪 · 정여창鄭汝昌 · 조광조趙光祖 등과 함께 오현인五賢人이라 일컬어지던 김굉필金宏弼(1454~1504)은 본관이 서흥瑞興 이며, 한양에서 태어났다. 그는 김종직金宗直의 문하에서 《소학小學》을 배우고 감명받아 스스로를 소학동자小學童子라 일컬었다.

그는 정여창과 지기지우知己之友로 지내며 1480년에는 척불斥佛을 상소하기도 했는데, 평소 바깥 출입을 할 때는 소학동자답게 항상 초립(草笠 : 나이가 어린 남자가 쓰는 갓)을 쓰고 다녔다. 또 육경六經 연구에 전심전력했으며, 성리학性理學에도 통달하여 문하에 조광조趙光祖 · 이장곤李長坤 · 김안국金安國 등의 학자를 길러냈다.

그는 소학을 좌우명座右銘으로 평생토록 가까이 하니, 그로부터 도덕관이 확고한 사람을 일컬어 소학동자라 했다.

송도삼절松都三絶

松:소나무 송 都:도읍 도 三:석 삼 絶:뛰어날 절

조선시대 개성에서 뛰어난 세 존재라는 말로, 박연폭포朴淵瀑布와 서화담徐花潭, 황진이黃眞伊를 이른다.

문헌 : 《소약당집韶?堂集 · 고금청담古今淸談》

황진이黃眞伊는 조선 중종 때 한 진사進士의 서녀庶女로 태어나 어머니 밑에서 사서삼경四書三經과 고서를 탐독했다. 용모가 출중한 데다가 재주도 탁월하여 시조時調를 잘 지어 명작을 남겼다. 또 가무에도 능하여 거문고를 잘 타고, 노래로 사람의 심금을 울렸다.

그녀의 나이 15세 무렵 동네 총각이 자기를 연모하다가 상사병相思病으로 죽자 도의적 죄책감으로 괴로워하다가 기생이 되었다.

그후, 그녀는 10년을 면벽 수도하던 천마산의 생불生佛 지족선사知足禪師를 유혹하여 파계破戒시켰다.

그녀는 화담花潭 서경덕徐敬德(1489~1546)을 사모하여 어느 날 밤 그의 침소로 들어가 은근히 유혹하였으나 그는 목석처럼 요지부동이었다. 이에 황진이는 지족선사도 자기에게 정절을 바쳤는데 화담만은 부동이니 참으로 성인이라 감탄해 마지않으며 스승으로 모셨다.

또 벽계수碧溪水 이창곤李昌坤은 왕의 종친이었는데 근엄하고 지조가 있어 기방 출입을 하지 않았다.

그는 문장이 뛰어나고 성품 또한 호방했다. 그러나 황진이 앞에서는 한낱 범부에 지나지 않았다.

그녀의 시조 작품 대부분은 사랑하는 사람을 애타게 그리는 여자의 진솔한 감정을 감각적으로 그리고 있다. 그 중에도 다음 두 편은 명편으로 평가되어 두루 회자되고 있다.

청산리 벽계수야 수이 감을 자랑 마라
일도 창해하면 다시 오기 어려워라
명월이 만공산하니 쉬어간들 어떠리.

동짓달 기나긴 밤 한 허리를 베어 내어
춘풍 이불 아래 서리서리 넣어 두었다가
어른님 오신 날 밤이어든 굽이굽이 펴리라.

송도 사람들은 황진이와 박연폭포朴淵瀑布, 서화담徐花潭, 이 셋을 일컬어 송도삼절이라 했다.

박연폭포는 개성에서 40리 거리의 경기도 개풍군 천마산天摩山 기슭에 자리하고 있으며 높이는 20여 미터 정도 된다.

서화담은 이름이 경덕敬德, 시호는 문강文康이며, 글씨가 명필이었다. 그는 청렴淸廉하고, 부귀나 영화에는 뜻이 없어 벼슬을 하지 않았다. 서경덕은 이기론理氣論을 연구하여 우주의 본질은 음양陰陽으로 분화分化한다는 이기일원론理氣一元論을 체계화했다. 또 성리학性理學에 일가를 이루었는데 평생을 도학道學·주학朱學·역학易學에 바쳤다.

쇄골표풍 碎骨飄風

碎:부서질 쇄 骨:뼈 골 飄:날릴 표 風:바람 풍

뼈를 갈아 바람에 날려버리다. 대역죄인에게 내리는 극형의 의미로 쓰인다.

문헌:《조선왕조 오백년 궁중사화朝鮮王朝 五百年 宮中士禍》

　　조선시대에 정론正論을 주장하다가 간신의 모함으로 화禍를 입은 사화士禍는 무오사화戊午士禍(연산군), 갑자사화甲子士禍(연산군), 기묘사화己卯士禍(중종), 을사사화乙巳士禍(명종)등 네 번에 걸쳐 일어났다. 그 발단은 공신과 외척 등의 세력이 권력을 장악하기 위해 저지른 정치적인 사건이었다.

　　이러한 큰 사건 뒤에는 반드시 참혹慘酷한 형벌刑罰이 따르게 마련이었다. 그 형태를 보면 남자는 씨를 단절시키고, 여자는 종으로 삼으며, 그런 사람의 집은 남이 다시 살지 못하게 헐어 버리고 그 자리에 연못을 팠는데, 이것을 파가저택破家瀦宅이라고 하였다.

　　사형에도 약을 내려 자살하게 하는 사약賜藥에서부터 참수(목베기), 효수(잘린 목을 거리에 내어 거는 것), 팔과 다리와 목을 토막내 죽이는 능지처참, 팔다리 사지를 네 마리의 말에 묶은 후 사방으로 말을 달리게 하여 찢어 죽이는 차열형撦裂刑, 시체를 다시 베는 육시戮屍, 형벌을 받아야 할 사람이 이미 죽어 장사 지냈을 때는 시체를 파내

어 목을 베는 부관참시剖棺斬屍 등 끔찍하고 다양한 형태의 형刑이 있었다.

연산군 시대의 간신, 임사홍任士洪(1445~1506)은 유자광柳子光, 신수근愼守勤과 연계하여 연산군의 생모 윤비尹妃가 폐비로 쫓겨나 사사賜死된 내력을 연산군에게 고자질하여 갑자사화가 일어나게 했다. 그는 아들 광재光載(현숙공주와 결혼)와 숭재崇載(휘숙옹주와 결혼)가 각각 임금의 부마가 됨을 기화로 갖은 횡포를 저질렀  다. 그래서 사람들로부터 '쇄골표풍碎骨飄風' 즉 뼈를 갈아 바람에 날릴 놈이라는 저주를 받았다.

그는 살아서는 영화를 누렸으나 중종中宗 반정 후 부관참시되었다.

수백우백 壽百又百

壽:목숨(오래 살) 수 百:일백 백 又:또 우 百:일백 백

> 백 년을 살고 또 더하여 백 년을 산다는 말. 백 살을 먹은 사람도 더 살고 싶은 마음을 가진다는 데서 장수를 기원하는 의미로 쓰인다.
>
> 문헌 : 《한국인의 지혜 韓國人의 智慧》

조선 제4대 세종世宗(재위 1418~1450) 때, 민대생閔大生은 벼슬이 숭정대부崇政大夫에 이르렀다.

어느 해 설날, 나이 90이 넘은 그에게 가까운 친족들이 모여 세배를 드렸다. 그 중 조카 한 사람이 공손히 세배를 드린 뒤 무릎을 꿇고 축원을 올렸다.

"바라옵건대 숙부께서는 백 년을 수하십시오."

그러자 그는 얼굴색이 변하면서 역정을 냈다.

"내 나이 90이 넘었는데 백 년만 살라고 한다면 몇 해 못 산다는 것 아니냐? 어찌 그렇게 박명薄命하라는 말을 하는 거냐? 괘씸하도다."

그러자 다른 조카들은 다른 말로 축원을 드려야겠다고 생각하였다. 그래서,

"바라옵건대 숙부님께서는 백 년을 수하시고 또 백 년을 더 누리시옵소서."

하고 말했다.

민대생은 그제야 섭섭한 마음을 풀며 말했다.

"오냐! 너야말로 하례賀禮를 제대로 하는구나!"

말 한마디로 은공恩功을 갚는다는 말처럼 말에 따라 결과는 크게 영향을 받는다. 부모님께 오래 사시라고 드리는 축수祝壽도 그렇다.

말 속에 말이 들었다는 말은 그래서 아주 철학적이다.

원형이정元亨利貞은 역학에서 천도天道의 네 가지를 말한다. 원元은 봄을 말하는 것으로 만물이 형성되고, 형亨은 여름이니 자라나고, 이利는 가을이니 만물이 영글어 익고, 정貞은 겨울이니 만물을 거둔다는 뜻이다.

이처럼 세상 이치에 맞게 뜻을 펴나가는 일이 모두 말이다. 물질도 잘게 쪼개고 쪼개면 분자에 이르고, 분자에서 원자, 그리고 그 후에는 음양으로 설명되는데 이 음과 양이 곧 말아닌 말이다. 이 말이 세상을 형성되게 하는 이치이고, 천리天理인 것이다.

수서성지隨序成志

隨:따를 수 序:순서 서 成:이룰 성 志:뜻 지

> 순서를 따르면 뜻을 이룬다. 즉 어떤 일의 뜻을 이루고자 하면 그 일의 순서를 차근차근히 따라야 이루어진다는 뜻.
> 문헌 : 《여담천리餘談千里》

충청도 온양溫陽의 온천동溫泉洞에 가난한 데다 발까지 저는 노파가 삼대독자와 함께 살고 있었다. 노파는 어려운 가운데서도 그 아들을 키우는 데 온 정성을 다 쏟았다.

어느덧 아들이 혼기를 맞아 매파를 놓아 사방팔방으로 혼처婚處를 구하게 되었는데 뜻대로 되지 않았다. 가문도, 살림도 형편없는 데다 시어머니 될 사람이 다리를 저는 장애인이기에 누구도 딸을 주려고 하지 않았다. 그러나 노파는 실망하지 않았다.

그러한 사정을 측은히 생각한 중매쟁이는 좀 모자라는 처녀라도 그냥 며느리로 맞기로 다짐을 받고는 아랫마을 홀아비 집으로 발걸음을 놓았다.

그 집에는 코가 비뚤어진 장애인 딸이 있었는데 말만 꺼내면 성사가 될 것으로 믿었다. 그러나 홀아비는 단박에 거절했다.

"그런 소리 두 번 다시 하지 마슈! 원 아무리 사윗감이 없기로서니 홀어미에다 절름발이 시어머니에게 딸자식을 보내겠소?"

"영감님두, 그 노인은 그렇지만 아들이야 인물 좋고 부지런하고 어디 나무랄 데 없잖아요."

"아, 듣기 싫다는데두요."

홀아비는 크게 역정을 냈다.

"흥! 까마귀 똥도 약에 쓰려니까 칠산바다에 싼다더니 코찡찡이 홀아비 꼴에 꼴값하네."

화가 난 중매쟁이는 한마디 쏘아 주고는 이번엔 황黃 영감 집으로 갔다.

그 집 딸은 팔을 제대로 못 쓰기 때문에 노파의 아들이 오히려 과분할 것 같아 희망을 걸었다. 그러나 이야기를 들은 황 영감도 대번에 고개를 흔들었다.

"에이, 여보슈! 팔을 못쓰는 내 딸이 그 집으로 들어가면 그 집엔 그런 사람들만 모였다고 남들이 얼마나 놀리겠소?"

"그렇게 따지다간 댁의 딸은 시집도 못 가고 환갑 맞겠소, 환갑!"

중매쟁이는 노파를 찾아가 지금까지 있었던 일을 그대로 말했다. 실망한 노파는 부처님께 기도를 올리기로 작정하고 산사山寺를 찾았다.

"부처님, 하나뿐인 우리 아들 제발 짝을 좀 정해 주옵소서."

그렇게 정성을 다해 불공을 드린 지 백 일째 되던 날, 깜빡 잠이 든 노파의 꿈에 하얀 옷을 입은 보살이 나타났다.

"쯧쯧! 정성精誠은 지극하나 순서가 틀렸으니 안타깝구나."

"무슨 말씀이신지 상세히 일러 주시옵소서!"

"그대의 아들이 장가를 못 드는 까닭을 모르지는 않을 터인데?"

"어미 된 제가 한쪽 발을 못 쓰는 탓이라고 생각하옵니다만······."

"하면 먼저 그대의 두 발을 온전히 쓰도록 해야 하지 않겠느냐?"

"하오나 무슨 수로?"

"지성至誠이면 감천感天이니, 지극한 정성을 드리면 될 것이니라."

말을 마친 보살은 순식간에 사라졌다. 꿈을 깬 노파는 다시 불공을 시작했다.

"나무아미타불! 제발 이 몸의 다리를 고쳐 주시옵소서."

또다시 백 일째의 밤. 허공에서 우렁차고 경건한 소리가 들렸다.

"내 그대의 정성을 가상히 여겨 소원을 들어주리라. 내일 마을 앞 들판에 다리를 절름거리는 학鶴 한 마리가 날아와 앉을 터인즉 그 자리를 잘 살펴보면 다리 고치는 법을 알게 될 것이니라."

이튿날, 노파가 꿈에 들은 대로 들판으로 나가니 과연 다리 하나가 불편한 학이 논 가운데에 있었다.

그런데 그 학은 앉은 자리 근처를 뱅글뱅글 돌면서 껑충껑충 뛰었다. 그렇게 하기를 사흘, 학은 언제 다리를 절름거렸냐는 듯 두 발로 뚜벅뚜벅 걷더니 힘껏 땅을 박차고 하늘로 치솟아 훨훨 날아가 버렸다. 노파는 하도 신기해서 급히 학이 뛰던 곳으로 달려가 보니 그곳에서는 뜨거운 물이 퐁퐁 솟아오르고 있었다.

노파는 얼른 아픈 다리를 그 물에 담갔다. 그러자 점차 몸이 시원해지기 시작했다. 노파는 신이 나서 열심히 발을 담갔다. 그렇게 이레가 지나자 신통하게도 절룩거리던 발이 씻은 듯이 완쾌됐다.

그 후 노파네 집은 부처님의 가피를 입은 집안이라 하여 혼인을 원하는 청혼이 빗발치듯 했고, 그 아들은 예쁘고 가문 좋은 색시를 맞아 잘 살았다.

그 소문이 널리 퍼지자 병을 고치기 위해 많은 사람들이 사방에서 모여들었다. 그곳이 바로 지금의 온양온천溫陽溫泉이다.

숙율자락熟栗自落

熟:익을 숙 栗:밤 율 自:스스로 자 落:떨어질 락

익은 밤은 저절로 떨어진다는 말로, 모든 일은 때가 되면 자연스럽게 이루어진다는 뜻이다. 자연의 순리를 의미한다.

문헌:《조선명인전朝鮮名人傳》

조선 가사문학歌辭文學의 대가이자 유명한 정치인이었던 송강松江 정철鄭澈(1536~1593)은 전라도 창평昌平에서 태어났다.

그는 당대의 석학이었던 기대승奇大升, 김인후金麟厚 등을 스승으로 하고 이이李珥, 성혼成渾 등과도 교류하며 학문을 쌓았다. 문장은 물론, 서예에도 뛰어났던 정철은 소장訴狀을 시적으로 잘 썼다.

그러나 선조宣祖 때부터 동서東西의 극렬한 당쟁이 시작되었는데 이때 정철은 서인西人의 거장으로 뇌물사건에 연루되어 귀양살이까지 해야 했다. 그 후 1580년에는 강원도 관찰사로 등용되고, 이어서 전라도와 함경도 관찰사를 지냈다. 그가 지방관 관찰사로 있을 때 일어난 사건이다.

두 사람이 서로 말다툼을 하다가 갑자기 한 친구가 쓰러져 죽었

다. 남은 사람은 당연히 의심받지 않을 수 없게 되었다. 당황한 그 사람은 정철을 찾아가 상의하였다.

　사연을 들은 정철은 다음과 같이 적어주었다.

　'독한 술이 곁에 있으나 마시지 않으면 취하지 않고,

　썩은 노끈이 손에 있어도 당기지 않으면 끊어지지 않는다.'

　글을 받아 읽은 의뢰인이 깜짝 놀라 따지듯이 물었다.

　"대감, 어째서 저를 죽이고자 하십니까?"

　그러자 정철은 빙그레 웃으면서 다시 글을 지어주었다.

　'기름 없는 등잔불은 바람이 없어도 절로 꺼지고,

　동헌의 누런 밤은 서리가 안 내려도 가을이 되면 떨어진다.'

　그 사람은 기뻐하며 그 소장을 사또에게 제출했다. 사또는 글을 보더니 바로 판결했다.

　"죽을 때가 되어서 죽었구먼. 그러므로 너는 무죄다."

　정철은 써준 글을 보고 따지듯이 달려드는 그 사람의 태도에서 죽음과는 상관 없다는 판단을 내리고 다시 글을 써준 것이다.

　정철은 《송강집松江集》에서 독서할 때 세 가지 유의해야 할 사항을 지적했는데, 그 하나는 글의 뜻을 깊이 생각하여 궁리하지 않는 것이며, 그 둘은 탐욕이 많아서 빨리 읽고자 하는 것이요, 나머지 한 가지는 전심專心 하지 못하고 쓸데없는 잡서에 끌려다니는 것이라고 했다.

　그의 작품으로는 〈관동별곡關東別曲〉〈사미인곡思美人曲〉〈속미인곡續美人曲〉〈성산별곡星山別曲〉〈훈민가訓民歌〉 등이 있으며 가사문학歌辭文學 연구의 귀중한 자료가 되고 있다.

승지허과 僧之虛夸

僧:중 승 之:어조사 지 虛:빌 허 夸:자랑할 과

> 스님의 허풍이라는 말로, 옛날 해인사의 스님과 석왕사의 스님이 서로 자기 사찰의 솥과 뒷간의 크기를 부풀려 자랑한 고사에서 유래했다. 사실보다 크게 과장하는 경우를 이른다.
> 문헌:《한국설화집韓國說話集》

합천 해인사海印寺의 가마솥은 크기로 유명하고, 함경남도 안변 석왕사釋王寺의 뒷간은 높기로 유명했다.

석왕사의 뒷간에 대해 소문을 들은 해인사의 한 스님이 과연 그러한지 확인을 하려고 바랑을 짊어지고 나섰다. 그런데 석왕사의 스님도 해인사의 가마솥을 구경하러 가다가 두 스님이 도중에서 마주치게 되었다.

석왕사의 스님이 해인사 스님에게 먼저 물었다.

"도대체 해인사의 가마솥이 얼마나 크기에 소문이 그리 자자합니까?"

"글쎄요, 어떻게 설명해야 그 크기를 짐작하실지……. 아무튼 지난해 동짓날 그 가마솥에 팥죽을 쑬 때 상좌가 팥죽을 젓기 위해서 배를 타고 떠났는데, 아직도 돌아오지 않았답니다."

"그래요? 과연 크긴 크군요. 혹시 동해東海보다 큰 건 아니겠지요?"

"아무려면 동해보다야 크겠습니까. 그건 그렇고, 듣기로 석왕사의 뒷간이 높다고 하던데 대체 얼마나 높기에 그렇게 소문이 요란합니까?"

"네, 형용할 수 없을 만큼 높지요. 소승이 이번에 절을 떠나며 뒤를 보았는데, 그 덩어리가 아직도 바닥에 떨어지지 않았을 것입니다. 아마 내가 해인사에 도착할 즈음에나 떨어지려나……."

"허허! 그래요? 구만리장천 같겠구려."

"아무려면 그만이야 하겠소만 아마 크게 다르지는 않을 것이외다."

질세라 허풍을 떨던 두 스님은 서로 같은 결론에 이르렀다.

"말씀을 듣고 보니 피차 얼마나 크고, 얼마나 높은지 잘 알겠구려! 그렇다면 굳이 먼 길을 힘들여 찾아갈 필요가 뭐 있겠소."

하고는 이내 헤어져 오던 길로 되돌아갔다.

시서습자 撕書習字

撕:골(찢을) 시 書:글 서 習:익힐 습 字:글자 자

책장을 찢어내어 글을 외운다는 말로, 공부에 전념했던 조선 세조·성종시대의 학자 김수온의 행동에서 유래했다. 어떤 일을 완벽하게 해내는 것을 가리킬 때 쓴다.

문헌 :《대동기문大東奇聞·한국인물고韓國人物考》

김수온金守溫(1409~1481)은 본관이 영동永同이고, 호는 괴애乖崖, 시호는 문평文平이다. 조선 세조世祖때 영중추부사領中樞府事를 지내고, 서거정徐居正·강희맹姜希孟 등과 학문을 같이 했다.

그는 사서오경四書五經의 구결口訣을 정했으며 집현전에 있을 때는《치평요람治平要覽》을 편찬했고, 교리로 있을 때는《의방유취醫方類聚》를 편찬했다. 또 해학을 좋아하였다. 그가 일찍이 병조정랑으로 있을 때 수하의 좌랑佐郎에게 말했다.

"내가 당신의 관상을 보니 수壽를 많이 할 것 같소."

좌랑이 기뻐하며 자세히 보아달라고 매달리자 수온이 말했다.

"그걸 어디 함부로 말할 수 있소? 한턱을 내면 모를까……."

좌랑은 관상을 보고 싶은 생각에 한턱을 걸게 차려 대접하며 다시 수온에게 청했다.

"제 관상을 제대로 좀 보아 주시겠다 하셔서 이 자리를 마련했으니 한 말씀 해주십시오."

그러자 수온이 시침을 떼며 말했다.
"당신의 나이가 벌써 쉰을 넘었기에 내가 수 좀 많이 할 상이라고 말한 것일 뿐 얼마나 더 살지 그것은 알 수 없소이다."
함께 있던 사람들이 모두 깔깔 웃어댔다.
김수온의 기행은 또 있었다. 그는 책을 빌려오면 어김없이 한 장씩 뜯어서 소매 속에 넣고 다니며 외우다가 확실하게 외우게 되면 아무 데나 버렸다. 그래서 책 한 권을 다 떼고 나면 그 책은 없어져 버렸다.
한번은 영상 신숙주申叔舟가 애장하고 있는 진귀한 고서를 그가 빌려달라고 청했다. 신숙주는 차마 거절할 수가 없어서 빌려주었더니 몇 달이 되어도 가져오질 않는 것이었다.
그래서 김수온의 집을 찾아가니 그 책을 모두 찢어 벽지로 발랐는데 이미 연기에 그을려 새까맣게 되어 있었다. 신숙주가 깜짝 놀라 물으니 수온은 책을 누워서 읽기 편하게 하느라고 그랬다고 했다. 신숙주는 차마 화도 못내고 입맛만 다시며 그냥 돌아올 수밖에 없었다. 모든 일에 능동적이고 마음먹었다 하면 완벽을 고집하는 그의 괴벽을 영상으로서도 어쩔 수 없었던 것이다.

시수절화是誰折花

是:이 시 誰:누구 수 折:꺾을 절 花:꽃 화

누가 꽃을 꺾어다 주겠느냐는 말로 신라의 수로부인이 절벽에 피어 있는 꽃이 갖고 싶어서 했던 말에서 유래했다. 간절한 소망을 표현할 때 쓴다.

문헌 : 《삼국유사三國遺事》

　　신라 제33대 성덕왕聖德王 때 순정공純貞公의 아내 수로부인水路夫人은 빼어난 미인이었다.
　순정공이 강릉 태수太守가 되어 가족이 모두 임지로 갈 때였다. 먼 길에 피로해진 일행이 절벽 아래에서 잠시 쉬고 있는데 수로부인은 깎아지른 절벽의 벼랑에 진달래꽃 한 떨기가 활짝 피어 있는 것을 보고 말했다.
　"아! 아름답구나! 꺾어다가 가까이 두고 보면 얼마나 좋을까?"
　그러나 워낙 깎아지른 낭떠러지에 있는 꽃이라 감히 누구도 꺾어 올 생각을 못했다. 수로부인은 그 꽃이 못내 갖고 싶어 연신 혼잣말을 했다.
　"누가 저 진달래꽃을 꺾어 올 수 없을까(是誰折花)?"
　그때 흰 수염의 한 노인이 암소를 몰고 그곳을 지나가다 그 말을 듣고 말했다.
　"이 늙은이가 꺾어다 드리지요."

"위험할 텐데 할 수 있겠어요?"

수로부인이 걱정을 하자 노인은 대답 대신 빙긋 웃더니 성큼 절벽에 매달렸다. 그런데 절벽을 기어 올라가는 노인의 동작이 너무도 날렵했다. 노인은 그렇게 하여 수로부인의 소원을 풀어 주었다.

일행이 강릉을 향해 떠난 지 사흘째 되던 날, 바닷가에 있는 임해정臨海亭이라는 정자에서 점심을 먹게 되었다. 그때 수로부인의 미모에 반하여 호시탐탐 기회를 노리던 동해의 용이 갑자기 솟구쳐 올라 수로부인을 낚아채어 바닷속으로 사라져 버렸다.

남편 순정공純貞公은 아무런 대책이 없어 발만 동동 구르며 안타까워했다. 그러자 이번에도 그 노인이 나타나 계교를 일러주었다.

"이 일은 많은 사람이 필요하니 사람들을 더 불러 오시오."

"바다로 들어가야 합니까?"

"물고기도 아닌데 어떻게 바닷속으로 들어간단 말입니까? 옛말에 여러 사람의 말은 무쇠도 녹인다고 했습니다. 바다의 용이라 할지라도 많은 사람의 입은 두려워할 것입니다. 그러니 모을 수 있는 데까지 많이 모이게 하시오."

순정공이 마을 사람들을 불러 모으자 노인은 노래를 지어주며 큰 소리로 부르게 했다.

"거북아! 거북아! 너희 나라 용이 잡아간 우리 수로부인을 데려오너라. 남의 아내를 잡아갔으니 하늘이 용서치 않으리라. 만약 부인을 데려오지 않으면 그 대신 널 잡아 구워 먹겠다."

　여러 사람이 노래를 부르며 장대로 바닷물을 두드리자 용은 할 수 없이 수로부인을 거북의 등에 태워 뭍으로 돌려보냈다.

　노인은 여러 사람을 동원하여 용을 비난하는 여론을 조성함으로써 수로부인을 구해냈던 것이다.

시적수첨 柴積修簷

柴:장작 시 積:쌓을 적 修:고칠 수 簷:처마 첨

> 장작을 쌓아 부서진 처마를 수리한다는 말로, 어떤 물건을 효율적으로 이용하는 것을 비유적으로 이른 말이다.
> 문헌:《한국역사대사전韓國歷史大事典》

영은문迎恩門은 조선시대에 명나라의 사신을 맞이하기 위해서 세워진 문이었다. 지금의 서대문구 독립문獨立門 부근에 있었는데 1537년 중종 2년에 김안로金安老가 개축할 때 청와靑瓦로 덮고 영조문迎詔門이라는 현판을 달았던 것을 명종 때 명明나라의 설연총薛廷寵 칙사가 영은문이라 바꾸어 걸게 했다.

어느 날, 영은문의 추녀 기와 한 장이 깨졌다. 그러자 문을 관리하던 관리원은 그 일을 호조판서에게 보고했다.

"추녀의 기와가 빠져 나가면 나머지 기와들도 잇달아 주저앉을 것입니다."

"수리할 좋은 방법이 있느냐?"

"사다리를 댈 자리가 마땅치 않고, 비계를 설치하는 것도 적당하지 않습니다."

"그럼 내가 직접 가서 확인을 해야 되겠다."

호조판서가 영은문으로 가서 자세히 살펴보니 기와 한 장만 갈아

끼우면 되는 일이었지만 결코 쉬운 일은 아니었다. 그는 궁리 끝에 돈 2천 냥을 관리원에게 주며 말했다.

"새벽에 장안長安으로 들어가는 길목에 서 있으면 고양高陽이나 벽제에서 장작을 팔러 오는 사람들이 있을 것이다. 그 돈으로 장작을 모두 사서 영은문의 기와가 깨진 처마 밑에 차곡차곡 쌓도록 하여라."

관원들은 호조판서의 지시대로 장작을 사서 쌓았다. 장작의 높이가 영은문과 거의 비슷해지자 호조판서가 다시 말했다.

"그 장작더미에 올라가서 깨진 기와를 바꿔 끼우도록 하여라."

과연 지시대로 하니 일은 금방 끝났다. 관리원이 호조판서에게 말했다.

"분부하신 대로 수리했습니다. 이제 저 장작은 어떻게 할까요?"

"으음, 조금 있으면 장작을 구하지 못한 사람들이 몰려올 것이니 그때 모두 팔아 넘기도록 하여라."

한낮이 되자 과연 판서의 말대로 장작을 구하려는 사람들이 영은문 앞으로 몰려왔다. 쌓여 있던 장작은 순식간에 다 팔려 나갔다.

호조판서가 말했다.

"나라의 돈을 한 푼도 쓰지 않고 영은문을 수리하였다. 가난한 백성들에게서 나온 돈을 한 푼이라도 헛되이 써서는 안 된다는 것을 너희는 항상 명심해야 될 것이니라."

시죽발복施粥發福

施:베풀 시　粥:죽 죽　發:나타날 발　福:복 복

죽을 베푸니 복이 되었다는 말로, 스님에게 약간의 죽을 나누어 주었더니 그것이 인연이 되어 복을 받게 된 이지광의 고사에서 유래했다. 좋은 일을 하면 복이 되어 돌아온다는 뜻으로 쓰인다.

문헌 :《대동기문大東奇聞》

　　조선 제21대 영조英祖 때 이지광李趾光은 양녕대군讓寧大君의 13세손이다. 양녕대군은 태종의 세자가 되었으나 왕위를 동생 충녕대군忠寧大君(세종世宗)에게 물려주고 팔도를 유람하며 자유분방하게 살다 간 인물이다.

　이지광은 남대문 밖에서 살았는데, 집안이 매우 가난하여 생활을 이어갈 수 없어서 막노동을 해야 할 딱한 지경에 있었다.

　그러한 그에게 어느 날, 시주승施主僧이 찾아와 먹을 것을 구걸했다. 그는 자신도 배가 고파 죽을 지경이면서도 먹고 있던 죽 절반을 나누어 주고, 찬 방에서 하룻밤을 같이 지냈다. 스님은 크게 고맙게 생각하고, 떠나면서 말했다.

　"형편을 살펴보니 선비님도 어렵게 사시는 것 같습니다. 그런데 집 뒤의 단청한 집은 무슨 집입니까?"

　"내게 13대 선조先祖가 되시는 양녕대군의 사당입니다."

　"그러시면 사당 앞의 나무를 베어내 사당이 멀리서도 잘 보이도록 하십시오. 그러면 반드시 좋은 일이 있을 것입니다."

이지광은 고개를 갸웃거리면서도 스님의 말에 진실한 데가 있어 그의 말대로 사당 앞의 나무를 베어냈다. 그러자 가려졌던 사당 건물의 모습이 훤히 드러나 멀리에서도 잘 보였다.

그리고 며칠이 지나서 영조가 헌릉(獻陵 : 조선 태종의 능)에 제사를 지내고 돌아오는 길에 이지광의 집 근처를 지나게 되었다. 영조는 그곳에서 허물어져가는 낡은 사당을 보고 신하들에게 물었다.

"저것이 누구의 사당인가?"

옆에 서 있던 승지가 아뢰었다.

"네! 양녕대군의 사당입니다."

"그래? 한데 많이 낡았구나. 제사를 지내 주는 종손은 있다더냐?"

"네, 있긴 하온데 너무 가난하고 궁색하여 천한 막노동을 해야 할 형편에 이르렀다고 합니다."

"그럼 대궐로 들어와서 나를 찾으라고 일러라!"

일이 이렇게 된 것은 시주승의 예지 능력 때문이었다. 즉 사당 앞의 나무를 베지 아니했더라면 사당이 영조의 눈에 띄지 못했을 것이다.

다음날, 이지광은 해진 도포에 부서진 갓을 쓰고 영조 앞에 나아가 엎드렸다. 영조는 남루한 행색을 보고 측은해 하며 물었다.

"그대는 양녕대군의 몇 세손인가?"

"13세손입니다."

"만약 양녕대군께서 왕위를 세

종대왕에게 사양하지 아니했다면 네가 이 자리의 주인이 되었을지도 모르는데······."

영조는 그를 남부도사南部都事에 임명하고 승지를 보내 양녕대군의 사당을 새롭게 중수하게 하는 한편, 논과 곡식을 넉넉히 하사하여 제사를 모시게 했다.

이지광은 얼마 안 돼서 벼슬이 목사牧使에 이르고, 정사를 잘 펴서 세상에 이름을 남겼다.

또한 그의 증손 이승보李承輔, 고손 이근수李根秀는 판서에 이르러 자손 대대로 부귀를 누렸으니, 시죽발복施粥發福이 이같이 클 줄 누가 알았겠는가?

식부지덕 媳婦之德

媳:며느리 식 婦:지어미 부 之:어조사 지 德:큰 덕

> 며느리의 덕이라는 말로, 며느리가 불씨를 보존하기 위해 정성을 다했던 고사에서 유래했다. 집안의 아녀자가 일을 잘할 때 칭찬하는 말로 쓰인다.
>
> 문헌:《한국인의 설화韓國人의 說話》

우리나라의 대가집에서는 조상 대대로 불씨를 이어받는 전통이 있었다. 오늘날처럼 불을 얻는 일이 쉽지 않았던 때라 불씨를 꺼뜨리지 않고 지키는 것이 아녀자의 의무이자 큰 덕목이었다.

한 사대부士大夫 양반 댁에서 새 며느리를 얻었다. 그녀는 비록 가난한 집안에서 자랐지만 마음씨가 착하고 부지런한 데다 예의범절이 바른 규수였다.

며느리에게 살림을 넘겨주던 날, 시어머니는 특별히 일렀다.

"새아가야, 너를 맞게 되어서 참으로 기쁘구나! 너도 아다시피 우리 집에는 선조先祖로부터 이어받은 불씨가 있단다. 이제 이 불씨를 너에게 넘겨줄 테니, 너도 웃어른들을 본받아서 꺼뜨리는 일이 없도록 하여라."

"예, 어머니!"

며느리는 불씨를 돌보는 일에 특별히 신경을 썼다.

며칠 후, 새벽에 밥을 짓기 위해 부엌으로 나간 며느리는 소스라

치게 놀랐다. 불씨가 꺼져 있었던 것이다. 간밤에 불씨를 화로에 담아서 그토록 잘 다독여 놓았건만 어찌 된 일인지 차가운 재만 남아 있었다.

며느리는 시부모님이 이 사실을 알게 되어 노발대발하실 것을 생각하니 아찔했다. 생각 끝에 그래도 자기의 처지를 이해해 줄 사람은 남편밖에 없다고 생각해 남편에게 사실대로 이야기했다.

이야기를 들은 남편도 처음에는 깜짝 놀랐으나 이내 걱정하는 아내를 위로하였다.

"너무 걱정 마오. 내가 새 불씨를 만들어 줄 테니 다시는 꺼뜨리는 일이 없도록 하시오."

남편은 부싯돌로 새로이 불씨를 만들어 주었다. 며느리는 무사히 위기를 넘겼으나 마음속으로는 죄송하기 그지없었다.

그런데 이튿날 또 불씨가 꺼져 있었다.

며느리는 기가 막혔다. 한 번 꺼뜨린 것만으로도 어른들을 뵐 면목이 없는데, 연거푸 두 번씩이나 꺼뜨렸으니 자신이 생각해도 상서롭지 못한 일인 듯싶었다.

"참으로 이상한 일이야. 어젯밤 늦도록 불씨가 무탈했었는데 밤 사이에 꺼지다니 아무리 생각해도 모를 일이야."

며느리는 누군가가 일부러 불씨를 꺼뜨리지 않고서야 그럴 리가 없다는 생각이 들었다.

이번에는 남편도 화가 나서 도와주지 않는 바람에 그날 시어머니로부터 호된 꾸중을 들었다. 그리고 그날 밤이었다.

며느리는 잠을 이룰 수가 없었다. 그래서 부엌 한켠 구석에 쪼그리고 앉아 불씨가 든 화로를 감시하고 있었다.

한밤중이 되었다. 며느리는 밤이 깊어지자 참을 수 없이 졸음이 쏟아지기 시작했다. 온종일 고달프게 일을 한 데다가 불씨 때문에 마음을 졸였으니 그럴 만도 했다.

졸고 있던 며느리는 인기척에 소스라치게 놀랐다.

남색 저고리에 회색 바지를 깨끗하게 차려 입은 열두어 살 되어 보이는 소년 하나가 부엌문으로 들어서더니 살금살금 발소리를 죽여 불씨가 담긴 화로 앞으로 다가가는 것이었다.

며느리의 가슴은 놀라움으로 방망이질을 치듯 두근거렸다. 그런데 해괴하게도 그 소년은 화로에 오줌을 누는 것이었다.

"이 녀석! 너, 누구냐?"

며느리는 그 소년의 옷자락을 움켜잡으려고 했다. 그러자 소년은 날렵하게 빠져 밖으로 도망쳤다.

며느리는 있는 힘을 다해 소년이 가는 대로 내를 건너고 언덕을 지나 가시덤불 속을 지나서 정신없이 쫓아갔다.

약을 올리듯 힐끗힐끗 뒤를 돌아보면서 달려가던 소년은 더 이상 도망갈 힘을 잃었는지 한 나무 밑에 멈춰 서는 것이었다.

"꼼짝마라! 너는 이제 잡혔다."

그런데 소년은 순식간에 땅속으로 자취를 감춰버렸다.

"좋다, 네가 땅속으로 숨는다고 못 잡을 것 같으냐? 내 기어이 너를 잡고 말 테다."

며느리는 분한 마음에 맨손으로 정신없이 땅을 팠다. 바로 그때 한 떼의 사람들이 횃불을 들고 산으로 올라왔다. 시댁 사람들이었다.

"여보, 여기서 무얼 하고 있는 거요?"

남편이 피투성이가 된 아내의 손을 감싸 잡았다. 며느리는 눈물을 흘리며 지금까지의 일을 모두 이야기했다.

"예사로운 일이 아니구나. 그곳을 더 파 보는 것이 좋겠다."

함께 따라 나온 시어머니가 근심스러운 표정으로 말했다.

남편을 비롯한 장정들이 땅을 파고 들어가니 널따란 바위가 나왔다. 그래서 그 바위를 힘껏 젖혔다.

"오, 이럴 수가……!"

그곳에는 커다란 항아리가 하나 있고, 그 속에는 금은보석金銀寶石이 가득 담겨 있었다.

사람들은 그것이 불씨를 꺼뜨리지 않은 그 집안에 하늘이 복을 내려준 것이라고 생각했다.

식자살장識者殺丈

識:알 식　者:놈 자　殺:죽일 살　丈:어른(장인) 장

> 유식한 자가 장인을 죽이다. 유식한 체하며 거들먹거리다가 되려 큰일을 당하는 경우를 이른다. 식자우환과 비슷한 뜻으로 쓰인다.
> 문헌:《한국해학전집韓國諧謔全集》

충북 제천堤川 교동校洞 마을에 김 참봉이라는 사람이 살았다. 그는 매우 유식해서 한문에 관해서는 그를 당할 사람이 없었다.

그는 툭하면 이렇게 말했다.

"쳇, 그까짓 언문 나부랭이를 글이라고 쓰나?"

"흥, 암글 가지고 내 앞에서 행세하지 말게나! 나는 진서眞書를 하는 선비일세."

그는 자기가 남보다 한문漢文을 좀 많이 안다는 것을 코에 걸고 툭하면 한글은 여자나 배우는 암글이요, 언문이요, 상놈 글이고, 한문은 진서, 곧 참글이라고 하며 한글을 천시하였다. 그래서 그는 평소에 자기 생각을 한문으로 말하고, 한문으로 썼다. 즉 '아침밥을 먹었다'라는 말은 '아식조반야我食朝飯也!'라고 하고, '빨리빨리'라는 말은 '속거속거速去速去'라는 식이었다.

어느 날, 난데없이 큰 호랑이가 산에서 내려와 김 참봉의 장인을 물고 달아나 버렸다. 방 안에서 그 광경을 보고 있던 김 참봉이 뛰어나와 소리쳤다.

"아심경 아심경我甚驚, 我甚驚이로다."

'내가 놀랄 일이다, 내가 놀랄 일이다.'라는 말을 한문으로 하니 아무도 알아들을 수가 없었다.

사람들이 어리둥절해 하자 그는 빨리 사람에게 알려서 장인을 살려야겠다고 생각하고 젖먹던 힘까지 다해서 다시 소리를 쳤다.

"원산지호遠山之虎가 자근래야自近來也하여 오지장인吾之丈人을 착거착거捉去捉去했도다!"

먼산에서 호랑이가 내려와 나의 장인을 물어갔다. 그러니 빨리 나와서 얼른 도와달라는 말이었다.

그러나 동네 사람들은 여전히 그 말이 무슨 말인지 알아들을 수가 없었다. 늘그막에 마누라가 아기를 낳았으니 축하해 달라는 것인지, 자기 집에 불이 났으니 꺼달라는 것인지…….

김 참봉은 사람들의 반응이 없자 안타까운 나머지 다시 소리를 질렀다.

"지봉자持棒者는 지봉이래持棒而來하고, 지창자持槍者는 지창이래持槍而來하여 속거속거速去速去, 오지장인吾之丈人 희구출希救出 바라노라."

이 말 또한 알아들을 사람이 없었다. 맨 끝에 구출하라는 말은 겨우 알겠는데 어디서 누구를 구출하라는 것인지 도무지 알 수가 없었다. 결국 장인은 호랑이에게 물려가 죽임을 당하고 말았다. 그러자 김 참봉은 혼자 분노했다.

"이런 무정하고 괘씸한 사람들 같으니……. 원님에게 일러 혼내주리라."

원님이 그의 말만 듣고 그럴 수가 있느냐며 화가 나서 사람들에게 물었다.

"왜, 저 사람의 장인이 죽게 되었는데도 도와주지 않고 가만히들 있었느냐? 한 동네에 사는 사람의 도리가 아니지 않느냐?"

그러자 동네 사람은 무슨 말인지 몰라서 그랬다고 했다. 원님은 김 참봉에게 무엇이라고 소리쳤는지 그대로 복창複唱을 해보라고 했다. 김참봉이 그대로 되풀이 했다.

"원산지호遠山之虎(먼산의 호랑이가) 자근래야自近來也(스스로 가까이 와서)라, 오지장인吾之丈人(우리 장인을) 착거捉去(잡아갔다.) 지봉자持棒者(몽둥이를 가진 자는) 지봉이래持棒而來(몽둥이를 가지고 오고) 지창자持槍者(창을 가지고 있는 자는) 지창이래持槍而來(창을 가지고 와서), 속거속거速去速去(빨리빨리), 희구출希救出(구출해 주기를 바라노라.)"

그러자 원님이 격노하여 호통을 쳤다.

"이놈, 김 참봉! 그냥 '호랑이가 우리 장인 물어갔소. 어서 와서 구해주시오.' 그러면 될 것인데, 그리 어렵게 말했단 말이냐? 나도 무슨 말인지 모르겠다!"

"아, 원님께서도 그리 무식합니까?"

"이놈! 문자를 쓸 때가 따로 있지, 그 경황에 무슨 문자야? 저 멍청한 줄은 모르고 남까지 바보 만들어? 여봐라! 저 우매한 김 참봉을 형틀에 매고 볼기를 쳐서 다시는 그 따위 문자를 쓰지 못하게 하라!"

김 참봉은 곤장을 맞으면서도 소리를 질렀다.

"아야둔야我也臀也(아, 내 궁둥이야) 통야痛也(아파라!) 차후불용문자호此後不用文字乎(이후로는 문자를 안 쓰겠노라!)."

식지예교 媳之禮敎

媳:며느리 식 之:어조사 지 禮:예도 예 敎:가르칠 교

며느리의 예절교육이라는 말로, 손아랫 사람이 어른의 부족한 점을 깨우쳐 주는 것을 이른다.

문헌:《한국해학전집韓國諧謔全集》

　　조선 숙종肅宗 때 직장直長 황손승黃孫承(1632~1707)은 예의禮儀를 빼고 나면 남는 것이 없을 만큼 엄격하고 모범적인 사람이었다. 그는 사람은 걸음걸이와 앉음새, 음식 예절, 말투까지 천박해서는 절대 안 된다는 강한 신념을 가지고 있었다. 또 부모에게 효성孝誠이 지극하여 나라에서 종7품從七品 벼슬까지 하사받았다. 그런 그이기에 해가 떠도 예의, 달이 져도 예의, 그저 예의로 일관하다 보니 제일 딱한 사람은 그 집 아들이었다. 혼기가 닥쳐왔는데도 예의만 찾는 양반집에 딸을 주겠다는 혼처婚處가 나타나지 않았던 것이다.

　　그런데 이웃 마을에 심 학자沈學子라고 하는 사람에게 과년瓜年한 딸이 하나 있었다. 그러나 워낙 가정 형편이 어려워 누가 중매를 서려 하지 않았다.

　　심 학자가 탄식을 하니 부인이 말했다.

　　"저 황 직장直長 댁에 딸을 시집보내면 우리도 살림이 펴질 텐데……."

옆에서 듣고 있던 딸도 그 말에 동의하고 나섰다.

"그래요. 그 집에 저를 시집보내 주십시오. 시집가면 최선을 다하여 그 집안의 예의를 따르겠습니다."

심 학자는 펄쩍 뛰며 말했다.

"애야, 네가 며칠 굶더니 무슨 헛소리냐? 배운 게 없는 네가 그 집에 시집가면 봉제사奉祭祀, 접빈接賓, 음식 장만, 그리고 많은 예의범절을禮儀凡節 어찌 감당하려고?"

"아버지, 이 세상에 완전한 예의는 없습니다. 평소 성실하고 근면하게 살아온 제가 왜 예절이 없다고 하십니까? 너무 염려하지 마십시오. 그저 피나무로 만든 도마 하나와 식칼 하나, 베보자기 하나만 준비해 주십시오."

"아니, 그것은 어디에 쓰려고?"

"예. 필요한 데가 있을 것 같아 그러하오니 준비가 되거든 그 집에 청혼請婚을 해주세요."

그리하여 예의만 찾는 양반집에 가난한 선비네 딸이 시집을 가게 되었다.

혼례가 치러지고 그 이튿날, 드디어 문제가 생겼다. 새 며느리가 시부모님께 아침 사관仕官(윗사람께 드리는 문안인사)을 오지 않는 것이었다.

'에헴, 새 며느리가 오면 이런저런 예절교육禮節敎育을 시켜야지.' 하고 잔뜩 벼르고 있던 시아버지가 참다 못해서 소리를 질렀다.

"거, 며늘아이 수모手母(수발하는 여자) 있느냐? 아직도 새 아이가 사관을 오지 않는 연고가 무엇인고?"

급하게 새 며느리에게 다녀 온 수모가 말했다.

"예, 새아씨가 자기 집 예문(禮文: 예의 법도)은 윗사람이 사관을 받으려면 먼저 사당에 가서 조상님께 예를 올리고 나서 받는 법이어서 시아버님께서 사당에 다녀오시기만을 기다리고 있다고 합니다."

"음, 옳은 말이다. 대단한 예의가문禮義家門이로구나. 그럼 내 얼른 사당에 참배를 하고 오마."

그런데 때가 섣달 설한풍雪寒風이 몰아치는 때여서 노인이 뒷산 중턱에 있는 사당에 다녀오려면 대단한 고행이었다. 더구나 언덕길에는 많은 눈이 쌓여 있었다. 칠십 시아버지는 며느리의 절을 받기 위해서는 빙판 비탈길을 오르지 않을 수 없었다. 눈길에 자빠지고, 넘어지고, 미끄러져서 온몸 어디 한 군데 온전한 데가 없었다. 아이구 소리가 절로 나오고, 감기까지 걸려 기침도 도져왔다.

간신히 다녀와서 막 따뜻한 아랫목에 누우려고 하는 순간 새 며느리가 어느새 들어와서 아뢰었다.

"아버님, 사당에 다녀오시느라 얼마나 고생하셨습니까? 사관 받으시옵소서."

은쟁반에 옥구슬 굴리는 목소리로 문안을 드리니, '아, 과연 선녀 같고 예의 바른 우리 며느리로구나!'라고 생각은 들었지만 온 삭신이 아픈 것은 어쩔 수 없었다. 그는 어기적거리며 간신히 일어나 사관을 받았다.

'오늘은 억지로 사관을 받았지만 내일 아침은 어쩌지? 저 눈길에 그 높은 사당을 또 다녀와야 된단 말인가?'

시아버지는 걱정이 앞섰다. 하여튼 그렇게 겨우겨우 사흘 동안 사관을 받고난 황 직장은 '아이구 사관 받다가 내 명대로 못 살겠구나.' 하고 탄식이 절로 나왔다. 그래서 마누라를 시켜서 당장 사관을 그만두라고 하니까 며느리가 펄쩍 뛰었다.

"무슨 말씀이십니까? 사관은 석 달 동안 쉬지 않고 드리는 거라고 배웠습니다."

"응? 석 달? 아가, 내가 제발 빈다. 이제 그만 끝내자꾸나."

"아니옵니다. 명망 높은 집에서 사관을 사흘밖에 안 하다니요. 자손들에게 부끄러운 일이 될 것 입니다."

"아이구, 이러다가 내가 지레 죽겠구나."

"아버님, 예의는 지켜야 하겠지만 죽은 조상보다 살아계신 부모님이 더 소중하니까 그럼 아버님 말씀대로 따르겠습니다."

몇 달 후, 황 직장의 아버지 제삿날이 돌아왔다.

"아가, 오늘 저녁에 너희 시할아버지 기고(忌故:제사)가 있으니 제수를 장만하도록 해라!"

"예, 그럼 어머님! 평소에 쓰시던 도마하고 칼을 주십시오."

"아니, 무엇에 쓰려고 그러느냐?"

"저는 제사용 도마와 칼은 평소와 달리 따로 사용하라고 배웠습니다. 평소 쓴 것, 짠 것, 비린 것, 산에 들에 강에 바다에서 난 온갖 것을 썰고, 저미던 잡스런 도마에 어찌 신성한 제사 음식을 썰겠습니까?"

"그도 그렇겠구나. 그런데 아가, 내가 미처 그런 도마와 칼을 준비하지 못했는데 어찌하면 좋겠느냐?"

"이리 될 줄 알고 제가 피나무도마와 칼을 가지고 왔습니다."

"너희집은 과연 예의가 대단하구나."

"뭘요, 저희 아버지는 이런 것은 상식이라고 말씀하셨습니다."

"아, 그런 집안에서 며느리를 데려오다니 가문의 영광이로다."

그날 밤, 제사 상을 차리는데 진설법陳設法이 영 달랐다. 며느리는 조율이시棗栗梨柿, 홍동백서紅東白西가 아니라 빨간 음식은 빨간 것끼리 모아 놓고, 흰 것은 흰 것대로 모아 놓는 것이었다.

"얘, 아가! 이것은 누구의 진설법이냐? 희한하기도 하다."
"아이구, 아버님 이것도 모르십니까? 주자朱子 선생의 진설법 아닙니까?"
"아, 우리는 공자님 진설법으로 해왔는데……."
"주자님이 공자님의 법도를 고쳐 놓지 않았습니까?"
"음, 그럼 이제부터는 우리 가문도 주자법을 따라야 하겠구나!"
황 직장은 며느리가 가르쳐 주는 대로 따르는 신세가 되었다.
가을이 되었다. 첫 벼를 베려니까 며느리가 말했다.
"아버님, 제미祭米(제삿쌀)를 먼저 장만하셔야지요."
"그냥 한꺼번에 추수해서 나누어 쓰면 되지 않느냐?"
"아닙니다, 아버님. 저희 집 예문禮文에는 꼭 첫 곡식을 따로 추수해서 제미로 씁니다. 사대봉사四代奉祀이니, 제삿상을 여덟 번 차려야 되니까 여덟 봉지를 베보자기에 따로 싸서 보관해야 합니다."
"과연 예의 바른 집이로구나."
그런데 제미祭米를 여덟 번이나 따로따로 말리고 담으려니까 여간 번거로운 게 아니었다.
"며늘아가, 가가례家家禮란다. 집집마다 예절이 다른 법이니 지금부터는 너희 집 예문을 들먹이지 말고 우리 집 예절에 따라 사는 것 또한 예의일 것이니라. 그러니 너무 예절을 따지지 말고 편리하게 살자꾸나."
그 뒤부터 며느리는 예절 때문에 시달리지 않았다.

신구벌작申具罰酌

申:펼 신 具:갖출 구 罰:벌할 벌 酌:잔질할 작

> 신숙주와 구치관이 벌로 술을 마신다는 말. 세조가 신숙주와 구치관 두 정승들과 술자리에서 희롱했던 고사에서 유래했다. 이러나 저러나 결과는 마찬가지라는 의미로 쓰인다.
>
> 문헌 :《국조인물고國朝人物考》

신숙주申叔舟(1417~1475)는 고령 사람으로 호는 보한재保閑齋, 벼슬은 세조 때 예문관 대제학大提學, 영의정을 지냈고, 고령군高靈君에 봉해졌으며 시호는 문충공文忠公이다.

1443년 통신사로 일본에 갔을 때 시명詩名을 떨쳤으며 성삼문成三問과 함께 세종世宗을 도와 한글을 창제하는 데 큰 도움을 주었다.

또, 구치관具致寬(1406~1470)은 본관이 능성綾城으로 세조가 등극하는 데 공을 세워 영상에 이르렀다. 그리하여 구치관이 새로이 우의정에 임명되어 신新 정승이 되니, 신숙주는 구舊 정승이 되었다.

세조가 신申, 구具 정승을 불러 주연을 베풀며 말했다.

"경들에게 물어 볼 것이 있소. 대답을 잘하면 그만이지만 잘못하면 벌주를 마시기로 합시다. 먼저 신新 정승!"

세조가 새로 임명된 신新 정승을 불렀다. 그러나 신申 정승이 자기를 부르는 줄 알고 대답했다.

"예."

세조는 재미있다는 듯이 웃으면서 말했다.

"나는 신新 정승을 불렀는데 신申 정승이 대답했으니 실수요. 자, 약속대로 벌주를 받으시오."

세조는 신申 정승에게 벌주 한 잔을 주었다. 그리고 또 두 사람을 바라보며 불렀다.

"구舊 정승!"

이번에는 신申 정승을 불렀는데 구具 정승이 대답하니 세조가 말했다.

"나는 구舊 정승을 불렀소. 그런데 구具 정승이 대답했으니 또 벌주요."

하여 구具 정승도 벌주를 마셔야 했다. 이렇게 반복되는 신구벌작申具罰酌으로 세 사람 모두 대취하며 즐거워했다.

신지부덕申之婦德

申:펼 신 之:어조사 지 婦:며느리 부 德:큰 덕

신, 즉 신사임당 부인의 덕망이라는 말로, 신사임당에게서 유래했다. 여자가 지녀야 할 모범적인 덕행을 빗대어 쓴다.

문헌 : 《율곡전서栗谷全書》

신사임당申師任堂(1504~1551)은 강원도 강릉江陵의 북평北平 오죽헌烏竹軒에서 신명화申命和의 둘째 딸로 태어났다. 그의 아버지는 학문이 뛰어나고 덕망이 높았으나 벼슬을 탐하지 않아 진사進士에 머물렀다. 사임당의 어렸을 적 이름은 인선仁善이었다.

그녀는 경문經文과 문장, 바느질과 자수에 이르기까지 두루 뛰어났다. 또 일곱 살 때부터는 안견安堅의 화법을 배워 산수도山水圖와 포도화葡萄畵 같은 정물화를 많이 그렸다. 성인이 되자 여성적인 섬세함이 무르익어 한시漢詩에도 능하여 감히 따를 자가 없었고, 붓글씨 또한 일가를 이루었다.

그녀의 화재畵材는 주로 꽈리와 잠자리, 수박과 석죽화, 가지와 벌과 나비, 오이와 개구리, 범부채와 매미, 바위와 도마뱀, 도라지꽃과 여치 등 대부분 꽃과 과일, 그리고 풀벌레 등이었다.

신사임당의 나이 열아홉이 되자 여러 곳에서 청혼이 들어왔다. 그녀의 아버지는 한양에 사는 스물두 살 난 이원수李元秀라는 청년을

사위로 맞기로 했다.

이원수의 집안은 대대로 벼슬을 한 명문가였으나, 어릴 때 아버지를 여의고 홀어머니 밑에서 자라 깊은 학문을 익힐 수가 없었다.

사임당은 결혼을 하자마자 아버지 신명화가 세상을 뜨는 바람에 관습대로 3년상을 마치고 시집이 있는 한양으로 올라왔다. 그리고 맏아들 선璿에 이어 모두 4남 3녀를 낳았다.

그녀는 자녀들의 교육에 대해서는 매우 엄격했다. 특히 3남 이이 李珥(율곡栗谷)는 세 살 때 문자를 배우기 시작했으며, 여덟 살 때는 한시를 지었다. 13세 때에 진사 초시初試에 급제했고, 그 후 아홉 번이나 급제하여 구도장원九度壯元이라는 별칭을 얻었다.

이원수는 성격이 부드럽고 욕심이 없는 효자孝子였다. 그러나 쓰고 읽는 일은 아무래도 아내만 못했다. 그래서 사임당은 남편이 보는 데서는 책 읽는 것도 삼갔다. 어머니를 그리워하는 시조를 지을 때도 한밤을 택했다. 또 자식들이 무엇을 물어오면 으레, 이렇게 말했다.

"그런 건 너희 아버지께서 더 잘 설명을 해주실 게다."

하며 남편의 권위를 살려주기 위해 노력했다. 집안의 중요한 일을 결정할 때도 그것이 아무리 급한 일일지라도 남편의 말이 떨어지기 전에는 절대로 행하지 않았다. 그만큼 남편에 대한 내조內助도 지혜롭고 현명하게 했던 것이다.

남편 이원수는 덕수德水 이李씨였는데 그의 문중에는 영의정을 지내고 있는 높은 분도 있었다. 하여 이원수는 혹 벼슬을 얻을까 해서 가끔 그 영의정 댁을 방문하곤 했다. 이를 눈여겨보던 사임당은 조용히 남편에게 충고했다.

"주제넘은 말씀을 드리는 것 같아 송구스럽습니다만 그분 댁 방문은 삼갔으면 합니다."

"허허, 집안 형뻘 되는 분인데, 출입하는 게 뭐가 어째서 그러는 거요?"

"집안의 어른 찾아뵙는 것을 두고 하는 말이 아니라 영감께서 혹 벼슬자리를 염두에 두고 있는 게 아닌가 해서입니다. 그 어른이 지금은 높은 자리에 계시지만 아첨하는 자들에 둘러싸여 지내는 것이 옳지 않다는 생각이 들어 드리는 말씀입니다."

이원수는 아내의 말을 듣고 그 다음날부터 그 집에는 얼씬도 하지 않았다.

그 후 얼마 가지 않아 사임당의 말은 사실로 나타났다.

당시 조정은 소윤小尹, 대윤大尹으로 갈려 치열한 당파 싸움을 벌이다가 명종明宗이 즉위하던 1545년, 소윤의 윤원형尹元衡이 대윤의 윤임尹任 일파를 몰아내느라 피비린내 나는 싸움이 일어났다. 기묘사화였다.

이 사건으로 당시 영의정과 그 주변 사람들이 모두 귀양살이를 갔다. 그러나 이원수는 아내의 충고를 받아들여 교류를 끊은 덕분에 무사히 넘길 수 있었다.

남편이 할 일과 아내가 할 일을 자로 재듯이 엄하게 구별했던 사임당이었지만 결정적인 순간에는 자신의 의견을 분명하게 제시했다. 그렇게 함으로써 남편을 위험으로부터 보호했던 것이다.

그녀는 단군 이래 가장 위대한 어머니로 남편에게는 현숙하고, 자식들에게는 엄하고 자애로운 어머니였다.

신토불이 身土不二

身:몸 신 土:흙 토 不:아니 불 二:두 이

> 몸과 흙은 둘이 아니라 하나라는 말로, 우리 땅에서 나는 농작물이 우리 몸에 잘 맞는다는 뜻으로 쓰인다. 불이不二란 '둘이 아니고 서로 한 가지'라는 의미로, 서로 연결되어 같은 기운을 받는다는 뜻이다.
>
> 문헌 : 《향약집성방鄉藥集成方》

　　조선시대 의서醫書인 《향약집성방鄉藥集成方》의 서문에는 '기후와 풍토 그리고 생활 풍습은 같다.'고 했고, 《동의보감東醫寶鑑》에는 '사람의 살은 그 사람이 살고 있는 땅의 흙과 같다.'고 했다.

　　원元나라의 보도법사普度法師가 펴낸 《노산연종보감》의 게송[偈頌: 부처님 공덕을 찬미한 노래] 중 〈신토불이身土不二〉라는 글에서는 '몸과 흙은 본래 두 가지 모습이 아니다.'라고 했다. 또 '신시불이身時不二'라는 말도 있는데, 그 뜻은 '사람의 몸과 그 시절에 나는 음식은 둘이 아니다.'라는 말이다. 즉 제철에 나는 곡식과 채소, 그리고 과일을 먹어야 몸에 좋다는 뜻이다.

　　조선 인조 때의 학자 이수광李睟光(1563~1628)은 이렇게 말했다.

　　"하늘은 움직임[動]을 주관하고, 땅은 고요함[靜]을 주관하며, 사람은 동動과 정靜을 주관한다. 그러므로 하늘은 땅을 겸할 수 없고, 땅은 하늘을 겸할 수 없으나 능히 겸할 수 있는 자는 인간이다.

　　그러므로 하늘은 사람의 부모父母요 땅 또한 사람의 부모다. 따라서 몸을 공경하지 않는 것은 부모를 업신여기는 것이다. 사람이 그 몸을 공경하는 것은 하늘과 땅 천지를 공경하는 것이다."

이는 곧 자연이 나고, 내가 곧 자연이라는 말이다. 즉 자연과 내가 둘이 아니라 하나라는 뜻이다.

물아일체物我一体라는 말은 정신적인 경지를 이르는 말인 데 비하여 신토불이身土不二는 물질적인 상황을 이른다.

실학자 이중환李重煥(1690~1752)은 《택리지擇里志》에서 지형·풍토·인심 등의 자연 환경이 인간에게 미치는 영향에 대하여 자연과 사람과의 환경이 좋아야 한다고 말하고 있다.

풍수지리설을 응용한 택리지는 그런 면에서 주목할 만하다.

생명체란 살아 있는 세포의 거대한 조직체인데 성질이 다른 물체가 들어오면 거부 반응을 나타내게 된다.

따라서 익숙한 환경의 물체가 아닌 새로운 이질적인 환경을 만나게 되면 기능이 저하되기 때문에 방해를 받아 병을 일으킬 수 있다.

신토불이는 전통적인 식생활, 즉 현실적인 물질과 밀접한 관계를 갖는다. 그러므로 사람은 각자의 체질에 맞는 음식을 섭취하는 것이 매우 중요하다. 이것이 신토불이의 실행법이다.

신후진우信厚眞友

信:믿을 신　厚:두터울 후　眞:참 진　友:벗 우

믿음이 두터워야 진정한 친구다. 한 평범한 선비가 자식을 훈육했던 고사에서 유래했으며 진정한 친구는 어떠해야 하는지를 깨우쳐 주는 교훈이다.

문헌 :《한국오천년야사韓國五千年野史》

　　조선 제21대 영조英祖 때 전라도 부안扶安 단산丹山 고을에 김재곤金在坤이라는 선비가 남부럽지 않은 재산을 지니고 살았다. 그는 늘그막에 아들 하나를 얻게 되었는데 이목구비가 뚜렷하고 이마가 시원스러워 이름을 용진容珍이라고 불렀다.

　용진이는 친구 사귀기를 몹시 좋아해서 많은 친구들을 집으로 데려와 놀곤 했다.

　아버지 김재곤은 아들이 친구들과 즐기는 것을 굳이 탓하고 싶지는 않았으나 아무나 가리지 않고 사귀는 게 마음에 걸렸다. 그래서 어느 날, 아들을 불러 넌지시 물었다.

"용진아, 넌 오래된 친구가 많으냐, 새로 사귄 친구가 많으냐?"

아들이 대답했다.

"속담에 옷은 새것이 좋고 사람은 옛사람이 좋다고 했습니다. 그래서 저도 오래된 친구들과 가까이 지내고 있습니다."

"그럼, 벗을 많이 사귀는 게 좋으냐, 아니면 적지만 깊게 사귀는 게 좋으냐?"

"사귀는 수효가 중요한 게 아니라 믿을 수 있는 벗이 몇이냐가 더 중요하다고 생각합니다. 제가 사귀는 벗들은 모두 마음으로 믿음을 주고받을 수 있는 진실한 벗들입니다."

아버지는 아들의 시원시원한 대답에 연신 고개를 끄덕이며 다시 물었다.

"믿음을 나눌 수 있는 친구야 많을수록 좋겠지. 그런데 이 아비는 친구가 하나밖에 없다. 나에 비해 너는 너무 많은 친구를 사귀는 것 같더구나. 작은 고욤(크기가 작은 품종의 감) 일흔이 왕감 하나만 못하다는 말이 있지 않느냐?"

그러자 아들이 자신에 찬 눈빛으로 아버지에게 말했다.

"부처님이 살찌고 빼빼 마른 것은 석수한테 달렸지요. 저는 벗들에게 진심을 주고 있기 때문에 그들도 제게 진심을 주고 있다고 장담합니다. 미덥지 못하시다면 한번 시험을 해보시지요."

"그래? 그렇다면 이렇게 해보자꾸나!"

아버지는 뒤뜰로 나가 큰 자루에 짚다발을 우겨 넣고는 그걸 지게 위에 얹었다.

"오늘 날이 어둑어둑해지거든 이걸 지고 네가 가장 믿는 친구를 찾아가 이렇게 말해 보거라. '친구, 내가 어쩌다가 그만 사람을 죽이게 되었는데 좀 숨겨줄 수 없겠는가?' 그러고 나서 그 친구의 태도를 살펴보란 말이다."

아들은 아버지의 말씀대로 그동안 가장 친하게 지냈다고 생각하는 친구를 찾아가서 아버지가 일러준 대로 했다.

친구는 그 말을 듣자 험상궂은 표정을 지으며 말했다.

"우리가 오래 사귄 벗이니 자네를 관가에 고발하지는 않겠네만 자네를 숨겨 줄 수는 없네."

그러고는 말을 마치기가 무섭게 '꽝' 하고 대문을 닫더니 빗장까지 단단히 지르는 것이었다.

돌담 뒤에 숨어서 그 광경을 보고 있던 아버지는 풀이 죽어 있는 아들을 보고 말했다.

"애야, 실망할 것 없다. 넌 친구가 여럿 있으니 다음 친구를 찾아가 보자꾸나."

아들은 허탈한 마음을 쓸어내리며 또 다른 친구의 집으로 갔다. 그러나 이 친구도 아까와 마찬가지로 쌀쌀하게 거절했다. 아들은 얼굴이 홍당무가 되어 숨을 헐떡거렸다.

아버지는 아들의 어깨를 어루만지며 지게를 내려놓게 했다.

"그럼, 어디 이번에는 내 친구에게로 가보자."

별빛이 총총한 그믐날 밤, 아버지는 아들을 데리고 친구 집에 이르러 황급하게 대문을 두드리자 한 사람이 대문을 열고 나왔다.

"아니, 한밤중에 자네가 웬일인가?"

"잠을 깨워 미안하네만 내 아들이 말다툼을 하다가 그만 사람을 죽였다네. 좀 숨겨줄 수 없겠나?"

"아이고 어쩌다가 그런 일이······. 아무튼 어서 안으로 들어오게."

친구는 국을 뜨겁게 끓여 음식을 내왔다.

"그 경황에 어디 저녁이나 들었겠나. 우선 따뜻하게 국물이나 좀 드시게. 참, 술 한 잔 하겠는가?"

아버지는 술 한 사발을 들이켜고 나서 아들을 돌아보았다.

"보았느냐? 진정한 우정이란 이런 것이란다."

그러자 아버지의 친구가 영문을 몰라 어리둥절해 하며 물었다.

"그게 무슨 소린가?"

아버지는 친구에게 정중히 사과하며 말했다.

"내가 자네의 우정을 시험한 꼴이 되어 미안하네. 사실은 내 아들이 친구를 사귀는데 아무나 함부로 사귀는 것 같아 진정한 친구는 어떠해야 하는지를 깨우쳐주려다 보니 이렇게 되었네. 큰 결례를 해 미안하네."

그러고는 아들을 보고 말했다.

"가는 길이 멀어야 타고 가는 말의 힘을 알 수 있으며, 사귄 지 오래되어야 벗의 마음을 알 수 있는 법이다. 그러나 아무리 오래 사귀었어도 그 속에 믿음이 없으면 그건 진정한 친구라고 할 수 없지 않겠느냐? 벗과 벗 사이에는 진정한 믿음이 있어야 진정한 친구니라."

실기치명 失期恥命

失:잃을 실　期:때 기　恥:부끄러울 치　命:목숨 명

때를 놓치면 목숨이 수치스럽다. 신라 원술랑元述郎의 고사에서 유래했으며 어떤 일을 실행하는 시기의 중요성을 깨우쳐 주는 말이다.

문헌:《삼국사기三國史記》

신라가 백제를 멸망시키고자 660년, 당唐나라와 나당연합군羅唐聯合軍을 조직하여 신라군은 육로로, 당군은 해로로 백제를 협공하였다. 협공으로 7월 10일, 수도 사비성泗沘城이 함락됨으로써 백제는 결국 멸망했다. 그러나 신라가 얻은 것은 아무것도 없었다.

당나라는 백제에는 부여륭夫餘隆을 도독으로 웅진도독부熊津都督府(660년)를, 고구려에는 설인귀薛仁貴를 도독으로 안동도독부安東都督付(668년)를 두어 백제와 고구려를 완전히 점령하려고 획책했다. 그래서 신라는 전날의 동맹국이었던 당나라와 싸워야 하는 새로운 국면에 접어들었다.

한편 고구려 백성들도 국권을 회복하고자 여기저기서 저항 운동을 벌였다. 신라 문무왕文武王 10년(670년) 4월에는 고구려의 검모잠釰牟岑이라는 장수가 고구려의 재건을 선언하고 나섰다.

그는 연개소문淵蓋蘇文의 조카 안승安勝을 왕으로 옹립하고, 신라에 사신을 보냈다.

"우리는 당나라를 물리치고자 할 뿐 신라와는 아무런 유감이 없소. 그러니 양식과 일용품을 보내 우리를 도와주기 바라오."

신라는 즉시 그들의 요구를 들어주는 한편, 더 나아가 전략적 요충지인 지금의 전라북도 익산益山 지방인 금마金馬 땅을 제공했다. 고구려 백성의 환심을 사야 장차 당나라 세력을 몰아내는 데 도움이 될 것으로 계산했던 것이다.

당나라가 그 일을 알고 신라에 항의를 했지만 신라는 모르는 일이라고 시치미를 떼었다.

문무왕은 14년(674년)에 조카딸을 안승에게 시집보냈다. 이로써 고구려 유민과 신라는 더욱 가까운 사이가 되었다.

당나라 황제는 크게 노했다.

"신라가 등을 돌렸으니 이를 내버려 둘 수가 없다."

마침내 신라와 당나라는 곳곳에서 충돌했다.

문무왕은 백제 땅에서 당나라를 쳐 가림성加林城을 탈환했다. 그리고 그 여세를 몰아 백제의 옛 도성인 사비성마저 빼앗고 군량미를 운반하는 당나라의 배 70척을 침몰시켰다. 이때 수장된 당나라 군사가 수천 명이었다. 그러자 당나라 고종도 4만의 군사를 보내 신라를 치게 했다.

당나라 대군은 두 패로 나누어 안시성安市城과 마읍성馬邑城 근처에 진을 쳤다. 신라에서는 선봉장으로 효천曉天 장군을 비롯하여 의문義文, 산세, 능신, 원술元述 등의 장수들을 보내 대적하게 했다. 원술은 김유신金庾信 장군의 둘째 아들이었다.

신라군은 석문石門 평야에서 당나라 군사와 일전을 벌였다. 평야에서의 싸움은 보병보다는 기병의 싸움인데 신라군의 말은 작아서 산악 지대에서는 유리하지만 평야에서는 몸집이 크고 힘이 센 당나라 말을 당해낼 수가 없었다.

신라군은 밀리기 시작했다. 효천 장군은 당나라 군사가 쏜 화살을 가슴에 맞아 전사하고, 의문과 산세 또한 적군의 말발굽에 밟혀 죽었다. 능신 역시 적의 칼에 쓰러졌다. 신라군의 완전한 패배였다. 살아남은 장수는 원술 하나뿐이었다.

원술은 목숨을 아끼지 않고 싸우고자 했으나 그의 부하 담릉淡凌이 한사코 말고삐를 놓지 않고 말리는 바람에 죽지 못하고 살아 돌아왔다.

김유신은 문무왕에게 아들 원술을 석문 싸움에서 패한 죄를 물어 사형에 처할 것을 건의했다. 그러나 왕은 다음 기회에 공을 세우게 하여 이번의 수치를 벗도록 하자며 만류했다. 김유신은 끝내 아들을 집에 받아들이지 않았다.

"전쟁터에서 지고 돌아온 놈은 내 자식이 아니다."

원술은 크게 탄식했다.

'화랑도의 계율에 싸움에 임하면 절대로 물러서지 말라고 했거늘, 그것을 지키지 못한 이 수치스러운 몸을 어떻게 씻는단 말인가.'

원술은 부끄러움을 견디지 못해 태백산太白山으로 들어갔다.

문무왕 13년인 서기 673년 7월, 신라의 큰별 김유신이 79세의 나이로 세상을 떠났다.

문무왕은 크게 슬퍼하며 비단 1천 필, 벼 2천 섬, 악사 1백 명을 보내 김유신의 장례를 치르도록 했다.

원술은 아버지가 죽었다는 소식을 듣고 집으로 달려갔다. 그러나 어머니 지소智炤부인은 냉정하게 말했다.

"내겐 싸움에서 지고 돌아오는 자식은 없다. 그러니 집에 들어올 생각을 말아라."

원술은 가슴을 치며 다시 태백산으로 발길을 돌렸다.

"슬프도다. 내 어찌하여 그때 죽지 못했던고. 나를 말린 담릉이 너무도 원망스럽구나!"

김유신의 장례가 끝난 얼마 후 당나라가 신라의 북쪽으로 침략해 왔다. 원술은 왕을 찾아가 간청했다.

"석문 싸움에서의 수치를 벗게 하여 주시옵소서."

문무왕은 원술의 뜻을 선뜻 받아주었다. 싸움터로 나간 원술은 성난 호랑이처럼 닥치는 대로 적을 무찔렀다. 그 싸움에서 신라는 적으로부터 말 3만 필을 빼앗는 등 큰 승리를 거두었다.

문무왕은 원술에게 다시 벼슬을 내렸다. 그러나 원술은 그를 사양하고 집으로 돌아왔다. 얼마나 오고 싶었던 집이던가, 이젠 떳떳이 들어설 수 있었다.

그러나 집에 와 보니 어머니는 중이 되어 절로 떠나 버리고 없었다. 원술은 꿈에 그리던 어머니를 뵙지 못하고 흐느껴 울며 다시 태백산으로 들어갔다. 그리고 몇 해 뒤에 혼자서 쓸쓸히 죽었다.

심통주작心通酒酌

心:마음 심 通:통할 통 酒:술 주 酌:술 작

마음이 서로 통하면 술을 대작한다. 즉 서로 뜻이 통하면 어떤 일도 함께 할 수 있다는 의미로 쓰인다.

문헌 : 《한국오천년야사韓國五千年野史》

고려 제16대 예종睿宗(재위 1105~1122) 때의 윤관尹瓘(?~1111)은 북쪽의 여진족女眞族을 토벌하고, 아홉 개 성을 쌓는 등 많은 공적을 남긴 명장이다.

윤관이 국방을 지키는 군대의 원수元首가 되어 북정北征할 때, 부원수 오연총吳延寵(1055~1116)과는 전쟁에서 생사를 같이 할 만큼 마음을 주고받는 평생의 친구였다. 그래서 여진족을 토벌하고 돌아온 뒤에 두 사람은 자녀를 결혼까지 시켜 사돈 관계를 맺었고, 함께 대신의 지위에 올랐다. 관직에서 물러나 고령에 들어서는 작은 시내를 가운데 두고 인근에 살면서 종종 만나 전날에 고생하던 회포를 주고받았다.

어느 날, 윤관이 자기 집 술이 잘 익어 오연총과 한잔 나누고 싶어졌다. 그래서 하인에게 술을 지워 오연총을 방문하려고 가던 중 냇가에 당도했다. 그런데 갑자기 소나기가 내려 물이 불어 건너갈 수 없어서 머뭇거리고 있었다. 그러다가 문득 냇물 건너편을 보니, 오연총도 하인에게 무엇을 지워 가지고 오다가 윤관이 물가에 서 있는 것을 보고 큰소리로 물었다.

"대감, 어디를 가시는 중이오?"

윤관이 대답했다.

"술이 잘 익어 대감과 한잔 나누려고 가지고 나섰는데 물이 많아서 이렇게 서 있는 중이오."

오연총도 역시 잘 익은 술을 가지고 윤관을 방문하려던 뜻을 말했다. 그러자 피차에 그냥 돌아서기가 안타까워서 몇 마디 환담을 하다가, 오연총이 윤관에게 말했다.

"우리가 말로 정담을 나누기는 했지만 술을 한잔 나누지 못하는 것이 정말 유감이군요."

이에 윤관이 웃으며 말했다.

"정히 그러시다면 이렇게 하십시다. 대감이 소생에게 한 잔 들라고 하면 소생이 가지고 온 술을 대감의 술로 알고 한 잔 마시고, 소생이 그같이 대감에게 권하면 대감께서도 같은 방법으로 한 잔 드시면 되지 않겠소?"

오연총도 그렇게 하면 되겠다고 찬동했다.

이에 두 사람이 나무를 베어낸 등걸(査)에 자리를 잡고 앉아 이편에서 '한 잔 드시오!' 하고 술잔을 들고 머리를 숙이면(頓首) 저편에서 한 잔 마시고 '한 잔 드시오!' 하고 머리를 숙이는 일을 반복하면서 밤이 깊도록 가져간 술을 다 마시고 돌아왔다.

이 일이 당시 고관 대작들에게 풍류화병(風流話柄: 멋있는 이야깃거리)으로 알려져서 서로 자녀를 결혼시키는 것을 '우리도 사돈(査頓: 나무등걸에 앉아 깊이 생각하면서 머리를 숙임)을 해볼까' 하는 말로 회자되기 시작했고, 그 말이 오늘날 사돈査頓(혼인한 두 집의 부모가 서로 부

르는 말)이라는 말의 어원이 되었다.(査 : 나무등걸 사 頓 : 절할 돈)

　그런데 세월이 지나다보니 양가 집안의 여러 촌수를 좀 더 세분해서 지칭하는 용어가 필요하게 되었다. 그래서 양가의 부모, 즉 같은 항렬끼리는 사돈, 또는 맞사돈, 아내 되는 사람은 안사돈, 사부인査夫人, 사돈의 부모, 또는 형님은 사장査丈, 사돈의 조부모는 노사장老査丈, 노사부인老査夫人이라고 호칭하게 되었다. 이외에 사돈의 사촌 형제 등의 친척은 통칭하여 곁사돈이라고 부르는 것이 통례이다.

아사리판阿闍梨判

阿:언덕 아　闍:화장할 사　梨:배 리　判:쪼갤 판

> 스승이 될 만큼 도력이 높은 규범사規範師들의 모임, 즉 제자의 행위를 바르게 교육할 만한 덕이 높은 승려들의 모임을 말한다. 근래에는 질서가 없이 여럿이 어지럽게 어울린다는 의미로 쓰고 있다.
>
> 　　문헌:《이판사판 야단법석理判事判 野壇法席 · 불교대사전佛敎大辭典》

　　阿闍梨는 인도의 소승불교小乘佛敎에서 학승의 행동을 바로잡아 주는 사범師範으로, 교육을 담당할 만큼 덕이 높은 스승, 또는 도가 높은 승려를 말한다.

　　그런데 우리는 말의 진의가 무엇인지도 모르고 그 말의 뜻과는 상관없이 쓰고 있다. 위에 예시한 아사리판이라는 말이 그렇다.

　　석가모니보다 나이가 아홉 살이나 많은 가섭迦葉과 그 삼형제가 유력 인사 2백20명을 데리고 왕사성王舍城의 석가모니에게 귀의했다. 승단僧團은 그로 인하여 세력이 급격히 팽창하였고 많은 지도자들이 대거 모여들었다. 그러다보니 조직 내에 승려로서의 품위와, 의·식·주의 법도가 통일되지 못해 문란했다. 심지어는 돌봐줄 지도자가 없어서 간호도 받지 못한 채 숨지는 승려도 있었다. 이를 안타깝게 여긴 세존은 당신을 대신해서 지도해 줄 화상和尙 제도를 만들어 돌보게 했다.

　　"지금부터 화상은 제자를 자식과 같이 사랑하고, 제자는 화상을 아버지같이 섬기도록 하라. 그렇게 서로 공경하고 보살피면 바른 법이 널리 퍼질 것이다."

이렇게 해서 화상 제도는 덕이 높고 계율에도 밝은 스님이 맡게 되자 교단이 자연스럽게 발달하게 되었다. 이것이 《사분율四分律》 33권에 기록되어 있는 화상의 탄생 유래다.

승단의 규모가 계속 커지면서 화상이 보살피고 지도해야 할 제자 수가 늘어나자 상대적으로 화상의 숫자가 턱없이 모자랐다. 그러자 새 화상을 구하지 못하여 언행이 흐트러지고 삐뚤어지는 비구가 늘어났다. 이에 석가모니는 승단의 조직을 보완하기 위하여 다시 새로운 제도를 만들었다.

"지금부터 아사리 제도를 만드노니 아사리는 제자를 자식과 같이 생각하여 보살피고, 제자는 아사리를 아버지같이 받들도록 하라."

아사리는 범어로 교수敎授, 또는 궤범軌範, 정행正行이란 뜻으로, 후학들에게 모범이 되며, 제자들의 일거수일투족을 지도 편달해 주는 스승을 가리킨다.

아사리는 크게 다섯 종류로 나뉜다.

첫째, 출가出家아사리는 출가를 결정해주는 큰스님을 말한다.

둘째, 수계受戒아사리는 계戒를 주고 수계절차를 주선해 주는 스님을 말한다.

셋째, 교수敎授아사리는 위의威儀를 가르치고 경계시켜 주는 스님을 말한다.

넷째, 수경受經아사리는 경전을 가르쳐 주고 그 뜻을 일깨워주는 스님을 말한다.

끝으로 의지依支아사리는 공부하고 참선하는 스님의 별칭이다.

이와는 별도로 《사분율행사초四分律行事鈔》에는 수계식受戒式에 갖추어야 할 10명 아사리로, 삼사칠증三師七證이 있다. 삼사는 계를 주는 전계傳戒아사리, 수계절차를 주관하는 갈마羯摩아사리, 위의 작법을 가르쳐 주는 교수敎授아사리를 말하고, 칠증은 수계를 증명해 줄 7명의 아사리를 말한다.

이처럼 아사리는 불교의 핵심적인 역할을 맡은 중심 인물이었다.

그런데 오늘날에는 과거 유숭儒崇 배불사상排佛思想의 영향으로 규범과 질서를 지키지 않는 난잡한 행동을 이르는 용어로 쓰여져 아사리판하면 질서없이 우글거리는 것을 일컫게 되었다.

아우율목 我又栗木

我 : 나 아   又 : 또 우   栗 : 밤 율   木 : 나무 목

'나도 또한 밤나무다.' 라는 말로, 조선시대의 학자 이이의 고사에서 유래했다. 자신도 어떤 무리와 맥을 같이 한다는 동질성을 표명할 때 쓰인다.

문헌 : 《국조인물고國朝人物考 · 국사대사전佛敎大辭典》

조선 선조 시대의 학자 이이李珥(1536~1584)는 호가 율곡栗谷이고, 아명兒名은 현룡見龍이며, 어머니는 신사임당申師任堂이다.

현룡은 어렸을 적에 강릉 오죽헌에서 외할머니와 함께 지냈다.

어느 날, 현룡이 서당에서 돌아오자 외할머니가 물었다.

"현룡아, 저 열매가 무엇인지 아느냐?"

"석류입니다. 제가 석류에 대해서 시를 한 수 지어 보겠습니다."

현룡은 그 자리에서 시를 지어 외할머니에게 보여 드렸다.

"홍피낭리 쇄홍주 紅皮囊裏 碎紅珠."

"무슨 뜻인지 설명해 보아라!"

"붉은 주머니에 붉은 구슬이 부숴져 있다는 뜻입니다."

할머니는 외손자의 재치 넘치는 문장력에 놀라지 않을 수 없었다.

그러던 어느 날, 외할머니는 한 스님으로부터 현룡이 귀인 상이기는 하지만 호랑이에게 물려 갈 액운이 있다는 말을 듣게 되었다. 외할머니는 청천벽력과 같은 소리를 듣고 가슴을 진정시킬 수가 없었

다.

"그럼, 현룡을 위해 우리가 할 일은 무엇입니까?"

"밤나무 천 그루를 심으면 액운도 막고, 훗날 나라를 위해 큰일을 하게 될 것입니다."

외할머니는 사위 이원수李元秀에게 이 말을 그대로 전하고 덧붙여 말했다.

"여보게, 사위! 나는 이 말을 하늘이 내려준 계시라고 생각하네. 밤나무를 많이 심으면 집안에도 유익할 뿐만 아니라 이웃에도 좋은 일이고, 현룡이를 위하는 일도 된다고 하니 꼭 그리하게나."

하여 스님의 말대로 밤나무를 심기로 하고 온 고을을 뒤졌으나 묘목을 오백 그루밖에 구할 수가 없었다. 그래서 나머지 오백 그루는 알밤으로 심었다.

현룡의 아버지는 구해온 묘목과 씨밤을 파주의 미추산에 정성껏 심었다. 그리고 3년이 되자 현룡의 외할머니는 밤나무를 한 그루 한 그루 헤아려 보았다. 그런데 이상했다. 분명 한 그루가 모자랐다.

"……구백구십팔, 구백구십구."

산등성이를 오르내리며 두 번 세 번 헤아려 봤지만 아무래도 한 그루가 모자랐다.

"구백구십팔, 구백구십구……. 왜 한 그루가 안 보일까?"

그때였다.

"여기 있소. 나도 밤나무요(我又栗木)."

소리가 들리는 쪽으로 가보니 잎

한국 고사성어 447

윗면을 보면 분명 밤나무인데 그 뒷면은 하얀 나무가 한 그루 있었다.

밤나무와는 다소 달랐지만 나무 스스로 자기도 밤나무라고 하니 그 뒤부터는 그 나무를 '나도밤나무'라고 부르게 되었다.

이렇게 하여 천 그루의 밤나무를 심어 액운을 때우라는 스님과의 약속을 지켰다.

율곡은 정치적으로나 사상적으로 우리나라의 큰 인물이다. 그의 행적 중의 하나로 구도장원공九度壯元公이라 불리기도 하는데, 이는 아홉 차례나 장원급제를 하였기 때문에 붙여진 별칭이다.

또 율곡은 퇴계退溪 이황李滉과 더불어 영남학파에 이어 기호학파畿湖學派의 태두가 되었으며 퇴계와 쌍벽을 이룬 대학자였다.

그는 장차 있을 왜란에 대비하여 십만양병설十萬養兵說을 주창하는 등 통찰력을 지닌 큰 인물이었다.

아차실기峨嗟失期

峨:산 이름 아 嗟:슬플 차 失:잃을 실 期:기회 기

잘못을 깨달았을 때 무의식적으로 나오는 탄식 소리와 때를 놓쳤다는 말로, 예언자 홍계관에게서 유래했다.

문헌 : 《대동기문大東奇聞》

선 제13대 명종明宗 때 홍계관洪契寬은 점괘로 앞날에 일어날 일을 귀신같이 잘 맞혀서 유명했다.

그가 지금까지 남의 점괘만 뽑아 주다가 하루는 자기의 수명에 대하여 점괘를 보니 모년 모월 모일 횡사할 운명이었다. 그래서 다시 살 수 있는 복점卜占을 찾아보니 바로 그 시각에 용상(龍床 : 임금이 앉는 자리) 밑에 숨어 있으면 죽음을 면할 수 있다는 점괘가 나왔다. 그는 자기 운명이 걸린 문제라 사실을 폐하께 알려 특별히 윤허를 득하고 그날이 되자 용상 밑에 숨어 있었다. 그때 마침 쥐 한 마리가 용상 앞을 지나다가 잡혔다. 왕은 홍계관의 점술을 시험해보고 싶어서 용상 밑에 있는 그에게 물었다.

"지금 이곳을 지나가는 쥐가 있는데 모두 몇 마리인가?"

"예, 세 마리입니다."

왕은 쥐가 분명 한 마리가 지나가다가 잡혔는데 세 마리라고 하자 그가 점괘를 잘 맞히지도 못하면서 용상 밑까지 차지하고 있는 것

이 무엄하다고 생각하여 형리에게 그를 끌어내 사형시키라고 했다.

"고얀놈, 왕을 능멸해도 분수가 있지. 한 마리의 쥐가 지나갔는데 세 마리라고?"

홍계관은 사형장이 있는 당현堂峴 남쪽 한강 모래밭으로 끌려 갔다. 그러나 그냥 그렇게 억울하게 죽을 수는 없었다. 그래서 형리에게 간곡하게 부탁했다.

"형을 잠시만 더 지연해 준다면 분명히 살아날 길이 있습니다. 하오니 제발 시간을 끌어 연장해 주십시오."

형리는 그의 말대로 상당한 시간을 지연시켜 형을 늦추어 주었다.

한편, 왕은 그를 형장으로 보내 놓고 그래도 미심쩍어 그 쥐의 뱃속을 갈라보게 했다. 과연 뱃속에 새끼 두 마리가 들어 있어 어미 쥐까지 합치면 세 마리가 맞았다. 왕은 크게 감탄하고, 급히 형을 중지시키라 했다. 내시는 죽을힘을 다하여 달려 당현 고개에 올라가 형장을 내려다보니 막 형을 집행하려고 칼을 번쩍 쳐드는 절박한 순간이었다. 그래서 큰소리로 고함을 치고 손을 흔들어 중지시키려 했다. 그러나 거리가 너무 멀어 소리를 듣지 못하고 그만 사형이 집행되고 말았다.

내시가 대궐로 돌아와서 임금에게 사실을 고했다. 임금은 크게 후회하여 '아차!' (峨嗟 : 잘못을 깨달았을 때 갑자기 나오는 탄식 소리) 하고 탄식했다. 이런 연유로 당현을 아차현峨嗟峴이라고 하였는데 지금의 아차산변이 바로 그곳이다.

안가팔효安家八孝

安:편안 안　家:집 가　八:여덟 팔　孝:효도 효

안가安家, 즉 안씨安氏 집안의 여덟 가지 효도라는 말로, 효자 안필백의 효행에서 유래했다. 효행이 지극한 사람을 칭찬하는 의미로 쓰인다.

문헌 : 《한국효행선집韓國孝行選集》

안필백安必伯의 본관은 광주廣州이며, 전라도 곡성에서 태어났다. 아명은 사백師伯이요, 관직은 가선대부嘉善大夫에 이르렀다.

그는 하늘이 낸 효자로서 그가 남긴 여덟 가지 효행은 후세까지 전해오고 있다.

첫 번째 효행은 그의 아버지가 큰 종기를 앓고 있을 때 행해졌다.

온갖 약을 다 써봐도 효험을 보지 못하자 필백은 자기의 넓적다리 살을 베어 아버지 몸에 난 종기에 붙였다. 그러자 고질이었던 종기가 깨끗하게 나았다.

두 번째 효행은 기우제를 지내 비를 내리게 한 것이었다. 필백은 농사를 지어 어버이를 봉양해 왔는데, 어느 해 큰 가뭄이 들었다. 논바닥은 거북의 등처럼 갈라지고 벼이삭이 여물지 못한 채 그냥 말라갔다. 온 식구가 꼼짝없이 굶어 죽게 될 형편이었다. 그는 새벽에 일어나 목욕재계하고 논 한가운데에 꿇어앉아 비가 내릴 때까지 기우제를 올리기 시작했다. 그러자 정말 기적이 나타났다. 쨍쨍 빛나던 하늘에 별안간 검은 구름이 낮게 일더니 소나기가 쏟아졌다. 그런데 더욱 신기한 일은 유독 필백의 논 근처에만 비가 쏟아지는 것이었다. 그는 농사를 잘 지어 부모를 편안히 모실 수 있었다.

세 번째 효행은 부모가 좋아하는 음식을 마련하여 드리는 일이었다. 필백의 부모가 추어탕을 매우 좋아해서 자주 시장에 나가 미꾸라지를 사다 봉양했다. 그는 부모를 봉양할 물건은 아무리 값이 비싸도 절대 깎지 않고 값을 다 주고 사왔다.

미꾸라지를 파는 사람들은 그의 효행을 뒤늦게 알고는 미꾸라지의 값을 꼭 받을 금액만 불러 필백에게 존경의 뜻을 표했다.

다섯 번째 효행은 꿩고기를 좋아하는 어머니를 위해서 덫을 놓거나 사냥을 하여 매 끼니 거르지 않고 꿩고기를 올리는 것이었다.

여섯 번째 효행은 이가 없는 부모를 위해 감나무를 길렀다. 가을이면 감을 따서 일부는 연시를 만들고, 일부는 곶감으로 깎아 1년 내내 두고두고 드리는 것이었다. 사람들은 그 감을 가리켜 안가효시安家孝柿, 곧 안씨네 집의 효자감이라 불렀다.

일곱 번째 효행은 남과 절대로 다투지 않는 것이었다. 예컨대 밭이나 논의 경계를 가지고 문제가 생겨도 먼저 양보하고 다투지 않아 부모에게 걱정을 끼쳐 드리는 일이 없었다.

마지막 여덟 번째 효행은 나들이를 할 때는 언제나 부모님께 행방을 고하는 것이었다.

그의 효행이 이러하니 사람들은 자연히 그를 따르고 존경하게 되었다.

안성제기安城製器

安:편안 안 城:성 성 製:지을 제 器:그릇 기

<안성>에서 만든 그릇이라는 말로 순수한 우리말 '안성맞춤'을 성어한 것이다. 어떤 일이나 제품이 훌륭하게 잘 되었음을 뜻한다.

문헌 : 《국사대사전國史大事典》

安城은 고래로부터 유기鍮器를 만들어 오던 고장으로 안성유기하면 견고하고 정교하여 전국에서 환영받았다.

그로부터 물건이 견고하거나 일의 기회인 사기事機가 확실한 일 또는 뜻하지 않은 일이 잘 들어 맞을 때 안성맞춤이라고 했다.

안성 박물관에 소장된 문헌에는 '안성맞침', '안성맞침', '안성맞춤' 등으로 나와 있으나 지금은 '안성맞춤'으로 통용되고 있다.

안성에 전해지는 속요俗謠는 안성 사람들의 기질을 잘 표현해주고 있으며, 안성과 안성제기를 노랫말 속에 잘 담아내고 있다.

'경기안성京畿安城 큰아기 유기鍮器장사로 나간다. 한닙팔어 두닙팔어 파는 것이 자미라. / 경기안성 아기 숟가락 장사로 나간다. 은동걸이 반수저에 깩기숫갈이 격格이라. / 경기안성 반복자半福字 연엽주발蓮葉周鉢은 시집가는 새아씨의 선물감이라. / 안성安城 가신 반저름(半油鞋·반유혜)은 시집가는 새아씨발에 마침이다. / 안성유지安城油紙는 시집가는 새아씨의 빗집(梳入·소입)감에 마침이라.'

안성이라는 지명은 고려초에 붙여진 이름이라고 전한다. 고구려 때는 내혜홀奈兮忽, 신라 때는 백성군白城君이라 불렸다. 그런데 1914년 양성군과 죽산군을 통합해서 오늘에 이르렀다. 통합전에는 충청도에 소속되어 있었으나 경기도로 편입된 것이다.

안성은 경상도와 전라도, 삼남의 물물이 통과하는 편안한 삶의 터라는 말로 편안 안安자를 썼다. 오래 전부터 유기그릇(놋그릇)을 만들어 왔는데 유기그릇은 미리 만들어 두었던 것을 내다 파는 '장내기'와 주문을 받아 만드는 '맞춤'이 있었다. 그런데 맞춤 그릇이 유난히 튼튼하고 모양새가 뛰어나 부자들은 너도나도 맞춰서 썼다. 그러다보니 다른 그릇은 눈에 차지 않아 유기그릇은 꼭 안성 그릇만 찾게 되었다. 그래서 위에서 말한 대로 어떤 일이 제대로 잘 된 경우 안성에서 맞춘 그릇처럼 마음에 쏙 든다는 뜻으로 '안성맞춤'이라 했다. 흔히 안성유기는 주물을 부어서 만드는 것으로 생각하고 있는데 그것은 붓백유기이고, 두드려서 만드는 것은 방짜유기다. 방짜유기는 만들기도 어렵고 비용이 많이 들어 지금은 무형문화재로만 남고 붓백유기만 만들어지고 있다.

일설에는 안성맞춤이 유기가 아닌 신발에서 유래했다고도 한다.

옛날 안성 지방에는 신발을 깁는 갓바치가 많이 살았는데 그들은 신발을 한곳에서 만들어 파는 게 아니라 집집마다 돌아다니며 주문받아 만들었다. 그래서 사람들은 자신의 발에 꼭 맞는 신발을 맞출 수 있었다. 그때부터 안성에서 맞춘 신발은 꼭 맞아 안성맞춤이라는 말이 비롯되었다고도 한다.

안좌작태安坐作怠

安:편안할 안 坐:자리 좌 作:지을 작 怠:게으를 태

  폭신하고 편안한 방석이 게으르게 만든다. 사람이 편안함을 좇기 시작하면 한이 없다는 말로, 조선 영조대왕의 고사에서 유래했다.
문헌 :《영조실록英祖實錄 · 한국인의 지혜智慧》

조선 제21대 영조英祖(1694~1776)는 붕당朋黨의 폐해를 시정하기 위해 탕평책蕩平策을 썼다. 또 재위 52년 동안 스스로 절제와 검박한 생활에 힘썼으며, 사치를 금하고 농사를 장려하여 민생 안정을 도모하는 등 치적이 높았다. 그는 평소에 이렇게 말했다.

"신하와 백성이 검소한 생활을 하도록 하기 위해서 짐이 앞장서서 모범을 보이고자 한다."

그래서 거처하는 대궐의 방문이 찢어지면 손수 종이로 발랐다. 용상은 비단 대신 무명천으로 만들게 했고, 버선도 신다가 해지면 기워 신었다.

특히 '영조의 방석'은 검소의 상징으로 백여 년 동안이나 호조에 보존되기도 했는데, 그에 대한 일화가 재미있다.

호조판서는 왕이 방석도 깔지 않고 맨바닥에 앉는 것이 송구스러워서 부인에게 방석을 만들게 하여 진상했다. 다른 왕 같으면 누에고치에서 뽑은 비단솜을 겹겹으로 넣고, 색깔 고운 비단천으로 만

들었겠지만, 검소한 영조는 그런 사치한 방석을 쓸 리 없다는 것을 알고 무명천에 푸른 물을 들이고, 무명 솜을 넣어 만들었다.

그런데 영조는 그 방석을 며칠 동안 사용하더니 다시 호조판서에게 돌려주며 말했다.

"방석을 깔고 앉으니 몸은 편했소. 그러나 몸이 편하니 자연 게으르게 되어 쓰지 않기로 했소."

모든 신하들은 영조의 검소한 기풍을 따라 널리 실천했다.

영조는 실학의 학통을 수립하고, 사회·산업·문화·예술 등 전 분야에 걸쳐 크게 부흥시켰다. 그는 아들 사도세자를 죽이는 등 불행한 일도 저질렀지만 재위 52년 동안 많은 치적을 남겼다.

기로과耆老科를 창설하여 60세 이상의 선비와 무인들이 시험을 보게 해 관리로 등용하는가 하면 신문고를 다시 설치하고, 세제를 개편 하는 등 제도 확립에도 힘썼다.

압자이척鴨子以隻

鴨:오리 압 子:아들 자 以:써 이 隻:외짝 척

> 오리가 외짝이다. 즉 오리의 짝수가 맞지 않다. 조선 효종 때 홍산 군수의 우화에서 유래했다. 논리에 맞지 않는 우매한 행동을 비유해서 쓴다.
>
> 문헌:《고금소총古今笑叢 · 잡기雜記》

　　조선 제17대 효종孝宗 때 다소 어수룩한 사람이 풍산군수로 부임했다. 그는 집에서 오리를 길렀는데 매일 꼭 두 마리씩 짝을 맞춰 세어서 확인했다.

　　하루는 그 집 하인이 오리 한 마리를 몰래 잡아먹었다.

　　그날 밤, 그는 늘 하던 대로 오리를 두 마리씩 세어보니 짝이 맞지 않고 한 마리가 남았다. 그는 하인 짓이라는 것을 눈치채고 성이 나서 그 하인을 매질하면서 말했다.

　　"이놈! 네가 감히 오리를 훔쳐 먹다니……. 내일 아침까지 짝수를 채워놓지 않으면 포도청으로 보낼 것이니라."

　　군수 딴에는 엄하게 문책한다는 것이 겨우 짝수를 채우라는 것이었다. 그 종은 망설이지 않고 그날 밤 오리 한 마리를 더 잡아먹었다. 다음 날 군수가 오리를 다시 두 마리씩 세어 보니 짝이 잘 맞았다. 그러자 그는 즐거워하면서 말했다.

　　"고얀놈! 용케 짝수를 채워놓았네. 내가 무섭긴 무서운 모양이지."

야단법석野壇法席

野:들 야　壇:제사터 단　法:법 법　席:자리 석

> 부처님의 말씀을 듣는 야외의 자리. 근래에는 그 뜻이 변해서 떠들썩하게 시끄럽고, 우왕좌왕하고, 여럿이 모여서 다투고, 시비하는 모양을 의미한다.
>
> 문헌 : 《야단법석 이판사판野壇法席 理判事判》

야단野壇이란 '야외에 세운 단'이라는 뜻이고, 법석法席은 '불법을 듣기 위해 앉는 자리'라는 의미이다.

그런데 야단이라는 이 말의 어휘적 뜻은 두 가지로 나뉜다.

첫째는 야단법석野壇法席, 둘째는 야단惹端법석의 뜻이다.

첫번째 야단법석野壇法席은 많은 사람들을 위해 야외에 법단法壇을 마련하는 설법장說法場을 말한다. 법당이 비좁아 다 수용할 수 없을 때 야외에 단상을 놓고 법석을 차려놓는 것을 이른다.

두 번째 야단법석惹端法席은 야기뇨단법석惹起鬧端法席의 준말이다.

흔히 '야단법석을 떤다.', '야단법석이 났다.', '야단법석을 편다.', '야단법석을 친다.' 등으로 표현한다.

야기惹起는 '어지러움을 일으킨다'는 뜻이고 뇨단鬧端은 '시끄러움이 더할 수 없는 것'을 말한다. 야기요단은 어지러울 야惹자에 일어날 기起자다. 거기다가 시끄러울 뇨鬧자를 더한 것이니, 매우 시끄럽다는 의미이다. 뇨鬧자를 보면 싸울 각鬥자 속에 저잣거리 시市

자가 들어 있어 시끄러움을 단적으로 설명해주고 있다. 야기요단을 줄여서 '야료惹鬧'라고도 하는데, 트집을 잡아 함부로 떠들어댄다는 뜻이다. 요즘에 야료 부리는 사람을 특히 정치판에서 많이 볼 수 있다.

자칫 야단野壇의 법석은 좋은 것이고, 야단惹壇의 법석은 좋지 않은 것이라고 생각할지 모르지만, 꼭 그런 것만은 아니다.

시비의 분별은 진리에 접근하는 기초가 되기 때문에 야단惹端법석도 그 단초端初가 되기 때문이다. 그러니까 끊임없는 의심을 의단疑端이라고 하여 참선參禪에서는 대단히 중요시한다.

불교가 최초로 법석을 편 것은 기원전 527년, 석가모니가 득도한 지 21일 후인 12월 29일, 녹야원鹿野苑에서 다섯 비구에게 설법을 편 것이었다고 할 수 있다.

마명보살馬鳴菩薩은《불소행찬佛所行讚》제3권 전법륜轉法輪에서 녹야원을 '수풀과 꽃과 열매가 우거지고 새들이 떼 지어 노래하는 곳'이라고 했다. 그래서 '옛날부터 한적하고 고요한 것을 즐기는 선인仙人들이 사는 곳'이라고 했는데, 그때 야단법석野壇法席에 참여한 사람은 교진여橋陳如, 가섭迦葉, 아습비阿濕毘, 바제婆提, 바부婆敷 등의 다섯 비구였다. 그리고 나중에는 그 숫자가 500비구, 또 5,000비구로 늘어났다. 따라서 그때마다 야단법석을 편 것이다.

야저중매野猪仲媒

野:들 야　猪:돼지 저　仲:버금 중　媒:중매 매

멧돼지가 중매를 했다는 말로, 성혼이 되려면 뜻하지 않게 자연스럽게 이루어진다는 의미로 쓰인다.

　　　　　　　문헌 :《설화한국역사說話韓國歷史》

　　고구려 제9대 고국천왕故國川王(재위 179~197년)이 죽자 왕후 우于씨는 시동생 연우延優를 제10대 산상왕山上王(재위197~227년)으로 옹위했다. 그러고는 왕에게 왕후를 맞이하지 못하게 했다. 형이 죽으면 그 아내는 시동생과 사는 몽고 풍속에 따른 것이나, 고구려 지배층에서는 형사취수제로 형수를 아내로 맞는 사례가 있었다.

　연우가 왕위에 오르자 불만을 품은 형 발기發岐가 요동태수 공손탁公孫度과 함께 3만의 군대를 이끌고 쳐들어 왔다. 산상왕은 동생 계수罽須에게 이를 막게 했다.

　산상왕은 형수 우씨가 국정 전반을 좌지우지하는 바람에 왕이면서도 늘 겉돌게 되어 불만이 쌓여갔다.

　산상왕 7년(203)년 봄, 왕은 산천에 기도를 드리면서 아들 낳기를 소원했는데 보름날 밤 꿈을 꾸었다.

　"연우야, 소후小后로 하여금 아들을 낳게 될 것이니라."

　그러던 어느 날, 산상왕이 말을 타고 교외로 사냥을 나갔다. 일행이 멧돼지를 발견하고 정신없이 쫓아가며 '저 멧돼지를 잡아라!' 하고 소리치며 주통촌酒桶村 마을 입구까지 쫓아갔으나 아무도 잡을 수가 없었다.

그때 20여 세 되어 보이는 처녀가 나타나 물었다.

"무엇 때문에 이리 소란스러운가요?"

"산돼지를 잡으려고 그러느니라."

그러자 처녀가 팔뚝을 걷어붙이더니 산돼지를 몰아 단번에 잡아 놓고 말했다.

"아니, 무사들이 이까짓 돼지 한 마리 못 잡아 그렇게 쩔쩔매시다니, 쯧쯧……."

시종들이 산돼지를 왕 앞에 대령하고 산돼지를 잡은 처녀 이야기를 아뢰자 산상왕은 자신의 신분을 밝히고 처녀의 집을 찾았다. 처녀의 집에서는 극진히 예를 갖추어 안으로 모시었다.

"산돼지를 맨손으로 잡다니 참으로 놀랍구나!"

왕 앞에 서 있는 처녀의 모습을 본 산상왕은 한동안 여자를 가까이 하지 못했던 지라 갓 피어나는 처녀를 보자 마음이 녹아내렸다.

그날 밤, 처녀는 왕의 침실로 안내되었다. 왕의 시선을 온몸에 받자 처녀는 부끄러워 어쩔 줄 몰라했다.

"어서 금침을 펴도록 하여라."

"폐하! 후일을 기약해 주시옵소서!"

"후일을 기약하라니? 무슨 말이냐?"

"소녀가 폐하의 아이를 가지게 된다면 어찌하시겠는지요?"

"허허! 그리되면 궁으로 데려 갈 테니 걱정 말아라."

왕의 말이 떨어지자 처녀는 왕의 약속을 받아들여 금침을 펴고 황홀한 시간을 보냈다.

이 소식을 전해 들은 왕후 우씨가 그냥 있을 리 없었다. 서릿발 같은 노기로 씩씩거리며 그녀를 죽이라고 심복을 보냈다.

처녀는 이 소식을 듣고 남장으로 변장하여 도망가려 했으나 곧 붙잡히고 말았다. 그러자 처녀가 그들을 향해 당당하게 말했다.

"지금 당신들이 나를 해치려고 하는데 도대체 누구의 명령이냐?"

"왕후의 명령이오."

"대왕의 명령이라면 받겠지만 왕후의 명령이라면 못 받겠다. 지금 내 몸에는 대왕의 분신이 들어있다. 내 한 생명은 희생되어도 상관없지만 왕자까지 죽일 수는 없지 않겠느냐? 그러니 어서 물러가서 그렇게 고하여라!"

심복들이 그 소식을 전하자 황후도 어찌지 못하고 씩씩거리기만 했다. 산상왕은 그 소식을 듣고 즉시 주통촌으로 찾아갔다.

"그래, 홀몸이 아니라고? 그럼 그 자식이 누구의 자식인고?"

"소녀는 오직 폐하를 모신 일밖에 없습니다."

그녀의 말을 들은 산상왕은 깊은 애정을 느껴 이름을 물었다.

"후녀后女라고 합니다."

"후녀라니, 그 뜻이 무엇이냐?"

"황공하오나 저의 어머니가 저를 잉태하고 점을 쳤는데 왕자를 낳을 거라는 점괘를 받아 그렇게 지었다 하옵니다."

"오, 네가 일찍이 왕후로 점지 받았다는 말 아니냐!"

왕은 그녀의 말을 듣자 꿈을 생각하면서 후사에 안도의 웃음을 지었다.

그 후 그녀는 옥동자를 낳으니, 이름을 멧돼지를 잡다가 얻은 아들이라는 뜻으로 교체郊彘라 했다. 나중에 제11대 동천왕東川王이 되었다.

야합공주野合公主

野:들 야 合:짝 합 公:귀인 공 主:임금(주인) 주

> 정식으로 혼인하지 않고 무단히 부부가 된 공주라는 말. 기구한 운명이나 복잡한 사연이 있는 부부를 뜻한다.
>
> 문헌 :《국조방목國朝榜目》

선 제7대 세조世祖(1417~1468)의 셋째 공주는 어려서부터 어질고 덕성스러웠다. 그런데 아버지 세조가 단종端宗(1441~1457)을 폐위시키고 권좌에 오르면서 좌의정 김종서金宗瑞를 비롯한 황보인皇甫仁 등 많은 충신들을 죽이는 것을 보고는 밤낮으로 슬퍼하며 밥도 먹지 않았다. 더욱이 단종의 어머니 무덤, 소릉昭陵이 파헤쳐질 때에는 눈물로 간곡하게 만류하니, 세조는 비록 딸이지만 예측할 수 없는 변이 일어날 것 같아 불안해했다.

그러자 공주의 어머니 정희대비貞熹大妃가 유모로 하여금 공주를 데리고 멀리 피신케 하고, 세조에게는 공주가 갑작스런 병으로 죽었다고 속였다.

공주와 유모는 정처없이 헤매다가 충청도 보은까지 가게 되었다. 그리고 몸이 지쳐서 길가에 앉아 쉬고 있는데 한 총각이 지나다가 물었다.

"두 분은 시골 사람 같지 않은데 어디로 가시는 길입니까?"

"네, 그럴 사정이 있어 한양에서 이곳까지 왔으나 딱히 갈 곳을 정하지 못해 주저하고 있습니다. 한데 총각도 보아하니 예사 사람이 아닌 듯한데 무슨 사연이 있는 것 아니오?"

"네, 저도 그럴 만한 사연이 있어 홀로 살고 있습니다."

공주가 총각을 살펴보니 의복은 비록 남루하지만 남자답고 늠름한 데가 있어 임시로 함께 거처하기로 했다.

그러는 사이 두 사람은 정이 들어 부부가 되었고, 총각은 비로소 공주에게 그곳에 내려온 까닭을 물었다. 공주가 차마 이야기하지 못하고 울기만 하자 유모가 자초지종을 말해 주었다. 이야기를 다 듣고 난 총각은 어이없어 하며 말했다.

"사실은 내가 김종서 어른의 손자입니다. 우리 할아버지와 아버지가 화를 당하시던 날, 나만 홀로 피하여 여기까지 온 것입니다."

그렇게 우연치 않게 야합野合한 두 사람은 서로 위로하며 살았다.

한편, 세조는 말년이 되자 지난날의 잘못을 뉘우치고 절을 두루 찾아다니면서 불공을 드렸다. 그 행차가 속리산으로 가는 중에 공주가 사는 마을 앞을 지나다가 길가에서 놀고 있는 공주의 아들을 보게 되었다. 세조는 그 아이의 용모가 자신을 많이 닮은 것을 이상히 여기고, 아이를 따라 집에까지 가서 죽은 줄로만 알았던 딸을 만나게 되었다. 공주는 김종서의 손자와 살게 된 사연을 이야기했다. 세조는 자기의 잘못을 뉘우치며 함께 한양으로 올라가 살자고 했다. 그러나 다음날 공주로부터 그 이야기를 전해 들은 김종서의 손자는 공주와 아이를 데리고 어디론지 사라져버렸다.

이 비사秘史는 고종 때 이조판서를 지낸 박승휘朴承輝(1802~1864)에 의해서 전해졌다. 그때부터 기구한 운명이거나, 복잡한 사연이 있는 부부를 비유하여 야합공주라 했다.

어이아이 於異阿異

於:어조사 어 異:다를 이 阿:언덕 아 異:다를 이

'어' 다르고, '아' 다르다. 즉 점 하나 차이에 의해 소리가 달라지듯이 말을 어떻게 하느냐에 따라 같은 뜻의 말이라도 다른 느낌을 주는 것을 이른다.

문헌: 《한국인의 지혜韓國人의 智慧 · 태평한화太平閒話》

박상길朴相吉이라는 푸줏간 주인에게 김선기金善基와 박태환朴太煥 두 사람이 고기를 사러 왔다. 먼저 김선기가 말했다.

"얘! 상길아, 고기 한 근 썰어라."

"예, 알겠습니다."

그런데 그 대답 소리에는 어디인지 모르게 가시가 박혀 있었다.

그러나 박태환은 상대가 천민이지만 나이가 지긋한 사람이기에 높여서 말했다.

"박 서방, 여기 고기 한 근 주시게."

"예, 알겠습니다."

그리고 고기를 쓱싹 썰어 주었다. 먼저 고기를 받아 든 김선기가 보니까 자기 것이 박태환의 것보다 절반도 안 되는지라 화가 나서 물었다.

"이놈아, 같은 한 근인데 어찌 내 것은 이리 적으냐?"

그러자 푸줏간 주인이 볼멘소리로 쏘아붙였다.

"손님 고기는 상길이가 자른 것이고, 이 어른 고기는 박 서방이 잘랐기 때문이죠. 세상에 허구 많은 것이 말이지만 그 나이가 되시도록 아 다르고 어 다르다는 말도 못 들어 보셨습니까?"

'어이아이於異阿異'는 '어 다르고 아 다르다'는 말을 음에 맞추어 한역한 것이다.

여민동락與民同樂

與:더불 여 民:백성 민 同:한가지 동 樂:즐길 락

백성과 고락을 같이 한다는 말. 임금이 백성을 사랑하고, 그 신하가 충성으로 나라를 받들어 혼연일치한다는 뜻이다.

문헌 : 《삼국사기三國史記 권42》

삼국시대 때 고구려高句麗, 신라新羅, 백제百濟 삼국이 서로 먼저 한강 유역을 점령하여 '통일의 터전'으로 삼으려 했다.

그래서 475년에는 고구려의 제20대 장수왕長壽王이 남하정책을 펴 점령했고, 553년에는 신라에게로 넘어가게 되었다. 그렇게 되자 고구려와 백제가 동맹하여 신라를 견제함으로써 신라는 고립되었다.

이에 신라가 당唐나라와 제휴를 모색하자 당나라는 그 기회를 이용하여 한반도를 병탄倂呑하려는 야욕을 품고 나羅·당唐 연합군을 결성하게 되었다.

그러니까 당나라에서는 적당히 관여하다가 때가 오면 실리實利를 차지하겠다는 심산이었다. 쉬고 있다가 상대가 지치면 맞아 싸운다는 병법 이일대로以逸待勞의 계략으로 접근했던 것이다. 때문에 당은 병력과 무기를 일부만 가져오고 군량과 피복은 신라가 부담하게 했다. 따라서 신라의 부담은 이중 삼중으로 가중되었다. 그 후 당나라는 백제와 고구려를 평정하게 되자 노골적으로 흉계를 드러내 백

제 땅에는 5도독부五都督府를 두고, 고구려 땅에는 9도독부九都督府를 두어 병탄정책併吞政策을 노골화했다. 당나라의 이러한 행위는 배신 행위임에 분명했고, 나·당연합의 협정協定을 크게 위반한 것이었다. 뿐만 아니라 당나라는 백제의 사비성泗泌城에 거점을 만들고 신라를 침략하려는 음모까지 꾸미자 신라에서는 이를 알고 대책 회의를 열었다. 다미공多美公이 먼저 나서서 말했다.

"우리 신라의 백성을 백제 사람으로 위장시켜 반란을 꾀하려는 것처럼 하면 당나라 군사들이 이를 제압하려 나올 것입니다. 그때 맞서 싸우면 성공할 수 있습니다."

김유신金庾信도 이에 적극적으로 찬성했다. 그러자 왕이 말했다.

"당군은 우리를 위하여 백제군을 격멸시켰는데 이제 와서 그들과 싸운다면 하늘이 우리를 돕겠는가?"

이에 김유신이 나서서 말했다.

"개도 주인이 제 다리를 밟으면 무는 법입니다. 하물며 나라의 존립이 경각에 달렸는데 어찌 자구책을 강구하지 않으오리이까? 바라옵건대 이를 허락하십시오."

그리하여 신라는 국방을 튼튼하게 재정비했다.

한편, 당나라 장수 소정방蘇定方은 신라의 방비가 튼튼해지자 백제의 관리 93명과 군사 2만 명만을 사로잡아 돌아가니, 당 고종高宗이 말했다.

"어찌하여 신라를 정벌하지 아니했는가?"

소정방이 말했다.

"신라는 그 왕이 어질어 백성을 사랑하고, 그 신하는 충성으로써 나라를 받들고 있었으며, 아랫사람들은 윗사람을 부형父兄과 같이 섬기므로 정벌하기가 어려웠나이다."

여시여시汝是汝是

汝:너 여 是:옳을 시

> 너의 말이 옳고, 너의 말도 옳다. 즉 사람의 일은 두루두루 따지면 모두 나름대로의 타당성이 있다는 뜻이다.
> 문헌 : 《한국인물지韓國人物志》

황희黃喜(1363~1452)는 고려 말에서 조선 초기 때 사람으로 본관은 장수長水이고, 호는 방촌厖村이다. 그는 각 부서의 수장을 거쳐 영의정을 18년간이나 역임하면서 많은 제도를 개선한 명재상名宰相이었다.

그는 고려가 망하자 두문동杜門洞에 들어가 은거했으나 태조의 간청으로 1394년 성균관 학관과 문예춘추관·경기 도사都事를 맡아 보았다.

영의정이 되어서는 예법禮法을 개정하여 천첩賤妾 소생의 천역賤役을 면제하는 등 훌륭한 업적을 많이 남겼다.

그는 평소 위엄이 있으면서도 인품이 원만하고 청렴했다. 부리부리한 눈에 날카로운 눈썹, 그리고 수염이 잘 어울렸다. 마음이 너그러워 집에서 일하는 하인들도 백성이니 사람으로서의 대우를 해주어야 한다는 생각을 가지고 있었다. 그에게 얽힌 일화가 있다.

어느 날 그가 편지를 한 통 써 두었는데 하인의 아이가 그 위에다

오줌을 누어버렸다. 그러나 그는 화를 내지 않고 불문에 부쳤다. 또 한번은 그가 술을 마시고 있는데 어린 하인 아이가 흙 묻은 맨발로 들어와 술안주를 맨손으로 집어 먹다가 그의 발을 밟았다.

"어이쿠! 아프다!"

여늬 사람 같으면 불호령이 떨어질 만하건만 그가 내뱉은 말은 이것이 전부였다.

그리고 어느 날에는 여자 하인 둘이 서로 싸우다가 한 사람이 찾아와서 상대방이 이러이러하게 잘못을 하고도 덤빈다고 하소연했다. 이야기를 다 듣고 나서 그가 말했다.

"그래, 네가 옳다."

그러자 이번에는 같이 싸웠던 하인이 달려와서 자기가 옳다고 주장했다. 이에 황희가 또 말했다.

"그렇다면 너도 옳다."

옆에서 이 말을 듣고 있던 조카가 한마디 했다.

"숙부께서는 그런 판결이 어디 있습니까? 너는 그러하고 너는 이러하니 네가 옳고 네가 잘못했다라고 해야 옳지 않겠습니까?"

그러자 황희가 말했다.

"그래, 너의 말도 옳구나."

그는 매사를 여시여시汝是汝是로 일관하니 주관이 분명치 않은 것처럼 느껴지지만 이는 그의 생각이 너그럽고, 인격이 원만하기 때문에 가능한 일이었다.

연함응안鷰頷鷹眼

鷰:제비 연　頷:턱 함　鷹:매 응　眼:눈 안

> 제비의 턱과 매의 눈이란 말로, 장차 큰 인물이 될 비범한 사람이라는 뜻이다. 고구려의 혜량법사가 신라의 거칠부의 처음 인상을 보고 장차 장군이 될 인물임을 알아본 데서 유래되었다.
> 문헌 : 《삼국사기三國事記 열전 44권 거칠부》

신라新羅시대 대아찬大阿湌 거칠부居柒夫(황종荒宗이라고도 함)는 내물왕奈勿王의 5대손으로 성은 김씨金氏이며, 할아버지는 각간角干 잉숙仍宿이며, 아버지는 이찬伊湌 물력勿力이다.

그는 어려서부터 원대한 뜻이 있어 스님이 되어 고구려로 들어갔다. 그리고 법사 혜량惠諒에게로 가서 법경 강론을 들었다.

그를 본 혜량법사가 물었다.

"사미沙彌는 어디에서 왔느냐?"

"예, 신라에서 왔습니다."

"네 용모를 보니 범상치 않구나. 혹시 다른 뜻이 있는 것 아니냐?"

"아니옵니다. 저는 신라의 변방에서 출생하였으므로 아직 불교의 진리를 듣지 못했습니다. 스승님께 참된 도리를 배우고자 이렇게 온 것이오니 거절하지 마시고 어리석음을 깨우쳐 주십시오."

"나는 사람을 많이 보아왔다. 오늘 너를 보니 보통사람이 아니다. 이 나라가 작다고는 하지만 그대의 능력을 알아보는 사람이 있을

것이며 거기다가 네가 신라에서 온 것을 알면 그냥 두지 않을 것이다. 그러니 다른 물의를 일으키지 말고 어서 돌아가거라."

이 말을 듣고 거칠부가 돌아가려고 하자 법사가 다시 말을 덧붙였다.

"너의 인상이 제비턱(鷰頷·연함)에 매의 눈(鷹眼·응안)이라, 장래에 반드시 장수가 될 것이다. 장차 군사를 거느리고 고구려로 쳐들어오게 되면 그때 나를 해치지 말아라."

"네! 만일 스님의 말씀대로 된다면 반드시 그리 하겠습니다."

그리고 신라로 돌아와 진흥왕眞興王 6년, 545년에 왕명을 받들어 국사國史를 편찬했으며, 그 공로로 파진찬波珍湌으로 승진했다. 진흥왕 12년, 왕은 거칠부 및 대각찬大角湌 구진仇珍·각찬角粲 비태比台·잡찬迊湌 탐지眈知 등 여덟 장군에게 명하여 백제와 연합하여 고구려를 침공하게 했다.

그리하여 백제의 군사가 먼저 평양에 진입하자 거칠부는 죽령 밖 고현高峴 안의 10개 군郡을 빼앗았다. 그때 혜량법사와 길 위에서 맞닥뜨리게 되었다. 거칠부는 즉각 말에서 내려 군례로써 깎듯이 절하고 그 앞으로 나아가 말했다.

"옛날 유학하던 때 법사의 은혜를 입어 생명을 보전했는데 오늘 이렇게 만나뵙게 되니 무엇으로 보답해야 할지 모르겠습니다."

그러자 법사가 대답했다.

"지금 우리나라가 어지러워 멸망할 날이 머지않은 것 같으니 나는 그대의 나라로 가서 살기를 원한다."

그러나 거칠부는 혜량법사를 모시고 돌아와 왕에게 사실을 아뢰니, 왕은 그를 승통僧統으로 삼아 백좌강회百座講會와 불교의 의식인 팔관회八關會를 개최하게 했다.

거칠부는 진지왕眞智王 원년元年(576년)에 상대등上大等이 되어 나라의 중요한 군사·정치 임무를 수행하다가 78세에 별세했다.

열기지용裂起之勇

裂:찢을 열 起:일어날 기 之:어조사 지 勇:날랠 용

〈열기〉의 용기라는 말로, 남들이 어려워 기피하는 일을 자원해서 용기있게 해 내는 것을 의미한다.

문헌 : 《삼국사기三國事記 열전 제7》

열기裂起는 신라 제30대 문무왕 (재위 661~681) 때의 무관이었다.

문무왕文武王 원년, 당唐나라의 소정방蘇定方은 고구려 정벌에 나서 평양을 포위했다. 그러나 군량이 떨어지자 함자도舍資道 총관 유덕민劉德敏을 시켜 신라의 국왕에게 지원을 요청했다.

이에 문무왕은 대각간 김유신金庾信에게 명해 쌀 4천 석과 벼 2만 2250석을 수송하게 했다. 그 행렬이 장새獐塞:수안遂安에 당도했는데, 눈바람이 휘날리고 날씨가 몹시 추워 말과 병사들이 많이 얼어 죽는 바람에 조달되지 못했다. 그러자 이를 안 고구려 군사들이 길목을 막고 공격해왔다. 당황한 김유신은 멀리 떨어진 당나라 지휘관에게 서찰을 보내려 했으나 거리가 멀어 도저히 보낼 수가 없었다. 이때 보기감步騎監으로 있던 열기가 나서며 말했다.

"장군님! 제가 직접 다녀오겠습니다."

그리고 구근仇近 등 군사 15명과 함께 말을 달리니, 고구려 군사들이 그 용맹에 눌려 감히 막지 못했다. 그렇게 해서 이틀 만에 소정방

에게 명을 전달하니, 소정방은 크게 기뻐하며 답장을 써주었다. 열기가 다시 이틀 만에 돌아오니, 유신은 그의 용맹을 가상히 여겨 왕에게 상신했다.

"열기와 구근은 천하의 용사입니다. 신이 임시로 급찬級飡 위를 주었으나 공로에 맞지 않으니, 사찬沙飡으로 위를 높여 주시기 바랍니다."

그러자 왕이 말했다.

"사찬이면 좀 과하지 않을까?"

이에 유신은 두 번 절하며 말했다.

"벼슬과 녹봉은 공功이 있는 자에게 주는 것이 당연하온데 어찌 과하다 하십니까?"

그제야 왕이 흔쾌히 허락했다.

예성강곡 禮成江曲

禮:예도 예 成:이룰 성 江:강 강 曲:굽을 곡

예성강의 노래라는 말로, 송나라 장사꾼에게 속아 아내를 빼앗기게 되자 부부가 이별을 하며 불렀던 슬픈 노래를 말한다.
문헌 : 《증보문헌비고增補文獻備考》

고려는 거란契丹의 1차·2차·3차에 걸친 침범으로 편안한 날이 없었다. 1018년, 거란의 소배압蕭排押이 10만 대군을 이끌고 와서 조공朝貢을 바칠 것을 요구했다. 고려가 이를 거절하고 국교를 단절하자 무력으로 침범해왔다. 그러자 강감찬姜邯贊은 상원수上元帥가 되어 20만 군사로 흥화진興化鎭에서 접전하여 크게 무찔렀다.

이에 조정에서는 축하연으로 연등회를 열었다. 그리고 11월에는 30년 만에 팔관회八關會를 다시 가졌다. 팔관회는 시조묘始祖廟에 제사를 모시는 풍속으로 술과 다과를 베풀며 가무 등으로 천신天神을 위로하고 국가와 왕실의 태평을 기원하는 행사였다.

그 무렵 고려는 송宋나라와 국교를 맺고 있었으나 거란의 간섭이 심해 송나라와 교류를 할 때에는 거란의 눈을 피하여 명주선로明州船路를 택하였다.

명주선로는 예성항禮成港 벽란도碧瀾渡에서 출항하여 황해 연안을 거쳐 전라도의 흑산도黑山島를 지나 다시 서남쪽 큰 바다로 빠져 나가는 항로였다.

　고려의 무역은 왕족과 귀족들이 하는 관영 무역과 일반 장사치들의 사무역으로 나뉘었다. 고려와 송나라 사이에는 사신이 오가는 배와, 장사치들의 상선의 왕래가 끊임없었다. 그리고 송나라를 비롯하여 거란·여진·일본 등의 외국 장사치들이 이용하는 예성강禮成江 하구에는 객관客館(여관)과 다관茶館(다방), 기루妓樓(기생집), 술집 등이 즐비하게 있었다.

　여기에 송나라 장사치에게 속아서 마누라를 빼앗길 뻔한 한 사내의 이야기가 전해지고 있다.

　예성강 하구에 한 젊은 부부가 금슬 좋게 살았다. 남편은 뱃사람이었고, 아내는 항구에 드나드는 뱃사람과 장사치를 상대로 음식을 팔았다. 그런데 그 부인의 음식 솜씨가 뛰어난 데다가 보기 드문 미인이었다.

　하루는 송나라에서 온 하두강賀頭綱이란 장사치가 고려 장사치들과 함께 찾아왔다가 그 부인을 보고는 미모에 단박에 반해버렸다. 그래서 그는 배에 싣고 온 물품들을 팔고 고려의 물산으로 바꿔 실을 때까지 그 집에서 머물기로 했다. 하두강은 배에 있는 시간은 밤에 잘 때뿐이고, 하루의 대부분을 밥집에 머물렀다.

　그러던 어느 날, 하두강이 부인에게 말했다.

　"내가 여러 날 이곳에 와 있었는데 주인아저씨를 좀 만나고 싶소이다."

　그리하여 주인과 마주 앉은 하두강이 말했다.

　"주인장! 오늘은 비도 오고 심심한데 바둑이나 한 판 둡시다."

　"잘 둘 줄 모르는데요."

　주인이 한 발 뒤로 빼자 하두강이 말했다.

"나도 뭐 별로 잘 두지는 못합니다."

하두강이 몇 점을 놓아보니 주인의 바둑 실력이 자기보다 한 수 아래로 보였다. 그러나 하두강은 일부러 져주기도 하고 적당히 이기기도 했다. 그러고 나서 말했다.

"주인장! 바둑을 잘 두시는군요. 그런데 그냥 두는 것은 심심하니 우리 내기 바둑을 둡시다."

"무엇을 걸구요?"

"비단을 겁시다."

이렇게 하여 내기 바둑을 두었는데 두는 대로 하두강이 져서 배에 있던 비단이 몽땅 밥집에 쌓이게 되었다.

"하, 큰일났네, 주인장! 난 이젠 비단이 한 필도 없는데 뭘 걸었으면 좋겠소?"

"배가 있지 않소? 배를 거시구려."

"그렇지만 주인장이 가진 비단의 몇 백 곱절을 줘도 내 배를 살 수 없는 건데……."

"그러면 내 집과 비단을 함께 걸리다. 그래도 안 되겠소?"

하두강은 고개를 좌우로 저었다.

"그것으로는 모자라고, 걸 만한 게 꼭 하나 있기는 하오만……."

"그게 뭐요?"

"나는 비단을 다 주고, 이제 한 척 남은 배마저 걸었으니 주인장은 부인을 거시오. 내가 지면 나는 빈 몸으로 송나라로 돌아가고, 당신이 지면 내가 주인장의 부인을 데리고 가겠소. 어떻소?"

주인은 잠시 생각해 보았다.

'지면 아름다운 아내를 빼앗기게 되겠지만 이기기만 하면 큰 배의 선주가 되어 내기에서 딴 비단을 가지고 무역을 하면 임금님 부

럽지 않은 큰 부자가 될 것이 아니겠는가?'

 욕심에 눈이 먼 주인은 호기롭게 말했다.

 "좋소! 합시다. 정신을 똑똑히 차리고 두시오. 이번에 지면 당신은 거지가 되오."

 "허허! 내가 지면 주인장 배의 사공 노릇이라도 하겠으니 좀 써주시구려."

 이렇게 하여 드디어 내기 바둑이 벌어졌다. 그러나 바둑은 하두강의 승리로 끝나고 말았다.

 "주인장! 오래간만에 내가 이겼소. 이번 밀물에 배가 떠야 되니까 약속대로 부인을 불러 주시오."

 그제야 정신이 번쩍 든 밥집 주인은 눈앞이 캄캄했다.

 "아뿔사! 내가 속았구나! 이 놈이 내 아내를 빼앗아 가려고 일부러 져준 게 틀림없어. 바보! 내가 바보지. 결국 비단을 받고 사랑하는 아내를 판 꼴이잖아!"

 아름다운 아내와 결혼한 후 지금까지 싸움 한 번 안 하고 살아왔는데 그런 아내를, 그것도 외국 사람의 첩으로 바다를 건너 멀리 보내게 된 것이 진정 슬펐다.

 비단을 도로 가져가고 없었던 일로 하자고 눈물로 사정하였으나 하두강은 듣지 않았다.

 "무슨 소리요? 어서 부인을 불러오시오. 밀물 시간이 얼마 남지 않았소."

 주인이 할 수 없이 아내를 데리고 나오자 하두강이 말했다.

 "부인! 이것도 인연인가 보오. 송나라는 매우 호화스러운 곳이오. 이 좁은 어촌에서 고생을 하며 사는 것보다는 나와 함께 송나라로 가서 행복하게 삽시다."

부인은 도살장에 끌려가는 소처럼 마음에 내키지 않는 발길을 옮겨 배에 올랐다.

밥집 주인은 미친 듯이 따라가며 소리쳤다.

"이 도둑놈아! 비단을 도로 가져가고 내 아내를 돌려다오."

그러나 한번 떠나간 배가 다시 뱃머리를 돌릴 리 없었다.

사랑하는 아내를 빼앗긴 밥집 주인은 수평선 너머로 가물가물 사라지는 배를 바라보며 목메어 예성강곡禮成江曲을 불렀다.

내가 물욕에 눈이 어두워 당신을 팔았소.
사랑하는 아내여, 이제 가면 언제 올 거요?
목메어 울어봐도 임이 탄 배는 아니 오고.
예성강 벽란도엔 갈매기만 넘나드네.

남편이 가슴을 치며 슬픈 노래를 부르고 있을 때, 그의 아내 역시 배 안에서 남편을 그리워하며 울고 있었다.

그런데 괴이한 일이 생겼다.

배가 갑자기 소용돌이 치는 바닷물에 맴돌기만 할 뿐 좀처럼 앞으로 나아가지를 못하는 것이었다.

하두강은 눈이 휘둥그레져서 어찌 할 바를 모르고 배 안에 있는 점쟁이를 급히 불러 무슨 변고인지 점을 치게 했다. 점쟁이가 말했다.

"배 안에 정절을 생명처럼 지키는 부인을 감금해 두었기 때문이오. 그 부인을 빨리 돌려보내지 않으면 큰 화를 입을 것이오."

"정절을 지키는 부인이라고? 밥집의 그 부인 말인가?"

"맞소. 틀림없이 그 부인 때문이오! 그 부인을 돌려보내지 않고 그냥 이대로 가다가는 모두 물귀신이 될 것이오."

"할 수 없지. 뱃머리를 돌려라."

그러자 신기하게도 맴돌던 물이 잠잠해지고 순풍이 불어와서 배가 삽시간에 예성강 하구에 닿았다.

하두강이 부인에게 말했다.

"부인! 용왕도 부인의 정절에 감복한 것 같소. 못된 나를 용서하시오. 당신을 기다리고 있는 남편에게로 가시오."

밥집 주인은 뜻밖에 되돌아 온 아내를 보자 용서를 빌었다.

"여보! 내가 물욕에 눈이 멀어 당신을 빼앗길 뻔했소. 용서하구려!"

영영 헤어지는 줄 알았던 부인도 기쁨의 노래를 불렀다.

임 향한 일편단심 이내 정절 누가 꺾으리.
영영 이별인가 하였는데 다시 만났소.
용왕님이 길을 막아 우리 다시 만났네.
예성강 하구의 당신 곁을 다시는 떠나지 않으리.

이후 남편이 부른 노래는 예성강곡禮成江曲 전편, 아내가 부른 노래는 후편이라고 하였으나 노래는 전하지 않고 고려가요高麗歌謠로 이야기만 전해지고 있다.

그리고 그때부터 놀음에 미친 사람을 일러 '예성강곡의 주인공'이라고 부르게 되었다.

예이태교 禮以胎敎

禮:예절 례　以:써(가지고) 이　胎:아이밸 태　敎:가르칠 교

> 예로써 태교를 하다. 현숙한 부인이 임신 중에 예에 따라서 태교를 하여 대학자大學者로 키운 고사에서 유래했다.
> 문헌 :《삼국사기三國事記 열전 제5》

　율곡栗谷 이이李珥의 어머니 신사임당申師任堂(1504~1551)은 조선 제13대 명종明宗 때 강원도 강릉에서 신명화申命和의 둘째 딸로 태어났다. 본관은 평산平山이며, 감찰 이원수李元秀와 열아홉 살에 결혼하여 사남삼녀를 두었고, 사임당은 그녀의 호이다. 그녀는 효성이 지극하고, 인품이 고결한 현모양처였다.
　어려서부터 경문, 글씨, 그림, 문장, 침공(바느질, 자수) 등을 고루 공부하여 각 분야에서 일가一家를 이루었다.
　그녀가 일곱 살 때, 세종 때의 유명한 화가 안견安堅이 그린 몽유도원도夢遊挑源圖와 적벽도赤壁圖를 보고 크게 영향을 받아 그림을 그리기 시작했다. 그녀의 그림은 여성 특유의 섬세함과 정묘함으로 포도, 풀, 벌레 등을 잘 그려 새로운 화풍을 이루었다.
　또, 그의〈사친思親〉이라는 시에는 어린 시절을 그리워하는 애틋한 정이 잘 드러나 있다.

천 리 먼 고향 만첩산 저 너머로 千里家山萬疊峰
뵈오러 가고파라, 꿈속에서일망정 歸心長在夢魂中
한송정 가에 외로이 떠오른 둥근 달 寒松亭畔雙輪月
경포대 앞에는 몰아치는 거센 바람 鏡浦臺前一陣風
지금도 모래톱엔 갈매기 놀겠지. 沙上白鷗恒聚散
바다 위엔 고깃배들 물결 따라 오고가는데 波頭漁艇每西東
언제나 고향길 다시 밟아 보려나 何時重踏臨瀛路
색동옷 입고 엄마 곁에서 바느질하던 때가 그립구나. 綵舞斑衣膝下縫

다음은 신사임당이 38세에 지은 시로, 어린 율곡을 데리고 서울로 돌아오면서 강릉에 계시는 어머니를 생각하면서 읊은 것이다.

학鶴의 머리 어머님을 임영 땅에 홀로 두고 慈親鶴髮在臨瀛
장안으로 나만 홀로 떠나는 이 마음 身向長安獨去情
뒤돌아 북촌을 아득히 바라보니 回首北村時一望
저문 산 푸른 숲엔 흰구름만 날아 앉네. 白雲飛下暮山靑

백발의 어머니를 학의 머리에 비유하여 홀로 계시게 한 자신의 가슴속의 뜨거운 정을 엿볼 수 있게 하는 애절한 글이다.

신사임당은 시댁에 돌아와서도 고향에 홀로 계시는 어머니 생각을 한시도 놓지 못했다. 밤이면 어머니 계신 곳을 향하여 눈물을 짓는가 하면 잠을 이루지 못하는 때가 많았다.

그러면서도 자녀 교육에는 온갖 정성을 다 기울였으며 시문과 서화, 자수에 힘썼다.

그녀가 이원수에게 출가하여 강릉 오죽헌에서 아들 이이를 임신했을 때, 검은 용이 품 안으로 들어오는 태몽을 꾸고 출산했으므로 처음에는 아들의 이름을 현용見龍이라 했다.

그녀는 임신했을 때 태교로 말은 고운 말로, 행동은 진중하게, 사악한 것은 보지도 듣지도 아니하고, 항상 마음은 온화하게, 몸가짐은 단정히 갖는 데 노력했다.

율곡에게는 그런 어머니의 태내 교육과 시문을 지으시는 태도와 꿋꿋하게 사시는 생활이 그대로 산 스승이 되었다. 또 강릉 친정집을 생각하며 눈물지으시는 모습을 보면서 정신적으로 튼튼하게 자랄 수 있었다.

이이가 뒷날 해동공자海東孔子라 칭송받은 것은 모두 사임당이 예이태교한 데에서 힘입은 것이라 해도 과언이 아닐 것이다.

오비삼척吾鼻三尺

吾:나 오 鼻:코 비 三:석 삼 尺:자 척

> 내 코가 석자다. 즉 내게 닥친 일이 더 힘들고 어려워 다른 일을 돌볼 틈이 없다는 뜻이다. 이 사정 저 사정 해도 내 사정이 앞선다는 말이다.
>
> 문헌 : 《영원의 미소永遠의 微笑·아동문학兒童文學》

고구려, 신라, 백제 삼국이 정립鼎立, 즉 솥의 발과 같이 안정을 취하다가 서로 자웅을 겨루던 때, 경주慶州에 가난한 형과 마음씨가 고약한 동생 형제가 살았다.

전답이 없는 형은 동네 사람에게서 땅을 빌려 농사를 지으려고 했다. 그러나 너무 가난했기 때문에 뿌릴 씨앗조차 없었다. 그래서 할 수 없이 동생에게 부탁하기로 했다.

그러자 심술궂은 동생은 싹이 트지 못하게 씨앗을 삶아서 주었다. 형은 그것도 모르고 씨앗을 뿌린 후 정성껏 물을 주고 가꾸었으나 웬일인지 싹이 나지 않았다.

'이상하다. 왜 싹이 안 나오지? 정성이 부족한 걸까?'

형은 더 열심히 물을 주며 정성을 다하여 가꾸었다. 그러자 그의 정성에 하늘이 감동했던지 딱 하나의 씨앗에서 싹이 터올랐다. 그리고 그 싹은 점점 자라 엄청나게 큰 이삭을 맺었다. 그런데 어느 날, 새 한 마리가 날아와 그 이삭을 잘라 물고 날아가는 것이었다.

"앗! 거기 서라, 거기 서!"

형은 죽을 힘을 다해 깊은 산속에까지 새를 쫓았지만 끝내 놓치고 말았다. 그런데 어느덧 날이 저물어 바위 동굴에서 밤을 지내게 되었다. 막 잠이 들려고 하는데 요란한 소리가 들리더니 어디서 나타났는지 붉은 옷을 입은 도깨비들이 몰려나와 춤을 추기 시작했다.

"금 나와라, 뚝딱!"

도깨비들이 주문을 외우며 방망이를 휘두르자 신기하게도 금이 쏟아져 나왔다. 또,

"술 나와라, 뚝딱!"

하고 외치니 이번에는 술이 나왔다. 도깨비들은 그렇게 방망이를 두들겨 필요한 것을 얻어내며 밤새도록 먹고 마시며 놀았다. 그러다가 새벽녘이 되자 도깨비들은 온데간데없이 사라지고 그 자리에는 방망이만 덩그러니 남아 있었다.

형은 그 방망이를 가지고 집으로 돌아와 도깨비들이 한 것처럼 그대로 따라 해보았다.

"금 나와라, 뚝딱! 옷 나와라, 뚝딱! 집 나와라, 뚝딱!"

그러자 금덩이가 와르르 쏟아지고, 비단옷이 나오고, 대궐 같은 집이 생겨났다. 마침내 형은 큰 부자가 되었다.

형이 큰 부자가 되었다는 소식을 전해 들은 동생은 배가 아파 견딜 수가 없었다. 그래서 형에게 쫓아가 세세한 이야기를 들었다. 그리고 그날 밤, 동생은 당장 그 골짜기로 달려가 동굴에 몸을 숨겼다. 아니나 다를까 밤이 깊어지자 형의 말대로 도깨비들이 몰려 나와 방망이를 두드리며 놀았다. 그런데 그때 동생이 '뽕' 하고 방귀를 뀌고 말았다.

"아니, 이게 무슨 소리야?"

도깨비 중에 험상궂게 생긴 놈이 눈을 부릅뜨고 이리저리 찾기 시작했다. 그래서 마침내 붙들리고 말았다.

"야, 이놈! 혼 좀 나봐라. 코야, 커져라, 뚝딱!"

욕심을 부리던 동생은 도깨비들에게 붙들려 코만 코끼리 코만큼 커져서 돌아왔다.

그로부터 '내 코가 석 자'라는 말이 생겨났는데 이는 자기 처지가 급하게 되어 남을 도와 줄 여유가 없다는 뜻으로 쓰인다.

오조세조烏鳥洗澡

烏:까마귀 오 鳥:새 조 洗:씻을 세 澡:씻을 조

까마귀가 목욕한다는 말이니, 본래 타고난 천성은 바뀌지 않는다.
또는, 어떤 일을 열심히 해도 그 보람이 없다는 뜻.

문헌:《잡기雜記》

려 말에서 조선 초기에 걸쳐 관직에 올랐던 형재亨齋 이직李稷 (1362~1431)은 세종 때 영의정에 이르렀다.

고려 유신遺臣이었던 그가 조선의 개국공신으로 벼슬에 오르면서 자신의 양심을 피력하여 아래와 같은 시조를 지었다.

가마귀 검다 하고 백로야 웃지 마라.
겉이 검은들 속조차 검을쏘냐.
아마도 겉 희고 속 검을손 너뿐인가 하노라.

여기서 백로는 고려 말의 세 충신 삼은三隱을 비유한 것이고, 까마귀는 자신과 같은 처지의 인물을 가리킨 것이었을 것이다.

그러니까 이 시조는 겉으로는 결백하고 선량한 체하면서 속으로는 간사하고 음흉한 위인을 비유하여 꼬집은 것이다.

까마귀가 눈처럼 흰 백로를 보자 혼자 깊은 생각에 빠졌다.

'어쩌면 저렇게 눈이 부시게 하얄까? 나도 한번 희게 돼 봐야지!'

까마귀는 곧 호숫가로 가서 하루종일 아무 것도 먹지 않고 계속 씻었지만 허사였다. 오히려 허기가 지고 정신만 어지러워져 끝내는 죽을 지경에 이르렀다.

본색이 검은 것은 어쩔 수 없는 것이다. 본래 검은 천을 양잿물에 삶고, 헹구기를 거듭한다 해도 순백이 되기란 어렵다.

하물며 검은 까마귀가 희어질 수 있겠는가?

이 말은 타고 난 본바탕은 바꿀 수 없다는 뜻으로 쓴다.

옥견제혜玉堅製鞋

玉:구슬 옥 堅:굳을 견 製:만들 제 鞋:신 혜

> 조선의 왕족 <옥견>이 만든 신발이라는 말로, 중요한 사람이 만든 귀중한 물건, 즉 명품을 가리킨다.
> 문헌:《한국인의 지혜韓國人의 智慧》

조선 제4대 세종世宗(1397~1450)의 아들 한남대군漢南大君은 그의 형 수양대군首陽大君이 조카인 단종端宗을 밀어내고 왕(세조)이 된 것에 불만을 품고 동생 금성대군錦城大君과 함께 단종 복위운동을 벌이다가 들켜 유배지에서 죽었다. 그리고 그의 아들 흥안군興安君도 왕족의 자리에서 쫓겨나게 되었다.

때문에 흥안군의 아들 옥견玉堅도 왕손에서 한낱 서민으로 전락하여 여기저기 돌아다니며 살 방도를 찾다가 충청도로 내려가 신발을 만드는 장인匠人이 되었다.

'이왕 신발을 만들 바에야 최고로 잘 만들자. 이것이 나의 자존심이다. 왕손이 신발을 삼는 것을 창피하게 생각할 것이 아니라 제대로 못 만드는 것을 창피하게 생각하자.'

그는 그길로 갖바치(가죽신 만드는 기술자)를

찾아가 큰절을 올리며 기술을 전수해달라고 부탁했다.
 갖바치들은 옥견이 왕족이라 부담스러워 처음에는 한사코 거절하였으나 포기하지 않고 진지한 자세로 매일 찾아와 부탁하는 정성에 감복하여 기술을 전수해주기로 하였다.
 옥견은 정말로 열심히 배워 훌륭한 기술자가 되었고, 그리되자 그가 만든 신발을 사기 위해 많은 사람들이 줄을 이었다.
 세월이 흘러 세조가 죽고, 예종에 이어 성종이 왕위에 오르자 옥견은 왕족으로 다시 복원되어 전과 같이 종실의 품직을 되찾았다.
 그는 귀인貴人이 되어 가마를 타고, 담비가죽으로 지은 모자를 쓰고 조정에 드나들 때에도 길에서 옛날의 스승 갖바치를 만나면 진흙구렁텅이라도 내려서 큰절을 올렸다. 타고 난 심성心性이 착해서 어려울 때 기술을 가르쳐 준 은공을 잊지 않고 마음으로부터 보답했던 것이다.
 그의 신발 만드는 기술이 얼마나 뛰어났던지 훗날 사람들은 신기神技에 가까운 기술을 보면 '옥견이 가죽신 짓던 솜씨'라고 비유하게 되었다.

옥루비산 屋漏庇傘

屋:집 옥   漏:샐 루   庇:가릴 비   傘:우산 산

지붕이 새는 집에서 우산으로 비를 가린다. 평생 동안 학문에만 심취하여 집안 형편을 돌보지 않은 청렴한 공직자를 비유한다.

문헌 :《조선인물지朝鮮人物志》

종世宗 때 우의정을 지낸 유관柳寬(1346~1433)은 호가 하정夏亭으로 경사經史에 밝고 소탈한 성격에 학문을 즐겼으며, 시호는 문간文簡이다.

그의 집은 한양의 홍인문 밖에 있었는데 초라하여 울타리도, 담도 없었다. 그러자 태종太宗이 그 사정을 알고 공조판서에게 명하여 밤중에 아무도 모르게 대나무 울타리를 만들어 주게 하였다.

그는 예문관 대제학으로 태조실록 편찬에도 참여했으며 1418년 세종 때는 참찬·찬성을 지내기도 한 인재였다. 검소한 생활 속에 살면서 평생 동안 학문을 가까이 했으며 시문에도 능했다.

그에게는 청백리답게 유명한 일화가 있다.

어느 해 여름, 장마가 한 달이나 계속되었다. 그러자 그의 집에 비가 새어 방에 물이 뚝! 뚝! 떨어지니 우장으로 몸을 가리어야 했다. 미안하게 생각한 유관이 부인에게 넌지시 말했다.

"우리는 우장이라도 있어 다행인데 그마저 없는 집에서는 이 장

맛비를 무엇으로 견디어낼꼬?"

그러자 부인이 어처구니없다는 듯이 대답했다.

"우장이 없는 사람은 더 좋은 집이 있겠지요."

즉 우장이 필요없는 좋은 집에 살 거라는 말이었다. 듣고 있던 유관은 멋쩍게 웃기만 했다.

그는 옥루비산屋漏庇傘할 정도의 참다운 선비여서 훗날 청백리로 선정되었다.

온정목락溫井沐樂

溫:따뜻할 온 井:우물 정 沐:목욕할 목 樂:즐거울 락

따뜻한 온천에서 목욕을 하는 즐거움이라는 말로, 운우지정을 나눌 때의 쾌감을 이르는 말이다.

문헌:《고금소총古今笑叢·어면순禦眠楯》

아들 다섯을 둔 육부자六父子 집에서 오형제가 모여 삿된 의논을 했다.

"아버지와 어머니가 우리 다섯 아들을 두고도 만족하지 못하시고 수시로 잠자리를 같이 하신다. 만일 또 다시 아이를 낳게 되면 필경 우리가 업어서 길러야 함은 물론이고, 더러운 오줌 똥도 치워야 할 것이다. 그러니 우리가 번갈아가며 당번을 서 두 분이 서로 합치지 못하도록 한다면 그런 고역을 면하게 될 것이 아닌가."

그리하여 다섯이서 번갈아 부모의 침소를 지키기로 했다.

그런데 어느 날 밤, 그날 당번인 막내가 졸음을 이기지 못하고 꾸벅거릴 때 부부가 좋은 기회라 생각하고 누운 채로 껴안아 북합北合을 시도하다가 그만 막내에게 들켜 버렸다. 그러자 막내가 말했다.

"엄마! 아직 깜깜한 밤인데 아빠를 업고 어딜 가려고 해?"

부부는 일도 하지 못하고 봉변을 당했다.

이튿날, 부부는 궁리 끝에 아이들에게 새벽 일찍부터 소를 돌보게

하였다.

그러나 아이들은 집을 나서는 척하고는 들창 밖에서 숨을 죽이고 방안의 동정을 엿듣고 있었다.

부부는 모처럼의 조용한 기회를 맞아 외설스런 말들을 주고받는 재미에 빠져 있었다. 남편이 아내의 두 눈썹을 가리키면서 말했다.

"이것이 무엇인가?"

아내가 대답했다.

"그건 팔자문八字門이지요."

남편이 아내의 눈을 가리키며 물었다.

"이건 무엇인가?"

"망부천望夫泉이지요."

다시 코를 가리켰다.

"이건 무엇인가?"

"감신현甘辛峴이지요."

다시 입을 맞추면서 물었다.

"이건 무엇인가?"

"토향굴吐香窟이 아니겠어요."

이번에는 턱을 가리켰다.

"이건 무엇인가?"

"사인암舍人岩이지요."

다시 가슴을 어루만지면서 물었다.

"이건 무엇이고?"

"쌍운령雙雲嶺이라 하지요."

오형제가 방안의 정경을 상상하며 웃음을 참고 있는데 이번에는 아내의 배를 어루만지며 물었다.

"그럼 이건 무엇이고?"

"유선곶遊船串이라 하지요."

아랫배 언덕의 볼록한 곳을 만지며 물었다.

"여긴 어디인고?"

"아니, 옥문산玉門山도 모르시유?"

"이 검푸른 숲은 무엇인고?"

"감초전甘草田이옵니다."

아버지는 지그시 옥문을 바라보며 물었다.

"요건 또 무엇인고?"

"온정수溫井水이지 뭐예요."

이렇게 남편의 질문이 끝나자 이번에는 아내가 남편의 양경陽莖을 어루만지며 물었다.

"이것은 무엇이라고 합니까?"

"주상시朱常侍라고 하는 거요."

다시 고환을 어루만지며 물었다.

"이건 또 무엇이예요?"

"음, 그것은 홍동씨紅同氏 형제지. 요즈음 말로는 쌍방울이라고도 해."

이때 다섯 아이들이 각기 기침을 하면서 방안으로 들어왔다.

이에 놀란 남편이 벌떡 일어나며 꾸짖었다.

"이놈들! 해가 저물 때까지 소를 돌보라 했는데 어찌 이렇게 일찍 돌아왔느냐?"

그러자 다섯 아이들은 소를 배불리 먹이고 목욕을 시켜서 쉬게 하고 험한 길을 지나왔는데도 꾸중을 한다고 볼멘소리를 했다. 이에 아버지가 꾸짖었다.

"너희가 나간 지가 얼마 되지 않는데 어디서 풀을 먹이고, 어떤 물에 목욕을 시켰으며, 또 어디다 쉬게 두었단 말이냐?"

그러자 아버지와 어머니가 한 말을 그대로 옮겨 대답했다.

"처음 팔자문八字門으로 나가서 망부천亡夫泉과 감신현을 넘어 토향굴과 사인암을 지나 어렵게 쌍령雙嶺을 넘어서 유선곶을 건너 옥문산에 올라 감초전에서 풀을 먹이고, 온정에서 목욕을 시켰지요."

아버지가 노하여 커다란 막대기를 갖고 도망치는 아이들을 쫓아가면서 소리쳤다.

"그걸 본 건 어떤 녀석이냐?"

"어찌 본 자가 없겠습니까? 주상시朱尙侍와 홍동씨紅銅氏 형제가 증명해 줄 겁니다."

온조지운溫祚之雲

溫:따뜻할 온 祚:복 조 之:어조사 지 雲:운수 운

온조의 운수라는 말로 백제의 시조 온조왕에게서 유래했다. 온조왕의 건국이 순조롭게 잘 이루어졌듯 하는 일이 잘 풀릴 때를 이른다.

문헌 : 《삼국사기三國史記》

백제百濟의 시조는 온조왕溫祚王(?~28년)이고, 그의 아버지는 고구려의 시조 동명왕東明王(주몽朱蒙)이다.

주몽이 처음 북부여에서 졸본부여卒本夫餘로 왔을 때 부여 왕에겐 딸만 셋이 있었다. 부여 왕은 주몽을 보자 비상한 인물임을 알아보고 둘째 딸을 주몽의 아내로 주었다. 주몽은 그 부인에게서 큰 아들 비류沸流와 둘째 아들 온조溫祚를 얻었다. 그런데 그보다 앞서 주몽이 북부여에 있을 때 낳은 아들 유리琉璃가 찾아와 태자 자리에 오르자 비류와 온조는 오간烏干·마려馬黎 등 10여 명의 신하와 더불어 남으로 내려왔다. 그들이 한산漢山에 이르러 부아악負兒嶽에 오르자 지세를 살피던 지관이 말했다.

"여기는 북으로 한수漢水에 접하고, 동으로는 높은 산을 의거하며, 남으로는 기름진 평야를 바라보고 있으니 도읍에 가장 좋은 자리입니다."

그래서 온조는 하남河南 위례성慰禮城(경기 광주)에 도읍을 정하고

나라 이름을 십제十濟라 하였다. 그리고 그 규모가 커지자 곧 백제百濟라 개칭하였다. 이때가 전한前漢 성제成帝 홍가鴻嘉 3년 B.C 18년이었다.

그러나 비류는 아니라는 생각이 들어 한 무리를 데리고 다시 미추홀彌鄒忽(인천)로 갔으나 땅이 습하고 물이 짜서 살 수가 없었다. 그래서 다시 위례성으로 돌아와 보니 백성이 편안하게 사는 것을 보고 후회하고 있는데 얼마 있다가 온조가 죽자 그를 따르던 백성들이 모두 위례성으로 돌아오니 백제의 형세는 더욱 굳건해졌다. 그리하여 원년 5월에는 동명묘東明廟를 세우고 국정을 족부 을음乙音이 맡아 다스렸다.

기원전 17년 봄, 온조왕이 여러 신하들을 불러놓고 말하였다.

"말갈靺鞨이 우리 북쪽과 경계를 이루고 있어 침략이 잦으니 무기를 수선하고 군량미를 비축하도록 하라."

그는 국가의 발전은 전쟁의 승리에서 좌우된다는 것을 잘 알고 있었다. 때문에 적대 국가를 정벌, 통합하여 국가를 튼튼히 하는 데 힘을 기울였다. 그리고 B.C 5년에는 도읍지를 남한산南漢山으로 옮겼다.

B.C 1년에는 마한馬韓을 합병하여 국위를 떨치고 성을 수축하여 국가로서의 체제를 굳건히 했다.

온조왕은 재위 46년 동안 영토를 널리 확장시켰으며, 이후 왕위가 아들과 손자로 이어지면서 삼한의 옛 땅도 모두 백제에 통합되었다.

와이구명蛙以求命

蛙:개구리 와 以:써 이 求:구할 구 命:목숨 명

개구리로 사람의 생명을 구하다. 즉 작은 것으로써 큰 일을 해결하는 지혜로운 행동을 말한다.

문헌:《고금청담古今淸談》

조선 제22대 정조正祖 때의 좌의정 김종수金鍾秀(1728~1799)는 본관이 청풍淸風이고 호가 몽오夢梧, 시호는 문충文忠이다. 그가 당폐黨弊를 일으킨 죄로 경상도 기장機張으로 귀양을 가서 그곳의 이방吏房 집에서 한 해 여름을 나게 되었다.

그가 하루는 낮잠을 자는데 난데없이 독사 한 마리가 배 위로 기어올라 왔다. 사람들은 기겁을 했다. 본인을 깨우면 필경 몸을 움직일 테고, 그리되면 놀란 독사가 물게 될 것이 뻔했다.

모두들 어찌할 바를 몰라 쩔쩔매는데 이방의 어린 아들이 잽싸게 밖으로 뛰어나가더니 개구리 한 마리를 잡아 왔다. 그러고는 살금살금 뱀 곁으로 다가가 개구리를 던졌다.

개구리는 폴짝폴짝 뛰어 달아났다.

그것을 본 독사는 개구리를 잡아먹으려고 재빨리 김종수의 배 위에서 내려왔다. 어린 아이의 지혜가 어른의 생명을 구해낸 것이다.

왕결여식王缺如蝕

王:임금 왕 缺:이지러질 결 如:같을 여 蝕:일식 식

> 왕의 결함은 일식과 같아서 세상 사람들이 다 안다. 즉 제왕에게도 결함이 있을 수 있다는 뜻이다. 옥에도 티가 있다는 속담과 같은 의미로 쓰인다.
>
> 문헌:《한국인물고韓國人物考》

성종成宗(1457~1494)은 조선 제9대 왕으로 아랫사람의 의견을 존중했을 뿐 아니라 백성들의 언로言路를 터줌으로써 리더십을 발휘한 성군이었다.

당시 궁중에서는 날짐승들을 사냥하여 수라상에 올리기 위하여 송골매를 기르고 있었다.

신종호申從濩(1456~1497)가 그 송골매를 두고 성종에게 아뢰었다.

"가뭄이 계속되어서 백성들이 굶어 죽게 되었으니 전하께서는 그 대책에 고심하셔야 할 때입니다. 그런데 내응방內鷹房에서는 송골매를 기르고 있으니 이것은 전하께서 오락과 놀이에 마음을 쓰시는 것으로 하늘을 공경하지 않는다는 증거가 되옵니다."

말이 끝나기가 무섭게 성종은 당장에 송골매를 놓아 주라고 했다.

"군자의 허물은 일식日蝕이나 월식月蝕과 같다고 하는데 내가 어찌 허물을 숨기겠느냐. 잘못이 있으면 당연히 고쳐야 하느니라."

성종은 그 자리에서 명령을 내려 허물이 있다는 것을 금지시켰다.

그러면서 다시 말했다.

"비록 임금이라 할지라도 잘못을 행하고 있을 때에는 과감하게 간하여 바른 길로 인도하는 자가 바른 신하이고, 옳지 않은 일인데도 잘한다고 칭찬하는 자는 아첨하는 신하일 뿐이다."

대학大學에서 말하기를 참다운 정치가란 백성이 좋아하면 함께 좋아하고 백성이 싫어하면 자기도 함께 싫어한다. 이런 사람을 일러 백성의 어버이라 하는 것이라고 했다.

성종은 신종호의 간언을 듣고 즉각 자신의 잘못을 고친 훌륭한 제왕이었다.

왕명지일王命只一

王:임금 왕 命:목숨 명 只:다만 지 一:한 일

왕의 명령은 오로지 하나다. 즉 왕의 명령은 번복되거나 두 개 이상이 되어서는 안 된다는 뜻.

 제21대 영조英祖(1964~1776) 때 송명흠宋明欽(1705~1768)은 어려서부터 글을 읽어 스무 살 전에 이미 학자로서 촉망을 한몸에 받았다. 그러나 벼슬에는 전혀 뜻이 없어 왕이 몇 번을 불러도 사양하고 관직에 오르지 않았다.

그 무렵, 사도세자思悼世子 사건이 일어났다.

영조는 세자를 참형하기로 작정하고, 대신들은 물론 초야의 명현明賢들을 불러 그 문제를 의논하게 했다. 송명흠도 그 자리에 참석했다. 왕의 뜻이 이미 확고함을 눈치챈 참석자들은 거스르는 소리를 했다가는 어떤 봉변을 당할지 모르므로 꿀 먹은 벙어리처럼 모두들 입을 다물고 있었다.

그런데 송명흠이 홀로 반대하고 나섰다.

"전하, 동서고금을 두고 폭군으로 만대의 지탄을 받고 있는 제왕들도 자식을 죽이는 악행만은 저지르지 않았나이다. 어찌 차마 전하께서 선례先例를 남기려고 하시나이까?"

영조는 크게 노하여 즉시 송명흠을 내쫓았다. 그리고는 선전관에게 칼을 내리며 명령했다.

"저 자의 뒤를 밟다가 그가 곧장 자기 집으로 가지 않고 도중에 다른 집에 들르거든 그와 그집 주인의 목을 베어 오너라. 만일 곧장 집으로 가거든 그대 또한 따라 들어가 왕명으로 형을 집행하러 왔다고 말해라. 그래서 그가 원망怨望하는 기색 없이 형을 받으려고 하거든 살려주고, 조금이라도 변명을 늘어놓거든 목을 치도록 하라."

왕이 송명흠의 행동을 알아보라고 한 것은 그가 어느 당파의 사주를 받고 있는 것이 아닌가 하고 의심했기 때문이었다.

송명흠은 쫓겨나는 순간부터 자기가 무사하지 못할 것임을 직감하고 곧바로 집으로 돌아가 조용히 왕명이 떨어지기만을 기다리고 있었다. 아니나 다를까, 얼마 안 있어 선전관이 들이닥치더니 왕을 비방한 죄로 참형을 내린다고 했다. 이미 각오하고 있던 송명흠은 순순히 죽을 준비를 했다.

"마지막 할 말이 없느냐?"

"전하의 명령인데 신하된 자가 어찌 거역할 수 있겠소. 어명에 따르고자 할 뿐이외다."

선전관은 칼을 거두며 비로소 왕의 뜻을 이야기했다.

송명흠은 듣고 나더니 몸을 바로 세우고 냉정하게 말했다.

"그것은 왕이 신하를 농락籠絡하는 일이오. 아무리 군왕이라도 신하를 농락해서는 안 되며, 왕명은 지엄한 것이므로 한번 떨어지면 돌이켜서는 아니 되오. 어서 내 목을 쳐 왕명을 바르게 세우시오."

왕불식언 王不食言

王:임금 왕 不:아닐 불 食:먹을 식 言:말씀 언

왕은 거짓말을 하면 안 된다. 책임 있는 사람은 말을 함부로 하지 말고, 한 번 말한 것은 꼭 실천해야 한다는 말이다.

문헌 : 《삼국유사三國遺事》

 제25대 평원왕平原王 때 온달溫達(?~590)은 용모나 겉모습은 대단치 않게 보였으나 마음은 착하고 순박했다. 그는 집안이 매우 가난하여 동냥을 해다가 어머니를 봉양했다. 그는 평소 해진 적삼에 헌 신발 차림으로 다니면서도 항상 웃고 있어 사람들은 바보라고 놀렸다.

한편, 평원왕의 어린 딸 평강공주平康公主는 울기를 잘해서 그때마다 왕이 농담으로 말했다.

"네가 울어서 내 귀를 시끄럽게 하니 커서도 분명 사대부의 아내 노릇은 못하겠구나. 그러니 바보 온달에게나 시집보내야겠다."

공주는 울 때마다 아버지로부터 들은 말이라 그 말을 잊지 않고 기억했다.

공주의 나이 16세가 되어 상부의 고씨高氏에게 시집보내려고 하자 공주가 말했다.

"대왕께서는 저를 온달에게 시집보내겠다고 하셨는데, 오늘 무슨 까닭으로 말씀을 번복하십니까? 필부匹夫도 식언하면 아니 되는데 하물며 대왕께서 그러하시다뇨?"

왕이 딸의 말을 듣고 노怒하여 말했다.

"네가 내 말에 따르지 않는다면 내 딸로 인정하지 않겠으니 네 맘대로 갈 곳을 찾아 가거라!"

그리하여 공주는 얼마간의 패물을 챙겨 온달의 집을 찾아갔다.

온달의 어머니는 장님이었다. 공주가 아들 있는 곳을 물으니 노모가 대답했다.

"내 아들은 가난하고 남루하여 귀인이 가까이 할 사람이 못되오. 지금 당신의 향수 냄새를 맡아 보니 꽃 같은 향기가 보통이 아니고, 손을 잡아 보니 부드럽기가 솜 같으니 천하의 귀인임에 틀림 없소. 누구의 속임수로 여기까지 온 것 같은데 내 자식은 굶주림을 참지 못해 느릅나무 껍질을 벗기러 산으로 가서 아직 돌아오지 않았소."

공주는 산으로 가서 온달을 만나 자기의 생각을 말했다. 그러자 온달이 성을 내며 피해버렸다.

"이는 분명 사람이 아니라 여우나 귀신임이 분명하다. 나에게 가까이 오지 말라."

공주는 다시 모자母子를 찾아가 자기가 찾아오게 된 사정을 자세히 털어놓았다. 온달이 머무적거리고 있자 어머니가 말했다.

"내 자식이 부족하고, 내 집 또한 몹시 가난해서 귀인께서 살기에 적당치 않으니 그냥 돌아가시오."

공주가 대답했다.

"옛 사람의 말에 한 말 곡식도 방아를 찧을 수 있고, 한 자의 베도 꿰맬 수 있다고 했는데, 진실로 마음만 있다면 무슨 상관이 있겠습니까? 먹고 사는 것은 제가 가지고 온 패물로 마련하겠으니 걱정하지 마십시오."

그녀는 곧 금팔찌를 팔아 집과 우마, 가재도구들을 사들여 살림을 갖추었다. 그리고 온달에게 일렀다.

"무릇 남아라면 반드시 말을 잘 탈 줄 알아야 합니다. 그러니 오늘은 저잣거리에 나가 말을 사는데, 병들고 여위었더라도 반드시 국마國馬를 사 오십시오."

온달이 그말대로 하자 공주는 열심히 거두어 말이 날로 살이 찌고 건강해졌다.

한편, 고구려에서는 매년 3월 3일에 낙랑의 언덕에서 사냥으로 잡은 돼지와 사슴으로 신神에게 제사를 지냈다. 그날이 되어 왕이 사냥을 나서게 되니 여러 신하와 군사들도 출동했다.

온달도 공주가 기른 말을 타고 참가했는데 말이 워낙 날쌔어서 그가 잡은 노획물이 제일 많았다. 그래서 왕 앞에 나아가 자기의 신분을 밝히고 상을 받았다. 그러나 왕은 그를 사위로 받아들이지 않았다.

그때 북주北周의 무제武帝가 군사를 일으켜 요동遼東을 치니, 왕은 군사를 이끌고 배산拜山에 나아가 전투를 벌였다. 이때 온달이 선봉이 되어 단번에 적군 수십여 명을 베니, 아군의 사기가 올라 크게 이겼다.

전공을 논할 때 모두들 온달의 공로가 제일이라고 하니 왕은 그제야 사위로 맞아들이고, 대형大兄이라는 작위를 주었다.

평원왕이 죽고 영양왕嬰陽王이 즉위하자 온달이 아뢰었다.

"지금 신라가 우리 한북漢北의 땅을 갈라 자기네의 군과 현으로 만들었는 바 백성이 원통히 여겨 분노하고 있습니다. 바라건대 신에게 군사를 주신다면 반드시 우리 땅을 되찾아오겠습니다."

왕이 기뻐하며 허락했다.

온달은 계립현雞立峴과 죽령竹嶺 서쪽의 땅을 모두 회복시키지 못하면 돌아오지 않겠다고 맹세하고 떠났다. 그러나 아단성阿旦城(서울 워커힐 뒷산) 아래에서 신라 군사와 싸우다 날아오는 화살에 맞아 전사했다. 그래서 그를 장사지내려 하는데 관이 움직이지 않았으므로 공주가 와서 관을 어루만지며 위로했다.

"장군! 이제 큰일을 마치셨으니 돌아가 편히 쉬십시오."

그제야 관이 들려 장사를 지낼 수 있었다.

지위가 높을수록 정직하여 모범이 되어야 하고, 약속은 꼭 지켜야 한다는 이 말은 혼탁한 요즈음의 세태에 더욱 요구되는 말이다.

왕이려이 王耳驢耳

王:임금 왕　耳:귀 이　驢:당나귀 려　耳:귀 이

> 임금님 귀는 당나귀 귀라는 말로, 신라 경문왕에 얽힌 고사에서 유래했다. 세상에 비밀을 유지하는 것이 얼마나 어려운 것인지를 깨우쳐주는 말이다.
>
> 　　　　　　　　　　　　문헌:《삼국유사三國遺事》

신라 제48대 경문왕景文王(재위 861~875)은 이름이 응렴膺廉이며, 나이 18세에 국선國仙 화랑이 되었다. 아찬 계명啓明 아들이며, 어머니는 광화光和 부인이었다.

응렴은 18세에 국선이 되어 사방을 두루 돌아다니며 물정을 파악했다.

그에게 헌강왕憲康王이 물었다.

"응렴은 전국을 돌아보면서 무슨 좋은 일을 보았는가?"

"예, 행실이 바른 세 사람을 보았습니다."

"그래? 어디 자세히 이야기해보아라!"

"지위가 높은 사람이 겸손하여 백성의 밑에 있는 것처럼 처신하는 것이 그 첫째요, 세력이 있고 부자이면서 옷차림이 검소한 이가 둘째였으며, 귀하고 세력이 있는데도 위세를 보이지 않는 이가 그 셋째였습니다."

그 말에 왕은 그의 어진 품성을 알아보고 말했다.

"내게 두 딸이 있는데 너의 시중을 들게 해도 되겠는가?"

"네, 그 일은 중대사重大事이니 집에 가서 부모와 상의한 후 말씀 드리겠습니다."

응렴이 물러나와 가족과 상의했다.

가족들은 맏공주는 얼굴이 초라하고 못생겼으니 예쁘고 아름다운 둘째 공주를 맞는 것이 좋겠다고 했다.

그때 흥륜사興輪寺의 한 스님이 응렴을 찾아와 물었다.

"왕께서 공주를 아내로 주고자 한다는데 사실이오?"

"예, 그렇습니다."

"그럼 어느 공주를 선택하려 하시오?"

"부모님께서 둘째 공주에게 장가들라 해서 그렇게 하려 합니다."

"아니오. 맏공주에게 장가들면 세 가지 좋은 일이 있을 것이오."

"알겠습니다. 스님의 말씀에 따르겠습니다."

그렇게 해서 응렴은 맏공주에게 장가를 가게 되었다.

얼마 후 왕이 병을 얻어 위독해지자 신하를 불러놓고 말했다.

"내게 왕자가 없으니 맏딸의 남편 응렴으로 하여금 왕위를 계승하도록 하라."

그리하여 왕위의 승계식이 끝나자 그 스님이 경문왕이 된 응렴을 찾아와 아뢰었다.

"이제 제가 전에 아뢰었던 세 가지 좋은 일을 다 이룰 수 있게 되었습니다. 첫째는 맏공주에게 장가듦으로써 왕위에 오른 것이고, 둘째는 전에 흠모했던 둘째 공주에게도 장가들 수 있게 되었으며, 셋째는 못생긴 맏공주에게 장가듦으로써 왕과 왕비에게 기쁨을 드렸으니 그 또한 좋은 일 아닙니까?"

왕은 그 자리에서 스님에게 대덕大德이라는 벼슬과 함께 금 130냥을 내렸다. 경문왕이 왕위에 오르자 놀라운 일이 거듭 생겼다.

그 하나는 밤마다 왕이 기거하는 방에 뱀들이 모여드는 것이었다. 내인들이 놀라 쫓아내자 왕이 말했다.

"뱀은 나의 친구이니 쫓아내지 말라."

그리고는 뱀처럼 혀를 널름거리며 잤다.

또 하나는 왕위에 오르자마자 귀가 갑자기 길어져서 당나귀의 귀처럼 된 사건이었다. 왕후와 궁인들은 이를 알지 못했으나 복두장(幞頭匠 : 관을 만드는 장인) 한 사람만은 이 일을 알고 있었다.

복두장은 비밀을 발설할 수 없었다. 그래서 평생토록 자기만 간직하고 있다가 죽음이 다가오자 마침내 참지 못하고 도림사道林寺의 대숲 속 아무도 없는 곳에 들어가 외쳤다.

"임금님 귀는 당나귀 귀, 임금님 귀는 당나귀 귀……."

그 뒤로 바람이 불면 도림사의 대숲에서는 그 목소리가 그대로 울려나왔다.

놀란 왕은 대나무들을 베어내고 대신 산수유를 심게 했다. 그랬더니 그 뒤로는 바람이 불면 이런 소리가 났다.

"임금님 귀는 기다랗다! 임금님 귀는 기다랗다."

용몽압권龍夢壓券

龍:용 용 夢:꿈 몽 壓:누를 압 券:문서 권

> 용꿈이 압권이다. 즉 용꿈이 제일 좋아 과거시험에 합격한다는 말로, 어떤 일이 이루어지리라고 굳게 믿으면 실제로 이루어진다는 말이다.
>
> 문헌 : 《매산집梅山集》

조선 제21대 영조英祖 때 이진형李鎭衡(1723~1781)은 본관은 전주全州이고, 호는 남곡南谷이며, 시호는 충간忠簡이다.

1753년, 이진형이 정시(庭試 : 나라에 경사가 있을 때 대궐에서 보던 과거시험)를 보게 되었다. 그는 꿈에 용龍을 보면 장원 급제한다는 말을 믿고 용꿈을 꾸고자 방문을 걸어 잠그고 자나깨나 오로지 용만을 상상했다. 사흘째 되던 날 밤, 마침내 황룡이 나타나 자기의 허리를 감는 꿈을 꾸었다. 그리고 과거장에 나가니 출제된 문제가 평소에 자기가 열심히 공부했던 내용이었다. 그래서 쉽게 합격해 꿈에도 그리던 벼슬을 하게 되었다.

그런데 과거는 경쟁률이 높은 만큼 채점에 공정을 기하기 위해 응시자들의 글을 직접 놓고 채점하지 않고 시험관 서리를 시켜 답안지를 붉은 글씨로 다시 옮겨 베끼게 한 후 그것을 가지고 채점했다. 이는 채점관들이 응시자의 필적을 알지 못하게 하기 위함이었다. (응시자가 쓴 답안지를 본초本草라 하고, 옮겨 베낀 사본을 주초朱草라고 했는데,

역서가 끝나면 대조를 맡은 사동관查同官과 지동관枝同官이 엄밀히 대조한 다음 주초만 시험관에게 넘겨서 채점하게 했다.)

 이날 이진형의 답안은 그야말로 누구도 따를 수 없는 훌륭한 문장으로 맨 위에 올려져 있었다.

 그렇게 해서 가장 우수한 성적을 올린 자의 답권(答券: 답안지)을 다른 답권의 제일 위에 얹어 놓는 관습이 있었다. 이것은 다른 답권을 누를 만큼 우수하다는 뜻으로 여기에서 '압권壓券'이란 말이 유래하게 되었다.

 벼슬자리에 올라선 이진형은 1777년 좌부승지에 올랐다가 공조참판을 거쳐 대사헌을 역임했다.

 그는 병법兵法에도 밝았으며, 해서·초서도 잘 썼다.

한국 고사성어

용비엄애 用碑掩哀

用:쓸 용 碑:비석 비 掩:막을 엄 哀:슬플 애

비석을 이용하여 슬픔을 막다. 즉 실질적으로는 아무런 도움이 되지 못하는데도 명분만 그럴싸하게 내세워 사실을 호도한다는 뜻.

문헌 : 《오상원 우화 吳尙源 遇話》

산속에 사는 여러 종류의 동물들이 권익을 보장받기 위해 대표를 뽑기로 했다.

먼저 의장 선출 투표에서 호랑이가 뽑혔다.

단상에 오른 호랑이는 의젓한 자세로 의사봉을 딱딱 두드리며 인사말을 했다.

"여러분! 우리 동물왕국도 이제 전제군주제를 버리고 입헌정치의 기틀이 마련되었습니다. 지금까지 약하고 착한 동물 가족들은 강자의 횡포 속에 너무도 많은 억압과 서러움을 받아왔으나 이제부터는 똑같은 권익을 갖고 생존을 누리게 되었습니다."

그러나 이러한 영광과 갈채도 오래 가지는 못했다. 호랑이를 비롯한 육식동물들에게는 당장 고민이 생긴 것이다.

산양, 사슴, 토끼 등 초식동물들은 가는 곳마다 무성한 풀숲에서 싱싱한 풀잎과 약초 등을 마음껏 뜯어먹고 뛰놀 수 있었지만 이들을 잡아먹고 살던 육식동물들은 배에서 꼬르륵 소리가 날 때마다 눈앞에 살찐 먹잇감을 두고도 군침만 삼켜야 했다.
그런데 이리 대표가 사색이 되어 호랑이 의장에게 달려왔다.
"의장님! 도대체 이럴 수가 있습니까? 우리 동족들이 댁과 같은 호랑이에게 잡혀 먹혔습니다."
이리 대표의 말이 끝나기가 바쁘게 승냥이 대표가 헐떡이며 넋이 빠져 달려왔다.
"의장님, 큰일 났습니다. 이리란 놈들이 우리 동료를 셋이나 잡아 먹었습니다. 이 일을 어찌해야 합니까?"
뒤따라 여우 대표가 쫓아와 울먹이며 호소했다.
"의장님, 승냥이란 놈들이 우리 어린 자녀들을 마구 잡아갔습니다. 집 앞에서 천진하게 놀고 있던 어린것들을……. 어찌 이럴 수가……."
여우의 눈물겨운 호소가 채 끝나기도 전에 산양과 사슴 대표가 핏기를 잃고 헐레벌떡 달려왔다. 이들이 급히 억울함을 아뢰려 할 때 토끼 대표도 공포에 질린 낯으로 어깨숨을 들까불며 달려왔다.
"의장님! 이게 무슨 날벼락이란 말씀입니까? 착하고 약한 저희 동료들은 지금 모두 죽음의 길목에서 떨고 있습니다. 우리들의 살 길을 열어 주십시오."
초식동물들의 호소는 한결같이 똑같았다.
이들의 애처로운 호소를 듣고 있던 육식동물 대표들은 입장이 몹시 난처하고 계면쩍어지기 시작했다.
앞뒤를 모두 듣고 보니 자기들 한두 식구가 잡혀 먹혔다는 건 문제가 아니었다. 가장 희생을 많이 입고 있는 것이 산양과 사슴, 토끼 족들임이 뻔했다.
이렇게 되고 보니 사태는 묘하게 되어 버렸다. 초식동물들을 잘

무마해내지 못하면 육식동물들은 그야말로 사활의 기로에 설 판이었다.

눈치 빠른 여우가 급히 승냥이에게 뭔가 귓속말로 속삭였다. 이어서 승냥이가 이리에게 귓속말을 전했다. 이리는 또 어깨를 으쓱이며 호랑이에게 이를 전했다. 그러자 호랑이의 입가에 웃음이 빙그레 떠올랐다. 이윽고 호랑이 의장은 동물 대표들을 죽 돌아보며 경건하고 엄숙한 태도로 입을 열었다.

"아! 가엾도다. 착하게 살다 죽어간 너희들을 위해 우리는 겸허한 마음으로 위령비를 세워주기로 합의를 했다."

그리하여 동산 한가운데에 위령비가 세워졌다. 육식동물들은 우레같은 박수를 열렬히 보냈다. 그러나 초식동물들은 화려한 위령비 주위에 모여 서서 소리없이 눈물만 흘렸다.

용칭산수用秤算數

用:쓸 용 秤:저울 칭 算:셈놓을 산 數:셀 수

저울을 이용하여 수를 세다. 어떤 일을 처리할 때 옹졸하게 부분적으로 집착하지 않고 거시적으로 처리함을 뜻한다.

문헌:《한국천주교회사韓國天主敎會史·고금청담古今淸淡》

조선 제21대 영조英祖 때 이조판서 이천보李天輔(1698~1761)가 사촌형 이국보李國輔의 집을 방문하게 되었다. 이국보의 집에서는 오는 사람이 비록 동생이긴 했지만 국사를 돌보는 판서이기에 정중하게 맞을 준비를 서둘렀다.

그런데 일곱 살 난 국보의 아들 문원文源(1740~1794)이 손님맞이를 위해 고기를 굽고 있던 어머니에게 고기 한 점을 달라고 했다. 그러나 손님을 대접할 음식이라며 주지 않자 문원은 식칼을 들고 외양간으로 가서 우낭牛囊(소의 불알)을 베겠다고 덤벼들었다.

그때 막 대문 안으로 들어서던 이천보가 그 광경을 보고 형에게 물었다.

"형님, 저 애가 식칼을 들고 뭐하려고 저럽니까?"

"그러게나 말일세. 굽는 고기를 한 점 달라고 하는데 주지 않았더니 우낭을 베어 먹겠다고 저러질 않는가! 다 내가 교육을 잘 시키지 못한 탓이지."

국보는 아들을 불러들여 숙부에게 인사를 하게 했다.

문원은 절을 하고 뒤로 물러나더니 혼잣말처럼 중얼거렸다.

"난 한양의 판서는 별다른 사람인가 했더니 보통 사람과 하나도 다를 것이 없잖아."

그 말을 들은 천보가 형님 국보에게 말했다.

"제가 형님 아들 중에서 양자를 하나 들일까 하여 왔는데, 저놈을 주시면 안 될까요?"

국보는 하필이면 개구쟁이를 고를까 하고 고개를 갸웃거리면서 데려가라고 승낙했다.

이렇게 하여 한양으로 올라온 문원은 여전히 상노床奴들과 어울려 놀며 장난만 쳤다. 보다 못한 양아버지 천보는 문원에게 독선생을 들여 천자문千字文을 가르치게 했다. 그런데 이레가 지나도 천자문의 '천지현황天地玄黃' 첫 줄도 읽지 못했다.

천보는 속으로 '저놈이 장래 못되어도 판서는 될 줄 알았는데…….' 하고 서운해 했다. 그래서 궁리 끝에 하인과 짜고 문원을 불러 말했다.

"네가 공부에는 마음이 없고 날만 새면 장난만 치니 너를 내칠 수밖에 없다. 당장 짐을 싸서 옛날 네 집으로 돌아가도록 하라!"

하고는 하인을 딸려 본래의 집으로 돌려보냈다.

성 밖에 나가자 하인이 말했다.

"도련님은 참 딱도 하십니다. 공부만 잘하면 벼슬도 할 수 있고 남부러울 것이 없을 텐데 이제 다시 시골구석으로 내려가 나무꾼이나 되게 생겼으니……. 쯧쯧!"

그러자 문원이 냉소를 지으며 말했다.

"내가 아무럼 그까짓 천자문쯤 모르겠어? 다 이유가 있어서 그런

거라구. 서재를 보니까 책이 산더미처럼 쌓였던데 섣불리 아는 체 했다가는 만날 책하고 씨름만 하게 될 것 같아 숫제 모르는 체했던 거야. 내가 써보여 줄까?"

그러고는 땅바닥에 천자문을 줄줄 써내려 갔다.

하인은 기쁨을 감추고 말했다.

"아차! 도련님, 제가 깜빡 잊고 안 가져온 물건이 있어 다시 집으로 돌아가야겠는뎁쇼."

그러고는 집으로 돌아가 천보에게 문원의 행동을 전했다.

천보는 그 소식을 듣고 매우 기뻐하면서도 시치미를 떼고 문원에게 말했다.

"내 허락 없이 다시 돌아왔으니 마땅히 꾸중을 들어야 하겠으나 다시 생각해 보니 어린 네가 먼길을 가는 게 어려운 일일 듯싶어 그냥 용서하겠다. 그 대신 별로 광에서 조 한 말을 퍼다가 내가 돌아오는 저녁때까지 그 숫자를 모두 세어 놓도록 하여라!"

문원은 양아버지의 말씀을 듣고도 여전히 놀기만 했다. 그러고는 천보가 퇴청할 무렵쯤 되자 그제야 저울을 가져다가 좁쌀 한 돈 쭝을 달아서 그 수를 헤아려 놓고, 그 다음에는 똑같은 분량으로 달아서 전체의 수를 계산하였다.

천보는 문원이 제아무리 부지런히 세어도 다 세지는 못했을
것이라고 생각하고 집에 들어오자마자 문원을 불러 좁쌀이 모두 몇 개나 되더냐고 물었다.

"예, 모두 모모 개였습니다."

천보는 깜짝 놀랐다. 도저히 셀 수 없을 것이라고 생각했는데 도대체 어떻게 헤아렸는지 궁금해서 그 방법을 물었다. 문원은 거침없이 설명했다. 그 계산 방법을 듣고 난 천보는 크게 감탄했다.

"그래 장하다. 이제부터는 글을 익히는 데 힘쓰도록 하여라. 그런데 지나치게 글에만 매달리다 보면 자칫 소인배가 되기 쉽다. 그러니 행실과 마음을 닦는 일도 소홀히 해서는 안 되느니라."

그 후 이천보가 뒤주대왕 사도세자思悼世子를 옹호하다가 세자가 8일 만에 뒤주 안에서 죽자 신하로서 책임을 다하지 못했다는 자책감으로 자결했다. 그리하여 훗날 사도세자의 아들 정조正祖는 이천보의 의리를 생각하여 천보의 양아들 문원을 친동생같이 보살펴 주었다.

정조는 문원이 글에는 썩 밝지 못하지만 큰일을 대범하게 처리하는 능력이 있는 인재임을 알고 전라도의 과거 시험관으로 임명하여 내려 보냈다.

그가 지방에 내려가자 그곳 관료들은 고시관이 글에 밝지 못하다는 것을 알고 그를 기화로 한몫 챙기려고 벼르고 있었다. 문원은 내려가자마자 모든 일을 그곳 시관들에게 맡기고 날마다 기생집에서 술만 마시며 즐겼다.

과거가 끝난 후, 문원은 시관들에게 말했다.

"우리 아들놈에게 보여주려고 그러니 글 내용 좋고, 글씨 잘 써진 것 몇 점만 골라 주시오."

그러자 멋모르는 시관들은 진짜로 우수한 답안지를 챙겨 주었다. 문원은 그 답안지 작성자를 장원으로 결정하여 중앙으로 올렸다.

그 글에는 뇌물 거래가 없었을 것이라는 것을 직감한 조치였다.
정조는 전국 각지에서 올라온 글을 보고 난 뒤, 문원이 선발하여 올린 글이 그 어떤 글보다 우수함을 보고 기뻐하며 물었다.
"어떻게 해서 이처럼 훌륭한 인재를 뽑을 수 있었느냐?"
문원이 사실대로 아뢰니 정조는 다시 한 번 감탄했다.
"그대야말로 명시관名試官이로다. 역시 글만 잘한다고 모두 잘하는 게 아니야."
그 후 문원은 동래부사에서 경상도 관찰사가 되고 대사성大司成을 거쳐 함경도 관찰사와 이조판서를 역임하고 재상으로 제수되었으나 자기의 분수에 맞지 않는다고 스스로 사양했다. 시호는 익헌공翼憲公이다.

우공교인牛公交人

牛:소 우 公:귀 공 交:바뀔 교 人:사람 인

소가 사람을 바꾸다. 경남 사천지방에 전해져 오는 옛날이야기에서 유래한 말로, 전혀 뜻밖의 원인으로 상황이 바뀌었음을 뜻한다.

문헌:《한국인 야담집韓國人 野談集》

경남 사천군泗川郡 사남면泗南面에 사는 황치우黃致宇 영감이 기르던 암소를 팔기 위하여 시장에 갔다가 역시 소를 팔러 온 사돈查頓 우재영禹在永 영감을 만났다. 두 사람은 반갑게 인사를 나누었다.

"사돈어른께서도 소를 팔러 오셨습니까?"

"예, 암소를 황소로 바꿀까 해서 나왔습니다."

"아! 그러십니까? 저는 황소를 암소로 바꾸려고 나왔는데 그것 참 잘됐습니다. 여러 말 할 것 없이 그냥 우리끼리 소를 맞바꾼다면 중개인한테 구전을 줄 필요도 없으니 그 돈으로 둘이서 술이나 한잔 합시다."

두 사돈 영감은 중개인에게 줄 돈으로 술집에 들어가서 권커니잣커니 거나하게 마셨다. 그리고 밤이 이슥해서야 곤드레만드레가 되어 서로 소를 바꾸어 타고 집으로 향했다. 그런데 자기들의 운명이 바뀐 줄 모르는 소들은 평소 자기가 살던 집으로 졸랑졸랑 돌아갔다.

그러니까 시장에서는 사돈끼리 소를 바꾸었는데, 집으로 갈 때에는 소가 사람을 바꾸어 태우고 간 꼴이 된 것이다. 즉 사람이 바뀐 것이다.

양가兩家의 안방마님은 그것도 모르고 캄캄한 밤인지라 소는 외양간으로 몰아넣고 바깥양반은 안방으로 모셨다. 그리고 술냄새가 코를 쏘는 것을 참으면서 꼭 껴안고 하룻밤을 지냈다.

다음날 아침, 눈을 뜬 양가의 안방마님들은 질겁을 했다. 황당한 사태가 벌어진 것이다. 서로 껴안고 밤을 지새운 영감이 자기의 영감, 자기의 마누라가 아니라 바깥사돈, 안사돈이었으니 아연실색할 수밖에 없었다.

"어머나! 우째 사돈 어른이……?"

눈이 휘둥그레진 안사돈이 질겁을 했다.

"제기랄! 사돈이구 뭐구 지금 우리 집에서는 무슨 난리가 났을꼬?"

사람이 소를 바꾼 것이 아니라 소가 주인을 바꾸어 태우고 오는 바람에 일어난 소동이었다.

우국여가憂國如家

憂:근심 우 國:나라 국 如:같을 여 家:집 가

나라 걱정을 내 집 일처럼 한다는 말로, 조광조가 왕도정치를 실현해서 개혁을 단행한 고사에서 유래했다.

문헌 : 《고금청담古今淸談》

연산군燕山君 때, 정암靜庵 조광조趙光祖(1482~1519)는 한훤당寒暄堂 김굉필金宏弼・퇴계退溪 이황李滉・회재晦齋 이언적李彦迪・일두一蠹 정여창鄭汝昌 등과 더불어 오현五賢으로 추앙받아 문묘文廟(공자의 사당)에 배향되었다.

그는 14세 때 희천熙川에 귀양 가 있던 김굉필金宏弼에게서 학문을 배웠다. 이때부터 성리학性理學 연구에 힘써 훗날 김종직金宗直의 학통을 이은 사림파士林派의 영수領首가 되었다.

사림파가 요직에 있게 되자 훈구파勳舊派를 외직으로 몰아내고 전 공신의 사분의 삼을 삭제削除하는 급진적인 개혁을 단행했다. 이 일은 훈구파의 결정적인 반발을 유발했다. 그래서 나중에는 신진사류新進士類를 무고하는 사태가 생기게 되었다.

조광조는 어려서부터 기개氣槪가 남달라서 상대가 누구이건 간에 직언을 서슴지 않았다.

한번은 스승인 김굉필이 제사에 쓸 꿩고기를 하인들을 시켜 햇볕에 말리게 했다. 그런데 말리는 중에 고양이에게 도둑을 맞고 말았다. 김굉필이 크게 성이 나서 그 하인을 사정없이 꾸짖었다. 이를 지켜보고 있던 조광조가 아무리 스승이라 하지만 도가 지나치다 싶자 단호하면서도 공손히 말했다.

"조상의 제사에 정성을 다하는 것도 중요하지만 웃어른으로서의 말씨 또한 지나치지 않도록 조심하여야 될 것으로 사료됩니다."

그러자 김굉필이 무안해하면서 말했다.

"그래! 나도 크게 후회하고 있는데, 너의 마음도 나와 같구나. 네가 바로 나의 스승이다."

조광조는 임금을 참으로 사랑하는 것이 진정한 우국충정이라고 생각했다. 그리고 하늘과 사람의 근본은 이理에 있다고 믿었다.

"하늘과 사람은 하나의 근본이기에 하늘은 사람에게 그 이치理治가 아님이 없고, 임금과 백성도 하나에 근본하니 임금은 백성에게 그 도리道理가 아님이 없다. 따라서 옳은 것은 옳다 하고, 그른 것은 그르다 하여 마음속에서 시비와 선악이 모두 그 이치를 얻고 천하의 물物이 공평함을 얻으면 이것이 만화萬化가 서는 까닭이고 치도治道가 이루어 지는 것이다."

즉 사람과 하늘이 하나에 근본한 것이 이理요, 임금과 백성이 하나에 근본한 것이 도道라고 했다.

또 언로言路에 대하여서는 이렇게 상소했다.

'언로가 열리면 나라가 잘 다스려져 편안하고, 언로가 막히면 어지러워져 결국 망하게 됩니다. 그러므로 왕은 언로를 넓히는 데 힘쓰고 하급관리나 시골의 백성에까지 미쳐져야 비로소 정사를 잘하였다고 말할 수 있습니다' 고 했다.

조광조는 대덕大德을 펼쳤지만 시대가 그를 허락하지 않았다.

제11대 중종中宗 때 간신들이 그를 모함하기 위하여 대궐 안 나뭇잎에 꿀로 주초위왕走肖爲王이란 글자를 써서 벌레가 갉아 먹게 한 후, 그 나뭇잎을 따다 임금에게 바치면서 그를 역적으로 모함했다.

그로 말미암아 그는 마침내 능주綾州에 유배되고, 사약까지 받게 되었다. 그는 다음과 같은 시를 남겼다.

임금 사랑하기를 부모 사랑하듯 하였고　愛君如愛父
나라 사랑하기를 내 집과 같이 하였어라.　憂國如憂家
저 하늘의 햇빛이 이내 붉은 속을 비추니　天日照丹衷
밝은 빛이 이 속마음을 비추어주네.　昭昭臨下土

조광조는 기묘년己卯年 11월 15일 홍경주洪景舟로부터 밀고를 받아 그해 12월에 38세의 짧은 나이로 생을 마감했다.

우국여가憂國如家는 이 시에 근거한 성어이다.

우승정승 牛乘政丞

牛:소 우 乘:오를 승 政:정치 정 丞:도울 승

소를 탄 정승이라는 말로, 일인지하 만인지상에 있으면서도 소탈하게 생활하는 사람, 즉 지위를 내세우지 않고 부드럽게 처신하는 사람을 말한다.

문헌:《해동명신록海東名臣錄》

선 제4대 세종 때 좌의정에까지 올랐던 고불古佛 맹사성孟思誠(1359~1438)이 온양에 계신 부모님을 뵈러 길을 떠났다. 그는 워낙 소탈한 성품이라 번거로운 행차 대신에 소를 타고 시동侍童에게 고삐를 잡게 하여 단출하게 길을 나서니 영락없이 시골 노인의 모습이었다.

그런데 온양에서 가까운 고을의 사또들이 서울에서 정승이 내려온다는 소식을 듣고 길목에 나와서 차일을 치고 성대하게 환영할 준비를 하고 있었다. 그런데 때가 지났는데도 정승의 행차는 나타나지 않고 소를 탄 한 초라한 노인이 지나가는 것이었다.

짜증이 난 사또들이 형방더러 그 노인을 잡아오라고 했다. 형방이 쫓아가자 소를 탄 노인이 말했다.

"온양 사는 맹고불이라고 하면 사또께서 꾸짖지 않을 걸세."

형방이 돌아가 노인의 말을 전하자 사또들은 깜짝 놀랐다. 고불은 맹사성의 호였다.

혼비백산한 사또들이 맹사성을 쫓아가 머리를 조아리며 잘못을 빌었으나 맹사성은 뒤도 돌아보지 않고 가버렸다.

맹사성은 시문에 능하여 《팔도지리지八道地理志》를 찬진撰進하였으며, 향약을 정리하는 등 많은 업적을 남겼다.

그는 같은 시대를 살았던 황희黃喜와는 대조적이었다.

황희가 모든 일에 분명하고 정확하며 강직했다면, 맹사성은 어질고 부드럽고 섬세했다.

그래서 황희가 학문적이고 근엄했다면 맹사성은 유연하고 너그러우며 예술가적인 인물이었다. 때문에 황희가 병조나 이조의 과단성 있는 업무에 능했다면 맹사성은 예조나 공조 등의 업무에 더 능했다.

세종은 쌍두마차와 같은 두 사람의 성향을 고려하여 부드러운 업무는 맹사성에게, 변방의 안정과 육진을 개척하고 사군을 설치하는 일은 황희에게 맡겼다.

우치급기牛治急氣

牛:소 우 治:다스릴 치 急:급할 급 氣:기운 기

소를 보고 급한 성격을 다스린다는 말로, 소의 둔중한 행동에서 급한 성질을 누그러뜨린다는 뜻이다.

문헌 : 《한국유학사韓國儒學史》

유학儒學의 영남학파인 조식曹植(1501~1572)은 본관은 창녕昌寧이고, 호는 남명南冥이며, 시호는 문정文貞이다.

조식은 문하생들이 글을 다 마치는 필업筆業, 즉 졸업을 하게 되면 가축을 한 마리씩 주었다.

후에 정승에까지 오른 정탁鄭擢(1526~1605)이 필업 후 문하를 떠나갈 때 조식이 말했다.

"뒷간에 소 한 마리를 매어 놓았으니 몰고 가도록 해라."

물론 실제로 소가 있는 것이 아니라 마음의 소였다.

"자네는 기氣가 세고 급하여 자칫 다칠 것이 걱정되니 행동을 소처럼 천천히 하라는 뜻이네."

소처럼 둔중하게 처신하여 결함을 교정하라는 교훈이었다. 훗날, 정탁은 큰일을 당했을 때마다 마음의 소를 상기하며 처신했기에 오늘의 내가 있게 되었다고 입버릇처럼 말했다.

조식은 중종中宗에 의해 참봉에 임명되었으나 응하지 않았으며,

또 명종 때는 현감으로 임명되었으나 역시 고사했다.

　퇴계 이황李滉도 서신으로 벼슬을 권고받고 처음에는 듣지 않았으나 상서원尙瑞院 판관判官을 제수받자 궁궐에 들어가 명종明宗을 배알하였다.

　그 자리에서 명종이 출사出仕를 권유하였으나 완곡하게 거절하고 산으로 돌아갔다. 그 후 또 선조宣祖가 벼슬을 제수하였으나 나오지 않고 상소만 올렸다.

　남명은 문인門人들에게 경敬이요, 밖으로 밝은 것이 의義라고 강조했다. 그리고 남명문집에서 '음식은 식재료가 없으면 만들 수 없듯, 나라를 이끄는 데는 충신이 없으면 다스릴 수가 없다.'고 말하였다.

　그의 문하생 중에 정인홍鄭仁弘은 '선생은 천 길 높은 절벽처럼 우뚝 솟은 사표師表였다.'고 회상했다.

　조식은 성리학자性理學者로 태극론에서 무극無極과 태극太極은 같은 것으로 보았다. 또 성심론性心論에서는 심心이 모든 이理를 화합하는 창고이며, 본원本原에서는 이선기후理先氣後로, 유행流行에서는 기선이수氣先理隨라고 말했다.

우혁좌초右革左草

右:오른 우 革:가죽 혁 左:왼 좌 草:풀 초

> 오른쪽은 가죽신이고, 왼쪽은 짚신이라는 말로, 오른발에는 가죽신, 왼발에는 짚신을 신었다는 뜻이다. 선조 때 문인 백호白湖 임제林悌가 당파싸움을 비판한 일화에서 유래했다. 인간의 양면성을 꼬집을 때 쓰인다.
>
> 문헌:《국조인물고國朝人物考》

백호白湖 임제林悌(1549~1587)는 선조宣祖때의 대문장가로서 본관은 나주羅州이고 호는 백호 또는 겸제謙薺이다. 그는 기억력이 뛰어나 백가百家의 시를 하루에 천마디를 외워 독보獨寶라고도 일컬어졌다. 그는 무관 벼슬인 절도사節度使 임진林晉의 아들로, 전라도 나주 회진에서 태어났다. 그의 집안은 대대로 시문詩文에 능통했으며, 뛰어난 무관도 많이 배출하였다.

그 중에는 선조 때 거북선 제작에 참여했던 임충서林忠恕, 이순신 장군이 왜군을 맞아 어려움을 겪고 있을 때 군량미를 제공했던 임환林懽 등 걸출한 동량들이 많았다. 이처럼 시재詩才에 뛰어났던 임제는 소년 시절부터 면학에 힘썼다. 그리하여 1577년 문과에 급제했는데 당시는 귀족들 사이에 권력 투쟁이 격렬하던 때였다.

그는 과거에 합격하기 전, 학자 우계牛溪 성혼成渾의 눈에 띄었다.

"자네는 어느 가문의 자제인가?"

명망 높은 학자에게 질문을 받았으니 예사 서생書生이었다면 감격하여 환심을 사려고 가문을 높여 말했겠지만 임제는 그런 것에 개의치 않고 겸손하게 말했다.
"네, 저는 이름 없는 평민의 자식입니다."
정의감이 강하고 지조가 곧았던 그는 성품이 그대로 드러나 종종 사람들을 놀라게 했다.

그가 예조정랑禮曹政郞으로 있을 때 동서東西 양당이 싸움을 벌이는 것을 개탄하면서 벼슬을 버리고 산천山川을 주유하였다.

그가 어느 날 말을 타고 외출하는데 오른발에는 가죽신을 신고 왼발에는 짚신을 신는 것이었다. 말을 끄는 마부가 놀라서 물었다.

"대감마님, 가죽신과 짚신은 제짝이 아닌데, 혹시 술에 취하신 것 아니십니까?"
그러자 임제는 정색을 하며 말했다.
"모르는 소리 마라. 오른쪽에서 본 사람은 내가 가죽신을 신었다고 할 것이고, 왼쪽에서 본 사람은 짚신을 신었다고 할 것이다. 그러니 누가 짝이 맞지 않는 신발을 신고 있다고 하겠느냐? 사람들은 그렇게 당장 눈에 보이는 대로만 생각하는데 그것이 잘못이 될 수도 있다는 것을 깨우쳐주기 위해서 그러느니라."

그는 평소 당파 싸움을 심히 개탄스럽게 생각했는데 권력파 양반들을 깨우쳐주고 싶어 그런 기행을 했던 것이다. 그러니까 당시 득세하고 있던 동인東人은 가죽신발로, 수세에 몰려 있던 서인西人은 짚신으로 비유했던 것이다.

어느 날, 그가 교외에서 젊은이들과 마주쳤다. 그들은 양반집 자제들답게 시작詩作을 즐기는 것을 보고 자기도 끼워 달라고 청했다. 행색이 초라한 모습을 보고 교만한 젊은이들은 '시도 제대로 짓지 못할 텐데' 하고 얕잡아 보면서 마지못해 받아들여 주었다.

그는 싱글싱글 웃으며 '나는 무식하여 한시를 지을 줄 모르니 내가 지금부터 읊는 내용을 한자로 받아 적어 달라.'고 부탁했다.

젊은이들은 임제가 읊어가는 내용을 한자로 받아 적고 보니 뜻과 음률이 제대로 맞는 훌륭한 한시였다. 젊은이들은 놀라서 물었다.

"혹시 저 유명한 백호 선생이 아니십니까?"

그러나 그는 끝까지 자기 신분을 밝히지 않고 그들과 즐거운 한때를 보냈다.

말을 하면 미치광이라 하고 出言世爲狂
말을 아니 하면 어리석다고 하는 세상 緘口世云癡
머리 곧추들고 가는 까닭을 所以掉頭去
아는 이 어이 없으랴. 豈無知者知

임제는 호방한 기상의 문장가로 이름이 높아 이이李珥·양사언楊士彦 등이 그의 시문을 보고 칭찬을 아끼지 않았다. 그가 임종할 때 자식들을 불러모아 놓고 말했다.

"사이四夷 팔만八蠻이 모두 자주의 나라가 되어 황제라 칭하는데, 유독惟獨 우리나라만이 중국에 매여 있으니 이 욕된 나라에 태어나서 어찌 죽음을 애석해 하겠느냐. 그러니 내가 죽은 뒤 곡을 하지 말아라."

그는 《화사花史》, 《추성지秋城志》, 《백호집白湖集》, 《부벽루상영록浮碧樓觴詠錄》등의 저서를 남겼다.

웅근성인熊謹成人

熊:곰 웅　謹:삼갈 근　成:이룰 성　人:사람 인

> 곰이 몸을 삼가 사람이 되었다는 말로, 단군신화에서 유래했다.
> 어떤 일에 정성을 다하면 뜻하는 바가 이루어진다는 뜻.
> 꿈은 이루어진다는 말과 상통하는 말이다.
>
> 문헌: 《삼국유사三國遺事》

환인桓因이 삼위태백三危太白을 내려다보니, 인간 세상을 널리 이롭게 할 만한 땅이었다. 이에 뜻이 다른 서자庶子 환웅桓熊에게 천부인天符印 세 개를 주며 내려가서 세상을 이롭게 하라고 했다. 즉 홍익인간弘益人間을 천명하였다.

환웅은 이에 3천여 명의 무리를 거느리고 태백의 신단수神檀樹 아래로 내려와 자리를 잡으니 그곳이 곧 신시神市다. 그는 풍백風佰·우사雨師·운사雲師를 거느리고 곡식, 수명, 질병, 형벌, 선악 등의 360여 가지의 일을 주관하여 인간들을 다스리기 시작했다.

그때 곰 한 마리와 호랑이 한 마리가 찾아와 사람이 되기를 소망했다. 환인이 신령한 쑥 한 쌈지와 마늘 스무 개를 주면서 말하였다.

"이것을 먹고 백 일 동안 햇빛을 보지 않고 근신하면 사람의 모습을 얻게 될 것이다."

"이 모든 것이 나의 힘에 의한 것이 아니라 너희들의 정성과 인내를 보시고 은혜를 베푸신 환인의 뜻이니라."

곰은 그 말대로 쑥과 마늘만 먹고 잘 참고 100날을 견디어 여자의 몸(熊女)이 되었으나, 호랑이는 성질이 급하여 그러질 못하고 중도에 포기하였다.

사람이 된 웅녀는 아름다운 여인이 되었으나 혼인할 사람이 없었으므로 신단수神檀樹 아래에서 '저를 여자로 환생시켜 주셨으니 환웅님이시여, 이 몸을 보살펴 주십시오.' 하고 빌었다. 이에 환웅은 잠시 사람으로 변하여 웅녀와 혼인하였다. 그리고 얼마 있다가 아들을 낳았는데, 그가 곧 단군왕검檀君王劍이다.

단군은 평양성에 도읍을 정하고, 나라 이름을 조선朝鮮이라 불렀다. 그 후, 다시 도읍을 백악산白岳山의 아사달阿斯達로 옮기고, 그곳을 궁글(혹은 방方)홀산忽山, 또는 금미달今彌達이라 했다. 그곳에서 일천오백 년 동안 나라를 다스렸다.

웅마하사 雄馬下崽

雄:수컷 웅 馬:말 마 下:아래 하 崽:자식 사

수말이 새끼를 낳다. 즉 현실적으로 이루어질 수 없는 일을 가리키는 말이다.

문헌 :《한국인의 민담韓國人의 民譚》

인간人間의 이기적인 욕심欲心은 끝이 없어, 만악萬惡의 근본이라고 한다. 바로 그런 필부匹夫의 이야기가 있다.

논밭 아흔아홉 필지를 가진 부자富者가 한 필지筆地를 더 채워 백 필지를 만들어 그 고을에서 제일가는 부자가 되려고 여러모로 궁리하였다. 그러나 아무리 해도 구할 수 없는 구지부득求之不得이었다.

그런데 마침 주머니 속에서 물건을 꺼내듯 만만한 낭중취물囊中取物이 나타났다. 같은 마을에 손발이 다 닳도록 괭이질을 하여 자갈밭 한 필지를 일군 가난한 농부農夫가 그였다.

그 농부의 자갈밭에 눈독을 들인 부자가 그를 불러 말했다.

"임자를 오라고 한 것은 다름이 아니라 할 일도 없고 하여 심심하니 장기將棋나 한판 두자는 걸세. 헌데 장기란 내기 장기가 아니면 재미가 없는 법이니, 진 사람은 수말이 낳은 망아지를 구해오기로 하세. 만약 그러지 못하면 대신 밭 한 필지를 내놓든지……."

이건 농부의 밭을 억지로 뺏으려는 수작임이 뻔했지만 권세 있는 부자의 말이라 농부는 울며 겨자 먹기로 따를 수밖에 없었다. 그런데 구경하던 사람들이 모두 부자의 편을 들어 훈수하는 바람에 농부는 지고 말았다.

부자는 입이 함박만큼 벌어져서 말했다.

"자네가 장기에 졌으니 내일까지 수말이 낳은 망아지를 구해와야 하네. 만약 그러하지 못하면 그 자갈밭 한 필지를 내가 갖겠네."

집에 돌아온 농부는 너무나 기가 막히고 억울하여 식음을 전폐하고 자리에 드러누웠다. 그러자 그의 아들이 아버지에게 무슨 일로 그렇게 상심(傷心)하시느냐고 여쭈었다.

농부는 부잣집에서 있었던 일을 낱낱이 이야기했다.

"글쎄, 암말이 낳은 망아지라면 몰라도 수말이 낳은 망아지를 어떻게 구한단 말이냐? 이젠 꼼짝없이 밭을 뺏기게 되었구나!"

아버지의 말을 듣고 있던 아들이 말했다.

"아버지, 제게 좋은 방책이 있으니 너무 상심 마시고 진지나 잡수십시오."

이튿날 아침, 아들은 일찌감치 부잣집을 찾아갔다. 부자는 농부는 보이지 않고 아들만 나타나자 대뜸 물었다.

"네 애비는 왜 아직 오질 않느냐?"

그러자 농부의 아들이 차분한 목소리로 또박또박 대답했다.

"어르신, 우리 집에 경사가 났습니다. 저의 아버지께서 어제 저녁에 몸을 풀어 아들을 낳았는데 글쎄 쌍둥이가 아니겠습니까. 그래서 지금 산

후조리를 하시느라고 오지 못하셨습니다."

"예끼, 무식한 놈아! 그런 얼토당토않은 소리가 어디 있느냐? 여편네가 아이를 낳았다면 몰라도 상투 튼 남자가 어떻게 아이를 낳았단 말이냐?"

그러자 그 말을 기다리고 있던 농부의 아들이 당차게 맞받았다.

"예, 상투 튼 남자가 아이를 낳지 못하는데 수말이 어떻게 망아지를 낳습니까? 그러니 수말이 낳은 망아지를 구해오라고 한 어르신의 말씀이야말로 얼토당토않은 소리입니다."

부자는 어린아이에게 곡부득이소哭不得已笑로 아얏소리도 못하고 보기 좋게 되치기를 당해 그저 눈만 부라릴 뿐이었다.

원납전願納錢

願:원할 원 納:들일 납 錢:돈 전

> 스스로 원하여 바치는 돈이라는 말로, 자진해서 내는 기부 돈을 말한다. 대원군 시절에 경복궁을 중축하기 위해 거두어들인 돈에서 유래했다.
>
> 문헌:《국어대사전國語大辭典·한국통사韓國痛史》

조선 제26대 고종高宗(1852~1919)은 12세에 즉위하였으나 나이가 어려 흥선興宣대원군大院君(1820~1898)의 섭정으로 10년간 실권이 없는 왕으로 있었다.

대원군이 1865년에 경복궁을 중건할 때였다. 나라의 재정이 부족하자 대원군은 그 경비를 충당하기 위해 부호들로부터 거의 강제로 돈을 거두어들였다. 그러나 누구도 자기 재산을 쉽게 내놓으려 하지 않자 여러가지 묘책을 짜냈다. 즉 세금의 이름을 뜻있는 백성들이 스스로 원하여 돈을 낸다는 뜻으로 원납전願納錢이라 호도하였다.

이에 먹고 살기도 어려운데 무슨 궁을 짓느냐는 소리가 들렸다. 그러자 민심이 악화되는 것을 막기 위해서 먼저 왕실에서 10만 냥을 낸 후 부호에게서 거두어들이는 계책을 썼다. 그리고 거액을 납부하는 자에게는 벼슬을 주었다. 조정에서 대놓고 매관매직을 한 것이다.

이렇게 온갖 수단과 방법으로 어렵게 거두어들인 돈으로 경복궁을 건축하기 시작했으나 이듬해 화재가 나서 소실되어 버리고 말았다. 그래서 나중에는 일만 냥을 내는 사람에게는 상민常民, 소위 상놈에게도 벼슬을 주고, 십만 냥을 내면 수령이라는 관직을 주었다. 조정에서 그야말로 있을 수 없는 매관매직을 공식적으로 했던 것이다.

그리하여 1868년 고종 5년에 공사가 완료되기까지 770여 만 냥의 원납전을 징수했다.

이로 인한 백성들의 원성이 한없이 높아지자 이를 무마하기 위하여 천주교를 탄압하여 베르뇌 신부와 많은 교도들을 처벌하게 되었다. 그러자 프랑스 함대가 인천에까지 쳐들어와 병인양요丙寅洋擾가 일어났다.

또 대원군의 쇄국정책으로 대동강에 들어온 상선商船 제너럴 셔먼호를 소각한 데서 신미양요辛未洋擾가 일어났다. 이 양란으로 벌레가 움츠려 몸을 도사리듯 안으로 문을 걸어 잠그는 쇄국정치鎖國政治의 원인이 되었다.

월사부인月沙夫人

月:달 월　沙:모래 사　夫:아비 부　人:사람 인

> 월사月沙 이정귀李庭龜 대감의 부인을 이르는 말로, 남편의 지위가 높은데도 검소해서 타의 모범이 되는 부인을 이른다.
>
> 문헌:《해동명신록海東名臣錄》

　　조선 제14대 선조宣祖의 첫째 공주인 정명공주(貞明公主 ; 1603~1685) 댁에서 며느리를 맞아들이는 잔치가 벌어졌을 때의 이야기다.

　　대갓집 부인들이 저마다 권세와 호화스러움을 자랑하려고 많은 하인들을 거느리고, 갖은 패물과 의상을 갖추고서 아침 일찍부터 정명공주 댁으로 모여들었다.

　　"과연 공주 댁의 잔치라서 다르구먼! 장관이야! 저것 좀 보아, 들어가는 부인들마다 모두 눈이 부시잖아!"

　　사람들은 그 호화로움에 놀라 벌린 입을 다물지 못했다.

　　"여보게! 이번 행차는 어느 댁 부인인가?"

　　"글쎄, 뉘 댁인가는 아직 모르겠네마는 점점 갈수록 태산이구먼! 얼마나 더 호사스러워지는지 자세히 좀 보세, 그려!"

　　그런데 잠시 후 아주 단출한 가마 하나가 당도했다. 그리고 가마에서 내려 집안으로 들어가는 여인은 뜻밖에도 나이가 지긋한 부인으로 차림이 소탈했다.

"어허, 저 늙은이는 누구기에 저렇게 수수한 차림일까?"
"필시 어느 양반댁의 하인일 거야."
"예끼, 이 사람! 가마 타고 다니는 하인도 있나?"
"있을 수 있지. 중요한 심부름이면 주인댁 가마를 탈 수도 있지 않겠어?"
"그럴까? 허기사 지금까지는 저렇게 초라한 행색의 부인이 공주댁으로 들어가는 일이 없었으니까……."

노부인은 수수한 무명옷에 별다른 몸치장도 하지 않고 있었다. 육간 대청에서 요란스런 치마를 끌면서 호기를 떨던 부인들은 보잘 것없는 노부인이 대문 안으로 들어서자 거들떠보지도 않고 자기네들끼리 수다를 떠느라 여념이 없었다.

그런데 그 노부인이 섬돌 위에 오르자 주인인 공주가 크게 반기면서 맨발로 뛰어 내려와서 영접을 하는 것이었다.

그제야 다른 부인들은 고개를 갸웃거리면서 수군거렸다.
"어느 집 노파인데 공주께서 저렇게 맨발로 내려가 맞으실까?"
"공주마마도 체통을 좀 차리셔야지. 우리가 들어올 때는 대청에도 안 나오시던 분이 저게 무슨 체모 없으신 행동이람?"
"그렇고 말구요, 공주라는 신분도 생각하셔야지. 원 딱하기도 하셔라. 맨발로 저게 무슨 꼴이실까?"

그러나 공주는 호사가들의 입방아를 아는지 모르는지 노부인을 윗자리에 모시고 극진한 예의로 음식을 대접하는 것이었다.

"오늘 이처럼 어려운 출타를 하셨는데 음식이 구미에 맞을지 모르겠습니다. 천천히 많이 드시지요."

"천만의 말씀을 다하십니다. 평시에는 별로 나다니지 않았습니다만 공주마마 댁 경사에야 어찌 오지 않을 수가 있겠습니까? 하여 오기는 했지만 너무나 융숭한 대접에 놀랄 뿐입니다."
 노부인이 겸손하게 사례했다.
 멀리 앉아서 그 부인의 행동거지를 깔보던 다른 젊은 부인들은 공연히 입을 삐쭉거렸다.
 융숭한 대접을 받고 난 노부인은 잠시 공주와 담소를 즐기다가 자리에서 일어서며 말했다.
 "그럼 이만 가봐야겠습니다. 오늘 너무 큰 환대를 받았습니다."
 공주가 아쉬워하며 말했다.
 "아직 해가 높다란데 왜 벌써 일어서세요? 더 노시다 가시지 않고……."
 노부인이 고마움을 치사하면서 말했다.
 "우리 집 도제조都提調(승문원·사역원 등 관청의 정일품 벼슬) 대감께서 새벽에 궐내로 들어가셨고, 이조판서 큰 아들이 정사政事로 나갔으며, 둘째 아들이 승지로 있는 것은 공주마마께서도 잘 아시지 않습니까? 이렇게 삼부자가 상감마마를 모시고 있는 까닭에 이 늙은이가 빨리 돌아가야만 저녁 식사를 마련하여 대궐 안으로 보내게 된답니다. 하오니 이만 하직을 하겠습니다."
 그때까지 옷차림이 수수하여 어느 미관말직의 노모이거나 심부름 온 아녀자쯤으로 여기고 업신여기기까지 하던 젊은 부인들은 노부인의 뜻밖의 말에 그만 몸 둘 곳을 찾지 못하고 우왕좌왕했다.
 "그러고 보니, 저 부인이 바로 그 월사月沙 이정귀李庭龜 대감의 부인이셨구나. 난 옷차림이 너무 소탈해서 어느 미관의 노모인 줄로만 알았지 뭐야."
 "나도 몰랐네. 그런 줄 알았더라면 인사라도 올려 둘 것을……."
 월사 부인이 돌아가자 젊은 부인들은 자기네의 지나쳤던 호사를 뉘우쳤다.

 월사는 명明나라 경약經略 송응창宋應昌의 요청으로 경서經書를 강의할 정도로 박식한 학자였다.
 그는 촉蜀나라 태수가 죽자 아래와 같이 그의 비문을 써주었다.
 '그의 아버지는 나라를 위해 충성으로 죽고, 또 아들은 효도를 다하여 죽으니, 마땅히 죽을 곳에서 죽었도다.'
 비문을 본 촉나라 사람들이 크게 감동하여 사례로 비단 한 수레와 황금 백 냥을 주었다. 이 소문이 국내에까지 퍼지자 나라 안의 칭송이 자자했다. 그의 이런 행적에는 보이지 않게 뒤에서 내조한 그의 부인의 공이 컸다.
 그래서 월사 부인의 공이 월사를 만들었다는 말로 월사부인月沙夫人이라고 일컬었던 것이다.

위기득관 爲氣得官

爲:할 위 氣:기세 기 得:얻을 득 官:벼슬 관

> 기세를 부려 벼슬을 얻다. 대원군에게 호기를 부려 금위대장에 오른 이장렴의 고사에서 유래했다. 남자는 마땅히 기개가 있어야 큰 일을 할 수 있다는 뜻으로 쓰인다.
> 문헌:《일성록日省錄·고종기사高宗紀事》

흥선興宣 대원군大院君(1820~1898)이 실권하여 방랑하고 있을 때, 기생 춘홍春紅의 집에서 술을 마시다가 금군별장禁軍別將 이장렴李章濂(1821~?)과 언쟁이 붙었다.

이장렴은 매우 거친 언사로 덤볐다. 그도 그럴 것이 이장렴은 상당한 군직軍職에 올라 있었고, 상대방은 몰락한 왕족으로 시정잡배들과 어울려 술이나 마시는 한량이었으니 가소롭게 보였던 것이다.

대원군은 분통을 터뜨리며 일개 군직에 있는 자가 감히 종친宗親에게 무례하게 덤빌 수 있느냐면서 나무랐다. 그러자 이장렴이 대원군의 뺨을 후려갈기며 호통을 쳤다.

"그래, 당신 말대로 한 나라의 종친이 기생집에나 드나들면서 왕실의 체통을 더럽히고 있으니, 나라를 사랑하는 뜻에서 내가 주먹

으로 당신을 다스리는 것이오."

이에 대원군은 말문이 막혀 아무 소리 못하고 그 자리를 빠져 나갔다.

그후 대원군이 집권해서 운현궁雲峴宮 문턱이 대궐 문턱만큼 높아졌을 때, 이장렴을 불러들였다. 이장렴에게는 매우 껄끄러운 자리였음은 두말할 나위가 없다.

대원군은 이장렴이 들어오자 대뜸 물었다.

"이 자리에서도 나의 뺨을 칠 수 있겠는가?"

이장렴도 범인凡人과는 다른 호쾌한 장부여서 조금도 두려워하지 않고 대답했다.

"지금이라도 마마께서 그때 그 자리에서 했던 것처럼 그런 언행을 하시면 소생의 손은 여전히 제재를 가할 것입니다."

대원군이 크게 웃으면서 말했다.

"일간 춘홍의 집에 다시 한번 갈까 했더니 자네가 무서워서 못 가겠구먼."

그러고 나서 이장렴이 물러갈 때 대원군은 하인들에게 명령했다.

"여봐라! 금위대장禁衛大將께서 나가시니 앞을 물리어라."

그날로 이장렴은 금위대장으로 임명된 것이다.

위민명판 爲民名判

爲:위할 위 民:백성 민 名:이름 명 判:쪼갤 판

권력에 굴하지 않고 백성을 위해서 명판결을 내렸다는 말로, 외압에 굴하지 않고 정의에 입각하여 내리는 판결을 이른다.

문헌 : 《목민심서 牧民心書》

조선 제21대 영조英祖 때 권엄權襴(1729~1801)이라는 사람이 있었다. 그는 한성판윤을 거쳐 병조판서를 지냈는데, 위세에 굴하지 않고 바르게 재판하기로 유명했다. 권엄은 매우 완고하여 이승훈李承薰, 정약용丁若鏞 등 천주교 신자에 대해 극형을 주장했다.

그가 지금의 서울시장 격인 한성판윤이 되었을 때의 일이다.

당시 어의御醫였던 강명길康命吉이라는 자가 왕의 총애를 믿고 거들먹거리며 설쳤다. 그래서 그의 소행에 눈살을 찌푸리지 않는 사람이 없었다.

강명길은 서문 밖 교외에 땅을 사들여 자기 부모의 무덤을 그곳으로 옮겼다. 그런데 그 산 아래에는 오래된 민가 수십 호가 있었다. 그는 이 집들마저 사들인 후 추수가 끝나면 모두 집을 비우고 나가라고 하였다. 그러나 그해 가을에 흉년이 들어서 그곳 주민들은 집을 비우고 나갈 형편이 못되었다. 그러자 강명길은 그들을 쫓아내기 위해 한성부에 고소하였다.

한국 고사성어 547

권엄은 백성들의 딱한 사정을 듣고 그를 허락하지 않았다.

그러자 강명길은 왕에게 부탁했고, 그를 총애하던 왕은 승지를 시켜 권엄에게 그곳 주민들을 쫓아내도록 지시하였다. 그러나 권엄은 여전히 굽히지 않고 이전처럼 판결하였다.

그러자 왕은 크게 노하여 승지를 불러 일이 지시한 대로 되지 않은 것을 문책하였다. 승지가 권엄에게 왕의 노여움을 전하자 권엄이 말했다.

"백성들은 지금 굶주림과 추위가 뼈에 사무치는데 그런 사정을 고려하지 않고 쫓아낸다면 머지않아 길거리에서 모두 얼어 죽을 것입니다. 차라리 내가 벌을 받을지언정 그들로 하여금 나라를 원망하게 할 수는 없습니다."

사람들은 모두 권엄이 위태로운 지경에 빠질 거라고 염려하였다. 그러나 며칠이 지난 뒤 왕이 권엄을 불러 칭찬했다.

"내가 다시 생각해 보니 그대의 처사가 옳았다. 그대는 참으로 충직한 사람이다. 그대가 아니었더라면 아마도 그렇게 하기 어려웠을 것이다."

권엄은 그 말을 듣고 우리 폐하는 역시 만인지상萬人之上이라고 감격하였다.

위애투금爲愛投金

爲:위할 위 愛:사랑 애 投:던질 투 金:쇠 금

형제의 의를 위하여 금을 버린다는 말로, 어부 형제가 금덩어리를 주웠으나 형제간의 우애가 끊길 것을 염려하여 금덩어리를 버린 고사에서 유래했다. 지극한 형제애를 칭송할 때 쓴다.

문헌 : 《한국전래동화韓國傳來童話》

한강漢江 양화대교 부근 공암진 나루터에서 의좋은 형제가 배로 고기를 잡고 있었다. 어느 날, 그물을 걷어올리니 고기는 없고 커다란 금덩어리 하나가 나왔다. 깜짝 놀란 형제는 금덩어리를 보고 좋아했다. 그런 기쁨도 잠시 어떻게 처리할까 망설이지 않을 수 없었다.

아우가 먼저 말했다.

"형님은 식솔들이 많으시니 형님이 가지시지요."

그러자 형이 손을 내저으면서 말했다.

"무슨 소리냐! 너도 이제 장가들 나이가 되었으니 네가 가져가 장가 밑천으로 삼으려무나."

그렇게 실랑이를 벌이던 형제는 결국 똑같이 나누어 갖기로 합의를 했다. 그런데 반으로 쪼갠 금덩이를 가지고 돌아가던 아우가 갑자기 그 금덩이를 강물에 던져버렸다.

형이 의아해서 왜 그러느냐고 묻자 동생이 말했다.

"견물생심見物生心이라고 금덩이를 보니 형님이 없었더라면 제가 통째로 가질 수 있었을 거라는 사악한 마음이 자꾸 들어 마음을 비우려고 버렸습니다."

그 말을 들은 형도 고개를 끄덕이며 말했다.

"그래, 나도 그래서 괴롭구나. 차라리 이 금덩이가 없는 것이 좋겠다."

형제는 금덩이를 미련 없이 강물에 던져버리고 나서 마주 보며 환하게 웃었다.

위의환자 爲義還子

爲:할 위 **義**:옳을 의 **還**:바꿀 환 **子**:아들 자

옳음을 위하여 자식을 바꾸다. 사육신의 한 사람인 박팽년의 자손에 얽힌 고사에서 유래했다. 대의를 위하여 사사로움을 포기한다는 뜻이다.

문헌 : 《한국인물지韓國人物志》

박팽년朴彭年(1417~1456)은 제6대 단종 때의 문신으로 사육신의 한 사람이다. 본관은 순천順天이고, 호는 취금헌醉琴軒, 자는 인수仁叟이며, 시호는 충정忠正이다.

그는 세종世宗의 유명遺命을 받아 황보인皇甫仁과 더불어 문종文宗을 보필했다. 문종이 죽자 단종端宗을 도와 충청도 관찰사가 되었다. 그는 수양대군首陽大君이 황보인·김종서金宗瑞·안평대군安平大君을 죽이고 왕위를 찬탈하자 이를 역모로 단정하고 복위운동을 전개했다. 이개李塏, 하위지河緯地, 유성원柳誠源, 성삼문成三問, 유응부兪應孚, 김질金礩 등이 복위를 꾀하다가 김질의 밀고로 탄로나고 말았다. 그래서 세조世祖로부터 박팽년의 아들 박헌朴憲·박순朴珣과 동생 박분朴奮, 그리고 부친 박중림朴仲林까지 여덟 사람이 처형을 당했다. 이들은 칠일 만에 그야말로 일사천리로 처형당했는데 이후 중종中宗 때 박팽년, 성삼문, 이개, 하위지, 유성원, 유응부 등은 사육신으로 기록되었다.

그런데 그중 박팽년의 아들 박순의 아내 이씨李氏는 관비官婢가 되어 겨우 살아남았다. 그녀는 임신 중이어서 유복자로 아들을 낳으니, 그 어린 아이도 조부의 죄에 연좌되어 사형을 당할 위기에 처하게 되었다. 그때 그의 충복인 여자 종이 마침 딸을 낳자 그 딸을 대신 사형당하게 하고, 박순의 아들을 자기가 길렀다. 이는 부앙불괴俯仰不愧로 하늘을 우러러 봐도 땅을 굽어봐도 부끄러울 게 없는 참으로 장한 일이었다.

그뒤 제9대 성종成宗 때 이극균李克均이 영남관찰사가 되어 이 사실을 알고 조정에 자수하게 하여 용서를 받아 이름을 박일산朴壹珊이라 했다. 이렇게 하여 충신 박팽년의 혈통은 다행히 끊기지 않고 이어지게 되었다.

위충위효 爲忠違孝

爲:하고자할 위 忠:충성 충 違:어긋날 위 孝:효도 효

나라에 충성을 하려 하니 부모에게 효도를 못하게 된다는 말로, 난세의 어지러움으로 자식의 죄로 아버지가 연좌되어 있는 입장을 뜻한다.

문헌 : 《대동기문大東奇聞》

조선 제4대 세종世宗이 죽고 1450년 문종文宗이 즉위하였다. 문종이 2년 3개월 만에 죽자 12세의 어린 단종端宗이 왕위에 올랐다. 수양대군首陽大君은 어린 왕을 보필한다는 명목으로 정치권에 뛰어들었고 계유정란癸酉靖難을 일으켜 조정을 수중에 넣었다.

그리고 종친과 궁인 및 신하들을 죄인으로 몰아 유배시키자 단종은 위험을 느끼고 왕위를 내놓고 물러나 수강궁으로 옮겼다.

1457년 9월 박팽년朴彭年이 성삼문成三問·하위지河緯地·유성원柳誠源·이개李塏·유응부兪應孚 등과 은밀히 단종의 복위를 계획했다. 그러나 김질金礩의 밀고로 탄로나서 세조가 친히 국문에 임하게 되었다. 박팽년의 재주를 아끼던 세조가 물었다.

"지금이라도 나에게 돌아온다면 살려 주겠소."

그러나 그는 단호히 거절했다. 그는 모진 고문 끝에 부친 박중림朴仲林과 함께 형장으로 끌려가면서, 자식의 죄에 아버지가 연좌된 것이 죄송하여 눈물을 흘리면서 말했다.

"임금에게 충성을 하려고 하니 부모님께는 이처럼 큰 불효가 되었습니다."

그 말에 아버지가 웃으면서 말했다.

"괜찮다! 네가 섬기는 임금에게 충성을 하지 않는다면 바로 그것이 불효이니라."

훗날 그는 그런 충성심이 인정되어 이조판서에 추증되었다.

단종은 숙종 7년 1681년에 노산군魯山君으로 추봉되고, 1698년 단종으로 복위되었다. 능陵은 강원도 영월寧越에 있다.

사류士類 중에는 수양대군의 패륜에 분개하여 일생을 숨어서 폐인처럼 산 사람도 있다. 바로 생육신生六臣, 즉 김시습金時習·원호元昊·이맹전李孟專·조여趙旅·성담수成聃壽·남효온南孝溫이다.

위효불관 爲孝佛寬

爲:할 위　孝:효도 효　佛:석가모니 불　寬:용서할 관

효도를 위한 일은 석가도 용서한다. 고려시대의 효자 석주 스님의 고사에서 유래했다. 효도는 그 어떤 일보다 큰 덕목이라는 것을 강조한 말이다.

문헌 : 《불교대사전佛敎大辭典》

석주釋珠(1146~1183)는 고려 제11대 문종文宗(1019~1083) 때 스님으로 효성이 지극했다.

그는 불심이 두터워서 입산한 것이 아니라 가정 형편이 너무나 어려워서 호구지책으로 집을 떠나 입산하게 되었다.

그는 동자승童子僧 시절, 생전의 부모님 모습을 떨칠 수가 없었다. 그럴 때마다 부처님에 대한 믿음이 강해지면 괜찮아지겠지, 하고 더욱더 불경 공부에 매진했다. 그런데 날이 갈수록 부모님에 대한 그리움은 더해만 갔다. 하여 그리움을 잊기 위해 부모님의 모습을 나무에 조각하기 시작했다. 조각에 대해 아무런 지식이 없는 그였지만 일심으로 정성을 다해 부모님의 형상을 만들어 갔다.

그는 처음 얼굴을 조각할 때 코는 크게 해서 다듬어 들어가고, 눈은 작게 해서 점점 섬세하게 다듬어서 드디어 부모의 모습을 재현해냈다. 그리고 평소 부모님이 즐겨 입으시던 옷 색깔로 채색하였다. 그는 완성된 부모님 조각상을 자기의 방 선반 위에 따로 모셔놓고 마치 살아계신 부모님을 대하듯 정성껏 배례했다.

그러던 어느 날, 큰스님이 찾아와 말했다.

"너는 속세의 인연을 끊고 석가釋迦에게 귀의한 비구比丘가 아니냐? 그런데 돌아가신 부모님을 그토록 못잊어 하니 안타깝도다. 그 지극한 효심孝心을 모르는 바는 아니지만 불제자는 부처님께 정성을 바치는 일이 더 우선되어야 하느니라."

"스님, 저도 잘 알고 있습니다. 그러나 제 마음속에 계시는 부모님을 어떻게 내쫓는단 말입니까? 벌써 20여 년이 지났지만 부모님의 모습이 하루도 잊히는 일이 없었습니다. 근자에는 더욱 사무쳐 미쳐버릴 것만 같습니다. 그래서 부모님 상을 새겨 문안을 드리고 배례를 했더니 마음이 조금씩 안정되는 듯합니다. 저도 부처님을 모시는 절에서 부모님의 형상을 모시는 것이 옳지 않다고 생각되어 어찌해야 좋을지 모르겠습니다."

"허허! 후한後漢의 정란丁蘭이라는 사람도 너처럼 부모의 상을 새겨서 모셔놓고 조석으로 문안드리고, 밖에 나갈 때에는 '어디에 다녀오겠습니다.' 하고 또 돌아왔을 때에는 '다녀왔습니다.' 하고 문안을 드렸느니라. 그런데 그의 아내는 남편의 그런 모습이 영 싫어서 남편이 없을 때 바늘로 그 시아버지 상의 손가락을 찌르니 피가 흘렀다고 한다. 그런 그날 밤, 정란의 꿈에 아버지가 나타나 그날 낮에 있었던 아내의 소행을 일러 주었단다. 그래서 화가 난 정란은 자기 아내를 내쫓아 버렸는데 사람들은 그런 정란을 일러 하늘이 낸 효자라고 했다. 너 또한 그에 못지않은 효자로구나. 이제부터는 매년 기일에 맞추어 부모님을 추모하되 부처님을 섬기는 일 또한 소홀함이 없도록 하여라!"

"예, 잘 알겠습니다."

석주는 스님의 말씀대로 산 너머에 초당을 짓고 부모님의 상을 모신 다음 부처님께 공양을 올리고 나면 초당으로 달려가 부모님께도 문안을 드렸다.

석주의 이 같은 효심은 마침내 문종文宗에게까지 알려졌다.

"오, 갸륵한지고. 석주의 효가 정란의 효에 뒤지지 않는도다."

문종은 석주에게 후한 상을 내리고 칭찬했다.

그후부터 문종은 죄인에게도 부모가 있을 시에는 형을 면케 하여 부모를 봉양케 해주었다.

유신지마庾信之馬

庚:노적 유 信:믿을 신 之:갈 지 馬:말 마

<유신>의 말馬이란 말로, 주인을 위하여 충성을 다하였으나 본의 아니게 잘못된 경우를 뜻한다.

문헌:《신증동국여지승람新增東國輿地勝覽》

김유신金庾信(595~673)은 김수로金首露왕王의 12대손이며, 신라 제24대 진흥왕眞興王 때 용맹을 떨친 장군으로 삼국통일에 기여한 공이 크다. 그는 10대에 걸쳐 491년을 이어온 금관가야金官伽倻의 마지막 왕인 구형왕仇衡王(521~532)의 후손이다.

유신은 서현舒玄을 아버지로, 만명萬明 부인을 어머니로 하여 진평왕眞平王 17년인 서기 595년에 태어났는데 타고난 총명과 슬기로운 어머니의 지도로 15세에 화랑이 되었다.

그의 어머니 만명 부인은 아들에게 늘 정직하고 용감하라고 가르쳤다. 김유신은 그런 어머니의 말씀을 가슴에 깊이 새겨 언제나 올바르게 처신했지만 어쩌다 천관天官이라는 기생과 가까워졌다.

호탕한 김유신은 천관의 미모와 노래에 빠져 매일 그녀를 찾아가 밤이 깊도록 사랑을 속삭였다. 이를 알게 된 만명 부인이 아들을 불러 말했다.

"너는 후일 대성할 인물인데 청루에서 음탕한 생활만 하고 있으니 그래서야 쓰겠느냐? 나는 늙어 죽기 전에 너의 훌륭한 모습을 보고 싶다."

김유신은 잘못을 크게 깨닫고 다시는 천관의 집에 드나들지 않기로 결심했다.

어느 날, 유신이 친구들과 술을 마시고 얼큰하게 취하여 말을 타고 집으로 가다가 깜빡 졸았다. 말은 김유신이 평소에 자주 다니던 길에 익숙해져 있어 기생 천관의 집으로 뚜벅뚜벅 걸어갔다.

김유신은 말이 멈추기에 눈을 떠보니 천관의 집이었다.

천관은 애타게 기다리던 김유신이 오자 어찌할 줄을 몰라 하며 맨발로 뛰어나와 반겼다.

김유신은 당황했다.

"아차, 내가 조는 사이에 말이 나를 여기로 데려왔구나. 그러면 안 되지."

김유신은 천관에게 자기의 의지를 보여주고자 칼을 뽑아 말의 목을 쳤다. 말은 붉은 피를 뿜으며 쓰러졌다. 김유신은 천관을 거들떠보지도 않고 걸어나와 집으로 돌아왔다.

천관은 김유신이 단호해지자 원망스러운 마음을 달래고자 스님이 되었다.

지금도 경주에서 오릉五陵 동쪽으로 가면 그녀를 기리기 위해 세워진 천관사天官寺라는 절이 있다.

윤언점종 輪言漸腫

輪:바퀴 륜   言:말씀 언   漸:점점 점   腫:부풀 종

말(言)은 굴릴수록 점점 부풀려진다. 즉 헛소문은 입에서 입으로 퍼질수록 부풀려진다는 뜻이다.

문헌 : 《오상원 우화 吳尙源 寓話》

장끼 꿩이 어린 새끼들을 모아 놓고 이것저것 타일렀다.

"애들아, 첫눈이 내렸으니 이제부터 각별히 조심들 해야 한다. 눈이 내리기 전에는 아무리 숲 속을 쏘다녀도 발자국이 남지 않았지만 인제는 어디를 가도 눈 위에 발자국이 남게 된단다. 그렇게 되면 우리를 잡으려고 독이 든 먹이를 놓아두거나 덫을 치거나 사냥꾼들이 몰려올 것이다."

"사냥꾼이 뭔데요?"

"응, 숲 속에 사는 짐승들이나 우리들 날짐승을 잡으러 다니는 사람들이지. 그들은 아주 냄새를 잘 맡는 개를 거느리고 총을 갖고 다닌단다."

"총이 뭔데요?"

"응, 그것은 쇠구슬을 화약으로 쏘는 기계인데 아무리 재빨리 도망치려 해도 총 앞엔 당할 수가 없단다. '쾅' 하고 터지는 순간에 그 총알에 맞아 피투성이가 되어 죽게 된단다."

"언제 사냥꾼들이 몰려오는데요?"

"이제 곧 두셋씩 떼를 지어 몰려와서 이 산속이 떠나갈 듯이 총질들을 해댈 것이다."

이때 그 근방을 지나가던 토끼가 장끼 식구들이 주고받는 말을 듣고 깜짝 놀라 헐레벌떡 달려가기 시작했다. 그러자 노루가 물었다.

"어이, 토끼! 무슨 큰 변이라도 생겼나?"

"큰 변이고 말고요. 총을 든 사냥꾼들이 떼를 지어 몰려오고 있다는 거예요."

"아니, 누가 그러던가?"

"네, 저 밑 콩밭 위에 있는 오솔바위 곁에서 장끼 아저씨가 꼬마들더러 빨리 피해야 한다고 서두르고 있었어요. 숲 속이 떠나가게 총질이 시작될 거래요."

노루도 깜짝 놀라 어린 것들이 남아 있는 깊은 바위 숲 쪽으로 달리기 시작했다.

"아니, 노루 양반, 무슨 변고라도 생겼소? 숨이 하늘에 닿게 쫓아가고 있으니 말야."

어린 것들을 거느리고 계곡 쪽으로 내려오던 멧돼지가 물었다.

"멧돼지 양반, 이러고 있을 때가 아니라네. 첫눈이 내리자마자 사방에서 사냥꾼들이 이 숲 속으로 올라오고 있다지 않나."

노루는 얼굴이 파랗게 질려서 숨을 가쁘게 몰아쉬며 말했다.

"그래? 그럼 사냥꾼들을 누가 직접 봤다던가?"

"토끼가 하는 말이 저 콩밭 위 오솔바위 쪽에서 장끼네 식구가 사냥꾼들에 쫓기는 것을 봤다는 거야. 꽝꽝 총소리도 들렸다나 봐."

"큰일 났군. 이 어린 것들을 어쩌지. 아까 저 아래 숲 속에서 심상치 않은 폭음 같은 게 들리는가 싶었는데 바로 그게 사냥꾼들의 총소리였구먼."

멧돼지는 새끼들을 재촉하며 산허리를 타고 급히 올라갔다.

산허리를 넘어설 즈음에 어슬렁거리고 내려오는 곰과 마주쳤다.

"아니, 왜 이렇게 부산을 떠나? 누가 자네의 새끼들에게 몹쓸짓이라도 했나?"

"곰 친구, 말도 말게. 사냥꾼들이 지금 사방에서 이 숲을 에워싸고 몰려 올라오고 있다지 않나."

"누가 그러던가?"

"긴말할 사이 없네. 저 콩밭 위 잔솔바위에서 장끼 식구들이 사냥꾼들의 총에 당했다지 않나!"

그 말을 듣자 곰도 깜짝 놀라 발걸음을 재촉했다.

"큰일이다. 큰일이야!"

곰은 헐레벌떡 둔한 몸집을 뒤뚱거리며 달려갔다. 그때에 새끼들을 거느리고 산 위로 올라오던 장끼 식구가 곰과 마주쳤다.

"아니 무슨 일이라도 있었수? 곰 양반!"

곰은 장끼 식구를 보자 자기 눈을 의심했다. 사냥꾼 총에 변을 당했다던 장끼 식구들이 도리어 태연하지 않은가.

자초지종을 듣고 난 장끼는 그저 웃을 수밖에 없었다.

응부냉추鷹孵冷秋

鷹:매 응　孵:알 깔 부　冷:찰 냉　秋:가을 추

스산한 가을에 매가 알을 까다. 즉 매가 가을에 알을 까면 그 새끼가 추운 겨울을 무사히 넘기기가 어렵다는 것에 비유하여 우매한 짓을 비유하는 말이다.

문헌:《한국천주교회사韓國天主敎會史》

　조선 제22대 정조正祖 때 영의정이자 신서파信西派의 영수領袖였던 채제공蔡濟恭(1720~1799)은 당시 서양에서 새롭게 유입된 천주교天主敎에 대한 박해를 막아주었다. 그러자 이에 맞선 공서파攻西派는 그를 파직하고 유배를 보내야 한다고 요구했다.
　그러나 그는 정조의 특별한 신임으로 천주교 처리 문제를 위임받아 천주교에 대해서 온건 정책을 유지했다.
　채제공은 어렸을 적에 같은 또래의 아이들과 절에서 공부를 했다. 그의 집은 워낙 가난하여 철 따라 갈아입을 옷은 고사하고 식량마저 제대로 대지 못했다. 때문에 같이 공부하는 명문 대가의 아이들로부터 멸시받고 따돌림당하기 일쑤였다. 하지만 채제공은 조금도 기가 꺾이지 않고 공부만 열심히 했다.
　섣달 그믐이 다가오자 한 해를 보내는 기분에 들뜬 아이들이 각기 시로써 감회를 표현했다. 그런데 채제공은 그저 담담하게 앉아만 있었다.

아이들은 그를 놀리면서 너도 시詩를 한번 지어보라고 비아냥거렸다. 그래서 그는 마지못해 시를 써내려갔다.

가을바람 스산한 고목에 어리석은 매가 새끼를 까고
싸늘한 달, 눈 덮인 산에서는 범이 정기를 키운다.

그 아이들 중에는 재상의 자제도 있었다.
재상은 아들이 돌아오자 그날 있었던 일을 이것저것 물어 보다가 채제공이 지은 시 이야기를 들었다. 재상이 아들에게 물었다.
"너는 그 아이의 시가 어떻다고 생각하느냐?"
"형편없는 시지요. 글쎄, 가을에 매가 새끼를 까다니 말이 안 되잖습니까?"
그러자 재상은 혀를 차며 말했다.
"너는 헛공부만 했구나. 그러니 그런 욕을 먹어도 알아차리지 못하지. 들어 보아라. '가을바람 스산한 고목'은 머잖아 영화를 잃게 될 권문세가를 비유해서 한 말이다. 그리고 '어리석은 매가 새끼를 깐다'고 한 것은 우둔한 너희들을 비웃는 말이다. 가을에 깐 새끼 매가 어떻게 겨울을 나며, 매 구실을 할 수 있겠느냐? 이는 곧 매의 새끼이긴 해도 결코 매가 되지는 못한다는 비웃음이다. 그리고 '싸늘한 달, 눈 덮인 산에서는 범이 정기를 키운다.'고 하는 구절은 모든 고난을 딛고 학문에만 전념하는 자기를 비유한 것이다. 알겠느냐?"
채제공은 훗날 정치·경제·문화 등 각 분야에 박식하여 국조보감國朝寶鑑의 편찬에 참여했으며 시호는 문숙文肅이다.

의기구명義氣求命

義:옳을 의 氣:기운 기 求:구할 구 命:목숨 명

의로운 기상은 생명을 구한다. 조선 영조 때 서유대의 고사에서 유래했다. 정의로운 일은 그 영향이 크다는 뜻으로 쓰인다.
문헌 : 《고금청담古今淸淡》

　조선 제21대 영조英祖 때, 청국淸國의 칙사를 맞이하여 서대문 밖 모화관慕華館에서 접빈의 예를 올리고 있는데 어디에선가 갑자기 돌멩이가 날아와 칙사의 이마를 때려 피가 흘렀다. 접빈관들은 크게 당황했다. 누군가 나라를 걱정하는 사람이 우리나라를 괴롭히는 칙사의 꼴이 괘씸하여 혼을 내주려고 한 짓이 분명했다. 그러나 일이 벌어진 이상 범인을 잡아내지 않으면 안 되었다.
　그 무렵, 모화관 주변에는 내로라하는 한량들이 많이 살았는데 그중에는 활도 잘 쏘고 힘깨나 쓰는 장사도 여럿 있었다.
　포도대장 송상宋詳은 그중에 서유대徐有大를 의심하여 그를 술자리에 불렀다. 술이 몇 순배 돌자 송상이 은근히 유도 질문을 했다.
　"여보게! 자네도 들었지? 청국 칙사에게 돌을 던져 보기 좋게 혼내준 일 말이야. 내 얼마나 속이 후련하던지……."
　그러나 서유대는 다소곳이 앉은 채 말이 없었다. 그러자 송상은 속내를 정면으로 드러내어 물었다.

"그게 자네 짓이지?"

그러자 서유대는 새삼스럽게 분기가 치솟는 듯 씩씩대며 말했다.

"아니, 그놈이 아무리 대국의 칙사라고 해도 우리나라의 일에 지나치게 간섭하는 꼴을 그냥 보고 있을 수가 있어야지요."

송상은 이렇게 하여 범인을 잡기는 했지만 그냥 처벌하기에는 아깝다는 생각이 들었다. 그래서 그길로 중범죄인들이 갇혀 있는 감옥으로 가서 사형수 한 명을 끌고 나와 말했다.

"너는 어차피 죽을 몸 아니냐. 그러나 그냥 살인범으로 죽는 것보다는 무례한 칙사에게 투석한 의로운 국사범國事犯으로 죽는다면 네 후손에게는 영예로운 일이 될 것이다. 그리하겠느냐?"

이렇게 설득하여 그를 투석한 죄인으로 위장시켜 청국 사신에게 데리고 가서 정중히 사과하였다. 그러자 칙사가 말했다.

"이놈이 나를 다치게 한 것은 괘씸하나 제 나라에 대한 충성심에서 그리한 것이니 풀어 주도록 하시오."

이렇게 하여 사형수는 뜻밖에 죽음에서 풀려나게 되었다. 포도대장의 슬기로운 기지로 서유대는 물론이고, 사형수 한 사람까지 살려냈으니 한꺼번에 두 목숨을 살려내는 결과가 된 것이다.

그후, 서유대는 출중한 무예를 인정받아 훈련대장이 되었는데 무인으로서뿐만이 아니라 학문에도 조예가 깊어 문무를 겸비한 큰 동량棟梁이 되었다. 영조는 80세 고령이 넘어서도 서유대만 보면,

"하하! 오만한 칙사에게 따끔한 맛을 보여준 그 사람 아니냐!"

하면서 반가워했다.

의비위국 義比爲國

義:의리 의 比:견줄 비 爲:위할 위 國:나라 국

  개인적인 의리보다는 나라를 위해야 한다. 즉 대의를 위해서는 작은 일은 버려야 한다는 뜻이다.
　　　문헌:《고려사절요高麗史節要·한국의 인간상韓國의 人間像》

　고려高麗를 창건한 왕건王建(877~943)이 궁예弓裔의 충성스러운 신하로 있을 때였다.
　왕건이 궁예의 명을 받아 군사를 거느리고 정주貞州를 지나다가 길가 버드나무 아래에서 빨래를 하고 있던 그곳의 이름난 부잣집 유천궁柳天弓의 딸을 보게 되었다. 첫눈에 반한 왕건은 빨래터로 내려가 말을 걸었다.
　"그대는 누구시오?"
　"예, 이 고을의 장자 유천궁의 딸이옵니다."
　"나는 왕건이라는 사람이오. 지나다가 그대가 하도 어여쁘기에 인사를 청한 것이오. 이제 해도 저물었는데 그대의 집에서 하룻밤 자고 갈 수 없겠소?"
　"그러시면 저희 집으로 가시어 아버님께 여쭈어 보시옵소서."
　왕건은 처녀를 따라 유천궁의 집으로 갔다. 유천궁은 왕건을 보더니 보통 사람이 아닌 것을 직감하고 그날 밤으로 딸과 짝을 지어 사

위로 삼았다.

　그렇게 해서 왕건은 유씨 처녀와 하룻밤을 같이 했으나, 당시에는 궁예의 명령을 받아 후백제와 전쟁을 하는 처지라서 좀처럼 다시 만날 기회가 없었다. 기다리다 지친 유씨 처녀는 왕건의 행운도 빌고, 정절도 지킬 겸해서 중이 되었다.

　몇 해가 지나 왕건이 도성都城으로 돌아와서 아내 유 씨를 찾았으나 그녀가 정절을 지키려 중이 되었다는 말을 듣고 크게 기뻐하며 곧 그녀를 데려다가 혼례를 치렀다. 유씨는 남편 왕건을 위해 헌신적으로 뒷바라지를 했다. 그러나 왕건은 시중侍中으로 나라의 중책을 맡고 있었으나 언제나 우울해했다. 이유는 궁예의 성질이 날로 난폭해져 충신은 말할 것도 없고 일가친척마저도 자기 기분에 거슬리면 사정없이 죽이는 등 그 횡포가 이루 말할 수 없었기 때문이었다. 그러자 왕후 강康씨가 이성을 찾으라고 충고를 했다. 궁예는 강씨가 남편인 자기를 반대하고 다른 사람을 두둔하는 것은 그놈과 간통했기 때문이라고 죄를 뒤집어 씌워 모진 고문 끝에 죽였다. 이에 신하들은 임금이 미쳐서 아내와 아들까지 마구 죽이는 판이니 우리도 언제 죽을지 모른다며 공포에 휩싸였다. 그리고 끝내는 이처럼 포악한 임금을 그대로 섬겨야 하느냐에 대한 논의가 일게 되니 왕건은 몹시 괴로웠다.

　왕건의 나이 42세, 918년 6월 14일 밤이었다.

　왕건이 거느리고 있던 무사 홍유洪儒, 배현경裵玄慶, 신숭겸申崇謙, 복지겸卜智謙 등이 왕건의 집으로 찾아왔다. 왕건은 이들이 나라의 중대사를 의논하려는 것임을 알고 아내에게는 그 비밀을 감추고자 집안 식구들에게 참외를 따오라고 내보냈다.

　그러나 눈치를 챈 유씨 부인은 참외를 따러 가는 척하고 아무도 모르게 북쪽 문으로 들어가 장막 뒤에 숨어서 이야기를 엿들었다. 과연 놀라운 이야기였다.

"지금 임금께서는 정신착란으로 날이 갈수록 포악해지니 이대로 보고만 있을 수 없소이다. 하루 빨리 그를 쳐서 나라를 바로잡도록 합시다."

"그렇소! 그런데 우리가 나라를 구하려면 어쩔 수 없이 새로운 임금을 세워야 하는데 그러려면 왕 장군밖에 없습니다. 하여 이렇게 찾아왔으니 우리들의 뜻을 저버리지 마시고 왕위를 이어받아 주십시오."

여러 장군들도 그렇게 하는 것만이 나라를 구하는 길이라고 이구동성으로 말했다.

"아니 될 말이오. 나는 어디까지나 궁예 임금의 신하요. 신하가 어찌 임금을 배반할 수 있겠소. 나는 그것만은 못하겠소."

그러자 신숭겸이 나서며 힘주어 말했다.

"장군은 개인적인 의리만 중하고 나라는 쓰러져도 상관하지 않겠다는 말씀이오? 우리가 어질고 훌륭한 임금을 배신한다면 나쁘지만 지금의 임금이 어디 사람이라 할 수 있소이까? 장군은 아무 말 하지 마시고 우리들의 뜻을 받아 주시오. 그것만이 우리 모두가 사는 길이오."

그러나 왕건은 거듭 거절하였다. 그러자 장막 뒤에 숨어 있던 유씨 부인이 왕건 앞으로 나아가 정중하고도 단호하게 말했다.

"나라를 위하여 불의不義를 치는 일은 예로부터 있었던 일이옵니다. 소녀가 듣자하오니 여러 장군들께서 하시는 말씀이 여자인 저로서도 마땅한 일이라 생각되옵는데 하물며 장군께서는 장부의 몸으로 어찌 반대만 하십니까?"

그리고 왕건에게 갑옷을 입혀 주면서 다시 말을 이었다.

"병은 제때에 고쳐야 합니다. 마찬가지로 나라의 일도 적절한 시기에 이르렀을 때 손을 써야 합니다. 때를 놓친 다음에는 후회해도 회복하기 어려울 것입니다. 나리께서는 부디 여러 장군들의 뜻을 저버리지 마시옵소서."

부인의 말에 용기를 얻은 왕건은 여러 장군들과 뜻을 모아 혁명의 깃발을 들고 궁예를 몰아낸 다음 새로운 나라, 고려高麗를 세우고 태조가 되었다. 유 씨 부인은 작위를 신혜왕후神惠王后로 받고 왕건에게 큰 도움을 주었다.

의사불사義死不辭

義:옳을 의　死:죽을 사　不:아니 불　辭:사양할 사

의로운 죽음은 사양하지 않는다. 즉 옳은 일을 위해서는 죽음을 두려워하지 않는다는 뜻이다.

　　　　　　　　문헌 : 《삼국사기三國史記 열전 제8》

　　신라의 검군劍君은 대사大舍 구문仇文의 아들로서 사량궁의 사인舍人으로 있었다.

　　진평왕 정해(627년) 8월, 초가을인데도 된서리가 내려 농작물이 모두 죽었다. 그리고 이듬해 봄부터 여름까지 큰 기근이 들어 백성들이 자식을 팔아 끼니를 잇는 그야말로 참혹한 지경에 이르렀다.

　　시대가 이렇게 뒤숭숭하니 자연히 부패가 창궐했다. 궁중의 집사執事들도 예외는 아니어서 궁지기들이 모두 공모하여 창예창唱翳倉의 곡식을 훔쳐서 나누어 가졌다. 그런데 검군은 홀로 사양하고 받지 않았다. 그러자 궁지기들이 저마다 한마디씩 했다.

　　"여러 사람이 모두 받는데 당신만 홀로 물리치니 무슨 까닭이오? 몫이 적어서 그런다면 더 주겠소."

　　검군이 웃으며 대답했다.

　　"나는 화랑의 뜰에서 풍류도風流道를 수행한 사람이니 화랑도 정신에 어긋나는 것이라면 천금이라도 받지 않겠소."

그러자 궁지기들이 검군을 그냥 두면 화근이 될 것이 두려워 그를 제거하고자 모의했다.

"이 자를 죽이지 않으면 틀림없이 비밀이 탄로날 것이다."

검군은 이를 눈치채고 친구 근랑近郎에게 작별 인사를 했다.

"오늘 이후로는 다시 만나지 못할 것이오."

근랑이 이유를 물었으나 말하지 않다가 두세 번 물은 뒤에야 마지못해 그 이유를 말했다. 근랑이 왜 관가에 고발하지 않느냐고 하자 검군이 말했다.

"나 혼자 살자고 뭇사람이 벌을 받게 함은 인정상 차마 할 수 없는 일이오."

"그렇다면 도망이라도 가시오."

"그도 아니 되오. 저들이 그릇되고 내가 옳은데 내가 달아난다면 장부로서 비열한 짓이 되오."

그러고 나서 그는 궁지기들에게로 갔다. 여러 궁지기들이 술을 마련하고 사과하는 척하며 몰래 음식에 약을 넣었는데, 검군은 알면서도 그냥 먹고 죽었다.

이를 지켜본 사람들이 말했다.

"검군은 죽지 않을 수도 있었는데 죽었으니 태산 같은 자기 목숨을 기러기 털보다 가벼이 본 사람이다."

그러나 그는 목숨을 던져 의義를 구했던 것이다.

이립엄천 以笠掩天

以:써 이　笠:갓 립　掩:가릴 엄　天:하늘 천

삿갓으로 하늘을 가리다. 김삿갓에게서 유래한 말로, 부끄러운 일을 피하는 행동을 이른다.

문헌 :《한국해학소설집韓國諧謔小說集》

김삿갓의 본명은 김병연金炳淵(1807~1863)이고, 호는 난고蘭皐이며, 경기도 양주楊洲 출신이다.

그는 죽장竹杖(대나무 지팡이)에 죽립竹笠(대나무로 만든 삿갓)을 쓰고 술 한 잔에 시 한 수로 세상을 풍자하며 삼천리 방방곡곡을 돌아다닌 방랑 시인이었다.

그의 조부 익순益淳은 순조純祖 11년(1811), 홍경래난洪景來亂 때 선천宣川부사로 있었으나 난을 진압하지 못하고 되려 홍경래에게 항복하여 무릎을 꿇은 죄로 사형을 당했고, 나머지 가족들도 멸족시키라는 훈령이 내려졌다. 그러자 여섯 살의 어린 김병연은 형 병하炳河와 함께 하인의 도움으로 황해도 곡산으로 피신했다. 그런데 얼마 있지 않아 사면을 받아 강원도 영월로 내려와 나머지 가족들과 함께 모여 살게 되었다.

병연은 나이가 들자 과거를 보기 위해 글공부에 힘썼다. 그리고 20세가 되던 해, 영월寧越에서 열리는 백일장白日場에 참가했다. 나라에서 치르는 대과大科에 비할 바는 못 되었지만 지방 백일장도 입상을 하면 지방의 관리로 등용되기에 응시자들이 많았다.

그날의 시제試題는 가산군수 정시鄭蓍의 충절과 선천부사 김익순의 행적에 대해서 논하라는 것이었다.

홍경래가 반군을 이끌고 먼저 가산에 들이닥치자 가산군수 정시는 팔이 잘려나가면서도 최후까지 저항하다가 끝내 순절했으나, 선천부사 김익순은 전날 과음하여 잠에 골아떨어져 있다가 홍경래에게 생포되자 저항 한번 하지 못하고 항복해 버린 사실에 대해서 비판하라는 것이었다.

병연은 충신을 흠모하는 마음과 너무 쉽게 항복해버린 죄인을 경멸하는 의분으로 그동안 갈고닦은 글솜씨를 유감없이 발휘했다.

'김익순은 죽은 혼백이라도 지하에 계신 선왕들에게 사죄하라. 신하가 임금을 잊는 것은 자식이 어버이를 잊는 것과 같으니, 이는 한 번 죽음이 아니라 만 번 죽어 마땅하다. 어이하여 활과 창을 지니고도 임금 앞에서나 꿇어야 할 무릎을 역적 홍경래 앞에서 꿇을 수 있단 말인가! 이는 임금을 배반함과 동시에 선영을 저버린 망동이니 치욕의 역사에 길이길이 전해지리라.'

붓을 놓고 난 병연은 의분에 못 이겨 긴 한숨을 토해내고는 권지卷紙를 시관에게 제출했다.

그리하여 당당히 장원을 차지한 병연은 집으로 돌아오자마자 어머니에게 자랑스럽게 이야기했다.

"어머니, 제가 장원을 했습니다."

그러나 어머니는 병연이 백일장에서 김익순을 신랄하게 비판했다는 이야기를 듣고는 기뻐하기는커녕 깊은 한숨을 토하며 말했다.

"병연아! 김익순 그 어른은 바로 네 할아버지란다."

병연은 하늘이 무너지는 듯 눈앞이 캄캄했다.

"아니, 내가 만 번 죽어 마땅하다고 욕한 그분이 내 할아버지라니, 이럴 수가……. 이토록 얄궂은 운명이 어디 있단 말인가? 기껏 배운 글재주로 내 조상을 욕하는 데 써먹다니……."

병연은 고개를 떨군 채 말을 잇지 못했다.

인생에 깊은 회의를 느낀 병연은 그때부터 집을 떠나 전국 방방곡곡을 정처없이 떠돌아다니기 시작했다.

그는 자신이 조상을 욕한 불효자라서 하늘을 바로 보면 안 된다고 생각하여 큼직한 삿갓을 써서 하늘을 가린 후, 대나무 지팡이에 괴나리봇짐을 지고 어머니와 처자식을 떼어 놓은 채 산천 경개를 구경하며 마음을 달랬다.

병연은 양의 창자처럼 꼬불꼬불한 구절양장九節羊腸 산길을 터벅터벅 걸어 태백산 구경을 마치고 금강산으로 들어섰다. 그런데 초입의 작은 정자에서 바둑을 두고 있는 스님과 선비를 만났다. 오랫동안 말벗이 없어 입에서 군내가 날 정도가 된 병연이 슬그머니 선비편을 들어 훈수를 했다. 그러자 스님이 초라한 병연의 행색을 보고는 핀잔을 주었다.

"여보슈! 가던 길이나 가지, 웬 훈수요?"

불쾌해진 병연이 한마디 했다.

"산은 명산인데 중은 어질지를 못하구나."

그러자 스님도 지지 않고 쏘아붙이듯 말했다.

"삿갓 쓴 되지못한 선비는 아름다운 산의 바위에 앉는 것조차 아깝다."

그러자 병연이 뒤틀린 심사를 시로 읊었다.

번들거리는 중대가리는 땀 찬 말 불알 같고
선비 머리통 상투는 개좆처럼 보이는구나.
목소리는 구리방울이 구리솥 속에서 부딪치는 것 같고
눈동자는 검은 콩이 흰죽 위에 떨어진 것 같네!

모욕을 당한 중과 선비는 팔을 걷어붙이며 덤벼들었다.
"뭐라구, 뭐? 말 불알? 이 빌어먹을 놈아, 게 섰거라."
잽싸게 도망쳐 나온 병연이 산마루에 올라 발밑을 내려다보니 장관이었다. 시 한 수가 절로 나왔다.

뾰족뾰족 올라선 기암괴석 참으로 기이하도다.
사람인가 신선인가, 신령인가 부처인가, 놀랍기만 하구나.
평생 언제 금강산을 읊어볼까 벼르고 별렀건만
막상 대하고 보니 시는 쓰지 못하고 감탄만 나오네.

병연은 스님과 입씨름을 하고 산등성이를 오르내리다 보니 배가 출출해졌다. 그래서 마을로 내려오니 어느 솟을대문으로 많은 사람들이 드나드는 것이 보였다. 높은 담장 너머로 갈비 굽는 냄새와 술 냄새가 그의 주린 배를 괴롭혔다. '음, 잔치를 벌이는 모양이니 속 좀 풀 수 있겠구나.' 병연은 대문 안으로 들어섰다. 그러자 집사執事로 보이는 늙은이가 눈을 부라렸다.
"이봐! 여기가 어디라고 걸인이 함부로 들어오는 거야. 당장 나가지 못할까?"
배알이 뒤틀린 병연은 주인이 앉아있는 대청에다 대고 냅다 소리를 질렀다.

사람이 사람 집에 왔거늘 사람 대접 안 하니
높은 대문 안의 주인 또한 사람답지 못하도다.

병연은 박대를 당하는 일이 한두 번이 아니었는데 그 역시 사람인지라 속이 편할 리 없었다. 그래서 돌아서 나오다가 마침 길가 오두막집 창가에서 재재거리는 새를 보고 읊조렸다.

묻노니 들창 앞에 와서 우는 새야,
너는 어느 산에서 자고 왔느냐?
넌 산 소식을 잘 알겠지.
지금 산엔 진달래꽃이 피었더냐?

이튿날, 다시 발걸음을 옮겨 명천 땅에 들었으나 인심은 매한가지여서 반겨주는 이가 없었다. 탄식이 저절로 나왔다.

명천 명천 부르지만 사람들은 현명치 못하고
어전 어전 자랑하지만 밥상엔 북어 꽁댕이 하나 없구나!

인심은 사는 형편에 따라 천차만별이지만 변하지 않는 것은 그래도 산천초목뿐이었다.
병연은 한 조각 구름처럼 정처없이 발길을 옮기며 또 시 한 수를 읊었다.

산은 강을 거느리고 강 어구에 서 있고,
물은 돌을 뚫으려고 돌머리를 도는구나!

산 좋고 물 좋은 금강산과 산간벽촌을 돌던 병연의 발걸음이 어느덧 한양으로 향하여 인왕산 봉우리에 올라 성안의 빽빽한 기와지붕들을 바라보니 감회가 새로웠다. 하여 다시 시 한 수를 읊었다.

청춘이 기생을 안고 노니 천금도 검불 같고
백일하에 술잔을 드니 만사가 구름 같구나.
기러기 먼 하늘을 날 때 물길을 찾기 쉽고
나비는 청산을 지날 때 꽃을 보고 피하기 어렵네.

병연은 복잡한 한양의 저잣거리 인심이 시골 인심보다 사나운 것을 피부로 느끼고 있었다. 그는 어렵사리 쉰밥 한 술을 얻어먹고 되지못한 인심을 뒤틀린 배알로 읊조렸다.

스무 나무 아래 낯설은 나그네가
망할 마을에서 쉰밥을 먹게 됐네.
인간으로서 어찌 이런 일이 있을꼬.
차라리 하늘을 가리고 고향 집에 돌아가
서러운 눈물의 밥을 먹느니만 못하구나.

병연은 오랜 세월 떠돌다 보니 구경도 좋고 유랑도 좋지만 고향에 있는 어머니와 처자식이 한없이 그리워졌다.

해질 무렵 두서너 집 문을 두드렸으나
모두 손을 흔들어 나를 내쫓는데
두견새만이 박정한 인심을 아는지

나를 위로하여 집으로 가라고 구슬피 울어 주는구나!

병연은 조상을 욕한 죄 때문에 삿갓을 써서 얼굴을 가렸지만 돌이켜보면 자신의 한많은 생이 스스로 서럽기도 했다. 그래서 설움에 북받쳐 또 시를 읊었다.

어디로 갔소, 어디로 갔소.
삼생에 맺힌 인연 다 뿌리치고 어디로 갔소.
뉘라서 알리오, 뉘라서 알리오.
옻칠 같은 캄캄한 밤중에 내 홀로 우는 것을…….

병연은 하염없는 눈물을 안으로 삼키면서 점점 자기의 삶에 그늘이 다가오고 있음을 느끼게 되었다.

산에 사는 새도, 들에 사는 짐승도 집이 있는데
나는 한평생을 쓸쓸히 떠돌았네.
미투리와 대지팡이로 천 리 길을 돌아 걸어
구름처럼 바람처럼 떠도니 천하가 다 내 집이었네.
사람을 탓하랴, 하늘을 원망하랴.
흘러가는 세월 속에 내 마음만 고달프네.

병연은 유복한 집에서 태어났으나 할아버지가 한때 방심한 탓으로 기구한 팔자가 되어 하늘을 우러르지 못하고 삿갓을 눌러쓴 채 풍자와 해학의 시를 읊으며 한 시대를 비운의 그늘에 가려져 살아야 했다.

이매독육 理埋毒肉

理:다스릴 리 埋:묻을 매 毒:독 독 肉:고기 육

독이 든 고기를 파묻다. 선조 때의 문신 홍서봉의 어머니에게서 유래한 말로, 다른 사람의 피해를 염려하여 그 소지를 없애는 행위를 이른다.

문헌 : 《해동속소학海東續小學》

조선 제14대 선조宣祖 때의 문신 홍서봉洪瑞鳳(1572~1645)의 호는 학곡鶴谷이며, 시호는 문정공文靖公이다. 그는 병자호란이 일어나자 최명길崔鳴吉과 함께 화의和議를 주장하였다. 서봉은 인조반정 후 이조판서를 거쳐 우의정에 이르렀으며 성격이 온화하여 누구와도 화락했다. 병자호란 때는 소현세자昭顯世子와 봉림대군鳳林大君과 함께 심양에 갔다 오기도 했다.

서봉은 문장과 글씨에도 능했지만 생활은 아주 검소했다. 그의 집안은 가난하여 변변치 않은 음식을 먹으며 어렵게 지냈다.

하루는 그의 어머니가 부엌에서 일하는 하인을 보내 고기를 사오게 하였는데 사온 고기가 모두 상해 있었다. 그래서 그 하인에게 물었다.

"사온 것과 같은 고기가 얼마나 더 있더냐?"

하인이 얼마쯤 되더라고 하자 그녀는 즉시 머리 장식을 팔아서 돈을 마련하여, 그 고기를 다 사오게 하여 담장 밑에 묻었다. 다른 사람이 그 고기를 먹고 병이 날까 걱정했기 때문이었다. 이 소식을 들은 서봉이 말하였다.

"어머니의 마음이 가히 천지신명天地神明과 통할 만하니 자손들이 반드시 번창할 것입니다."

그때 소현세자昭顯世子가 갑자기 별세하자 왕실에서는 봉림대군鳳林大君을 세자로 책봉하려 했다. 서봉은 이에 반대하고 소현세자의 아들을 세자로 책봉할 것을 주장했으나 관철되지 못했다.

청구영언青丘永言에 수록된 시 한 수 옮겨 그 심경을 들여다 본다.

이별하던 날에 피눈물이 난지 만지
압록강 내린 물 푸른빛이 전혀 없네.
배 우희 허여 센 사공도 처음 본다 하더라.

풀이하면, '서울을 떠나 심양으로 가던 날 피눈물이 났는지 어떤 지조차 모를 정도로 정황이 없고 보니 배를 타고 건너는 압록강 물도 피눈물과 범벅이 되어 푸른빛이라고는 없는 것처럼 느껴지는구나. 배 위의 머리가 하얗게 센 늙은 사공도 일국의 세자가 오랑캐에게 붙잡혀 끌려가는 것은 처음 보는 일이라고 하더라.' 라는 뜻이다.

홍서봉이 나라를 걱정하듯 홍서봉의 어머니는 이웃을 내몸과 같이 여겼던 어머니였다.

이무담량李武膽量

李:성 이 武:호반 무 膽:쓸개 담 量:헤아릴 량

<이무>의 배짱이라는 말로, 조선 효종시대의 송시열과 방어사 이무 사이에 있었던 고사에서 유래했다. 어떤 일이 잘못되었음을 알면서도 그를 인정하면 자신이 크게 불리해지므로 그대로 밀고 나가는 배짱을 말한다.

문헌 :《고금청담古今淸談》

조선시대, 주자학의 대가이며 좌의정을 지냈던 우암尤庵 송시열宋時烈(1607~1689)이 은퇴하여 쉬고 있을 때였다.

그가 하루는 나귀를 타고 하인과 함께 주막에 들어갔다. 그때 새로운 임지로 부임하는 방어사防禦使 이무李武가 부하들을 이끌고 뒤따라 들어왔다.

"비켜라! 방어사 어른이시다."

큰소리로 외치며 우르르 들어오는 그들의 기세에 송 대감과 하인은 한쪽 구석으로 밀려났다. 화가 난 송 대감의 하인이 그들을 향해 소리쳤다.

"무엄하도다. 이 어른이 바로 송시열 대감이시다. 그런데 감히 무례하게 군단 말이냐?"

군졸들은 즉시 방어사 이무에게 하인의 말을 전하였다.

"큰일 났구나. 그 어른을 몰라보고 방자하게 굴었으니……."

방어사는 더럭 겁이 났다. 그러나 거기서 물러설 수는 없었다. 그

는 잠시 궁리를 하다가 송 대감 앞으로 가서 방어사로서의 위엄을 갖추고 말하였다.

"노인은 누구시오?"

송 대감의 하인은 방어사의 거만한 태도에 어이가 없었다. 한낱 군관의 신분으로 좌의정을 지낸 어른에 대한 무례無禮가 이만저만이 아니었다.

"내가 바로 송시열이오."

"뭐? 당신이 송시열이라고? 허허, 나이만 든 게 아니라 망령까지 들었군."

"예끼, 이 사람! 젊은 사람이 무슨 말을 그렇게 험하게 하시오."

"그게 아니라면 노인은 겁도 없소? 감히 송시열 대감을 함부로 사칭하다니, 당신 단단히 혼 좀 나야 되겠소. 이 나라의 제일가는 어른을 희롱하다니……"

"그럼, 내가 거짓말을 하고 있다는 게요?"

"조용히 말할 때 물러가시오. 그렇게 아무데서나 송 대감 어른을 사칭하고 돌아다니다가는 제 명에 죽지 못할 것이오. 아시겠소?"

송 대감은 어처구니없는 봉변을 당하고 군졸들에게 떠밀려 주막을 나왔다.

"대감님, 당장 관가에 알려서 저놈들을 혼내야 됩니다."

"그럴 거 없다. 그 방어사가 나를 알아보고도 모른 척한 것이 틀림없다. 내가 봉변을 당하긴 했지만 그 방어사의 기지와 배짱은 높이 살 만하다. 후에 내가 긴히 써야 될 인물이니라."

송시열 대감은 봉변을 당하고도 흐뭇한 미소를 지으며 다른 주막으로 가서 머물렀다.

이문방부以文放父

以:써 이 文:글월 문 放:놓을 방 父:애비 부

글로써 아버지를 풀려나게 하다. 조선 성종 때 김규라는 어린아이가 감옥에 갇혀있는 아버지를 구한 고사에서 유래했다. 특기로써 어떤 일을 성사시키는 것을 이른다.

문헌 :《국조인물고國朝人物考》

金虯(1521~1565)는 조선 제13대 명종明宗 때 사람으로, 본관은 광주光州요, 호는 탄수灘叟이며, 벼슬은 전한典翰을 지냈다.

어느 해, 심한 가뭄이 들어 명종이 직접 기우제를 올리고 있는데 갑자기 풍악 소리가 들렸다. 괘씸하게 여긴 명종이 뉘 집에서 나는 풍악 소리인지 알아오게 했다.

"감찰 김세우金世愚라는 자가 잔치를 베풀고 있다 하옵니다."

명종이 진노하여 명을 내렸다.

"가뭄으로 백성들이 도탄에 빠져 짐도 찬까지 줄이며 조심하고 있는데 국록을 먹고 있는 자들이 어찌 그리 방자하단 말이냐? 당장 잡아다 죄를 묻도록 하라!"

어명이 떨어지자 잔칫집 사람들을 모두 잡아 가두니, 모두 13명이나 되었다.

그러자 김세우의 아들과 동생들이 김세우의 용서를 애원하는 상소문을 올렸다. 명종은 자신의 잘못은 모르고 어린 아들과 동생을 시켜 상소하게 하였음이 더욱 괘씸하여 아들과 동생까지 잡아 가두라고 했다. 그러자 그의 가족들이 모두 겁이 나서 멀리 달아났는데 어린 아들 김규만이 남아 있다가 잡혀왔다. 명종이 물었다.

"너는 왜 도망가지 아니했느냐?"

"아버지의 목숨이 걸렸는데 자식된 자의 도리로 어찌 도망가겠습니까?"

"이 상소문은 누가 지었느냐?"

"제가 지었습니다."

"누가 썼느냐?"

"제가 썼습니다."

"네 나이는 몇이냐?"

"예, 열세 살입니다."

"어린 네가 어찌 글을 이처럼 잘 짓고, 잘 쓸 수 있단 말이냐? 조금이라도 거짓이 있다면 살아 남지 못할 것이다."

"예, 분명 제 손으로 쓴 것입니다. 바라옵건대 한 번 시험하여 주십시오."

명종은 그에게 글을 짓고 쓰도록 명하였다. 그는 곧 거침없이 글을 지었는데, 글 끝을 이렇게 마무리했다.

"…천 리에 비가 촉촉이 내리니 성왕께서 백성을 생각하는 거룩한 마음인가 합니다."

명종은 그 재주에 감탄하여 그의 이름을 물었다.

"가상하도다. 네 이름이 무엇이냐?"

"예, 김규라고 합니다."

"너는 어린 나이인데도 문장에 능하고 글씨도 잘 쓰는구나. 너의 문장을 보고 네 아비를 석방하고, 글씨를 보아 다른 사람들까지 놓아 주겠다. 네 아비에게 지극한 효성을 보이듯이 나라에도 충성을 다하도록 하여라."

그리하여 김세우와 그 동료를 석방토록 해주었다.

김규는 동래東萊 선위사宣慰使를 직무하던 중 윤원형尹元衡 일파의 무고로 경원에 유배되었다가 1564년에 풀려나 장악원정에 임명되었으나 부임하지 않고 예산禮山에서 죽었다.

이심전심 以心傳心

以:써 이 心:마음 심 傳:전할 전 心:마음 심

마음에서 마음으로 전하다. 언어나 문자를 매개로 하지 않고 깨달음을 느낌으로 전한다는 의미로 쓰인다.

문헌 : 《선문염송禪門拈頌》

이심전심은 선종禪宗에서 깨달음의 극한 뜻을 전하는 것으로 마음에서 마음으로 전달하는 심심상인心心相印이라는 말이다. 비슷한 말로 염화시중拈華示衆, 염화미소拈華微笑, 삼처전심三處傳心 등이 있다.

　석가모니가 마갈타국 영취산에서 여러 제자들을 모아 놓고 법을 설하던 중 꽃을 들어 대중에게 보였다. 제자들이 자신의 가르침을 제대로 알고 있는가를 보기 위한 것이었다. 그러나 아무도 석가모니의 뜻을 모르는 듯했다. 그런데 대가섭大伽葉만이 뜻을 알고 빙그레 웃어 보였다. 그러자 석가모니는 가섭에게 정법안장正法眼藏·열반묘심涅槃妙心·실상무상實相無相·미묘법문微妙法門·불립문자不立文字·교외별전敎外別傳 등 불교의 진리를 전해주었다.

　여기의 교외별전이란 교리 외 다른 가르침을 말하며, 불립문자란 진리는 문자로 표현할 수 없다는 뜻이다. 이심전심은 우리 역사와는 상관이 없지만 많이 쓰이는 불교佛敎용어이기에 소개한다.

이언치부耳言致富

耳:귀 이 言:말씀 언 致: 모을 치 富:부자 부

귓속말로 돈을 벌다. 흥선대원군의 고사에서 유래했다. 지위가 높은 사람에게 아부하여 원하는 것을 획득하는 경우를 이른다.

문헌 : 《매천야록梅泉野錄》

    흥선대원군興宣大院君(1820~1898)의 자는 시백時伯이고, 호는 석파石坡이다. 흥선군은 정권을 잡기 전 안동 김씨의 세도 밑에서 살아남기 위하여 파락호破落戶 행세를 하며 궁도령宮道令으로 세월을 보냈다. 그러다가 후사가 없던 철종哲宗의 후임으로 자신의 둘째 아들 명복命福이 고종高宗으로 즉위하자 하루아침에 대원군大院君이 되었다. 그후 섭정을 통하여 많은 개혁과 과감한 정치를 하여 그 치적이 컸다. 반면에 쇄국정책을 끝내 고집함으로써 나라를 국제적으로 고립시킨 것은 그의 실정이었다.

    그는 외척外戚의 아성인 안동 김씨의 주류를 숙청하는 한편 당색을 초월하여 인재를 등용했다. 그리고 부패한 관리를 적발하여 파직시키고, 법률 제도의 확립을 통해 중앙집권 정치의 기강을 확립했다.

    그가 권력이 집중되는 자리에 있게 되자 그에게 아첨하는 자가 한둘이 아니었다. 그중에 옛날 기방에서 대원군을 몹시 괴롭히던 안

동 김씨 한 사람이 찾아와 발아래에 엎디어 그동안 잘못했노라고 싹싹 빌었다. 그러자 대원군은 그를 용서함은 물론이고, 뜻밖에도 소원을 말하라고 했다.

　그는 기다렸다는 듯이 '소인이 매일 찾아뵙고 문안을 드릴 것이오니 그때마다 제가 대감님의 귀에 귓속말 세 마디씩만 하게 하여 주십시오.' 했다. 대원군은 '그놈 별난 청을 다 하는구나'. 생각하고 쾌히 승락하였다.

　이튿날부터 그자는 꼭 운현궁에 손님이 많이 있을 때에만 들어와서 대원군에게 귓속말을 했다. 그러나 정작 별로 특별한 내용이 없었으므로 대원군이 적당히 대꾸하면 그자는 정색을 하며 말했다.

　"안 됩니다. 그럴 수야 있습니까?"

　또 어떤 때는 이렇게 말했다.

　"최선을 다하여 분부 받들겠습니다."

　그곳에 있던 여러 손님들은 그 광경을 보고 모두 깜짝 놀랐다. 당시 대원군 앞에서 감히 '안 됩니다.' 라고 대답하는 사람이 없었기 때문에 주목을 받을 수밖에 없었다. 그래서 많은 사람들은 그를 대단한 사람으로 생각해서 그자와 가까이 하고자 그 집은 문전성시門前成市를 이루었고, 얼마 안 되어 큰 부자가 되었다.

　그자는 하찮은 벼슬아치보다는 치부를 하는 것이 훨씬 낫다고 생각하였으니, 대원군보다 한술 더 뜨는 농간弄奸꾼이었다.

이완지밀李莞之密

李:성 리 莞:빙그레할 완 之:어조사 지 密:몰래 밀

〈이완〉의 치밀함을 이르는 말로, 조선 효종 때 훈련대장 이완에게서 유래했다. 자기의 소임을 주도면밀하게 처리하는 경우를 뜻한다.

문헌 : 《국조인물고國朝人物考 · 고금청담古今淸談》

조선 제16대 인조仁祖(1595~1649) 때 이괄李适의 난을 평정했던 무신 이완李莞(1579~1627)은 경기도 여주에서 이수일李守一의 아들로 태어났다. 그는 이순신李舜臣의 조카로서 장군을 보필했는데, 이순신 장군이 노량해전에서 전사하자 그 사실을 알리지 않고 독전督戰하여 승리를 거두게 했다. 정묘호란丁卯胡亂 때에는 압록강을 건너 싸웠으나 중과부적으로 패하자 병기고에 불을 지른 후 뛰어들어 분사焚死했다.

그는 어릴 때부터 남다르게 장난이 심하여 보는 이들의 가슴을 졸이게 했다.

그가 일곱 살 때, 하루는 그의 아버지가 볼일이 있어 출타하고 큰사랑이 비게 되었다. 완이는 넓고 깨끗한 장판방에서 혼자 놀다가 벼룩을 발견했다. 그는 벼룩을 잡으려고 쫓아다니면서 송곳으로 내리 찔렀다. 삽시간에 방바닥이 송곳 자국으로 벌집이 되었다.

마침 청지기가 들어와 그 광경을 보고 깜짝 놀라서 말렸다.

"도련님, 이게 무슨 짓이오? 아버님께서 돌아오시면 꾸지람을 들을 줄 모르시오?"

그러나 완이는 송곳을 뺏어들더니 아랫목 벽에 달라붙은 벼룩을 힘껏 내리찔렀다. 그때 아버지가 외출에서 돌아왔다. 청지기는 넙죽 엎드려 벌벌 떨며 고했다.

"애기 도련님이 송곳으로 벼룩을 잡느라고 장판을 이렇게 만들었습니다."

"그래, 잡기는 했느냐?"

"네! 잡았습니다."

"그럼 됐다. 사내는 하고자 하는 일은 끝까지 해내는 그런 기백이 있어야 하느니라."

그러고는 아들의 머리를 한번 쓰다듬어 줄 뿐 망가진 장판에 대해서는 아무 말도 하지 않았다.

이완의 집 대문 밖에는 조그마한 대장간이 있었다. 그곳의 대장장이는 주로 말편자나 징을 만들었는데, 편자를 만들면 땅바닥에 획 던져두었다가 다 식은 후에 모아서 목판木板에 담았다. 이완은 가끔 밖에서 그 편자를 만지작거리면서 놀다가 들어가곤 하였다.

대장장이는 대갓집 도련님이라 만지고 장난을 쳐도 그러지 말라고 야단을 칠 수가 없어 그냥 두었다.

그런데 어느 날, 무심코 이완을 보니 편자 한 개를 집어 얼른 바지 속 사타구니에 끼고 어기적거리며 집으로 들어가는 것이었다. 다음날도 그랬다.

대장장이는 괘씸한 생각이 들었으나 나무라거나 빼앗았다가는 괘씸죄에 걸려 좋지 못한 일을 당할까 두려워서 은근히 제지制止할 방법을 찾았다.

다음 날, 대장장이는 이완이 나올 때쯤 되어 아직 다 식지 않은 편자를 마당에 던져 두었다. 그런 다음, 이완이 편자를 훔칠 틈을 주느라고 슬그머니 뒷문으로 나가 문틈으로 살펴보니 아니나 다를까 방금 던져놓은 편자를 얼른 사타구니에 끼우고 일어서는 것이었다. 그러나 덜 식은 쇠라 뜨거운지라 그만 털썩 주저앉아서 엉덩방아를 찧더니 아무 말 없이 집으로 들어갔다.

조금 있다가 이완이 큰 수밀도水蜜桃 두 개를 들고 나왔다.

대장장이가 능청스럽게 말했다.

"도련님, 그 복숭아, 저도 하나 주구려."

"그럴까?"

이완은 선선히 내주었다. 대장장이는 얼른 받아서 덥석 한입 물었다. 순간 펄쩍 뛰면서 얼굴을 찡그렸다.

"에쿠! 똥이잖아. 퉤! 퉤! 퉤!"

이완은 그제야 혀를 낼름 내밀어 약을 올리며 말했다.

"이놈! 양반을 속였는데 그 아가리에 똥이 안 들어갈까!"

얼마 뒤, 나라에서 갑자기 전국의 대장간에 칙령을 내렸다. 말 편자 다섯 섬씩을 조정으로 보내라는 것이었다.

대장장이는 사람을 더 고용하여 밤낮으로 만들었지만 다섯 섬은커녕 석 섬도 만들 가망이 없었다. 그 소식을 들은 이완은 하인을 시켜 그동안 광에 쌓아 두었던 편자들을 모두 꺼내어 대장장이에게 보냈다. 대장장이가 크게 감읍한 것은 당연했다.

세월이 흘러 효종孝宗(1619~1659) 때였다. 이완은 국방을 책임지는 훈련대장訓練大將이 되었다.

어느 날 밤, 모처럼 집에서 마음을 놓고 자고 있는데 긴급한 일이 있으니 즉각 입궐하라는 칙령이 내렸다.

그런데 깊은 밤중에 부르시는 것이 아무래도 심상치 않았다. 그래서 조복 속에다 갑옷을 감춰 입고 나섰다. 대궐문을 막 들어서는데 일시에 화살이 빗발치듯 날아왔다. 영문을 모르고 황황한 걸음으로 어전에 들어서니 효종이 말했다.

"허!허!허! 참, 장하오. 장수는 언제나 주밀하여야 하는데 과연 이 대장은 빈틈이 없구려. 내 이 대장의 마음 자세를 한번 시험코저 함이었소."

잠시 담소를 나눈 뒤 퇴청하려 하자 효종은 황모대필黃毛大筆 한 자루를 하사하였다.

이완이 집으로 돌아와 생각하니 임금이 대필을 준 데에는 무슨 뜻이 있을 것 같았다. 그래서 칼로 붓대를 쪼개어 보니 돌돌 말린 종이 쪽지 하나가 들어 있었다.

'금일 인시寅時에 대장 휘하의 군을 인솔하고 남대문으로 입성하여 삼문을 두드려라.'

"성루에 쌓여 굳게 닫힌 남대문을 어떻게 진입할꼬?"

걱정이 앞선 이완은 잠시 생각하다가 군사들에게 자루를 하나씩 가지고 노들나루에 가서 모래를 담아 남대문 성벽에다 기대어 쌓게 하였다. 그러고는 날이 밝기 전에 군사들을 이끌고 남대문 성벽을 넘어 대궐로 진입하였다.

"상감마마, 지금 훈련대장 이완이 군사를 몰아 궐문으로 들어오고 있습니다."

보고를 받고 뛰쳐나온 효종은 이완을 불러 노고를 치하하고 돌아가게 했다.

역시 효종은 국가안위를 책임진 대장으로서의 주밀함을 시험했던 것이다.

이전투구泥田鬪狗

泥:진흙 니　田:밭 전　鬪:싸울 투　狗:개 구

진흙탕에서 싸우는 개라는 말로, 서로 헐뜯거나 다투는 것을 이른다. 원래는 함경도 사람의 강인한 성격을 평한 말이었다.

문헌 : 《대동기문大東奇聞》

조선의 태조太祖가 공신 정도전鄭道傳(1337~1398)에게 팔도八道 사람들의 성격을 한 구절로 평하여 보라고 했다. 그러자 정도전은 경기도는 경중미인鏡中美人(거울 속에 비친 미인), 충청도는 청풍명월淸風明月(맑은 바람과 밝은 달빛), 전라도는 풍전세류風前細流(바람 앞에 하늘거리는 가는 버드나무), 경상도는 송죽대절松竹大節(소나무나 대나무 같은 굳은 절개), 강원도는 암하노불巖下老佛(바위 아래 늙은 부처님), 황해도는 춘파투석春波投石(봄 물결에 던져진 돌멩이), 평안도는 산림맹호山林猛虎(산속 숲에 사는 거친 호랑이)라고 대답했다. 그러나 태조의 출신지인 함경도에 대해서는 감히 평을 내리지 못했다. 태조가 어떤 말이라도 괜찮으니 말해보라고 재촉하자 정도전은 이렇게 말했다.

"함경도는 이전투구泥田鬪狗(진흙탕에서 싸우는 개)입니다."

그러자 태조의 얼굴이 금방 벌개지니 눈치를 챈 정도전은 곧 말을 고쳐 대답하였다.

"함경도는 또한 석전경우石田耕牛(돌밭을 가는 소)이기도 하옵니다."

그제야 태조의 얼굴빛이 밝아지면서 후한 상을 내렸다.

조선 후기의 지리학자 이중환李重煥(1690~1752)은 자신의 저서《택리지擇里志》에서 우리나라 팔도에 대한 위치와 그 역사적 배경 등을 광범위하게 논하였다. 이 책은 팔도총론八道總論과 복거총론卜居總論 두 부분으로 나뉘어져 있다.

팔도총론에서는 전국을 8도로 나누어 그 지리를 논하고, 각 지방의 지역성을 출신 인물과 결부시켜서 밝혔다. 그리고 복거총론에서는 살기 좋은 곳을 택하여 그 입지 조건의 타당성을 설명하였다.

팔도총론은 지방지地方誌에 해당하고, 복거총론은 인문지리의 총설에 해당된다. 사람이 살 만한 곳의 입지 조건으로서 지리地理와 생리生利, 인심人心, 산수山水 등 네 가지를 들었으며, 또 가거지류可居地類와 피병지避兵地, 복지福地, 은둔지隱遁地, 일시유람지一時遊覽地 등으로 분류하였다.

여기에 나오는 각 지방마다의 별칭은 아래와 같다.

경기京畿에는 도道자를 붙이지 않는 것이 원칙이어서 별칭이 없고, 영남嶺南은 경상도로서 조령鳥嶺과 죽령竹嶺의 남쪽을 말한다. 호서湖西는 충청도인데, 충북 제천 의림지호義林池湖의 서쪽이라는 뜻이다. 호남湖南은 전라도인데, 전북 김제 벽골제호碧骨堤湖의 남쪽이라는 뜻이다. 영동嶺東, 또는 관동關東은 대관령 동쪽이라는 뜻이고, 해서海西는 평안도로 철령관의 서쪽이라는 말이다.

이전투구란 성어는 정도전 자신이 창작한 말이 아니고 이전부터 팔도 사람들의 특성을 그렇게 평가하던 말 중에 들어 있던 것이다. 지금은 이 말이 아주 막돼먹은 싸움질이나 난장판을 비유하지만 원래는 사람의 성격을 평가한 말이었다.

이주기종理主氣從

理:다스릴 리　主:주인 주　氣:기운 기　從:따를 종

이理가 주를 이루고, 기氣가 보완한다는 뜻이다. 성리학의 이기이원론理氣二元論에서 유래하였다.

문헌 : 《선문염송禪門拈頌》

　　유학儒學에서 이 세상의 모든 존재는 이理와 기氣의 두 요소로 이루어져 있다고 주장한다.
　여기서의 이는 우주 만물의 존재 원리를 말하고, 기는 우주 만물을 구성하고 있는 근원이 되는 기운, 즉 에너지를 말한다. 이는 형태와 작위가 없는 무형무위無形無爲의 형이상形而上의 존재이고, 기는 형태와 작위가 있는 유형유위有形有爲로 형이하形而下의 존재를 말한다. 따라서 형이상의 이는 도道로서 만물을 생성하는 근본이요, 기는 형이하의 기器로서 만물을 생성하는 재료다.
　달리 설명하면 이理와 기氣는 우주의 근본을 이루는 태극太極을 말하는데, 태극은 일음일양一陰一陽으로 되어 있으며, 이 음양은 오행五行으로 이루어져 있다. 오행은 만물화생萬物化生을 뜻하는 것으로서 만물이 낳고 성장하고 열매를 맺는 과정을 말한다.
　도道는 음양을 떠나서는 존재할 수 없으며, 그래서 일음일양지위도一陰一陽之謂道라고 말한 것이다. 따라서 기氣를 떠나서는 이理도

존재할 수 없으며 기 또한 이를 떠나서는 존재할 수 없는 것이 이기설理氣說이다.

여기서 기氣는 곧 성性이고, 또 형질形質을 가지고 있으며, 그 형질은 운동하는 것을 말한다. 이에 반하여 이理는 형질도 없고, 운동도 하지 않으며, 다만 기를 통해서만 파악되는 것이다. 그러므로 이理로 파악하지 않으면 기氣의 이같은 작용도 불가능한 것이다.

이와 같은 이기이원론이 중심이 되어 실천 윤리를 주장하게 되었는데 조선시대에는 이 성리학性理學이 학자들에 의해 크게 제창되었다. 성리학은 이러한 이론을 근간으로 이理를 중시하는 학파와 기氣를 중시하는 학파로 분리되었으며, 여기서 이주기종理主氣從이라는 말이 나오게 된 것이다.

이기론에서 기대승奇大升과 서경덕徐敬德과 이황李滉과 이이李珥의 이론을 보면 다음과 같다. 서경덕은 한마디로 이와 기는 관념적으로는 구분할 수 있으나 구체적인 마음의 작용에 있어서는 이기를 분리할 수 없다고 하여 이기공발설理氣共發說을 주장하였다.

이에 대해 이황은 이기이원론理氣二元論이면서도 이 우위론인 이기호발설理氣互發說 주장하였다. 이에 반하여 이이는 같은 이기이원론이면서도 기발이승도설氣發理乘途說을 주장하였는데 이러한 학설 전개가 나중에 영남학파嶺南學派와 기호학파畿湖學派로 대두 되었다.

말하자면 이황의 이론을 존중하는 파는 영남학파로 주리론主理論적 경향을 보이고, 이이를 종사로 하는 기호학파는 주기론主氣論적 경향을 띠게 된 것이다.

한편 양설을 취사선택하여 절충식 입장을 보이는 학자들도 있었다. 그 내용을 보면 이로부터 기를 보면 이가 주主가 되고 기로부터 이를 보면 기가 주가 된다는 주장이었다.

이첨신일已瞻新日

已:이미 이 瞻:볼 첨 新:새 신 日:날 일

이미 새로운 해를 보았다는 말로, 어떤 일을 이미 결정하여 그렇게 진행하고 있다는 뜻이다.

문헌:《신증동국여지승람新增東國與地勝覽》

려의 무신 강조康兆(?~1010)가 제7대왕 목종穆宗(980~1009)을 살해하고 현종顯宗을 세우는 쿠데타를 일으켰다. 이에 거란契丹의 성종成宗은 그를 핑계로 1010년에 40만 군사를 이끌고 2차 침략을 감행했다.

그것은 1차 침략 때 겨우 강동江東 6주만을 점령하고 실패한 것을 만회하려는 구실이었지만 명분은 고구려의 내분을 내세웠다.

"고려국에서 강조가 전 왕을 죽이고 새로운 왕을 세웠는데 그에 따른 대역의 죄를 묻기 위하여 군사를 보내노라."

이에 현종은 거란과 평화 협상을 진행하려 했지만 실패했다. 그러자 강조는 이번 거란의 침범은 그 원인이 자신에게 있으니 직접 나아가 싸우겠다며 해동도통사海東道通使가 되어 30만의 군사를 거느리고 압록강을 건너 흥화진興化鎭으로 쳐들어갔다.

이때 강조는 검차檢車(일종의 장갑차)를 창안해 겉에 많은 칼을 꽂아 적을 가까이 오지 못하게 하고, 그 안에서 활을 쏘아 적을 공격했다.

그러나 적의 위세가 워낙 강하여 전세는 점점 불리해져갔다.

강조와 부사 이현운李鉉雲이 모두 무술이 뛰어나고 씩씩한 것을 본 거란의 성종은 두 사람을 자기 사람으로 만들고 싶었다. 그래서 두 사람을 사로잡고 먼저 강조에게 자기의 신하가 되라고 권고했다. 강조는 한마디로 거절했으나 이현운은 '이미 새 해를 보게 되었으니(已瞻新日), 이 마음 어찌 고향 산천을 생각하오리까?' 하며 항복의 뜻을 표했다.

강조는 노하여 이현운을 발로 차면서, '너는 고려 사람인데 어찌하여 말을 그렇게 하느냐?' 하고 꾸짖었다.

어떤 일을 잊거나 배반한 자를 빗대어 이르는 말이다.

이태성동 梨太成洞

梨:참배 리 太:클 태 成:이룰 성 洞:마을 동

배가 커서 이루어진 마을이라는 말로, 서울의 이태원동 지명에서 유래했다. 무엇이든지 하나의 특색이나 장점이 있으면 그것으로 성공하거나 유명해질 수 있다는 의미로 쓰인다.

문헌 : 《한국 지명地名 이야기》

한국의 지명地名 중에는 배나무 리梨자가 들어가는 동네 이름이 많고, 또 배나무가 번성하는 동네는 대부분 살기 좋은 동네이다.

서울의 이태원梨太院도 그중의 하나다.

이태원은 배나무가 많고, 그 열매도 유난히 크고 탐스러워 클 태 太자를 써서 이태원이라 했다. 그러나 그 이름에는 가슴 아픈 사연이 담겨 있기도 하다.

1592년 임진왜란이 일어나자 수많은 사람들이 목숨을 잃게 되었다. 그리고 전 국토가 초토화되고 갖가지 문화재와 아름다운 금수강산이 불길에 휩싸였다.

당시 이태원에는 운종사雲宗寺라는 절이 있었는데 수십 명의 여승女僧들이 수도修道를 하고 있었다. 그런데 왜병들이 서울에 입성하여 그곳을 본거지

로 삼게 되자 여승들에게 큰 수난이 일어나기 시작했다. 수도하는 스님에게 무도한 일본 병사들이 밥을 짓게 하는가 하면 아예 농락까지 했다. 이처럼 피비린내나는 전쟁 통에 피해를 본 여승은 한둘이 아니었다. 특히 여자이기에 겪는 고통은 말할 수 없이 컸다.

평화롭던 마을 이태원에 불어닥친 왜란의 회오리는 너무나 큰 상처를 남겼다. 그러다가 이순신 장군이 해전에서 연전연승을 거두자 해로가 끊긴 왜군들이 허둥거리기 시작했다. 바로 그때 도요토미가 사망하게 되니 7년 왜란은 끝을 맺었다.

그런데 그 일본인들이 물러간 뒤 임신한 여승들이 속출했다. 시대의 비운을 떠안은 그 여승들 중에는 더러 자괴감에 빠져 스스로 목숨을 끊는 사람도 있었다. 그런 와중이라 계속해서 절에 머물러 있을 수도 없었다. 그들은 갈 곳이 없어 길거리에서 방황했다. 이를 보다 못한 관가에서는 흙으로 움막을 지어 추위에 떠는 여승들이 모여 살게 했다.

이런 사연 때문에 나중에 그곳 마을 이름을 다를 이異자와 아이 밸 태胎자를 썼던 때도 있었는데 그때 피해를 입은 여승들의 처지를 담아 이른 것이었다고 한다. 지금은 옛날의 운종사가 어디에 있었는지조차 알 수 없을 정도로 발전하여 국제적인 관광지가 되었다. 그러나 이태원에 외국어 간판이 번쩍거리고 있는 것은 옛날의 그 이름값을 하는 것이라 생각되기도 한다.

이판사판理判事判

理:이치 리 判:나눌 판 事:일 사 判:나눌 판

> 이판승은 불경의 연구와 참선에만 전념하는 승려를 일컫고, 사판승은 절의 운영 및 경리 사무 등을 맡아보던 승려를 말한다.
> 오늘날에는 막다른 데에 이르러 어찌할 수 없는 지경에 이르렀음을 이른다.
>
> 문헌:《이판사판야단법석理判事判野壇法席》

이판사판은 이판理判과 사판事判의 합성어로서, 이판승僧은 참선, 경전, 공부, 수행 등 불교의 교리를 연구하는 스님이고, 사판승僧은 절의 재물과 살림을 맡아 관리하는 스님이다. 그러니까 이판사판의 용어는 불교 조직의 핵심용어다.

조선 말의 학자 이능화李能和는 그의 저서 《조선불교통사朝鮮佛敎通史》의 하편 〈이판사판사찰내정理判事判寺刹內情〉에서 다음과 같이 설명하고 있다.

'조선의 사찰에는 이판승과 사판승의 두 종류의 승려가 있다. 이판승은 참선하고, 경전을 강론하며, 수행하고 홍법 포교하는 스님이다. 속칭 공부승工夫僧이라고도 한다.

사판승은 생산에 종사하고, 절을 관리하거나 사무 행정을 꾸려 나가는 스님들로, 속칭 산림승山林僧이라고도 한다.

산림이란 절의 모든 사무와 재산 관리를 통틀어 일컫는 말이다.

이렇게 사찰 내에서 하는 역할에 따라 두 가지로 나뉘었던 것이 차츰 교구가 확장되고 사찰마다 주지住持가 책임자로 정착되면서 이판 스님과 사판 스님 사이에 묘한 문제가 일어났다. 이판 스님과 사판 스님 중에 누가 주지가 되는가에 따라 운수승雲水僧과 주지 사이에 밀도가 달랐던 것이다. 즉 이판승인지 사판승인지 출신에 따라 흐르는 기류가 달랐다는 말이다.

그래서 산사를 찾는 객승은 그 절의 주지가 이판승 출신인지 사판승 출신인지 알아야 처신하는 데 옹색하지 않았다.

사실 이판과 사판은 그 어느 한쪽이라도 없어서는 안 되는 상호관계를 갖고 있다. 이판승이 없으면 부처님의 지혜 광명이 이어질 수 없고, 사판승이 없으면 가람伽藍이 존속할 수 없다. 그래서 청허淸虛·부휴浮休·벽암碧巖·백곡百谷 스님 등 대사들은 이판과 사판을 겸했다.

그러나 조선시대 척불斥佛이 고조되자 나중에는 이판승이나 사판승이나 스님이 된다는 것은 마지막 신분 계층이 된다는 것을 의미했다. 조선이 불교를 배척하고 유교儒敎를 국교로 세우면서 스님은 성안에 드나드는 것조차 금지되었다. 때문에 이판이 되었건 사판이 되었건 스님이 되는 것은 마지막이 되는 것을 의미했다. 그래서 서로 믿고 의지할 수밖에 없는 처지에 놓이게 되었다. 숭유배불崇儒排佛 정책으로 인간대접 받기가 힘들었던 시대였는데 그래서 이판·사판은 마지막 끝장을 의미하는 뜻으로 변질되고 지금과 같은 말로 전해졌다.

인고득권抐睾得權

抐:꺾을 인 睾:불알 고 得:얻을 득 權:권세 권

스스로 거세를 하여 권세를 얻는다는 말로, 어떤 목적을 이루기 위해 자기의 중요한 권리를 포기하는 것을 이른다.
문헌:《고려사절요高麗史節要·국사대사전國史大事典》

고려 제25대 충렬왕忠烈王(1236~1308)은 1271년도에 원나라 공주 홀도로게리 미실공주(齊國大長公主)와 결혼하므로 말미암아 고려는 부마국駙馬國, 즉 원나라의 사위 나라가 되었다.

그후 몽고풍의 복장을 하고 머리를 따내리는가 하면 머리에 색색의 치장과 족두리를 썼으며, 연지를 사용하고 장도粧刀를 지니게 되었다. 생채로 쌈을 먹고, 두루마기를 입기 시작했으며, 고려병高麗餠이라는 몽고식 과자를 만들어 먹었다.

원元에서 주자가례의 책이 들어오고 서방 사라센의 문화가 들어오기도 했다. 이런 변화의 중심에서 환관宦官 최세연崔世延이 크게 득세를 하자 많은 사람들이 덩달아 환관이 되고자 스스로 거세去勢를 하는 풍경이 일었다.

최세연은 처음부터 환관이 되려고 한 것이 아니라 아내의 투기가 심해서 그녀에게서 벗어나고자 거세를 하였다. 그런데 왕과 제국대장공주齊國大長公主에게 총애를 받던 환관 도성기陶成器의 세도를 보

자 그에게 가까이하여 환관이 되었다.

충렬왕의 사랑을 한몸에 받았던 제국공주는 원元나라 제5대 세조世祖의 딸이었다. 16세의 나이에 40이 된 충렬왕과 혼인하여 궁중을 감독하는 것은 물론 정치에도 관여했다. 그런데 나중에는 최세연에 대한 왕의 총애가 도성기를 능가하자, 두 사람은 장군將軍의 반열에 오르기에 이르렀다.

그러자 최세연은 왕의 총애를 믿고 권세를 부려 뇌물을 모으고, 조정의 인사에도 관여하여 승진, 파직, 축출을 자기 뜻대로 행사했다. 그런데도 종실宗室이나 재상도 그의 뜻을 거스르지 못했다. 또 궁인 무비無比와 결탁하여 마음껏 횡포를 부렸다.

바로 그 중심에 제국공주가 있었다.

제국공주의 몽고 이름은 쿠두루칼리미쉬忽都魯揭迷迷矢였는데 후계자 충선왕忠宣王(이지리부카益知禮普花)을 낳으므로 대신들의 축하 문안을 받았다.

나중에 제국공주가 죽자 충선왕은 어머니가 병을 얻은 것은 투기에 의한 것이라면서 무비無比와 도성기 등을 함께 참형했다.

당시에 스스로 거세하는 사람이 많이 나온 것은 국정이 그 만큼 어지러웠음을 보여 주는 예가 될 것이다.

한국 고사성어 605

인사수심 人事隨心

人:사람 인　事:일 사　隨:따를 수　心:마음 심

사람의 일은 마음먹기에 달렸다. 즉 사람의 생각에 따라 일이 바뀔 수 있다는 뜻이다. 구르는 수만큼 살 수 있다는 삼년고개에 얽힌 옛날이야기에서 유래했다.

문헌 : 《어린이 설화집說話集》

귀가 도자전刀子廛 즉 '마루구멍이다'는 속담은 배운 것은 없으나 귀로 들어서 많이 안다는 뜻이다. 배운 것이 없어도 귀로 들어 알고 있으니 귀야말로 보배라는 말이 도자전이라는 의미다.

그런데 들은 이야기가 약이 될수도 있지만 때로는 해가 될수도 있다. 그와 마찬가지로 남의 말을 잘 믿는 노인이 있었다.

그가 어느 날, 장에 갔다 오더니 땅이 꺼져라 한숨을 내쉬며 드러누워버렸다. 아내가 걱정이 되어 그 이유를 묻자 죽어가는 목소리로 말했다.

"큰일 났소. 나는 이제 삼 년밖에 더 못 살게 되었소. 장에서 오는 길에 삼년고개에서 넘어지고 말았단 말이오."

그 마을 입구에는 그곳에서 넘어지면 삼 년밖에 못 산다는 '삼년고개'라는 재가 있었다. 아내는 그 말을 듣자 통곡을 하였다.

"아이고, 이 일을 어쩌면 좋을꼬? 당신이 삼 년밖에 못 살면 나는 어린 자식들과 어떻게 살라고……."

어머니가 통곡을 하자 아이들은 영문도 모르고 따라 울었다. 노인은 너무 근심을 한 나머지 끝내 병이 나버렸다. 아무리 좋은 약을 쓰고, 용한 의원을 불러와도 소용이 없었다.
 그런데 이웃 마을에 사는 한 청년이 그 집 앞을 지나가다가 통곡 소릴 듣고 들어와 물었다.
 "왜 그러십니까? 초상난 것도 아닌데……."
 "어쩌면 좋은가? 내가 잘못해서 장에서 돌아오는 길에 삼년고개에서 넘어졌다네. 귀에 싹이 나도록 들어온 그 삼년고개에서 넘어졌으니 이제 삼 년밖에 더 못 살게 된 것이 서러워 그러지 뭔가!"
 "아니, 그게 뭐 그리 큰일이라고 그러십니까? 아무 걱정하지 마십시오. 곧 나으셔서 앞으로 몇 십 년을 더 사실 테니……."
 청년의 말에 노인은 귀가 번쩍 띄었다.
 "뭐라고? 어떻게 그럴 수 있단 말인가?"
 "예. 제가 하라는 대로만 하시면 됩니다. 아주 쉬워요."
 "어떻게 하는 건데?"
 "삼년고개에 가서 몇 번만 더 넘어지시면 됩니다."
 "예끼 이 사람! 그러면 그 자리에서 즉사하고 말 텐데?"
 노인은 화를 벌컥 내며 당장 나가라고 호통을 쳤다. 그러나 청년은 아랑곳없이 침착하게 말했다.
 "삼년고개에서 넘어지셨으니 삼 년밖에 못 사신다고 하셨지요?"
 "그래."
 "그러면 또 한 번을 더 넘어지시면 육 년을 사실 것 아닙니까? 그리고 세 번 넘어지시면 구 년, 네 번 넘어지시면 십이 년……."
 "가만 있자, 네 이야기를 듣고 보니 정녕 그렇구나!"
 노인은 언제 아팠냐는 듯 벌떡 일어나 삼년고개로 올라가더니 데

굴데굴 구르며 목청껏 외쳤다.
"산신령님! 제가 구르는 숫자의 세 배만큼 살게 해주십시오."
그러자 어디선가 대답하는 소리가 들렸다.
"암, 그렇게 하고말고! 십팔만 년이나 산 저 삼천갑자 동방삭三千甲子 東方朔이보다도 더 오래 살게 해주마!"
노인은 기쁜 마음으로 몇 번이고 굴러 내렸다.
목소리의 주인공은 바로 그 청년이었다.

인삼재상人蔘宰相

人:사람 인 蔘:인삼 삼 宰:재상 재 相:서로 상

인삼을 주고 오른 재상이란 말로, 선조 때의 상궁 김개시에게서 유래했다. 부패한 관리를 비유하여 쓴다.

문헌:《대동기문大東奇聞·광해군일기光海君日記》

조선 제14대 선조宣祖 때의 상궁尙宮 김개시(金介屎 : 속명 개똥이 ?~1623)는 세자 광해군光海君이 선조宣祖의 미움을 받는 것을 기화로 광해군에게 아부하여 그의 사랑을 독차지했다. 그래서 일개 상궁임에도 불구하고 권신 이이첨李爾瞻과 쌍벽을 이룰 정도로 권력이 막강했다.

개시와 이첨은 서로 다투어 가며 매관매직을 일삼아 국정을 어지럽게 했다. 보다 못한 윤선도尹善道·이회李洄 등이 이를 바로잡고자 상소를 올렸다가 도리어 유배를 당하기도 했다. 이렇게 혼탁한 틈을 이용하여 한효순韓孝純이란 자가 그녀에게 인삼을 뇌물로 바쳐 재상에까지 올랐다. 그래서 사람들은 한효순을 인삼재상人蔘宰相이라 불렀다. 또 이충李沖은 희귀한 채소를 상납하여 호조판서가 되니, 그에게는 잡채판서雜菜判書라는 별호를 붙여주며 비웃었다.

인패공촌因貝空村

因:인할 인 貝:조개 패 空:빌 공 村:마을 촌

> 조개 때문에 마을이 비다. 고려 때 한 마을 사람들이 고을 수령에게 뇌물로 바칠 조개를 잡기 위해서 모두 바다로 나가는 바람에 마을이 텅텅 비었던 고사에서 유래했다. 좋지 않은 일로 황당한 결과가 초래되었을 때를 비유하여 쓰인다.
>
> 문헌:《고려사절요高麗史節要》

고려 제23대 고종高宗 때 유석庾碩(?~1250)은 여러 도의 안찰사按察使를 역임하면서 가는 곳마다 명관이라는 칭송을 듣고, 치적도 많았다. 그는 탐관과 함께 일하기가 싫어 산성을 수축하라는 어명을 받고도 선비들과 함께 시詩를 읊으며 따르지 않았다. 그러자 탐관 최이崔怡가 나서서 그를 귀양 보냈다.

그가 귀양지로 떠나는 날, 온 고을 백성들이 나와 애통해했다.

"하늘이여! 유공 같은 명관이 무슨 죄가 있다고 귀양입니까? 공을 보내버리면 우리 백성은 누구를 의지해 살라는 것입니까?"

이처럼 백성들의 간청이 드높자 곧바로 면죄되어 다시 동북면 병마사兵馬使로 기용되었다.

그곳에는 악폐가 하나 있었다. 강요주(江瑤柱 : 바다조개)를 잡아 그곳의 안찰사 최이에게 바치는 것이었다. 그 시초는 어느 아부꾼 병마사가 한 짓이었는데 어느새 관례가 되어버렸다. 때문에 유석이 그곳에 부임해왔을 때는 마을 사람들이 강요주를 잡다 바치는데 시달려 결국 다른 곳으로 이주하고 마을이 거의 비어 있었다.

유석은 즉시 강요주 채취 금지령을 내렸다. 그러자 얼마 후 이주했던 마을 사람들이 다시 돌아왔다.

당시 지방의 수령들은 중앙의 권력자에게 아부하느라고 자기 고을의 특산물을 경쟁적으로 바치고 있었다. 이런 아첨꾼들 틈에서 유석이 강요주 채취 금지 공문을 내리니 어느 한 수령이 그것을 최이에게 고해바쳤다.

"고얀 놈! 자기가 안 바치면 그만이지, 다른 사람까지 못하게 할 것까지는 없지 않은가?"

그는 못마땅해 했으나 유석이 워낙 청렴결백해서 어떻게 할 수가 없었다.

그외에도 노비奴婢 문제로 무고誣告를 받아 지방으로 좌천左遷되는 등 수난을 겪기도 했지만 그의 기개는 꺾이지 않았다.

일보가규 一步可闚

一:한 일　步:걸음 보　可:옳을 가　闚:엿볼 규

천 리길을 갈 사람은 첫걸음을 보면 알 수 있다. 될성부른 나무는 떡잎을 보면 알 수 있다는 말과 같은 뜻이다.

문헌 : 《불교대사전佛敎大辭典 · 삼국유사三國遺事》

신라 제30대 문무왕文武王 때 광덕光德과 엄장嚴莊 두 사문(스님)이 서로 친한 사이여서 약속을 했다.

"극락으로 먼저 가는 사람은 반드시 뒤따라오는 사람에게 그 길을 알려주기로 하자."

그리고 나서 광덕은 분황사 서쪽 마을에 숨어 살며 미투리(짚신)를 삼아 시장에 팔아서 아내와 함께 살았다.

한편 엄장은 남악南岳에 암자를 짓고 화전火田을 일구며 살았다.

어느 날, 해가 붉은 빛을 드리우고 고요히 저물어 가는데, 엄장에게 하늘에서 들려오는 소리가 있었다.

"나 먼저 서방으로 가네. 자네도 빠른 시일 내에 오게나."

놀란 엄장이 문을 열고 살펴보니 멀리 구름 위에서 음악 소리와 함께 밝은 빛이 뻗쳐 내리고 있었다. 그래서 광덕의 집을 찾아가 보니 그가 죽어 있었다. 엄장은 광덕의 아내와 함께 장사를 지내주고 나서, 광덕의 아내에게 말했다.

"이제 남편이 죽고 없으니, 나와 함께 사는 것이 어떻겠소?"
"원하신다면 그리하겠습니다."

엄장은 자기 집으로 돌아가지 않고 광덕 아내의 집에 머물게 되었다. 밤이 되어 엄장이 광덕의 아내와 잠자리를 함께 하려 하자 광덕의 아내가 말했다.

"스님께서 쾌락을 구하면서 서방정토에 가기를 바라는 것은 나무에 올라가 물고기를 구하는 것과 같습니다. 뜻을 거두어 주십시오."

엄장은 동거를 허락한 광덕의 아내가 뜻밖의 말을 하자 깜짝 놀라 물었다.

"친구 광덕도 당신과 함께 살았는데도 극락에 갔는데 무에 그러시오?"

그러자 광덕의 아내가 말했다.

"그분과 나는 10여 년이나 동거했지만, 한 번도 잠자리를 같이 하지 않았습니다. 그분은 밤마다 몸을 단정히 하고 한결같이 아미타불의 이름을 외우거나 십육관十六觀을 지으며 달빛이 창문으로 들어오면 그 빛 위에서 가부좌跏趺坐를 틀고 앉아 미혹을 달관하는 선禪에 드시곤 했지요. 그러하니 그가 서방세계로 간 것은 당연한 일입니다. 모든 일은 시작부터 알아본다는 일보가규一步可闚라, 천리길을 가는 사람은 그 첫걸음을 보고 알 수 있듯이, 제가 보기에 스님은 동쪽으로는 갈 수 있겠으나 서쪽으로는 갈 수 있을지 모르겠습니다."

엄장은 부끄러워하며 물러나와 곧 원효元曉법사에게 가서 왕생의 요체를 간절히 물었다. 원효는 그에게 정관법淨觀法을 가르쳐 주었

한국 고사성어 613

다. 엄장은 자기 잘못을 뉘우치며 지성으로 도를 닦아 그 역시 서방세계로 갔다.

광덕의 아내는 겉으로는 분황사의 노비였으나 사실은 관음보살의 19응신應身 가운데 하나였다.

광덕이 생전에 시를 지어 읊으니 그 내용은 이러했다.

달님이시여!
이제 서방西方까지 가시었으니
무량수불전無量壽佛前에 낱낱이 사뢰소서.
서원誓願 깊으신 존을 우러러 두 손 모아 비오니
서방정토 극락세계를 그리워하는 사람이 있다고 사뢰소서.
아아, 이 몸 남겨두고
사십팔대원四十八大願 모두 이루소서.

일선팔십행一善八十幸

一:한 일 善:착할 선 八:여덟 팔 十:열 십 幸:복 행

한 번 선행을 하면 팔십 살까지 행복하다. 조선 숙종 때 염희도라는 사람으로부터 유래한 말로, 선행을 장려하는 말이다.

문헌 : 《대동기문大東奇聞》

선 제19대 숙종肅宗 때 영의정 허적許積(1610~1680)은 남인의 한 사람으로 기년설朞年說(조대비趙大妃에 대한 상례인 복상문제服喪問題)을 주장하여 영의정이 되었으며, 경제의 원활한 유통을 위해 상평통보常平通寶를 주조했다.

허적에게는 문객으로 드나들던 염희도廉喜道라는 사람이 있었다. 그는 성품이 진실하고 곧아 불의를 보면 용납하지 못했다. 그래서 마음에 맞지 않으면 누구라 해도 거침없이 직간했다.

염희도는 허 정승으로부터 두터운 신뢰를 받았는데 거기에는 그만한 사연이 있었다.

어느 날, 염희도가 길을 가다가 보따리를 하나 주웠는데 그 속에는 2백30냥이라는 큰돈이 들어 있었다.

"어쩌다 이 많은 돈을 잃어버렸을까?"

그는 보따리 속에 들어있는 돈의 주인을 찾아 주기로 마음먹었다. 한편, 병조판서 김석위의 집에서는 말값으로 인해 큰 소동이 벌어

졌다. 하인이 말을 판 값을 받아 가지고 오다가 그 돈을 몽땅 잃어버렸기 때문이었다.

그 하인은 부원군府院君 집에서 말 값 2백 냥 외에 말을 잘 길들여 주었다면서 수고비로 준 30냥을 더 얹어 받은 다음 그 집에서 대접하는 술을 한잔 마시고 출발했다. 그런데 그 술이 화근이었다. 오는 도중에 그만 길옆 나무 그늘에 누워 잠이 들고 말았던 것이다. 해가 질 녘에야 일어나 부리나케 오다가 돈 보따리를 찾았으나 도무지 생각이 나지 않았다. 하는 수 없이 집으로 오긴 했으나 거금을 잃어버렸으니 오금을 못 펴고 처분만 기다리고 있었던 것이다.

김 판서는 필시 하인놈이 노름을 하여 돈을 잃어버리고서 둘러대는 것이라고 생각하여 물고를 칠 작정이었다.

그때 염희도가 들어서면서 말했다.

"대감마님! 혹시 이 돈이 대감님 댁 돈이 아닌지요?"

김 판서는 깜짝 놀랐다.

"이것은 분실된 돈이 아니냐? 어떻게 해서 네가 갖게 되었느냐?"

희도는 돈을 주운 경위를 설명했다.

"네 성이 무엇이냐?"

"성은 염가이고, 이름은 희도입니다."

"허허, 네 성이 염가라서 그런지 넌 참으로 염결廉潔하구나. 길에서 횡재한 돈을 주인에게 돌려주려고 예까지 찾아오다니……. 이 돈은 네가 주운 것이니 반은 가져가도록 하라."

희도는 손사래를 치면서 말했다.

"아닙니다. 소인이 돈에 욕심이 났다면 이렇게 가져오지 않았을 것입니다."

김 판서는 고개를 끄덕이며 말했다.

"너는 과시 의인義人이다. 내 집에 자주 들르도록 하라."

희도가 밖으로 나오자 두 여인이 땅에 엎드려 절을 하며 말했다.

"저는 말 값 때문에 죽을 뻔했던 사람의 어미요, 이 아이는 제 아들의 계집입니다. 어르신 덕택에 목숨을 건졌으니 은혜가 태산 같습니다. 소찬이라도 대접하고 싶은데 누추하지만 저희 집에 들러주십시오."

두 여인의 간절한 청에 못이겨 따라가니 20여 세 된 처녀와 15세쯤 되는 처녀가 일어서며 말했다.

"저는 돈을 잃어버린 사람의 누이동생인데 판서 대감 댁에서 음식을 만드는 숙주로 있습니다."

하면서 술을 따라 올렸다.

그후 허 정승 댁의 아들 견堅이 역모에 연좌되어 폐가가 되었는데, 희도 역시 그 집에 드나들던 몸인지라 옥에 갇히게 되었다. 그때 한 여인이 찾아와 말했다.

"저는 예전에 뵈었던 김 판서 댁 하인의 누이동생입니다. 그처럼 선하셨던 분이 이게 웬일입니까? 그러나 걱정하지 마십시오. 금부禁府에서 어르신네의 전날의 선행을 잘 아는지라 풀어주기로 했다고 합니다."

희도는 그렇게 해서 풀려났다.

그 뒤, 장삿길로 들어서 이곳저곳을 돌아다니던 어느 날 우연히 한 부잣집에 들르게 되었는데 주인 여자가 나오더니 말했다.

"어른을 뵈오려고 학수고대했는데 마침내 이제야 뵙게 되었습니다. 전날 말 값 때문에 죽을 뻔했던 사람의 딸이옵니다. 어른의 하해 같은 은덕으로 아버님이 살아나신 것을 하루도 잊어 본 적이 없습니다. 만나 뵈오면 꼭 그 은혜를 갚으려고 했는데 이렇게 뵈오니 감개무량하옵니다."

희도가 보아하니 옛날 술을 권하던 그 처녀가 틀림없었다.

처녀가 말했다.

"이제부터는 제가 뫼실 수 있도록 허락해 주십시오."

이렇게 하여 두 사람은 동네 사람들의 축복을 받는 가운데 혼례를 올렸다.

그후 집안의 모든 살림은 아내가 맡아 다스렸고, 염희도는 80여 생을 후덕하게 살았다.

임전무퇴臨戰無退

臨:임할 임 **戰**:싸움 전 **無**:없을 무 **退**:물러갈 퇴

전쟁에 나서면 절대로 후퇴하지 않는다. 신라 화랑오계 중의 하나로 신라 청소년들의 무사도 정신이었다.

문헌:《삼국사기三國史記 열전 제7》

나羅·당唐 연합군이 백제를 침략했을 때 백제의 계백階佰(?~660) 장군은 휘하 5천 결사대와 함께 국운을 걸고 항전했다.

계백階佰이 병사들에게 말했다.

"춘추전국시대 때 월越나라의 구천句踐은 5천 명의 군사를 이끌고 오吳나라 부차夫差의 70만 대군을 격파했다. 오늘이야말로 우리가 그들을 본받을 때다. 모든 장병들은 각자가 분발하여 싸움에 이김으로써 나라의 은혜에 보답토록 하라."

그리하여 황산벌에서 5천 명의 결사대로 신라 군사 5만과 상대하여 네 차례나 분쇄했다.

신라군 중에 좌장군左將軍 품일品日의 아들 관창官昌이 나이 16세인데도 기사騎射에 능하여 부장副將에 임명되어 그 전투에 참가하고 있었다. 통솔자 품일이 관창을 불러 말했다.

"너는 비록 나이는 어리나 의지와 기개가 있으므로 오늘이야말로 그러한 기질을 보여줄 때다. 용맹스럽게 나아가 싸우도록 하라!"

연민이 가득 찬 아버지의 당부를 듣고 관창이 대답했다.

"잘 알겠습니다."

말을 마친 관창은 곧 말을 타고 적진으로 쳐들어가서 적 몇 명을 죽였으나 이내 백제군에 사로잡혀 계백 장군에게 끌려갔다. 계백은 그의 투구를 벗겨 보고 그가 뜻밖에 소년임에 놀라 죽이지 않고 돌려보냈다.

관창은 돌아와서 그냥 살아 온 것을 수치스럽게 여겨 말했다.

"내 적의 장수를 죽이고 깃발을 빼앗아 오지 못한 것이 한스럽다. 다시 들어가 반드시 성공하고 돌아오리라."

그는 손으로 물을 움켜쥐어 목을 축이고는 다시 적진으로 들어가서 힘껏 싸웠으나 다시 생포되고 말았다. 이에 계백은 할 수 없이 관창의 목을 베었다. 그리고 그의 투지를 높이 평가하여 그의 시체를 말안장에 매달아 돌려보냈다.

신라군은 소년 관창이 싸늘한 시체가 되어 돌아온 데 크게 자극되어 저마다 분발, 용감히 싸웠다. 그 결과 백제의 계백은 전사했다.

백제군은 5천의 군사로 네 번이나 진퇴를 거듭한 끝에 백제를 위하여 장렬하게 목숨을 바쳤다.

입지망정 立志忘情

立:설 립 志:뜻 지 忘:잊을 망 情:뜻 정

  뜻을 세웠으면 사사로운 정은 잊어야 한다. 즉 뜻이 이루어질 때까지는 그 일에 전념해야 한다는 말.

문헌 : 《한국독립운동사韓國獨立運動史》

항일 독립투사 안중근安重根(1879~1910)은 황해도 해주海州 출신으로, 일찍이 아버지를 따라 가톨릭교에 입문하여 신학문을 익혔다. 또 틈틈이 승마와 궁술을 익혀 문무를 겸했다.

1905년 을사조약乙巳條約이 체결되자 인재 양성을 위하여 그동안 경영하던 석탄상점을 팔아 돈의학교敦義學校를 세웠으나 끝내 일제의 압력을 이기지 못하고 만주를 거쳐 블라디보스톡으로 망명했다.

1908년부터는 의병장으로 일본과 싸웠으며, 우덕순禹德淳·조도선曺道先·유동하劉東夏 등과 결의하여 1909년 10월 26일, 만주 하얼빈에 오는 이토 히로부미伊藤博文를 권총으로 쏘아 죽였다. 또 하얼빈 총영사 가와카미川上俊彦와 궁내 대신 비서관 모리森泰二郎, 만주 철도회사 이사 다나카田中淸太郎 등에게 중상을 입히고 현장에서 체포되었다.

그는 독립운동 중에 나라를 잃은 이국에서 헐벗고 굶주린 데다 어머니가 보고 싶어 견딜 수가 없었다. 그래서 몰래 어느 추운 겨울날 고향으로 향했다. 일본 관헌의 눈을 피해야 했기 때문에 캄캄한 밤을 이용하여 겨우 집에 도착한 안중근은 어머니가 기거하는 방 앞으로 가서 조용히 어머니를 불렀다. 그러나 버선발로 뛰어나와 반갑게 맞아 줄 것으로 생각했던 어머니의 반응은 너무도 뜻밖이었다. 방안에서는 어머니의 냉랭한 목소리만 흘러나왔다.

"내 아들은 나라의 독립을 위해 싸우러 나간 후 아직 그 일을 이루었다는 소식을 듣지 못했는데, 누가 나를 부른단 말이냐?"

안중근은 어머니의 단호한 말씀에 섭섭한 마음이 없지 않았으나 깨닫는 바 또한 컸다.

"그렇다. 어머님 말씀대로 대장부가 뜻을 세웠으면 그 일을 성공할 때까지는 모든 것을 잊고 전념해야 한다."

안중근은 왼손의 약지 손가락을 잘라 어머니의 뜻을 이루지 않고는 절대로 돌아오지 않겠다는 맹세 끝에 이토 히로부미를 사살했던 것이다. 1910년 여순 감옥에 수감되었다가 **그해** 3월 26일, 약식 재판만 거친 뒤 바로 사형당했다.

그가 감옥에서 집필한 《동양 평화론東洋平和論》은 동양 3국이 서로 어깨를 겨루면서 평화롭게 살 수 있는 현실을 예리하게 분석한 것으로 유명하다.

자린고비 眥吝高鯡

眥:흘겨볼 자 **吝**:아낄 린 **高**:높을 고 **鯡**:고기새끼 비

> 옥의 티까지 아끼는 고비라는 말로, 돈이나 물질을 지나치게 아끼는 구두쇠를 이른다.
>
> 문헌 : 《한국인의 해학諧謔》

자린고비는 인색하기 짝이 없는 인물이다.

그는 충주忠州에 살았다고 하는데, 지방에 따라 '자리꼽재기'라고도 한다. 그와 관련된 많은 우스갯소리가 전해지고 있다.

그는 끼니 때마다 먹는 반찬 사는 돈이 아까워 굴비 자반을 하나 사다가 천장에 매달아 놓고 쳐다보며 밥을 먹었다. 그런데 아들놈이 연거푸 두 번 쳐다보니까 철썩 하고 뺨을 때리며 말했다.

"이 자식아! 짜게 처먹으면 아까운 물까지 없어지잖아!"

또 손님 접대를 하는데 밥상에 김치 한 통을 포기째 내놓으니 모두 젓가락으로 건드려만 보고 그냥 두었다. 그래서 '잘하면 겨울까지 나겠구나.' 하고 생각하고 있는데 한 뱃심 좋은 사람이 칼을 뽑더니 썩썩 썰어 마구 집어먹었다. 그걸 본 그는 그길로 화병이 들어 눕게 되었는데 여러 날 만에야 일어났다.

또 어떤 사람이 어떻게 하면 잘살 수 있느냐고 물으니, 그는 답을 가르쳐 주겠다며 그 사람을 산으로 끌고 올라갔다. 그리고 높은 벼

랑에 서 있는 소나무 위로 올라가 가지를 잡고 매달리라고 했다. 그래서 시키는 대로 하니 다음엔 손을 놓으라고 했다.

"아니, 나보고 죽으라는 말이요?"

그가 화를 내자 자린고비가 말했다.

"바로 그거요. 돈이 생기거든 지금 나뭇가지를 잡고 있듯이 꼭 쥐고 절대 쓰지 말란 말이오. 그것이 부자가 되는 비결이오."

우리 속담에 어질지 않은 사람을 미워하면 더욱더 어질지 못한 사람이 되므로 마땅히 잘 타일러서 가르치는 것이 좋다(인이불인질지이심난야人而不仁疾之已甚亂也)는 말이 있다.

자린고비 역시 잘 타일러야 할 사람 중의 하나다.

자사타천 自辭他薦

自:스스로 자　辭:사양할 사　他:남 타　薦:천거할 천

자기는 사양하고 타인을 추천하다. 즉 자신에게 주어지는 좋은 일을 사양하고 더 훌륭한 다른 사람을 추천하는 경우를 이르는 말이다. 안유가 을파소를 천거한 데서 유래했다.

문헌:《삼국사기三國史記》

고구려 제9대 고국천왕故國川王(재위 179~197)은 이름이 남무男武이고, 신대왕新大王의 둘째 아들이다. 신대왕이 죽자 장자 발기拔奇의 사람 됨됨이가 부족하므로 남무를 왕으로 삼으니 그가 바로 고국천왕이다.

어느 날, 고국천왕이 신하들에게 말했다.

"최근에 관작官爵을 덕행으로써 행하지 아니 해서 그 해가 백성들에게 미치고, 왕실을 어지럽게 했으니, 이는 과인이 정사에 밝지 못한 까닭이다. 하니 사부四部에서는 현량賢良한 사람을 기탄없이 천거하도록 하라."

이에 여러 신하들이 동부東部의 안유晏留를 천거하므로 왕이 그를 불러 국정을 맡기려 하자 안유가 말했다.

"신臣은 용렬 우매하므로 큰 정사에 참여하기는 부족하나이다. 서쪽 압록 좌물촌左勿村에 을파소乙巴素(?~203)라는 사람이 있사온데, 그는 유리왕流璃王 때의 대신 을소乙素의 손자로서, 지략이 심대하오며

정의로운 사람이옵니다. 지금은 세상에서 알아보지 못하여 등용하지 않으므로 농사를 짓고 있나이다. 대왕께서 만약 국정을 잘 다스리고자 하오면 그 사람이 가장 적임자라 생각되나이다."

왕은 곧 사자를 파견, 을파소를 초빙하여 중외대부中畏大夫로 삼았다가 작위를 우태于台로 높여주며 말했다.

"과인이 왕업을 계승하였으나 덕망과 재량이 부족하여 아직 정사를 옳게 다스려 백성을 제도하지 못하고 있소이다. 선생은 재덕을 감추고 향촌에 파묻혀 있은 지 오래되었으나 지금 나를 버리지 아니하고 곧 와주니 기쁘고 다행한 일이며, 어찌 사직社稷과 백성의 행복이 아니리오, 청컨대 공의 가르침을 받고자 하오."

그러나 을파소는 받은 벼슬이 정사를 이끌기에는 부족하므로 공손히 사양했다.

"신이 불민한 탓으로 엄명을 받잡지 못하겠나이다. 원하옵건대 현량한 사람을 뽑아 더 높은 벼슬을 주어 대업을 성취하옵소서."

그제야 왕은 그 뜻을 알고 국상國相을 제수하여 정사를 맡도록 했다. 이에 구신舊臣들이 반대했으나 그를 끝까지 신임했다.

을파소가 왕에게서 물러 나와 사람들에게 말했다.

"선비는 때를 만나지 못하면 몸을 감추고, 때를 만나면 벼슬길로 나가는 것이 떳떳한 일이다. 지금 왕은 나를 후의로써 대우하니 어찌 다시 몸을 숨기리오."

그는 지극한 정성으로 왕을 받들고, 정교政敎를 밝게 하며, 상벌을 신중히 하니, 민생이 안정되고 내외의 모든 일이 순조로웠다. 그러자 왕이 안유를 불러 말했다.

"만약 그대의 소개가 없었더라면 내가 을파소를 얻어 나라를 잘 다스리지 못했을 것이오. 지금 많은 공적이 나타남은 오로지 그대의 공로이니 참으로 고맙소."

하고 곧 그에게 대사자代射者 벼슬을 주었다.

산상왕山上王 7년 8월에 이르러 을파소가 죽으므로 온 나라 사람들은 그 공적을 추모하며 슬피 통곡했다.

이렇게 을파소와 안유가 서로 추천하는 것을 일러 자사타천, 즉 자신은 사양하고 대신 다른 사람을 추천하는 것을 이른다.

자이구부자以求父

子:아들 자 以:써 이 求:구할 구 父:아비 부

아들이 아버지를 구했다는 말로, 조선 고종 때 정병조의 고사에서 유래했다. 손아래 사람에게서 큰 덕을 입었음을 비유할 때 쓴다.

문헌 :《고금청담古今淸淡》

葵園 정병조鄭丙朝(1863~1945)는 1894년도에 동궁의 시종관侍從官으로 있다가 한일합방(1919) 후에는 중추원의 촉탁을 받아 조선사朝鮮史 편찬에 참여했다.

그는 시문에 능하고, 행서行書와 초서草書에도 뛰어났다.

그는 하마터면 억울하게 죽을 뻔하다가 어린 아들 때문에 기적적으로 살아난 인물로 유명하다.

고종高宗 말년에 당파 싸움에서 억울한 누명을 쓰고 가족과 함께 제주도에 유배되어 있던 중에 사약賜藥을 받게 되었다. 그때 그에게는 세 살배기 아들 인익寅翼이 있었다. 그는 사약을 어린 아들이 보는 데서 먹을 수가 없어서 아들의 얼굴을 흰 천으로 가려 옆에 앉혀 놓고 사약 사발을 드는 순간 어린 아들이 갑자기 일어나는 바람에 약사발이 엎질러져 버렸다.

옆에서 이를 지켜보던 금부도사禁府都事가 깜짝 놀라 여벌로 준비해온 약을 꺼내 부랴부랴 다시 달이고 있는데 그때 큰소리를 치면서 급하게 달려오는 사람이 있었다. 바로 고종의 사면령을 가지고 온 금부 나졸이었다.

그는 이미 약을 먹고 사경을 헤맬 시간이었는데 뜻밖에 아들이 약사발을 엎지르는 바람에 황천길 직전에서 살아나게 되었던 것이다. 그후, 규원은 자기를 죽음에서 구해준 아들을 생명의 은인으로 생각하여 이름을 부를 때에는 반드시 성자姓字까지 붙여서 정인익이라고 불렀다 한다.

작살송호 雀殺松虩

雀:까치 작　殺:죽일 살　松:소나무 송　虩:귀신 호

까치가 송호(송충이)를 잡다. 조선 숙종 때 황순승이라는 사람의 고사에서 유래했다. 좋은 일을 하면 반드시 누군가가 도와준다는 뜻으로 쓰인다.

문헌 : 《고금청담古今淸淡》

선 제19대 숙종肅宗 때 황순승黃順承이란 선비가 있었다. 그의 자는 득운得運이고, 호는 집암執菴으로 황주黃州 황씨이다.

그는 권상하權尙夏의 문하생으로 이조판서를 제수받았으나 평범한 선비로 살겠다며 끝내 사양했다. 그렇게 벼슬까지 물리칠 정도로 고집이 세어 세상 사람들은 그에게 황고집黃固執이라는 별명을 붙여주었다.

순승은 어렸을 때부터 별난 데가 있었다.

한번은 누가 새로 나온 과일을 주며 맛보라고 했다. 그러자 그는 '새 과실을 종묘宗廟에 올리지도 않았고, 또 나를 낳아 주신 부모님께서 맛보시지도 않았는데 어찌 내가 먼저 맛을 볼 수 있겠는가?' 하고는 아예 손도 대지 않았다.

이처럼 자기의 생각에 어긋나는 일이라면 절대로 따르지 않는 세상에 둘도 없는 고지식한 사람이었다.

그가 어느 날 말을 타고 가다가 도적을 만나 말을 강탈당하자 그는 손에 들고 있는 채찍을 마저 주면서 말했다.

"내 말이 꾀를 잘 부리어 채찍질을 아니 하면 가지 않으니 이것도 같이 가져가시오."

그 말을 들은 도적은 그가 황고집임이 분명하니 함부로 해서는 안 되겠다고 생각하고 오히려 그를 모셔다 주었다.

그는 말년에 살기가 어려워지자 경능참봉敬陵參奉이 되었다. 그런데 능陵 주위에 송충이가 번성하여 송엽松葉을 갉아먹었다. 그는 소나무가 송충이에 의해 앙상해지자 밤낮으로 송충을 없애달라고 산신령에게 기도를 올렸다. 그러자 갑자기 수천 마리의 까치가 날아와서 송충을 다 잡아먹어 소나무 잎이 되살아났다. 그의 정성에 산신령도 감동했던 것이다.

또 능에 제사를 지낼 때면 근방에 사는 부랑자들이 와서 노부모께 드리려고 하니 제물祭物을 좀 달라고 거짓말하기가 일쑤였다. 그럴 때마다 그는 음식을 듬뿍듬뿍 싸주었다. 노친께 드리려고 한다니 참으로 기특한 일이라고 칭찬까지 아끼지 않았다. 부랑자들은 황고집 영감의 어진 말과 행동에 감동이 되어 지금껏 저질러 온 잘못을 반성하고 착한 사람이 되었다고 한다.

장전공정藏錢空鼎

藏:감출 장 錢:돈 전 空:빌 공 鼎:솥 정

빈 솥에 돈을 넣다. 가난한 집에 도둑이 물건을 훔치러 갔다가 그 집의 형편이 너무 어려운 것을 알고 도리어 솥 안에 돈을 넣어 주고 간 고사에서 유래했다. 남몰래 어려운 사람을 도와주는 경우를 말한다.

문헌 : 《고금청담古今淸談》

형조판서를 지낸 홍기섭洪耆燮(1781~1866)이 참봉으로 계동에 살 때였다.

그는 가난하여 재산이라고는 아무 것도 없는데 어느 날 밤 도둑이 들었다. 그리하여 아무리 살펴보아도 가져갈 만한 것은 부엌에 있는 솥 하나밖에 없었다. 도둑은 집주인을 가엾게 여기고 다른 집에서 훔친 돈 꿰미를 솥 안에 넣어 주고 돌아갔다.

다음날 아침, 부엌에 나와서 솥을 열어 본 아내는 뜻밖의 돈 꿰미를 보고 좋아서 남편 홍기섭에게 말했다.

"당신이 착하신 것을 알고 하늘이 보내 준 것입니다. 땔나무와 식량, 그리고 고기를 산다면 주리던 배를 한 번이나마 포식할 수 있겠네요."

"안 되오! 그걸 어떻게 하늘이 준 것이라고 할 수 있겠소? 반드시 잃은 사람이 있을 것이니 주인을 기다렸다가 돌려주어야 하오."

참봉은 대문 밖에 돈을 잃은 사람은 찾아가라는 방문榜文을 써 붙여 놓고 기다렸다.

날이 저물자 그 도둑이 궁금하여 다시 왔다가 그 방문을 보고 들어와 홍 참봉에게 말했다.

"소인은 도둑입니다. 어젯밤에 물건을 훔치러 왔다가 나으리의 집 형편이 너무 어려운 듯하여 마침 도둑질한 돈 몇 푼을 솥에 넣어 두고 갔었습니다. 그러니 적지만 생활비에 보태 쓰십시오."

홍 참봉은 안 될 일이라고 성을 내며 그 돈을 돌려주었다. 도둑은 돈을 받으면서 말했다.

"오늘 참으로 훌륭한 어른을 뵈었습니다. 지금부터는 맹세코 도둑질을 하지 않겠사오니 앞으로는 나으리의 종이 되게 허락하여 주십시오."

홍 참봉에게 감복한 도둑은 이튿날부터 매일 그의 집에 와서 정성껏 일을 거들어 주었다.

참봉이었던 그는 뒤에 공조판서를 지내고, 그의 손녀가 조선 제24대 헌종憲宗의 왕비가 되니, 아들 홍재룡洪在龍은 익풍부원군益豊府院君이 되었다.

재다수화財多隨禍

財:재물 재 多:많을 다 隨:따를 수 禍:재앙 화

> 재물을 지나치게 많이 가지면 화가 따른다. 재물을 많이 가지게 되면 도둑을 맞거나 남에게 떼이지 않을까 걱정이 된다는 뜻.
> 문헌:《해동명신록海東名臣錄·인물한국사人物韓國史》

선 제14대 선조宣祖 때 토정비결土亭秘訣이라는 예언서를 펴낸 토정土亭 이지함李之菡(1517~1578)은 한산韓山 이씨이고, 시호는 문강文康이다. 그는 한때 마포 산중턱에 토굴을 파고 들어가 살며 이웃사람들의 운세를 태세太歲와 월건月建과 일진日辰으로 따져 점을 쳐주거나 혼인날을 잡아주었다.

목은牧隱 이색李穡의 후손인 그는 젊어서 제주도를 내왕하면서 장사를 했다. 그렇게 해서 곡식 수천 섬을 벌었으나 모두 가난한 사람들에게 나누어 주고 자기는 정처 없이 떠돌아다녔다.

그런 그가 뒤늦게 벼슬길에 들어 포천현감으로 부임할 때였다. 베옷에 짚신을 신고 관아에 출근한 그에게 관속들이 밥상을 차려 올리니 한참 들여다보다가 말했다.

"먹을 만한 것이 없구나."

관속들이 송구하여 머리를 조아리며 말했다.

"이 고을에는 특산품이 없어 반찬으로 먹을 만한 별미가 없습니

다. 다시 차려 올리겠습니다."

하고는 진수성찬을 차려 올렸다. 그러나 그가 다시 말했다.

"먹을 만한 것이 없다니까……."

관속들이 두려워하여 어찌할 바를 모르고 쩔쩔매었다.

그러자 못마땅한 표정으로 말했다.

"우리나라 백성들이 고생하고 가난하게 사는 것은 앉아 놀기만 하면서 곡식을 축내는 벼슬아치들 때문이니라. 나는 잡곡밥 한 그릇과 거친 나물국 한 그릇이면 만족하니 그리 올리도록 하라."

그래서 거친 보리밥을 가져오자 그제야 맛있게 다 먹었다.

이튿날 고을의 관리들이 모두 모이는 행사가 있자 그는 나물죽을 끓이도록 하여 관리들에게 주었다. 그들은 하는 수 없이 먹긴 했는데 더러는 먹다가 토하고, 아예 입에 대지도 못하는 이도 있었다. 그러나 현감은 깨끗이 다 먹어 치웠다. 그후 오래지 않아 이지함이 벼슬을 그만두고 귀향하려 하자 포천 고을 사람들이 모두들 안타까워했다.

그가 포천현감을 사직하고 1578년 아산현감으로 가게 되었다. 그는 그곳에 가자마자 걸인청乞人廳을 만들어 관내 노약자와 가난한 사람들과 걸인들 구호에 힘썼다. 그는 천문·지리·의약에 능했고, 많은 일화를 남긴 기인이기도 하다.

하루는 이지함의 아내가 그에게 간곡하게 말했다.

"양식이 다 떨어졌습니다. 어떻게 해결해 주실 수 없겠습니까?"

그는 웃으면서 대수롭지 않다는 듯이 말했다.

"그것이 어찌 어려운 일이겠소? 잠시만 기다리시오."

이지함은 하인에게 유기그릇 한 벌을 주면서 지시했다.

"장안의 큰 다리 밑에 가면 유기그릇을 사려고 하는 노파가 있을 것이니 그 노파에게 이 그릇을 팔고, 판 돈을 가지고 서소문 시장에 가서 은수저를 팔려는 사람을 찾아 그 은수저를 사도록 해라. 그런 뒤 그 은수저를 가지고 경기감영 앞에 가면 그 은수저와 똑같은 것을 잃어버려 그 은수저를 사려고 하는 사람이 있을 터이니, 그가 주는 대로 그 은수저를 팔아가지고 오너라."

그렇게 해서 하인이 돈 열닷 냥을 가지고 들어왔다. 이지함은 그중에서 다시 한 냥을 주면서 맨 처음 유기그릇을 사간 노파가 도로 물리려고 할 것이니 그 돈을 돌려주고, 유기그릇을 물려 오게 하였다. 그는 실제로 가보지 아니 했는데도 일이 전개되는 상황을 정확하게 알아맞혔다.

아내는 크게 기뻐하였다. 그리고 한 번 더 신술을 부려주기를 소원하자 이지함이 말했다.

"이만하면 충분하오. 재물이 많으면 반드시 화가 따르는 법이니 더 욕심 부리지 마시오."

이와 같이 그는 물욕과 명예욕이 없어 평생토록 가난했으나 마음만은 풍요롭고 즐겁게 살았다.

재롱십희才弄十喜

才:재주 재 弄:희롱 롱 十:열 십 喜:기쁠 희

할아버지 할머니가 어린 손자손녀들에게 심성교육을 할 때 시키는 열 가지 재롱을 이르는 말로, 아이들의 잠재의식 속에 깊이 심어 주는 기본 교육이었다.

문헌 : 《빛나는 겨레의 얼》

재롱십희才弄十喜의 유래는 정확하지 않지만 아기를 키운 어른들은 누구나 해 보던 놀이다. 할머니와 할아버지로부터 으레 들은 말인데 아쉽게도 지금은 사라져가고 있다.

첫째. '부라부라弗亞弗亞, 또는 재롱재롱才弄才弄은 할머니가 어린 아이의 허리를 붙잡고 좌우로 갸우뚱갸우뚱 흔들면서 어르는 말이다. 이 말에는 하늘에서 땅으로 내려오는, 즉 하늘이 점지해준 귀한 아이라는 뜻이 담겨 있다.

그리고 이제 땅에 내려왔으니 전후좌우로 종횡무진 기운차게 살다가 다시 하늘로 올라가라는 기원을 담고 있는 노랫말이다. 다른 말로 부라질이라고도 한다.

둘째. '시상시상侍想侍想'은 고개를 앞뒤로 끄덕끄덕하면서 어린 아이의 흥을 돋우어주는 행동이다. 흔히 세상세상世上世上이라고도 하는데, 이는 이 세상에 태어나게 해 주심을 감사하며 이왕에 태어났으니 두 발을 땅에 딛고 서서 당당하게 살아가라는 축복의 뜻이 담긴 말이다.

셋째. '도리도리道理道理'는 머리를 좌우로 흔들면서 웃음을 자아내게 하는 재롱으로 흔히 '도리질'이라고도 한다.

이는 길을 갈 때 좌우를 살피면서 똑바로 가야 한다는 뜻과 더불어 사람의 도리道理를 다하여 살라는 인간 교육이기도 하다. 아이들의 운동신경을 촉진시킴과 동시에 신진대사를 원활하게 도와준다.

장차 어른이 되어 사람의 도리를 지키며 아름답게 살아가라는 협동의 의미를 담고 있다.

넷째. '지암지암持闇持闇'은 다섯 손가락을 쥐었다 폈다 하는 동작이다. 이는 이 세상에 왔으니 모든 일을 손에 쥐고 자유자재로 통제하며 한세상 보람 있게 살아 보라는 암시이다. 또 삶은 결국 가지고 가는 것이 없다는 공수래공수거空手來空手去의 이치가 담겨 있는 말이기도 하다. 잠잠이나 잼잼이라고도 한다.

다섯째. '곤지곤지坤地坤地'는 어린이에게 왼손을 펴게 하고 오른손 집게손가락 끝을 댔다 뗐다 하게 하는 행동이다. 왼쪽 손바닥은 땅이 되고, 오른쪽 손가락은 하늘이 되는 이치를 띠고 있다. 천지간에 인간으로 태어났으니 만물을 주관하고 조화를 이루며, 완성된 인격을 갖추어 삶을 아름답게 펼쳐가라는 의미를 담고 있다.

여섯째. '섬마섬마西摩西摩'는 어린아이로 하여금 일어 서게 하는 행동이다. 지방에 따라서는 꼬두꼬두라고 이르기도 한다. 부모의 부축을 받고 있다가 이제부터는 스스로 서서 자기의 길을 가라는 가르침이다. 아기를 방바닥이나 손바닥에 올려 놓고 어르면서 이제 세상에 태어났으니 두 발로 서서 세계를 아우르는 기상을 품으라고 가르치는 행동이다.

일곱째. '어비어비業非業非'는 '아비'라고도 하는데, 자모엄부慈母

嚴父의 뜻이 담긴 말이다. 살아가면서 군君사師부父 외에 하늘의 큰 뜻을 귀중하게 여기고, 큰일을 할 때마다 낳아주신 부모와 가르쳐주신 스승, 그리고 국가를 생각하면서 하늘에 경건한 뜻을 두고 살아가라는 암시이다.

여덟째. '아함아함亞숨亞숨'은 손바닥으로 입을 막았다 떼었다 하면서 소리를 내는 행동이다. 두 손을 모아 잡으면 아亞자와 같은 형상이 되는데 이는 자만심을 갖지 말고 겸손하게 살라는 당부이다. 즉 당당하게 긍정적으로 살되 큰소리로 세상을 어지럽히지 말라는 뜻으로 입을 막는 것이다. 강과 약을 조절하고, 나아감과 들어감을 지극하게 하라는 뜻이기도 하다.

아홉째. '짝짜꿍짝짜꿍作作弓作作弓'은 두 손바닥을 마주치면서 소리를 내는 행동으로, 네가 내는 소리는 이렇게 작은 것이니 착하게 살라는 음양의 이치를 알려주는 의미를 담고 있다.

요람에서 벗어나 홀로서기에 이르면 또 다른 상대를 만나 가정을 꾸림으로써 세상은 혼자가 아니라 짝과 더불어 살아가는 것이라는 가르침이기도 하다.

열번째. '질라라비 훨훨의支娜河備活活議'는 팔을 양쪽으로 펼치고 날개를 치듯 춤추는 행동을 말한다. 큰 꿈을 품고 독수리같이 우주공간을 날아 뜻을 이루라는 희망의 뜻이 담겨 있다.

비록 두 발은 땅에 딛고 서 있지만 마음에 품은 웅지는 세상을 다 아우르는 큰 뜻과 포부를 가지라는 말이다.

이외에도 '들강날강' 또는 '들랑날랑'이라는 재롱도 있는데 이는 다람쥐가 들어왔다 나갔다 하면서 단 것은 다 까먹고 쓴 것만 남겨놓아 늦게 오는 이에게 준다는 것으로 부지런하게 살아가라는 뜻이 담겨 있다.

이 재롱십회에는 어린 생명이 이 세상에 태어났으니 마음껏 누비다가 자손만대에 길이 남을 족적을 남기고 영면하라는 깊은 의미가 담겨 있다.

이외에도 '까꿍까꿍' 하고 아이들을 어르는 말이 있는데, 이는 각궁覺弓 즉 깨달을 '각' 자에 활 '궁' 자로 어서 커서 우주의 이치를 깨달아 사람의 도리를 하라는 뜻이다.

영국의 사학자 아놀드 토인비Toybee Arnold Joseph는, 우리나라의 민족성을 이렇게 평하였다. '한민족의 흥망성쇠는 조상을 숭배하고, 전통을 존중하는 가운데 있었으며 그런 문화가 빛나고 번성할 때마다 신장되어 왔다.'고 했다.

사학자의 이야기가 아니더라도 우리 고유의 고귀한 문화와 전통을 계승하여 국운을 상승시키고 고래로부터 우리 조상들이 하늘을 받드는 천손민족天孫民族으로 우뚝 서기를 바라는 마음 간절하다.

재롱십회도 민족 유산 중의 하나임에 틀림없다. 그러므로 이 속에 담겨 있는 깊은 뜻을 아로새겨 전승시켜야 한다.

재배지유再拜之由

再:거듭 재 拜:절 배 之:어조사 지 由:까닭 유

> 두 번 절한 까닭이라는 말로, 어떤 행위를 함에는 그렇게 해야만 했던 타당한 이유가 있다는 뜻으로 쓰인다. 같은 고사에서 시배퇴배始拜退拜라는 말도 유래했다.
>
> 문헌 : 《고금청담古今淸談》

흥선대원군興宣大院君(1820~1898)이 권세를 장악하고 있을 때 벼슬자리를 얻기 위해 지방에서 올라온 많은 선비들이 대원군의 집 문턱이 닳도록 출입하였다. 그들은 한결같이 나름대로 공부는 했지만 벼슬을 하지 못한 사람들이었다.

하루는 시골에서 젊은 선비 하나가 찾아와 대원군에게 큰절을 하였다. 난을 치고 있던 대원군은 그를 미처 보지 못한 듯 아무런 반응이 없었다. 선비는 한 걸음 더 앞으로 나가 눈에 띄도록 다시 큰 절을 올렸다. 그러자 대원군이 버럭 고함을 질렀다.

"고얀 놈이로다. 나를 죽은 사람 취급하다니……. 저놈을 당장 잡아 볼기를 치거라."

하인들이 우르르 몰려들자 선비는

그들을 뿌리치며 말했다.

"마마! 그게 아니옵니다. 마마께서 바쁘신 듯하여 찾아 뵈었다는 첫 절과 물러가겠다는 절을 동시에 올린 것입니다."

선비는 대원군의 진노에도 불구하고 조금도 당황하는 기색이 없이 침착하게 말했다.

대원군은 선비의 임기응변과 넉넉한 배짱이 마음에 들었다.

"보통 선비가 아니로구나. 그 정도의 지혜와 배짱이라면 능히 고을 하나는 다스릴 수 있겠다. 적당한 때에 부를 터이니 고향에 내려가 학문에 정진하고 있거라."

그후 그는 대원군의 약속대로 지방 관직에 등용되어 고을 백성들에게 선정을 베풀어 대원군의 후의에 보답했다.

재이반츤 才以反儭

才:재주 재 以:써 이 反:되돌릴 반 儭:널·관 츤

> 재주로 관襯을 되돌아가게 한다는 말로, 재주와 기교로 상대를 꼼짝 못하게 하는 것을 말한다.
>
> 문헌 : 《어수신화禦睡新話》

옥산玉山 장한종張漢宗(1768~1815)은 제21대 영조 때 화원畵員으로 인동仁同 사람이다. 그는 감목관監牧官으로 어해魚蟹, 즉 물고기와 게를 잘 그렸다. 그의 《어수신화禦睡新話》라는 야담집에 다음과 같은 이야기가 전한다.

순찰사巡察使가 마을의 뒷산에 명당자리가 있음을 알고 조상祖上의 무덤을 그곳으로 옮기려고 했다. 마을 사람들은 만약 순찰사 조상의 묘가 그곳에 쓰게 되면 자기네 고을이 망한다고 믿어 모두 걱정을 했지만, 순찰사의 위세에 눌려 감히 누구도 맞서지 못하고 있었다. 그때, 한 할머니가 말했다.
"나에게 돈을 한 냥씩만 거두어 주면 묘수를 알려주리다."
"만약 막지 못하면 어떻게 할 겁니까?"
"그때에는 나를 죽인다 해도 원망치 않겠소."
그리하여 마을 사람들이 모두 돈을 모아 그 할머니에게 주었다.

할머니는 순찰사가 무덤을 옮기는 날이 되자 먼저 산에 올라가 도착하기를 기다렸다가 순찰사에게 아뢰었다.

"저는 삼 년 전에 고인이 된 지관의 아내인데 나으리께서 이곳에 묘를 옮기신다기에 드릴 말씀이 있어 왔습니다."

순찰사는 지관의 아내라는 말에 호기심이 생겨 물었다.

"그래, 하고 싶은 말이 무어냐?"

"저의 남편이 살았을 때에 말하기를, '이곳에 무덤을 쓰면 그 아들은 반드시 임금님이 된다.'고 하였습니다. 그런데 나으리께서 이곳이 명당임을 아시고 이장하시니 삼가 축하드립니다."

순찰사는 할머니의 이 말을 듣고 크게 놀라며 묘를 옮기는 일을 포기했다. 자칫 왕의 자리를 노리는 역적이라는 오해를 두려워한 때문이었다.

《어수신화》는 재치와 기계가 아니면 쓰기 어려운 해학집이다. 홍만종洪萬鍾의 《명협지해》나 강희맹姜希孟의 《촌담해이》나 서거정徐居正의 《태평한화 골계전》과 더불어 빛나는 작품들이다.

재이재앙財而災殃

財:재물 재　而:또 이　災:재앙 재　殃:앙화 앙

재물이 곧 재앙이 될 수 있다는 말이다. 즉 어렵던 환경에 있다가 생활이 풍요로워지면 노력을 소홀히 하게 된다는 뜻.

문헌:《일성록日省錄·고금청담古今淸談》

선 제18대 현종顯宗 때 형조판서와 판의금부사 등 요직을 맡았던 김학성金學性(1807~1875)은 본관이 청풍淸風이고, 호는 송석松石이며, 시호는 효문孝文이다. 어려서 아버지를 여의고 홀어머니 밑에서 가난하게 자라 1829년 정시 문과 병과丙科에 급제하여 1872년에는 평안도 관찰사가 되었다.

　어머니는 삯방아와 삯바느질을 해서 아들들을 공부시켰다.

　비가 내리는 어느 여름날, 학성의 어머니가 방아를 찧고 있는데, 추녀에서 떨어지는 물방울이 땅에 부딪치는 소리가 이상하게 느껴졌다. 그래서 그곳을 파보았더니 쇠항아리가 나왔다. 그리고 그 안에는 놀랍게도 백금이 가득 들어 있었다. 어머니는 몹시 기뻤으나 멈칫하고는 다시 생각을 했다.

　"지금 아이들이 고생을 참으며 열심히 공부하는 것은 스스로 장래를 개척하려는 정신 때문이다. 그런데 갑자기 많은 재물이 생기면 게으른 마음이 생기지 않겠는가."

어머니는 생각이 여기에 미치자 땅을 더 깊이 파고 항아리를 도로 묻어버렸다. 그후 학성은 학문에 더욱 정진하여 과거에 급제했다.

아들들이 각자 벼슬에 올라 안정되자, 어머니는 비로소 백금 항아리 이야기를 했다.

어머니의 말씀을 듣고 난 학성이 말했다.

"어머니도 딱하십니다. 그때 그 백금을 처분하여 살림에 썼더라면 어머님은 그렇게 고생을 하시지 않아도 되었을 것이고, 저희들도 좀 더 좋은 환경에서 더 많은 공부를 할 수 있었을 텐데요."

그러자 어머니가 부드러운 목소리로 말했다.

"그렇지 않다. 그때 너희들은 시래기죽일망정 고맙게 생각하며 맛있게 먹으면서 가문을 훌륭하게 일으켜 세워 주었다. 그것은 다 역경을 이기겠다는 강한 의지 때문이다. 나 또한 그런 너희들 뒷바라지를 하면서 고생도 오히려 즐거웠느니라. 그런데 만일 그때 그 백금을 살림에 썼더라면 어떻게 되었겠느냐? 너희들은 큰 재물을 거저 얻은 사실에 마음이 흔들려 학문에 지장이 있었을 것이고, 나 또한 지금까지의 고생을 잊고 편안한 호사에 마음을 빼앗겼을 것이다. 사람은 본디 가난이 무엇인지 알아야 재물의 참다운 가치를 알게 되느니라. 갑자기 손에 들어오는 재물은 재액의 근원임을 명심하여라."

어머니의 말씀에 학성은 고개를 숙일 뿐이었다.

쟁견득후 爭犬得猴

爭:다툴 쟁 犬:개 견 得:얻을 득 猴:원숭이 후

개들의 다툼에 원숭이가 이익을 챙기다. 즉 이해 당사자가 재물을 차지하려고 다투는 데 정신이 팔려 있으면 제삼자가 이익을 취한다는 뜻. 어부지리漁父之利와 비슷한 의미다.

문헌 :《아동문학兒童文學》

황구黃狗(누렁이)와 흑구黑狗(검정개)가 배가 고파 산속을 헤매고 있었다. 그때 어디선가 맛있는 고기 냄새가 풍겨왔다. 누렁이는 코를 벌름거리면서 냄새나는 쪽을 향해 쏜살같이 뛰어갔다.

그곳에는 먹음 직한 고깃덩어리가 종이에 싸인 채 떨어져 있었다. 누렁이가 얼른 종이를 찢고 고기를 먹으려 하는데 그때 어디선가 검정개가 나타났다.

"야, 나도 배가 고프다. 그러니 좀 나누어 먹자! 멍멍!"

"무슨 소리, 이건 내가 발견한 거야. 멍멍!"

"그러지 말고 좀 나누어 먹자."

"안 된다니까."

둘은 서로 으르렁거리면서 싸우기 시작했다.

그때 어디선가 원숭이가 나타나 말했다.

"둘이 그렇게 싸울 게 아니라 내가 공평하게 나누어 주마."

누렁개는 좀 억울했지만 그냥 싸우기만 하다간 결판이 나지 않을

것 같아 승낙했다.

"좋다. 그렇게 하자."

검정개도 이미 누렁개가 차지한 뒤에 끼어든 판이니까 손해 볼 것 없겠다 싶어 원숭이의 의사에 따르기로 했다.

원숭이가 고기를 반 토막으로 뚝 잘라 저울대 위에 올려놓으니 한쪽으로 조금 기울었다. 그러자 원숭이가 말했다.

"한쪽이 약간 무거운데 무거운 만큼은 내가 먹어도 되겠지?"

누렁이와 검정개는 그까짓 것쯤이야 괜찮겠지 생각하고 그러라고 했다. 원숭이는 무거운 쪽에서 고기를 싹둑 잘라서 낼름 먹어 치웠다. 그리고 자른 고기를 다시 저울대 위에 올려놓으니까 이번에는 자르지 않은 쪽이 무거웠다.

"이번에는 이쪽이 무겁군."

원숭이는 다시 그쪽을 잘라 입에 넣고 우물우물하면서 다시 달았다. 그런데 이번에는 아까 잘라 먹은 쪽이 또 무거웠다. 원숭이는 또 무거운 만큼만 먹겠다며 잘라 먹었다.

이렇게 이쪽저쪽을 번갈아가며 잘라 먹다보니까 고기는 다 없어졌고, 원숭이는 쏜살같이 도망쳐버렸다.

어떤 일이든 욕심을 부리면 잘해야 본전이고, 그렇지 않으면 통째로 날릴 수도 있다는 교훈이다.

저두무죄 猪頭無罪

猪:돼지 저　頭:머리 두　無:없을 무　罪:허물 죄

> 돼지머리는 죄가 없다. 연산군 시절 돼지 머리를 보고 웃은 기녀로 인해 목숨을 잃을 뻔했던 장순손 고사에서 유래했다. 억울하게 누명을 쓰는 경우를 이른다.
>
> 문헌:《연산군일기燕山君日記 · 한국인韓國人의 지혜智慧》

조선 제10대 왕 연산군燕山君(1476~1506)의 치세가 얼마나 혹독했는지를 말해주는 이야기다.

한 나인이 종묘에서 제사에 올리려고 돼지머리를 진설하고 있었다. 그때 연산군 옆에 있던 기생이 그 돼지머리를 보더니 갑자기 깔깔거리고 웃었다. 연산군은 화를 벌컥 내면서 물었다.

"왜 웃느냐?"

그러자 기생은 여전히 웃으면서 대답했다.

"다름이 아니오라 성주星州 문관 장순손張順孫(1457~1534)은 얼굴이 꼭 돼지머리같이 생겨 사람들이 그를 장저두張猪頭라 부르는데 지금 저 돼지머리를 보니 문득 그 사람 생각이 나서 웃었나이다."

그 기생은 성주에서 뽑혀 올라온 미녀로서 연산군의 귀염을 받고 있는 터였다.

연산군은 그녀의 말을 듣고는 더욱 성을 냈다.

"네가 돼지머리를 보고 장순손을 생각하는 것은 필연코 그놈과

정을 통할 때를 회상해서일 게다. 과인의 계집과 정을 통한 그런 무엄한 놈은 그냥 둘 수 없다."

하고는 금부도사禁府都使에게 당장 장순손을 잡아 올리라 했다. 금부도사가 내려간 뒤 화를 참지 못한 연산군은 다시 금란사령禁亂司令에게 바로 뒤쫓아가서 아예 처단해 버리라고 했다.

그런데 먼저 내려갔던 금부도사는 장순손을 압송하여 올라오고 있었다. 그들이 길이 두 갈래로 갈라지는 함창의 공검지란 곳에 이르렀을 때였다. 난데없이 고양이 한 마리가 지름길로 쏜살같이 달아났다. 그것을 본 장순손이 금부도사에게 간절히 청했다.

"여보시오, 내가 전일 과거를 보러 올라가는 길에 고양이가 지나가는 것을 보았는데 과거에 급제하였소. 이제 억울한 죄를 뒤집어쓰고 잡혀 가는 길에 또 고양이가 지나가는 것을 보니 혹시 그길로 가면 무슨 좋은 수가 생길지도 모르겠소. 그러니 나의 청을 들어 주시어 지름길로 갑시다."

금부도사도 장순손의 무죄함을 아는 터였으므로 그만한 청쯤이야 괜찮겠지 생각하고 지름길로 접어들었다.

뒤미처 내려간 금란사령은 장순손 일행이 지름길로 갔기 때문에 길이 어긋나 만날 수가 없었다. 금란사령이 허둥지둥 장씨의 집에 도착하니 그는 이미 잡혀 올라간 뒤였다.

한편 장순손을 압송해 올라오던 금부도사는 연산군의 왕위가 오래가지 못할 것을 짐작했던 터이므로, 죄인이 몹시 아프다는 핑계를 대면서 일부러 늑장을 부렸다.

그렇게 그들 일행이 수원부에 당도했을 때 반정이 일어났다. 그리하여 억울하게 형을 받게 된 사람들이 모두 방면되었다.

몽두蒙頭(조선시대에 죄인의 얼굴을 가리던 가리개)를 벗은 장순손은 그 뒤 춘추관의 편수관이 되어 성종실록의 편찬에 참여했으며, 홍문관의 부제학副提學을 거쳐 삼남지방 순찰사를 지냈다.

　나중에 김안로金安老의 최측근이 되어 우의정과 좌의정을 거쳐 1533년 영의정이 되었으나 이듬해 죽었다.

　시호는 문숙文肅이다.

적함착적 賊喊捉賊

賊:도둑 적 喊:꾸짖을 함 捉:잡을 착 賊:도둑 적

> 도둑이 도둑을 잡아 꾸짖는다. '똥 묻은 개가 겨 묻은 개를 나무란다'는 속담과 같은 의미로, 결국은 그게 그것이라는 뜻이다.
> 문헌:《경연일기經筵日記·고금청담古今淸談》

　　조선 제13대 명종明宗(1534~1567) 17년, 경기도 양주의 백정白丁 출신 임꺽정林巨正은 관리들의 부패로 민심이 혼란해지자 그 피해자들을 모아 황해도와 경기도 일대의 관아를 습격하여 창고의 곡식을 가져다 빈민들에게 나누어 주었다.

　당시의 사회는 지배 계급인 양반들 등쌀에 일반 백성들의 살림살이가 극도로 피폐해져 모두들 아사지경餓死之境에 있었다.

　특히 연산군燕山君의 호화 방종한 생활로 인하여 백성들은 피와 땀을 짜고 가죽을 벗기는 듯한 고통에 시달려야 했다.

　거기에다 병역, 부역, 대역세, 포목세 등 갖가지 세금까지 부담해야 했다. 때문에 농촌 사회는 거의 붕괴 직전에까지 몰렸다.

　이러한 현상은 자연히 도적들의 발호를 부채질했다. 그래서 도적들은 적으면 사오 명, 많으면 수십 명, 혹은 수백 명씩 떼를 지어 돌아다니면서 토호와 부자들을 털곤 했다. 그 가운데서도 가장 큰 집단이 대적 임꺽정 무리였다.

백정白丁의 아들 임꺽정은 불평분자들을 규합하여 청석골을 근거지로 경기, 황해, 평안 등지에서 황해감사나 평안감사가 나라에 바치는 진상 봉물을 털기도 하고, 감사의 친척을 가장하여 수령들을 토색하기도 했다.

임꺽정은 모든 도적 떼 가운데서 으뜸가는 천하장사였다. 그는 세력을 키우기 위해 뜻이 맞는 자들과 의형제로 결연하고, 휘하의 두령으로 삼았다. 그런데 그 두령 가운데 하나가 체포되어 안성감옥에 갇혔다. 임꺽정은 그를 구하려고 어물 장수로 변장하였다. 그리고 몇 개의 짐 꾸러미를 꾸리어 그 밑바닥에 무기를 넣고, 겉에는 마른 어물로 위장을 하고는 안성을 향해 떠났다.

그의 일행이 혜음령 가파른 고개를 넘어가는데 머리에 흰 수건을 질끈 동여맨 수상한 위인 수십 명이 길가 숲 속에서 쏟아져 나왔다.

"모두 짐을 벗어 놓고 가거라."

또 다른 도적놈들이 임꺽정의 물건을 탈취하려는 것이었다. 임꺽정은 껄껄 웃었다.

"이놈이 푼수처럼 웃기는……. 어서 짐을 벗지 못하겠느냐?"

그 가운데 제일 큰 위인이 고함을 질렀다. 임꺽정은 수하들의 짐을 모두 한데 모아 묶은 다음 번쩍 들어 그들에게 주며 말했다.

"묶음이 커서 못 들을 테니 내가 들어다 드리겠소."

임꺽정이 그 큰 짐을 한 손에 들고 뚜벅뚜벅 걸어가니 그들의 입이 딱 벌어졌다.

"장사 어른을 몰라뵈었습니다. 죽여 주십쇼!"
꺽정이 껄껄 웃으면서 말했다.
"모르고 한 일이니 그만들 일어나시오!"
그들은 모두 투항하여 임꺽정의 부하가 되었다.
임꺽정은 항상 그렇게 싸우지 않고 상대를 제압했고, 의를 앞세워 세력을 규합했다.
여기에서 유래하여 도적이 도적을 꾸짖어 수하로 삼고 의로운 일을 하기 위해 세력을 규합하는 것을 일러 적함착적賊喊捉賊이라 한다.

절각심불切脚心不

切:끊을 절 脚:다리 각 心:마음 심 不:아니 불

다리가 부러져도 마음은 부러지지 않는다. 이순신이 말타기 시험 중에 낙마하여 다리가 부러졌으나 불굴의 의지로 다시 도전했던 고사에서 유래했다. 강인한 의지를 표현할 때 쓰인다.

문헌 : 《한국위인일화韓國偉人逸話》

이순신李舜臣(1545~1598)은 조선 제14대 선조宣祖 때의 무장武將으로, 자는 여해汝諧이고, 시호는 충무忠武이다. 그가 스물여덟 살 때 훈련원에서 실시하는 무술대회에 나갔을 때의 일이다.

여타 다른 과목은 그동안 닦은 기량을 충분히 발휘하여 잘 치르고 마지막으로 말을 타고 달리며 활쏘기, 창쓰기, 칼쓰기 등의 기예를 펼쳐 보일 차례가 되었다. 그런데 그가 탄 말이 갑자기 앞발을 꿇으며 쓰러지는 바람에 말 등에서 나가떨어지고 말았다.

당황한 이순신은 깜짝 놀라 얼른 일어나려고 했으나 다리가 움직이지 않았다. 떨어지면서 왼쪽 다리가 부러져 버렸던 것이다. 이순신은 저려오는 아픔을 참고 엉금엉금 기어 근처에 있는 버드나무로 가서 그 가지를 꺾어 껍질을 벗긴 다음 다친 다리를 묶고 다시 말에 올라타 나머지 과정을 무사히 마쳤다. 보고 있던 사람들은 그 참을성과 침착함에 혀를 내두르지 않는 사람이 없었다.

그러나 애석하게도 이순신은 그 시험에서 낙방하고 말았다. 힘든

과정을 거쳐 최선을 다하여 시험에 응하였기에 섭섭한 마음과 아쉬움이 교차했다. 그러나 순신은 입술을 꼭 깨물었다.

"실망해서는 안 된다. 다리가 부러졌다고 마음마저 부러져서는 안 된다. 또 기회가 있지 않은가."

이순신은 이렇게 자신을 격려했다. 그리고 4년 후 마침내 무과에 급제하여 당당히 벼슬에 올랐다.

1592년, 임진왜란 때였다. 원균이 일본군에 패하여 배가 12척밖에 남아 있지 않는 것을 보고 유성룡이 이순신에게 물었다.

"이 적은 배를 가지고 싸워 이길 수 있겠소?"

"예, 최선을 다하겠습니다."

그는 12척의 배를 보수하여 적과 싸웠고, 혁혁한 전과를 올렸다.

이순신의 《난중일기亂中日記》에 아래와 같은 내용이 나온다.

1597년 10월 14일.

둘째 아들 열悅의 편지로 막내아들 면葂이 전사戰死한 것을 알았다. 간담이 떨어져 나간 듯하여 통곡하고 또 통곡했다.

간담이 타고 찢어지는구나. 내가 죽고 네가 살아야 이치에 맞는 것을, 네가 죽고 내가 살았으니 이치가 어찌 이렇듯 어긋난단 말이냐. 천지가 온통 캄캄해지고 태양도 빛을 잃는구나. 슬프다. 내 아들아, 나를 두고 어디로 갔느냐? 영특함이 남다르더니만 하늘이 너를 이 세상에 머물게 두지 않았구나.

내 죄가 너에게 미쳤나 보다. 나 또한 너를 따라 죽어 지하에서 함께 울고 싶다만 너의 형, 너의 누이동생, 너의 어머니가 또한 의지할 곳이 없겠기에 참고 목숨을 부지하고 있구나.

아! 하룻밤 지나기가 일만 년 같구나.

망망대해를 한 손에 주름잡고 적군에게 호령하던 이순신이 아들의 죽음 앞에서 그토록 몸부림치며 애통해하는 부정父情을 이렇게 적나라하게 엿볼 수 있다.
　그는 시문詩文과 서예書藝에 능할 뿐만 아니라 정치와 외교에도 밝았다. 그러면서 차茶 마시는 것을 좋아해서 중국 사신이 오거나 귀한 손님이 올 때는 으레 차를 대접했다.
　그는 차를 사랑하는 마음이 얼마나 지극했던지 자녀들이나 조카의 이름을 지을 때 풀초艸 변을 넣어 지을 정도였다.
　《난중일기》는 이순신 개인의 일기에 불과하지만 임진왜란사를 연구하는 데 중요한 사료로 평가되고 있다.

절육지효切肉之孝

切:끊을 절 肉:살 육 之:어조사 지 孝:효도 효

살을 베는 효도라는 말로, 신라 경덕왕 때의 효자 향득의 고사에서 유래했다. 자기 살을 베어 부모를 봉양할 만큼의 극진한 효도를 이른다.

문헌 : 《삼국유사三國遺事》

신라 제35대 경덕왕景德王(재위 742~765) 때 웅천주熊川州(지금의 충남 공주군 계룡면) 소학리의 향효포向孝浦란 마을에 향득向得이라는 사람이 살았다. 소학리는 원래 효가리孝家里, 즉 '효자가 사는 고장'이라고 불려왔던 곳이다.

향득은 계戒를 받은 재가승在家僧이었다. 재가승이란 출가승出家僧과는 달리 절에 들어가서 도를 닦지 않고 집에서 5계를 지키는 불제자佛弟子로서, 일명 처사處士라고도 부른다. 5계의 내용은 살생하지 말 것, 도둑질하지 말 것, 간음하지 말 것, 거짓말하지 말 것, 술을 먹지 말 것 등이다.

어느 해, 나라에 큰 흉년이 들어 백성들이 모두 양식이 떨어졌다. 사람들은 굶주림을 참지 못하여 소나무 껍질이나 사냥을 해서 힘들게 먹고살아야 했다.

향득의 집도 마찬가지였다. 그런데 병환 중인 향득의 어머니는 간절히 고기를 먹고 싶어 했다.

살생을 절대 금하는 불교를 신앙하는 향득은 효도를 위해 신앙을 저버릴 수도 없고, 그렇다고 신앙을 고집하여 어머님이 먹고 싶어 하는 고기를 안 드릴 수도 없게 되었다.

향득은 두 가지 중 한쪽을 선택해야만 했다. 그래서 고민 끝에 살생을 하지 않고 어머니께 고기를 드리는 방법을 생각해냈다. 그러나 그것은 너무나 끔찍하고 대단한 용기가 필요한 일이었다.

향득은 날이 잘 선 칼을 가지고 마을 앞 냇가로 갔다. 그리고 자기 허벅지 살을 도려내 그것으로 국을 끓여 어머니의 밥상에 올렸다. 아무것도 모르는 어머니는 맛있게 다 먹고는 만족해했다.

그때부터 향득이 자기 살을 도려냈던 마을 앞의 내川는 혈흔천血痕川, 즉 '피흘린 내'라고 불려지기 시작했다.

향득의 깊은 효심은 경덕왕에게까지 알려져 왕은 조 3백 석과 구분전口分田을 주어 그 효행을 포상했다. 때는 경덕왕 14년(755년)의 일이었다.

이후 향득이 살던 집터에서는 계속해서 효자, 효부가 나와 참으로 신기한 집터로 알려졌다.

접리식과 接梨食果

接 : 접붙일 접　梨 : 배나무 리　食 : 먹을 식　果 : 열매 과

> 배나무에 접을 붙여 그 과일을 먹다. 어떤 결과를 얻기 위해서는 그를 위한 일을 미리 준비해야 한다는 뜻.
> 문헌:《국조인물지國朝人物志·고금청담古今淸談》

　　정호鄭澔(1648~1736)는 본관이 연일延日이요, 호는 장암丈巖, 시호는 문경文敬이다. 조선 제21대 영조英祖 때 스승 송시열宋時烈을 배경으로 노론의 영수가 되어 관작이 영의정에 이르렀다.

　　그가 벼슬을 그만두고 충주에서 한가하게 지내던 어느 날, 도승지 이형좌李衡左가 찾아왔다가 마침 배나무에 접을 붙이고 있는 그를 보고 물었다.

　　"지금 어린 배나무에 접을 붙이면 언제 그 열매가 열려서 따 먹을 수 있겠습니까?"

　　정호는 그때 나이가 80이나 되었기에 그 말을 언짢게 여겨 아무 말없이 접붙이는 일만 계속했다.

　　그 뒤, 형좌가 충청감사가 되어 다시 그의 집을 예방하게 되었다. 그러자 정호는 굵은 배를 몇 개 가지고 와서 형좌에게 주었다. 형좌가 그 배를 먹어 보니 맛이 참으로 좋았다.

　　"배 맛이 참으로 좋군요. 어디에서 구했습니까?"

"몇 년 전에 내가 접을 붙일 때 그대가 와서 보고 접은 붙여도 배는 먹을 수 없을 것이라고 걱정하던 그 배요. 밤나무나 감나무의 어린 묘목을 심는 것은 몇 년 후를 바라보고 심는 것이오. 미래를 위해서 미리 준비를 해두어야 한다는 말이외다."

이 말은 '내일 이 땅의 종말이 온다 할지라도 나는 오늘 사과나무를 심겠다.' 라는 스피노자의 말과 상통하기도 하지만 내일의 일꾼을 위해 배우고 가르치는 일을 게을리해서는 안된다는 뜻이 담겨 있다.

접발이슬接髮移虱

接:댈 접　髮:터럭 발　移:옮길 이　虱:이 슬

> 머리를 맞대어 이를 옮기다. 어머니 머리에 이가 많은 것을 보고 그 이가 자기 머리에 옮겨 오게 한 고사에서 유래한 말로, 상대를 위한 배려를 의미한다.
>
> 문헌:《해동잡록海東雜錄·여담천리餘談千里》

　　조선의 주세붕周世鵬(1495~1554)은 제11대 중종中宗 때 사람으로 상주에 살았다. 호는 신재愼齋이고, 시호는 문민文敏이며, 호조참판과 대사성을 지냈다.

　　그가 일곱 살 때, 어머니가 병으로 오래 누워 지내다 보니 머리에 빗질도 할 형편이 못되었다. 그래서 어머니의 머리에 이가 많이 생겨 고통스러운데도 워낙 많아서 잡을 수가 없었다. 그는 생각 끝에 자신의 머리에 이가 좋아하는 기름을 바르고 어머니의 머리에 가까이 갖다 댔다. 그러자 이가 모두 자신의 머리로 옮겨 왔다. 그의 이 같은 지극한 효성으로 간병하니 어머니의 병이 곧 나았다.

　　그는 아버지의 상喪을 당하였을 때도 무덤 옆 움막에서 3년 시묘侍墓살이를 했다. 그때도 사흘에 한 번씩은 반드시 어머니를 찾아 문안을 드렸다. 그러면서도 단 한 번도 자기가 거처하던 안방에는 들어가지 않았다.

　　그는 벼슬한 지 30년이 되었는데도 여전히 가난하게 살았다. 그는 한사코 외직을 자청했는데 이는 어머니의 봉양을 위해서였다. 그런 그는 나중에 청백리淸白吏로 선정되기도 했다.

그가 남긴 작품으로 경기체가인 〈도동곡〉, 〈육현가〉, 〈엄연곡〉, 〈태평곡〉 등과 14수의 시조가 있다.

다음은 그의 시조 〈지아비 밭 갈러 간 데〉이다.

지아비 밭 갈러 간 데 밥고리 이고 가
밥상을 받들되 눈썹에 맞추나이다.
친코도 고마우시니 손이시나 다르실까.

남편이 밭갈이하러 들에 나갔을 때, 지어미는 밥고리를 이고 가서 그 남편에게 밥상을 올리는데, 마치 높은 손님에게라도 올리듯이 눈썹 높이까지 정중하게 올리는구나. 남편이란 진정으로 친하고도 고마우니, 손님과 다를 것이 무엇이겠는가.

주세붕의 아내야말로 섬김을 으뜸으로 했던 정숙한 아내였다.

정괘칠우鼎掛七又

鼎:솥 정 掛:걸 괘 七:일곱 칠 又:또 우

솥을 일곱 번이나 걸었다는 말로, 인내심을 시험하기 위해 같은 일을 반복적으로 시키는 것을 말한다. 동학의 교주 최시형이 손병희의 인내심을 시험하고자 해서 솥을 반복적으로 걸게 한 고사에서 유래했다.

문헌 : 《동학사東學史 · 천도교창건사天道敎創建史》

손병희孫秉熙(1861~1921)의 초명은 응구應九, 호는 의암義菴이다. 의조懿祖의 서자庶子로 청주淸州 출신이다.

1882년, 그가 동학東學에 입교하자 교주 최시형崔時亨(1827~1898)은 그의 비범함을 알아보고 크게 쓰고자 그를 주시했다.

공주 가섭사迦葉寺의 연성수도원鍊性修道院에서 있은 사십구재 기도회 때였다.

최시형이 손병희를 불러 제사 음식을 만들기 위하여 이미 걸어 놓은 가마솥을 떼어 다시 걸라고 했다. 추운 겨울이라 언 흙을 파고 솥을 거는 일이 간단하지 않았으나 손병희는 한마디의 불평도 없이 시키는 대로 했다.

일을 끝내고 다 걸었다는 보고를 하자 최시형은 쓱 훑어보고 나서 내뱉듯이 말했다.

"솥을 이렇게 걸어서야 쓰나, 떼어 다시 걸어라."

손병희는 아무 소리도 않고 솥을 떼어 이번에는 조금 낮게 걸었다. 그러자 최시형이 다시 말했다.
"솥 하나 변변히 못 걸다니! 이렇게 비뚤어지게 걸면 어떻게 쓸 수가 있겠나?"

공연한 트집임이 분명했다. 그래도 손병희는 한마디도 불평하지 않고 다시 고쳐 걸었다.
이렇게 하기를 무려 일곱 번, 그제야 최시형은 그만하면 되었다고 했다.
그는 손병희의 인내심을 시험했던 것이다.

정중유어鼎中遊魚

鼎:솥 정 中:가운데 중 遊:놀 유 魚:고기 어

> 솥 안에서 노는 물고기라는 말로, 아무리 잘난 척해도 솥 안의 물고기는 죽을 수밖에 없듯이 머지않아 죽을 목숨이라는 뜻이다. '독 안에 든 쥐'라는 말과 같은 의미이다.
>
> 문헌:《삼국사기三國史記 열전 제7권》

신라시대 사량부沙梁部 김영윤金令胤(?~684)은 제26대 진평왕眞平王 때 사람으로, 인정이 많고 신의가 두터웠다. 그의 아버지 반굴盤屈(?~660)은 벼슬이 급찬이었고, 할아버지 흠춘欽春은 당나라와 연합하여 싸우다 황산벌에서 전사했으며, 벼슬은 각간에 이르렀다. 문무왕文武王이 그를 등용하여 재상으로 삼으니, 충성으로써 임금을 섬기고, 너그럽게 백성을 대하여 모두들 어진 재상이라고 칭송하였다. 태종무열왕太宗武烈王 7년, 당나라의 고종高宗이 소정방蘇定方으로 하여금 신라와 연합하여 백제를 치게 했다. 그때 흠춘도 왕명을 받들어 김유신金庾信 등과 함께 병사 5만을 거느리고 당나라 군사를 도왔다. 황산벌에 이르러 백제 장군 계백階伯과 싸우다 불리하자 흠춘은 아들 반굴을 불러 말했다.

"신하는 충성忠誠을 다해야 하고, 아들은 효도孝道를 다해야 하는 법法이다. 이처럼 위급한 때에는 목숨을 바쳐야 충성과 효도를 완성하는 것이다. 알겠느냐?"

"네! 그렇게 하겠습니다."

반굴은 이내 적진에 들어가 힘껏 싸우다 죽었다. 흠춘의 가풍이 이러하니 영윤 또한 명예와 지조를 목숨보다 중요시했다.

신라 제31대 신문왕神文王 때 고구려의 실복悉伏이 반란을 일으키자 왕은 영윤을 황금서당보기감黃衿誓幢步騎監으로 삼고, 토벌하라 명했다. 영윤이 전장에 이르러 보니 실복이 가잠성 남쪽 7리 지점에 나와 진을 치고 있었다. 영윤은 서두르지 않고 토벌군이 오기를 기다리도록 했다. 그때 휘하의 장수가 영윤에게 말했다.

"지금 이 상황을 비유하면 제비가 장막 위에 집을 짓고, 물고기가 솥 안에서 노니는 격입니다. 옛말에도 막다른 골목에 든 도둑은 쫓지 말라 했으니, 적병들이 극히 피곤해지기를 기다렸다가 공격하면 칼에 피를 묻히지 않고도 사로잡을 수 있을 것입니다."

모든 장수들이 그 말이 옳다고 받아들이려 했으나 유독 영윤만은 듣지 않고 싸우려 했다. 그러자 그 장수가 다시 말했다.

"지금 잠시 기다리자고 하는 것이 어찌 구차히 죽음을 두려워해서이겠습니까? 잠시 기다리자고 한 것은 토벌하기 쉬운 실익을 얻고자 함인데 홀로 싸우려 하는 것은 옳지 않은 듯합니다."

이에 영윤이 말했다.

"싸움에서 용기 없음은《예경》에서도 경계했느니라. 나아가고 물러서지 않는 것이 무인의 본분이니, 장수가 싸움에 임해 스스로 결정할 일인데 어찌 계책도 없이 중의만 따르라 하는가?"

그는 굽히지 않고 적진으로 달려가 싸우다 장렬하게 전사했다.

왕이 이 소식을 듣고 눈물을 흘리며 말했다.

"그 아버지에 그 아들이도다. 그 의열義烈이 가상하구나!"

왕은 그에게 작위를 추증하고 후한 상을 주었다.

제마입의濟馬立醫

濟:건늘 제　馬:말 마　立:이룰 입　醫:의술 의

<제마>가 의술을 세웠다. 즉 이제마가 의술을 체계적으로 완성해 후세에 남겼다는 말로, 대수롭지 않던 사람이 큰일을 이루었을 때 비유해서 쓴다.

문헌:《조선명인전朝鮮名人傳·한국韓國의 인간상人間像》

조선의 한의학자 이제마李濟馬(1838~1900)는 함흥 출생으로 호는 동무東武이고, 본관은 전주全州다. 1888년 김기석金基錫의 추천으로 김해현감이 되어 관기官紀를 바로잡고 난 뒤 사직하고 한양으로 올라와 학문 연구에 전심전력했다.

이제마의 탄생에는 남다른 일화가 있다.

이제마의 아버지 이 진사進士는 성격이 호쾌하고 술을 좋아했다. 그래서 가끔 과음을 할 때가 많아 엉뚱한 실수를 곧잘 했다.

그가 어느 날 이웃마을에 다녀오다가 주막에서 친구들과 술을 마셨는데 그만 몹시 취하자 친구들이 어찌할 수가 없어서 주막집 주인에게 부탁하고 돌아갔다.

그런데 주막집 주인에게는 과년한 딸이 하나 있었는데 얼굴이 너무 못생겨 처녀로 늙고 있었다.

주막집 내외는 딸이 불쌍해서 하룻밤이라도 처녀를 면하게 해주려고 이 진사를 딸의 방으로 들여보냈다. 그렇게 해서 하룻밤 풋사랑을 나누었으나 이 진사는 그 일을 까맣게 잊고 있었다.

그러던 어느 날, 이제마의 할아버지 충원공의 꿈에 희고 긴 수염의 노인이 탐스런 제주도 말 한 필을 끌고와 용마龍馬라고 하면서 기둥에 매놓고 갔다. 그런데 꿈을 꾼 그날 아침 어떤 여인이 갓난아기를 강보에 싸안고 들어왔다. 충원공은 그 아기를 아들의 소생으로 생각하고 받아들였다. 그리고 이름을 지난밤 꿈과 관련이 있다고 생각해서 제마濟馬라 지었다.

이제마는 직장直長으로 있던 백부 밑에서 글을 배웠는데 타고난 재주가 있어 경서經書는 물론 역경易經에도 밝았다. 또 무예에도 뛰어나 동국東國의 무인武人이 되겠다는 뜻으로 호를 동무東武라 했다. 이제마는 경향 각지는 물론 만주와 연해주까지 여행하면서 시대적 사조를 몸소 체험했다.

그는 여행 중에 한석지韓錫地(1769~1863)의 《명선록明善錄》(양명학에 대한 서적)을 읽고 깊은 감명을 받았으며, 40세에 무위별선군의 관직을 받고, 50세에는 진해현감을 지내면서 관청의 흐트러진 기강을 바로잡았다.

그는 평소에 역병疫病과 해역咳逆의 지병이 있어 구토를 자주 하고, 손발이 마비되는 병으로 고생을 했는데 이로 인하여 한의학에 관심을 가지게 되었다.

그는 또 역경을 토대로 하여 주역周易의 태극설太極說에 의한 한의학설을 주창했는데 이것이 사상의학四象醫學이다. 사상의학은 자연과 인간의 여러 가지 현상을 네 가지로 분류하여 체계를 세운 이론이다. 말하자면 춘春·하夏·추秋·동冬 사계절과 수水·화火·목木·금金을 태양인太陽人, 소양인少陽人, 태음인太陰人, 소음인少陰人등 네 가지로 나누어 이를 의학에 적용함으로써 질병의 예방과 치료에 새로운 전기를 마련한 것이다. 즉 사람의 체질은 본래 타고나기 때문에 형태적 특징을 가지고 있는데 그 기질과 성격에 따라 병에 대한 반응도 다르게 나타난다는 주장이었다. 그러니까 그런 체질을 가진 사람에게는 그 체질에 맞는 약을 써서 병을 다스려야 치유할 수 있다는 것이다. 그리고 체질은 바꿀 수 있는 것이 아니고 대대손손 유전된다는 것을 밝혀냈다.

이 학설은 종래의 음양오행陰陽五行의 철리적 공론哲理的 空論을 배격하고 임상학적臨床學的인 방법에 따라 환자의 체질을 중심으로 치료 방법을 제시한 것이다.

사상의학은 수백 년 동안 임상실험을 통하여 그 정확성과 과학성이 입증되어 현대의학의 한 분야로 계승되고 있다.

주불승족酒不勝足

酒:술 주 不:아니 불 勝:이길 승 足:발 족

 술이 발을 이기지 못하다. 크게 취해도 걸음이 흐트러지지 않고 행동이 바르다는 뜻이다.
　　　　문헌:《광해군일기光海君日記·고금청담古今淸談》

　　호주가豪酒家 이경함李慶涵은 본관이 한산韓山이고, 호는 만사晩沙로, 조선 선조宣祖 때 공조참판工曹參判을 지냈다.
　　그는 술을 대단히 좋아했다. 한번은 명나라의 호주가로 두주불사(斗酒不辭 : 한 말의 술도 사양하지 아니함) 한다는 주난우朱蘭嵎라는 사람이 사신으로 와서 자기의 주량이 천하제일이라고 자랑했다. 그러자 조정에서는 이경함으로 하여금 대작하게 했다.
　　조선의 호주가와 명나라의 호주가가 마주 앉아 밤새도록 대작한 결과 주난우가 먼저 취하여 쓰러졌다. 그러나 이경함은 끄떡없이 상감 앞에 나아가 복명을 했다. 그는 걸음이 조금도 흐트러지지 않고 정상 그대로였다.
　　"더 마실 수 있겠는가?"
　　"네, 어명이시라면 그리하겠습니다."
　　상감이 큰 은사발에 술을 가득 쳐서 석 잔을 하사하니 그것마저 다 마셨다. 그리고 나서 대궐에서 물러나오는데 걸음걸이가 평상시와 같았다.

그는 호주가였으나 일거일동이 신중하여 말과 행동이 일치했다. 그래서 사람들은 그를 두고 이렇게 일렀다.

"그를 한 번 실수하게 하는 것은 백 사람이 옷을 벗게 하는 것보다 더 어렵다."

이은보감而隱寶鑑에는 '술에 취한 가운데 말이 없는 자야말로 참다운 군자이다.' 라고 적고 있다.

이경함이야말로 술이 발을 이기지 못하는 주불승족酒不勝足한 사람으로 역사에 남게 되었다.

주이단청酒以丹靑

酒:술 주 以:써 이 丹:붉을 단 靑:푸를 청

 술로써 단청을 하다. 경허 스님과 만공 스님의 고사에서 유래했다. 호기로운 일을 하는 사람을 빗대어 사용한다.

문헌:《고승열전高僧列傳》

단청丹靑이란 대궐이나 절 등의 벽이나 기둥, 천장에 여러 가지 빛깔로 그리는 그림이나 무늬를 말한다.

고려시대나 조선시대의 단청은 빛을 많이 받는 쪽에는 붉은 색을 주로 사용했고, 안쪽에는 파란 색을 많이 사용했다. 단청을 하게 된 연유는 건물을 아름답게 꾸밈으로써 일반 주택과는 다른 성역聖域임을 표시하기 위해서 시작되었다. 또, 건축 자재인 나무를 벌레가 먹는 것을 막고, 썩는 것을 방지하려는 목적도 가지고 있다. 말하자면 일석이조인 셈이다.

단청의 기본색은 청靑, 적赤, 황黃, 백白, 흑黑의 오색인데 이는 음양오행陰陽五行 사상에서 비롯되었다.

단청의 무늬나 색깔은 건물의 위치나 종류에 따라 여러 가지로 나뉘는데 구름을 주제로 하거나 하늘을 상징하는 뜻으로 쓰여지는 경우가 많다.

건물의 천장 쪽은 용을 그려 집을 수호한다는 뜻을 담고, 불교 사원에서는 진흙탕에서 곱게 피어나는 연꽃을 그려 불심, 또는 고고한 정신을 상징했다.

단청에 쓰이는 안료는 주로 자연에서 얻어지는 것을 사용했는데, 녹색은 구리의 녹을, 푸른색은 청석靑石의 가루를 원료로 썼다. 또 황토나 주토, 치자나 쪽 등에 이르기까지 식물과 광물이 다양하게 이용되었다.

경허鏡虛(1849~1912) 스님과 만공滿空(1871~1946) 스님에게서 유래한 단청 이야기가 재미있다.

경허와 그의 제자 만공이 한잔 술을 걸치고 길을 가다가 또 다른 주막에 이르렀다. 경허는 이미 다른 주막에서 한잔 하는 바람에 빈 털터리가 되었으나 그냥 지나칠 수가 없었다. 하여 배짱 좋게 안으로 들어가 술을 시키고는 만공에게 말했다.

"종이와 붓을 꺼내거라."

만공은 스승이 시키는 대로 종이와 붓을 꺼내고, 먹을 갈았다. 그러자 경허는 큼직하게 글씨를 썼다.

'단청불사권선문丹靑佛事勸善文'

절 단청을 해야겠으니 시주를 해달라는 뜻이었다.

"만공아, 이걸 들고 동네를 한 바퀴 돌고 오너라."

만공은 그 글귀를 앞세우고 이집 저집 돌아다니면서 시주를 받아서 돌아왔다. 만공이 주막집에 도착하자 경허는 그때까지 혼자서 술을 마시고 있었다.

"추운데 고생했구나. 어서 와서 너도 한잔 하거라."

경허는 만공에게 술을 따라주었다.

그들은 그렇게 주거니 받거니 하면서 술병 몇 개를 더 비웠다. 그리고 술이 이마에까지 달아오르자 두 사람은 일어났다. 그리고 시

물과 시줏돈을 모두 술값으로 주었다. 동구 밖에 이르렀을 때 만공이 따지듯 물었다.

"스님, 단청불사에 쓸 돈을 주막에서 다 날리면 어떻게 합니까?"

경허는 키득거리며 되물었다.

"만공아, 지금 내 얼굴이 어떠냐?"

"붉으락푸르락합니다."

"이보다 잘된 단청을 본 적이 있느냐?"

만공도 허허 웃을 수밖에 없었다.

'절 모르고 시주施主 한다.'라는 말이 있는데 영문도 모르고 돈이나 물건을 거출하는 것을 이른다. 만공 스님을 보고 시주는 했는데 경허 스님의 얼굴에 단청을 한 꼴이 되고 말았던 것이다.

주이압제 酒以壓帝

酒:술 주 以:써 이 壓:누를 압 帝:임금 제

> 술로써 황제를 제압하다. 조선의 장사 김여준이 청나라에 사신의 수행원으로 갔다가 술을 핑계로 청태종 누르하치를 제압한 고사에서 유래했다. 술, 또는 어떤 일을 핑계로 상대를 제압하거나 봉변을 주는 행위를 이른다.
>
> 문헌 :《고금청담古今淸談》

1627년, 여진족女眞族을 통일한 후금後金의 누르하치奴兒哈赤가 조선을 침략하여 정묘호란丁卯胡亂을 일으키고 강제로 형제국으로 결연하게 했다. 그리고 명나라를 정벌할 때에는 군량과 병선을 요구하기도 했다.

1632년에는 형제관계를 군신관계로 격하시키고, 다시 1636년에는 국호를 청淸이라 고친 다음 용골대龍骨大와 마부태馬夫太를 보내 황금 1만 냥, 군마軍馬 3천 필, 명明나라를 정벌하는 데 필요한 군사 3만 명을 요구해 왔다.

이에 조정에서는 척화론斥和論과 주화론主和論이 맞서면서 척화파가 득세를 하게 되었다.

그러자 누르하치는 10만 대군을 이끌고 압록강을 건너 백마산성을 방비하고 있던 임경업林慶業 장군을 우회하여 한양으로 직행하니, 두 왕자와 종실들은 강화도로 피란하고, 미처 피란하지 못한 인조仁祖는 소현세자昭顯世子와 남한산성으로 피신했다.

이에 청군은 남한산성을 포위하고, 이듬해 정월에는 청 태종清太宗 누르하치가 도착하여 직접 전군을 지휘했다.

포위된 지 45일 만에 인조는 남한산성의 성문 밖 삼전도三田渡에 설치된 수항단受降壇에서 청태종에게 항복하는 치욕을 겪어야 했다. 항복 조건으로는 첫째, 조선은 청에 대하여 신臣의 예를 행할 것. 둘째, 명과의 관계를 끊을 것. 셋째, 기일을 어기지 말고 조선의 왕자 두 사람을 볼모로 보낼 것. 넷째, 청국이 명明을 정벌할 때 원정군을 보낼 것. 다섯째, 조선의 왕족들은 청국의 신하들과 혼인할 것. 여섯째, 황금 백 냥, 백은 천 냥 외 특산품을 바칠 것. 일곱째, 명나라에 했던 것처럼 구례舊例를 따를 것 등이었다. 그 결과 소현세자昭顯世子와 봉림대군鳳林大君 두 왕자가 청나라에 볼모로 잡혀가게 되었다. 그때 김여준金礪準이라는 힘센 장사가 왕자를 수행하여 함께 갔다.

그런데 청나라 군사 중에 우거牛巨라는 장사가 김여준에게 시비를 걸어 왔다.

"야, 이 조선놈아, 너 나하고 한번 싸워 보지 않을래?"

김여준은 당장 달려가서 그의 코를 납작하게 눌러 주고 싶었지만 왕자를 보호하는 신분으로 그럴 수가 없었다.

"싫소! 나는 당신과 싸울 일이 없소."

"하하, 자신이 없으니까 꼬리를 빼는구나. 조선놈들은 다 너같이 겁쟁이들뿐이니까 우리에게 무릎을 꿇은 게야."

김여준은 화가 불끈 치솟았다. 함부로 조국을 욕하는 그에게 조선의 매운 맛을 보여주고 싶었다.

"좋소, 내가 참고 넘기려고 했는데 그 말에는 도저히 참을 수가 없소. 어디 한번 싸워 봅시다. 그런데 우리가 싸우기 전에 조선과 청나라 양국의 황제에게 승인을 얻고 정식으로 대결하도록 합시다."

"그거 좋지!"

소식이 전해지자 청태종은 승낙은 물론이고 아예 직접 싸움을 구경하겠다고 했다. 그래서 조선의 두 왕자도 어쩔 수 없이 싸움을 허락할 수밖에 없었다.

드디어 김여준과 우거의 싸움 날이 되었다. 두 나라 장사의 결투를 보기 위해 청태종은 물론이고 수많은 사람들이 몰려들었다. 결투가 시작되기 전 김여준이 청태종에게 말했다.

"폐하, 만약 이 싸움에서 누구 한 사람이 죽으면 어떻게 합니까?"

"이 싸움은 두 나라의 전쟁과 같다. 전쟁을 하다가 죽고 죽이는 일은 당연하지 않느냐?"

"그럼 죽여도 괜찮다는 말씀입니까?"

"그렇다."

"틀림없이 약속하셨습니다."

이윽고 신호가 떨어지자 두 사람은 빙빙 돌며 서로를 노려보았다. 마치 두 마리의 성난 사자가 으르렁대는 것과 같았다.

우거의 동작에는 거의 허점이라고는 보이지 않았다. 다만 벌름거리는 큰 코가 조금 약해 보였다.

김여준은 슬쩍슬쩍 공격을 피하면서 우거의 코만 노리다가 갑자기 주먹을 한 방 날렸다. 그러자 우거가 반사적으로 몸을 돌렸다. 순간 김여준이 재빨리 몸을 날려 우거의 가슴을 머리로 들이박고는 허리를 두 손으로 껴안아 목을 조이기 시작했다. 호랑이를 잡을 때 쓰는 방법이었다.

우거는 어떻게든 빠져나오려고 발버둥을 쳤다. 그때마다 김여준은 번개같이 박치기로 제압하며 더더욱 허리를 조였다.

김여준은 전쟁 때 당한 동포들의 고통을 이 한판에서 모두 갚겠다는 듯이 공격의 고삐를 늦추지 않았다. 마침내 우거는 입과 귀에서 피를 흘리며 축 늘어졌다. 그러자 청태종은 슬그머니 자리를 떴다.

얼마 후, 청태종이 큰 잔치를 열고 조선의 두 왕자를 초청하였다. 당연히 김여준이 수행했다.

잔치가 한창 무르익을 무렵 한 신하가 김여준에게 오더니 황제가 부른다고 했다. 김여준은 긴장된 표정으로 왕자에게 속삭였다.

"황제가 부른다니 가 보겠습니다. 혹시 제게 무슨 일이 생기더라도 무사히 고국으로 돌아가시길 빕니다."

"그래, 걱정 말고 너나 조심하거라."

청태종은 김여준에게 가까이 오라고 손짓했다.

"지난번에 보니 힘이 장사던데 술도 잘 먹겠지? 어때, 오늘은 나와 술먹기 시합을 한번 해 볼까?"

말술을 먹던 김여준은 자신이 있었지만 일부러 능청을 떨었다.

"죄송합니다. 저는 술버릇이 좀 고약해서……."

"허허, 술을 마시면 실수도 하겠지. 그런 건 걱정 마라."

"그래도 혹시 지엄하신 폐하 앞에서 실수라도 하면……."

"하하, 실수 좀 하면 어떠냐. 나는 술주정에 화낼 졸장부가 아니느니라. 어서 시합이나 시작하거라!"

김여준이 청태종에게 단단히 다짐을 받고 나서 시합에 응했다.

김여준이 먼저 단숨에 세 말을 들이키자 보고 있던 사람들이 모두 혀를 내둘렀다.

"아니, 코끼리 창자도 아니고 어떻게 저럴 수가?"

황제도 놀라 입이 딱 벌어졌다. 어느새 왔는지 조선의 두 왕자도 걱정스럽게 김여준을 바라보고 있었다. 김여준은 갑자기 고래고래 소리를 지르며 술주정을 하기 시작했다.

"술, 술 더 가져와. 이놈들아! 그래, 대국이라는 나라에 술이 고작 이것뿐이더란 말이냐? 그리고 네놈들, 오랑캐인 주제에 선량한 조선 민족을 짓밟고도 무사할 줄 아느냐? 이 더러운 놈들!"

김여준이 길길이 날뛰자 그를 끌어내리려고 청나라 신하들이 달려들었지만 그럴수록 더욱더 막무가내였다.

"야, 이 오랑캐 놈들아, 우리 왕자님들이 무엇을 잘못했다고 끌고 와서 이 고생을 시키느냐? 냉큼 잘못을 빌지 않으면 내가 네놈들을 모조리 혼내 줄 테다!"

보다 못한 청태종은 자리를 뜨고, 연회장은 온통 김여준의 독무대가 되어 버렸다.

몇 년 후, 두 왕자는 청나라에서 무사히 돌아왔다. 후에 봉림대군이 왕위에 오르니 그가 바로 제17대 효종孝宗(1619~1659)이었다.

효종은 충심이 깊은 김여준을 찾아 상을 내리려 했으나 이미 세상을 떠난 후여서 그 자손에게 벼슬을 내렸다.

주충마우충 主忠馬又忠

主:주인 주 忠:충성 충 馬:말 마 又:또 우 忠:충성 충

> 주인이 충성스러우면 그가 기르는 말 또한 충성스럽다. 즉 주인의 행동에 따라 종들의 행동도 달라진다는 말이다.
>
> 문헌 : 《임진장초壬辰狀草 · 오리집梧里集》

이순신李舜臣(1545~1598) 장군이 전라좌수사가 되자 황대중黃大中이라는 사람이 장군을 찾아와 말하였다.

"율곡 선생의 10만 양병 건의가 받아들여지지 않았는데 분명히 일본이 쳐들어올 것입니다. 부디 장군께서는 이에 대비하소서."

"고맙소. 그렇다면 당신도 나와 같이 일을 하면 어떻겠소?"

"저보다 여기 정경달丁景達 이 사람을 종사관從事官으로 써주십시오. 저는 나이 드신 어머니가 계셔서 장군님을 모시지 못하여 죄송합니다."

"그런데 당신은 왼쪽 다리가 성치 않은 듯한데 왜 그런 거요?"

그러자 옆에 있던 정경달이 대신 말했다.

"예, 저 사람은 전남 강진군 작천면 용상리에 사는데, 어머니의 병에 사람의 허벅지 살이 약이 된다고 하여 베어 드렸답니다. 그런데 그 상처가 빨리 낫지 않는 바람에 저리 절게 되었습니다."

"아, 대단한 효자로군요."

그후, 황대중은 갑오년 시월에 왜적이 남해안에 쳐들어오자 맞서 싸우다가 왜군이 쏜 조총에 오른쪽 다리를 맞아 두 다리를 모두 절게 되었다. 그러자 이순신 장군이 그를 격려하여 말했다.

"장하오. 왼쪽 다리는 부모를 위하여 바치고, 오른쪽 다리는 나라를 위해 바쳤으니 진짜 남아 중의 남아요."

그후, 그는 이원익二元翼 관찰사 휘하로 들어가 왜군과 맞싸워 혁혁한 무공을 세웠다. 또 정유재란 때에는 남원에서 왜군과 싸우다 말에서 떨어져 중상을 입었다. 그때 왜군 대장이 그를 보고 말했다.

"그 유명한 조선의 황 장수 아니요?"

"나를 알아주는 것은 고마우나, 너희들이 우리나라를 떠나주면 더욱 고맙겠다."

왜장은 그의 기개를 칭찬하며 그냥 돌아갔다. 그는 비록 지상에서는 다리가 불편하였지만 마상馬上에서는 늠름한 용장이었다. 그러나 그 부상으로 인해 결국 전사를 하게 되자 마지막으로 휘하의 군사들에게 말하였다.

"내가 죽으면 시체를 나의 말에 실어주고 '네 주인을 고향 강진 땅에 모셔다 드려라!' 하고 말하면 혼자 알아서 찾아 갈 것이다."

그래서 그의 말대로 하니 과연 그의 말은 그를 강진으로 싣고 갔다. 시신을 받은 어머니는 슬픈 중에도 말에게 고마움을 표했다.

"너는 전장에서는 용감하고, 주인에게는 효성을 다했구나. 참으로 고맙다."

말은 주인의 죽음을 슬퍼하여 먹이를 먹지 아니하고 결국 주인을 뒤따라 죽었다. 주인의 충성에 말도 따랐던 것이다.

지귀심화志鬼心火

志:뜻 지　鬼:귀신 귀　心:마음 심　火:불 화

> 지귀 마음의 불이라는 말로, 신라 선덕여왕을 짝사랑했던 청년 지귀의 고사에서 유래했다. 도저히 다스릴 수 없는 지극한 연모의 정을 이른다.
>
> 문헌 :《고전해학古典諧謔》

라의 활리역活里驛에 사는 지귀志鬼는 늙은 홀어머니를 모시고 사는 순진한 청년이었다. 어느 날 그가 신라의 서울, 서라벌에 가서 여기저기 구경을 하다가 마침 행차를 하는 선덕여왕善德女王을 보게 되었다. 그는 선덕여왕의 아름다운 모습에 단번에 반해버려 그날부터 불타는 사모의 정으로 가슴앓이를 시작했다.

그러한 지귀를 보고 사람들은 모두 비웃었다. 그러나 그는 오로지 여왕만을 보고자 매일같이 여왕이 있는 서라벌에 나와 서성거렸다.

그러던 어느 날, 굶고 지친 지귀가 황룡사 9층탑 아래 누워 있다가 불공을 드리러 나온 여왕과 마주쳤다. 지귀는 미친 듯이 여왕에게로 달려갔으나 군사들이 그를 떠밀었다. 소란이 일자 여왕이 그를 불러오라고 하였다. 여왕 앞에 불려 나온 지귀는 자신의 불꽃같은 연모의 정을 고백했다. 그러자 그의 순수한 마음에 끌린 여왕이 자기를 따라오라고 했다.

그리고 여왕이 불공을 드리러 불당 안으로 간 사이, 지친 지귀는 그만 잠이 들고 말았다.

불공을 마치고 나온 여왕은 곤히 잠든 그를 깨우기 미안하여 그의 목에 자신의 금목걸이를 걸어주고는 궁궐로 돌아갔다.

얼마 후, 잠에서 깬 지귀는 여왕의 모습은 보이지 않고 목걸이만 있는 것을 보고 더욱 사무치는 그리움에 흐느끼기 시작했다.

그러자 갑자기 지귀의 가슴에서 불꽃이 활활 타오르기 시작했다. 너무나도 간절한 그의 연정이 그만 뜨거운 불길이 되었던 것이다.

그렇게 지귀의 몸을 태우기 시작한 불길은 마침내 그의 온몸을 사르고 말았다.

그 소식을 들은 선덕여왕은 눈물을 흘리며 진혼가鎭魂歌를 불러 자기 때문에 불귀의 몸이 된 지귀의 넋을 위로해 주었다.

지당언야 至當言也

至:이를 지 當:마땅 당 言:말씀 언 也:어조사 야

당연히 옳은 말이란 뜻으로, 어떤 일에 대해서 무조건적으로 찬동하는 경우를 이른다.

문헌:《오상원 우화 吳尙源 寓話》

호랑이 임금이 측근들을 모두 불러들였다.
이리가 맨 먼저 달려와 머리를 조아렸다.
"부르심을 받고 황급히 달려왔사옵니다."
호랑이 임금은 고개를 끄덕이며 자리에 앉도록 했다. 곧 이어서 여우가 달려오고, 살쾡이와 너구리도 그 뒤를 따랐다.
"부르심을 받고 대령하였사옵니다."
저마다 머리를 조아렸다. 호랑이 임금은 그때마다 고개를 끄덕이고 나서 제자리에 앉도록 했다.
"짐이 경들을 부른 것은 다름이 아니라 한낮의 무료함을 달래던 중에 문득 생각나는 것이 있어서이다. 자고로 백성 중에는 나라에 불만이 있는 자가 있는 법이다. 이 숲 속에도 짐에게 불만이 있는 자가 없을 턱이 없다. 그런데 하찮은 불만이 쌓이다 보면 나라의 권좌까지 위태롭게 될 수 있느니라. 그러니 미리 그런 불만분자들을 가려내어 없애 버리는 것이 권좌를 감히 넘볼 수 없게 하는 길이 아닌가 생각한다. 이에 대해 경들은 어떻게 생각하는가?"

"지당한 말씀인 줄 아뢰옵니다."

이리가 고개를 조아리며 대답했다.

"여우 그대는?"

"천번 만번 지당한 말씀인 줄 아뢰옵니다."

여우도 공손히 대답했다. 뒤이어 살쾡이와 너구리도 천만번 지당함을 강조하며 황공한 듯이 고개를 조아렸다.

호랑이 임금은 마음이 흐뭇했다. 그로부터 며칠 뒤, 오후의 무료함을 달래고 있던 호랑이 임금이 다시 측근들을 불러들였다.

"오늘 경들을 부른 것은 또다시 생각나는 것이 있어서이니라. 며칠 전에 짐은 백성들 중에 불순분자들을 가려 없애 버리는 것이 마땅히 해야 할 일이라고 했다. 그러나 다시 생각하니 그렇게 할 경우 더 큰 화를 불러들이는 결과가 될지도 모른다는 것을 알게 되었다. 경들도 생각해 보라. 불만분자들을 모두 없애 버리면 또 새로운 불만분자들이 생겨날 것이 아닌가. 그러면 또다시 없애야 되고……. 그렇게 되면 끝이 없을 것이다. 그러므로 짐은 권좌를 넘보는 불순한 자만 가려 없애는 것이 어떨까 하고 생각한다. 경들의 뜻은 어떠한가?"

그러자 이리가 고개를 조아리며 말했다.

"지당한 말씀인 줄 아뢰옵니다."

"여우 그대는?"

"천번 만번 지당한 말씀인 줄 아뢰옵니다."

살쾡이도 너구리도 지당하다고 몇 번씩이나 고개를 조아렸다.

"짐은 이제 짐의 뜻이 곧 경들의 뜻이요, 경들의 뜻이 곧 짐의 뜻임을 알았도다."

호랑이 임금은 입가에 흐뭇한 웃음을 흘리며 말을 이었다.

"세상이 조용하면 내 무슨 방법으로 허구한 날 무료함을 달랠 수 있단 말인가. 불만분자의 불순한 언동은 짐의 무료함을 달래어 주는 유일한 약이요, 또 그로 인해 짐은 권좌를 지킬 수 있는 궁리를 하느라고 밤낮없이 고심을 하게 된다. 그래서 아무리 호의호식하고 금은방석 위에서 잠을 자도 체중이 늘지 않고 이처럼 정상적인 건강을 유지하고 있는 것이다. 이 얼마나 다행한 일인가. 이는 곧 그들이 있음으로써 짐이 권좌를 그만큼 길이길이 지탱할 수 있는 길을 열어 주고 있다는 말이나 다를 바 없다. 아! 짐은 진정 행복한지고!"

그러고는 자기만족에 도취되어 감탄사를 연발했다.

"지당한 말씀인 줄 아뢰옵니다."

이리가 고개를 조아렸다.

"천번 만번 지당한 말씀인 줄 아뢰옵니다."

여우와 살쾡이와 너구리가 뒤따라서 고개를 조아린 것은 더 말할 필요도 없다.

지도이효 紙掉以孝

紙:종이 지　掉:버릴 도　以:써 이　孝:효도 효

종이를 버림으로써 효도를 한다. 즉 글씨를 연습하느라 많은 종이를 버리는 것은 부모가 원하는 바는 뜻.

　　　　　　　　　　문헌 : 《국조인물고國朝人物考》

　　조선 제14대 선조宣祖 때 명필 한석봉韓石峯(1543~1605)은 본명이 한호韓濩이고, 석봉은 호이다. 그는 개성 출신으로 어려서 아버지를 여의고 홀어머니 밑에서 서예書藝에 정진하여 일가를 이루었다.
　석봉의 어머니는 떡 광주리를 이고 마을마다 다니면서 팔아 끼니를 잇는 어려움 속에서도 아들의 재질을 키워 주기 위해 노력을 아끼지 않았다.
　석봉도 그런 어머니의 정성에 보답하기 위하여 열심히 글을 읽고 글씨 연습을 했다.
　어머니는 아들의 글씨 공부에 지장이 없도록 자기는 끼니를 거르더라도 종이와 먹은 모자라지 않게 사다 주었다.
　어느 날, 한석봉은 자기한테만 밥을 챙겨 주고 허기진 배를 숭늉으로 때우는 어머니를 보고 깜짝 놀랐다. 그래서 그후부터 막대기로 땅바닥이나 모랫바닥에 글씨 쓰기를 연습하면서 종이를 아꼈다.
　며칠이 지나도 종이를 사달라고 하지 않는 아들이 이상하여 어머니가 엄한 얼굴로 물었다.

"너, 요새 왜 글씨공부를 게을리하는 게냐?"

"아닙니다. 어머님."

"그러면 어째서 종이가 아직도 이렇게 많이 남아 있는 게냐?"

한석봉은 사실대로 이야기했다.

"어머니의 고생을 안타까워하는 네 마음은 알겠다. 그러나 너는 이 어미에 대한 참다운 효도孝道가 무엇인지 모르고 있구나! 그것은 하루빨리 학문學問을 완성하고 명필名筆이 되는 것이다. 땅바닥이나 모래 위에 손가락이나 막대기로 연습을 해서 어떻게 글씨가 늘 수 있겠느냐? 너에게 종이와 먹을 사다 주는 일은 이 어미에게는 기쁨이요, 즐거움이다. 어찌 그것을 헤아리지 못한단 말이냐?"

어머니의 말씀을 들은 석봉은 다시 붓으로 종이에 정성을 들여 글씨 연습을 하여 석봉서법石峯書法을 독창적으로 확립하여 이름을 떨쳤으며 조선후기 김정희金正喜와 더불어 쌍벽을 이루었다. 그의 필적은 호쾌豪快하고 강건剛建한 서체를 창시하여 중국에까지 널리 알려졌다.

석봉은 일찍이 중국의 안진경顔眞卿이나 왕희지王羲之의 필법을 익혀 해서楷書, 행서行書, 초서草書 등 각 체에 모두 뛰어났으며, 중국 서체의 모방을 벗어나 조선시대에 제일가는 명필로 우뚝 서게 되었다.

지은지효 知恩之孝

知:알 지 恩:은혜 은 之:갈 지 孝:효도 효

<지은>의 효도라는 말로, 효성으로 어머니를 봉양했던 신라의 효녀 지은에게서 유래했다. 부모님께 효도를 하면 큰 보상을 받는다는 뜻으로 쓴다.

문헌 : 《삼국사기제8三國史記第八》

지은知恩은 신라의 한기부(韓器部 : 신라 6부의 하나)사람으로 연권連權의 딸인데 성품이 지극히 곱고 효성스러웠다. 그는 어려서 아버지를 잃고 눈먼 홀어머니 밑에서 나이 32세가 되도록 시집을 가지 않고 아침저녁으로 문안드리며 봉양했다. 집이 가난하여 품팔이도 하고 집집마다 돌아다니며 밥을 빌어다가 어렵게 생활을 했다. 그러나 날이 갈수록 곤궁해져 할 수 없이 부잣집의 종이 되기로 하고 쌀 십여 섬을 받았다.

지은은 그 집에 가서 종일토록 일을 해 주고 저녁에야 집으로 돌아와 밥을 지어 어머니를 모셨다.

어느 날, 그의 어머니가 말했다.

"애야! 지난날에는 반찬은 적어도 마음이 편하더니 지금은 밥은 비록 좋으나 그 맛이 옛날 같지 않아 간장을 칼로 찌르는 것 같으니 어찌 된 일이냐?"

지은은 어머니를 속일 수 없어 사실대로 말씀드렸다. 그러자 어머니가 말했다.

"내가 너를 종으로 만들었구나. 차라리 내가 죽는 것이 너를 도와주는 것인데……."

어머니가 소리를 내어 크게 통곡하니, 딸도 또한 부둥켜안고 통곡하여 주위 사람들의 눈시울을 적시게 했다.

그때 마침 효종랑孝宗郎이 지나가다가 이를 보고 부모에게 청하여 조 백 섬과 옷가지를 가져다주었다. 또 지은을 종으로 산 주인에게 몸값을 보상하여 줌으로써 자유인이 되게 해주었다.

효공왕孝恭王(897년)도 그 말을 듣고 벼 5백 섬과 집 한 채를 하사하고, 잡역을 면제시켜 주었다. 그리고 곡물이 많아지니 도적들이 들까 염려하여 군사를 보내어 당번으로 지키게 하고, 그 마을 이름을 효양방孝養坊이라 했다.

지은이가 어머니를 효도로 봉양함으로써 이처럼 부까지 얻게 되니 후세인들은 그녀를 기려 지은지효知恩之孝라고 했다.

《삼국사기》에는 효녀지은孝女之恩이라 적고 있다.

지이회처痣以會妻

痣:검은 사마귀 지 以:써(가지고) 이 會:만날 회 妻:아내 처

검은 사마귀로 인하여 부인을 만나다. 어떤 일을 확인하는 데 필요한 결정적 증거를 말한다.

문헌 : 《한국인의 지혜智慧》

조선 제16대 인조仁祖 때, 윤지선이라는 사람이 있었다. 그가 결혼하여 첫날밤을 지내고 나니 다음날 병자호란丙子胡亂(1636~1637)이 일어났다. 그는 오랑캐에게 사로잡혀 청나라로 끌려가 그곳에서 평생을 지내고 노인이 되어서야 가까스로 도망쳐 돌아왔다.

그리하여 제일 먼저 옛날 집으로 찾아갔으나 이미 폐허가 되어 있었다. 그래서 선산에 올라가 보니 '윤지선지묘'라고 쓴 자기의 묘비명과 함께 새로 만들어진 무덤이 보였다. 괴이하게 생각한 그가 수소문하니 자기 아들이 전라감사로 있다는 것을 알게 되어 찾아갔다. 그리고 자기의 과거 이야기를 털어 놓았다. 이야기를 다 듣고 난 감사가 물었다.

"어르신네와 부인과의 연세는 얼마나 차이가 났습니까?"

"나와 동갑이었네."

"어르신네의 세계(世系 : 대대로 이어지는 계보)를 알고 싶습니다."

그는 감사에게 일일이 설명했다. 감사가 들어보니 틀림없는 아버

지였다. 그래서 어머니에게 고하니, 어머니가 윤지선을 안으로 불러 발을 드리우고 물었다.

"아들로부터 이야기를 들으니 남편이 맞는 것 같기는 하오나 지금 연로하여 옛 모습을 찾을 수가 없어 믿지 못하겠습니다. 증거 될 만한 무엇이 없습니까?"

그는 한참 곰곰이 생각하다가 말했다.

"있지요. 첫날밤 잠자리에 들었을 때, 아내의 은밀한 사처(私處 : 음문)에 콩알만 한 검은 사마귀가 있는 것을 보았습니다. 그래서 내가 농담 삼아 여자의 은밀한 곳에 이런 사마귀가 있으면 반드시 귀한 아들을 낳는다고 말했었지요."

그러자 말이 채 끝나기도 전에 부인이 와락 뛰어나와 그를 끌어안아 통곡하며 감사에게 말했다.

"이 분이 너의 아버님 맞구나!"

그 뒤부터 사람들의 어떤 사실을 증명할 만한 결정적 증거를 일컬어 지이회처痣以會妻라 했다.

진위시차 眞僞視次

眞:참 진 僞:거짓 위 視:볼 시 次:버금 차

> 진실과 거짓은 어떻게 보느냐에 따라 달라질 수 있다는 말. 실제 눈으로 본 사실도 다를 수 있다는 뜻으로 쓰인다.
>
> 문헌 : 《고사성어속담사전故事成語俗談事典》

한 스님이 비탈진 계곡을 따라 걷는데 앞서 가던 여인이 발을 헛디뎌 물속에 빠져 허우적거리고 있었다. 스님은 이것저것 생각할 겨를도 없이 급히 뛰어들어 여인을 끌어안고 나왔다. 그런데 여인이 허우적거리면서 물을 잔뜩 들이컨 탓으로 기도가 막혀 숨을 쉬지 못했다.

스님은 죽어가는 사람을 보고 자기가 할 일을 다하지 않는 것은 수도인으로서 도리가 아니라고 생각하여 여인을 눕혀놓고 가슴을 눌러 물을 토하게 하고, 입을 빨며 인공호흡을 시작했다. 그 덕분에 여인은 '푸' 하고 숨을 내쉬며 깨어났다.

그때 이 광경을 지켜보던 같은 절의 스님이 소스라치게 놀랐다. '아니, 스님이 여인을 끌어안고 희롱하다니, 여인의 몸에는 손도 대지 말라는 계율을 지키지 않는다면 스님이라고 할 수 없지 않은가? 평소 정진에만 힘쓰는 줄 알았는데 저럴 수가…….' 하고 분개했다. 그리고 사음계에 빠진 스님은 응당 징계를 받아야 한다며 그길로 달려가 주지 스님에게 고해바쳤다. 때문에 여인을 구해 준 스님은 파계승으로 낙인이 찍혀 사문沙門에서 쫓겨났다.

 스님은 참으로 억울한 일이었지만 그렇다고 사람을 붙들고 나는 결백하다고 일일이 변명하고 다닐 수도 없었다. 스님은 이 일을 통해서 내 눈으로 직접 본 사실도 다르게 인식될 수 있다는 것을 비로소 깨달았다.

 진위시차란 인간사회에서 일어나는 모든 일은 그 일을 보는 관점과 시각의 차이에 따라 달라질 수 있음을 이르는 말이다.

진주대첩晋州大捷

晋:진나라 진 州:고을 주 大:큰 대 捷:이길 첩

임진왜란 때 진주성에서 김시민이 크게 싸웠던 고사에서 유래했다. 어떤 일에 최선을 다하는 행동을 이른다.
문헌 :《남당집南塘集·한국인의 지혜韓國人의 智慧》

임진왜란壬辰倭亂 때 진주목사牧使 김시민金時敏(1554~1592)은 본관이 안동安東이고, 1791년에 판관判官에 이어 진주목사가 되었다. 그리고 사천泗川·고성固城·진해鎭海 등지에서 왜적을 맞아 격파하였다.

그해 10월에는 왜군이 진주성을 포위하자 3천 8백여 병사로 7일간 공방전을 벌여 3만 명의 적군을 살해했으나 그래도 끊임없이 침략해오자 부득이 성문을 굳게 닫고 방어를 해야 했다. 그러나 끝내 이 싸움에서 이마에 적탄을 맞고 전사했다.

진주대첩은 행주대첩幸州大捷과 함께 임진왜란의 삼대 대첩의 하나로 꼽힌다.

진주성은 낙동강의 지류인 남강 연안에 위치하여, 동쪽은 함안·진해, 남쪽은 사천·고성, 북쪽은 의령에 접하고, 서쪽은 단성·곤양·하동을 통하여 전라도에 이르는 요지였다. 1592년, 임진왜란이 일어나자 부산의 왜장 하세가와 도오고로長谷川藤五郞는 우도(경상도

서역)로 침입하는 동시에, 수군을 동원하여 전라도 지역 해군의 진로를 막았다. 이에 우병사 유숭인柳崇仁이 창원에서 맞아 싸웠으나 중과부적으로 물러서니 왜군은 함안까지 쳐들어와 조선의 방어군을 격파하고, 진주성으로 들이닥쳤다. 때는 임진년 10월 5일이었다.

당시 김시민은 과거 무과에 급제해서 훈련원 판관이었는데 병조판서에게 군사 전략에 관한 건의를 했다가 채택되지 않자 관직을 버리고 고향에 내려와 있었다. 그런데 진주목사가 전쟁에서 순직하자 그를 대신하여 성을 수축하고 무기를 갖추도록 지휘하였다. 하여 그 공로로 진주목사로 임명되었다.

김시민은 성문을 굳게 닫고 친히 병사들에게 음식을 나누어 주며 위로하는 등 사기 진작을 위해 노력했다. 그의 헌신적인 지휘에 감명을 받은 병사들은 왜군이 일제히 공격을 개시하여 총탄이 우박처럼 성안으로 쏟아져 들어왔으나 한 사람도 물러서지 않았다. 왜군이 휴식을 취하느라 총소리가 그치자 김시민은 태연함을 보여주기 위하여 농악을 연주하게 했다. 그러자 적은 큰 대나무를 베어다 동북쪽에 누각을 만들고 그 위로 올라가서 조총을 쏘아댔다. 이에 김시민은 불화살을 쏘아 그 누각을 불태워 버렸다.

6일째 되는 밤에 적병들이 갑자기 고함을 지르며 성벽으로 기어오르려 하자 미리 준비해 두었던 마른 풀에 화약을 싸서 성 밖으로 던지고, 역시 불화살을 쏘아 불을 질러 적의 접근을 막았다. 또 큰 돌을 내리굴리고 끓는 물을 끼얹기도 하니, 적병들은 이에 맞지 않는 자가 없었다. 성 북문으로 침범하는 적의 기마대에게도 맹렬히 화살과 돌을 쏘아 저지하니 마침내 왜군은 큰 피해를 입고 물러가지 않을 수 없었다.

김시민은 친히 성루에 올라가 퇴군하는 적병을 향하여 화살을 쏘다가 난데없이 날아온 적의 유탄에 이마를 맞아 달포 만에 세상을 떠났다.

김시민, 그는 육지의 이순신이라 할 만큼 용감하게 싸워 대승리를 거두었다. 그는 부하 사랑하기를 아들과 같이 하니, 병사들이 한마음 한뜻이 되어 마침내 적군을 격퇴시켰던 것이다. 이것이 임진 10월의 제1차 진주 싸움이다.

해가 바뀌어 계사년癸巳年에 또다시 왜군이 쳐들어왔다.

왜군이 패퇴하여 영남의 바닷가 일대를 근거지로 삼고 있다가 도요토미 히데요시의 명에 의하여 전년의 진주성 싸움에서의 수치를 씻으려고 총공세를 감행하여 온 것이다.

그 무렵 명明나라는 일본과 화의和義를 진행하고 있었다. 때문에 양쪽 모두 안병부전(按兵不戰 ; 군사를 한자리에 멈추고 싸우지 않음)의 태도를 취했다. 명나라의 장수 유정劉綎은 가토 기요마사加藤淸正에게 진주성을 재침공하려는 의도를 비난하고, 유격遊擊 심유경沈惟敬도 고니시 유카니가少西行長에게 그러한 계획을 취소하여 줄 것을 강력히 요청하였으나 그들은 듣지 않았다.

이때 조선의 군사들은 도원수 김명원金命元, 순찰사 권율權慄 이하 관병과 의병이 연합하여 함안에 이르렀으나, 내습하는 적군의 규모가 너무 커 대적을 포기하고 호남으로 피해 들어갔다. 그러자 의병장 김천일金千鎰이 나서서 전의를 다졌다.

"진주는 호남의 순치脣齒와 같은 땅이다. 진주 없이는 호남이 있을 수 없다. 성을 버리고 적을 피하는 것은 적들의 마음을 기쁘게 하는 것이다. 힘을 다하여 적군을 막도록 하자."

그러나 전세가 불리하다는 것을 안 사람들 중에 더러는 도망치는 자가 생겼다. 이에 김천일은 경상우병사 최경회崔慶會, 충청병사 황진黃進, 의병장 고종후高從厚, 사천현감 장윤張潤 등과 함께 군사를 거느리고 진주성으로 들어가니 김해부사 이종인李宗仁이 먼저 입성해 있었다.

성내의 군사를 파악해보니 겨우 수천 명에 불과하였으나 백성들은 6~7만 명에 달하였다. 후속 지원군으로 의병장, 강희열姜熙悅, 이잠李潛 등이 이어서 합세했다.

그런데 목사 서예원徐禮元은 겁이 많고 병법에 밝지 못하였으므로 모든 작전에서 김천일과 손발이 서로 맞지 않았다. 때문에 군사들이 모두 어찌할 바를 모르고 우왕좌왕하니 진주성은 무기력 상태에 빠지고 말았다.

김천일은 부대를 나누어 구역별로 성을 지키게 하고, 황진, 이종인, 장윤 등에게는 지원하는 임무를 맡겼다. 이처럼 지휘 체계가 안정되니 병사들의 사기가 올라 죽기를 맹세하며 전의를 다졌다.

6월 스무날, 왜군의 선봉이 성 경계에 이르자 오유, 이잠 등이 적군 몇 놈의 목을 베어 가지고 돌아오니 군사들의 사기는 더욱 높아졌다.

이튿날, 적군 약 5만 명이 성을 에워싸고 총을 쏘아대니 탄환이 비 오듯했다. 성이 함락될 위기에 빠지자 황진을 중심으로 군관민들이 하나로 뭉쳐 결사 항거했으나 엎친 데 겹치는 격으로 연일 폭우가 쏟아져 성 한 모퉁이가 무너졌다. 적들은 그 틈을 타서 공격을 해왔고, 이에 거제현령 김준민金俊民이 싸워 보았으나 중과부적이었다.

이어서 적이 성의 동서쪽에 높은 언덕을 쌓고 그 위에 목책木柵을 세워 총을 쏘니 황진 등이 이에 불화살을 쏘아 불살랐다. 그러나 이 싸움에서 강희보姜希輔가 전사했다. 적은 또 관 모양의 큰 궤를 만들어 쇠가죽으로 여러 겹 싸서 사륜거 위에 놓고 갑옷을 입은 자가 그것을 끌고 성으로 기어올라 공격해오자 황진이 기름을 붓고 역시 불화살을 쏘아 태워 버렸다.

그 뒤 적이 몰래 성에 구멍을 뚫으려 했으나 사력을 다하여 방어하니 적병의 죽은 자가 천여 명이나 되어 뜻을 이루지 못했다. 그러는 중에 황진이 적의 총탄에 맞아 죽음을 당하자 장윤이 대신 나섰으나 그 또한 전사하였다.

29일, 마침내 성이 함락되자 목사 서예원은 도망하고, 군사는 흩어졌다. 김천일은 고종후, 양산주, 최경회 등과 남강南江에 투신하고, 이종인, 강희열, 이잠 등은 적진에 돌격, 장렬한 최후를 마쳤다. 또 성내에 남아 있던 백성들도 모두 학살을 당하니 그 수가 무려 6만 명에 달했다.

이 싸움은 비록 패퇴하기는 했으나 임진왜란 중 최대의 격전이자 우리 민족의 애국정신을 발휘한 빛나는 싸움이었다.

싸움이 끝나자 왜군은 촉석루에 올라 승전의 축배를 들었다. 그때 기생 논개論介는 적장 게다니무라 로쿠스케毛谷村大助를 유인해 갑자기 껴안고 남강 강물로 뛰어들었다. 연약한 여인의 몸으로 적장을 죽게 한 것이다. 지금도 촉석루 옆에는 그를 기리는 사당 의기사義妓祠가 있다.

진화구주鎭火救主

鎭:누를 진 火:불 화 救:구할 구 主:주인 주

불을 꺼서 주인을 구하다. 전북 임실의 의로운 개에게서 유래한 말로, 어떤 일에 최선을 다하여 해결함을 비유하여 쓴다.
문헌 :《한국문화 상징사전韓國文化 象徵辭典》

는 예부터 집을 지키고, 사냥, 맹인盲人 안내, 호신 등의 역할을 해왔다. 또 요귀나 도깨비를 물리치는 능력도 있고, 상서祥瑞로운 일도 있게 하고, 재난을 예방해주기도 한다고 생각했다. 특히 황구黃狗는 풍년과 다산을 상징하고, 초가집과 잘 어울려 조화를 이루며, 그 고기는 허약한 사람에게 보신補身의 효과가 있다고 여겨 죽어서까지 주인을 위해 헌신하는 귀한 동물로 여겨왔다. 견공犬公이라는 말은 개를 인간 세계에 대입하여 의인화해서 부르는 말이다.

개는 신화나 전설에도 종종 등장한다.

서양의 일식과 월식에 대한 신화에서 까막나라 왕이 불개에게 해를 가져오라고 시켰다. 불개는 하늘로 달려가 해를 물었지만 너무 뜨거워 포기할 수밖에 없었다. 왕은 그냥 돌아온 개를 책망하면서 다시 달을 물어 오라고 시켰다. 그래서 하늘로 올라가 달을 물었으나 달은 너무 차가워서 역시 실패하였다.

일식과 월식이 생기는 것은 불개가 해와 달을 무는 현상이라고 믿었다.

우리나라 토종개로는 삽살개와 진돗개, 풍산개 등을 들 수 있는데 모두 다 충성심이 강해 주인을 잘 따를 뿐만 아니라 적을 만나면 용맹스럽게 싸운다. 그중에 삽살개는 귀신을 쫓는 영물로 알려져 있다. 그래서 이름도 '살기를 찔러 쫓는 개', 즉 꽂는다는 삽插자와 해친다는 살煞자를 써서 삽살개라 했다.

삽살개 중에는 검정 삽살개와 청삽살개, 황삽살개 등이 있는데 민화에 나오는 삽살개는 대부분 청삽살개다.

충성심을 보여주는 개로는 전북全北 임실군任實郡의 의견義犬이 유명하다.

임실군 둔남면의 오수리 마을에 김개인金盖仁이라는 사람이 개 한 마리를 기르고 있었다. 하루는 이웃 마을 잔칫집에 갔다가 밤늦게 돌아오는 길에 만취한 탓으로 둑에 누워 잠시 쉬다가 그만 잠이 들고 말았다. 그런데 피우던 담뱃불이 떨어져 풀밭에 불이 붙어 불길이 번져 갔다. 이를 본 개가 맹렬히 짖어댔지만 곯아떨어진 주인은 인사불성이었다.

불길이 거세지자 개는 개울로 달려가 온몸에 물을 적셔다가 주인의 주변 풀에 물기가 배게 하기를 거듭했다.

주인이 새벽녘에 한기를 느끼고 깨어 보니 풀밭이 모두 까맣게 탔는데 자기가 누운 주변만 타지 않았다. 순간 이상한 생각이 들어 살펴보니 자기가 기르던 개가 온몸이 젖은 상태로 죽어 있었다.

그제야 상황을 깨달은 김씨는 개의 충정에 감동하여 개의 무덤을 만들어주고, 주변의 나무를 베어다가 충성된 개의 죽음을 기리는 비문을 세워주었다. 그런데 거기에 심은 나무에 뿌리가 돋고, 가지가 뻗어 큰 나무로 자랐다. 그 후 사람들은 그 나무를 개의 나무라는 뜻으로 개 오獒, 나무 수樹, 즉 '오수'라고 했고, 마을 이름도 오수리라 불렀다.

개는 인간과 오랜 세월을 함께 생활해 오는 동안 정이 들어 인간과 거의 동일시되어 왔다. 그래서 자기 자식을 일러 '우리 강아지!' 하고 부르는 애칭도 생겨났다.

설화에 나타나 있는 이른바 '의견義犬'이라고 부를 수 있는 유사한 이야기가 25개 정도 된다.

위의 경우는 진화구주형鎭火救主型으로 그만큼 지능智能이 있다는 것이고, 주인을 위해 희생했으니 인仁과 덕德이 있다는 말이며, 물을 묻혀 불 속에 뛰어들었으니 용勇과 체體가 있다는 말이 된다.

이밖에도 호랑이와 싸워 주인을 구한 투호구주형鬪虎救主型 이야기, 주인이 억울하게 죽자 관청에 가 짖어서 알려 범인을 잡게 한 폐관보주현吠官報主型 이야기, 주인 없는 사이에 아이에게 젖을 먹여 구한 수유구아형授乳救兒型 이야기, 눈먼 주인에게 길을 인도한 맹인인도형盲人引導型 이야기 등 전해지는 이야기가 한두 가지가 아니다.

진효지도眞孝之道

眞:참 진 孝:효도 효 之:어조사 지 道:길 도

참된 효도의 길이라는 말로, 서포 김만중에게서 유래했으며 진실되고 참된 효도가 무엇인지를 깨우쳐주는 말이다.

문헌:《사씨남정기謝氏南征記 · 북간집北幹集》

조선 제19대 숙종肅宗 때 대사헌을 지낸 서포西浦 김만중金萬重(1637~1692)은 평소 한글로 쓴 문학이라야 진정한 국문학이라는 국문학관을 피력하곤 했다. 그의 소신대로 전문을 한글로 지은《구운몽》으로 김만중은 당시 소설 문학의 선구자가 되었다.

김만중은 병자호란丙子胡亂 때 강화도에서 스스로 목숨을 끊은 김익겸金益兼의 유복자로 태어났다.

청나라 태종 누르하치가 30만 대군을 이끌고 쳐들어오자 사태가 위급해진 인조仁祖는 연약한 아녀자들을 먼저 강화도로 보내고 자신도 뒤따르려 했다. 그런데 불과 보름도 안 되어 청군이 들이닥치자 급한 나머지 남한산성으로 피신했다.

김만중의 아버지 김익겸은 왕명을 받들어 먼저 강화도에 가 있었는데 강화성이 함락되자 남문 위 화약고에 불을 붙여 자결했다.

그런 와중에 만중의 어머니 윤씨는 임신한 몸으로 어린 아들 만기萬基를 데리고 가까스로 탈출했다. 그리고 다음 해인 1637년에 만중이 태어났다.

　만중의 어머니는 증조부가 영의정을 지냈고, 조부는 선조의 부마(사위)였다.

　만기와 만중의 어렸을 때 스승은 어머니였다.

　그녀는 《소학小學》을 손수 베껴 아들들을 가르쳤다. 친정아버지와 남편이 세상을 뜨고 나니 살림살이도 직접 꾸려나가야 했다. 그래서 눈만 뜨면 베틀에 매달려 명주를 짜 그것을 내다 팔아 근근이 자식들을 키웠다.

　어느 날, 소년 만중의 집에 한 도부到付장수가 찾아왔다. 도부장수란 물건을 짊어지고 이곳저곳으로 떠돌아다니며 장사하는 사람을 이른다.

　제법 글을 익힌 만중은 그 장수가 가져온 책 중에 중국의 《춘추春秋》라는 책을 해설한 《좌씨집선左氏輯選》이 탐이 났으나 어찌할 수가 없었다. 어머니가 베를 짜 어렵게 살아가는 형편에 그런 비싼 책을 사달라고 차마 말할 수가 없었다.

　만중은 그 책을 몇 장 들추어보다 말고 어차피 못 살 것이라고 단념하고는 시큰둥한 표정으로 말했다.

　"《좌씨집선》이라고 해서 대단한 책인 줄 알았더니 별것 아니네."

　그런 만중을 눈여겨보고 있던 어머니가 물었다.

　"뭐가 별것 아니라는 거냐?"

　"사람들이 좌씨집선, 좌씨집선 하기에 대단한 책인가 했는데, 지금 보니 별것 아니네요."

　그러자 만중의 어머니가 엄숙하게 말했다.

　"어찌 그 귀한 책을 하찮게 여기느냐? 내가 그토록 지성으로 글을 가르쳐 주었는데 아직껏 귀중한 것과 하찮은 것을 구별하지 못한단 말이냐?"
 그러자 눈치 빠른 도부 장수가 책을 팔 욕심으로 끼어들었다.
 "아닙니다, 마님. 도련님이 말은 그렇게 해도 눈빛은 몹시 탐을 내는 기색입니다. 사 주시지요."
 "아니, 그렇다면 마음에도 없는 헛말을 했다는 거 아니냐?"
하고 만중을 나무라고는 도부 장수에게 말했다.
 "그 책 아이에게 주시오."
 "값만 맞는다면 당연히 드려야지요. 좀 귀한 거라 무명 반 필 값은 주셔야 됩니다."
 윤씨는 베틀로 가더니 짜고 있던 베의 반 필을 싹둑 잘라 도부 장수에게 내주었다.
 그리고 도부 장수가 돌아가자 회초리를 들고 만중을 불렀다.
 "어서 종아리를 걷어라. 이 어미의 낙이 너희들 공부하는 모습을 보는 것인 줄 뻔히 알면서 구하기 힘들 거라고 지레 짐작하고 마음에 없는 소리를 하다니, 용서할 수 없다."
 만중은 베틀 하나로 살림을 꾸려가는 어머니가 안쓰러워 갖고 싶은 책을 보고도 딴 말을 한 자신의 속마음을 몰라주는 어머니가 야속했다.
 "어머니, 실은……."
 "안다, 네가 지금 무슨 말을 하려는지……. 그러나 이 어미는 비록 끼니를 굶더라도 네 형제가 읽어야 할 책은 다 사줄 것이다. 그러니 어미의 고생을 덜어준다는 좁은 소견으로 마음에 없는 허튼 말을 하기보다는 '이 책을 읽고 싶습니다. 꼭 사주십시오.' 하는 게 효도라는 것을 명심하도록 하여라."
 만중은 아무말도 할 수 없었다. 그리고 마음속으로 '어머니는 내

마음을 다 읽고 계셨구나. 그러니까 작은 효성보다는 내가 넓은 길로 가는 것을 바라고 계셨던 거야.'라고 생각했다.

만중은 회초리를 드신 어머니의 눈에 물기가 배어 있는 것을 보고 끝내 소리내어 울고 말았다.

만중은 주야로 일하느라 힘들어 하는 어머니를 즐겁게 해드리기 위해 일부러 어리광을 부리고 우스갯소리와 우스갯짓을 했다. 윤씨는 웬만해서 웃음을 보이는 법이 없었지만 만중이 그럴 때만큼은 숨김없이 배를 움켜쥐고 웃었다.

만중은 숙종 15년인 1689년, 송시열과 함께 세자(경종景宗) 책봉이 시기상조라고 반대를 했다가 송시열은 죽음을 당하고, 그는 남해의 외딴섬에 귀양 보내져 위리안치圍籬安置되었다. 위리안치란 유배지의 죄인이 달아나지 못하도록 가시로 울타리를 만들어, 그 안에 가두어 놓은 것을 말한다.

김만중은 유배지에서 어머니께 바치기 위해 소설《구운몽九雲夢》을 집필한 뒤 병사病死하였다.《구운몽》은 이전의 소설과 다른 새로운 형식으로 한국 고대소설 문학사의 불후의 명작으로 손꼽힌다.

신라의 설총薛聰과 고려의 승려 균여均如, 조선의 허균許筠 그리고 김만중 네 사람은 대중 소설의 선각자로 역사 속에 우뚝 서 있다.

숙종 24년인 1698년 관직을 복귀시키고, 효행에 대한 정문旌門도 세워 주었다.

차돈순명次頓順命

次:버금 차 頓:조아릴 돈 順:좇을 순 命:목숨 명

<차돈>이 목숨을 바치다. 신라시대 이차돈이 불교를 포교하기 위해 순교했던 고사에서 유래한 말로, 어떤 일에 최선을 다할 때 쓰인다.

문헌 : 《삼국유사三國遺事》

　신라에 불교가 처음 들어온 것은 신라 19대 눌지왕訥祇王(재위 417~458) 때 고구려의 승려 아도화상阿道和尙 즉 묵호자墨胡子에 의해서였다. 아도화상은 고구려의 승려로 아버지는 북위北魏 탁발왕拓跋王 때 사신으로 왔던 아굴마阿堀摩다. 그가 고구려에 왔을 때 고구려의 여인 고도령高道寧과 통정하여 아도를 낳았다. 아도가 16세 때 아버지를 만나기 위해 위나라로 갔는데 아버지 아굴마가 만나 주지 않고 도첩을 주어 현창玄彰 스님 문하에 들어가 법을 배우게 했다. 그리고 소수림왕 4년 19세 때 고구려로 돌아왔다. 440년 어머니의 권고로 신라에 들어와 선산善山 지역 지주地主 모례毛禮의 집에 은거하면서 신라 최초로 도리사桃李寺를 짓고 눌지왕의 딸 성국공주成國公主의 병을 고쳐 주고 흥륜사興輪寺를 지었다.
　그러나 불교가 정식으로 공인되어 포교되기 시작한 것은 23대 법흥왕法興王 14년 때 이차돈異次頓(506~527)이 순교한 뒤부터였다.
　이차돈의 본명은 박염촉朴厭觸이고 갈문왕葛文王의 증손으로 법흥왕의 측근에서 불교를 선양했다.

법흥왕은 불교를 좀더 넓게 포교하려고 했으나 신하들이 무교巫敎에 젖어 반대하고 나섰다. 왕과 이차돈은 불교를 선양하려했으나 따라 주는 사람이 없었다. 그러자 이차돈이 자신의 목숨을 던져서라도 불교를 전파하려고 왕에게 말했다.

"신의 죽음으로써 불법이 전파된다면 그렇게 하겠습니다."

그의 결연한 의지를 확인한 왕이 대전으로 들어가 신하들에게 불교 포교의 찬성 여부를 물었으나 여전히 반대했다.

"전하! 그들은 기괴한 옷을 입고 요사스러운 말을 하니 지금 막지 않으면 훗날에 후회하게 될 것입니다."

그러자 이차돈이 다시 나섰다.

"그 말은 옳지 않습니다. 평범치 않은 사람이 있어야 평범치 않은 길이 있는 법이거늘 어찌 그 말을 좇겠습니까?"

사실 이 불란의 씨는 천경림天鏡林이라는 곳에 왕이 화백 회의를 거치지 않고 절을 짓는 데서 비롯되었다. 백제와 고구려가 불교를 통해 선진 문화를 수입하고 있어 신라에서도 이를 받아들이기 위해서였다. 그런데 절을 지으면서부터 가뭄과 장마로 농사가 되지 않자 대신들이 요망한 종교를 신봉하기 때문이라고 반대했던 것이다. 왕이 어려운 처지에 있게 되자 이차돈이 모든 공사의 책임을 지고 희생을 자원하고 나선 것이다.

"나는 법을 위하여 죽거니와 불법이 진실로 숭고한 것이라면 내가 죽은 후 반드시 놀라운 일이 일어날 것입니다."

마침내 이차돈의 목을 베니 그의 목에서는 과연 놀랍게도 하얀 피가 뿜어져 나왔다. 그리고 하늘이 컴컴해지더니 꽃비가 내렸다. 이에 반대하던 신하들이 입을 닫았고, 불교가 공인되기에 이르렀다.

차부무병借斧無柄

借:빌릴 차 斧:도끼 부 無:없을 무 柄:자루 병

자루 없는 도끼를 빌린다는 말로, 원효대사가 요석공주를 취하기 위해 퍼뜨린 말이다. 배우자나 어떤 일을 함께 도모할 동지를 구한다는 뜻으로 쓰인다.

문헌 :《한국의 인간상人間像·선현위인어록先賢偉人語錄》

신라의 대승 원효元曉(617~686)는 제26대 진평왕 39년에 내마奈馬 설담날薛談捺의 아들로, 압량押梁(경산慶山)에서 태어났다.

그는 선덕여왕 15년(646) 황룡사皇龍寺에 출가하여 스님이 된 후 진덕여왕 4년(650)에 의상義湘과 함께 당나라로 유학길에 올랐다. 그런데 당항성唐項城(남양南陽)에 이르러 공동묘지에서 잠을 자다가 잠결에 목이 말라 근처를 손으로 더듬어 잡히는 물을 맛있게 마셨다. 다음 날 밝은 곳에서 보니 그 물은 해골에 고인 물이었다. 인간사는 마음먹기에 달렸음을 깨닫고 그냥 되돌아왔다. 즉 사물 자체에는 정淨도 부정不淨도 없고, 극락도 저 세상에 있는 것이 아니라 마음 속의 평화와 안정이 극락이요, 마음속의 갈등과 불안이 지옥이 된다는 것을 깨달았던 것이다.

그가 어느 날 거리에 나가 노래를 부르고 다녔다.

"누구 내게 자루 없는 도끼를 빌려주시오. 그러면 내가 하늘을 떠받칠 기둥을 깎으리이다(誰許沒柯斧 我斫支天柱)!"

그 말의 뜻을 모르는 사람들은 고개를 갸웃거렸다.

"원효가 너무 지나치게 수행하다가 정신이 어떻게 된 거 아냐? 하늘을 떠받칠 기둥을 어떻게 만들어?"

"그러게 말일세."

그 소문은 궁궐에까지 전해졌다.

태종太宗 무열왕武烈王(604~661)은 그 말을 듣고 웃으며 말했다.

"여봐라! 원효대사를 공주가 거처하는 요석궁瑤石宮에 모시도록 하여라."

신하들은 어리둥절하였다. 비록 과부이긴 하지만 어엿한 공주의 신분인데, 승려를 그녀의 거처에 들게 한다는 것은 참으로 괴이한 일이 아닐 수 없었다. 그러나 지엄한 왕명인지라 그대로 따랐다.

얼마 후, 원효대사와 요석공주 사이에서 아들이 태어났다. 그가 바로 훗날 신라의 대학자가 된 설총薛聰이었다.

아무도 이해하지 못했던 원효대사의 말뜻을 무열왕은 제대로 알아들었던 것이다. 즉 도끼 구멍과 도끼 자루를 남녀의 생식기로 비유한 것이니, 자루 없는 도끼는 임자 없는 여인이라는 뜻이요, 하늘을 떠받칠 기둥이라 함은 동량이 될 탁월한 인물을 말한 것이었다.

뒤늦게 이를 깨달은 신하들은 모두 무열왕의 혜안慧眼에 탄복하였다.

차충공적借蟲攻敵

借:빌릴 차 蟲:벌레 충 攻:칠 공 敵:원수 적

> 벌레의 힘을 빌려 적을 공격하다. 조선 중종 때 수구파 남곤 등이 훈구파 조광조 등의 신진사류를 축출하고자 나뭇잎에 꿀로 글자를 써서 벌레로 하여금 파먹게 하여 이를 핑계로 모반, 정적을 축출한 고사에서 유래했다. 조자적공造字敵攻도 같은 뜻이다.
>
> 문헌 : 《한국천년인물사韓國千年人物史》

기묘사화己卯士禍의 주역 남곤南袞(1471~1527)은 본관이 의령宜寧이고, 호는 지족당知足堂, 또는 지정止亭이다. 김종직金宗直의 문하에서 문명을 펼쳤으며 대제학을 거쳐 1523년 영의정에 이르렀다. 그는 문장文章이 뛰어나고 글씨도 잘 썼다. 그러나 훈구파勳舊派의 수장으로서 정권을 주도하기 위해 죄 없는 박경朴耕 등에게 모반죄를 씌워 죽이고, 그 공으로 신임을 얻어 이조판서에 올랐다.

남곤의 반대파인 조광조趙光祖(1482~1519)는 개혁을 주창하며 젊고 유능한 인재를 모아 신진파新進派를 형성했다. 그래서 남곤 일파와 대립하게 되었다.

그러자 남곤 일파는 조광조 등을 몰아내려고 같은 파 홍경주洪景舟의 딸이 중종의 후궁인 것을 이용하여 대궐 안 동산의 나뭇잎에 꿀로 '주초위왕走肖爲王'이라는 글자를 써 벌레들이 꿀을 바른 곳만을 갉아 먹게 해서 글자가 그대로 드러나게 만들었다. 그러고는 그 나뭇잎을 따서 중종에게 바쳐 조광조를 제거하게 했다. '주초는 조

趙자를 파자破字한 것으로, 주초위왕이란 말은 조씨가 왕이 되려 한다.'는 뜻이었다. 조광조의 급진 정책에 회의를 느끼고 있던 중종의 뜻을 안 훈구 세력은 조광조를 제거하는 좋은 기회로 삼은 것이다.

조광조를 몰아내는 데 앞장섰던 사람들은 사림파로부터 소외된 남곤과, 공신 자격을 박탈당한 심정沈貞, 조광조의 탄핵으로 어려운 처지에 빠졌던 희빈 홍씨의 아버지 홍경주洪景舟 등이었다.

이들은 조광조가 왕권을 넘보고 있다고 주장하며 엄히 다스려야 한다고 상소했다.

이들의 상소가 잇따르자 중종은 사림 세력을 치죄하도록 했다. 그 결과 조광조, 김정金淨, 김구金絿, 김식金湜 등이 투옥되고 이로 인하여 기묘년에 사화가 발생했다.

조광조는 유교儒敎로 정치와 교화敎化의 근본을 삼아 왕도정치를 실현하고자 훈구파를 외직으로 몰아내고 개혁을 단행하려 했으나 그들의 모략적인 나뭇잎 하나로 인하여 투옥되고 그들의 끈질긴 공격으로 마침내 사사賜死되었다.

남곤은 만년에 자기의 잘못을 깨닫고 그로 인해 화를 입을까 두려워 자신의 저서를 모두 불태워버렸다. 그러나 결국 명종 13년에 관작과 시호를 삭탈削奪당했다.

창직개안 搶職開眼

搶:빼앗을 창 職:맡을 직 開:열 개 眼:눈 안

직위를 빼앗아 눈을 뜨게 하다. 즉 높은 직위에 올라 안일에 빠져 있는 사람에게서 그 직위를 빼앗음으로써 새롭게 깨닫게 한다는 말이다.

문헌 :《한국의 인간상人間像》

　　조선 제16대 인조仁祖 때 최술崔述은 일찍 과부가 된 어머니의 엄격한 가르침과 헌신적인 보살핌으로 학문 연구와 글씨 공부에 전념하여 상당한 경지에 이르렀다.

　호조판서 김좌명金佐明(1616~1671)은 그런 최술의 재능을 인정하여 아전으로 삼아 중요한 일을 맡겼다.

　하루는 최술의 어머니가 김좌명을 찾아와 아들을 직위에서 파면해 달라고 요청했다.

　"도대체 알다가도 모르겠구나. 아들의 벼슬을 높여 달라고 해야 옳거늘, 그만두게 해달라니……."

　"대감께서도 아시다시피 저는 일찍이 지아비를 잃고 모든 희망을 그 아이에게 걸고 살아왔습니다. 그동안 가난한 생활 속에서도 아이의 학문이 나날이 진전되는 것을 보는 것이 낙이었습니다. 대감께서 그 아이에게 벼슬을 내리시고 중히 써 주시니 그런 영광이 어디 있겠습니까만, 오히려 저는 봉록을 받아 쌀밥을 먹게 된 지금보다 겨밥을 먹던 지난날이 더 그립습니다."

"왜 그렇소?"

"저의 아이는 아직 학문이 짧고 경험이 부족합니다. 그런데도 대감께서 어여삐 여기셔서 중히 써 주시니까 자기가 당연히 그만한 그릇이 되어서 그런 줄 여기는 모양입니다. 이번에 그 아이가 부잣집 딸에게 장가를 들었는데, 처가에서 밥상을 받고는 반찬이 맛이 있느니 없느니 하고 음식 투정을 했다고 합니다. 벌써부터 이처럼 교만한 마음이 생겨서야 어찌 지난날의 가난이 의미가 있으며, 또 장차 훌륭한 사람이 되리라고 기대하겠습니까? 그러니 부디 아이의 직책을 벗겨 새롭게 눈을 뜨게 해 주십시오."

김좌명은 부인의 말에 크게 감복하여 최술을 면직시킨 다음 더욱 학문에 정진하도록 뒤에서 도와주었다.

채갱불망菜羹不忘

菜:나물 채 羹:국 갱 不:아니 불 忘:잊을 망

> 나물국을 잊지 못하다. 청백리 김장생이 공부할 때 소금으로만 밥을 먹다가 나중에 나물국을 먹으니 그 맛이 좋아 잊지 못했다는 고사에서 유래했다. 어려운 시절을 잊지 말고 교훈으로 삼으라는 뜻으로 쓰인다.
>
> 문헌 : 《대동기문大東奇聞》

조선 제13대 명종明宗 때의 대학자 김장생金長生(1548~1631)은 본관이 광산光山이요, 호는 사계沙溪이며, 시호는 문원文元으로 임진왜란 때 큰 전공을 세웠다.

그는 청백리淸白吏에 녹선되었고, 《가례집람家禮輯覽》《상례비요喪禮備要》《개장의改葬儀》《제의정본祭儀正本》《예기기의禮記記疑》《송강행록松江行錄》등 20여 권의 저서를 남겼다. 특히 예론禮論 등을 깊이 연구하여 아들 집集에게 계승시켰으며, 조선예학朝鮮禮學의 태두로 예학파의 주류를 이루었다.

그는 정묘호란丁卯胡亂을 겪고 난 다음 벼슬을 그만두고, 고향에 돌아와 후진들의 교육에 전심하여, 문하에 송시열宋時烈·송준길宋浚吉 등의 학자를 배출했다.

그가 84세로 일생을 마치자 제자 송시열은 다음과 같이 그를 기렸다.

"사계 선생은 젊을 때부터 한 번도 자기 집 밖에서 여색을 범한 일이 없었다. 그의 아버지 황강공黃 岡公이 평안감사로 있을 때 아버지를 따라 평양에 간 적이 있었다. 그때 도사(都事 : 감사 밑에 있는 벼슬아치)로 있던 사람이 기생을 시켜서 갖은 방법으로 유혹하게 했으나 끝까지 흐트러짐이 없었다."

김장생은 엄격한 스승 송익필宋翼弼과 이이李珥에게서 글을 배웠다. 그가 송익필의 집에 기거하며 공부를 할 때 스승의 집이 가난하여 간장 하나 없이 소금만으로 밥을 먹어야 했다. 그러다가 집에 올 일이 있어 오는 도중 하인의 집에 들러 나물국을 얻어먹게 되었다. 소금 반찬만 먹던 그의 입에는 나물 반찬이 어찌나 맛이 있었던지 그 나물국을 평생 못 잊어 했다.

그는 제자 송시열·송준길과 함께 서인西人의 중심으로 기호학파畿湖學派를 이룩하여 영남학파嶺南學派와 더불어 학문의 쌍벽을 이루었다.

책루조옥柵累造獄

柵:목책 책　累:더할 루　造:만들 조　獄:감옥 옥

울타리를 자꾸 만들다 보면 나중에는 자기가 앉은 자리가 감옥이 된다. 즉 반대파를 배척하기 위하여 외부와 대화를 단절시키면 종래에는 자신이 고립되어 외톨이가 된다는 뜻이다.

문헌 : 《오상원 우화 吳尙源 寓話》

살쾡이가 어쩌다 한 나라를 손아귀에 넣게 되었다. 그렇게 나라를 차지하기는 했으나 앞으로 닥쳐 올 일들이 불안했다. 자기의 힘이 권좌를 누리기에는 절대적으로 부족하다는 것을 잘 알고 있었기 때문이었다. 그렇다고 손아귀에 들어온 권좌를 그대로 내놓을 수는 없었다. 그래서 다른 동물들의 인심을 사기 위해 나라 안에 살고 있는 모든 동물들을 모아놓고 자기의 뜻을 공포했다.

"그대들의 뜻이 곧 나의 뜻이요, 나의 뜻이 곧 그대들의 뜻임을 나는 믿고 있다. 그러니 모두들 기탄없이 내가 하는 일에 각자의 뜻을 밝히도록 하라."

그러나 그 다음부터가 문제였다. 많은 동물들이 살쾡이가 하는 일마다 어쩌니 저쩌니 시비를 걸었다. 불안해진 살쾡이는 급히 늙은 산양을 불렀다.

"이러다간 언제 어떤 일이 벌어질지 모르겠다. 그러니 불평분자들을 모조리 나라 밖으로 추방하는 것이 어떨까 하는데……?"

"그것은 아니 될 말씀입니다. 먼저 백성이 있고 나라가 있는 법입니다. 백성들이 불평을 한다고 나라 밖으로 하나 둘 몰아내기 시작하면 끝이 없습니다. 자고로 백성이 성하면 나라도 성하고, 백성이 쇠하면 나라도 쇠한다고 했습니다. 불평을 하는 백성들을 추방하다 보면 마침내 백성도 쇠하고 나라도 쇠하게 될 것입니다."

"그렇다면 어떡해야 좋단 말인가?"

살쾡이는 쓴 입맛을 다시며 여우를 부르자, 여우가 말했다.

"고을 밖에 사방으로 높게 울타리를 둘러치고 불평을 하는 자들을 그 울타리 밖에서 살게 하면 됩니다. 그리고 이웃 나라와의 경계에는 망루를 세워 단단히 감시를 하면 이웃 나라로 도망가지도 못할 것입니다."

그러나 늙은 산양이 이를 가로막고 나섰다.

"그렇게 된다면 온 나라 안을 감옥으로 만드는 결과가 되지 않을까 두려움이 앞섭니다. 어느 때나 백성들에게는 적고 많고 간에 불평이 있는 법입니다. 그것을 너그러이 받아 주시는 것이 바르게 다스리는 길이라고 생각됩니다."

"내 일에 반대하는 놈들은 바로 나를 업신여기는 놈들임이 분명하다. 그래도 관대하란 말인가?"

살쾡이는 산양의 말이 못마땅해 눈살을 찌푸렸다. 그리고 여우에게 당장에 불평분자들을 가려내라고 명령을 내렸다.

그리하여 살쾡이가 하는 일에 불평을 하던 백성들이 하나하나 가려졌다. 그리고 고을 밖에는 높은 울타리가 사방으로 쳐지고 불평분자들은 울타리 밖으로 모두 쫓겨났다. 늙은 산양도 그 속에 끼어 있었다.

울타리 안은 평온했다. 그러나 그 평온도 오래 가지는 못했다. 벙

어리처럼 순종하던 백성들 사이에서 또 불평의 소리가 수군수군 들려오기 시작했다.

눈치 빠른 여우가 아뢰었다.

"이들도 역시 울타리 밖으로 쫓아낸다면 결국 그 전에 쫓겨난 무리들과 합세하여 불평은 더욱 커지고 후에 더 큰 화근이 될 위험이 있습니다. 그러하오니 이놈들은 전번 울타리 안쪽에 또 울타리를 치고 그곳에서 별도로 살게 하는 것이 어떨까 합니다."

그래서 먼젓번 울타리와 새 울타리 밖에는 쫓겨난 백성들이, 그리고 새 울타리 안에는 말없이 순종하는 백성들만 살게 되었다. 그러나 새 울타리 안의 평온도 잠깐일 뿐, 순종하던 백성들 사이에 또 불평이 일어났다. 그러자 이번에도 이들을 쫓아내기 위해 또 안쪽으로 새로이 울타리를 만들었다. 그렇게 불평분자들을 몰아내기 위해 자꾸자꾸 울타리를 만들다 보니 살쾡이는 마침내 자기가 거처하는 바로 밖에까지 울타리를 만들지 않을 수 없게 되었다. 늙은 산양이 혀를 차며 말했다.

"쯧쯧! 불평하는 백성을 울타리 밖으로 쫓아낸 게 아니라 자기가 울타리 속에 갇혀 버렸군."

처선지용處善之勇

處:곳 처　善:선할 선　之:어조사 지　勇:용기 용

〈처선〉의 용기라는 말로, 조선 연산군 시절의 내시 김처선의 강직한 행동에서 유래했다. 최악의 상황이 닥칠 것을 알면서도 불의에 맞서 바른 말을 하는 용기를 이르는 말이다.

문헌:《조선오백년야사朝鮮五百年野史 · 연산군일기燕山君日記》

　　조선의 10대 연산군燕山君(1476~1506)의 성품이 날로 포악해지고 방탕이 극에 달해 차마 눈뜨고 볼 수 없는 지경에 이르렀다. 그러나 조정 대신들은 직언을 했다가는 자신의 목숨이 위태로울 것이 뻔했으므로 아무 말도 못 하고 오히려 아첨만 일삼았다.

　　환관 김처선金處善(?~1505)은 나라 꼴이 이 지경인데도 아무도 용기있게 나서서 간언諫言하는 사람이 없음을 안타까워한 나머지 자신이 죽음으로써 바로잡을 결심을 하고 가족들에게 말했다.

　　"내가 오늘 입궁하면 살아서 돌아오지 못할 테니 그리 알라."

　　그러고는 집을 나섰다.

　　그날도 연산군은 많은 궁녀들을 거느리고 자신이 창안한 음란한 놀이 처용희處容戲를 벌이고 있었다.

　　김처선이 분연한 자세로 연산군에게 말했다.

　　"늙은 놈이 지금까지 네 분의 임금을 섬겼고, 글도 조금 읽었습니다마는, 고금에 전하와 같은 분은 처음입니다. 부디 이성을 찾으시

어 헐벗고 굶주린 백성들에게 선정善政을 베푸시옵소서!"

배석했던 대신들은 질겁을 했다. 아니나 다를까, 불같이 노한 연산군이 김처선을 향해 직접 활을 쏘니 화살이 그의 옆구리에 박혔다. 그래도 그는 의연하게 말했다.

"늙은 내시內侍가 어찌 목숨을 아끼겠습니까? 전하께서 오래도록 용상을 지키시지 못할까 봐 그것이 두려울 뿐입니다."

더욱 화가 난 연산군은 이번엔 김처선의 다리를 쏘았다. 그가 쓰러지자 연산군이 소리쳤다.

"일어나서 걸어라. 어서 걸으란 말이다!"

김처선은 연산군을 똑바로 쳐다보면서 말했다.

"전하께서는 다리가 부러져도 걸어다닐 수 있습니까?"

그래도 김처선이 간하기를 그치지 아니하자 연산군은 그의 다리와 혀를 자르게 하여 죽이고 말았다. 그러고 나서도 분이 풀리지 않아 그의 가족들까지 참수하고, 그래도 모자라 그의 부모의 무덤까지 파헤치게 했다.

비록 환관宦官이긴 했으나 김처선은 용기 있는 신하臣下였다.

처용지애 處容之哀

處:곳 처 容:얼굴 용 之:갈 지 哀:슬플 애

<처용>의 슬픔이라는 말로, 신라시대에 아내를 역신에게 빼앗긴 <처용>의 고사에서 유래했다. 연인의 변심을 이르는 말이다.

문헌 : 《삼국유사三國遺事》

신라 제49대 헌강왕憲康王 때에는 나라가 평안하여 서라벌 성안 백성들의 집은 모두 기와집이었고, 초가집은 한 채도 없었다. 거리엔 항상 피리 소리가 흐르고, 기후까지도 사철 온화하여 삶이 매우 순조로웠다.

어느 날, 헌강왕이 신하들을 데리고 개운포開雲浦(지금의 울산) 바닷가로 소풍을 나갔다. 그런데 대낮에 갑자기 바다에서 구름이 몰려와 사방이 어두컴컴해졌다. 갑작스런 변괴에 왕이 놀라니 일관日官이 말했다.

"전하! 이것은 동해의 용龍이 무언가 불만이 있어 조화를 부리는 것입니다. 하오니 이를 풀어 주는 조치를 해 주셔야겠습니다."

이에 왕이 그 근경에다 절을 짓겠노라고 약속을 하자 날씨가 금방 개었다. 왕은 일행이 머물던 그곳을 구름이 걷힌 곳이라 하여 개운포開雲浦라 명명했다.

약속을 받은 동해의 용은 기뻐하며 아들 일곱을 데리고 왕 앞에 나타나 춤추고 노래했다. 그리고 일곱째 아들 처용處容을 왕에게 딸려 보내 정사를 보좌케 했다. 왕은 처용에게 급간級干 벼슬과 함께 아름다운 여자를 아내로 짝지어 주었다. 처용은 밤만 되면 달빛이 밝게 비치는 월명항月明港에서 춤추며 놀았다.

처용의 아내는 무척 아름다웠다. 때문에 그녀를 흠모하는 역신들이 사람 모습으로 변장을 하고 밤중에 처용의 집으로 찾아와 그녀와 동침했다. 처용이 외출했다가 늦게 돌아와 보니 잠자리에 두 사람이 누워 있었다. 그러자 그는 노래를 지어 부르며 춤을 추었다.

서라벌 밝은 달밤에 밤들이 노닐다가
들어와 잠자리를 보니 다리가 넷일러라.
둘은 내해인데 둘은 뉘해언고.
본디 내해지마는 앗긴 것을 어찌할꼬.

그러자 역신이 처용의 노래를 듣고 그 너그러움에 탄복하여 무릎을 꿇고 용서를 빌었다.
"제가 공의 아내를 사모해 오다가 오늘 밤 그녀를 범했는데도 공은 노여움을 나타내지 않으시니 참으로 감복하는 바입니다. 맹세하노니 이후로는 공의 모습이 그려진 그림만 보아도 그 안엔 들어가지 않겠습니다."
그후로부터 사람들은 귀신을 물리치고자 할 때에는 문간에 처용의 얼굴을 그려 붙였다.
헌강왕은 개운포에서 돌아와 곧 영취산 동쪽 기슭에다 절을 세우니 망해사望海寺, 또는 신방사新房寺라고 했다.

척귤지정 擲橘之情

擲:던질 척　橘:귤 귤　之:어조사 지　情:뜻 정

귤을 던져 애정을 표시한다는 말로, 고려시대 궁중여인들이 외간 남자를 유혹할 때 귤을 던졌던 고사에서 유래했다. 남모르게 은근히 통정하는 행위를 말한다.

문헌:《고려사최세보전高麗史崔世輔傳》

고려 제19대 명종明宗 때 무관 최세보崔世輔(?~1193)는 판이부사判吏副事로 있으면서 뇌물을 많이 받아 거부가 되었고, 그 영향으로 아들 최비崔斐는 동궁東宮의 태자를 모시게 되었다. 그런데 최비는 외모가 출중하여 그 모습에 반한 태자의 비첩婢妾들이 귤을 던져 은근히 유혹하여 마침내 사통하게 되었다.

당연히 엄중 처단될 일이지만 대장군 이의민李義旼이 그를 아껴 왕에게 직접 변호하여 무사하게 되었다. 그러나 그와 정을 통한 비첩들에게는 그 죄를 물어 모두 비구니로 만들어버렸다.

최비는 여전히 간통하는 짓을 멈추지 않았다. 당시 궁중의 풍기가 대단히 문란하고, 무신들의 행패가 심했던 것이다. 이때부터 궁중에서 여인이 남자를 유혹할 때는 귤을 던져 주는 풍습이 생겼다고 한다. 후일 최충헌崔忠獻이 집정執政하자 최비를 남방으로 귀양 보냈다.

천생배필天生配匹

天:하늘 천　生:날 생　配:짝 배　匹:짝 필

> 태어날 때 하늘이 정해준 배우자. 조선 선조 때 재상 윤명렬 부부에게서 유래한 말로, 운명적으로 맺어진 부부를 말한다.
> 문헌 : 《매산집梅山集 · 고금청담古今淸淡》

　　조선 제22대 정조正祖 때, 윤명렬尹名烈(1762~1832)은 대단한 추남이었다. 어찌나 못생겼는지 과거에 합격하였으면서도 정승 채제공蔡濟恭의 눈밖에 나 이름을 삭제당할 정도였다. 실의에 빠진 윤명렬이 어느 날 관상을 보니 관상쟁이가 말했다.

　"당신은 지극히 가난한 궁상窮相이니 그냥 가시오."

　그 자리에는 여러 재상 가문의 자제들이 많이 있어서 부끄럽기도 하려니와 분하기도 해서 아무말도 못하고 자리를 박차고 일어나 집으로 돌아왔다.

　그런데 이튿날, 뜻밖에도 관상쟁이가 윤명렬의 집으로 찾아와서 말했다.

　"어제는 아주 미안하게 되었습니다. 사실은 내가 어제 한 말은 전혀 거짓말이고 어른의 상은 어제 내가 했던 말과는 정반대로 지극히 귀한 사람이 될 상입니다. 내가 그 자리에서 사실대로 말하면 다른 대갓집 자제들이 시기를 하여 어른에게 해를 입힐까 걱정이 되어서 그랬던 것이니 널리 이해하십시오."

몇 해 후, 노론老論과 소론小論의 싸움이 심하여 청나라 황제로부터 이에 대한 해명을 하라는 독촉을 받고 조정에서는 이에 대한 보고자報告者로 윤명렬을 파견했다.

그는 청나라에 가 그 임무를 원만히 마무리 지었고, 그 공으로 강원감사江原監司가 되었다.

그런데 윤명렬의 부인도 처녀 적에 얼굴이 못생겨서 나이가 먹도록 출가를 못하다가 뒤늦게 윤명렬에게 시집와서 아들 넷을 낳았다. 그 맏아들은 판관判官, 둘째아들은 목사牧使, 셋째와 막내아들도 과거에 합격하였으며, 윤명렬 자신도 훗날 재상에 이르니 가문이 두루 번창하였다.

노년에 접어들자 윤명렬이 부인에게 말했다.

"내가 아니었으면 당신은 그 얼굴로 시집갈 길이 없었을 것이고, 나 역시 당신이 아니었더라면 이 얼굴로 장가를 들 수 없었을 것인데, 이제 우리는 등과한 아들 4형제를 둔 훌륭한 부부가 됐으니 이 야말로 하늘의 뜻으로 맺어진 천생배필天生配匹인가 보오."

그는 새삼 감회에 젖어 지난 날을 회상했다.

청사등롱靑紗燈籠

靑:푸를 청　紗:깁 사　燈:등 등　籠:대그릇 롱

> 조선시대에 궁중이나 벼슬아치들이 사용하던 등·대나무나 쇠살로 둥글거나 사각으로 틀을 만들고 몸체는 파란 운문사雲紋紗로 두른 후 위아래에 붉은 천으로 동을 달아서 만들었다. 인생의 새 출발을 상징하는 의미로 쓰인다.
>
> 문헌:《조선풍물기朝鮮風物記》

청사등롱은 조선시대 정삼품에서 정이품의 벼슬아치가 밤에 사용하던 등롱이다. 그 모양은 대나무로 둥글게, 또는 사각으로 틀을 만든 후, 푸른 운문사雲紋紗로 몸체를 감고, 붉은 천으로 위아래에 동을 달아서 그 안에 촛불 혹은 등불을 밝히게 만들었다. 그런데 이 등롱의 용도가 전통 혼례에서 신랑新郞이 신부新婦 집으로 갈 때 앞세우고 가는 것으로 바뀌었다.

즉 우주 만물의 음양 화합을 기원하는 의미와 함께 집안의 번성을 축복하는 상징으로 사용되었던 것이다.

혼례는 두 집안의 만남임과 동시에 하늘이 점지해 준 천생연분을 맞는 인륜지대사人倫之大事로 한 집안의 잔치이자 마을의 잔치이기도 하였다.

또 남자가 결혼하는 것을 '장가 간다' 또는 '장가 든다'고 하는데 이는 혼례식을 여자의 집에서 치렀기 때문에 그렇게 표현된 것이다. 또 장가가는 날 신랑이 백마白馬에서 내려 신부 집에 들어설 때 얼굴의 하반부를 가리는 파란 부채나, 신부가 초례청醮禮廳에 나올 때 수모(手母:신부를 시중 드는 여자)가 신부의 얼굴을 가리는 붉은 부채는 신랑 신부가 총각 처녀라는 표시이고, 부채를 거두는 것은 동정童貞을 주고받는다는 의미를 담고 있는 것이다.

혼례식을 올리고 신랑이 신부 집에서 3일 밤을 보낸 후 비로소 신부가 신랑 집으로 들어가는데 이를 '시집 간다'고 한다.

청사초롱에서 홍색은 발전과 번영으로 양의 기운을 뜻하고, 청색은 포용과 탄생으로 음의 기운을 상징한다. 청사초롱에 밝히는 촛불은 축원, 제사, 고사 등 정성을 드리는 의례에 사용되는 불빛이다. 그래서 촛불은 어둠을 밝힘은 물론 인간의 마음을 정화하여 신성을 일깨우게 한다고 전한다.

그래서 초는 성체이고 불꽃은 신성을 의미한다. 또 붉은색과 청색은 우리나라의 태극기의 홍색과 청색의 의미와 같은 것이다. 역학易學에서 태극은 우주 만물의 근원이 되는 본체本体 라고 한다.

어쨌든 청사초롱 불밝히는 날은 좋은 날이다.

초승위결 草繩爲決

草:풀 초 繩:줄 승 爲:할 위 決:맺을 결

 새끼줄이 결정하다. 즉 새끼줄의 상태에 따라 일이 결정된다는 말로 두 머슴에게서 유래했다. 어떤 일을 결정함에는 그 중심적 역할을 하는 일이 따로 있다는 의미로 쓰인다.

문헌 : 《한국오천년야사韓國五千年野史》

어느 마을에 두 젊은이가 부자가 되겠다는 꿈을 갖고 살았다. 둘은 집안이 가난해서 간신히 끼니를 이어 갔다. 그러던 어느 날 건넛마을 대감 댁에서 머슴 두 사람을 구한다는 소식을 들었다. 두 사람은 곧장 찾아가서 자기들을 써 달라고 간청했다.

"그래, 너희 둘이 머슴살이를 하겠다고? 보아하니 힘든 일을 해 보지 않은 것 같은데 할 수 있겠느냐?"

"예, 대감마님. 농사일이라면 안 해 본 것이 없습니다. 그리고 일을 하는 데 중요한 것은 게으름을 피우지 않고, 또 머리를 써서 효율적으로 하는 명석함이 아니겠습니까?"

대감은 두 사람의 말을 듣고 그들이 마음에 들었다.

"그래, 좋다. 그런데 얼마 동안이나 내 집에 있을 생각이냐?"

"예, 삼 년 동안 성실하게 일하여 새경을 모을 생각입니다."

두 사람은 그날부터 성실하게 일을 시작했다. 어려서부터 농사일을 익힌 터라 어떠한 일이든 척척 해냈다. 힘겨운 일도 마다하는 법이 없었다. 대감은 마음이 흐뭇했다.

어느덧 삼 년의 세월이 흘렀다. 그동안 받은 새경으로 얼마간의 땅을 마련한 두 사람은 고향으로 돌아갈 채비를 하였다. 그들이 떠날 때가 되자 대감은 몹시 섭섭했다.

"여보게들, 몇 년만 더 있어 주게. 내 새경을 두 배로 올려 줌세."

"말씀은 고맙습니다만 오랫동안 집을 떠나 있었으니 이제 돌아가서 부모님을 봉양하며 살까 합니다."

기특한 그들의 말에 대감도 더 이상 잡을 수가 없었다.

"그렇다면 떠나야지, 그동안 일을 열심히 해 주어서 고맙네. 그런데, 마지막으로 오늘 저녁에 가는 새끼를 한 다발씩만 꼬아 주게."

"예, 그렇게 하겠습니다."

한 사람은 시원하게 대답을 했지만 다른 한 사람은 몹시 못마땅한 표정으로 투덜거렸다.

"제기랄! 떠나가는 날까지 일을 시킬 게 뭐람."

"하지만 대감님의 마지막 부탁인데 모른 척해서야 되겠나?"

"하고 싶으면 너나 해. 나는 볼 일이 있어 나갔다 올 테니까."

한 사람은 나가고 남은 젊은이는 혼자서 부지런히 새끼를 꼬았다.

한편, 밤이 깊어서야 돌아온 젊은이는 친구가 꼬아 놓은 새끼를 보자 마음이 편치 않았다. 그래서 그때부터 부랴부랴 새끼를 꼬기 시작했으나 졸립기도 하고 성의가 없다 보니 새끼가 되는 대로 울퉁불퉁 꼬아졌다.

다음날 아침, 두 사람은 각자 자기가 꼰 새끼줄을 가지고 대감에게로 갔다.

"대감마님, 말씀하신 새끼줄을 여기 가져왔습니다. 이제 저희들은 떠나도 되겠지요?"

"그래, 수고들 했네. 떠나는 날까지 내 청을 들어주었으니 그 대가로 선물을 주고 싶네. 그 새끼를 들고 나를 따라오게."

대감은 두 사람을 광으로 데리고 가서 말했다.

"자네 두 사람이 성실하게 일해 준 덕분에 나는 더 큰 부자가 되었네. 자, 보게나."

그러고 보니 그곳에는 엽전이 수북이 쌓여 있었다.

"자, 여기 있는 엽전들을 자네들이 꼰 그 새끼줄에 꿸 수 있는 만큼 최대한으로 꿰어 가지고 가게."

너무 뜻밖의 말이라 두 사람은 깜짝 놀라 멍하니 서 있었다.

"무엇들 하고 있나? 어서 엽전을 꿰지 않고……."

두 사람은 잠시 머뭇거리다가 엽전을 새끼줄에 꿰기 시작했다.

그런데 새끼줄을 가늘고 고르게 잘 꼰 젊은이는 엽전을 많이 꿸 수 있었으나, 굵고 거칠게 꼰 젊은이는 도무지 꿸 수가 없었다.

결국 마지막까지 성실하게 일했던 젊은이는 제대로 된 새끼줄 덕분에 엽전을 많이 꿰어 와 부자가 되고, 게으름을 피운 젊은이는 엽전 몇 닢만을 들고 올 수밖에 없었다.

시종여일始終如一이라는 말처럼 처음과 끝이 같을 때 아름다운 유종의 미를 거둘 수 있다.

추계지견 追鷄之犬

追:따를 추 鷄:닭 계 之:어조사 지 犬:개 견

닭을 쫓는 개라는 말로, 어떤 일을 하다가 실패했을 때의 낭패감을 이르는 말이다.

문헌:《한국문화상징사전韓國文化象徵辭典》

새벽을 알리는 닭은 빛의 도래를 예고하고, 날개를 가지고 있으면서도 지상에서 생활하는 태양의 새이다. 그래서 닭은 천황天皇, 지황地皇, 인황人皇으로 혼돈에서 조화로 이행하는 우주적 질서를 예고한다고 전해지고 있다. 천황이란 닭이 머리를 고고하게 쳐드는 데서 유래했고, 지황이란 날개를 가지고 퍼덕거리는 데서 유래했으며, 인황은 꼬리를 치켜세우면서 크게 우는 데서 유래했다. 그래서 닭을 신성조神聖鳥로 치기도 한다.

마당에서 모이를 쪼아 먹고 있는 닭에게 황소가 말을 건넸다.

"나는 허구한 날 온갖 힘든 일을 도맡아 하면서도 먹는 것은 겨우 콩껍질 아니면 짚 나부랭이인데 너는 온종일 하는 일도 없이 놀면서 맛있는 곡식만 먹으니 참으로 부럽구나."

황소의 이야기를 듣고 닭이 말했다.

"그게 무슨 말씀! 너는 배운 것이 아무것도 없잖아. 그래서 힘든 일을 해도 먹는 게 변변찮은 거야. 나는 학문이 깊어서 사람들에게 시간을 알려 주기 때문에 그렇게 힘든 일을 안 하고도 좋은 곡식만 먹는 거란다."

옆에서 보고 있던 개가 끼어들었다.

"닭, 이 고얀 녀석아. 그따위 말도 안 되는 소리를 어디서 함부로 하는 거냐? 황소는 그렇다 치고 나만 해도 밤잠을 자지 않고 도둑을 지켜 주는 대가로 겨우 버리는 밥이나 얻어먹는데, 뭐? 네가 학문이 깊어서 좋은 쌀을 먹는다고?"

개의 질타에 닭이 다시 거만하게 말했다.

"무슨 섭섭한 말씀! 나는 이렇게 좋은 비단옷을 입고, 머리에 붉은 관을 썼으니 벼슬한 양반이 분명하잖아."

"흥! 잘도 끌어댄다."

"너희들은 멍청해서 모르겠지만 내가 먼동이 터 올 때마다 '꼬끼요' 하고 우는 것도 다 뜻이 있는 거란 말이야. 한자로 쓰면 고할 고告자와 그 기基자, 중요 요要자, 즉 '고기요'이니, 이는 중요한 것을 알린다는 뜻이란 말이야. 생각해 봐! 개, 네가 짖는 소리엔 아무런 뜻도 없잖아?"

닭은 한껏 뽐내며 말을 이었다.

화가 난 개는 분을 참지 못해 닭에게 달려들어 볏을 물어뜯어 버렸다. 그러자 닭이 홱 뿌리치고 지붕으로 올라가 개를 내려다보며 놀렸다.

"이 녀석아, 여기는 올라올 수 없지?"

개는 닭을 놓치고 씩씩거리며 지붕만 쳐다보고 있었다.

닭의 볏이 톱니처럼 된 것은 이때 개에게 물렸기 때문이고, 이렇게 해서 '닭 쫓던 개 지붕 쳐다본다.'는 말이 유래되었다고 한다.

추졸도수 抽卒倒首

抽:뺄 추 **卒**:군사 졸 **倒**:쓰러질 도 **首**:머리 수

> 부하들을 빼내 그 대장을 쓰러지게 하다. 이괄의 난을 평정하는 데 공을 세웠던 송립의 고사에서 유래한 말로, 기둥을 빼내 집이 무너지게 하는 것처럼 어떤 일을 타개하는 결정적 전략을 뜻한다.
> 문헌 : 《춘파당일월록春坡堂日月錄》

　조선 제16대 인조仁祖 때 무관 송립宋岦은 대를 이어 국가에 충성을 바친 충신이었다.

　그의 나이 11세 때, 임진왜란이 일어나자 송립의 아버지는 의병이 되어 왜군과 싸우다가 장렬하게 전사했다. 때문에 송립은 집안을 이끌어 가느라 나이 30이 넘어 광해군 8년 때서야 무과에 급제했다.

　그는 성격이 대담하고 두뇌가 명석해서 급제하자마자 대번에 이괄李适 장군의 마음에 들었다.

　이괄은 인조반정 후 평안병사가 되자 송립을 데리고 임지로 갔다. 그때 벌써 난을 일으킬 마음이 있었던 이괄은 임지에 도착하자 송립에게 말했다.

　"송 군관, 당장 자산 고을로 가서 군량미를 모아 주게. 필요하면 강권을 써도 좋네."

　이괄의 속뜻을 모르는 송립은 그의 지시대로 군량미를 조달하기 위해 온 힘을 쏟았다. 그러던 중에 이괄의 반란 소식을 듣게 되었다.

그는 심한 배신감을 느꼈다. 나라의 녹을 먹는 군인이 반란을 도모한다는 것은 용납할 수 없는 일이었다. 그러나 자기 혼자만의 힘으로는 막을 수가 없었다. 그래서 그는 그날로 자원해서 이괄의 반란군에 가담했다. 그러자 송립의 숨은 뜻을 모르는 이괄은 매우 좋아하며 말했다.

"송 군관, 고맙소. 후일 거사가 성사되면 그대를 크게 중용하겠소. 지시한 군량은 어찌 되었소?"

"네, 명령하신 대로 자산 고을에 모아 두었습니다."

"잘했소. 앞으로 송 군관을 절대 신임하겠소."

이괄은 새삼스럽게 송립의 손까지 잡으며 말했다.

"내 그대에게 장병 3천을 줄 테니 선봉장이 되어 관군을 격파해 주시오."

그렇게 해서 이괄의 신임을 얻은 송립은 되도록 많은 군사를 배정받은 후, 그 군사들을 모두 거느리고 탈출함으로써 이괄에게 치명적인 타격을 주었다. 그렇게 해서 송립은 난을 평정하는 데 일등공신이 되었다.

그후, 송립은 병자호란에도 목숨을 걸고 싸워 벼슬이 정2품 지중추부사知中樞府事에 이르렀다.

축심동인畜心同人

畜:짐승 축 心:마음 심 同:같을 동 人:사람 인

> 동물의 마음도 사람의 마음과 같다. 나 아닌 다른 사람의 인권은 물론이고, 동물까지 존중하는 것을 의미한다.
>
> 문헌 : 《지봉유설芝峰類設》

고려 말기에서 조선 세종世宗 시대에 이르기까지 백성들의 존경을 받았던 문신 황희黃喜(1363~1452)는 본관이 장수長水이고, 호는 방촌厖村이며, 시호는 익성翼成으로 영의정을 18년간이나 역임했다.

그는 인품이 후덕하고 생활 또한 청렴했다.

그가 젊었을 때, 하루는 누런 소와 검은 소 두 마리로 논을 갈고 있는 농부에게 물었다.

"어느 소가 일을 더 잘 하오?"

그러자 농부는 가까이 와서 소가 들리지 않게 속삭였다.

"짐승의 마음도 사람의 마음과 똑같습니다. 만약 잘하고 못 한다는 평을 직접 듣는다면 잘한다는 말을 들은 소는 기뻐하겠지만 못 한다는 말을 들은 소는 기분이 좋지 않을 것입니다."

황희는 짐승들의 마음까지 헤아리는 농부의 인품에 크게 감동하여 평생의 큰 교훈으로 삼았다.

충불피사忠不避死

忠:충성 충　不:아니 불　避:피할 피　死:죽을 사

충절은 죽음도 피하지 않는다. 선조 때의 충신 고종후의 삼부자가 왜적을 무찌르려다 모두 순절한 고사에서 유래했다. 충성이 대단한 것을 이른다.

문헌 :《국조인물고國朝人物考》

고종후高從厚(1554~1593)는 조선 제21대 영조英祖 때 사람으로, 공조참의를 지낸 고경명高敬命(1533~1592)의 큰아들이다. 그가 24세에 문과에 급제해서 벼슬이 현감에 이르렀을 때 임진왜란이 일어났다. 그러자 나이가 60이 넘어 노쇠한 고경명이 그에게 말했다.

"내가 비록 늙었으나 나라가 이 지경에 이르렀는데 앉아서 보고만 있을 수는 없다. 더욱이 나는 누구보다도 나라의 녹을 많이 먹은 사람이니 지금이야말로 나라의 은혜에 보답할 때다. 그래서 의병을 모집하여 주상主上의 뒤를 따르고자 한다."

그의 말 속에는 분연한 기개가 넘쳤다. 고종후가 말했다.

"네, 아버지. 저도 아버지의 말씀에 따르도록 하겠습니다."

옆에서 듣고 있던 둘째 아들 인후因厚도 따라나섰다.

"형님, 저도 아버님을 보필하겠습니다."

고경명은 친구 유팽로柳彭老와 협동하여 천 명이 넘는 의병을 모집하여 금산錦山에서 왜군과 싸움을 벌였다. 그러나 상대방은 잘 훈련되고 신무기를 가지고 있는지라 갑자기 편성된 의병과는 전력 차이가 심했다. 그래서 아버지 고경명과 동생 인후를 비롯하여 많은 병사들이 죽고 말았다.

고종후는 스스로 나서서 의병을 진두지휘하면서 길을 바꾸어 남쪽으로 내려갔다. 부대가 하동에 이르렀을 때 진주성晋州城이 위급하다는 소식을 전해 듣고 곧바로 진주성으로 갔다.

그들이 진주성에 들어간 날은 성이 왜군에게 포위된 지 9일째 되는 날이었다. 피로에 지친 병사들을 독려하여 진주성으로 들어가 최선을 다해 싸웠으나 장수 황진黃進, 김준민金俊民, 정상윤 등이 속속 죽어 가자 병사들은 사기가 떨어지고, 진주목사마저 도망쳐 버려 왜병에게 함락되고 말았다.

고종후는 김천일金千鎰, 최경회崔慶會 등과 함께 최후까지 용감하게 싸웠으나 워낙 중과부적이어서 사로잡힐 위기에 몰리자 남강에 몸을 던져 자결했다.

그는 훗날, 나라를 구하려다가 목숨을 바친 공로가 인정되어 이조판서吏曹判書로 추증되었다.

충의돌액衝意突厄

衝:부딪칠 충 意:뜻 의 突:나타날 돌 厄:재앙 액

> 의견이 충돌하면 뜻하지 않은 재앙이 돌발한다는 말로, 모든 일은 순리대로 해야 한다는 뜻.
>
> 문헌 :《유달순한담劉達順閑談》

　　홀어머니를 모시고 옹기甕器 장사를 하여 근근이 생계를 꾸려가는 청년이 있었다.
　　그는 심성心性이 착하여 어머니를 효성스럽게 모셨다. 그런데 어느 날, 어머니가 입맛이 없다며 진지를 드시지 않았다.
　　청년은 그런 어머니를 보고 마음이 아팠다. 그래서 고기를 사 드리기 위해서 옹기그릇을 지게에 지고 시장으로 팔러 나섰다.
　　그가 산 중턱에 올라 옹기 지게를 세워놓고 잠시 땀을 식히고 있는데 갑자기 거센 회오리바람이 불어닥치더니 지게를 넘어뜨려 옹기그릇들이 다 깨지고 말았다.
　　상심한 청년은 가만히 있을 수가 없어 생각 끝에 고을 원님을 찾아가 하소연했다.
　　"저는 어머니를 모시기 위하여 옹기장사를 하는데 오늘 갑자기 회오리바람이 불어와 옹기그릇이 다 깨지고 말았습니다. 식사도 드시지 못한 채 저만 기다리시는 어머님께 어떻게 말씀을 드려야 할

지 난감합니다. 하오니 좋은 방도를 좀 강구해 주십시오."
 자초지종을 다 들은 원님이 이방을 불러 말했다.
 "여봐라, 지금 부둣가로 나가서 남쪽으로 가려는 배 주인과 북쪽으로 가려는 배 주인을 찾아 데리고 오너라."
 그래서 두 선주가 영문도 모른 채 붙들려 오자 원님이 물었다.
 "너는 언제 북쪽으로 떠나려고 하느냐?"
 "예, 남풍이 불기만 하면 떠날 겁니다."
 "그래? 그럼 지금까지 뭘 하고 있었느냐?"
 "어서 빨리 남풍이 불어라 하고 기도를 드리고 있었습니다."
 "그래, 그랬겠지."
 원님은 이번에는 남쪽으로 가려던 배 주인을 향해 물었다.
 "너는 지금까지 뭘 하고 있었느냐?"
 "예, 북풍이 불기만을 기도 드리고 있었습지요."
 원님은 두 배의 주인을 나란히 앉혀 놓고 불호령을 내렸다.
 "너희 둘이 서로 '북풍아 불어라, 남풍아 불어라.' 하고 빌고 있으니 바람이 어떻게 할 줄을 몰라 뱅뱅 돌다가 회오리바람이 되어 여기 이 사람의 지게를 넘어뜨려 옹기그릇이 모조리 깨어지고 말았다. 따라서 너희 둘의 죄가 적지 않으니 벌을 받겠느냐, 아니면 옹기그릇 값을 내놓고 가겠느냐?"
 원님의 불호령에 놀란 선주들은 옹기그릇 값을 내놓고 도망치듯가 버렸다. 원님은 청년에게 옹기그릇 값을 주면서 말했다.
 "네 효성이 지극하도다. 어서 가서 어머니를 정성껏 봉양하도록 하여라."
 이렇게 해서 청년은 고기를 사서 기쁜 마음으로 집으로 돌아갔다.

칠삭위인七朔偉人

七:일곱 칠 朔:달 삭 偉:훌륭할 위 人:사람 인

> 일곱 달만에 태어난 큰 인물이란 말로, 한명회에게서 유래했다.
> 태어날 때에는 부족해도 나중에 잘 되는 경우를 일컫는다.
> 문헌 : 《추강생화秋江冷話·해동잡록海東雜錄》

조선 제7대 세조에서 성종成宗에 이르기까지 영화를 누렸던 한명회韓明澮(1415~1487)는 본관이 청주淸州, 호는 압구정狎鷗亭이며, 시호는 충성忠成이다. 그는 칠삭동이七朔童로 태어났으나 일등공신을 네 번, 영의정을 두 번, 국구(國舅 : 임금의 장인. 예종 비 장순왕후章順王后와 성종 비 공혜왕후恭惠王后의 부친)를 두 번이나 지내는 화려한 삶을 살았다.

그는 안을 수도 없는 칠삭동이 미숙아로 태어난 데다가 부모까지 일찍 여의어 늙은 여종이 돌봐 길렀는데 뜻밖에 무럭무럭 잘 자랐다.

그후 영통사靈通寺라는 절에 들어가 공부하는 동안 권남權擥(1416~1465)과 막역지우로 사귀며 수양대군首陽大君을 도와 군기녹사軍器錄事가 되었다. 그후 수양대군이 세조世祖로 등극하자 우승지右承旨가 되어 단종 복위 운동을 저지했다. 그 공로로 도승지都承旨, 이조·병조판서, 상당부원군上黨府阮君에 이어 우의정, 좌의정, 그리고

영의정에까지 올랐다.

  1453년에 단종端宗이 폐위될 때는 김종서金宗瑞, 성삼문成三問, 박팽년朴彭年 등 사육신을 참형하게 한 후, 일등공신이 되어 영화를 누렸다.

  그러나 죽은 후에는 갑자사화甲子士禍 때, 연산군燕山君의 어머니 윤비尹妃의 폐위에 가담했다 하여 부관참시(剖棺斬屍 : 무덤을 파서 관을 쪼개어 목을 베는 극형)를 당했다가 훗날 다시 복원되었다.

  지금 서울 강남구의 압구정동이라는 이름은 그곳에 있었던 그의 별장, 압구정자에서 유래했다.

칠세입춘七歲立春

七:일곱 칠 歲:해 세 立:설 립 春:봄 춘

일곱 살에 입춘방을 쓰다. 즉 어려서부터 공부를 잘한다는 뜻. 글씨로 유명한 추사 김정희에게서 유래했다.

문헌 : 《대동기문大東奇聞》

추사秋史 김정희金正喜(1786~1856)는 조선 말기의 서예가로서 역대 명필들의 글씨 중 장점을 모아서 자신만의 독특한 서체, 즉 추사체를 완성시켰다. 그는 벼슬을 이조참판까지 지냈고, 학문 연구에는 실사구시實事求是가 중요함을 역설했다. 그는 유난히 호가 많은데 그 중 대표적인 것은 추사秋史, 완당阮堂, 예당禮堂, 시암詩庵, 과파果坡, 노과老果 등이다.

그는 어렸을 때부터 글씨를 잘 써서 일곱 살 때 대문에 입춘대길立春大吉이라는 입춘방을 써 붙였다. 그런데 마침 재상 채제공蔡濟恭이 지나다가 그 글씨를 보고 그의 아버지 김노경金魯敬과는 사이가 좋지 못한데도 집 안으로 들어갔다. 김노경은 의외인지라 놀라 물었다.

"대감이 어인 일이십니까?"

"아, 대문에 붙어 있는 글씨가 너무 좋아 누가 썼는지 궁금해서 들렀소이다. 대체 누구의 글씨입니까?"

김노경이 아들이 쓴 글씨라고 하자 채제공이 말했다.

"이 아이는 반드시 명필로 크게 될 것이오. 그러나 글씨의 대가가 되면 운명이 순조롭지 않을 터, 그러므로 글씨 공부는 그만두고 글공부에 힘쓰는 것이 좋을 것이오."

그러나 그의 글씨 공부는 멈추지 않았고, 글공부도 뛰어난 재질을 보였다. 나중에 김정희는 윤상도尹尙度의 옥사獄事에 연루되어 제주도에 귀양을 갔다가 8년 만에 돌아오는 역경을 겪었다.

그는 24세 때 아버지를 따라 북경北京에 간 적이 있었는데 그때 그곳에서 당대의 거유巨儒 완원阮元, 옹방강翁方綱 등과 막역하게 사귀면서 그들의 필체를 연구, 그들의 장점을 모아 자기만의 독특한 서체를 체계화시켰다.

그의 글씨는 패기가 충천하며 필력이 힘차 감히 누구도 따를 수 없는 일가를 이루었다.

예서隷書·행서行書 외에 모든 서체에 뛰어났지만 그 중 예서와 행서는 새로운 경지를 개척하여 내외의 격찬을 받았으며, 조선 후기의 서예가들에게 큰 영향을 끼쳤다. 그러나 채제공의 말대로 글씨 탓이었는지 그의 일생은 순탄치 못했다. 벼슬도 이조참판에 그쳤고, 자손 또한 없었다.

타금지단 拖錦之端

拖:끌 타 錦:비단 금 之:어조사 지 端:끝 단

비단의 끝머리를 끌다. 즉 일의 중요한 요점을 파악하여 전체를 해결한다는 뜻이다.
문헌:《매월당집梅月堂集·한국의 인간상韓國의 人間像》

조선 제6대 단종端宗 때 생육신의 한 사람이었고, 우리나라 최초의 한문 소설《금오신화金鰲新話》를 썼던 매월당梅月堂 김시습金時習(1435~1493)은 본관이 강릉이고, 시호는 청간淸簡이다. 그는 재주가 출중하여 세살 때 시詩를 짓고, 다섯 살 때 중용中庸과 대학大學을 통달하여 신동神童이라는 말을 들었다. 세종世宗은 그가 정말 소문처럼 총명한지 궁금하여 직접 어전으로 불러 여러 가지를 물어 보기도 하고, 글을 짓게도 해 본 결과 과연 뛰어나다는 것을 알았다.

세종은 대단히 기뻐하며 상으로 비단 5필을 주면서 물었다.

"이 비단을 너 혼자서 가지고 갈 수 있겠느냐?"

"예, 그리 할 수 있습니다."

어린 김시습은 서슴없이 대답하고 나서 비단을 모두 푼 다음 끝과 끝을 연결하여 잡아 묶었다. 그러고는 한쪽 끝을 잡고 밖으로 나가니 나머지 비단이 줄줄 딸려 갔다.

세종은 감탄했다.

"저것이 어찌 어린아이의 지혜란 말인가. 장차 큰 인물이 될 것이 틀림 없다."

그는 삼각산 중흥사重興寺에서 공부를 하다가 수양대군首陽大君이 왕위에 올랐다는 소식을 듣고 책을 불태워 버리고 머리를 깎고 중이 되어 방랑길을 떠났다. 그후 효령대군孝寧大君의 권고로 불경언해 사업에 관여하게 되어 내불당內佛堂에서 교정 일을 맡아 보기도 했다. 그는 글에 탁월한 재능을 보였다.

김시습이 세 살 때 보리를 맷돌에 가는 것을 보고 다음과 같은 글을 지어 어른들을 놀라게 했다.

비는 아니 오는데 어디서 천둥소리가 나는가? 無雨雷聲何處動
누런 구름조각이 사방으로 흩어지도다. 黃雲片片四方分

그는 47세에 환속하여 《독산원기禿山院記》를 썼으며 불교와 유교를 아우르는 사상으로 일세를 풍미했다. 또 어렸을 적 궁중에 불려 갔던 일을 회상하며 다음과 같이 시로 읊기도 했다.

어린 아이가 궁궐에 불려 갔을 때 少小趨金殿
세종 임금은 비단을 내리셨네. 英陵賜錦袍
지진사가 무릎에 올려 놓고 知神呼上膝
지필묵을 내놓고 시를 쓰라 했네. 中使勸揮毫
글을 보고 이르길 영특한지고 하시며 競道眞英物
뛰어난 글재주꾼 났다고 좋아하셨네. 爭瞻出鳳毛
어찌 알았으랴. 집안이 기울면서 焉知家事替
굴러떨어져 쑥밭에서 늙을 줄이야. 零落老蓬蒿

타시지애打是之愛

打:때릴 타 是:이 시 之:이를 지 愛:사랑 애

  매 끝의 사랑, 또는 매 끝에 정든다는 말로, 귀하고 아끼는 사람일수록 엄정하게 다스려야 한다는 의미이다.

문헌 :《조선명인전朝鮮名人傳·한국의 인간상人間像》

조선 초의 영의정 황희黃喜(1363~1452)는 병조판서 김종서金宗瑞(1390~1453)가 사소한 잘못만 저질러도 매우 심하게 꾸짖었다.

김종서가 야인野人들을 무찌르고 육진六鎭을 개척한 공으로 병조판서가 되었을 때, 하루는 회의에 참석하였는데 의자에 비스듬히 앉아 있는 모습이 방약무인격으로 거만하게 보였다. 그러자 황희가 하인을 불러 말했다.

"저, 병판대감 의자 다리 하나가 짧은 듯하니 나무토막을 가져다가 괴어 드려라."

종서는 깜짝 놀라 자세를 바로잡았다.

어느 날, 대신 회의가 늦어져 밤이 깊어 가자 김종서가 약간의 다과를 준비해 대신들에게 대접했다. 그러자 황희는 대신의 체신으로 아부한다 하여 호되게 꾸짖었다. 그는 김종서의 조그마한 잘못에도 핀잔을 주고 심지어는 매질까지 하였다.

옆에서 보다가 민망해진 맹사성孟思誠(1359~1438)이 황희에게 조용히 물었다.

"김종서는 유능한 사람인데, 대감께서는 어째서 그리도 심하게 닦달하시오?"

"아, 예! 그것은 그를 귀하게 쓰기 위함입니다. 귀한 자식 매 한 대 더 때린다는 속담이 있지 않습니까? 그 사람은 다음에 우리의 뒤를 이을 재목입니다. 그러나 성품이 강직하고 기개가 예리해서 스스로 신중하지 않으면 일을 그르칠 우려가 있습니다. 그래서 지금 기를 꺾어 경솔하게 행동하지 않도록 깨우쳐 주려는 것이지, 그를 미워해서가 아닙니다."

맹사성은 황희의 높은 뜻을 헤아리고는 탄복했다.

황희는 늙어서 벼슬을 내놓고 물러갈 때 김종서를 높이 쓰도록 왕에게 천거하고, 그에게 나라의 후사를 부탁하니, 김종서는 비로소 노대신老大臣이 자기를 각별히 생각했음을 깨닫고는 감격해했다.

탄금무학彈琴舞鶴

彈:퉁길 탄 琴:거문고 금 舞:춤출 무 鶴:학 학

거문고를 연주하니 학이 춤을 추다. 즉 어떤 한 가지 일을 잘하면 다른 일도 절로 이루어진다는 뜻.
문헌:《한국인물대사전韓國人物大辭典 · 삼국사기三國史記》

신라 제35대 경덕왕景德王(재위 742~765)은 효성왕孝成王의 아우였는데, 효성왕에게 아들이 없어 왕위를 계승하였다.

그의 즉위 13년 4월, 서라벌에 달걀 크기만 한 우박이 떨어져 농사를 망치는 바람에 많은 백성이 굶주리게 되었다.

그때 웅천주熊川州의 향덕向德도 가난하여 어버이를 봉양할 수 없게 되자 고기를 먹고자 하는 아버지께 자기의 다리 살을 베어 내어 봉양했다. 왕이 그 말을 듣고 후한 상과 함께 그 효행을 표창했다.

경덕왕 22년(763년)에는 서라벌에 기왓장이 날아가는 큰 바람이 불었다.

대나마大奈麻 이순李純은 왕의 총애를 받는 신하였는데 홀연히 중이 되어 산으로 들어가 버렸다. 이에 왕이 여러번 불러도 나오지 않으므로 단속사斷俗寺를 세워 주었다.

그러던 어느 날, 왕이 노는 것을 좋아한다는 말을 들은 이순은 궁으로 왕을 찾아와서 말했다.

"중국 하夏나라의 걸왕桀王과 은殷나라의 주왕紂王이 음탕한 음악만을 즐기느라 정사를 잘못 이끌어 패망하였습니다. 이는 마땅히 뒷사람이 경계로 삼아야 합니다. 대왕께옵서도 음악을 그치시고 선정을 베푸소서."

왕은 그의 말을 듣고 감탄하여 음악을 중지하고, 그를 궁전으로 불러들여 왕도王道의 묘리妙理와 치세治世의 방법을 들었다.

그리고 옥보고玉寶高를 불러 음악을 우아하고 건전한 음악만으로 새롭게 정비하게 하였다.

옥보고는 경덕왕景德王(재위 742~765) 때 거문고의 대가였다. 그의 아버지 공영恭永은 사찬沙飡의 벼슬을 지냈으며, 옥보고는 지리산 운상원雲上院에 들어가 50년간이나 금법琴法, 즉 거문고 타는 것을 배운 다음 새로운 가락 30곡을 지었다.

그는 거문고의 달인이어서 그가 거문고를 타면 신비스럽고 아름다운 소리에 날아가던 학이 내려와 춤을 추었다고 한다.

금오산金烏山에 금송정琴松亭이라는 정자가 있었는데, 옥보고가 거문고를 타던 곳이라고 한다.

탈모직간脫帽直諫

脫:벗을 탈 帽:모자 모 直:바를 직 諫:간할 간

갓을 벗고 바른 말을 하다. 즉 관직을 그만 둘 각오를 하고 윗사람에게 바른 말을 고한다는 뜻.

문헌 : 《세종실록世宗實錄》

조선 개국공신이요, 우정승이었던 명외교관 노한盧閈(1376~1443)은 호가 효사당孝思堂이다. 그는 태종太宗의 외삼촌인 국구國舅 민제閔霽가 사위로 택할 만큼 지모가 뛰어났다. 열여섯 살 때부터 벼슬길에 올라 관운도 좋았다.

세종 때, 염문사廉問使로 남도의 민정을 살피고 온 그가 세종에게 전선戰船을 만드느라 피폐해진 군사들의 실태를 복명하였다.

세종이 그에게 물었다.

"진시황이나 수양제의 포학한 것에 비해 나를 어떻게 생각하던고?"

세종이 좀 과장해서 물었는데 그는 죽을 각오로 아예 갓까지 벗어 놓고서 그들보다 더 심하다고 불평하더라고 들은 대로 솔직하게 대답하였다. 옆에서 듣는 이들은 어쩔 줄을 몰라 했다.

노한은 그렇게 대답해 놓고도 덧붙여 이렇게 말하였다.

"그러나 진시황과 수양제가 배를 만들도록 한 일이 있긴 하나, 백성이 곤경에 빠질 것을 걱정하여 그를 살펴보게 했다는 말은 듣지 못했나이다."

세종은 부드럽게 말했다.

"갓을 써라. 그리고 사과하지 않아도 좋다."

세종은 노한의 용기를 높이 샀다.

노한은 부인 민씨의 동생 민무구閔無咎 형제 사건에 연좌되어 14년간이나 파직된 적이 있었다. 그러다가 세종의 태상왕, 즉 태종太宗으로부터 무죄를 입증받아 한성부윤으로 복관되었다.

그는 대쪽같은 성품으로 일거수일투족一擧手一投足까지 오직 나라를 위해 바친 충직한 신하였다.

태사지몽太師知夢

太:클 태 師:스승 사 知:알 지 夢:꿈 몽

> 큰 스승 〈지몽知夢〉이라는 말로, 고려 초기 별을 보고 점을 쳐서 왕들의 총애를 받았던 최지몽을 가리키는 말이다. 어떠한 일에 정통한 사람을 비유하여 쓴다.
>
> 문헌 : 《한국오천년야사韓國五千年野史》

전라도 영암靈巖 태생 최총진崔聰進(907~987)은 어려서부터 밤마다 별을 쳐다보고 혼자 웃기도 하고, 울기도 했다. 그런 그를 보고 사람들은 별에 홀렸다는 둥, 혹은 미쳤다는 둥 수군댔다. 그러나 그는 낮에는 서당에서 공부를 열심히 해서 선생을 감동시키기도 했다.

그는 커감에 따라 천문학天文學에 정통했고, 어려운 주역周易도 줄줄 외웠다. 게다가 점술占術에도 능해 그의 예언은 백발백중이었다.

어느 날, 삼한三韓을 통합하려는 큰 뜻을 품고 있던 고려의 태조 왕건王建이 이상한 꿈을 꾸었다. 그래서 해몽을 잘하는 사람을 찾던 중 전라도에 별을 보고 꿈을 해몽하는 점성술사가 있다는 말을 듣게 되었다. 바로 최총진이었다.

"사흘 안으로 그를 불러오너라."

왕명을 받은 사자가 기마를 달려 그의 집에 당도하니 며칠 전에 어디로 간다는 말도 없이 집을 나간 채 돌아오지 않는다고 했다.

바로 그 시각, 최총진은 이미 송도에 도착해서 대궐의 수문장에게 급히 왕을 알현하게 해 달라고 청하고 있었다.
　"저는 전라도 영암에 사는 최총진이라는 사람입니다. 폐하께서 꿈을 꾸시고 그 해몽을 기다리신다는 점괘가 나와 이렇게 급히 왔습니다."
　"오늘은 늦었으니 내일 오너라."
　"아닙니다. 오늘 밤 안으로 뵈어야 합니다. 지금 저를 그냥 되돌려 보내신다면 나리께서는 틀림없이 벌을 받게 될 것입니다."
　"뭐? 그럼, 기다려 봐라."
　잠시 후 황급히 돌아온 수문장은 최총진을 공손히 맞아들였다.
　"아까는 결례했습니다. 도령께서 너무 어려 보이는지라……."
　그는 곧바로 왕 앞으로 안내되었다.
　"허어, 네가 점을 잘 친다는 그 최모崔某냐? 그런데 어떻게 이렇게 찾아오게 되었느냐?"
　"네, 사흘 전에 별을 보고 폐하께서 부르실 것을 알았습니다."
　"오, 그래? 먼 길을 이렇게 빨리 와 주어서 고맙구나. 꿈은 아주 간단하다. 그러나 하도 흉한 꿈 같아서 궁금하구나. 내가 어떤 산중으로 사냥을 나갔는데 도중에 나도 모르게 이 대궐보다 큰 벌집에 들어가버렸다. 그래서 깜짝 놀라 깼는데……, 내가 벌집을 쑤셨으니 무슨 난亂이라도 있을 흉조가 아닌지 걱정이로다."
　"폐하! 천하제일로 대길할 징조입니다."
　"어떤 뜻에서 대길인지, 해몽을 해보아라."
　"보통 사람이 벌집을 뒤집어쓰면 흉몽입니다만 폐하께서는 왕王씨이시고 또 실제로 왕이십니다. 그런 왕께서 벌집에 들어가셨으니 벌들이 놀라서도 왕! 감격해서도 왕! 하고 일시에 날지 않겠습니까.

즉 왕중왕王中王의 꿈이오니 머지 않아서 삼국 통일의 위업을 성취하게 되실 것입니다."

왕건은 그 말을 듣고는 손뼉을 치며 기뻐했다.

"너는 해몽이 그리 명쾌하니 오늘부터는 이름을 지몽知夢이라고 고쳐라."

"네, 황공하옵니다."

이래서 최총진은 지몽이라는 이름까지 하사받는 영광을 얻었다. 그 뒤로 왕은 최지몽을 항상 측근에 두고 총애했다.

후에 그의 해몽대로 왕건이 삼한을 통일해서 명실공히 왕중왕이 되자, 최지몽에게는 금중고문禁中顧問이라는 지위가 내려졌다.

그리고 왕건에 이어 혜종惠宗 때는 사천관司天官으로 있으면서 천기를 보아 왕의 위험을 알렸으며, 정종定宗 때에는 밀주사기密奏事機로 승진되어 왕실을 지켰다. 그리고 경종景宗 5년에는 변란의 징조를 예언했다.

"객성客星이 제좌성帝座星을 범했습니다. 이는 옥좌를 탐하는 자가 있다는 징조이오니 경계를 엄중히 하여 환란을 예방하옵소서."

얼마 후 과연 왕승王承 등이 모반을 일으켰으나 사전에 예견하고 있었던 터라 곧 진압할 수 있었다.

왕은 그 공을 치하하여 어의御衣와 금대金帶를 하사했고, 그 후 성종成宗 2년에는 좌집정左執政, 치리공신致理功臣이 되었다.

고려 건국 초기부터 여러 왕에게 별점으로 봉사하여 높은 지위에까지 오른 최지몽은 부모가 팔십 노경이라 부모에게 봉양을 하겠다는 뜻을 밝히고 사직원을 올렸다. 그러나 왕은 허락하지 않았다.

"그럼, 조정 출근은 면제할 테니 내사문하성內史門下省(최고 의정기관)에서 자유롭게 일하시오."

그런데 성종 6년에는 병을 얻어 자리에 눕게 되었다.

"지몽이 죽으면 별을 잃게 되는 셈이니 어찌 슬프지 않으랴."

왕은 이렇게 탄식하며 시의侍醫를 보내서 돌보아 주게 하고, 말 두 필을 내렸다. 그리고 또 귀법사歸法寺와 해안사海岸寺 두 절에서 스님 2천 명으로 하여금 수복을 비는 성대한 제祭도 올려 주었다.

그 후 최지몽이 세상을 뜨자 관직을 태사太師로 높이고, 성종묘정星宗廟庭에 신주를 모시게 했다.

태자마적太子馬跡

太:클 태　子:아들 자　馬:말 마　跡:자취 적

> 태자의 말 발자국이라는 말로, 백제의 근구수왕이 태자로 있을 때 고구려가 쳐들어 오자 그를 맞아 싸워 승리를 거둔 표시로 돌 위에 자국을 남긴 데서 유래했다. 성공한 사람의 흔적을 비유해서 쓴다.
>
> 문헌:《삼국사기三國史記》

　　백제 제13대 근구수왕近仇首王(?~384)은 근초고왕近肖古王의 맏아들이었다. 그가 태자로 있을 때 고구려 16대 고국원왕故國原王이 직접 군사를 이끌고 쳐들어왔다. 이에 근초고왕은 태자를 내보내 막도록 했다.

　　태자는 반걸양半乞壤에 이르러 싸울 준비를 갖췄다.

　　그런데 본래 백제 사람이었으나 실수로 왕의 말 발굽에 상처를 내게 되자 처벌을 두려워하여 고구려로 도망쳤던 사기斯紀라는 자가 찾아와서 태자에게 말했다.

　　"그들의 군사는 비록 수는 많으나 모두 훈련이 되지 않은 의병이고, 날랜 군사는 오직 붉은 기를 들고 있는 군사들뿐입니다. 그러니 먼저 그들만 격파하면 나머지 무리는 공격하지 않아도 스스로 궤멸될 것입니다."

　　태자는 그 말을 좇아 크게 격파하고, 달아나는 적을 계속 추격하여 수곡성水谷城의 평산平山에까지 이르자 장군 막고해莫古解가 간했다.

"일찍이 도가道家의 말에 '만족한 줄 알면 욕되지 않고, 그칠 줄 알면 위태롭지 않다.'고 했습니다. 여기서 중단하는 것이 좋을 듯합니다. 지금 소득도 많은데 어찌 더 많은 것을 얻으려 하십니까?"

태자는 그의 말이 옳다 하여 타고 가던 말을 세우고 그곳에 돌을 쌓아 전승을 표시했다.

그리고 높은 곳에 올라서서 사방을 둘러보며 말했다.

"오늘 이후에 또다시 이 땅을 밟을 수 있을까?"

암석이 지천으로 깔린 그곳은 누가 쉽게 넘볼 수 없는 곳으로 지금도 말발굽과 같은 홈이 여기저기 있는데 이 발자국이 태자의 말발자국이라고 전한다.

토지간계兎之肝計

兎:토끼 토 之:어조사 지 肝:간 간 計:꾀할 계

> 토끼 간의 계략. 즉 위기에 빠졌을 때 그럴듯한 계교로 모면하는 것을 뜻한다.
>
> 문헌 : 《삼국사기三國史記》

신라 제29대 태종무열왕 김춘추金春秋(604~661)가 왕위에 오르기 전 사간沙干 훈신訓信과 함께 고구려를 염탐하고자 갔을 때의 일이었다. 김춘추는 백제의 침입으로 대야성大耶城이 함락되고 사위인 품석品釋이 죽자 고구려와 연합하여 백제에 복수하고자 위험을 무릅쓰고 찾아갔다. 대매현代買縣에 이르니 그 고을의 사간沙干 두사지豆斯支가 선뜻 청포靑布 삼백 보步를 기증했다. 김춘추는 고맙게 생각하여 그에 걸맞은 사례를 하고 고구려로 갔다.

고구려의 왕은 태대대로太大對盧 개금蓋金으로 하여금 그를 맞아들이게 하고 성대한 잔치를 베풀어 극진히 대접했다. 그때 고구려의 한 신하가 왕에게 은밀하게 아뢰었다.

"지금 신라의 사자는 우리나라의 형세를 염탐하러 온 것 같으니 그를 죽여 후환이 없도록 하소서."

그 말을 들은 왕은 엉뚱한 질문으로 김춘추를 시험했다.

"지금 신라에서 차지하고 있는 마목현痲木峴은 죽령竹嶺과 함께 본

래 우리나라의 땅이었다. 만약 이를 돌려 주지 않으면 돌아가지 못하게 하겠다."

이에 춘추가 정중히 대답했다.

"하오나 나라의 땅을 한낱 신하인 제가 마음대로 할 수 없으므로 명령을 받들 수가 없습니다."

고구려 왕은 크게 노하여 그를 죽이고자 옥에 가두었다. 김춘추는 앞서 두사지가 준 청포를 비밀리에 왕의 총애를 받는 신하 선도해先道解에게 선사하니, 그가 성찬을 마련하여 함께 술을 마셨다. 선도해는 술이 취하자 김춘추에게 넌지시 말했다.

"그대는 일찍이 거북과 토끼의 이야기를 듣지 못했소? 옛날에 동해 용왕의 딸이 병이 들어 앓아 눕자 의원의 말이 토끼의 간을 약으로 써야만 치료할 수 있을 것이라 했소. 그런데 바다 가운데는 토끼가 없으므로 어떻게 할 도리가 없었는데, 한 거북이 용왕에게 아뢰었소.

'제가 능히 토끼의 간을 구해 오겠습니다.'

그러고는 육지로 올라가서 토끼를 만나 말했소.

'바다 가운데 한 섬이 있는데 샘물이 맑고, 숲도 무성하며, 좋은 과실도 많이 열리고, 춥지도 덥지도 않고, 매나 독수리와 같은 것들도 침범할 수 없는 낙원이다. 때문에 그곳으로 가면 근심 걱정 없이 편안하게 살 수 있을 것이다.'

거북의 꾀에 넘어간 토끼가 거북의 등을 타고 바다 가운데로 가니 그제야 거북이 말했소.

'미안하다. 사실은 지금 용왕의 따님이 병이 들어 앓고 있는데 꼭 너의 간을 먹어야만 낫는다고 해서 너를 데리고 가는 것이다.'

하니, 토끼가 큰 낭패라는 듯 말했소.

'아차! 그러면 진즉 이야기하지……. 나는 신명神明의 후예이어서 평상시에는 오장을 꺼내어 공기가 맑고 청량한 바위 밑에 놓아두는데 오늘은 네 말을 듣고 급히 오느라 그만 간을 그대로 두고 왔구나. 누가 가져가기 전에 빨리 다시 가서 가져와야겠다. 그러니 나를 다시 그곳으로 데려다 주려무나.'

거북은 그 말을 그대로 믿고 다시 토끼를 태우고 육지로 돌아오니, 토끼는 풀숲으로 뛰어 들어가면서 말했소.

'참으로 어리석은 거북아, 간 없이 사는 놈이 어디 있느냐?'

하니, 거북은 아무 말도 못하고 돌아갔다는 이야기이오. 어떻소? 재미있지 않소?"

김춘추는 그 비유의 뜻을 깨닫고 고구려 왕에게 말했다.

"마목현과 죽령은 본래 대국의 땅이므로 신이 귀국하면 우리 임금에게 고하여 꼭 돌려 드리도록 하겠습니다."

왕은 기뻐하며 그렇게 하라고 김춘추를 방면해 주었다.

신라로 돌아온 김춘추는 당나라로부터 군사 원조를 얻어 내어 김유신과 함께 백제와 고구려를 쳐 삼국 통일의 대업을 이룩했다.

판진성혼判眞成婚

判:판단할 판　眞:참 진　成:이룰 성　婚:혼사 혼

> 진실을 밝혀 혼사를 이루다. 암행어사 박문수의 고사에서 유래한 말로, 진실을 밝히면 바라는 바를 이루게 된다는 뜻으로 쓰인다.
> 문헌 : 《승정원일기承政院日記》

조선 제22대 영조英祖 때의 문신 박문수朴文秀(1691~1756)가 어사였던 시절, 길을 가다가 날이 저물어 어느 집에 들어가 하룻밤을 쉬어 가게 해 달라고 부탁했다.

"주무시고 가시는 것은 상관없으나 밥을 지어 드릴 양식이 없어서……."

주인이 미안해하며 말하자 박 어사가 말했다.

"밥은 걱정 마시고 그저 잠자리만 부탁합니다."

말은 그렇게 했지만 사실 점심도 굶었던 터라 배가 고파 기진맥진한 상태였다. 그런 모습을 눈여겨본 그집 딸이 어머니에게 말했다.

"어머니, 손님이 무척 시장해 보입니다. 아버지 제사에 쓰기로 한 웁쌀(잡곡밥을 지을 때 그 위에 조금 얹어 안치는 쌀)로라도 밥을 해 드리면 어떻겠습니까?"

"네 뜻이 그렇다면 그렇게 하자꾸나."

그렇게 해서 밥을 먹게 되니 박 어사는 그 딸이 여간 고마운 게 아니었다.

'인물도 예쁜 데다 마음씨까지 곱고, 훌륭한 규수로구나.'

그때 그댁 아들이 밖에 나갔다가 먹을 것을 가지고 돌아왔다. 어디 잔칫집에 갔다 온 모양이었다.

"어머니, 손님이 오셨습니까?"

"응, 그래. 지금 윗방에 계신다. 옵쌀로 밥을 좀 지어 드렸다만 요기가 되셨는지 모르겠다."

"어머니, 그럼 잔치 음식을 많이 가져왔으니 좀 갖다 드리겠습니다."

박 어사는 출출하던 참이라 그 아들이 가져온 음식을 먹으면서 어느 집 잔치에 갔다 오느냐고 물었다. 그랬더니 아들이 비감한 표정으로 말했다.

"아, 저와 혼인하기로 약속했던 규수의 집에 다녀오는 길입니다. 저희 아버지와 내일 혼례식을 치를 최 진사 어른과는 친한 친구였습니다. 그래서 저하고 그 규수가 아직 태어나기도 전에 두 분은 각각 아들과 딸을 낳으면 혼인을 시키고, 모두 아들이거나 딸이면 의형제를 맺어 주기로 굳게 약속을 하였답니다. 그런데 저는 아들이요, 그 진사 댁은 딸을 보았는지라, 일찍이 약속했던 대로 우리는 정혼한 사이가 되었습니다. 그런데 저희 아버지께서 돌아가시고 우리 집의 가세가 기울자 최 진사 댁에서는 약속을 깨고 딸을 부잣집 아들과 혼인시키기로 하였답니다. 바로 그 집에 다녀오는 길입니다."

"허허! 아무리 염량세태炎凉世態라 하지만 그렇게 신의를 저버리면 안 되지. 내가 해결해 줌세. 자네는 지금부터 내가 하라는 대로만 하게!"

다음 날 새벽, 그 고을 원님은 이상한 밀서 한 통을 받았다.

'오늘 낮 사시(巳時 : 오전 9시~11시)에 남녀 혼인 예복 각각 1벌씩을 챙겨 최 진사 집으로 가서 후행後行을 왔다고 하면서 나와 신랑을 찾으시오. 암행어사 박문수 백.'

영문을 모르는 원님은 밀서의 지시대로 이방에게 혼례복을 준비케 하여 최 진사 집에 나타났다. 그러자 최 진사 집에서는 난리가 났다. 혼인식은 오시(午時: 오전 11시~오후 1시)인데 엉뚱하게 원님이 후행을 왔노라면서 이른 시각에 나타났으니 당황할 수밖에.

원님이 최 진사에게 큰소리로 물었다.

"어사께서는 어디 계시는가?"

"아니, 어사라니요? 그런 분이 여기에 올 턱이 있나요?"

그때 박문수가 약혼을 파혼당한 그 총각과 함께 나타났다.

"어흠! 날세, 내가 그 박 어사구먼."

순간 사람들의 눈이 휘둥그레졌다.

원님이 물었다.

"어사님, 신랑은 어디 있습니까?"

"음, 이 청년일세. 우리 형님이 살아계실 때 이 집 딸과 정혼한 사이였는데 형님이 작고하셨다고 해서 내 조카가 파혼당하는 비감한 일이 발생했으니 삼촌 된 내가 가만히 있을 수 없지. 자, 조카는 어서 원님이 마련하여 온 신랑 예복을 입고 대례청에 나서거라. 최 진사도 이 혼사를 거부하지는 못하리라!"

최 진사는 사색이 되어서 말하였다.

"저 저, 그렇다면 오시에 올 신랑은 어찌 됩니까?"

"사시는 사시고, 오시는 오시요. 일에는 선후가 있으니까 이 혼사 먼저 치르시오."

"아무리 어사이셔도 이것은 너무하십니다. 대사가 엄연히 정해져 있는데······.”

"무슨 소리! 분명 우리 형님과의 약속이 먼저 아니었소?"

"그야 그렇습니다만, 허허허, 이 일을 어찌할까나?"

최 진사가 당황하여 쩔쩔매는데 진짜 신랑이 들이닥쳤다. 늦게 온 신랑은 난데없는 사람이 나타나서 먼저 식을 올리고 있으니 기가 막혔다. 그러자 박 어사가 전후 사정을 설명하고, 늦게 온 신랑에게 말했다.

"혼행婚行을 와서 이 지경을 당하니 얼마나 놀랐는가? 그러나 지금 말한 대로 사정이 이러하니 신랑 자네는 다른 양반집 규수에게 장가들면 되지 않겠는가? 마침 오늘 혼인하는 조카에게 여동생이 하나 있네. 내 이 일에 대비해서 미리 데리고 왔지. 여봐라! 조카딸도 나오너라. 그리고 원님은 준비해 온 신부 옷을 내주시오."

원님이 박장대소하며 말했다.

"하하하, 신랑 옷에다 신부 옷까지 마련하라고 하여서 여간 궁금한 게 아니었는데, 젊은이 둘을 혼사시키는 일에 나도 한몫을 하니 흔쾌하오이다."

어사 박문수는 이렇게 즉석 매파 노릇도 서슴지 않을 만큼 호탕한 인물이었다.

팔왕지한八王之恨

八:여덟 팔 王:임금 왕 之:어조사 지 恨:한할 한

〈팔왕〉의 한이라는 말로, 동학란을 일으켰던 전봉준이 뜻을 이루지 못하고 죽은 데서 유래했다. 큰 뜻을 품었으나 타의에 의하여 그 뜻을 이루지 못했을 때 그를 안타까워하는 뜻으로 쓰인다.

문헌:《한국인명대사전韓國人名大事典·천도교창건사天道敎創建史》

녹두장군錄豆將軍이라는 별명을 가진 전봉준全琫準(1855~1895)은 동학혁명東學革命의 지도자로 전북 고창高敞 덕정德井에서 태어났다. 그는 귀가 녹두알처럼 작고, 눈은 둥글며, 다부진 체구를 가지고 있었다.

1894년, 나라 안에서는 동학혁명이 일어나기 전부터 여러 가지 좋지 않은 현상이 이곳저곳에서 일어났다.

고종高宗 26년인 1889년에는 삼남 지방에 대흉년이 들고, 경기도 지방에는 대홍수가 일어났다. 또 함경도에서는 민란이 터졌으며, 함경도 고산, 영흥에서 일어난 반란의 불길은 흉년이라는 바람을 타고 전국으로 번졌다. 그 불길은 그해 10월 전라도 전주와 광양에까지 번져 온나라가 술렁거렸다. 1890년에는 경상도 함창, 강원도 고성, 경상도 예천 등지로 꼬리를 물고 번져 갔다.

그런 와중에 전라도에서는 이상한 내용의 민요가 백성들의 입에서 입으로 전해지고 있었다.

새야 새야 파랑새야
녹두밭에 앉지 마라
녹두꽃이 떨어지면
청포 장수 울고 간다.

여기에서 파랑새는 팔왕새, 즉 팔왕八王은 전全자를 풀어 놓은 것이니, 녹두장군 전봉준을 가리키는 말이었다.

전봉준은 아버지 전창혁全彰赫이 민란의 주모자로 잡혀 처형된 뒤부터 사회 개혁에 뜻을 품었다. 그래서 30세 무렵에 동학東學에 입문, 고부古阜 접주接主로 임명되어 각지를 돌아다니며 은밀히 동지를 규합했다.

한편 1890년에 세상을 떠난 대왕대비 조씨趙氏의 친척이 되는 고부군수 조병갑趙秉甲은 농민들의 고통은 아랑곳하지 않고 제 뱃속만 채우느라 과다한 세금을 징수하고 근거 없는 죄명을 씌워 재산을 갈취했다.

그는 태인군수를 지낸 자기 아버지의 비각을 세우겠다며 농민들로부터 1천 냥을 거두어들였으며, 그것도 모자라 이 핑계 저 핑계로 700섬의 세금을 징수했다.

이러한 횡포에 농민들은 여러 차례에 걸쳐 상부에 진정을 했으나 조병갑은 들은 척도 하지 않았다. 농민들은 모이기만 하면 그에 대해서 불평을 늘어놓았다.

"굶어 죽으나 맞아 죽으나 죽기는 마찬가지인데 속 시원히 때려 부수고 죽읍시다."

고부읍 북쪽 동진강 상류에 만석보萬石洑라는 큰 저수지가 있었다. 농민들 치고 이 저수지의 신세를 지지 않는 사람은 하나도 없었다. 그런데 조병갑은 만석보 밑에 다시 보洑를 축조하면서 불법으로 수세를 700섬이나 징수했다.

이에 분노한 전봉준과 농민들은 1894년 1월 관아를 습격하여 곡식을 강탈, 가난한 백성들에게 나눠 주었다. 그리고 만석보의 둑을 헐어버렸다. 이렇게 민심이 악화되자 뒤늦게 이 소식을 들은 조정에서는 조병갑 등 관리들을 처벌하고, 그동안의 일은 불문에 붙인다는 확약을 함으로써 농민군을 해산시켰다. 그러나 새로 온 군수가 약속을 어기고 민란의 책임을 물어 동학교도들을 마구잡이로 잡아들이는 등 다시 탄압이 심해지자 격분한 전봉준은 곤봉과 죽창, 그리고 무기 창고에서 탈취한 창과 총을 가지고 항거하였다.

전봉준은 마침내 조직적인 대항을 하기 위해 동학교도들을 백산에 집결시켰다. 태인泰仁, 금구金溝, 부안扶安, 무장茂長에서 김개남金開男, 손화중孫化中 등이 동학군을 이끌고 속속 모여들었다.

어느덧 군사는 8천으로 늘고, 혁명의 불길은 마른 장작에 불이 붙듯 활활 타올라 정읍井邑, 고창高敞을 거쳐 영광靈光, 함평咸平에까지 번져 나갔다.

조정에서는 장위영壯衛營의 영관領官 홍계훈洪啓薰을 양호초토사兩湖招討使로 임명하여 관군 8백 명과 대포 2문, 기관포 2문을 주어 동학군을 토벌하라고 했으나 도교산 황토마루 싸움에서 동학군에게 전멸당하고 말았다.

겨우 목숨을 건진 홍계훈은 전주성으로 도망을 갔으나 그곳은 이미 동학군이 점령하고 있었다.

그러자 고종高宗은 직접 나서서 전봉준에게 휴전을 제의했다.

"스스로 무기를 거두고 해산하면 일체의 죄를 묻지 않겠노라."

전봉준은 동학군을 설득하여 모두 제 고향으로 돌아가게 했다. 전주성全州城을 점령한 지 10일 만의 일이었다.

　동학군은 겨우 해산시켰으나 민심을 잃은 조정에서는 동학군이 점령했던 지역을 제대로 다스릴 수가 없었다. 그래서 전라도 53개 군에 집강소執綱所라는 임시 행정기관을 설치, 전주에 총본부를 두어 전봉준으로 하여금 다스리게 했다. 그리 되니 전라도, 충청도는 동학 세력이 지배하게 되었다.

　동학운동은 신분 제도에 반대하고, 평등을 내세운 사회 개혁 운동이었기 때문에 쉽게 대중의 마음을 사로잡았던 것이다.

　조정에서는 동학군을 진압하고자 청나라에 원군을 요청했고, 일본은 일본대로 자국민을 보호한다는 명분을 내세워 파병함으로써 결과적으로 청일전쟁을 촉발시키는 원인이 되었다.

　그런데 일본이 조선에서 침략 행위를 계속하자 동학군은 일본군을 추방하기 위해 다시 봉기했다. 그래서 논산의 웅치雄稚와 우금치牛金峙에서 치열한 접전을 벌였으나 처참하게 패배하고 말았다.

　동학혁명군은 처음엔 관리들의 탄압을 막고자 시작되었으나 나중에는 일본군으로부터 나라를 지키고자 싸웠다.

패령자계佩鈴自戒

佩:찰 패 鈴:방울 령 自:스스로 자 戒:경계할 계

방울을 차고 다니면서 자신의 단점을 경계하다. 즉 일일삼성一日三省이나 삼사일언三思一言과 같이 행동을 진중하게 하기 위해 스스로 노력한다는 뜻으로 쓰인다.

문헌 :《국조인물고國朝人物考》

　조선 제14대 선조 때 좌찬성을 지낸 이상의李尙毅(1560~1624)는 본관이 여흥驪興이고, 호는 소릉少陵 또는 오호五湖이다.
　그는 글씨를 잘 썼지만 어렸을 때에는 성질이 경솔하여 한곳에 오래 앉아 있지 못하고 이리저리 쏘다니는 팔랑개비같았다. 거기다가 말을 함부로 하여 부모에게 걱정을 많이 끼쳤다. 그래서 어른들로부터 꾸지람 듣기가 예사였다.
　그는 이래서는 안 되겠다고 생각하고 스스로 새롭게 결심했다.
　"이제부터 작은 방울을 몸에 차고 다니면서 방울 소리를 들을 때마다 마음의 각오를 되새기며 행동을 삼가겠다. 경솔한 버릇을 매일 한 가지씩 줄여 나가리라."
　그는 결심한 대로 패령자계佩鈴自戒하여 중년이 되어서는 행동이 진중하고 여유로워졌다. 그렇게 자신의 단점을 고쳤기 때문에 마침내 좌찬성의 벼슬에 오를 수 있었다.

패불허비浿不許非

浿:대동강 패　不:아닐 불　許:허락할 허　非:그를 비

대동강은 비위를 허락하지 않는다. 평안감사 김종수에게서 유래한 말로 청렴결백한 공직자를 의미한다.

문헌 : 《대동기문大東奇聞》

　　조선 제22대 정조 때 좌의정을 지낸 김종수金鍾秀(1728~1799)는 본관이 청풍淸風이요, 호는 몽오夢梧이다.

　　그가 평안감사로 있다가 한양으로 전근하게 되자 여러 고을 원들이 모여서 대동강에 배를 띄우고 전별연餞別宴을 베풀어 주었다.

　　술이 몇 잔 돌아가자 기생들의 풍악에 신명이 난 그는 담뱃대로 뱃전을 두들기며 적벽가를 부르다가 실수로 담뱃대를 그만 강물에 빠뜨리고 말았다. 그러자 그가 혼잣말로 중얼거렸다.

　　"내가 이곳에서 감사로 2년 있는 동안 오직 이 담뱃대가 유일한 공물이었다. 그런데 이제 내가 떠나려 하니 대동강의 신령이 이것마저 개인적으로 사용하는 것을 허락하지 아니하는구나!"

　　그는 그만큼 청렴결백한 공직자였다.

　　국사사전에서는 그를 처세에 능하고 문장이 뛰어났으며, 호탕했다고 기록하고 있다.

편조가운 鞭造家運

鞭:회초리 편　造:만들 조　家:집 가　運:운세 운

> 회초리가 그 집안의 운세를 만든다. 즉 가정교육이 엄격해야 집안이 흥성하게 된다는 의미이다.
> 문헌:《문곡집文谷集 · 국조인물고國朝人物考》

조선 제16대 인조 때에 영의정을 지낸 홍서봉洪瑞鳳(1572~1645)의 어머니 유씨는 어렸을 적에 오빠가 공부하는 어깨 너머로 글을 배워 아는 것이 많았다. 그러나 여자가 글을 잘하는 것은 좋지 않다는 전통적인 사고방식에 눌려 그런 내색을 보이지 않았다.

결혼 후 일찍 남편을 여윈 유씨는 아들이 글을 배울 나이가 되자 친히 책을 펴놓고 가르쳤다. 그 지도 방법은 매우 엄격하여 아들이 조금만 게으름을 피워도 회초리로 종아리에서 피가 나도록 때리며 가르쳤다.

"네가 공부를 못하거나 행실이 바르지 못하면 세상 사람들은 너에게 아비 없이 자란 아이이기 때문에 그렇다고 말할 것이다. 너는 불행히 어려서 아버지를 잃었으나 그처럼 남의 손가락질을 받는 사람으로 크는 것을 이 어미는 절대 용납할 수 없다."

그러고는 피 묻은 회초리를 비단 보자기에 싸서 장롱 속에 소중히 간직했다.

"이 회초리가 장차 우리 집안의 흥망을 좌우할 것이다. 여기에는 너의 피뿐 아니라 이 어미의 눈물까지 묻어 있음을 명심해라. 나중에 커서 이 회초리가 얼마나 소중한 가르침을 주었는지 깨닫게 될 것이다."

유씨는 또 아들에게 글을 가르칠 때면 외간 남자를 대하듯 아들과의 사이에 병풍을 쳤다.

어떤 사람이 그 까닭을 물으니, 이렇게 대답했다.

"어미는 아버지처럼 아이를 대할 때 엄격할 수 없답니다. 어미이기 때문에 아이가 글을 잘 읽으면 나도 모르게 기쁜 빛을 띠게 됩니다. 그러면 아이에게 자만심을 길러 줄 염려가 있으므로 내 얼굴을 못 보도록 가리는 것입니다."

포산조응 捕山爪鷹

捕:잡을 포 山:뫼 산 爪:움킬 조 鷹:매 응

산을 체포하여 매를 잡다. 어떤 일을 직접적으로 해결할 수 없으면 그보다 상위의 일을 해결하면 된다는 뜻이다.
문헌 : 《국조인물고國朝人物考·여담천리餘談千里》

　　조선 제16대 인조仁祖 때 암행어사 박문수朴文秀(1691~1756)가 전라도를 순시할 때의 일이었다. 그가 어느 마을을 지나다가 해도 뉘엿뉘엿하고, 배도 고파서 하룻밤을 묵을 겸 한 서당書堂에 들렀다. 훈장은 마침 자리에 없고, 글 읽는 학동學童들만 있었다. 박문수는 난감해져 혼자 중얼거렸다.
　"하룻밤 머물 수 있을까 하여 찾아왔는데 어른들이 안 계시는구나. 해는 지고 어떻게 하지?"
　그러자 한 학동이 말했다.
　"아이구 손님, 사랑채도 있는데 주무시고 가시지요?"
　"그럼 그렇게 할까!"
　박문수는 못 이기는 척 들어앉아 쉬고 있었다.
　때는 마침 유월 여름이라 서당의 아이들은 문을 열어 놓고 개구리 울 듯 책을 읽다가 한 아이가 말했다.
　"이제 글을 많이 읽었으니 그만 쉬도록 하자."

그 말에 아이들은 모두 책을 집어던지고는 마당으로 나가더니 한 아이가 말했다.

"오늘 저녁에는 수령과 감사 놀이를 하자."

그러더니 그 아이는 대뜸 짚으로 만든 멍석에 양반다리로 앉아 놀이를 주도해 나갔다.

"나는 원님이니까 여기에 앉는다."

그러자 한 아이가 원님을 시험한다며 말했다.

"저기 노는 까마귀들 중 어느 놈이 수놈인지요?"

"으음! 날아오를 때 먼저 날기 시작하는 놈이 수놈이요, 뒤따라가는 놈이 암놈이니라."

박문수가 신통하게 생각하며 듣고 있으니 이제는 송사를 벌이겠다고 하였다. 한 아이가 덥석 엎드리더니 말했다.

"제가 매를 잡아서 그 매로 하여금 사냥을 하게 하려고 하였는데 그 매가 갑자기 산으로 도망가 버렸습니다. 찾아주십시오."

박문수는 산으로 날아간 매를 어떻게 잡아 줄지 매우 궁금하였다. 그러나 원님은 명쾌하게 판결을 내렸다.

"그럼 산이 매를 가져간 거로구면.

매는 청산의 소유물이어서, 鷹者靑山之物

청산에서 얻고 청산에서 잃어버렸구나. 得於靑山 失於靑山

그러니 청산에게 물어보고 問於靑山

청산이 대답을 않거든 청산을 잡아오너라. 靑山不答捕來"

당시에는 고소를 하게 되면 고소인이 상대방을 직접 데려오게 되어 있었다. 그러니 매를 찾고 싶으면 산을 잡아오라는 것이었다. 아이들의 재치 있는 판결에 박문수는 크게 탄복하였다.

포요투강 抱腰投江

抱:안을 포 腰:허리 요 投:던질 투 江:강 강

> 허리를 붙잡고 강물에 뛰어들다. 임진왜란 때 진주성이 함락되자 왜장의 허리를 껴안고 강물에 몸을 던져 장렬하게 최후를 마친 논개의 고사에서 유래했다. 자신을 희생시켜 대의를 이루는 행동을 의미한다.
>
> 문헌 : 《호남삼강록湖南三綱錄》

　조선 제14대 선조宣祖 때 진주의 관기 논개論介(?~1592)는 성은 주朱씨이고, 장수長水 출신이며, 경상우도 병마절도사 최경회崔慶會의 애첩이었다. 그런데 임진왜란 중 진주성을 함락시킨 일본군이 진주 남강가의 촉석루矗石樓에서 축하연을 열자 그녀는 자원하여 참석, 만취된 왜장 게다니무라 로쿠스케毛谷村六助를 껴안고 남강에 뛰어들어 함께 죽었다.
　후세 사람들은 그녀가 왜장을 끌어안고 투강했던 그 바위를 의암義岩이라 하고, 그 옆에 비석과 사당祠堂을 짓고 제사를 지내주었다. 또 그의 고향 장수에는 정문旌門을 세워 그를 기리게 했다.
　수주樹州 변영로卞榮魯는 논개를 찬양하여 이렇게 읊었다.

거룩한 분노는 종교보다도 깊고
불붙는 정열은 사랑보다도 강하다.
아! 강낭콩꽃보다도 더 푸른 그 물결 위에
양귀비꽃보다도 더 붉은 그 마음 흘러라.

아리땁던 그 아미蛾眉 높게 흔들리우며
그 석류 속 같은 입술 '죽음'을 입맞추었네!
아리땁던 그 아미蛾眉 높게 흔들리우며
그 석류 속 같은 입술 '죽음'을 입맞추었네!
아! 강낭콩꽃보다도 더 푸른 그 물결 위에
양귀비꽃보다도 더 붉은 그 마음 흘러라.

흐르는 강물은 길이길이 푸르리니
그대의 꽃다운 혼 어이 아니 붉으랴!
아! 강낭콩꽃보다도 더 푸른 그 물결 위에
양귀비꽃보다도 더 붉은 그 마음 흘러라.

한용운도 그녀의 죽음을 애도하는 시를 그녀의 묘비 앞에 바쳤다.

아아, 나는 그대도 없는 빈 무덤 같은 집을 그대의 집이라 부릅니다. 만일 이름뿐아니라 그대의 집도 없으면 그대의 이름을 불러 볼 기회가 없는 까닭입니다.

나는 꽃을 사랑합니다마는 그대의 집에 피어 있는 꽃을 꺾을 수는 없습니다. 그대의 집에 있는 꽃을 꺾으려면 나의 창자가 먼저 꺾어지는 까닭입니다.

나는 꽃을 사랑합니다마는 그대의 집에 꽃을 심을 수는 없습니다. 그대의 집에 꽃을 심으려면 나의 가슴에 가시가 먼저 심어지는 까닭입니다.

살육과 약탈과 강간을 일삼던 일인日人 병사들을 본 논개는 '오냐, 너희들의 수장을 죽여주마' 결심하고 몸치장을 한 뒤 소복단장을 하고 진주성을 점령하고 축배를 들고 있는 남강으로 가 왜장 모곡촌毛谷村의 손길이 닿자 그를 껴안고 남강으로 뛰어들었다. 그녀는 조국을 사랑하는 불타는 정신으로 장렬히 투신한 것이다.

풍소우목風梳雨沐

風:바람 풍 梳:빗 소 雨:비 우 沐:목욕할 목

바람에 빗질하고 비에 목욕하다. 장수가 싸움터에 나가 병사들과 고락을 함께 한 고사에서 유래한 말로 생사의 운명을 같이한다는 뜻으로 쓰인다.

문헌:《삼국사기三國史記 · 조선명인전朝鮮名人傳》

신라의 화랑 김흠운金歆運은 내물왕奈勿王(재위 356~402)의 8대손이며, 아버지는 잡찬迊飡 달복達福이었다. 그가 화랑이 되기 전 소년 시절에 문노文努 문하에서 학문을 익힐 때였다.

"전장에 나가 용감히 싸우다가 전사하면 그 이름을 역사에 기록하여 후손에게 전한다."

스승 문노의 말에 흠운이 굳게 결심했다.

"나도 역사에 길이 남는 사람이 되리라."

신라 제29대 태종무열왕太宗武烈王 2년, 백제와 고구려가 변경을 침범하자 왕은 흠운을 낭당郎幢의 대감으로 삼아 출전시켰다. 그는 전장에서 편히 잘 수가 없어 바람으로 빗질하고, 비로 목욕하며 군사들과 고락을 같이했다.

백제 땅 양산陽山 아래에 이르러 진을 치고 조천성助川城을 공격하려 하니 백제 군사가 밤을 틈타 쳐들어와 아군이 혼란에 빠졌다. 화살이 빗발처럼 날아오는 그때 대사 전지詮知가 권했다.

"지금은 아군과 적을 구별할 수 없으니, 공이 비록 죽는다 해도 알 사람이 없을 것입니다. 게다가 공은 신라의 귀골이고 대왕의 사위이므로 만약 적의 손에 죽는다면 백제에게는 자랑이지만 우리에게는 큰 수치가 될 것입니다."

그러자 흠운이 말했다.

"장부가 이미 나라에 몸을 바치기로 결심했다면 그 죽음을 다른 사람이 알거나 모르거나 중요한 것이 아니다. 어찌 명예에만 연연하겠는가."

그가 곧게 서서 움직이지 않자 시중드는 사람이 말고삐를 당기며 돌아갈 것을 권했다. 그러나 그는 칼을 뽑아 들고 적진으로 들어가 여러 명을 죽이고 끝내 자신도 죽었다. 그때 대감 예파穢破와 소감 적득狄得도 함께 전사했다. 그러자 소기당주 보용나寶用那는 흠운의 죽음을 듣고 슬퍼하며 말했다.

"그는 지체가 높고 권세가 있는데도 나라를 위해 죽었다. 하물며 나는 살아도 이익 될 것이 없고, 죽어도 손해될 것이 없다."

하며 적진으로 달려가 싸우다가 그도 죽었다.

훗날 태종무열왕이 이 소식을 듣고 크게 슬퍼하며 흠운과 예파에게는 일길찬一吉湌의 벼슬을 추증하고, 보용나와 적득에게는 대내마大柰麻 벼슬을 추증했다. 그리고 백성들은 양산가陽山歌를 지어 그들을 애도했다.

피곡아직彼曲我直

彼:저 피 曲:굽을 곡 我:나 아 直:곧을 직

굽은 것은 상대쪽이고 나는 곧다. 즉 잘못은 저쪽에 있고 나는 한 치의 잘못도 없이 정직하다는 뜻.

문헌 : 《삼국사기三國史記》

  삼국 통일을 이룩한 신라의 장군이자 정치가였던 김유신金庾信이 압량주押梁州 군주로 있을 때 민심을 파악하기 위해 일부러 술과 풍악으로 세월을 보냈다. 그러자 주민들이 그를 맹렬하게 비난하고 나섰다.
  "백성이 오랫동안 안정된 생활을 하는 터라 무슨 일이든지 주어지면 훌륭히 해낼 만한 여력이 있는데, 군주가 게을러 놀기만 하면 어찌하자는 것인가?"
  유신이 그 말을 듣고 왕에게 건의했다.
  "민심을 살펴보니 무슨 일이든지 하겠다는 의욕이 대단합니다. 하오니 지금 백제를 쳐서 지난번 대량주大梁州 싸움의 패배를 보복하게 해주십시오."
  "장군의 의욕은 충분히 이해하오. 그런데 수적으로 적은 군사를 데리고 성공할 수 있겠소?"
  "싸움의 승패는 군사의 많고 적음에 있는 것이 아니라 민심의 동향에 달려 있습니다. 지금 우리 백성들은 한뜻으로 뭉쳐 생사를 같이할 만하므로 두려워할 일이 아닙니다."

유신의 설명을 들은 왕이 허락했다.

유신이 병사를 뽑아 충분히 훈련시켜 대량성을 공격하니 백제 군사가 대항해 왔다. 유신은 거짓으로 패하는 척하고 옥문곡으로 후퇴했다. 그러자 백제는 신라군을 업신여긴 나머지 생각 없이 밀고 들어왔다. 그런데 갑자기 신라군이 반격하자 허둥거리는 사이 포위되고 말았다. 신라는 이 전투에서 백제 장수 8명을 사로잡고, 1천여 명의 머리를 베었다. 그리고 백제 진영으로 사람을 보내 말했다.

"우리의 군주 품석品釋과 그의 아내 김씨의 뼈가 지금 너희 나라에 묻혀 있다. 이제 너희 장수 8명이 우리에게 사로잡혀 목숨을 애걸하니, 여우와 범 같은 짐승도 죽을 때면 머리를 제 굴 쪽으로 두는 뜻을 이해하는지라 그들을 차마 죽일 수가 없다. 그러니 지금 너희 나라 땅에 묻혀 있는 두 사람의 유해와 맞바꾸면 어떻겠는가?"

그러자 백제의 좌평 중상仲商이 이 말을 왕에게 보고했다.

"신라인의 유해를 여기에 두어봐야 무익하니 그리하는 것이 좋겠습니다. 만일 저들이 신의를 지키지 않는다면 잘못은 저들에게 있고 정직은 우리에게 있으니 명분도 있는 일이라 생각됩니다."

그리하여 백제에서 먼저 품석 부부의 유해를 독에 넣어 보냈다.

그를 받은 유신이 말했다.

"나뭇잎 하나 따낸다고 해서 무성한 숲이 손상될 리 없고, 티끌 하나 더하였다 해서 태산이 높아질 리 없다. 하니 약속대로 그 장수들을 돌려보내주어라. 처음부터 잘못은 저들에게 있었고, 우리는 아무런 잘못이 없었으니 나의 마음을 반드시 알리라."

필수사언 必隨師言

必:반드시 필　隨:따를 수　師:스승 사　言:말씀 언

스승의 말은 반드시 따라야 한다. 선조 때의 명신 이항복에게서 유래한 말로, 스승의 권위를 강조한 말이다.

　　　　　　　　　　문헌 : 《국조인물고國朝人物考》

　　조선 제14대 선조宣祖와 제15대 광해군光海君 때의 문신, 백사白沙 이항복李恒福(1556~1618)은 임진왜란이 일어나자 선조를 의주로 호종扈從하고, 왕비는 개성으로, 두 왕자는 평양으로 피신하도록 도왔다. 그리고 명나라로 가 구원병을 청해 나라를 위기에서 구하는 중책을 맡아 무난히 처리했다. 그는 한음漢陰 이덕형李德馨과 더불어 한 시대의 명신이었다.

　　그는 각종 관직을 거쳐 나중에 영의정이 되고, 1604년 48세에는 오성부원군鰲城府院君에 진봉進奉되어 줄곧 국정을 맡아오다가 1617년 폐모론을 반대했다는 이유로 북청北靑에 귀양 가서 그곳에서 죽었다. 그리고 그해에 복권이 되었으며, 평소 대단히 검소해서 청백리로 지정되었다.

　　어느 날, 청지기가 아뢰는 말에 항복이 벌떡 일어나 소리를 쳤다.

　　"뭐? 스승님께서 오셨다고?"

　　그는 벌떡 일어나 버선발로 뛰어나갔다. 좌중에 있던 사람들은 모두 다 놀랐다.

'아니, 저 어른은 일인지하 만인지상一人之下 萬人之上인 정승인데, 누가 왔기에 저리도 어려워하며 맞이하실까? 상감마마께서 납시는 것은 아니겠고 대단한 분께서 오시는 것은 확실한데 그렇다면 우리도 나가서 맞이해야 하는 것이 아닐까?'

그런데 항복은 초라한 모습의 노인 한 분을 모시고 들어오더니 자기 자리에 모셔놓고 큰절을 올렸다.

"스승님, 그동안 평안하셨습니까?"

"음, 잘 있었소이다."

"스승님, 말씀을 놓으십시오."

"아니, 상감 다음으로 큰 어른인데 일개 백성이 어찌 말을 함부로 하겠소?"

"지난날 제가 철부지 아이였을 때 스승님께서 글을 깨우쳐 주시지 않으셨습니까? 그때처럼 불러주십시오."

"그때는 개구쟁이였으나 지금은 정승이지 않소. 하하하."

"그렇지 않습니다, 스승님! 스승님은 언제나 저의 스승님이십니다. 그리고 모처럼 오셨으니 하룻밤 유留하고 가십시오."

"허허! 야인인 내가 관사官舍에서 잠을 자다니……. 후생가외後生可畏라고 훌륭한 제자를 두니까 내가 출세를 한 것 같구만!"

이튿날 항복은 관사로 선생님을 찾아가서 면포綿布 십여 단과 쌀 두 섬을 노자로 드렸다. 그러자 스승이 말했다.

"허허, 이것은 노자라기에는 너무 많아. 노자라면 이보다 훨씬 적어야 하네."

"아닙니다. 그냥 받아 주십시오."

"아닐세! 명분이 노자라면 노자일 뿐이야. 더구나 이것은 나라의 재산이 아닌가?"

"아닙니다. 이건 제 봉록에서 드리는 사용私用입니다."

"그렇다면 더욱더 자네에게 필요할 터인데 어찌 옛날 스승의 몫이 따로 있겠는가? 여러 말 할 것 없네. 쌀 두어 말만 있으면 넉넉하네. 그래야 내가 지고 가기도 좋고……. 피차 부담이 안 되는 것이 좋아. 자, 나 가네."

"아이구, 스승님. 이러시면 안 됩니다."

"말로는 스승님이라고 하면서 나의 뜻을 거역할 것인가? 제자라면 스승이 시키는 대로 해야지. 안 그런가?"

그 말에 이항복은 아무 말도 못하고 스승의 말에 따랐다.

하생하사何生何死

何:어찌 하 生:날 생 何:어찌 하 死:죽을 사

> 태어나는 것은 무엇이고 죽는 것은 무엇인가? 신라의 고승 원효에게서 유래한 말로, 인간의 생사에 대해서 자문자답하는 말이다. 인간 삶의 허무함을 빗대어 쓰인다.
>
> 문헌 : 《삼국유사三國遺事》

원효元曉(617~686)는 신라 제26대 진평왕眞平王 39년(617년) 때 경상북도 경상군 압량押梁(상주)에서 내마奈麻 벼슬에 있던 담날談捺의 아들로 태어났다. 성은 설薛씨이고, 아명은 서당誓幢이며, 원효는 법명이다.

그는 어린 시절 청소년들이 가장 우러러보는 화랑이 되었다. 그러나 그는 어머니의 모습을 기억하지 못했다.

서당의 어머니는 서당을 낳기 전날 밤 별 하나가 자신의 몸속으로 들어오는 꿈을 꾸었다. 그리고 압량의 북쪽 제단에 기도를 드리고 돌아오다가 밤나무 밑에서 서당을 낳고는 그 자리에서 숨을 거두고 말았다. 때문에 서당은 유모의 젖을 먹고 자랐다.

서당은 체격도 당당할 뿐만 아니라 총명하고 인물도 좋아 모두들 장차 큰일을 해낼 거라고 칭찬했지만 정작 본인은 '죽음은 무엇이고, 산다는 것은 무엇일까?' 하는 인생 문제에 골몰했다.

서당이 화랑으로 뽑혔을 때 가족들은 설씨 집안에 경사 났다며 잔치까지 베풀어 축하를 해주었지만 자신은 그저 담담하기만 했다.

'사람은 태어나서 결국은 죽고 마는 것을, 뭣 때문에 으뜸이 되려고 발버둥치고, 좀 더 많이 알고자 밤을 새워 글을 읽는 것일까? 나도 그렇다. 내가 화랑이 되었다고는 하지만 저들보다 나은 게 뭐 있다고 떠받침을 받으며 우월감을 갖는가?'

서당은 깊은 자괴심에 빠져들 때마다 어머니의 무덤을 찾아가 그 앞에 엎디어 깊은 명상에 잠겼다. 그러던 어느 날, 문득 등 뒤에서 방울 소리가 들리더니 한 노승이 지팡이를 짚고 올라왔다.

"젊은이, 보아하니 화랑인 듯한데, 그 무덤 속에 누가 묻혔소?"
"네, 제 어머니입니다."

노승은 말소리를 죽여 소곤거리듯이 물었다.
"젊은이는 그 속에 돌아가신 어머니가 계신다고 믿나?"
"예, 그렇습니다."
"어허, 안타깝도다. 어머니는 거기에 계시지 않네."
"그렇다면 어디에 계십니까?"
"그걸 알려면 우선 불교의 이치를 깨달아야 하네, 인간이 죽고 사는 의미를 바르게 알아야 어머니가 계신 곳을 알게 될 걸세."

서당은 늘 품어왔던 의문을 풀 수 있다니 귀가 번쩍 띄었다.
"삶의 의미를 알게 되면 어머님이 계신 곳을 알게 됩니까?"
"물론이지. 어머니가 계신 곳뿐만 아니라 만날 수도 있지."
"네? 그게 진정입니까? 그렇다면 기꺼이 불교에 제 몸을 맡기겠습니다. 앞으로 어떻게 해야 되는지, 그 길을 가르쳐 주십시오."

이렇게 하여 서당은 자기 발로 황룡사에 들어가 머리를 깎고 원효란 법명을 받아 스님이 되었다. (관련 내용 : 차부무병 참조)

한무이와 恨無二蛙

恨:한탄할 한　無:없을 무　二:두 이　蛙:개구리 와

> 개구리 두 마리가 없는 것이 한이다. 즉 뇌물로 줄 물품이 없어 한스럽다는 말로 부패함을 꾸짖는 말이다.
>
> 문헌 : 《국조보감國朝寶鑑》

　　조선 태조의 둘째 아들 방과芳果(1357~1419)가 나중에 보위에 오르니 바로 제2대 정종定宗이다. 정종은 어진 정치를 펴기 위해 자주 대궐 밖으로 나가 백성들의 사는 모습을 살펴보았다. 특히 매관매직과 탐관오리들을 없애기 위해 많은 노력을 기울였다.

　　정종이 하루는 평복을 입고 성 밖의 한 동네를 지나다가 다 쓰러져가는 초가집 싸리문에 붙어 있는 '오한평생무이와吾恨平生無二蛙'라는 글씨를 보았다. 정종은 옆에 있는 신하에게 물었다.

"저게 대체 무슨 뜻인고?"

"글자대로 새겨 보면 '내 한평생 개구리 두 마리가 없는 것이 한이로다' 라는 뜻이온데, 그 속에 무슨 사연이 있는 듯하옵니다."

두 사람이 문 앞에서 서성이자 한 늙은이가 나와 물었다.

"뉘신지요?"

"지나가는 과객인데 잠시 쉬어 가도 괜찮겠소?"

"예! 마루 위로 오르시지요."

정종은 마루 위에 올라 집주인과 마주앉자 먼저 말을 꺼냈다.

"주인장, 저 싸리문에 붙여 놓은 글이 무슨 뜻이오?"

"아무것도 아닙니다. 그냥 제 생각대로 써 놓은 것입니다."

"그래도 무슨 뜻이 있는 듯한데, 말해 보시오!"

정종이 재차 되묻자 늙은이는 마지못해 입을 열었다.

"꾀꼬리, 뻐꾸기, 따오기가 논두렁에서 만났습니다. 이들은 서로 제 목소리가 제일이라고 자랑했으나 결판이 나지 않자 부엉이에게 판결을 해달라고 부탁했지요. 다음 날, 따오기는 논고랑에서 개구리 두 마리를 잡아서 부엉이에게 갖다 주고 자기에게 유리하게 판정해 달라고 부탁했습니다. 부엉이는 그들의 목소리를 다 들어보고 '꾀꼬리는 소리가 좋긴 하지만 간사한 여자 목소리 같고, 뻐꾸기도 소리는 좋지만 너무 구슬프고, 따오기는 소리가 거세긴 해도 대장부 소리 같아서 제일이다' 하고 판결했답니다."

정종은 그제야 집주인이 가난해서 벼슬을 사지 못하는 것을 한탄하고 있다는 걸 알게 되었다. 그래서 벼슬을 주고 싶어서 말했다.

"주인장, 우리는 지금 과거 보러 가는 길인데 함께 가지 않겠소?"

"가봐야 돈 있고, 권세 있는 사람들의 들러리만 서게 될 테니 헛일이지요. 당신들도 돈이 없으면 아예 가지 마시오!"

"그런 것은 우리가 해결해줄 테니 걱정 말고 함께 갑시다."

집주인은 마지 못해 따라나섰다.

그런데 과거를 본다고 해서 가보니 시제가 기이하게도 '개구리와蛙'자가 나왔다. 집주인은 일필휘지로 '오한평생무이와吾恨平生無二蛙'라고 써서 제출했다. 그가 장원급제를 하게 된 것은 물론이었다.

그는 벼슬길에 올라 평생의 소원을 성취했고, 정사를 잘 보살펴서 왕의 총애를 받는 신하가 되었다.

한비욕강 恨比辱强

恨:한할 한 比:견줄 비 辱:욕될 욕 强:힘쓸 강

> 원한보다 욕이 낫다. 남의 마음을 아프게 하여 원한을 사는 것보다 화풀이로 하는 욕설을 듣는 것이 차라리 낫다는 뜻. 남에게 원한이 될 일을 경계하라는 교훈이다.
> 문헌:《지장집략誌狀輯略 · 한국의 인간상人間像》

　조선시대의 문신으로 영의정까지 지냈던 백사白沙 이항복李恒福(1556~1618)이 조정에서 일을 마치고 퇴궐하는데 여염집 아녀자가 아무 예도 갖추지 아니하고 이항복의 앞을 가로질러 뛰어갔다.
　"무엄하도다. 감히 정승영감 행차이신데 앞을 가로질러 가느냐?"
　수행하던 하인들이 그 여인을 잡아 땅바닥에 내동댕이쳤다. 여인은 입술이 터져 흐르는 피를 손으로 닦으며 하인들을 무섭게 노려보았다. 하인들은 여인을 거칠게 길 밖으로 내몰고 다시 가마를 출발시켰다.
　집에 도착한 이항복은 하인들을 모아놓고 훈시를 했다.
　"집에 오는 길에 길 가던 여인을 내동댕이친 것은 너희들의 큰 잘못이다. 아무리 예의에 어긋난다 할지라도 조용히 말하여 비켜서게 할 것이지, 어찌 힘 없는 아녀자를 다치게 하였느냐? 앞으로는 각별히 조심하도록 하여라."
　그런데 뒤쫓아온 여인이 대문 앞에서 악을 썼다.

"머리 허연 늙은이가 하인들을 시켜 나를 이 지경으로 만들었으니 어서 나와 나를 치료하거라. 도대체 당신들이 뭐길래 힘 없는 백성에게 이렇게 주먹질을 한단 말이냐?"

한낱 보잘것없는 여인이 정승을 모욕하는 것은 도저히 용서할 수 없는 죄였다.

"대감님, 잡아다가 단단히 버릇을 고쳐 놓겠습니다."

"아니다, 그냥 두어라."

하인들은 어이없다는 표정으로 이항복을 쳐다보았다.

"대감님, 저대로 두어서는 안 됩니다. 당장 잡아다가……."

"조용히 하고 너희들은 그만 물러가도록 하여라."

이항복은 하인들을 물리치고 사랑방으로 들어갔다. 안에서 지켜보고 있던 손님들이 이항복에게 물었다.

"저 여인이 도대체 누구한테 저렇게 험한 말을 하는 겁니까?"

"머리 허연 늙은이가 나밖에 더 있소?"

"그럼 당장 잡아들이지 왜 그냥 두십니까?"

이항복은 잔잔히 웃으면서 대답하였다.

"내가 잘못했으니 욕설을 듣는 것은 당연하오. 저 여인은 가슴에 맺힌 화를 저렇게라도 풀어야 나에게 원한을 갖지 않을 것이오."

"하지만 대감의 체면이 뭐가 됩니까?"

"남에게 못할 짓을 해서 원한을 사는 것보다 잠시 욕을 먹는 것이 훨씬 낫지요."

사람들은 그제야 이항복의 너그러운 인품에 고개를 숙였다.

해동공자海東孔子

海:바다 해　東:동녘 동　孔:심히 공　子:아들 자

고려시대의 문인 최충의 별호로서, 문장과 학문을 비롯하여 다방면으로 뛰어난 사람을 이른다.

문헌 :《해동공자최충소고海東孔子崔沖小考》

고려 제11대 문종文宗 때 사람, 최충崔沖(984~1068)은 자는 호연浩然, 본관은 해주海州로, 현종顯宗·덕종德宗·문종文宗 삼대에 걸쳐 벼슬에 올랐으며 의결기관의 최고 수장인 문하시중門下侍中을 지냈다. 그는 문장과 글씨에 뛰어나 해동공자海東孔子라 추앙되었는데 1047년 문하시중으로 있을 때는 법률관들에게 율령律令을 가르쳐 고려 형법刑法의 기틀을 만들기도 했다. 또 1050년에는 서북면 병마사가 되어 흉년에 부역에 시달리는 백성들의 부역을 면제시켜 주기도 했으며, 퇴임한 후에는 후진 양성으로 여생을 보냈다.

그가 우매한 백성들을 교육하고자 학당을 여니 글을 배우려는 사람들이 구름처럼 모여들었다. 그래서 학도들을 위해 새로 아홉 개의 글방을 더 지으니, 이는 각각 공부하는 내용에 따라 구분한 것으로, 최충의 **구재학당**九齋學堂이라 불렸다.

당시의 일반적인 교육은 문학 방면에만 중점을 두어 과거 시험에 합격하기 위한 공부만을 시키고 있었다. 그러나 구재학당은 그런

폐단에서 벗어나 여러 방면의 인격을 닦는 데 힘썼다. 그러니까 인격도야라는 확실한 교육 목표를 가지고 교육을 했던 것이다.

또한 학습의 효율성을 높이기 위하여 무더운 여름에는 조용한 절방을 빌려서 공부를 시켰다. 때로는 고관이나 유명한 선비들을 초청하여, 초에다 금을 긋고 그곳까지 촛불이 타는 사이에 시를 읊도록 하는 각촉부시회刻燭賦詩會를 개최하기도 하였다.

구재학당은 날로 번창하여 누구에게나 선망의 대상이 되었다. 그곳에서 배운 사람들이 인품도 훌륭하고, 과거 시험에 급제하는 숫자도 많아지자 유학자儒學者들도 다투어 그와 같은 사숙私塾(글방)을 차렸다. 그러니까 사숙은 일종의 사립 학교였고, 사숙을 차린 사람들은 높은 벼슬을 지낸 사람이거나 학문적으로 유명한 사람들이었다.

당시 사숙은 전국적으로 11개소나 되었으며, 사학을 12공도公徒라 불렀는데, 그 중 문헌공도文憲公徒라 불리는 최충의 학당이 가장 대표적이고 유명했다. 12공도는 나중에 유학 중심의 단체가 되어 안향安珦에게 계승되었고, 안향은 섬학전贍學錢이라는 육영 재단을 설치하여 학문 발달과 인격 도야에 크게 이바지했다.

이에 반하여 공립 교육기관인 관학官學은 매우 부진하였다. 국가 시책에 따라 불교에 너무 치우친 나머지 최고의 교육기관인 국자감國子監마저 제구실을 하지 못했고, 거란 등 외적의 침입이 잦아 교육기관이 많

이 파괴되었기 때문이었다.

 최충의 이러한 시도는 큰 반향을 불러일으켰다. 그래서 그가 살았을 때는 물론이고, 세상을 떠난 다음까지도 인기가 이어져 문헌공도는 날로 번창하였다.《고려사》에는 우리나라의 최초의 학교는 최충에 의해서 이루어졌다고 기록되어 있다.

 최충은 자연히 많은 사람들로부터 존경을 받았고, 그 문하에서 공부한 사람들이 그를 기려 해동공자海東孔子라 불렀다.

해발휴금 解髮携琴

解:풀 해　髮:터럭 발　携:낄 휴　琴:거문고 금

> 머리를 풀고 거문고를 껴안다. 전쟁에서 큰 공을 세우고도 그 공적을 인정받지 못하자 그를 비관하여 머리를 풀고 거문고를 끼고 산으로 들어간 물계자의 고사에서 유래했다. 세상 일의 허무함을 한탄하는 의미로 쓰인다.
>
> 문헌 : 《삼국사기三國史記 열전 제8 물계자》

　신라 제10대 내해이사금奈解尼師今(재위 195~230) 때 장군 내음榛音의 수하에 물계자勿稽子라는 군사가 있었다. 그는 인품이 뛰어났으며 도량이 커서 작은 일에 연연해 하지 않았다.

　당시 팔포상국八浦上國들이 연합하여 아라국(阿羅國 : 가락국·김해)을 정벌하려 하자 아라국에서는 신라로 사신을 보내 구원병을 요청했다. 그리하여 이사금이 손자 내음을 시켜 물계자와 함께 6부의 군사를 거느리고 가서 8국의 군사를 물리치게 했다.

　이 전쟁에서 물계자는 큰 공을 세웠으나 내음은 그의 공로를 밝힐 경우 자신의 공적이 깎일 것을 염려하여 그의 공을 품신하지 않았다. 그러자 물계자의 친구가 물계자에게 말했다.

　"자네는 공이 막대했는데 인정해주지 않으니 억울하지 않은가?"

　그런데 물계자의 대답은 의외로 담담했다.

　"공을 자랑하고 이름을 구하는 것은 지사가 취할 바가 아니네. 다만 뜻을 이룸에 힘쓰며 뒷날의 때를 기약함이 장부가 취할 바일 것이네."

 3년 후, 또다시 골포(骨浦 : 창원)·칠포柒浦·고사포古史浦 등 3국 사람들이 갈화성竭火城을 침공해 오자 왕이 군사를 거느리고 나아가 물리쳤다. 물계자는 이 싸움에서도 수십여 명을 죽이는 공을 세웠으나 포상할 때 또 빠졌다.

 그는 집으로 돌아와 아내에게 말했다.

 "신하의 도리는 나라가 위급한 것을 보면 목숨을 바쳐야 하는 것이거늘 전일 포상과 갈화의 어려운 싸움에서 죽지 않고 살아 남았으니 이를 어찌 최선을 다했다 하겠으며 무슨 면목으로 다른 사람들을 만나겠소?"

 인간사의 허무함을 느낀 그는 머리를 풀고 거문고 하나만을 들고 사체산으로 들어가 돌아오지 않았다.

행주대첩幸州大捷

幸:다행 행 州:고을 주 大:큰 대 捷:이길 첩

> 임진왜란 때 권율 장군이 행주산성에서 왜군과 싸워 크게 물리친 고사에서 유래했다. 어떤 일을 성공적으로 이루는 경우를 이른다.
> 문헌:《국조인물고國朝人物考·한국의 인간상人間像》

　　권율權慄(1537~1599)은 호가 만취당晩翠堂이고, 시호는 충장忠莊이다. 그는 임진왜란 초기에 광주목사光州牧使로 있으면서 군사를 일으켜 공을 세우고 그 공로로 전라도 순찰사巡察使가 되었다. 그런데 왜군이 한양으로 진격하자 군사를 이끌고 북상하여 수원 독산성에 도착, 명군明軍과 합세하여 한양을 회복하려 했다. 그러나 명장 이여송李如松이 벽제관 싸움에서 패퇴했다는 소식을 듣고 한강을 건너 행주산성으로 들어갔다.

　　행주산성은 경기도 고양군의 한강 강안에 있는 외딴곳의 산성으로, 동쪽은 준험하고, 서북쪽은 평야와 접해 있다.

　　병사 선거이宣居怡는 군사 4천여 명을 이끌고 금주(시흥)에서, 창의사 김천일金千鎰은 강화에서, 충청감사 허욱許頊은 통진通津(김포)에서 지원을 하기로 되어 있었다.

　　권율의 군사는 만여 명에 불과했으나 결사의 의지를 불태우고 있었다.

한편 왜군은 벽제관 싸움에서 대승을 거두자 일거에 행주산성까지 빼앗고자 선조 26년(1593년) 2월 12일 새벽, 병력 3만여 명으로 공격해왔다.

이에 권율의 군사는 조금도 동요하지 않고 적군이 가까이 육박해 오기를 기다렸다가 화살과 돌을 퍼부어 왜군에게 크게 손실을 입혔다. 그러나 적군은 군사를 세 부대로 나누어 끈기 있게 공격해 왔다. 적군의 함성과 총소리는 천지를 진동하고, 탄환은 비 오듯 쏟아졌다. 권율은 손수 물통을 들고 병사들의 목마름을 달래주면서 항전을 독려했다.

왜군은 9차례에 걸쳐 공격을 가해 왔다. 권율은 최선을 다하여 치열한 싸움을 계속하였다. 부녀자들까지도 긴 치마를 짧게 잘라 입고, 그 치마폭에 돌을 날라 투석전投石戰을 벌였다. 이때부터 부녀자들이 앞에 두르는 짧은 치마를 행주치마라고 부르게 되었다.

왜군은 진퇴를 거듭하다 불리해지자 마지막 방법으로 마른 풀을 묶어 불을 질러 성책을 태우려 했다. 그러자 성에서는 물을 끼얹어 이를 진화했다.

그러나 서북쪽의 외성이 무너져 왜군이 돌격해 들어오니 승병은 내성까지 후퇴해야 했다. 이에 권율 장군이 직접 칼을 빼들고 앞장서서 왜병을 베며 독전한 결과 왜군은 대패하여 달아났다. 이때 적은 후퇴하면서 자기편 군사의 시체를 쌓아놓고 불태운 후 돌아갔는데, 타는 냄새가 십 리 밖에까지 뻗쳤다.

권율은 계속 추격하여 130여 명의 목을 베었으며, 적장인 우키타宇喜多秀家·이시다石田三成·요시가와吉川廣家 세 장수에게도 큰 부상을 입혔다. 이 전투는 임진왜란의 삼대첩三大捷 중의 하나였는데 권율은 그 공으로 도원수都元帥가 되었다.

이때 이여송의 명군은 왜군이 서울을 점령하면 그때 치기 위해서 개성에 대기하고 있었다.

행주산성에서 대승한 권율과 김명원金命元 등이 거느리는 조선군은 고양, 파주 등지에서 왜군의 보급로를 끊었고, 이순신의 수군은 해상에서 일본 수륙군의 연락을 차단시켜 전세는 차츰 왜군에게 불리해졌다. 게다가 유성룡柳成龍이 명나라 장수 사대수査大受, 이여매李如梅와 군사를 이끌고 용산에 쌓아 둔 적의 군량 10만 석을 모두 불태우니 왜병들은 더욱 곤경에 빠졌다. 거기다가 전염병까지 돌아 죽는 자가 부지기수였으므로, 그들은 서울을 버리고 남쪽으로 퇴각했다. 이때 이여송이 그들의 뒤를 추격했더라면 커다란 전과를 거둘 수 있었으나 그는 벽제관 싸움에서 혼이 난 후로는 겁을 먹고 싸움을 피했기 때문에 왜군은 완전히 철수하여 남쪽 해안지대에 진을 칠 수 있었다.

행주산성은 권율의 행주대첩이 이루어졌던 곳으로 사적 56호로 지정되어 있다.

호기수국 好奇守國

好:좋을 호 奇:기이할 기 守:지킬 수 國:나라 국

> 호기심이 나라를 지키다. 고려 말 화약을 발명한 최무선에게서 유래했으며, 작은 일이 원인이 되어 큰일을 해낸다는 의미로 쓰인다.
>
> 문헌 : 《한국의 인간상 人間像》

고려 말, 화약을 제조하여 나라를 위기에서 구한 최무선崔茂宣(1326~1395)은 송도에서 태어났다. 그는 어려서부터 손재주가 좋고 탐구심이 강해 과학에 관심이 많았다. 그러나 그의 집안은 양반 가문이었으므로 어른들은 무기武器에 대해 관심을 갖는 무선을 못마땅하게 생각했다.

그러던 어느 해 설날, 무선은 궁에서 불꽃놀이를 하는 광경을 보고는 크게 놀라 아버지에게 물었다.

"저 휘황찬란한 불꽃은 무엇으로 만들었지요?"

"저건 원나라에서 가져 온 화약을 터뜨리는 거란다."

"그걸 왜 원나라에서 들여와야 하지요?"

"우리나라에서는 아직 그것을 어떻게 만드는지 모르기 때문에 비싼 값으로 사온단다."

순간 무선의 가슴속에서는 뜨거운 결심이 솟구쳐 올랐다.

"화약 만드는 방법을 몰라서 그러는 거라면 내가 알아내겠다."

무선이 여러 가지 책을 뒤져 보아도 화약 만드는 방법에 대하여 설명한 책은 없었다. 그래서 중국 말을 배워 원元나라로 건너가 기술을 배우기로 마음먹고 출발했다. 그러나 타국에서 화약 만드는 비밀을 캐낸다는 것은 여간 어려운 일이 아니었다. 원나라 사람이라고 해서 다 그 기술을 알고 있는 것도 아니며, 설사 안다 하더라도 그런 비밀을 쉽게 털어놓을 리가 없었다.

무선은 갖은 고초 끝에 이원李元이라는 화약 만드는 기술자를 집에 모셔와 마침내 염초焰硝(화약)를 만들어내는 데 성공했다.

하늘은 스스로 돕는 자를 돕는다고 했듯이, 꺾일 줄 모르는 그의 집념과 노력이 마침내 빛을 보게 되었던 것이다.

"됐다. 이 사실을 조정에 보고하고 화약을 만들어 낼 화통도감火㷁都監을 설치하자고 하자."

그러나 이 건의는 대신들에게 받아들여지지 않았다. 과학 기술에 대한 무지의 탓이기도 하지만 국가적 비밀을 감히 어떻게 알아내겠느냐며 무선을 믿지 않았다. 무선은 뚝심으로 설득하여 마침내 1377년 10월, 화통도감 설치를 허락받고 그 책임자로 임명되었다.

무선은 마침내 대포를 만들어 왕과 중신들이 보는 가운데 시험 발사를 해보였다. 땅을 뒤흔드는 요란한 소리를 내며 시뻘건 불길이 하늘을 날더니 강 건너에 있는 집을 한 방에 잿더미로 만들어 버리자 모두들 탄성을 올렸다.

그 무렵 왜구들의 행패는 날로 심해져, 1350년(충정왕 2년)에는 충청도와 경기도는 물론이고 강원도, 황해도, 함경도의 해안 지방을 침범하고 재물을 약탈해 갔다. 그럴수록 최무선은 전함과 대포 만드는 일에 몸과 마음을 다 바쳤다.

1380년 8월, 왜구의 무리가 백 척도 넘는 전함을 몰고 전라도와 충청도 앞바다에 나타났다.

　나라에서는 심덕부沈德符와 최무선에게 그들을 격퇴하라고 어명을 내렸다. 최무선은 백여 척의 배에 대포를 싣고 바다 한가운데로 나아가 전투를 벌였다.

　바다에서는 패배를 모른다고 기고만장하던 왜구는 고려의 군함이 다가오자 저마다 칼을 뽑아들고 전투 태세를 갖추었다. 최무선은 지휘검을 높이 쳐들고 쩌렁쩌렁한 목소리로 명령을 내렸다.

　"발사!"

　순간 천지를 뒤흔드는 폭음과 함께 왜구의 배가 단번에 폭발하며 차례차례 수장되기 시작했다.

　대포로 공격하리라고는 상상도 하지 못했던 왜구는 당황하여 갈팡질팡 아비규환을 이루었다. 대포의 위력은 최무선이 생각했던 것보다 훨씬 커서 왜구의 배들은 삽시간에 전멸했다.

　나라에서는 최무선을 공신으로 추대하고 높은 벼슬을 내렸다.

　1383년, 왜구는 복수를 하겠다며 다시 1백20여 척의 배를 몰고 남해로 밀려왔으나 최무선은 전함 47척을 이끌고 나아가 또다시 깨끗하게 물리쳤다. 거함이 대포 한 방에 산산조각이 되어버리니 왜구로서는 도저히 당해낼 수가 없었다.

　기세가 오른 최무선은 1389년 2월, 조정의 승인을 받아 1백 척의 군함을 이끌고 대마도를 공격하여 3백 척의 왜구 전함을 몽땅 불살라 버렸다. 이로써 왜구는 고려 침공을 꿈꾸지 못하게 되었다.

호래포유 虎來哺乳

虎:범 호 來:돌아올 래 哺:먹일 포 乳:젖 유

> 호랑이가 젖을 먹여 주다. 견훤이 강보에 싸여있을 때, 범이 와서 젖을 주었다는 고사에서 유래했다. 크게 될 사람은 짐승도 알아보고 도와준다는 뜻.
>
> 문헌 : 《삼국사기三國史記 열전 제10》

견훤甄萱(867~935)은 신라 상주尙州의 가은현 사람으로 서남해 방위에 공을 세워 비장裨將이 되었다. 견훤은 비장의 지위를 이용해 나라가 혼란한 틈을 타 892년 반기를 들고 여러 성을 공략, 900년에는 완산주完山州(전주全州)를 도읍으로 정하고 스스로 왕이 되어 나라 이름을 후백제라 칭했다. 그는 본래 성이 이씨李氏였으나 뒤에 견씨甄氏로 바꾸었다. 그의 아버지 아자개阿慈介는 농부였으나 견훤의 후광에 의하여 나중에 장군이 되었다.

견훤이 아주 어렸을 때의 일로 태어나 강보 속에 있을 때 아자개가 밭을 갈러 나가니 어머니는 견훤을 숲 속에 뉘어두고 밥을 가지러 갔다. 그 사이 견훤이 배가 고파 울자 호랑이가 와서 젖을 먹여 주었다. 고을 사람들은 그 이야기를 듣고 장차 큰 인물이 될 거라고 했다.

견훤이 장성하니 체격과 용모가 장대하고 기이하며 지략이 남달리 뛰어나 보통 사람이 아니었다. 그는 뜻을 세우고 종군하여 서남해의 방술병防戍兵으로 나가 있었는데, 잠잘 때도 무기를 베고 적을 경계함에 소홀함이 없이 언제나 모범이 되었다. 그런 철저한 경계로 빈틈이 없자 적은 그런 소식을 듣고 물러났으며 그 공로로 비장神將이 되었다.

견훤의 지위가 높아지고 그를 따르는 무리가 그에게 충성할 때 신라의 정세는 어지럽기 그지 없었다.

진성여왕眞聖女王 6년, 아첨꾼들이 정권을 마음대로 농락하니, 기강이 해이해지고, 기근이 들어 백성들은 굶주려 먹을 것을 찾아 헤매었으며, 도둑 떼들이 벌 떼처럼 일어났다.

이에 견훤은 나라를 세울 야심을 품고 사람을 모아 서라벌의 서남쪽 주州와 현縣을 공격하니 그가 가는 곳마다 호응하는 사람이 많아 한 달 만에 무리가 5천 명에 달했다. 그러자 그는 완산주(完山州 : 전주)를 점령하여 스스로 왕이 되어 관제를 정비하는 한편, 중국과도 국교를 맺고, 후고구려의 궁예弓裔와 세력을 다투며 판도를 확장해 나갔다. 또 고려의 왕건王建과도 자웅을 겨뤄 군사적으로 우위를 점령했다.

926년에는 신라의 경애왕景哀王이 고려와 가까이 지내는 것을 알고 경주를 함락시킨 후 그를 자살하게 하고, 후임으로 경순왕敬順王을 추대했다. 그러나 929년 왕건과의 싸움에서 패한 후 점점 몰락해 가자 유능한 신하들이 왕건에게 투항했다. 그러는 중에 왕위 계승 문제로 맏아들 신검神劍에 의해 금산사에 유폐되었다가 탈출하여 왕건에게 투항했다. 그리고 왕건에게 신검의 토벌을 요청, 자신이 세운 나라를 스스로 멸망하게 하는 비운의 왕이 되었다.

홍랑단심洪娘丹心

洪:넓을 홍 娘:아씨 랑 丹:붉을 단 心:마음 심

> 〈홍랑〉의 붉은 마음이라는 말로, 홍랑의 뜨거운 사랑을 이른다. 조선 선조 때의 기생 홍랑의 고사에서 유래했다. 연인을 위하여 자신을 희생하는 지고지순한 사랑을 뜻한다.
>
> 문헌:《조선기생朝鮮妓生》

조선 제14대 선조宣祖 때 문장가 고죽孤竹 최경창崔慶昌(1539~1583)은 문과에 급제하였으나 크게 출세하진 못했다.

그가 함경도 경성鏡城에 북평사北評事(정6품)로 부임하자 환영하는 잔치가 성대히 열렸다. 인근 고을의 수령들이 대거 참석한 이날 잔치에는 기생 홍랑洪娘도 있었다.

홍원현감이 환영사를 했다.

"부임을 진심으로 경하 드립니다. 그동안 이곳은 여진족女眞族이 침입하여 소와 말을 빼앗아 가는 일이 빈번하였는데, 이제 무예가 출중하신 평사評事께서 부임하셨으니 우리 백성들은 큰 시름을 덜게 되었습니다."

최경창이 대답했다.

"과찬의 말씀이오. 중책을 맡게 되어 걱정이 앞서외다."

주연의 분위기가 무르익자 홍랑이 최경창의 옆으로 와서 말했다.

"나으리, 홍원에서 온 홍랑이라 하옵니다."

홍랑은 고운 손으로 최경창의 잔에 술을 따랐다. 은은한 국화 향이 코끝에 전해졌다.
최경창은 잔을 비운 뒤 그 잔을 홍랑에게 내밀었다.
"이런 곳에서 자네 같은 미인을 만나다니……. 아무래도 자네와 연분이 닿는 모양일세. 자, 한잔 받게나."
술을 따르는 최경창의 가슴은 홍랑에 대한 연모의 정으로 고동치기 시작했다.
그날 밤, 두 사람은 따로이 만나 시詩를 지어 주고 받으며 즐거운 시간을 보냈다.
"자네의 문장력이 보통이 아니구먼. 그러고 보니 우리는 뜻이 통하는 시우詩友이기도 하네 그려."
"예, 나으리."
"자네와 헤어지면 보고 싶어 어쩌지?"
"그럼 나으리께서 제가 있는 곳에 들르시면 되지 않겠습니까?"
두 사람은 그날 밤 꿈같은 하룻밤을 보냈다.
이튿날 홍랑은 홍원으로 떠나갔고, 최경창은 직무를 시작했으나 홍랑의 생각으로 일이 손에 잡히지 않았다. 저녁이 되어 일이 끝나고 객사로 돌아와 자리에 누워도 마찬가지였다.
한편, 홍랑도 잠을 이루지 못하고 있었다.
'나리께선 지금쯤 무얼 하고 계실까? 혹시 내 생각을 하시느라 잠을 못 이루고 계시지나 않을까? 아니면 기방에서 기녀들과 놀고 계실까? 아, 마음이 어찌 이리 허전할꼬!'
며칠 후, 최경창은 관할 지역의 동정을 살핀다는 명목으로 홍원 지방을 순찰하고 나서 홍랑의 집을 찾았다.
"홍랑이 있는가? 내가 왔네."

홍랑은 버선발로 뛰어가 최경창의 품에 안겼다.

"나리, 이제나저제나 하고 날마다 기다렸습니다."

두 사람은 또다시 숨소리가 거친 밤을 보냈다.

이튿날 아침, 최경창은 다시 후일을 약속하고 경성으로 돌아갔으나 그 후 두 사람은 가끔 서찰 왕래만 했을 뿐, 다시 만나질 못했다.

얼마 후, 임기가 끝난 최경창이 한양으로 돌아가게 되었다. 홍랑은 서둘러 최경창을 만났다.

"나으리, 홍랑이 왔사옵니다. 오늘 한양으로 떠나신다기에……."

"그렇다네. 먼 길을 와줘서 고맙네."

"소첩도 함께 가고 싶사옵니다."

"어차피 헤어질 몸, 따라가면 무엇하겠는가?"

홍랑은 울먹이며 최경창이 떠나가는 것을 지켜보았다.

"조심해서 돌아가게. 내 한양에 도착하면 서찰을 보내겠네."

그러나 어느새 3년이 지났는데도 아무런 소식이 없었다.

한편, 최경창은 병석에 눕게 되자 아들을 불러 말했다.

"내 병이 깊어 다시 일어나긴 틀린 듯하다. 마지막으로 홍원에 있는 홍랑의 얼굴이나 한번 보았으면 여한이 없겠구나."

"아버님, 심려 마옵소서. 소자가 속히 연락하도록 하겠습니다."

최경창이 병으로 누웠다는 말을 들은 홍랑은 그날로 길을 떠나 이레 밤낮을 걸어 최경창의 집에 도착하였다.

"나으리, 소첩이 왔사옵니다. 어서 기운을 차리시고 하루빨리 쾌차하셔야지요."

"자네가 날 잊지 않고 먼 길을 와주었구먼. 고맙네!"

그런데 사대부 양반집에 기생이 찾아온 사실이 조정에 알려져 최경창은 파직되었다. 함경도와 평안도의 경계를 서로 왕래하지 못하게 하는 금지령이 내려져 있었는데 홍랑이 이를 어겼고, 관직에 있는 최경창이 그녀를 사사로이 만났다는 것이 그 이유였다.

홍랑이 떠난 후, 최경창은 시 한 수를 지어 그녀에게 보냈다.

냉가슴 마주 볼 뿐, 그윽한 난초를 주며 이별했네. 相看脈脈贈幽蘭
천애의 먼 길 며칠 걸려 돌아갔나. 此去天涯幾日還
함관령의 옛 곡조일랑 노래하지 마오. 莫唱咸關舊時曲
지금도 푸른 산은 운우에 가리워져 있으리. 至今雲雨暗靑山

최경창은 홍랑을 그리워하며 적적할 때는 피리를 꺼내 불곤 했다. 그러다가 끝내 최경창이 죽자 홍랑은 그의 묘가 있는 파주로 가서 9년간이나 시묘살이를 했다. 또 임진왜란 때에는 최경창의 시고詩稿를 짊어지고 피란하여 안전하게 보전했다. 이후, 홍랑이 죽자 최경창의 자식들은 그녀를 가족으로 인정하여 최경창의 묘 아래에 장사를 지내주었다.

홍의장군紅衣將軍

紅:붉을 홍 衣:옷 의 將:장수 장 軍:군사 군

> 붉은 옷을 입고 싸우는 장군. 임진왜란 때 의병장 곽재우 장군이 항상 붉은 옷을 입고 용감하게 잘 싸우니 왜적들이 그를 두려워하여 홍의장군이라 부른데서 연유했다. 용감한 장군을 이른다.
> 문헌 :《국조인물지國朝人物志》

홍의장군이라는 별명으로 잘 알려진 임진왜란 때의 의병장 곽재우郭再祐(1552~1617)는 본관이 현풍玄風이고, 호는 망우당忘憂堂이며 시호는 충익忠翼이다.

그는 선조 18년에 문과에 급제하였으나 왕의 뜻에 거슬린 글귀로 인하여 파방罷榜되었다. 그때부터 벼슬에는 뜻이 없어 나이 40에도 짚신에 삿갓을 쓰고 낚시를 즐겼다.

1592년, 임진왜란이 일어나자 의령에서 의병을 모으고, 가산을 군자금으로 쓰면서 싸웠다. 처음 모인 의병은 70여 명으로 정진鼎津·함안咸安에서 잘 싸워 혁혁한 전과를 올리자 의병들이 더 많이 모여들었다.

그는 전쟁에 나갈 때에는 항상 붉은 옷을 입고 앞장서서 지휘하니 왜적들이 홍의紅衣장군이라 부르며 두려워했다.

그는 한때 관찰사 김수金睟와 불화하여 도둑의 누명을 쓰고 옥살이를 했는데 초유사招諭使 김성일金誠一의 해명으로 무죄임이 밝혀져 석방되었다.

1597년, 정유재란 때에는 경상좌도방어사가 되어 화왕산성火旺山城을 굳게 지켜냈다.

7년간의 왜란이 끝나고 한성좌윤을 거쳐 함경도관찰사를 지내던 중, 통제사 이순신 장군이 무고로 죄인이 되고, 광주 의병장 김덕령金德齡이 이몽학李夢鶴의 난에 휘말려 죽임을 당하자 이를 통탄하여 아래와 같은 상소문을 올리고 사직했다.

"고양이를 기르는 까닭은 쥐를 잡기 위해서인데, 이제 쥐 같은 왜적이 물러났으니 제가 할 일이 없게 되었으므로 그만 물러나겠습니다. 윤허하여 주소서!"

그는 퇴임한 후 시골에서 은거하며 일생을 마쳤다. 그는 뛰어난 장군이기도 했지만 필체가 웅건 활달했고, 시문에도 능했다.

화비중의 華比重義

華:영화 화 比:비교할 비 重:무거울 중 義:옳을 의

 부귀영화보다 의리가 중요하다. 즉 눈앞의 이익이나 영화보다는 큰 뜻을 따르는 것이 옳다는 뜻이다.

문헌:《국조인물고國朝人物考》

조선 제9대 성종成宗 때 한성부윤과 형조참판刑曹參判을 지낸 권경희權景禧(1451~1497)는 세조 때 진사가 되었고, 성종 때 문과에 장원급제하여 부수찬副修撰이 되었다. 부수찬은 문벌이 좋아야만 할 수 있는 벼슬이었다. 그러나 그의 아내 김씨는 그저 평범하고 가난한 평민 출신이었다.

권경희의 벼슬이 형조참판에 이르자 그를 시기하는 사람들이 그의 아내의 출신 성분을 트집 잡아 권경희가 참판이 되면 안된다고 상소하였다.

그러자 권경희의 부친은 아들의 장래를 생각하여 아들에게 문벌좋은 집안으로 새장가를 가라고 권유했다. 그러나 효자로 이름난 권경희였으나 그 일만은 따를 수 없다고 했다.

"제 내자가 그동안 갖은 고생을 하면서 오늘날을 기다려 마침내 그 뜻이 이루어졌는데 이제 와서 그런 이유로 버린다는 것은 사람으로서 해서는 안 되는 도리라고 생각합니다. 소자는 불효가 되더

라도 사람다운 사람이 되고자 합니다."

부친은 그의 뜻을 장하게 여겨 다시는 새장가 드는 것을 거론하지 않았다.

한편, 조정의 대신들은 여전히 이 문제를 가지고 왈가왈부 시비가 그치지 않았다. 그러나 성종은 오히려 권경희가 아내를 버리지 않는 것은 의리를 중히 여기는 갸륵한 일이라고 칭찬했다. 그리고 문벌은 좋으나 행실이 못된 신하보다는 문벌이 낮더라도 충의가 두터운 사람이 필요하니 권경희에 대해서 다시는 거론하지 말라고 엄명을 내렸다.

화왕지계 花王之戒

花:꽃 화　王:임금 왕　之:갈 지　戒:경계 계

꽃왕의 가르침이라는 말로, 설총이 신문왕에게 들려준 고사에서 유래했다. 편안히 놀기만 좋아하지 말고 정신을 차리고 열심히 나라일을 하라는 가르침으로 쓰인다.

문헌 :《삼국사기三國史記 열전 제6》

경주 설씨薛氏의 시조 설총薛聰은 신라 경덕왕 때 학자로 호는 빙월당氷月堂이고, 아버지는 당대의 거승 원효元曉이며, 어머니는 요석공주瑤石公主였다.

그도 처음에는 자기의 아버지처럼 승려가 되었으나 후에 환속하여 스스로 소성거사小性居士라 했다.

설총은 강수强首·최치원崔致遠과 함께 신라 삼문장三文章의 한 사람으로, 경문과 문장에 능했다.

어느 날, 신문왕神文王이 설총에게 말했다.

"오늘은 비도 개고 바람도 선선하니 재미있는 이야기로 답답한 마음을 풀어봅시다. 그대는 기이한 이야기를 많이 알고 있을 터이니 나를 위해 좋은 이야기를 들려주시오."

왕의 물음에 설총이 말했다.

"예, 그렇게 하겠습니다. 온갖 꽃을 능가하는 화왕花王 목단(모란)이 처음 우리나라에 들어왔을 때 푸른 비취색 장막을 둘러 보호해

주었더니 봄에 꽃을 피웠는데 그 용모가 온갖 꽃 중에서 가장 빼어났습니다. 이에 가까운 곳과 먼 곳에서 아름답고 고운 꽃들이 달려와 문안을 드렸습니다. 그중에 한 아리따운 꽃이 입가에 미소를 머금고 공손히 말했습니다.

'첩은 거울처럼 맑은 이슬로 목욕하고 사계절 신선한 청풍을 맞으며 뜻대로 사는 장미라 하옵니다. 대왕님의 높으신 덕을 전해 듣고 저의 향기로운 침소로 모시고자 하오니 부디 제 뜻을 거두어주옵소서.'

그때 백발의 노파가 베옷에 가죽띠를 두르고, 구부러진 허리를 지팡이에 의지한 채 말했습니다.

'저는 성 밖의 큰길가에서 아래로는 창망한 들을 굽어보고, 위로는 산악 경치를 올려 보며 사는 백두옹(白頭翁 : 할미꽃)이라 합니다. 제 생각으로 대왕께서 행복한 삶을 누리시기 위해서는 기름진 음식으로 배불리 먹고 차와 술로 정신을 맑게 한다 해도 반드시 독을 제거하는 약도 있어야 한다고 생각합니다. 또 비록 좋은 신발을 만드는 삼(麻)이 있다 하더라도 풀로 만든 신발도 버리지 않아야 합니다. 군자는 모름지기 모자라는 데 대비해야 하기 때문입니다.'

그때 옆에 있던 한 장수가 물었습니다.

'대왕께서는 장미 첩과 백발의 노파 중 누구를 취하고 누구를 버리시겠습니까?'

그러자 화왕이 말했습니다.

'백두옹의 말에도 일리가 있으나 아름다운 장미 첩 또한 얻기 어려우니 이를 어찌함이 좋을까?'

이에 장수가 다시 말했습니다.

'저는 대왕께서 총명하셔서 옳은 도리를 아실 것으로 생각했는데 지금 보니 그것이 아닙니다. 무릇 만인지상萬人之上 즉 만인 위에 사람인 대왕께서 간사하고 사특하고 아첨하는 자를 가까이 하고, 정직한 사람을 멀리하는 것은 옳지 않다고 생각합니다. 그런 까닭에 풍당馮唐은 90세로 머리가 희도록 낭중 벼슬에 그쳤습니다.'

그러자 화왕이 '내 잘못이다, 내 잘못이다.'라고 했답니다."

이야기를 다 듣고난 신문왕이 말했다.

"그대의 우화에 진실로 깊은 뜻이 있으니, 글로 써서 임금 된 자의 계戒로 삼으리라."

그리고 설총을 발탁하여 높은 벼슬을 주었다.

설총은 이두吏讀를 집대성해 중국 문자에 토를 달아 중국 학문을 익히는 데 크게 공헌하였으며, 유학儒學과 국학國學의 발전에도 크게 기여하였다.

화편마작 畵騙麻雀

畵:그림 화 **騙**:속일 편 **麻**:삼 마 **雀**:새 작

그림이 참새를 속였다는 말로, 솔거가 황룡사의 벽에 소나무를 그렸는데 그 그림이 실제 소나무로 착각할 만큼 잘 그려져 참새들이 그 위에 앉으려다 벽에 부딪쳐 떨어졌다는 고사에서 유래했다. 어떤 사물이 실제와 매우 흡사한 경우를 비유해서 사용한다.

문헌 : 《삼국사기三國史記 권48》

신라 제24대 진흥왕眞興王(재위 540~576) 때의 화가 솔거率居는 가난하고 벼슬이 없는 집안에서 태어났다. 그는 어려서부터 그림을 잘 그렸다. 그가 일찍이 황룡사 벽에 늙은 소나무를 그렸는데, 그림을 얼마나 실감나게 잘 그려졌던지 까마귀와 솔개, 그리고 참새 등 새들이 실제의 나무로 착각하여 소나무에 앉으려고 날아들었다가 벽에 부딪쳐 떨어졌다. 그런데 세월이 흘러 그림의 색이 바래자 그 절의 스님이 보수를 했더니 그 다음부터는 새들이 날아들지 않았다. 이로 미루어 솔거의 화풍은 대단히 사실적이었던 것으로 추측된다.

경주 분황사의 관음보살상과 진주 단속사斷俗寺의 유마상維摩像도 그의 그림으로 전해지고 있다.

그의 생애에 대해서는 기록이 없어 알 수 없어 안타깝다. 다만 황룡사가 533년 진흥왕 14년에 기공하여 17년에 준공되었으므로 솔거의 노송老松 벽화도 대략 그 무렵에 그려졌을 것으로 추정하여 6세

기 중엽에 살았을 것으로 여겨진다.

솔거는 불교와 관련된 그림에 능통했던 것 같다.

솔거가 그림을 그릴 무렵부터 신라는 정치, 경제 문화의 기틀이 튼튼해져 연호를 쓰기 시작했고, 새로운 법이 제정되었으며, 불교가 정식으로 인정되어 551년 처음으로 팔관회八關會를 가졌다. 이는 시조묘에 제사 지내는 국가적인 행사를 말한다. 또한 화랑 제도가 생겼으며, 불교 문화가 꽃피기 시작했다.

황천무점黃泉無店

黃:누를 황　泉:샘 천　無:없을 무　店:가게 점

황천에는 객주점이 없다는 뜻으로 죽음으로 가는 길의 고독감과 허무함을 이르는 말이다. 세조 때 사육신 성삼문이 한 말이다.
문헌:《조선명인전朝鮮名人傳·한국의 인간상人間像》

　　조선 제7대 세조世祖(1417~1468)에게 폐위당한 단종端宗(1441~1457)을 복위시키려다가 발각되어 죽음을 당한 사육신死六臣의 한 사람인 성삼문成三問(1418~1456)이 세조 앞에 끌려 나왔다.

"네가 감히 나의 녹을 받아먹으면서 나를 배반하다니……!"

세조의 문초에 성삼문이 대답했다.

"나는 상왕의 신하로서 그를 복위시키고자 했던 것뿐이오. 따라서 나으리의 신하가 아닌데 어찌 배반이니, 역적이니 한단 말이오? 나는 나으리가 준 녹봉은 한 톨도 먹지 않고 그대로 다 있으니 다시 가져가시오. 그리고 이미 상왕을 위해 죽음을 각오한 몸이니 어서 죽여주시오."

세조는 크게 노하여 불에 달군 인두로 단근질을 하니, 살 타는 냄새가 사방에 진동했다. 그러나 성삼문은 조금도 굽히지 않고 소리쳤다.

"아무리 참혹한 형벌에도 나는 굴복하지 않을 것이오!"

성삼문은 그렇게 살가죽이 한 군데도 성한 곳이 없을 정도로 단근질을 당한 뒤 큰칼이 씌워져 다른 동지들과 함께 형장인 한강 백사장으로 끌려갔다. 그러면서도 그는 의연하게 다른 신하들을 둘러보면서 말했다.
　"나는 옛 임금을 뵈러 지하로 가지만 그대들은 새 임금을 도와 천하를 태평케 하시오!"
　그는 참형되기 전에 시 한 수를 읊었다.

　　북소리는 목숨을 앗기 위해 재촉하는데　擊鼓催人命
　　고개 돌려 바라보니 해는 저무누나.　回頭日欲斜
　　황천에는 객점이 하나도 없다던데　黃泉無一店
　　오늘밤엔 뉘 집에서 머물까.　今夜宿誰家

　성삼문이 세상을 떠난 후, 그의 집에는 과연 세조에게서 받은 녹미가 곳간에 그대로 쌓여 있었다고 한다.

효이지지이효 孝而智智而孝

孝:효도 효 而:써 이 智:지혜 지 智:지혜 지 而:써 이 孝:효도 효

> 효도하는 자는 지혜롭고, 지혜로운 자는 효도를 다한다. 고려 말 재상 이제현에게서 유래한 말로, 효도와 지혜는 불가분의 관계임을 이르는 말이다.
>
> 문헌 : 《여제명현집麗季名賢集》

고려 말의 재상 이제현李齊賢(1287~1367)은 성리학자로 자는 중사仲思이고, 호는 익재益齋이며, 시호는 문충文忠이다. 그는 네 번이나 정승을 역임할 정도로 뛰어난 정치가였다.

당시 고려는 몽고(원元나라)의 강압에 의해 24대 원종元宗 이후 31대 공민왕恭愍王에 이르기까지 근 1백여 년 동안 백성들은 몽고식으로 머리를 깎고, 몽고 옷을 입어야 했으며, 조정에서는 해마다 공물을 바쳐야 했다. 또 그들이 일본을 정벌하겠다고 하면 지원군을 보내야 했다.

몽고는 테무진鐵木眞(1167~1227)이 몽고 부족을 통일하고 황제의 지위에 올라 칭기즈칸(成吉思汗)이라 하였다. 이가 곧 원元나라의 태조太祖다.

1234년에는 태조의 아들 오고타이(태종太宗)가 금金나라를 멸망시켰고, 1236년 5대 쿠빌라이는 도읍을 북경北京으로 옮기면서 나라 이름을 대원大元이라 했다.

원나라는 고려 23대 고종高宗 때 6차례나 침입했으며, 결국 고려 고종 46년에는 태자가 원나라에 입조하면서부터 정치적으로 예속되게 되었다. 또 여섯 번의 침략으로 전 국토가 황폐화되어 국민 생활이 도탄에 빠졌고, 수십만 명의 남녀 포로가 잡혀 갔으며, 많은 문화재가 소실되었는데 그 중에 경주에 92년이나 걸려 세워진 황룡사 9층탑도 이때 불에 태워졌다. 테무진은 고려에 쌍령총관부와 동령부, 그리고 탐라총관부를 설치하여 압박을 계속하였다.

또 제주도 한라산 기슭에는 말을 방목해 군마軍馬로 활용했다.

1247년, 제24대 충렬왕忠烈王이 원나라에 갔다가 머리를 몽고식으로 땋아 늘어뜨리고, 옷 또한 몽고 옷을 입고 돌아오니, 백성들이 모두 나와 눈물을 흘리지 않을 수 없었다. 거기에다 원나라 세조의 딸(제국대장공주)을 왕비로 맞아서 데리고 오니, 이때부터 고려 왕궁은 온통 몽고 분위기로 변했다.

이렇게 하여 원나라의 문물을 받아들여 여자들이 족두리簇頭里를 하고, 신부는 연지를 찍고, 귓불을 뚫어 귀고리를 달고, 왕의 진지상을 수라水剌라고 하는가 하면, 여자들이 댕기를 드리는 등의 풍습이 생겼다.

시대 상황이 이러한 때, 15세의 이제현은 성균시成均試에 응시하여 당당히 장원을 했고, 이어 문과에서도 급제했다.

이처럼 어려서부터 문명을 날리던 제현은 임금의 지시로 원나라 연경燕京으로 가서 요수姚燧 · 염복閻復 · 조맹부趙孟頫 등과 교우하며 학문을 닦았다.

충선왕忠宣王 10년에는 원나라의 유청신柳淸臣 · 오잠吳潛 등이 고려를 원나라의 부속 성省과 똑같이 통치하게 해달라고 테무진에게 주청하였다. 그러자 이제현은 이의 부당함을 주청하여 철회케 했다.

어린 시절을 원나라에서 지낸 충선왕은 왕위를 아들에게 물려준 후, 이제현 등을 데리고 다시 원나라로 들어가 만권당萬卷堂이란 서재를 지어놓고, 당시 원나라에서 이름을 날리던 문인, 학자, 화가, 서예가들과 폭 넓게 사귀었다. 예술과 학문에 깊은 관심을 가지고 있던 충선왕은 왕의 권세보다는 큰 나라라고 생각했던 그 나라의 문물에 더 많은 관심을 보였다.

원나라 수도인 대도大都에는 세계 여러 나라의 문물이 들어와 찬란한 문화의 꽃을 피우고 있었다. 아직 서른도 안 된 이제현으로서는 보고 듣는 것 하나하나가 새로운지라 마른 솜이 물을 빨아들이듯 그곳의 모든 문화를 받아들였다. 그러면서 본국에 가져가면 참고가 될 책을 눈에 띄는 대로 사들였다.

10년 만에 고려로 돌아온 이제현은 27대 충숙왕忠肅王과 29대 충목왕忠穆王을 두루 모시면서 왕세자를 가르쳤고, 틈틈이 몽고에서 보고 들은 바를 정리하여 《역옹패설櫟翁稗說》이란 책을 펴내기도 했다.

31대 공민왕恭愍王 때에는 왕이 원나라에 있으면서 즉위하자 우정승에 임명되고 나중에 문하시중이 되었다.

1357년 공민왕 6년에 벼슬을 떠났는데 왕명으로 집에서 실록을 수찬하였다.

이제현은 효심도 대단했다. 1323년에는 충선왕을 수행하고 중국 강남 지방을 방문했는데 그때 고국의 어머니를 그리워하는 심정을 토로하는 시를 썼다.

님의 은혜 갚지 못한 채

눈 앞에는 산이 우뚝 가로막혀 있어도
만 리를 달려가는 발은 가볍기만 해라.
다만 어머니 머리카락이 희니
몇 줄기 눈물이 말안장에 지누나.

이제현은 그 후로도 원나라에 자주 드나들며 조국 고려의 외교를 원활하게 이끌면서 항상 어머니를 못 잊어 죄스런 마음으로 눈물지었다.

효성스러운 자는 지혜롭고, 지혜로운 자는 효성스럽다는 옛말대로 이제현이야말로 나라를 위하는 마음으로 효성과 부모를 지키는 마음으로 충성을 동시에 행했던 대표적인 인물이었다.

효이충동孝而忠同

孝:효도 효　而:또 이　忠:충성 충　同:한가지 동

효도와 충성은 같다. 선조 때의 명신 유성룡에게서 유래한 말로, 부모에게 효도하는 사람이 나라에도 충성을 다한다는 뜻이다.

　　　　　　　　　　　문헌:《효경대의孝經大義》

　조선 제14대 선조宣祖 때 영의정을 지낸 서애西厓 유성룡柳成龍 (1542~1607)은 경상북도 의성군 사촌리 외갓집에서 관찰사 유중영柳仲郢의 둘째 아들로 태어났다.

　성룡은 열여섯 살 되던 해에 지방에서 시행하는 향시에 합격하여 풍산 유씨 집안에 인물이 났다고 칭찬이 자자했다. 성룡은 아버지가 의주와 여러 지방을 돌아다니며 벼슬을 지냈기 때문에 그때마다 여러 지방을 돌아다녀야 했다. 그러다가 안정된 곳에서 공부를 하기 위해 관악산에 있는 외딴 암자로 들어갔다.

　그는 밤이나 낮이나 책에 파묻혀 지냈는데 책 읽기에 얼마나 열중했던지 스님이 큰 돌덩어리를 문 앞에 던져도 모를 정도였다.

　그런 보람이 있어 그의 나이 20세에 생원, 진사 두 가지 시험에 모두 합격하였다. 이어 다음 해에는 성균관에 입학을 하게 되었으며, 25세가 되던 해 10월에는 조정에서 시행하는 과거에 합격했다. 그는 과거에 급제하기 전에 퇴계退溪 이황李滉으로부터 수업을 받은 적이 있었다.

퇴계는 그의 총명함에 감탄을 하며 말했다.

"이 젊은이는 하늘이 실수하여 지나친 총기를 주었거나, 아니면 특별히 귀여워하여 여느 사람의 몇 배도 넘는 재주를 주었거나, 둘 중의 하나다."

나이 25세에 승문원承文院에 들어간 유성룡은 선조 2년(1569)에는 명나라에 다녀왔고, 그후 날이 갈수록 학문과 인품에서 명성을 높여갔다.

그러나 평소에 존경하던 퇴계 이황과 종조부마저 돌아가시자 인생의 허무감을 느낀 나머지 벼슬을 팽개치고 고향인 안동으로 내려갔다. 그리고 지금까지 나랏일에 쫓겨 어머니 봉양을 게을리 한 게 죄스러워 다시는 한양 땅에 올라가지 않으리라 결심하였다.

"제아무리 글을 많이 읽어도 부모님께 할 도리를 다하지 못하면 개, 돼지와 무엇이 다를 바 있겠는가. 효성 없는 학문은 눈뜬 장님이라고 하지 않았던가."

그러나 인재가 필요했던 나라에서는 그가 원하는 대로 그냥 두지 않았다. 그는 어쩔 수 없이 어머니 곁을 떠나면서 사무친 정을 글로 남겼다.

아버지 나를 낳으시고 어머니 나를 기르시니,
아, 애달프다.
하늘같이 끝이 없는 그 은혜 갚고자 하나
시대가 나를 그냥 두지 않는구나.

어느 날, 선조가 얼굴색이 초췌한 유성룡을 보고 물었다.

"혹시 무슨 병이라도 앓고 있는 게 아니오? 얼굴이 아주 안되었구려."

"황공하오나 마음이 편치 못해 그렇습니다."

"어허, 무슨 일이오? 혹시 짐이 도와줄 일은 없소?"

"네! 아뢰옵기 황송하오나 소인이 몸은 한양 땅에 있는데 마음은 항상 고향의 어머니 곁에 가 있습니다. 어머니를 봉양하고 싶은 마음은 간절하나 몸이 떨어져 있으니, 그저 밤잠만 설칠 뿐입니다."

선조는 유성룡의 효성에 눈시울을 적시며 생각했다.

'충직한 신하는 나라에도 충성해야 하지만 동시에 효도도 해야 한다는 것을 잊고 있었구나.'

그래서 조용히 말했다.

"상주尙州라면 경의 고향과 가까운 곳이니, 그곳으로 가서 목사로 일하면서 소원대로 어머니를 봉양하도록 하시오."

그 후 유성룡은 49세 때 우의정이 되었으며, 선조 23년에는 좌의정에 이르렀다.

그러나 임진왜란이 끝나자 고질병 같은 당파 싸움이 시작되어 그는 반대파의 음모로 벼슬을 청산하고 고향으로 내려갔다.

선조 34년, 그는 어머니가 돌아가시자 미동에 작은 초가집을 지어 놓고 생전에 못다 모셨던 어머니를 그리며 외롭게 지냈다.

1607년, 몸이 쇠약해진 유성룡이 자리에 눕자 선조는 내의원을 내려보내 그의 병을 돌보도록 했으나 그런 보람도 없이 그는 66세로 수명을 다하고 말았다.

아쉬움이 컸던 선조는 그를 추모하며 심회를 토로했다.

"짐은 그의 학식과 충성은 물론이고, 그의 효성을 통해 효를 다하는 자는 충도 다한다는 것을 알게 되었노라."

그리고 닷새 동안이나 나랏일을 쉬며 슬퍼하였다.

유성룡은 선조 25년(1592년) 4월에 일본군이 대거 침입하는 임진왜란이 일어나자 선조를 모시고 평양으로 파천하고, 다시 평양에서 의주로 파천했을 때에는 부원군이 되어 명나라 장수를 접대하고 군량미의 보급에 전력을 다했다.

저서로 《징비록懲毖錄》과 《서애집西厓集》 외 여러 권이 있다.

효종명판孝宗明判

孝:효도 효　宗:근본 종　明:밝을 명　判:쪼갤 판

> 효종대왕의 명판결이라는 말로, 신부의 순결을 의심했던 신랑이 효종의 설명을 듣고 이해했다는 고사에서 유래했다. 어떤 다툼에서 지혜롭고 현명한 판결로 해결하는 경우를 이른다.
> 문헌:《선원계보璿源系譜·효종실록孝宗實錄》

　조선 제17대 효종孝宗(1619~1659)의 영명英明함은 아주 사소한 일에까지 미쳤다.

　효종이 왕위에 오른 지 얼마 되지 않아서 경상도 현풍 고을에 경사스러운 혼사가 있었다. 신랑, 신부는 나이가 지긋하였고, 지체와 문벌도 매우 좋아 모든 사람들이 축복해 마지않았다. 그리하여 풍성한 음식으로 밤 늦도록 잔치가 벌어졌다.

　잔치가 끝나자 신랑 신부는 신방에 화촉을 밝히고 원앙금침의 폭신한 잠자리에 들었다. 백년해로의 첫날밤이 고요히 깊어갔다.

　다음날 아침, 어찌 된 일인지 신랑이 심술이 나서 조반도 먹는 둥 마는 둥 하고는 자기 집으로 돌아가서 다시는 신부를 보려 하지 않았다. 일이 이렇게 되자 신부의 집에서는 야단이었다. 얼굴이 새파랗게 질린 것은 신부요, 어찌할 바를 모르고 쩔쩔매는 것은 신부의 모친이고, 애꿎은 장죽만 두들기며 가슴을 끙끙거리는 것은 신부의 부친이었다. 이렇게 한여름에 물 끓듯 법석이 벌어졌으나 신랑에게서는 아무런 소식도 없었다.
 참다 못한 신부의 부친이 신랑의 집에 가서 연유를 물었다. 그랬더니 신랑의 대답이 놀라웠다.
 "말씀 드리기 어려우나 신부의 몸가짐이 도무지 조신한 규중처녀 같지 않아서……."
 신부 아버지에게는 청천벽력 같은 소리였다. 규범이 있는 선비 집에서 옥같이 자란 딸에게 억설도 분수가 있지……. 그러나 하는 수가 없었다. 일이 이쯤 되면 무슨 수로든지 그 의심을 풀게 하는 수밖에 없었다. 생각 끝에 고을 원에게 사실 여부를 가려 달라고 소지訴紙를 올렸다.
 원님도 여러 가지로 궁리를 하였으나 묘책이 없어 할 수 없이 조정에 아뢰었다. 이에 효종은 즉시 감찰어사에게 화공을 데리고 현풍으로 가서 신부 집의 도면을 자세하게 그려 오라고 명했다.
 며칠 뒤, 화공은 정밀한 도면을 그려서 바쳤고, 효종은 그것을 면밀하게 살피었다.
 "여봐라, 그 집의 구조가 예사 집과 다른 곳이 없더냐?"
 "네! 샅샅이 살피었으나 별다른 것이라곤 없었습니다."
 "그러면 집안의 꾸밈새에 특이한 것은 없더냐?"
 "그것 역시 다른 바를 찾지 못했습니다. 하오나 한 가지 괴이한 것은 부유한 집이라 그러하온지 높은 다락이 있고, 그 다락에 오르내리기 위하여 큰 사다리가 하나 걸려 있는 것을 보았습니다."
 그 말을 들은 효종은 마음에 짚이는 것이 있다는 듯이 웃었다.
 "알겠다. 그러면 그렇지!"
 하고는 그 신랑을 불러올리라고 했다.
 신랑을 본 효종은 아무 말 없이 친히 글 한 구를 써서 주었다.

'가을 동산에 누런 밤송이는 벌에 쏘이지 않아도 스스로 벌어지고, 봄산의 푸른 풀잎은 비를 맞지 않아도 자라난다.'

신랑이 글의 깊은 뜻을 알지 못하고 어리둥절해 하니 효종이 웃으며 말했다.

"신랑은 여기 신부 집의 자상한 도면을 잘 보아라. 그 집에는 높은 다락이 있고, 그 다락에는 출입에 쓰는 사다리가 있지 아니하냐. 너도 그것을 알고 있겠지? 너의 처는 어려서부터 그 사다리를 오르내렸을 터이니 자연히 처녀로서의 몸에 이상이 생긴 것이 틀림없다. 그러므로 처녀가 아니라고 하여 과히 염려 말라. 하하하!"

이렇게 하여 신랑은 의심이 풀렸고, 신부 집에서는 감사함에 어쩔 줄을 몰라 했다.

효종은 재위 중에 군비를 확충하고 군제를 개편하는 등 죽을 때까지 북벌정책에 힘썼다. 또 대동법大同法을 실시하여 큰 성과를 거두었고, 세금을 거두어들이는 환산표를 단일화하여 백성들의 생활을 편리하게 돌보아 주는가 하면, 상평통보常平通寶를 주조하여 화폐를 유통시키는 등 경제 시책에도 남다른 업적을 남겼다.

한편 새 역법曆法을 채택하여 시헌력時憲曆을 실시하고,《내훈內訓》을 간행하여 가정의 화평에도 기여했다. 그리고 네덜란드 사람 하멜Hamel을 시켜 서양식 무기를 제조, 국방력도 크게 강화했다.

흥청망청興淸亡請

興:흥할 흥 淸:맑을 청 亡:망할 망 請:청할 청

> 마음껏 즐기는 모양, 또는 돈이나 물건을 아끼지 않고 함부로 쓰는 것을 이른다. 연산군에게서 유래했다.
> 문헌:《성종실록成宗實錄 · 한국의 인간상韓國의 人間像》

　조선 제10대 연산군燕山君(1476~1506)은 어머니 윤씨尹氏가 품행이 사악하다 하여 성종成宗(재위 1469~1494)에 의해 폐비되어 사약을 받고 죽자 계모이자 중종中宗의 어머니인 자순대비慈順大妃에 의해 길러졌다. 그는 왕위에 오른 뒤 생모의 죽음에 대해서 알게 되자 충격을 받고 자포자기한 나머지 사치와 향락을 일삼았다.
　연산은 채홍사採紅使(창기娼妓 중에서 아름다운 계집을 뽑는 벼슬아치)와 채청사採淸使(처녀 중에서 장래 아름다워질 계집아이를 뽑는 벼슬아치)를 전국에 파견하여 얼굴이 예쁜 기생과 처녀는 물론이고 여염집 아낙네까지 불러올렸다. 그리고 기생은 흥청興淸, 또는 운평運平이라 했다.
　흥청이라는 말의 본디 뜻은 '나쁜 기운을 씻어 없앤다'는 말로서 기생들과 어울려 놀면서 마음속에 쌓인 나쁜 것을 씻어낸다는 의미에서 기생을 지칭하는 말이었다.
　그는 또 성균관과 운각사를 폐지하여 유흥장으로 만들었다.
　지방의 창기들은 궁에 들어와 흥청이 되는 것만으로도 지체가 높

아졌는데 왕과 잠자리를 같이하게 되면 천과흥청天科興淸이라 하여 급수가 더 높아졌다. 그러나 그러지 못한 기녀는 그보다 낮은 지과흥청地科興淸에 머물러야 했다.

연산의 이런 패륜은 신하도 가리지 않아 교리校理 이장곤李長坤의 처까지 범했다. 그런 사실을 안 장곤은 처를 살해하고 전라도 보성으로 도망갔다. 그런데 마침 보성군수가 친구여서 그의 도움으로 백정白丁 양수척楊水尺의 사위가 되어 지냈다.

그후 연산이 몰락하고 중종이 즉위하자 이장곤은 다시 복귀하여 좌찬성左贊成에 이르렀다. 그 바람에 백정의 딸은 정경부인貞敬夫人이 되어 부귀영화를 누렸다.

또 도총관都摠管을 지낸 박원종朴元宗의 누나는 연산의 백부伯父(큰아버지)인 월산대군의 후처였는데, 연산이 어느 날 뜰을 거닐다가 백모伯母(큰어머니)를 보고 그 미모에 반해 자기의 잠자리 시중을 들게 했다.

봉변을 당한 백모는 수치심을 참지 못하고 자결했다.

박원종은 이 사건을 계기로 나중에 반정을 일으켜 연산을 몰아내는 데 앞장섰다.

연산군은 흥청거리며 집권 기간을 지냈으나 스스로 망하기를 자청하였다. 그래서 흥청망청興淸亡請이라는 말이 나돌게 되었다. 그러니까 흥청거리다가 스스로 망하는 일을 끌어 들였다는 망청이 된 것이다.

부록

1. 우리나라 속담
2. 일상생활 속의 고사성어
3. 우리나라 역사 연대
4. 우리나라 역대 왕 일람
5. 인명색인

1. 우리나라 속담 (가나다순)

ㄱ

가까운 남이 먼 곳의 사촌보다 낫다
近隣如堂兄弟 근린여당형제
가까울(근) 가까울(린) 같을(여) 집(당) 형(형) 아우(제)
가까이 있는 사람으로부터 도움을 받기가 쉽다는 뜻.

가까운 길 마다하고 먼 길로 간다
盤溪曲徑 반계곡경
소반(반) 시내(계) 굽을(곡) 지름길(경)
편안하고 빠른 방법이 있는데도 구태여 어렵고 힘든 방법을 택한다.

가난 구제는 나라님도 못한다
貧家之賙 國王不可 빈가지주국왕불가
구차할(빈) 집(가) 어조사(지) 먹일(주) 나라(국) 임금(왕) 아닐(불) 옳을(가)
가난 구제는 임금님도 하지 못할 만큼 어렵다.

가난한 놈 소인 된다
貧者小人 빈자소인
구차할(빈) 놈(자) 작을(소) 사람(인)
가난하여 큰일을 못하기 때문에 소인 노릇밖에 못한다.

가난한 사람은 허리띠가 양식이다
窮人腰帶便是糧 궁인요대편시량

궁색할(궁) 사람(인) 허리(요) 띠(대) 편할(편) 이(시) 곡식(량)
배가 고플 때에는 허리띠를 조이면 허기진 느낌이 덜해지므로 허리띠를 양식에 비유한 말.

가는 말이 고와야 오는 말이 곱다
去語固美 來語方好 거어고미 내어방호
갈(거) 말씀(어) 굳을(고) 아름다울(미) 올(래) 말씀(어) 모(방) 좋을(호)
내가 남에게 좋게 해야 남도 내게 좋게 한다.

가는 방망이, 오는 홍두깨
一拳去 一脚來 일권거 일각래
한(일) 주먹(권) 갈(거) 한(일) 다리(각) 올(래)
작게 공격했다가 크게 보복당하다. '되로 주고 말로 받는다'와 같은 뜻.

가루는 칠수록 고와지고, 말은 할수록 거칠어진다
粉越越細 話越說越粗 분월월세 화월설월조
가루(분) 넘을(월) 넘을(월) 가늘(세) 이야기(화) 넘을(월) 말씀(설) 넘을(월) 거칠(조)
말은 이 입에서 저 입으로 옮겨갈수록 거칠어진다. 말은 반복할수록 감정을 악화시키기 쉽다는 뜻.

가마솥 밑이 노구솥 밑을 검다 한다
鼎底黑 釜底噱 정저흑 부저갹
솥(정) 밑(저) 검을(흑) 가마(부) 밑(저) 껄껄 웃을(갹)
제 흉 모르고 남의 흉을 볼 때 비유하는 말.

가뭄 끝은 있어도 장마 끝은 없다
旱有猶遺 潦無餘苗 한유유유로무여묘
가물(한) 있을(유) 같을(유) 남을(유) 큰물결(로) 없을(무) 남을(여) 싹(묘)
가뭄이 심하면 농사가 안되는 것으로 끝나지만, 장마로 물난리가 나면 그 피해가 엄청나서 물이 더 무섭다는 뜻.

가을 알기는 7월 귀뚜라미 같다

七月的蟋 蟀早知秋 칠월적실솔조지추
일곱(칠) 달(월) 어조사(적) 귀뚜라미(실) 귀뚜라미(솔) 이를(조) 알(지) 가을(추)
매사에 유식한 듯이 잘 나서는 사람을 꼬집는 말이다.

가을비는 늙은이의 턱 밑에서도 피한다
秋雨可在老人 鬍子低下避 추우가재로인 호자저하피
가을(추) 비(우) 옳을(가) 있을(재) 늙을(로) 사람(인) 구레나룻(호) 아들(자) 밑(저) 아래(하) 피할(피)
가을비는 아주 잠깐 오다가 곧 그침을 비유적으로 이르는 말.

가죽 상하지 않고 호랑이 잡을까
膚不毀 虎難制 부불훼 호난제
피부(부) 아닐(불) 헐(훼) 범(호) 어려울(난) 제도(제)
사나운 호랑이를 잡는데 어떻게 가죽을 상하지 않고 잡을 수 있겠느냐는 말.
어떤 일을 하려면 어쩔 수 없이 손해되는 일도 있게 된다는 뜻.

가지 많은 나무 바람 잘 날 없다
多枝的樹 上風不止 다지적수 상풍불지
많을(다) 가지(지) 어조사(적) 나무(수) 윗(상) 바람(풍) 아닐(불) 그칠(지)
자식이 많으면 그만큼 거두기가 힘들어 고생이 많다는 말.

간에 붙었다 쓸개에 붙었다 한다
附肝附膽 부간부담
붙을(부) 간(간) 붙을(부) 쓸개(담)
줏대 없이 형세에 따라 이리 붙었다 저리 붙었다 하다. 기회주의자를 이른다.

갈보집에서 예 갖추라 꾸짖는다
娼家責禮 창가책례
창녀(창) 집(가) 꾸짖을(책) 예도(례)
상황에 걸맞지 않게 무리한 요구를 한다는 뜻.

갈수록 태산
去愈須彌山 거유수미산

갈(거) 나을(유) 잠깐(수) 많을(미) 뫼(산)
일이 갈수록 점점 더 어려워진다는 말.

감나무 밑에 누워서 연시 떨어지기를 기다린다
臥枾樹下 望枾落 와시수하 망시락
누울(와) 감(시) 나무(수) 아래(하) 바랄(망) 감(시) 떨어질(락)
노력하지 않고 일이 저절로 이루어지길 바란다는 뜻.

감옥 담 넘어 달아난 곳이 형방 집이라
越獄而投 乃刑房家 월옥이투 내형방가
넘을(월) 우리(옥) 말이을(이) 던질(투) 이에(내) 형벌(형) 방(방) 집(가)
힘써 한 일이 헛수고라는 뜻.

값 나가는 말 팔지 말고 입 하나를 덜어라
勿賣高馬 要減一口 물매고마 요감일구
말(물) 팔(매) 높을(고) 말(마) 요긴할(요) 덜(감) 한(일) 입(구)
살림 밑천이 되는 말을 팔지 말고 사람 수를 줄여 양식을 아끼라는 말.
일을 효율적으로 처리하라는 뜻.

강한 나무가 부러진다
强木則折 강목즉절
강할(강) 나무(목) 곧(즉) 꺾을(절)
약한 나무는 휘어져 부러지지 않지만, 강한 나무는 휘어지지 않고 부러진다. 너무 융통성 없이 강직하면 다친다는 뜻.

같은 값이면 다홍치마
同價紅裳 동가홍상
한가지(동) 값(가) 붉을(홍) 치마(상)
같은 값이라면 보기 좋고 품질이 좋은 것을 갖는다는 뜻.

같은 구덩이에 묻힐 사람

同穴之友 동혈지우
한가지(동) 구멍(혈) 어조사(지) 벗(우)

죽은 뒤에 같은 구덩이에 묻힌다는 말로, 부부를 뜻하는 말.

같은 잠자리에 꿈은 다르다
同床異夢 동상이몽
한가지(동) 평상(상) 다를(이) 꿈(몽)

몸은 같이 있지만 생각하는 것은 서로 다르다. 같은 입장인데도 목표가 저마다 같지 않다는 말.

개 따라가면 똥간 간다
較狗如廁 교구여측
비교할(교) 개(구) 같을(여) 뒷간(측)

좋지 않은 사람과 사귀면 결국 좋지 못한 데로 가게 된다는 말.

개 마른 뼈 물어뜯듯 한다
犬齧枯骨 견설고골
개(견) 씹을(설) 마를(고) 뼈(골)

개가 말라 빠진 뼈를 핥는다는 말로, 음식이 아무 맛도 없음을 뜻한다.

개 발바닥에 털이 났다
犬足生毛 견족생모
개(견) 발(족) 날(생) 털(모)

돌아다녀야 할 개가 편안하게 누워만 있어 발바닥에 털이 났다. 할 일을 다 하지 않고 게으름 피우는 것을 꼬집는 말.

개가 주인 보고 짖는다
反吠基主 반폐기주
돌아올(반) 개짖는소리(폐) 터(기) 주인(주)

자기 신분을 모르고 나대다. 배은망덕한 사람을 비유한 말.

개구리, 올챙이 적 생각 못 한다
成了靑蛙 忘了蝌時 성료청와 망료과시
이룰(성) 마칠(료) 푸를(청) 개구리(와) 잊을(망) 마칠(료) 올챙이(과) 때(시)
일이나 능력이 모자랐던 지난날을 생각지 아니하고 처음부터 잘했다는 듯이 뽐냄을 비꼬는 말.

개구리도 움츠려야 뛴다
蛙惟跼矣 乃能躍矣 와유국의 내능약의
개구리(와) 생각할(유) 굽을(국) 어조사(의) 이에(내) 능할(능) 뛸(약) 어조사(의)
모든 일은 준비할 시간이 있어야 한다는 말.

개 꼬리 삼 년 두어도 황모 못 된다
三年狗尾 不爲黃毛 삼년구미 불위황모
석(삼) 해(년) 개(구) 꼬리(미) 아닐(불) 될(위) 누를(황) 털(모)
근본이 좋지 않은 것은 시간이 지나도 변할 수 없다는 말.
※황모 : 족제비의 꼬리털. 값비싼 고급 붓을 만드는 데 쓰임.

개똥도 약에 쓰려면 없다
比比的皆 是的狗糞 비비적개 시적구분
견줄(비) 견줄(비) 어조사(적) 다(개) 바를(시) 어조사(적) 개(구) 똥(분)
흔하던 것도 정작 필요할 때는 구하지 못할 경우가 있다는 말.

개미구멍이 천리 둑을 무너뜨린다
千里長堤 潰于蟻穴 천리장제 지우의혈
일천(천) 마을(리) 길(장) 둑(제) 거품(지) 어조사(우) 개미(의) 구멍(혈)
작은 일이 빌미가 되어 커다란 불상사가 발생한다는 뜻.

개밥에 도토리
狗飯橡實 구반상실
개(구) 밥(반) 상수리(상) 열매(실)
함께 어울리지 못하고 따돌림 당함을 이르는 말.

개천에서 용 날까
川龍不出 천용불출
내(천) 용(용) 아닐(불) 날(출)
미천한 집안에서 훌륭한 사람이 나올 리 없다는 뜻.

거미도 줄을 쳐야 벌레를 잡는다
蛛蝥布絲 絲在蟲隨 주모포사 사재충수
거미(주) 가뢰(모) 베(포) 실(사) 있을(재) 벌레(충) 따를(수)
일을 하려면 거기에 필요한 준비가 있어야 목적을 달성할 수 있다는 말.

거북 등의 가시요, 바위 위의 대못이라
龜背草刺 巖頂竹釘 구배초자 암정죽정
거북(구) 등(배) 풀(초) 찌를(자) 바위(암) 이마(정) 대(죽) 못(정)
아무리 하려 해도 이룰 수 없다는 말.

거지가 도승지더러 불쌍하다 한다
乞人言也 可憐 都承旨 걸인언야 가련도승지
빌(걸) 사람(인) 말씀(언) 어조사(야) 옳을(가) 불쌍히 여길(련) 도읍(도) 받들(승) 뜻(지)
자기 분수를 모르는 것을 꼬집는 말.

건망증 심한 놈은 화살 맞고도 모른다
忘謂無怯 遺矢不覺 망위무겁 유시불각
잊을(망) 이를(위) 없을(무) 겁낼(겁) 끼칠(유) 살(시) 아닐(불) 깨달을(각)
건망증이 심한 사람은 무슨 일을 당해도 금방 잊어버린다는 말.

게으른 선비 책장 넘기 듯
如懶儒飜冊張 여나유번책장
같을(여) 게으를(나) 선비(유) 뒤칠(번) 책(책) 베풀(장)
공부를 해야 할 선비가 게으름을 피우면서 책장만 넘긴다는 말. 게으름을 피우면서 일에서 벗어날 궁리만 한다는 뜻.

경주 돌이면 다 옥석인가
慶州石都不玉石 경주석도불옥석
경사(경) 고을(주) 돌(석) 모두(도) 아닐(불) 구슬(옥) 돌(석)
경주에서 옥석이 많이 생산되기는 하지만 경주 돌이 모두 옥석은 아니다. 한 가지를 보고 전체를 같은 것으로 평가할 수 없다는 뜻.

계란에도 뼈가 있다
卵心有骨 난심유골
알(란) 마음(심) 있을(유) 뼈(골)
달걀 속에 뼈가 있다. 어떤 일에든 숨겨진 뜻이 있다는 말.

계란으로 바위 치기
以卵擊石 이란격석
써(이) 알(란) 칠(격) 돌(석)
아무리 해도 안되는 일을 무모하게 한다는 뜻.

고기는 씹어야 맛이고, 말은 해야 맛이다
肉必細嚼 方覺美味 話不說不明 육필세작 방각미미 화불설불명
고기(육) 반드시(필) 가늘(세) 씹을(작) 모(방) 깨달을(각) 아름다울(미) 맛(미) 말씀(화) 아니(불) 말씀(설) 아니(불) 밝을(명)
고기는 씹어보지 않고는 맛을 모르듯이 무슨 일이든 실제로 겪어 보아야 제대로 안다는 말.

고래 싸움에 새우 등 터진다
鯨戰鰕死 경전하사
고래(경) 싸움할(전) 새우(하) 죽을(사)
힘센 사람끼리 싸우는데 약한 사람이 그 사이에 끼어 애매하게 피해를 입는다는 말.

고려의 법령
高麗法令 고려법령

높을(고) 고울(려) 법(법) 명령할(령)
무슨 일이 수시로 바뀌는 것을 이르는 말이다. (고려시대엔 나라의 법령이 수시로 바뀌었다.)

고슴도치도 제 새끼는 예쁘다고 한다
蝟愛子 謂毛美 위애자 위모미
고슴도치(위) 사랑(애) 아들(자) 이를(위) 털(모) 아름다울(미)
아무리 못난 자식이라도 제 자식은 예쁘게 느낀다는 말.

고양이 목에 방울 달기
猫項縣鈴 묘항현령
고양이(묘) 목(항) 매달(현) 방울(령)
실행할 수 없는 헛된 논의를 이르는 말.

고양이 앞에 쥐걸음
家有畜猫 鼠不恣行 가유축묘 서불자행
집(가) 있을(유) 기를(축) 고양이(묘) 쥐(서) 아닐(불) 방자할(자) 행할(행)
자기보다 강한 자 앞에서는 꼼짝 못한다는 뜻.

고양이가 늙은 쥐 생각한다
猫兒疹老鼠 묘아동노서
고양이(묘) 아이(아) 아플(동) 늙을(노) 쥐(서)
속으로는 해칠 마음을 품고 있으면서 겉으로 생각해주는 척한다는 말.

고욤이 감만 하랴
那知梬䓘 終不及柿 나지영첨 종불급시
어찌(나) 알(지) 고욤(영) 달(첨) 마침내(종) 아닐(불) 미칠(급) 감(시)
작은 것이 좋다고 해도 큰 것만 못하다는 뜻.

고운 사람 미운 데 없고, 미운 사람 고운 데 없다
愛人無可憎 憎人無可愛 애인무가증 증인무가애

부록 845

사랑(애) 사람(인) 없을(무) 옳을(가) 미워할(증) 사람(인) 없을(무) 옳을(가) 사랑(애)

남을 한번 좋게 보면 그 사람이 하는 일이 모두 좋게 보이고, 한번 밉게 보면 무엇이나 다 밉게 보인다는 뜻.

곧은 나무는 먼저 베어진다
直木先伐 직목선벌

곧을(직) 나무(목) 먼저(선) 칠(벌)

굽고 못생긴 나무는 베어 가지 않지만 곧고 좋은 것은 먼저 베어 간다. 강직하고 잘난 사람이 먼저 해를 입을 수 있다는 뜻.

공든 탑이 무너지랴
積功之塔不墮 적공지탑불타

쌓을(적) 공(공) 어조사(지) 탑(탑) 아닐(불) 떨어질(타)

공을 들여 쌓은 탑은 좀처럼 붕괴되지 않는다. 무슨 일이든 정성을 다하면 실패할 일이 없다는 뜻.

공짜 바라기는 무당의 서방 같다
巫婆的丈夫 盡想白得 무파적장부 진상백득

무당(무) 늙은계집(파) 어조사(적) 사내(장) 아비(부) 다할(진) 생각(상) 흰(백) 얻을(득)

스스로 노력하여 구하지 아니하고 남의 덕에 편하게 얻으려는 행태를 꾸짖는 말이다.

과부댁 종놈은 왕방울로 행세한다
寡婦家的奴僕 拿着鐺逞鈴威風 과부가적노복 나착당영령위풍

적을(과) 계집(부) 집(가) 어조사(적) 남자종(노) 종(복) 잡을(나) 다다를(착) 북소리(당) 굳셀(령) 방울(령) 위엄(위) 바람(풍)

과부 집의 종놈은 사내 구실을 하는 것으로 한몫을 본다. 비열한 방법으로 득세하는 것을 이른다.

곽란에 약 구하러 간다
霍亂求藥 곽란구약

곽란(곽) 어지러울(란) 구할(구) 약(약)
곽란이란 급성 위장병인데, 이미 발병한 뒤에 약을 구하러 가면 때는 이미 늦는다는 말.

구덩이에 떨어진 사람에게 돌 던진다
下穽投石 하정투석
아래(하) 함정(정) 던질(투) 돌(석)
어려움에 빠진 사람을 돕지는 못할망정 더 곤란하게 한다는 말.

구르는 돌에는 이끼가 끼지 않는다
轉石不生苔 전석불생태
구를(전) 돌(석) 아닐(불) 날(생) 이끼(태)
굴러다니는 돌에 이끼가 낄 새가 없다는 말로, 쉬지 않고 노력하는 사람은 계속 발전한다는 뜻.

구멍 봐가며 쐐기 깎는다
隨孔變枘 수공변예
좇을(수) 구멍(공) 변할(변) 자루(예)
일의 형편을 봐가며 거기에 맞춰 처리한다는 뜻.

구슬이 서 말이라도 꿰어야 보배
珍珠三斗 成串才爲寶 진주삼두 성천재위보
보배(진) 구슬(주) 석(삼) 말(두) 이룰(성) 꿰미(천) 재주(재) 할(위) 보배(보)
아무리 좋은 것이라도 쓸모 있게 만들어야 그 가치가 나타난다는 뜻.

국에 덴 놈 냉수 보고 분다
懲羹吹冷水 징갱취냉수
징계할(징) 국(갱) 불(취) 찰(냉) 물(수)
한 번 크게 당한 사람은 비슷한 것만 보아도 몸을 사린다는 뜻. 비슷한 말로 '자라에 물린 놈 솥뚜껑 보고 놀란다'는 말도 있다.

굳은 땅에 물 고인다
堅硬的地 上才積水 견경적지 상재적수
굳을(견) 굳을(경) 어조사(적) 땅(지) 윗(상) 재주(재) 쌓일(적) 물(수)
절약 정신이 강해야 재물을 모을 수 있다는 뜻.

굶어 죽기가 정승하기보다 어렵다
餓死之難 難於作相 아사지난 난어작상
굶을(아) 죽을(사) 어조사(지) 어려울(난) 어조사(어) 지을(작) 정승(상)
정승 자리가 쉽지는 않겠지만 굶어 죽는 것 또한 쉽지 않다. 생명의 중요함을 비유한 말.

굶주린 호랑이가 내시를 가리랴
飢困虎 不擇宦 기곤호 불택환
주릴(기) 곤할(곤) 범(호) 아닐(불) 가릴(택) 내관(환)
배고픈 호랑이는 대상을 가리지 않는다. 필요하면 무엇이든 하게 된다는뜻.

굿이나 보고 떡이나 먹지
觀光但食餠 관광단식병
볼(관) 빛(광) 다만(단) 먹을(식) 떡(병)
남이 하는 일에 쓸데없이 간섭 말고 이익이나 챙기라는 뜻.

굿하고 싶어도 맏며느리 춤추는 꼴 보기 싫어 못 한다
想跳神 可就是討厭媳女舞蹈 상도신 가취시토염식여무도
생각(상) 뛸(도) 귀신(신) 옳을(가) 나아갈(취) 이(시) 칠(토) 미워할(염) 며느리(식) 계집(여) 춤출(무) 밟을(도)
어떤 일을 하고 싶어도 미운 사람이 기뻐하는 꼴이 보기 싫어 안 한다는 뜻.

궁하면 통한다
困窮而通 곤궁이통
곤할(곤) 다할(궁) 궁할(궁) 말 이을(이) 능히(능) 통할(통)
사람이 매우 궁박한 처지에 이르게 되면 도리어 살아날 길이 생긴다는 말.

궁한 쥐가 고양이를 문다
死胡洞鼠 撲猫 사호동서 박묘
죽을(사) 어찌(호) 골목(동) 쥐(서) 부딪칠(박) 고양이(묘)

막다른 골목에 몰린 쥐가 고양이를 문다. 절대적 약자라도 최악의 경우에는 생명을 걸고 싸운다는 뜻.

권세는 십 년이 못간다
權不十年 권불십년
권세(권) 아닐(불) 열(십) 해(년)

권력은 오래가지 못한다는 뜻.

귀 막고 방울 도둑질하기
掩耳盜鈴 엄이도령
가릴(엄) 귀(이) 도둑(도) 종(령)

금방 알려지게 될 일을 적당히 숨기려 한다는 뜻.

귀에 걸면 귀걸이, 코에 걸면 코걸이
耳懸鈴 鼻懸鈴 이현령 비현령
귀(이) 달(현) 종(령) 코(비) 달(현) 종(령)

한 가지 일을 두고 상황에 따라 달리 해석한다는 말.

그림의 떡
畵中之餠 화중지병
그림(화) 가운데(중) 어조사(지) 떡(병)

그림 속의 떡은 볼 수는 있으나 먹을 수가 없다는 뜻으로, 실제로는 효용가치가 없다는 말.

그물을 들면 그물코는 딸려온다
網擧目隨 망거목수
그물(망) 들(거) 그물 눈(목) 좇을(수)

하나의 일을 하면 관련된 일이 동시에 이루어진다는 말.

금 간 사발
裂痕大碗 열흔대완

깨질(열) 흔적(흔) 큰(대) 대접(완)

금이 가지 않았으면 완벽한 작품일 텐데 금이 가 있어 결점이 있다는 뜻.

금강산도 배부른 뒤에 구경이라
金剛山食後景 금강산식후경

쇠(금) 굳셀(강) 뫼(산) 먹을(식) 뒤(후) 경치(경)

허기진 상태에선 좋은 경치를 구경해도 눈에 들어오지 않는다는 말. 아무리 좋은 일이라 해도 먼저 해야 할 일이 있다는 뜻.

금잔에 담긴 술은 백성의 피다
金杯美酒民之血 금배미주민지혈

쇠(금) 잔(배) 아름다울(미) 술(주) 백성(민) 갈(지) 피(혈)

금으로 만든 잔에 담긴 맛 좋은 술은 백성들의 피와 다름없다.
조세를 엄하게 거두어 들여 백성들을 가혹하게 착취하는 관리들의 부정부패 행위를 비꼬는 말로《춘향전》에 나온다.

급하다고 바늘허리에 실 묶어 쓸까
毋以用急 線縛鍼腰 무이용급 선박침요

말(무) 써(이) 쓸(용) 급할(급) 실(선) 묶을(박) 침(침) 허리(요)

아무리 급한 일이라도 일정한 순서를 밟아서 해야 한다는 뜻.

급하면 쥐구멍 찾는다
急探鼠穴 급탐서혈

급할(급) 찾을(탐) 쥐(서) 구멍(혈)

급한 일을 당하면 아무 곳이나 가리지 않고 피하게 된다는 말.

급히 먹은 밥 목에 멘다
忙食堙喉 망식인후

바쁠(망) 밥(식) 막을(인) 목구멍(후)

급하게 서둘러서 일을 하면 잘못되거나 실패한다는 뜻.

기는 놈 위에 나는 놈 있다
人上有人 天外有天 인상유인 천외유천
사람(인) 윗(상) 있을(유) 사람(인) 하늘(천) 바깥(외) 있을(유) 하늘(천)
자신보다 훌륭한 사람은 반드시 있는 법이니 겸손하라는 말.

기름 붓고 부채질한다
火上加油 扇風点火 화상가유 선풍점화
불(화) 윗(상) 더할(가) 기름(유) 부채(선) 바람(풍) 불붙일(점) 불(화)
일을 점점 크게 벌려 악화시킨다는 뜻.

기름이 다 닳으면 등불은 꺼진다
油盡燈滅 유진등멸
기름(유) 다할(진) 등불(등) 멸할(멸)
기름이 다하면 자연히 꺼지듯 모든 일은 때가 되면 끝나게 된다는 말.

기와 한 장 아끼다가 대들보 썩힌다
惜一瓦屋樑腐 석일와옥량부
아낄(석) 한(일) 기와(와) 집(옥) 들보(량) 썩을(부)
아주 작은 것을 아끼려다가 큰일을 그르친다는 뜻.

길가의 꽃은 누구나 꺾을 수 있다
路邊墻花 萬人可折 노변장화 만인가절
길(로) 변두리(변) 담(장) 꽃(화) 일만(만) 사람(인) 옳을(가) 꺾을(절)
길가의 꽃은 누구나 쉽게 꺾을 수 있듯이 쉽게 할 수 있는 일을 뜻한다.

길이 아니면 가지를 말고, 말이 아니면 듣지를 마라
不象路不要走 話不象 話別去理 불상로불요주 화불상 화별거리
아닐(불) 형상(상) 길(로) 아닐(불) 중요(요) 달릴(주) 이야기(화) 아닐(불) 형상(상) 이야기(화) 나눌(별) 갈(거) 이치(리)

합당하지 않은 일에는 아예 관여하지 말라는 뜻.

까마귀 날자 배 떨어진다
烏飛梨落 오비이락
까마귀(오) 날(비) 배(이) 떨어질(락)

까마귀가 날자 마침 배가 떨어져 까마귀 때문에 떨어진 것으로 의심을 받게 된다. 공교롭게 일이 겹쳐 오해를 받게 된다는 뜻.

깨진 그릇 맞추기
破器相準 파기상준
깨질(파) 그릇(기) 서로(상) 법(준)

이미 소용없는 일을 힘들여 한다는 뜻.

꼬리가 길면 밟힌다
尾長則踏 미장즉답
꼬리(미) 긴(장) 곧(즉) 밟을(답)

나쁜 일을 오래 하면 마침내 들킨다는 말.

꽁지 빠진 새
拔尾雉摘毛雀 발미치적모작
뺄(발) 꼬리(미) 꿩(치) 딸(적) 털(모) 참새(작)

볼품이 없거나 위신이 없어 보임을 비유적으로 이르는 말.

꽃 본 나비, 물 만난 기러기
蝴蝶逢花 鴻雁遇水 호접봉화 홍안우수
나비(호) 나비(접) 만날(봉) 꽃(화) 기러기(홍) 기러기(안) 만날(우) 물(수)

기다리던 반가운 사람을 만났거나 일이 성취되었음을 이른다.

꾸어다 놓은 보릿자루
借來麥帒 차래맥대
빌릴(차) 올(래) 보리(맥) 전대(대)

무리에 어울리지 못하고 외톨이로 있는 모양이나 소속감을 갖지 못할 때 이르는 말.

꿀 먹은 벙어리
食蜜啞 식밀아
먹을(식) 꿀(밀) 벙어리(아)

말을 못하는 사람이 단 꿀을 먹었으나 그 느낌을 말할 수 없다. 즉, 말을 못해 답답한 심정을 이르는 말.

꿈에 서방 맞다
夢裏仰郎 몽리앙랑
꿈(몽) 속(리) 우러를(앙) 서방(랑)

욕망을 다 채우지 못하여 어딘지 서운한 경우를 비유적으로 이르는 말.

꿩 대신 닭
雉代替鷄 치대체계
꿩(치) 대신(대) 바꿀(체) 닭(계)

필요한 물건이 없어 다소 미흡한 것으로 대신 사용한다는 말.

꿩 먹고 알 먹고
食雉食卵 식치식란
먹을(식) 꿩(치) 먹을(식) 알(란)

꿩도 먹고 알도 먹듯이 이 일, 저 일 모두에서 이익을 취한다는 말.

ㄴ

나 먹자니 싫고 개 주자니 아깝다
吾食厭 給犬惜 오식염 급견석
나(오) 먹을(식) 싫을(염) 줄(급) 개(견) 아낄(석)

내가 먹기는 싫은데 개 주는 것은 아깝다. 부질없이 인색한 마음을 말함.

나무는 자라서 열매를 맺고, 사람은 자라서 자식을 낳는다
樹老傳果 人老傳子 수로전과 인로전자
나무(수) 늙을(로) 전할(전) 과실(과) 사람(인) 늙을(로) 전할(전) 아들(자)
나무가 자라서 열매를 맺는 것처럼, 사람도 성인이 되면 결혼하여 자식을 낳고 사는 것이 천리天理라는 뜻.

나무에 오르게 하고 흔든다
使登木搖 사등목요
부릴(사) 오를(등) 나무(목) 흔들(요)
일을 시켜놓고 방해하는 것을 일컬음.

나무에 잘 오르는 놈 나무에서 떨어지고, 헤엄 잘 치는 놈 물에 빠져 죽는다
善攀者落 善泅者溺 선반자락 선수자익
잘할(선) 휘어잡을(반) 놈(자) 떨어질(락) 잘할(선) 헤엄칠(수) 놈(자) 빠질(익)
자기가 가진 재주를 믿고 우쭐대다 실수하게 된다는 말.

나무에도 돌에도 붙일 데 없다
木石不傅 목석불부
나무(목) 돌(석) 아닐(불) 돌볼(부)
아무 데도 의지할 곳 없다는 뜻으로, 가난하고 외로운 처지를 말함.

낚싯바늘에 걸린 물고기
釣鉤之魚 조구지어
낚시(조) 끌(구) 어조사(지) 고기(어)
꼼짝없이 끄는 대로 따라 할 수밖에 없는 형편을 말함.

낚싯줄이 길어야 큰 고기를 잡는다
放長線 釣大魚 방장선 조대어
놓을(방) 긴(장) 실(선) 낚시(조) 큰(대) 고기(어)

여건이 좋아야 큰일을 할 수 있다는 말.

남들이 내 상전 두려워할까
他人不畏 吾之上典 타인불외 오지상전
다를(타) 사람(인) 아닐(불) 꺼릴(외) 나(오) 어조사(지) 윗(상) 법(전)
직접 관련이 없으면 관심을 갖지 않는다는 뜻.

남을 해치는 말은 자신도 해친다
孰毁之言 便是毁己 숙훼지언 편시훼기
누구(숙) 헐(훼) 어조사(지) 말씀(언) 편할(편) 이(시) 헐(훼) 몸(기)
남을 폄훼하는 말은 자기 자신을 해치는 말이 될 수도 있다는 말.

남의 말 하기는 식은 죽 먹기
言他事 食冷粥 언타사 식냉죽
말씀(언) 다를(타) 일(사) 먹을(식) 찰(냉) 미음(죽)
남의 말을 하는 것은 쉽다는 뜻.

남의 제사에 배 놓아라 감 놓아라 한다
他人之祭 曰梨曰柿 타인지제 왈리왈시
다를(타) 사람(인) 어조사(지) 제사(제) 가로되(왈) 배(리) 가로되(왈) 감(시)
남의 일에 공연히 끼어들어 쓸데없는 참견과 잔소리를 한다는 말.

남의 흉이 한 가지면 제 흉은 열 가지
他人一過 自己十愆 타인일과 자기십건
다를(타) 사람(인) 한(일) 허물(과) 스스로(자) 몸(기) 열(십) 허물(건)
사람들은 흔히 남의 흉을 잘 보는데 자기 흉도 그에 못지않다는 뜻.

남자의 말 한마디는 천금보다 무겁다
男兒一言重千金 남아일언중천금
사내(남) 아이(아) 한(일) 말씀(언) 무거울(중) 일천(천) 쇠(금)
남자는 약속한 한마디의 말을 중히 여겨야 한다는 뜻으로, 약속은 반드시 지켜야 함을 이르는 말.

낫 놓고 기역자도 모른다
目不識丁 목불식정
눈(목) 아닐(불) 알(식) 고무래(정)
무식하기 짝이 없다는 말.

낮말은 새가 듣고, 밤말은 쥐가 듣는다
晝語雀聽 夜語鼠聽 주어작청 야어서청
낮(주) 말(어) 까치(작) 들을(청) 밤(야) 말(어) 쥐(서) 들을(청)
언제나 말조심하라는 뜻.

낯가죽이 쇠가죽이다
面張牛皮 면장우피
낯(면) 베풀(장) 소(우) 가죽(피)
염치가 없고 뻔뻔스러우며 부끄러워할 줄 모른다는 뜻.

낯은 알아도 마음은 모른다
知人知面不知心 지인지면부지심
알(지) 사람(인) 알(지) 얼굴(면) 아닐(부) 알(지) 마음(심)
겉으로 드러나는 것은 쉽게 알 수 있지만 감춰진 속마음은 알기 어렵다는 뜻.

내 눈에 찬 자식이라야 남의 눈에도 찬다
兒生己眼 方入人眼 아생기안 방입인안
아이(아) 날(생) 몸(기) 눈(안) 모(방) 들(입) 사람(인) 눈(안)
내 맘에 드는 아이라야 남들도 그렇게 본다는 말.

내 딸이 고와야 사위를 고른다
吾女娟 擇婿賢 오녀연 택서현
나(오) 계집(녀) 예쁠(연) 가릴(택) 사위(서) 어질(현)
자기의 조건이 좋아야 원하는 것을 자유롭게 선택할 수 있다는 말.

내리사랑은 있어도 치사랑은 없다
下愛有 上愛無 하애유 상애무
아래(하) 사랑(애) 있을(유) 윗(상) 사랑(애) 없을(무)
윗사람이 아랫사람을 보살펴 주기는 쉬워도 아랫사람이 윗사람을 보살펴 주는 경우는 별로 없다는 뜻.

내 부를 노래 사돈이 먼저 부른다
我歌將放 婚家先唱 아가장방 혼가선창
나(아) 노래(가) 장수(장) 놓을(방) 혼인할(혼) 집(가) 먼저(선) 노래 부를(창)
내가 하려고 마음먹었던 일을 남이 먼저 한다는 말.

내 손에 장을 지져라
掌上煎醬 장상전장
손바닥(장) 윗(상) 졸일(전) 간장(장)
어떤 일이 분명히 그렇지 않다는 것을 확신하여 강조하는 말.

내 칼도 남의 칼집에 들어가면 찾기 어렵다
我刀入他鞘亦難 아도입타초역난
나(아) 칼(도) 들(입) 다를(타) 칼집(초) 또(역) 어려울(난)
내 것도 남의 손에 들어가면 내 마음대로 할 수 없다는 말.

내 코가 석 자
吾鼻三尺 오비삼척
나(오) 코(비) 석(삼) 자(척)
자신의 일도 감당 못해 남을 도울 여유가 없다는 뜻.

네 병이야 낫든 안 낫든 약값이나 내라
爾病瘥否 藥債宜報 이병채부 약채의보
너(이) 병들(병) 병나을(채) 아니(부) 약(약) 빚질(채) 마땅(의) 갚을(보)
네 일의 결과야 어떻든 그 일에 대한 대가는 내라는 말.

부록 857

노는 입으로 염불하기
閑嘴念經 한취염경
한가할(한) 부리(취) 생각(염) 글(경)
무의미하게 허송세월하는 것보다 무슨 일이든지 하는 것이 좋다는 뜻.
비슷한 말로 '노느니 개 팬다'는 말도 있다.

노루 쫓다가 토끼 잃는다
赶獐落兎 간장락토
쫓을(간) 노루(장) 떨어질(락) 토끼(토)
큰 것을 쫓다가 작은 것까지 잃는다는 말.

노루 꼬리가 길면 얼마나 길까
獐尾曰長 幾許其長 장미왈장 기허기장
노루(장) 꼬리(미) 가로되(왈) 길(장) 몇(기) 허락할(허) 그(기) 길(장)
노루 꼬리가 길어 봤자 얼마 되지 않는다. 해봤자 결과는 뻔하다는 뜻.

농담 속에 진담 들었다
喜笑之言 惑成實際 희소지언 혹성실제
기쁠(희) 웃음(소) 갈(지) 말씀(언) 흑(흑) 이룰(성) 열매(실) 지음(제)
지나가는 말처럼 하는 말 속에 진짜 뜻이 들어 있다는 말.

농부는 굶어 죽을 때도 종자는 베고 죽는다
農夫餓死 枕厥種子 농부아사 침궐종자
농사(농) 사내(부) 주릴(아) 죽을(사) 베개(침) 그(궐) 씨(종) 아들(자)
농부는 끼니가 떨어져 굶어 죽을지언정 종자에는 손을 대지 않는다. 뒷날을 중히 여기다. 또는 책임감이 강하다는 뜻.

높은 가지가 부러지기 쉽다
高枝易折 고지이절
높을(고) 가지(지) 쉬울(이) 꺾일(절)
높은 지위일수록 그 자리를 오래 보존하기 어렵다는 뜻.

누더기 속에서 영웅 난다
窮山溝星 出英雄 궁산구성 출영웅
궁할(궁) 뫼(산) 개천(구) 별(성) 날(출) 꽃부리(영) 웅장할(웅)
어렵게 자란 사람들이 크게 성공할 수 있다는 뜻.

누울 자리 봐가며 발을 뻗는다
量吾被置吾足 양오피치오족
헤아릴(량) 나(오) 이불(피) 둘(치) 나(오) 발(족)
어떤 일이든지 사전에 계획을 세워서 착수해야 된다는 말.

누워서 떡을 먹으면 팥고물이 눈에 들어간다
餠臥食 豆屑落 병와식 두설락
떡(병) 누울(와) 먹을(식) 콩(두) 가루(설) 떨어질(락)
간단하고 쉬운 일에도 어려운 일이 생길 수 있다는 말.

누워서 침 뱉기
躺着吐唾沫 당착토타말
누울(당) 붙을(착) 토할(토) 침(타) 거품(말)
남을 해치려다가 도리어 자기가 해를 입게 된다는 말.

누이 좋고 매부 좋다
姐姐也高興 姐夫也高興 저저야고흥 저부야고흥
누이(저) 어조사(야) 높을(고) 기쁠(흥) 누이(저) 사내(부) 어조사(야) 높을(고) 기쁠(흥)
모든 사람에게 두루두루 다 좋다는 뜻.

눈 감으면 코 베어갈 세상
閉眼或喪割鼻 폐안혹상할비
닫을(폐) 눈(안) 혹(혹) 잃을(상) 벨(할) 코(비)
세상 인심이 험악하다는 말.

눈 먼 자식이 효도한다

盲子孝道 맹자효도
눈멀(맹) 아들(자) 효도(효) 길(도)
무능력하다고 여긴 자식이 도리어 효도한다는 뜻.

눈엣가시
眼中棘 안중극
눈(안) 가운데(중) 가시(극)
몹시 밉고 싫은 사람을 이름.

눈 오는 날 개 쏘다니듯 한다
下雪天的狗 하설천적구
아래(하) 눈(설) 하늘(천) 어조사(적) 개(구)
행동을 절제하지 못하고 제멋대로 한다는 뜻.

느릿느릿 걸어도 황소걸음
緩驅緩驅 黃牛之步 완구완구 황우지보
느릴(완) 몰(구) 느릴(완) 몰(구) 누를(황) 소(우) 어조사(지) 걸음(보)
느리기는 해도 꾸준히 쉼 없이 나아가 믿음직스럽다는 말.

늙으면 아이 된다
衰老性變 反類兒童 쇠로성변 반류아동
쇠약할(쇠) 늙을(로) 성품(성) 변할(변) 돌아올(반) 같을(류) 아이(아) 아이(동)
늙으면 행동이 어린아이 같아진다는 말.

늙은 말이 콩은 더 달란다
老馬在廐 猶不辭豆 노마재구 유불사두
늙을(노) 말(마) 있을(재) 마구간(구) 오히려(유) 아닐(불) 사양할(사) 콩(두)
늙은 말이 일은 못하면서 먹을 것은 더 달라고 투정한다. 일은 못하는 사람이 욕심만 많다는 뜻.

늙은 말이 햇콩을 마다하랴

老馬不推辭豆 노마불추사두
늙을(노) 말(마) 아닐(불) 가릴(추) 사양할(사) 콩(두)
콩 맛을 아는 말이 햇콩을 싫어할 리 없다. 어떤 물건이나 일의 진가를 아는 사람은 그것을 당연히 좋아한다는 말.

늙은이 건강은 장담할 수 없다
老健不信 노건불신
늙을(노) 건강(건) 아닐(불) 믿을(신)
나이 드신 어른들은 건강하다가도 쉽게 병에 걸릴 수 있다는 말.

늙은이 호박나물에 용쓴다
老人吃南瓜菜也劫 노인흘남과채야겁
늙을(노) 사람(인) 먹을(흘) 남녘(남) 오이(과) 채소(채) 어조사(야) 힘쓸(겁)
쉬운 일도 쉽게 처리하지 못하고 힘들어한다는 뜻.

다 된 죽에 코 빠지다
盡前粥 鼻泗墜 진전죽 비사추
다할(진) 앞(전) 미음(죽) 코(비) 콧물(사) 떨어질(추)
일이 잘 되었는데 마지막에 망친다는 말.

다람쥐 쳇바퀴 돌리듯 한다
松鼠環篩輪 송서환사륜
소나무(송) 쥐(서) 돌릴(환) 체(사) 바퀴(륜)
한 가지 일에서 벗어나지 못하고 계속 반복하는 것을 말함.

다른 사람의 단점은 이르지 말고, 자기의 장점은 말하지 말라
無道人之短 無說己之長 무도인지단 무설기지장
없을(무) 말할(도) 사람(인) 어조사(지) 짧을(단) 없을(무) 말할(설) 몸(기) 어조사(지) 긴(장)

남의 단점을 꼬집지 말고, 자기 자랑을 하지 말라. 즉, 언행에 신중을 기하라는 뜻.

다리 아래서 원님 꾸짖는다
橋下叱倅 교하질쉬
다리(교) 아래(하) 꾸짖을(질) 원님(쉬)
당사자 앞에서는 할 말을 못하고, 먼 곳에서 그 사람을 나무란다는 말.

단단한 땅에 물이 괸다
行潦之聚亦于硬土 행료지취역우경토
갈(행) 큰비(료) 어조사(지) 모일(취) 또(역) 어조사(우) 굳을(경) 흙(토)
어떠한 일이든 마음을 굳게 먹고 해야 좋은 결과를 얻게 됨을 이르는 말.

달리는 말에 채찍질한다
走馬加鞭 주마가편
달릴(주) 말(마) 더할(가) 채찍(편)
힘껏 하는데도 불구하고 자꾸 더하라고 채근하는 것.

달면 삼키고 쓰면 뱉는다
甘呑苦吐 감탄고토
달(감) 삼킬(탄) 쓸(고) 토할(토)
이로우면 취하고, 해로우면 버린다. 자신에게 이익이 되는 것만을 추구한다는 뜻.

달팽이도 집이 있다
蝸休有殼 와휴유각
달팽이(와) 쉴(휴) 있을(유) 껍질(각)
미물인 달팽이도 집이 있거늘 영장인 인간이 집이 없을 수 없다는 말.

닭 소 보듯
如鷄望牛 여계망우
같을(여) 닭(계) 볼(망) 소(우)

전혀 관심을 두지 않는다는 뜻.

닭 잡아먹고 오리발 내민다
殺了鷄 吃却拿出鴨 살료계 흘각나출압
죽일(살) 마칠(료) 닭(계) 먹을(흘) 물리칠(각) 잡을(나) 날(출) 오리(압)
자기가 한 일을 감추고 시치미를 뗀다는 말.

닭 중에 봉황
鷄中鳳凰 계중봉황
닭(계) 가운데(중) 수 봉황새(봉) 암 봉황새(황)
닭 무리 가운데 봉황이 있으니 그 존재가 뛰어나다. 범상한 무리 속에 용모나 학식이 뛰어난 사람이 끼어 있으면 한눈에 알아 볼 수 있다는 뜻.

닭 쫓던 개 지붕 쳐다본다
赶鷄之犬 徒仰屋檐 간계지견 도앙옥은
쫓을(간) 닭(계) 어조사(지) 개(견) 무리(도) 우러러볼(앙) 집(옥) 집대마루(은)
일을 실패하여 어찌할 수 없음을 비유한 말.

담배씨로 뒤웅박을 판다
南靈子鑿掘 남령자착굴
남녘(남) 신령(령) 아들(자) 끌(착) 팔(굴)
소심하거나 잔소리가 심한 사람을 일컬음.

대장장이 집에 식칼이 없다
冶家無食刀 야가무식도
쇠불릴(야) 집(가) 없을(무) 밥(식) 칼(도)
칼을 만드는 대장간에 칼이 없다. 어떤 사물이 반드시 있어야 할 곳에 없음을 이르는 말.

대청 빌려주니 안방 넘본다
借給廳貪心閨 차급청탐심규

빌어올(차) 줄(급) 대청(청) 탐할(탐) 마음(심) 규방(규)
어떤 도움을 주었더니 더 큰 요구를 해온다. 비슷한 뜻으로 '행랑 빌리면 안방 든다'는 말도 있다.

도둑의 때는 벗겨도 화냥의 때는 못 벗긴다
盜名終雪 淫奔難白 도명종설 음분난백
도둑(도) 이름(명) 마칠(종) 눈(설) 음탕할(음) 달릴(분) 어려울(난) 흰(백)
화냥질은 한 번 하면 그 습성을 벗어날 수 없다는 말.

도둑을 뒤로 잡지 앞으로 잡을까
盜以後捉不以前捉 도이후착 불이전착
훔칠(도) 써(이) 뒤(후) 잡을(착) 아닐(불) 써(이) 앞(전) 잡을(착)
도둑을 섣불리 앞에서 잡으려고 덤벼들다가는 화를 입게 될지 모르니 뒤에서 잡아야 안전하다는 뜻.

도둑이 매를 든다
賊反荷杖 적반하장
도둑(적) 되돌릴(반) 멜(하) 몽둥이(장)
잘못한 사람이 오히려 기세등등하게 잘못 없는 사람을 나무란다는 뜻.

도둑이 제 발 저리다
盜之就拿 厥足自痲 도지취나 궐족자마
훔칠(도) 갈(지) 이룰(취) 붙잡을(나) 그(궐) 발(족) 스스로(자) 마비될(마)
나쁜 짓을 하면 스스로 양심에 걸려 마음이 편치 못하다는 뜻.

도로아미타불이다
還阿彌陀佛 환아미타불
돌아올(환) 언덕(아) 미륵(미) 비탈질(타) 부처(불)
애만 쓰고 아무 소득이 없음을 비유적으로 이르는 말.

도마 위의 물고기가 칼을 무서워하랴

俎上鮮不怕刀 조상선불파도
도마(조) 웃(상) 생선(선) 아니(불) 두려워할(파) 칼(도)
어차피 죽을 처지에 있는 사람이 무엇을 두려워하겠느냐는 뜻.

도살장에 끌려가는 소 같다
如牛就死 여우취사
같을(여) 소(우) 나아갈(취) 죽을(사)
마지못하여 억지로 일을 하는 모양을 말함.

독 안에 든 쥐
入缸之鼠 입항지서
들(입) 항아리(항) 어조사(지) 쥐(서)
아무리 애써도 벗어나지 못하고 꼼짝할 수 없는 처지를 말함.

돈만 있으면 개도 당상관이 된다
只要有錢狗也 能堂上官 지요유전구야 능당상관
다만(지) 구할(요) 있을(유) 금전(전) 개(구) 어조사(야) 능할(능) 집(당) 윗(상) 벼슬(관)
돈이 많으면 벼슬도 살 수 있다는 말로, 물질만능주의 사회를 비꼬는 말.

돈만 있으면 귀신도 부린다
有錢使鬼神 유전사귀신
있을(유) 돈(전) 하여금(사) 귀신(귀) 귀신(신)
돈만 가지면 세상에 못할 일이 없다는 말.

돈만 있으면 살아있는 범 눈썹도 산다
有錢可買活虎眉 유전가매활호미
있을(유) 돈(전) 옳을(가) 살(매) 살(활) 범(호) 눈썹(미)
돈이 있으면 위험한 일도 해낼 수 있다는 말.

동냥은 아니 주고 쪽박만 깬다
雖不給糧 毋破我瓢 수불급량 무파아표
비록(수) 아닐(불) 줄(급) 양식(량) 없을(무) 깨칠(파) 나(아) 표주박(표)

요구하는 것은 주지 않고 나무라기만 한다.

동네마다 후레자식 하나씩 있다
百家之里 必有悖子 백가지리 필유패자
일백(백) 집(가) 어조사(지) 마을(리) 반드시(필) 있을(유) 거스를(패) 아들(자)
많은 사람 가운데에는 나쁜 사람도 섞여 있다는 말.

동생 줄 것은 없어도 도둑 줄 것은 있다
無贈弟物有贈盜物 무증제물 유증도물
없을(무) 줄(증) 아우(제) 만물(물) 있을(유) 줄(증) 훔칠(도) 만물(물)
남에게 나누어 줄 것은 없어도 도둑이 훔쳐 갈 만한 물건은 있다는 말.
누구에게나 가치 있는 물건이 있기 마련이라는 뜻.

동지에 팥죽이 쉰다
冬至豆粥饐 동지두죽의
겨울(동) 이를(지) 콩(두) 미음(죽) 밥쉴(의)
겨울 추위에 팥죽이 쉬는 것처럼 뜻하지 않은 일이 일어날 수 있다는 말.

되로 주고 말로 받는다
始用升授 乃以斗受 시용승수 내이두수
비로소(시) 쓸(용) 되(승) 줄(수) 어조사(내) 써(이) 말(두) 받을(수)
조금 주고 그 대가로 몇 갑절이나 더 받는다는 뜻.

될성부른 나무는 떡잎부터 알아본다
蔬之將善 兩葉可辨 소지장선 양엽가변
푸성귀(소) 어조사(지) 장차(장) 잘할(선) 두(량) 잎(엽) 옳을(가) 분별할(변)
장래 크게 될 사람은 어릴 때부터 그 기미가 보인다는 뜻.

두부 먹다 이 빠진다
豆腐食 齒或落 두부식 치혹락
콩(두) 썩을(부) 먹을(식) 이(치) 혹(혹) 떨어질(락)

예기치 못한 데서 사고가 일어날 수 있으니 조심하라는 뜻.

두 손에 떡을 쥐었다
兩手執餠 양수집병
두(양) 손(수) 잡을(집) 떡(병)
좋은 일이 겹쳐 일어난다는 뜻.

두 절집 개 노상 굶는다
兩寺之狗 常餓 양사지구 상아
두(양) 절(사) 어조사(지) 개(구) 항상(상) 굶을(아)
개의 먹이를 두 절집에서 서로 미루는 바람에 굶게 된다는 말.

뒷간에 갈 적 맘 다르고 올 적 맘 다르다
上圊歸心異去時 상청귀심이거시
윗(상) 뒷간(청) 돌아올(귀) 마음(심) 다를(이) 갈(거) 때(시)
급한 일이 해결되고 나면 마음이 변하여 처음과는 다른 마음이 된다는 뜻.

듣기 좋은 노래도 자꾸 들으면 물린다
歌曲雖艶 恒聽斯厭 가곡수염 항청사염
노래(가) 악곡(곡) 비록(수) 고울(염) 항상(항) 들을(청) 이(사) 싫을(염)
아무리 좋은 일이라도 여러 번 되풀이하면 싫증이 난다는 말.

들으면 병이요, 안 들으면 약이다
聞則疾 不聞則藥 문즉질 불문즉약
들을(문) 곧(즉) 병(질) 아닐(불) 들을(문) 곧(즉) 약(약)
걱정이 되는 일은 차라리 안 듣는 것이 낫다는 말.

들인 공이 아깝다
前功可惜 전공가석
앞(전) 공(공) 옳을(가) 아낄(석)
힘들여서 해 놓은 일이 헛수고가 되었을 때 하는 말.

등잔 밑이 어둡다
燈下不明 등하불명
등잔(등) 아래(하) 아닐(불) 밝을(명)
가까운 일을 오히려 모를 수 있다는 뜻.

땅 짚고 헤엄치기
去地游泳 거지유영
갈(거) 땅(지) 헤엄칠(유) 헤엄칠(영)
어떤 일을 하기가 매우 쉽다는 말.

때 지난 뒤의 탄식
後時之嘆 후시지탄
뒤(후) 때(시) 어조사(지) 탄식할(탄)
이미 지난 일로 걱정을 해봐야 소용이 없다는 말.

똥인지 된장인지 구별 못 한다
淸豉鼠屎 不辨彼比 청시서시 불변피비
맑을(청) 메주(시) 쥐(서) 아니(불) 분별할(변) 저(피) 견줄(비)
사물에 대한 분별도 할 줄 모르면서 아는 체한다는 뜻.

뛰는 놈 위에 나는 놈 있다
走者上 有飛者 주자상 유비자
달릴(주) 놈(자) 윗(상) 있을(유) 날(비) 놈(자)
잘난 사람 위에 더 잘난 사람이 있다는 말로, 자만하지 말고 노력하라는 뜻.

뜨거운 국, 맛 모른다
羹之方沸 罔知厥味 갱지방비 망지궐미
국(갱) 어조사(지) 모(방) 끓을(비) 없을(망) 알(지) 그(궐) 맛(미)
국물이 뜨거우면 맛을 알 수 없다. 즉, 일이 아주 힘들면 정신이 없다는 뜻.

ㅁ

마누라가 예쁘면 처갓집 말뚝에도 절한다
婦家情篤拜厥馬杙 부가정독 배궐마익
아내(부) 집(가) 뜻(정) 도타울(독) 절(배) 그(궐) 말(마) 말뚝(익)
아내가 사랑스러우면 아내와 관련된 모든 것이 좋아 보인다는 뜻.

말 가는 데 소도 간다
馬行處牛亦去 마행처우역거
말(마) 갈(행) 곳(처) 소(우) 또(역) 갈(거)
어떤 사람이 해낸 일은 다른 사람도 노력하면 할 수 있다는 말.

말 많은 집은 장맛도 쓰다
多言家醬苦 다언가장고
많을(다) 말(언) 집(가) 장(장) 쓸(고)
가정이 화목하지 못해 다툼이 많으면 살림살이조차 잘 안된다는 뜻.

말똥에 굴러도 이승이 좋다
雖臥馬糞 此生可願 수와마분 차생가원
비록(수) 누울(와) 말(마) 똥(분) 이(차) 날(생) 옳을(가) 원할(원)
세상이 아무리 험해도 죽는 것보다는 낫다는 말.

말이 말 같지 않다
語不成說 어불성설
말씀(어) 아닐(불) 이룰(성) 말씀(설)
말의 뜻이나 내용이 전혀 이치에 맞지 않는다는 말.

말 타면 경마 잡히고 싶다
旣乘其馬 又思牽者 기승기마 우사견자
이미(기) 탈(승) 그(기) 말(마) 또(우) 생각(사) 끌(견) 사람(자)
말을 타면 으쓱해져서 종을 부리고 싶다는 말로, 사람의 욕심은 끝이 없다는 뜻.

망건 쓰고 세수한다
戴網巾後洗手 대망건후세수
씌울(대) 그물(망) 수건(건) 뒤(후) 씻을(세) 손(수)
일의 순서가 바뀌었거나 어이없는 행동을 한다는 뜻.

망아지는 나면 제주(시골)로 내려 보내고, 사람은 나면 서울로 올려 보낸다
馬雛下鄕 兒派上京 마추하향 아파상경
말(마) 병아리(추) 아래(하) 시골(향) 아이(아) 보낼(파) 윗(상) 서울(경)
사람은 서울에서 살아야 듣고 보는 것이 많아서 출세할 기회가 많다는 말.

매 앞에 장사 없다
惟杖無將 유장무장
생각할(유) 몽둥이(장) 없을(무) 장수(장)
매질하는데 굴복하지 않는 사람이 없다는 말.

먹물이 가까우면 검어진다
近墨者黑 근묵자흑
가까울(근) 먹(묵) 놈(자) 검을(흑)
못된 사람과 어울리면 잘못된다는 뜻.

먹을 것 없는 고기가 가시만 많다
上皮細魚 肉淺骨多 상피세어 육천골다
윗(상) 가죽(피) 가늘(세) 고기(어) 고기(육) 물얕을(천) 뼈(골) 많을(다)
작은 고기는 먹을 것이 별로 없고 뼈만 많다. 즉, 좋지 않은 일에 나쁜 일이 더 꼬여든다는 뜻.

먼저 앓아 본 사람이 의사
先病者醫 선병자의
먼저(선) 병들(병) 놈(자) 의원(의)
병을 앓고 나면 그 병에 대해 잘 알게 된다는 말로 경험이 중요하다는 뜻.

멧돼지 잡으려다가 집돼지 잃는다
獲山猪失家豚 획산저실가돈
얻을(획) 뫼(산) 멧돼지(저) 잃을(실) 집(가) 돼지(돈)
밖으로 멧돼지 잡으러 갔다가 집에 있는 돼지를 잃는다는 말로, 욕심부리지 말고 가지고 있는 것이나 잘 챙기라는 말.

며느리가 늙어서 시어머니 되니 시어머니 티를 더 낸다
婦老爲姑 靡不効尤 부로위고 미불효우
며느리(부) 늙을(로) 될(위) 시어머니(고) 쓰러질(미) 아닐(불) 본받을(효) 더욱(우)
예전에 자신이 당하던 괴로움은 생각지 않고 아랫사람을 못살게 군다는 뜻.

며느리가 미우면 발뒤축이 달걀 같다고 나무란다
婦之趾如鷄卵 부지지여계란
며느리(부) 어조사(지) 발(지) 같을(여) 닭(계) 알(란)
흠잡을 것이 없으면 억지로 허물을 지어낸다는 말.

모기 보고 칼 빼든다
見蚊拔劍 견문발검
볼(견) 모기(문) 뺄(발) 칼(검)
조그만 일에 성을 내는 소견 좁은 사람을 이르는 말. 또는 상황 판단을 제대로 하지 못하는 것을 꼬집는 뜻으로도 쓰인다.

모난 돌이 정 맞는다
有角石磨鑿子 유각석마착자
있을(유) 뿔(각) 돌(석) 갈(마) 뚫을(착) 아들(자)
성격이 못된 자는 이리 부딪치고 저리 부딪쳐 다치게 된다는 말.

모로 가도 서울만 가면 된다
斜行抵京 사행저경
비낄(사) 행할(행) 이를(저) 서울(경)
수단과 방법을 가리지 않고 목적을 이루면 된다는 뜻.

목구멍이 포도청이다
口腹之累 구복지루
입(구) 배(복) 갈(지) 묶을(루)
형편이 어쩔 수 없어 마지못해 할 수밖에 없다는 뜻.

목마른 사람이 우물 판다
誰渴誰掘井 수갈수굴정
누구(수) 목마를(갈) 누구(수) 팔(굴) 우물(정)
필요로 하는 사람이 스스로 구해야 한다는 뜻.

목수가 많으면 집이 무너진다
木匠多 了蓋歪房 목장다 료개왜방
나무(목) 장인(장) 많(다) 마칠(료) 덮을(개) 비뚤어질(왜) 방(방)
서로 미루다가 일을 그르친다. 또는 의견이 분분하여 단합이 되지 않는다는 뜻. '사공이 많으면 배가 산으로 간다'는 말과 같은 의미이다.

목이 말라야 샘을 판다
臨渴掘井 임갈굴정
임할(임) 목마를(갈) 팔(굴) 샘(정)
평소에는 준비를 해두지 않다가 일을 당하면 그제야 허둥거린다는 뜻.

못생긴 색시 달밤에 삿갓 쓰고 나선다
醜女月夜 戴笠出面 추녀월야 대립출면
미울(추) 계집(녀) 달(월) 밤(야) 이다(대) 갓(립) 날(출) 얼굴(면)
미운 사람이 점점 더 보기 싫은 짓만 한다는 말.

무쇠도 갈면 바늘 된다
磨斧爲針 마부위침
갈(마) 도끼(부) 할(위) 바늘(침)
큰 쇳덩어리도 갈고 갈면 바늘이 되듯이 노력하면 안 되는 일이 없다는 뜻.

물 샐 틈 없다
盛水不漏 성수불루
무성할(성) 물(수) 아닐(불) 샐(루)
빈틈 없이 잘 짜여져 있어 지극히 완벽하다는 말.

물 위에 뜬 기름
水上油 수상유
물(수) 윗(상) 기름(유)
서로 화합이 되지 않는 사이를 이르는 말.

물건이 좋아야 제값을 받는다
我物良好 乃求善價 아물양호 내구선가
나(아) 물건(물) 어질(량) 좋을(호) 이에(내) 구할(구) 착할(선) 값(가)
물건의 품질이 좋아야 값을 제대로 받는다는 말.

물에 물탄 듯 술에 물탄 듯
如水投水 如酒投酒 여수투수여주투주
같을(여) 물(수) 던질(투) 물(수) 같을(여) 술(주) 던질(투) 술(주)
무슨 일을 하는데 있어서 되는 일도 없고 안 되는 일도 없다는 뜻.

물은 차면 넘친다
滿則溢 만즉일
가득할(만) 곧(즉) 넘칠(일)
무슨 일이든지 과하면 좋지 않게 된다는 말.

물이 깊어야 고기가 모인다
水深魚繁 수심어번
물(수) 깊을(심) 물고기(어) 번창할(번)
덕망이 높아야, 또는 인심이 후해야 따르는 사람도 많다는 뜻.

물이 너무 맑으면 고기가 없고, 사람이 너무 똑똑하면 따르는

부 록 873

사람이 없다
水至淸則無魚 人至察則無徒 수지청즉무어 인지찰즉무도
물(수) 이를(지) 맑을(청) 곧(즉) 없을(무) 물고기(어) 사람(인) 이를(지) 살필(찰) 곧(즉) 없을(무) 무리(도)
물이 너무 맑아 물고기의 먹이가 없으면 물고기가 꼬이지 않는다. 이처럼 사람도 너무 이해타산에 밝아 인색하면 주위에 따르는 사람이 없다는 말.

뭇사람 입은 막기 어렵다
衆口難防 중구난방
무리(중) 입(구) 어려울(난) 막을(방)
많은 사람의 의견은 여러 갈래로 갈려 통합하기 힘들다는 말.

뭇사람에게 손가락질 받으면 병 없어도 죽는다
千人所指 無病而死 천인소지 무병이사
일천(천) 사람(인) 처(소) 손가락(지) 없을(무) 병(병) 써(이) 죽을(사)
여러 사람에게 미움을 받으면 마음고생 때문에 결국 죽게 된다는 말.

미꾸라지 한 마리가 온 도랑물 흐린다
一魚混全川 일어혼전천
한(일) 물고기(어) 흐릴(혼) 온전(전) 내(천)
망나니 하나가 온 세상을 더럽히고 어지럽게 한다는 말.

미꾸라지국 먹고 용트림한다
吃江水說海話 흘강수설해화
먹을(흘) 강(강) 물(수) 말할(설) 바다(해) 이야기(화)
사실을 과장해서 행동하는 것을 비꼬는 말.

미운 아이 떡 하나 더 준다
予所憎兒先抱之懷 여소증아 선포지회
나(여) 처(소) 미워할(증) 아이(아) 먼저(선) 안을(포) 어조사(지) 품을(회)
밉다고 멀리 할 것이 아니라 넓은 아량으로 포용한다. 즉, 상대방을 배려하면 그만큼 대가가 있기 마련이라는 뜻.

미친년 널 뛰듯
如瘋婆娘跳板 여풍파랑도판
같을(여) 두풍(풍) 늙은계집(파) 여자(랑) 뛸(도) 널판지(판)

일의 재미나 가치도 모르고 날뛴다는 뜻.

믿는 도끼에 발등 찍힌다
知斧斫足 지부작족
알(지) 도끼(부) 찍을(작) 발(족)

아무 염려 없다고 믿고 있던 일이 뜻밖에 실패한다는 말.

밀밭만 지나도 취한다
過麥田大醉 과맥전대취
지날(과) 보리(맥) 밭(전) 큰(대) 취할(취)

술을 못먹는 사람은 술의 원료가 되는 밀밭만 지나가도 취한다는 말. 작은 자극에도 영향을 받는다는 뜻.

밑 빠진 독에 물 붓기
無底釜盛水 무저부성수
없을(무) 밑(저) 가마(부) 담을(성) 물(수)

아무리 노력을 해도 성과가 없음을 뜻하는 말.

바늘 도둑이 소 도둑 된다
針賊大牛賊 침적대우적
바늘(침) 도적(적) 큰(대) 소(우) 도적(적)

처음에는 작은 것을 훔치다가 나중에는 점점 큰 것을 훔치게 된다. 작은 잘못이라도 자주 저지르다보면 나중에는 큰 잘못을 저지르게 된다는 뜻.

바람 부는 날 가루 팔러 간다

颶風天去賣面粉 괄풍천거매면분
모진바람(괄) 바람(풍) 하늘(천) 갈(거) 팔(매) 얼굴(면) 가루(분)
조건에 맞지 않는 일을 강행하는 경우를 이른다.

바람 부는 대로, 물결치는 대로
風打竹 浪打竹 풍타죽 낭타죽
바람(풍) 칠(타) 대(죽) 물결(낭) 칠(타) 대(죽)
대나무가 바람이 부는 대로 이리저리 휩쓸리듯 일하는데 있어서 소신이 없다는 말.

바람이 불지 않으면 나무는 흔들리지 않는다
風不刮 樹不搖 풍불괄 수불요
바람(풍) 아닐(불) 긁을(괄) 나무(수) 아닐(불) 흔들(요)
원인을 제공하지 않으면 아무런 일도 일어나지 않는다는 말.

밖에서 새는 쪽박, 안에선들 안 새랴
推人外行 內行便見 추인외행 내행편견
가릴(추) 사람(인) 바깥(외) 행할(행) 안(내) 행할(행) 편할(편) 볼(견)
본성이 좋지 않은 자는 어디를 가도 본색을 감출 수 없다는 말.

발 벗고 뛰어도 따라가지 못한다
足脫不及 족탈불급
발(족) 벗을(탈) 아닐(불) 미칠(급)
최선을 다해도 따라갈 수 없을 정도로 역량이 부족하다는 뜻.

발 없는 말이 천 리 간다
無足之言 飛于千里 무족지언 비우천리
없을(무) 발(족) 어조사(지) 말씀(언) 날(비) 어조사(우) 일천(천) 마을(리)
말은 사실이 아닌 말까지 보태져서 걷잡을 수 없이 퍼져나가게 되니 조심하라는 뜻.

밤새도록 울다가 누가 죽었느냐고 묻는다
既終夜哭 問誰不祿 기종야곡 문수불록
이미(기) 다할(종) 밤(야) 울(곡) 물을(문) 누구(수) 아닐(불) 복(록)

남의 상가喪家에서 울다가 죽은 사람이 누구냐고 묻는다. 사리 분별을 제대로 못하거나, 영문도 모르면서 그 일에 참여하는 어리석음을 비꼬는 말.

밥그릇 앞에서 굶어 죽을 놈
枕着烙餠餓死 침착락병아사
베개(침) 다다를(착) 지질(락) 밀가루떡(병) 굶을(아) 죽을(사)

게으른 사람을 비꼬는 말.

밥 먹을 때는 개도 안 때린다
擧手不打 吃食的狗 거수불타 흘식적구
들(거) 손(수) 아니(불) 칠(타) 먹을(흘) 밥(식) 과녁(적) 개(구)

아무리 잘못한 일이 있더라도 먹을 때는 때리거나 꾸짖지 말아야 한다는 뜻.

밥은 열 곳에 가 먹어도 잠은 한 곳에서 잔다
飯吃十方 覺睡一處 반흘십방 교수일처
밥(반) 먹을(흘) 열(십) 방위(방) 깰(교) 잘(수) 한(일) 살(처)

사람은 거처가 일정해야 함을 이르는 말.

방귀가 잦으면 똥 싸기 쉽다
放屁長 還爲糞 방비장 환위분
놓을(방) 방귀(비) 긴(장) 돌아올(환) 될(위) 똥(분)

무슨 일이나 소문이 잦으면 실현되기 쉽다는 말. 같은 뜻으로 '번개가 잦으면 벼락이 친다'는 말이 있다.

밭 팔아 논 살 때는 이밥 먹자고 하였지
賣田買畓 欲食稻飯 매전매답 욕식도반
팔(매) 밭(전) 살(매) 논(답) 하고자 할(욕) 먹을(식) 벼(도) 밥(반)

기존의 일을 그만두고 새로운 일을 시작한 것이 뜻대로 이루어지지 않을 때 사용하는 말.

배 먹고 이 닦고
食梨兼以濯齒 식리겸이탁치
먹을(식) 배나무(리) 겸할(겸) 써(이) 씻을(탁) 이(치)

배를 먹으면 저절로 이도 닦여지니 한 가지 일로 두 가지 이익을 본다는 말. 같은 뜻으로 '도랑 치고 가재 잡고', '마당 쓸고 동전 줍고' 등도 있다.

배 썩은 것은 딸 주고, 밤 썩은 것은 며느리 준다
梨腐予女 栗朽予婦 이부여녀 율후여부
배나무(이) 썩을(부) 나여) 계집(녀) 밤(율) 나무썩을(후) 나(여) 며느리(부)

배는 썩어도 먹을 게 있으나, 밤 썩은 것은 먹을 게 없어 며느리에게 준다는 말. 며느리보다 딸을 더 소중히 여긴다는 뜻.

배지 않은 아이 낳으라고 한다
不孕兒强産 불잉아강산
아닐(불) 아이밸(잉) 아이(아) 강할(강) 낳을(산)

일은 시작하지도 않았는데 성급하게 결과를 바라는 것을 일컬음.

백년 손님
百年之客 백년지객
일백(백) 해(년) 어조사(지) 손(객)

사위를 가리키는 말. 똑같은 남의 식구라 해도 며느리는 종신 식구요, 사위는 언제나 손님이라는 의미다.

백지장도 맞들면 낫다
輕彼薄楮 尙欲對擧 경피박저 상욕대거
가벼울(경) 저(피) 얇을(박) 닥나무(저) 오히려(상) 하고자할(욕) 대할(대) 들(거)

서로 돕고 협력하면 어려운 일도 쉽게 해낼 수 있다는 말.

뱁새가 황새 따라가면 가랑이가 찢어진다

鷃效鸛步 載裂厥胯 안효관보 재열궐과
메추리(안) 본받을(효) 황새(관) 걸음(보) 실을(재) 찢을(렬) 그(궐) 사타구니(과)
분수에 넘치는 짓을 하면 도리어 해만 입는다는 뜻.

뱃삯 없는 놈이 배에는 먼저 오른다
沒票船客先上船 몰표선객선상선
잠길(몰) 증표(표) 배(선) 손님(객) 먼저(선) 윗(상) 배(선)
실력이나 능력이 없는 사람이 앞서 서두른다는 뜻.

범 없는 골에는 토끼가 스승
谷無虎 先生兎 곡무호 선생토
골(곡) 없을(무) 범(호) 먼저(선) 날(생) 토끼(토)
큰 인물이 없는 곳에서는 별것도 아닌 사람이 잘난 체한다는 뜻.

범의 탈을 쓴 여우
假虎之狐 가호지호
거짓(가) 범(호) 어조사(지) 여우(호)
실제는 여우이면서 호랑이인 체하는 것처럼 큰 인물의 흉내를 낸다는 말.

법은 멀고 주먹은 가깝다
法遠拳近 법원권근
법(법) 멀(원) 주먹(권) 가까울(근)
이치를 따져서 해결하기보다 먼저 폭력을 쓰게 된다는 말.

벼룩의 간을 내어 먹는다
蚤肝拿食 조간나식
벼룩(조) 간(간) 잡을(나) 밥(식)
형편이 어려운 사람에게서 인정 없이 착취한다는 뜻.

병에 마개를 막듯
守口如瓶 수구여병

지킬(수) 입(구) 같을(여) 병(병)
병의 주둥이에 마개를 막아 물이 새지 않도록 하는 것처럼 입을 다물게 하여 비밀을 지킨다는 말.

병풍은 구부려야 선다
屛風不折不起 병풍부절불기
병풍(병) 바람(풍) 아닐(부) 꺾을(절) 아닐(불) 일어날(기)
융통성이 있어야 일을 잘할 수 있다는 뜻.

보고도 못 먹는 떡이 그림의 떡이다.
見而不食 畵中之餠 견이불식 화중지병
볼(견) 어조(이) 아닐(불) 밥(식) 그림(화) 가운데(중) 어조사(지) 떡(병)
그림의 떡이라 먹을 수 없어 배를 채울 수 없다는 말.

보기 좋은 떡이 먹기도 좋다
觀美之餌 啗之亦美 관미지이 담지역미
볼(관) 아름다울(미) 어조사(지) 먹이(이) 씹을(담) 어조사(지) 또(역) 아름다울(미)
겉모양이 좋으면 속 내용도 좋다는 뜻.

봉사 단청 구경
盲玩丹靑 맹완단청
어두울(맹) 구경할(완) 붉을(단) 푸를(청)
보이지 않는 눈으로 단청을 구경해 봤자 아무런 소득이 없듯이, 사물을 보아도 사리를 전혀 분별하지 못함을 비유한 말.

부뚜막의 소금도 집어넣어야 짜다
在竈之鹽 擩之乃醎 재조지염 유지내함
있을(재) 부뚜막(조) 어조사(지) 소금(염) 물들일(유) 어조사(지) 이에(내) 짤(함)
좋은 기회나 형편도 활용하지 않으면 소용없다는 말.

부부 싸움은 칼로 물 베기

夫婦爭刀割水 부부쟁도할수
사내(부) 아내(부) 다툴(쟁) 칼(도) 벨(할) 물(수)
칼로 물을 벨 수 없듯이 부부 싸움도 이내 풀어지게 마련이란 뜻.

부엉이 셈 치기
鵂鶹計數 휴류계수
부엉이(휴) 올빼미(류) 셀(계) 셈(수)
계산이 몹시 어두움을 이르는 말. 부엉이는 수를 셀 때 짝으로만 묶어 세므로 하나가 없어져도 모른다는 데서 유래했다.

부처도 먹어야 좋아한다
佛爺不供不顯靈 불야불공불현령
부처(불) 아비(야) 아닐(불) 이바지할(공) 아닐(불) 높을(현) 신령(령)
누구나 본능에 따르는 것을 좋아한다는 의미.

분향은 못할망정 방귀는 뀌지 마라
寧不焚香 但勿通屁 녕불분향 단물통비
편안할(녕) 아닐(불) 불사를(분) 향기(향) 다만(단) 말(물) 통할(통) 방귀(비)
협조는 못할망정 방해는 하지 말라는 뜻.

불난 데 부채질하기
見火扇風 견화선풍
볼(견) 불(화) 부채(선) 바람(풍)
어려움을 도와주는 것이 아니라 더 어렵게 만들다.

불면 날까 쥐면 꺼질까
吹恐飛 執恐虧 취공비 집공휴
불(취) 두려울(공) 날(비) 잡을(집) 두려울(공) 이지러질(휴)
애지중지 소중히 아낀다는 말.

비단 너울 쓰고 걸식한다

着羅兀乞食 착라올걸식
입을(착) 비단(라) 우뚝할(올) 구걸할(걸) 밥(식)

체면을 차릴 수 없게 된 처지, 또는 격에 맞지 않는 행동을 한다는 뜻.

비단옷 입고 밤길 간다
衣錦夜行 의금야행
옷(의) 비단(금) 밤(야) 다닐(행)

상황에 맞지 않는 행동을 비꼬는 말. 또는 전혀 보람이 없는 일을 한다는 뜻.

비둘기 마음은 콩밭에 있다
鴻鵠將至 홍곡장지
큰기러기(홍) 고니(곡) 장차(장) 이를(지)

자기에게 이득이 있거나, 흥미가 있는 것에만 관심을 갖고 정신을 파는 경우를 이르는 말.

비 오는 날 장독 연다
雨日開瓮 우일개옹
비(우) 날(일) 열(개) 독(옹)

공연히 말썽을 저지르는 행위를 비유한 말.

빌어 먹어도 절하고 싶지는 않다
雖乞食厭拜謁 수걸식염배알
비록(수) 구걸할(걸) 밥(식) 싫을(염) 절(배) 아뢸(알)

아무리 어려운 처지라 해도 굽실거리기는 싫다는 뜻.

빗물도 모이면 못이 된다
積水成淵 적수성연
쌓을(적) 물(수) 이룰(성) 연못(연)

작은 것이라도 모이면 큰 것이 될 수 있다는 말.

빚 주고 뺨 맞기
給債逢批頰 급채봉비협
줄(급) 빚(채) 만날(봉) 손으로칠(비) 뺨(협)
잘해주고도 오히려 욕을 당한다는 말.

빠른 길 찾다가 둘러가게 된다
欲索捷路 基行必迂 욕색첩로 기행필우
하고자할(욕) 찾을(색) 이길(첩) 길(로) 터(기) 행할(행) 반드시(필) 굽을(우)
일을 급히 처리하려다가 잘못하면 더 더디게 될 수 있다는 말.

뻗어가는 칡도 한도가 있다
葛之覃兮 必有限兮 갈지담혜 필유한혜
칡(갈) 어조사(지) 뻗어나갈(담) 어조사(혜) 반드시(필) 있을(유) 한계(한) 어조사(혜)
어떤 것이든 성장하는 것도 한도가 있다는 뜻.

뿌리가 깊은 나무는 바람에 흔들리지 않는다
根深之木 風而不動 근심지목 풍이부동
뿌리(근) 깊을(심) 어조사(지) 나무(목) 바람(풍) 어조사(이) 아닐(부) 움직일(동)
나무의 뿌리가 깊으면 그 가지가 바람을 잘 견디어 내듯이 일의 기반이 튼튼하면 외부의 영향을 받지 않는다는 뜻.

뿌린 놈이 거둔다
結者解之 결자해지
맺을(결) 놈(자) 풀(해) 갈(지)
일은 시작한 사람이 끝을 맺어야 한다는 말.

ㅅ

사공이 많으면 배가 산으로 올라간다
梢工多 撑飜船 소공다 탱번선
고물(소) 장인(공) 많을(다) 배 저을(탱) 엎어질(번) 배(선)
여러 사람이 저마다 제 주장만 내세우면 결국 아무 일도 할 수 없다는 뜻.

사귀어야 절교하지
本不結交 安有絶交 본불결교 안유절교
근본(본) 아닐(불) 맺을(결) 사귈(교) 편안할(안) 있을(유) 끊을(절) 사귈(교)
사귀지도 않았으니 끊을 일이 없다. 원인이 없으니 결과도 없다는 뜻.

사나운 개 콧등 아물 날 없다
可憎之犬 鼻不離廯 가증지견 비불리선
옳을(가) 미워할(증) 어조사(지) 개(견) 코(비) 아닐(불) 떠날(리) 마른옴(선)
허구한 날 싸우고 다니다 보니 상처가 아물 날이 없다. 즉, 행실이 바르지 않으면 항상 수난이 뒤따른다는 말.

사람 살리는 부처는 골골마다 있다
活人佛 洞洞出 활인불 동동출
살(활) 사람(인) 부처(불) 고을(동) 날(출)
믿고 따를 만한 사람은 어느 곳에나 다 있다는 말.

사람 위에 사람 없고, 사람 밑에 사람 없다
人上無人 人下無人 인상무인 인하무인
사람(인) 위(상) 없을(무) 사람(인) 사람(인) 아래(하) 없을(무) 사람(인)
사람은 누구나 태어날 때부터 권리나 의무가 평등하다는 말.

사람은 키 큰 덕을 입어도, 나무는 키 큰 덕을 못 입는다
人被長德 木被不長德 인피장덕 목피불장덕
사람(인) 입을(피) 긴(장) 큰(덕) 나무(목) 입을(피) 아닐(불) 긴(장) 큰(덕)

사람은 큰 사람의 덕을 봐도 나무는 큰 나무의 덕을 못 본다는 뜻.

사모에 갓끈
紗帽纓子 사모영자
깁(사) 모자(모) 갓끈(영) 아들(자)

《순오지旬五志》에 나오는 말로, 제격에 어울리지 않는 경우를 말한다. 거적문에 농 장식하고, 짚신에 분칠하며, 중 제 올리는 데 무당이 춤추는 것처럼 서로 맞지 않는 것을 일컫는다.

사위 사랑은 장모, 며느리 사랑은 시아버지
外姑憐壻 憐婦惟舅 외고련서 련부유구
바깥(외) 시어머니(고) 사랑할(련) 사위(서) 사랑할(련) 며느리(부) 생각할(유) 시아버지(구)

친정어머니는 딸을 생각해서 사위를 아껴주고, 시아버지는 아량이 커서 며느리를 귀여워한다는 뜻.

사흘 굶어 도둑질 안 할 놈 없다
人飢三日 無計不出 인기삼일 무계불출
사람(인) 주릴(기) 석(삼) 날(일) 없을(무) 셈할(계) 아닐(불) 날(출)

극한 곤경에 처하면 나쁜 짓도 하게 된다는 말.

사흘 길을 하루에 가서 열흘 앓아 눕는다
三日之程一日往十日臥 삼일지정 일일왕십일와
석(삼) 날(일) 어조사(지) 단위(정) 한(일) 날(일) 갈(왕) 열(십) 날(일) 누울(와)

사흘 걸려 할 일을 무리해서 하루에 다 해치우려다가 열흘 동안 눕게 된다는 말. 너무 급히 서두르면 도리어 일이 더디게 된다는 뜻.

산 넘고 내 건너다
履山跋川 이산발천
신(리) 뫼(산) 밟을(발) 내(천)

길을 가다 보면 오르막길과 내리막길, 그리고 내를 건너야 한다. 즉, 어떤 일을 하다 보면 반드시 어려운 일이 반복적으로 있다는 뜻.

산 입에 거미줄 치랴
生命之口 蛛不布網 생명지구 주불포망
날(생) 목숨(명) 어조사(지) 입(구) 거미(주) 아닐(불) 헝겊(포) 그물(망)
살아 있는 사람은 어떻게든 살아갈 수 있다는 말.

산까마귀 염불한다
山烏念佛 산오염불
뫼(산) 까마귀(오) 생각(념) 부처(불)
산까마귀가 염불하는 것을 오래 듣다 보니 염불 소리를 흉내낸다는 말로, 무식한 사람도 반복해서 보고 들으면 알게 된다는 뜻. 같은 뜻으로 '서당개 삼 년이면 풍월 읊는다' 라는 말도 있다.

산속 싸움과 물속 싸움
山戰水戰 산전수전
뫼(산) 싸움할(전) 물(수) 싸움할(전)
세상의 온갖 고생과 어려움을 다 겪어 봤다는 말.

산에 가서 물고기를 구한다
山上求魚 산상구어
뫼(산) 윗(상) 구할(구) 물고기(어)
터무니 없는 행동을 꼬집는 말로, 사물의 본질을 제대로 이해하지 못하는 경우를 비유.

산이 커야 그림자도 크다
山大影子才大 산대영자재대
뫼(산) 클(대) 그림자(영) 아들(자) 재능(재) 큰(대)
근본이 훌륭해야 그에 관련된 일도 좋다는 뜻.

살가죽과 뼈가 서로 닿았다
皮骨相接 피골상접
가죽(피) 뼈(골) 서로(상) 이을(접)

살가죽과 뼈가 맞붙을 정도로 사람이 몹시 야위어 있다는 말.

살강 밑에서 숟가락 줍는다
廚庋之下 拾匙休誇 주기지하 습시휴과
부엌(주) 시렁(기) 어조사(지) 아래(하) 주울(습) 숟가락(시) 쉴(휴) 자랑할(과)
횡재한 것 같으나 사실은 물건 임자가 있다. 즉 헛 좋았다는 말.
※살강 : 옛날 시골집 부엌의 그릇을 얹어두는 선반

살기를 좋아하고 죽기를 싫어하다
好生惡死 호생오사
좋을(호) 날(생) 싫어할(오) 죽을(사)
삶에 대한 애착은 누구나 같다는 말.

살아 있는 개가 죽은 정승보다 낫다
活狗子勝於死卿 활구자승어사경
살(활) 개(구) 아들(자) 이길(승) 어조사(어) 죽을(사) 벼슬(경)
아무리 천하게 살아도 죽는 것보다는 낫다는 뜻. 생명의 소중함을 이른다.

삼 년 간병에 효자 없다
三年救病 呈不孝狀 삼년구병 정불효장
석(삼) 해(년) 구할(구) 병들(병) 드러낼(정) 아닐(불) 효자(효) 형상(장)
오랜 병환은 정성 들여 구완을 해도 어쩌다 조금만 성의가 부족하면 불효 소리를 듣게 된다는 말. 어떤 일을 끝까지 하기가 어렵다는 뜻.

상여 뒤에 약방문
出喪後 送藥方 출상후 송약방
날(출) 상사(상) 뒤(후) 보낼(송) 약(약) 모(방)
상황이 종료된 후에 뒤늦게 나서는 경우를 꼬집는 말.

상추밭에 똥 싼 개는 저 개 저 개 한다
萵苣田一遺矢之犬 疑其每遺 와거전일유시지견 의기매유
상추(와) 상추(거) 밭(전) 한(일) 끼칠(유) 대변(시) 어조사(지) 개(견) 의심할(의) 터(기) 매양(매) 끼칠(유)

한번 잘못을 저지르면 항상 의심을 받는다는 말.

새 잡아 잔치할 것을 소 잡아서 잔치한다
殺雀宴反宰牛 살작연반재우
죽일(살) 참새(작) 잔치(연) 돌아올(반) 도살할(재) 소(우)
작게 시작해도 될 일을 크게 벌여 쓸데없이 낭비하는 것을 비유하는 말.

새 정이 옛 정보다 못하다
新情不如舊情 신정불여구정
새(신) 뜻(정) 아닐(불) 같을(여) 옛(구) 뜻(정)
오래 사귄 정이 새로 사귀는 정보다 낫다.

새끼 둔 골은 범도 돌아본다
留子之谷 虎亦顧復 유자지곡 호역고복
머무를(유) 아들(자) 어조사(지) 골(곡) 범(호) 또(역) 돌아볼(고) 돌아올(복)
사나운 호랑이도 새끼를 돌볼 줄 아는데, 하물며 사람이라면 자식을 정성껏 양육하여야 한다는 말.

새도 가지를 가려 앉는다
良禽擇木 양금택목
어질(량) 새(금) 가릴(택) 나무(목)
일을 할 때에는 잘 가려야 한다는 뜻.

새도 깃을 쳐야 난다
鳥不振翅難起飛 조불진시난기비
새(조) 아닐(불) 떨칠(진) 날개(시) 어려울(난) 일어설(기) 날(비)
무슨 일이든 시도를 해야 성과를 기대할 수 있다는 뜻.

새도 오래 앉아 있으면 화살 맞는다
鳥久止必帶矢 조구지필대시
새(조) 오랠(구) 그칠(지) 반드시(필) 띠(대) 화살(시)

어떤 일을 오래 누리다 보면 언젠가 화를 당하기 마련이란 뜻.

새벽달 보자고 초저녁부터 나앉는다
待曉月坐黃昏 대효월좌황혼
기다릴(대) 새벽(효) 달(월) 앉을(좌) 누를(황) 어두울(혼)
성미가 급해서 일을 너무 서두르는 것을 탓하는 말.

새우로 잉어 낚다
餌鰕釣鯉 以小獲大 이하조리 이소획대
미끼(이) 새우(하) 낚을(조) 잉어(리) 써(이) 작을(소) 잡을(획) 큰(대)
작은 자본을 들여서 큰 이득을 얻거나 대단치 않은 수고를 하여 큰 보수를 받았을 때를 일컬음.

서당 개 삼 년이면 풍월을 읊는다
堂狗三年 吟風月 당구삼년 음풍월
집(당) 개(구) 석(삼) 해(년) 읊을(음) 바람(풍) 달(월)
무식한 사람도 유식한 사람과 오래 같이 지내다 보면 자연히 견문이 생겨 똑똑해진다는 말.

서울 가서 김서방 찾기
到京城去閥姓金的 도경성거벌성김적
이를(도) 서울(경) 성(성) 갈(거) 문벌(벌) 성(김) 어조사(적)
무슨 일을 막연하게 추진하는 것을 꼬집는 말.

석 자 베를 짜도 베틀 벌리기는 마찬가지
織三尺布也 要有織布机 직삼척포야 요유직포궤
짤(직) 석(삼) 자(척) 베(포) 어조사(야) 구할(요) 있을(유) 짤(직) 베(포) 책상(궤)
일의 대소에 관계없이 기본적인 요건은 마찬가지라는 뜻.

선무당이 사람 잡는다
生巫殺人 생무살인
날(생) 무당(무) 죽일(살) 사람(인)

능하지 못한 사람이 일을 저지르는 것을 탓하는 말.

성내어 바위를 차니 내 발부리만 아프다
發怒蹴石 我足其坼 발로축석 아족기탁
일어날(발) 성낼(로) 찰(축) 돌(석) 나(아) 발(족) 그(기) 터질(탁)

화가 나서 바위를 차 봐야 제 발만 아프다는 말로, 성이 난다고 분별없이 화풀이하다가 자기에게 해가 된다는 뜻.

세 살 버릇이 여든까지 간다
三歲之習 至于八十 삼세지습 지우팔십
석(삼) 해(세) 어조사(지) 익힐(습) 이를(지) 어조사(우) 여덟(팔) 열(십)

어릴 때 습관은 늙어서도 고치기 어렵다는 말.

세 정승 사귀지 말고 제 한 몸이나 조심하라
莫交三公 愼吾身 막교삼공 신오신
말(막) 사귈(교) 석(삼) 정승(공) 삼갈(신) 나(오) 몸(신)

도움받기 위해 권세 있는 여러 사람 사귀려 애쓰지 말고 제 한 몸이나 착실하게 처신하라는 말.

세월이 약이다
日久爲藥 일구위약
날(일) 오랠(구) 할(위) 약(약)

나쁜 일도 세월이 가면 잊어버린다는 말.

소 잃고 외양간 고친다
旣失之牛 乃治其廏 기실지우 내치기구
이미(기) 잃을(실) 어조사(지) 소(우) 이에(내) 다스릴(치) 그(기) 마구간(구)

평소에는 소홀히 하다가 실패한 다음에야 깨달아 대비한다는 말.

소경 제 닭 잡아먹기
瞽者嗜鷄 自壤厥鷄 고자기니 자양궐계

장님(고) 놈(자) 즐길(기) 뼈섞인 젖(니) 스스로(자) 빼앗을(양) 그(궐) 닭(계)
기껏 이득이라고 챙겼으나 알고보니 자기 것을 취했다는 뜻.

소경이 개천 나무란다
咎在我瞽 溝汝何怒 구재아고 구여하노
허물(구) 있을(재) 나(아) 장님(고) 개천(구) 너(여) 어찌(하) 성낼(노)
자기의 잘못이나 허물은 생각지 않고 엉뚱한 것에 핑계를 댄다.

손님이 도리어 주인 노릇한다
客反爲主 객반위주
손(객) 돌아올(반) 할(위) 주인(주)
손님이 도리어 주인행세를 한다는 말.

손바닥에 털이 나겠다
手掌上長毛 수장상장모
손(수) 손바닥(장) 윗(상) 클(장) 터럭(모)
너무 게을러서 일을 하지 않는 것을 욕하는 말.

손을 쓰려 해도 미치지 못한다
措手不及 조수불급
둘(조) 손(수) 아닐(불) 미칠(급)
일이 매우 급하여 미처 손을 댈 겨를이 없음을 이르는 말.

손톱 밑에 가시드는 줄은 알아도, 염통 밑에 쉬 스는 줄은 모른다
爪芒思擢 心蛆罔覺 조망사탁 심저망각
손톱(조) 가시(망) 생각(사) 뽑을(탁) 마음(심) 구더기(저) 없을(망) 깨달을(각)
작은 일은 알아도 정작 큰일은 알지 못한다는 말.
※쉬 슬다 : 파리가 알을 낳다.

솥 떼어 놓고 삼 년이다
折了鼎等三年 절요정등삼년

끊을(절) 마칠(요) 솥(정) 오를(등) 석(삼) 해(년)
일을 시작해 놓고 끝 마무리를 제대로 하지 않음을 이른다.

쇠 귀에 경 읽기
牛耳讀經 우이독경
소(우) 귀(이) 읽을(독) 경서(경)
열심히 가르치고 일러 주어도 알아 듣지 못한다. 즉, 쓸데없는 일을 한다는 뜻.

수박 겉 핥기
西瓜皮舐 서과피지
서녘(서) 오이(과) 가죽(피) 핥을(지)
사물의 속 내용은 모르고 겉만 건드리는 일을 비유적으로 이르는 말.

수양산 그늘이 강동 팔십 리까지 뻗친다
首陽山陰江東八十里 수양산음강동팔십리
머리(수) 볕(양) 뫼(산) 그늘(음) 강(강) 동녘(동) 여덟(팔) 열(십) 마을(리)
한 사람이 잘 되면 그의 친척이나 친구들까지 덕을 입게 된다는 말.

수염이 석 자라도 먹어야 양반
三尺髥 食令監 삼척염 식영감
석(삼) 자(척) 수염(염) 밥(식) 하여금(령) 볼(감)
배가 불러야 체면도 차릴 수 있다. 형식보다 실리를 취해야 한다는 뜻.

술 받아주고 뺨 맞는다
給人打酒 還挨巴掌 급인타주 환애파장
줄(급) 사람(인) 때릴(타) 술(주) 바꿀(환) 티끌(애) 땅이름(파) 손바닥(장)
좋은 일을 하고 오히려 억울한 일을 당한다는 뜻.

숫돌이 저 닳는 줄 모른다
磨石不知道 自己被磨損 마석부지도 자기피마손
갈(마) 돌(석) 아닐(부) 알(지) 길(도) 스스로(자) 몸(기) 입을(피) 갈(마) 잃을(손)
조금씩 줄어드는 것은 인식하기 힘들다는 말.

시루에 물 붓기
如甑汲水 여증급수
같을(여) 시루(증) 물 길을(급) 물(수)
아무리 공을 들여도 효과가 나타나지 않는다는 말.

시앗 싸움엔 돌부처도 돌아앉는다
妻妾之戰 石佛反面 처첩지전 석불반면
아내(처) 첩(첩) 어조사(지) 싸움할(전) 돌(석) 부처(불) 돌이킬(반) 낯(면)
시앗(첩) 싸움은 부처님도 말리지 못한다. 남편이 첩을 보면 아무리 어진 부인이라 할지라도 시샘을 한다는 뜻.

시작이 반이다
事貴作始 成功之半 사귀작시 성공지반
일(사) 귀할(귀) 지을(작) 비로소(시) 이룰(성) 공로(공) 어조사(지) 절반(반)
무슨 일이든 시작하기가 어렵지 일단 시작하면 일을 끝마치기는 그리 어렵지 않다는 뜻

시집갈 때 등창 난다
臨嫁患腫 임가환종
임할(림) 시집갈(가) 근심(환) 종기(종)
공교롭게도 가장 중요한 때에 탈이 난다는 뜻.

신발 신고 발바닥 긁는다
隔靴搔痒 격화소양
막힐(격) 구두(화) 긁을(소) 가려울(양)
일의 핵심을 찌르지 못하고 겉돌기만 한다는 뜻.

실 엉킨 것은 풀어도, 화 엉킨 것은 못 푼다
亂線可解開 怒心不可解 난선가해개 노심불가해
어지러울(난) 실(선) 옳을(가) 풀(해) 열(개) 화낼(노) 마음(심) 아닐(불) 옳을(가) 풀(해)
겉으로 드러난 일은 해결하기 쉬워도 속으로 감춰진 일은 해결하기 어렵

다. 혹은 한번 화가 난 사람의 마음은 풀어주기 어렵다는 뜻이다.

실력 낮은 사람이 먼저 시작한다
弱者先手 약자선수
약할(약) 놈(자) 먼저(선) 손(수)
재주와 힘이 모자라는 사람에게 우선권을 주는 것을 이름.

십년이면 강산도 변한다
時過十年 江山也要變 시과십년 강산야요변
때(시) 지날(과) 열(십) 해(년) 강(강) 뫼(산) 어조사(야) 종료할(요) 변할(변)
세월이 흐르면 모든 것이 변하게 됨을 이르는 말.

싸움은 말리고 흥정은 붙이랬다
勸賣買 鬪則解 권매매 투즉해
권할(권) 팔(매) 살(매) 싸움(투) 곧(즉) 풀(해)
나쁜 일은 말리고 좋은 일은 권해야 함을 이르는 말.

썩은 새끼줄로 호랑이 잡는다
想拿草 繩捕老虎 상나초 승포노호
생각(상) 잡을(나) 풀(초) 노끈(승) 잡을(포) 늙을(노) 범(호)
성공할 수 없는 일을 무모하게 시도하는 어리석음을 꼬집는 말.

쏘아 놓은 화살
已發之矢 이발지시
이미(이) 필(발) 어조사(지) 살(시)
이미 일을 시작하여 진행 중이거나 끝난 일을 말함.

쑥대도 삼밭에 나면 곧아진다
蓬生麻中 不扶自直 봉생마중 불부자직
쑥(봉) 날(생) 삼(마) 가운데(중) 아닐(불) 기댈(부) 스스로(자) 바를(직)
주변의 환경에 따라 결과가 바뀔 수 있다는 말.

ㅇ

아끼다 똥 된다
我所珍庋 竟歸人屎 아소진기 경귀인시
나(아) 바(소) 보배(진) 시렁(기) 마침내(경) 돌아갈(귀) 사람(인) 똥(시)
물건을 아끼기만 하다가 결국 못쓰게 된다는 말.

아는 것이 병, 모르는 게 약
聞則病 不聞藥 문즉병 불문약
물을(문) 곧(즉) 병날(병) 아닐(불) 물을(문) 약(약)
어떤 일을 알게 되면 도리어 근심거리가 될 수 있다는 말.

아니 땐 굴뚝에 연기 나랴
不煙之突 煙何生 불연지돌 연하생
아닐(불) 연기(연) 어조사(지) 굴뚝(돌) 연기(연) 어찌(하) 날(생)
불을 때지 않은 굴뚝에서 연기가 날 리 없다. 원인이 있기 때문에 결과가 있다는 뜻.

아닌 밤중에 홍두깨
暗隅方杖出 암우방장출
어두울(암) 모퉁이(우) 모(방) 몽둥이(장) 날(출)
예측하지 못한 일이 갑자기 일어남을 이르는 말.

아들 못난 건 제집만 망하고, 딸 못난 건 양 사돈이 망한다
子不孝一家遭殃 女不賢兩家遭殃 자불효일가조앙 여불현양가조앙
아들(자) 아닐(불) 효도(효) 한(일) 집(가) 만날(조) 재앙(앙) 계집(여) 아닐(불) 어질(현) 둘(양) 집(가) 만날(조) 재앙(앙)
며느리의 역할이 중요함을 강조하는 말.

아랫돌 빼서 윗돌 괴고, 윗돌 빼서 아랫돌 괸다
拔彼下石 撑此上石 발피하석 탱차상석

뺄(발) 저(피) 아래(하) 돌(석) 버틸(탱) 이(차) 윗(상) 돌(석)

흔히 하석상대下石上臺 상석하대上石下臺라고도 한다. 줄여서 하석상대下石上臺라고도 한다. 이 일로 저 일 막고, 저 일로 이 일을 막는다. 즉, 어떤 일을 돌려가며 수습한다는 뜻.

아무리 바빠도 바늘 허리에 실 묶어 못 쓴다
雖忙針腰繫用乎 수망침요계용호

비록(수) 바쁠(망) 바늘(침) 허리(요) 맬(계) 쓸(용) 어조사(호)

아무리 급한 일이라도 순서와 원칙을 어기면 안된다는 말.

아이들 입이 빠르다
小兒捷口 소아첩구

작을(소) 아이(아) 이길(첩) 입(구)

어린아이 말 빨리 해 봐야 쓸데없이 해롭기만 하다는 것을 이르는 말.

아이를 낳기도 전에 이름부터 짓는다
未生孩子先取名 미생해자선취명

아직(미) 날(생) 아이(해) 아들(자) 먼저(선) 얻을(취) 이름(명)

일의 순서를 기다리지 못하는 성급한 성미를 꼬집는 말.

악처가 효자보다 낫다
惡妻比孝子 악처비효자

나쁠(악) 아내(처) 견줄(비) 효도(효) 아들(자)

효자불여악처孝子不如惡妻라고도 한다. 못된 아내일지라도 자식과는 다르게 허물없이 가까이 할 수 있다는 말.

안방에 가면 시어머니 말이 옳고, 부엌에 가면 며느리 말이 옳다
公說公有理 婆說婆有理 공설공유리 파설파유리

공평할(공) 말(설) 공평할(공) 있을(유) 이치(리) 늙은여자(파) 말(설) 늙은여자(파) 있을(유) 이치(리)

이편의 말을 들으면 이편의 말이 옳고, 저편의 말을 들으면 저편이 옳은 것 같다. 일을 주도하는 사람에 따라 상황이 바뀔 수 있다는 뜻.

앉아 있는 양반보다 빌어먹는 거지가 낫다
要飯吃的乞丐也比座着吃的顯貴强 요반흘적걸개야비좌착흘적현귀강
요긴할(요) 밥(반) 먹을(흘) 어조사(적) 구걸할(걸) 빌(개) 어조사(야) 비할(비) 자리(좌) 도달할(착) 먹을(흘) 어조사(적) 높을(현) 귀할(귀) 강할(강)
이론이나 명예만을 앞세우고 행동하지 않는 것보다 실제로 행동하는 것이 낫다는 뜻.

앓던 이 빠진 것 같다
若拔痛齒 약발통치
같을(약) 뺄(발) 아플(통) 이(치)
걱정을 끼치던 것이 없어져 시원하다는 말.

암탉이 울면 집안이 망한다
母鷄鳴叫 家宅不寧 모계명규 가댁불녕
어미(모) 닭(계) 울(명) 부르짖을(규) 집(가) 집(댁) 아닐(불) 편안할(녕)
집안에서 아내의 목소리가 크면 집안일이 잘 안 된다는 뜻.

앞길이 구만리
前程九萬里 전정구만리
앞(전) 길(정) 아홉(구) 만(만) 마을(리)
앞으로 아주 유망하다는 말.

애 낳는 데 씹하잔다
姙臨産求行房 임임산구행방
아이밸(임) 임할(림) 낳을(산) 구할(구) 행할(행) 방(방)
중요한 일을 하고 있는데 얼토당토 않는 일을 시도한다는 말.

어 다르고 아 다르다
於異阿異 어이아이

늘(어) 다를(이) 언덕(아) 다를(이)
비슷한 것 같지만 저마다의 특징이 있다는 말.

어느 바람이 들이 불까
何風吹入 하풍취입
어찌(하) 바람(풍) 불(취) 들(입)
자기에게 해로운 일은 하지 않는다는 뜻.

어두운 밤에 눈 꿈쩍이기로 누가 알까
暗中瞬目 誰知約束 암중순목 수지약속
어두울(암) 가운데(중) 눈깜짝일(순) 눈(목) 누구(수) 알(지) 묶을(약) 묶을(속)
남이 보지 않는 곳에서 하는 일은 누구도 모른다는 말.

어른도 한 그릇 아이도 한 그릇
長亦一碗 幼亦一碗 장역일완 유역일완
어른(장) 또(역) 한(일) 그릇(완) 어릴(유) 또(역) 한(일) 그릇(완)
나누어 주는 양이 노소 구분 없이 같다는 말.

어린아이 보는 데서는 찬물도 못 마신다
飮啜亦愼 兒必視傚 음철역신 아필시효
마실(음) 마실(철) 또(역) 삼갈(신) 아이(아) 반드시(필) 볼(시) 본받을(효)
아이들의 눈치가 빠름을 이르는 말.

언 발에 오줌 누기
凍足放尿 동족방뇨
얼(동) 발(족) 놓을(방) 오줌(뇨)
눈앞의 급한 일을 임시변통으로 처리한다는 말.

업은 아기 삼 년 찾는다
兒在負三年搜 아재부삼년수
아이(아) 있을(재) 질(부) 석(삼) 해(년) 찾을(수)
가까이 있는 것도 모르고 여기저기 찾아다니기만 한다는 말.

엎질러진 물
覆盃之水 복배지수
엎어질(복) 술잔(배) 어조사(지) 물(수)
다시 돌이킬 수 없는 일이라는 뜻.

엎친 데 덮친 격이다
旣覆器缺 又顚以破 기복기결 우전이파
이미(기) 엎어질(복) 그릇(기) 이지러질(결) 또(우) 뒤집힐(전) 써(이) 깨칠(파)
어렵고 힘든 일을 당하고 있는데 다른 불행한 일이 겹쳐 닥친다는 뜻.

여우나 표범도 죽을 때는 제 살던 쪽으로 머리를 둔다
狐豹首丘山 호표수구산
여우(호) 표범(표) 머리(수) 언덕(구) 뫼(산)
짐승도 죽을 때는 태어난 곳을 향하는데 하물며 만물의 영장인 인간에게서랴. 죽을 때가 되면 고향을 그리워한다는 뜻.

여자가 한을 품으면 오뉴월에도 서리가 내린다
一婦含怨 五月降霜 일부함원 오월강상
한(일) 며느리(부) 머금을(함) 원망할(원) 다섯(오) 달(월) 내릴(강) 서리(상)
여자가 독한 마음을 갖게 되면 쉽게 풀어지지 않는다는 말.

여편네 손이 크면 벌어들여도 시루에 물 붓기
妻迂財入 譬彼甑汲 처우재입 비피증급
아내(처) 굽을(우) 재물(재) 들(입) 비유할(비) 저(피) 시루(증) 물길을(급)
아무리 벌어들여도 그 집안의 주부가 헤프면 재산이 모이지 않는다는 뜻.

열 길 물속은 알아도 한 길 사람의 속은 모른다
水深可知 人心難知 수심가지 인심난지
물(수) 깊을(심) 옳을(가) 알(지) 사람(인) 마음(심) 어려울(난) 알(지)
사람의 속마음과 진심은 좀처럼 알기 어렵다는 말.

열두 가지 재주에 저녁거리가 없다
技學十二 夕闕其食 기학십이 석궐기식
재주(기) 배울(학) 열(십) 두(이) 저녁(석) 대궐(궐) 그(기) 밥(식)

여러 가지 재능을 가진 사람은 하는 일이 많기 때문에 오히려 성공하기 힘들다는 말. 집중력이 필요하다는 뜻.

열 번 찍어 안 넘어가는 나무 없다
十斫木無不斫 십작목무불작
열(십) 벨(작) 나무(목) 없을(무) 아닐(불) 벨(작)

반복적으로 노력하면 못 이룰 일이 없다는 말.

열 사람이 한 도둑 못 막는다
十守不能防一偸 십수불능방일투
열(십) 지킬(수) 아닐(불) 능할(능) 막을(방) 한(일) 훔칠(투)

여러 사람이 애써도 한 사람의 나쁜 짓을 막기 힘들다는 말.

열 사람 한 술 밥이 한 그릇 푼푼하다
十飯一匙 還成一飯 십반일시 환성일반
열(십) 밥(반) 한(일) 숟가락(시) 돌아올(환) 이룰(성) 한(일) 밥(반)

열 사람이 밥 한 숟가락씩 모으면 한 그릇의 밥이 된다. 여러 사람이 뜻을 모아 협력하면 못할 일이 없다는 말.

열 손가락 깨물어 안 아픈 손가락 없다
十指偏齰 疇不予戚 십지편색 주불여척
열(십) 손가락(지) 두루(편) 물(색) 밭(주) 아닐(불) 나(여) 친척(척)

자식이 아무리 많아도 부모에게는 다 소중하다는 말.

열흘 붉은 꽃 없다
花無十日紅 화무십일홍
꽃(화) 없을(무) 열(십) 날(일) 붉을(홍)

화려한 꽃도 십 일이 못간다는 말로, 인생의 영화도 오래 가지 못한다는 뜻.

열흘 잔치에 열하룻날 병풍 친다
十日喜宴 十一日佈屛風 십일희연 십일일포병풍
열(십) 날(일) 기쁠(희) 잔치(연) 열(십) 한(일) 날(일) 펼(포) 병풍(병) 바람(풍)
일이 이미 끝났는데 뒤늦게 준비한다는 말.

염불에는 마음 없고 잿밥에만 마음 있다
念佛無心 齋食有心 염불무심 재식유심
바랄(염) 부처(불) 없을(무) 마음(심) 불공(재) 밥(식) 있을(유) 마음(심)
마땅히 할 일에는 정성을 들이지 않고 딴 곳에 마음을 둔다는 뜻.

옛날 원수 갚으려다 새 원수 생긴다
欲報舊讐新讐出 욕보구수신수출
하고자할(욕) 갚을(보) 옛(구) 원수(수) 새로울(신) 원수(수) 날(출)
옛 것에 매여 있으면 더 나쁜 일이 생긴다는 뜻.

오뉴월 곁불도 쬐다 그만두면 서운하다
五六月火亦退悵 오뉴월화역퇴창
다섯(오) 여섯(육) 달(월) 불(화) 또(역) 물러갈(퇴) 섭섭할(창)
별 필요를 느끼지 않던 것도 막상 없어지면 아쉽다는 뜻.

오뉴월 소나기는 소 등을 두고 다툰다
夏雨隔牛背 하우격우배
여름(하) 비(우) 사이(격) 소(우) 등(배)
여름 소나기는 곳에 따라 불시에 내린다는 뜻.

오라는 데는 없어도 갈 데는 많다
邀處無往處多 요처무왕처다
맞을(요) 곳(처) 없을(무) 갈(왕) 곳(처) 많을(다)
환영을 받지 못하면서도 괜스레 여기저기 떠돌아다닌다는 뜻.

오르지 못할 나무는 쳐다보지도 말아라

難上之木勿仰 난상지목물앙
여러울(난) 윗(상) 어조사(지) 나무(목) 말(물) 우러러볼(앙)
자기 능력 밖의 일에 대해서는 아예 처음부터 생각지도 말라는 뜻.

외손자를 귀여워하느니 절굿공이를 귀여워하지
愛外孫 寧愛杵 애외손 영애저
사랑(애) 밖(외) 손자(손) 차라리(영) 사랑(애) 절굿공이(저)
외손자는 아무리 귀여워하고 공을 들여도 그 보람이 없다는 말.

왼손으로 내어주고 오른손으로 받는다
左授右捧 좌수우봉
왼(좌) 받을(수) 오른(우) 받들(봉)
왼손으로 주고 오른손으로 받는다는 뜻으로, 즉석에서 거래함을 이르는 말.

왼쪽으로는 생각하고 오른쪽으로는 헤아려라
左思右量 좌사우량
왼(좌) 생각(사) 오른(우) 헤아릴(량)
일을 할 때는 요모조모로 살펴 빈틈없이 하라는 뜻.

용의 꼬리보다 닭의 머리가 낫다
龍尾不如鷄頭 용미불여계두
용(용) 꼬리(미) 아닐(불) 같을(여) 닭(계) 머리(두)
좋은 곳에서의 꼴찌보다 조금 못한 곳에서라도 첫째가 낫다는 말. 겉으로는 화려하지만 자기의 의지와는 상관없이 끌려다니는 것보다 다소 초라해 보이더라도 자기의 뜻대로 하는 것이 좋다는 뜻.

우는 아이에게 젖 준다
哭兒索乳 곡아색유
울(곡) 아이(아) 찾을(색) 젖(유)
본인이 나서서 애써야 구할 수 있다는 말.

우물가에서 숭늉 찾는다
到井邊 要開水 도정변 요개수
이를(도) 우물(정) 가(변) 구할(요) 열(개) 물(수)
일에는 차례가 있는 법인데 일의 순서도 모르고 급히 서두른다는 뜻.

우물 안 개구리
井底之蛙 정저지와
우물(정) 밑(저) 어조사(지) 개구리(와)
세상의 흐름을 알지 못한다. 소견이 좁은 것을 뜻한다.

우물에 침 뱉은 놈, 다시 와서 마신다
唾路傍井 重到知悔 타로방정 중도지회
침(타) 길(로) 곁(방) 우물(정) 거듭(중) 이를(도) 알(지) 뉘우칠(회)
싫다고 버리거나 다시는 보지 않겠다고 절교한 사람이 돌아와서 사정한다는 말.

우물을 파도 한 우물을 파라
鑿井鑿一井 착정착일정
뚫을(착) 우물(정) 뚫을(착) 한(일) 우물(정)
무슨 일이든지 한 가지 일을 꾸준히 계속해야 성공할 수 있다는 말.

우연히 가니 감옥 있는 곳이라
偶然去刑房處 우연거형방처
뜻밖에(우) 그럴(연) 갈(거) 형벌(형) 방(방) 살(처)
죄를 짓고 달아난 곳이 바로 감옥이란 뜻으로, 재수가 없음을 이르는 말.

울고 싶은데 뺨 때린다
欲哭時他不哭乎 욕곡시타불곡호
하고자할(욕) 울(곡) 때(시) 다를(타) 아닐(불) 울(곡) 어조사(호)
무슨 일을 하고 싶으나 마땅한 구실이 없어 못하고 있는데 마침 좋은 빌미가 생겼다는 말.

원수는 외나무다리에서 만난다
獨木橋 冤家遭 독목교 원가조
홀로(독) 나무(목) 다리(교) 원통할(원) 집(가) 만날(조)

꺼리고 싫어하는 대상을 피할 수 없는 곳에서 공교롭게 만나게 됨을 비유적으로 이르는 말.

윗물이 맑아야 아랫물도 맑다
上濁下不淸 상탁하불청
윗(상) 물흐릴(탁) 아래(하) 아닐(불) 맑을(청)

윗사람이 잘해야 그 본을 받아 아랫사람도 잘한다는 말.

음식은 갈수록 줄고, 말은 할수록 는다
饍傳愈減 言傳愈濫 선전유감 언전유람
반찬(선) 전할(전) 나을(유) 덜(감) 말씀(언) 전할(전) 나을(유) 물넘칠(람)

음식은 먹을수록 줄어드나 말은 할수록 보태게 되니 말을 삼가라는 뜻.

음지가 양지되고 양지가 음지된다
陰地轉陽 陽地轉陰 양지전양 양지전음
그늘(음) 땅(지) 구를(전) 볕(양) 땅(지) 구를(전) 그늘(음)

세상 일은 돌고 도는 것이라서 서로의 상황이 뒤바뀔 수 있다는 뜻.

음지에도 볕들 날 있다
陰岡 回陽 음강 회양
그늘(음) 산등성이(강) 돌아올(회) 볕(양)

지금의 불행이나 역경도 때를 만나면 행운으로 바뀔 수 있다는 말.

의붓아비 아비라 하랴
匪我孤苦 豈父繼父 비아고고 기부계부
아닐(비) 나(아) 외로울(고) 쓸(고) 어찌(기) 아비(부) 이을(계) 아비(부)

자격이 없으면 나설 수 없다는 뜻.

의원이 제 병 못 고치고, 무당이 제 굿 못한다
醫無自藥 巫不己舞 의무자약 무불기무
의원(의) 없을(무) 스스로(자) 약(약) 무당(무) 아닐(불) 몸(기) 춤출(무)
자기에 관한 일은 자기가 처리하기 어렵다. '점쟁이가 제 죽을 날 모른다'
라는 말과 같은 의미다.

이가 없으면 잇몸으로 산다
齒亡脣亦支 치망순역지
이(치) 망할(망) 입술(순) 또(역) 지탱할(지)
꼭 있어야 할 것도 없으면 없는대로 견디어 나갈 수 있다는 뜻.

이도 머리에 있으면 검어진다
虱處頭而黑 슬처두이흑
이(슬) 곳(처) 머리(두) 같을(이) 검을(흑)
사람은 환경에 따라 변한다는 말.

이 떡 먹고 말 말아라
食此餠不言 식차병불언
먹을(식) 이(차) 떡(병) 아닐(불) 말씀(언)
보상을 해줄 테니 비밀을 지키라는 뜻.

이마에 부은 물이 발 뒤꿈치에 흐른다
灌頂之水 必流足低 관정지수 필유족저
물댈(관) 이마(정) 어조사(지) 물(수) 반드시(필) 흐를(류) 발(족) 밑(저)
윗사람이 나쁜 짓을 하면 곧 그 영향이 아랫사람에게 미치게 된다는 말.

이미 깨진 시루
已破之甑 이파지증
어미(이) 깨질(파) 갈(지) 시루(증)
이미 그르쳐 돌이킬 수 없다는 말.

이불 속에서 활개친다
房內日者 방내왈자
방(방) 안(내) 가로(왈) 놈(자)

남이 보지 않는 곳에서 잘난 체한다. 일을 당하면 쩔쩔매는 방안풍수를 일컫는다.

이웃 색시 믿고 장가 못 간다
恃隣處女不娶乎 시린처녀불취호
믿을(시) 이웃(린) 곳(처) 계집(녀) 아닐(불) 장가갈(취) 어조사(호)

상대방은 생각지도 않는데 저 혼자 기대하고 있다가 낭패를 당한다는 뜻.

익힌 음식은 날로 돌아가지 않는다
熟不還生 숙불환생
익을(숙) 아닐(불) 돌아올(환) 날(생)

이미 다 된 일은 아무리 해도 소용이 없다는 뜻.

일각이 삼추 같다
一刻如三秋 일각여삼추
한(일) 새길(각) 같을(여) 석(삼) 가을(추)

짧은 시간이 삼년 같이 느껴진다는 말로, 기다리는 마음이 간절함을 뜻함.

일색 소박은 있어도 박색 소박은 없다
一色有疎薄 薄色無疎薄 일색유소박 박색무소박
한(일) 빛(색) 있을(유) 성길(소) 엷을(박) 빛(색) 없을(무) 성길(소) 엷을(박)

아름다운 여자일수록 남편에게 소박당하는 수가 많다. 즉 자신의 아름다운 것을 믿고 행동을 삼가하지 않다가 쫓겨나게 된다는 말.

잃은 도끼나 얻은 도끼나
失斧得斧同 실부득부동
잃을(실) 도끼(부) 얻을(득) 도끼(부) 한가지(동)

새로 생긴 것이나 전에 있던 것이나 차이가 없이 똑같다는 말.

입 안의 혀 같다
如口之舌 여구지설
같을(여) 입(구) 어조사(지) 혀(설)
원하는 대로 움직여 주어 매우 순종적이라는 뜻.

입에 쓴 약이 병을 고친다
良藥苦口利于病 양약고구리우병
좋을(양) 약(약) 쓸(고) 입(구) 얻을(리) 어조사(우) 아플(병)
듣기에는 껄끄러울지 몰라도 올바른 충고가 도움이 된다는 뜻.

입은 닫아두고, 눈은 열어두라
口要閉着 眼要開着 구요폐착 안요개착
입(구) 구할(요) 닫을(폐) 다다를(착) 눈(안) 구할(요) 열(개) 다다를(착)
말하는 것은 신중하게 하고, 의식은 깨어 있으라는 교훈.

입은 삐뚤어졌어도 말은 바로 하랬다
口喎朱囉直吹 구괘주라직취
입(구) 입비뚫어질(괘) 붉을(주) 노래꺾일(라) 곧을(직) 불(취)
여건은 좋지 않더라도 일은 정직하게 하라는 말.

입은 사람을 해치는 도끼다
口是傷人斧 구시상인부
입(구) 이(시) 상할(상) 사람(인) 도끼(부)
말을 잘못하면 큰 손해나 마음에 상처를 남긴다는 뜻.

입이 열 개라도 할 말이 없다
有口無言 유구무언
있을(유) 입(구) 없을(무) 말씀(언)
잘못한 일이 너무 커서 미안하여 말을 못하겠다는 뜻.

ㅈ

자다가 남의 다리 긁는다
睡餘爬錯 正領之脚 수여파착 정녕지각
잠잘(수) 남을(여) 긁을(파) 섞일(착) 바를(정) 거느릴(령) 어조사(지) 다리(각)
자기를 위해 한 일이 도리어 남만 이롭게 하는 결과를 낳음을 이르는 말.

자라 보고 놀란 가슴 솥뚜껑 보고 놀란다
嚇于鼈者 尙驚鼎蓋 혁우별자 상경정개
성낼(혁) 어조사(우) 자라(별) 놈(자) 오히려(상) 놀랠(경) 솥(정) 덮을(개)
어떤 사물에 몹시 놀란 사람이 그와 비슷한 것만 보아도 겁을 낸다는 말.

자식은 밑 터진 바지 입었을 적에 가르쳐야 하고, 며느리 행실은 다홍치마 적부터 가르쳐야 한다
誨子通袴 誨婦丹裳 회자통고 회부단상
가르칠(회) 아들(자) 통할(통) 고지(고) 가르칠(회) 며느리(부) 붉을(단) 차마(상)
자식은 어렸을 적에 가르치고, 며느리는 새색시 때 가르치라는 말.

자식을 길러봐야 어버이 은혜를 안다
養子息 知親恩 양자식 지친은
기를(양) 아들(자) 쉴(식) 친할(친) 은혜(은)
부모의 입장이 되어봐야 비로소 부모의 은공을 헤아릴 수 있다는 말.

작은 고추가 더 맵다
雖小唯椒 수소유초
비록(수) 작을(소) 오직(유) 후추(초)
몸집이 작은 사람이 큰 사람보다 재주가 뛰어나고 야무짐을 비유적으로 이르는 말.

작은 물결 일으켜서 큰 물결 돕는다
揚波助瀾 양파조란

드날릴(양) 물결(파) 도울(조) 큰물결(란)
작은 일을 잘 처리하면 큰 일도 따라서 잘 처리하게 된다는 말.

잠자는 호랑이 코털을 건드리지 마라
虎睡方熟 誤觸其尾 호수방숙 오촉기미
범(호) 졸음(수) 모(방) 익을(숙) 그르칠(오) 찌를(촉) 그(기) 꼬리(미)
공연스레 건드려서 스스로 화를 불러일으키지 말라는 뜻.

장님이 바른 문으로 들어간다
盲人直門 맹인직문
눈멀(맹) 사람(인) 곧을(직) 문(문)
'장님 문고리 잡기'라는 말로 어리석은 사람이 어쩌다 이치에 들어맞는 일을 했음을 이르는 말.

장마엔 돌도 자란다
雨季石斗也長個 우계석두야장개
비(우) 계절(계) 돌(석) 말(두) 어조사(야) 어른(장) 낱(개)
장마철에는 식물들이 잘 자란다는 말로, 모든 여건이 충족되면 어떤 일이든 잘 이루어진다는 뜻.

장수 집안에서 장수 난다
將門必有將 장문필유장
장수(장) 문(문) 반드시(필) 있을(유) 장수(장)
큰 인물이 나온 집안에서 역시 큰 인물이 나온다는 말로, 가정교육이 중요하다는 뜻.

재수 없는 놈은 뒤로 자빠져도 코가 깨진다
窮人之事 翻亦破鼻 궁인지사 번역파비
궁할(궁) 사람(인) 갈(지) 일(사) 날(번) 또(역) 깨질(파) 코(비)
운수가 나쁜 사람은 무슨 일을 해도 잘 안된다는 말.

재주를 다 배우니 눈이 어둡다

技纔成 眼有眚 기재성 안유생
재주(기) 겨우(재) 이룰(성) 눈(안) 있을(유) 재앙(생)
오랜 시간을 두고 한 일이 아무 보람이 없게 되었다는 뜻.

저 안 했으면 그만이지
己所不爲 寧可疑人 기소불위 녕가의인
몸(기) 바(소) 아닐(불) 할(위) 편안할(녕) 옳을(가) 의심할(의) 사람(인)
제가 안 했으면 그만이지 왜 트집을 잡느냐는 말.

저 잘난 맛에 산다
各者以爲大將 각자이위대장
각각(각) 놈(자) 써(이) 할(위) 큰(대) 장수(장)
사람마다 자기가 최고라고 생각한다는 뜻.

적게 먹고 가는 똥 누어라
小小食 放細屎 소소식 방세시
작을(소) 작을(소) 밥(식) 놓을(방) 가늘(세) 똥(시)
욕심 부리지 말고 분수에 맞게 살아가라는 말.

젊어서 고생은 사서도 한다
少年吃苦 花錢買 소년흘고 화전매
적을(소) 해(년) 감수할(흘) 쓸(고) 꽃(화) 돈(전) 살(매)
무슨 일이든 젊었을 때 적극적으로 하며 살라는 뜻.

점쟁이도 저 죽을 날은 모른다
明卜知來 自昧死日 명복지래 자매사일
밝을(명) 점(복) 알(지) 올(래) 스스로(자) 어두울(매) 죽을(사) 날(일)
아는 척하는 사람도 결정적으로 중요한 것은 알지 못한다는 말.

제 눈에 안경
看中了 是愛物 간중료 시애물
볼(간) 가운데(중) 밝을(료) 옳을(시) 사랑(애) 만물(물)

정들면 다 고와 보인다는 뜻으로 제 마음에 들면 좋게 보인다는 말.

제 늙는 줄 모르고 남 늙는 줄만 안다
吾老不覺 覺人之老 오로불각 각인지로
나(오) 늙을(노) 아닐(불) 깨달을(각) 깨달을(각) 사람(인) 어조사(지) 늙을(노)
자기의 잘못은 모르면서 남의 잘못만 탓한다. 자신을 알라는 뜻.

제 발등의 불을 꺼야 아들 발등의 불도 끈다
熄我足上火 熄子足上火 식아족상화 식자족상화
꺼질(식) 나(아) 다리(족) 윗(상) 불(화) 꺼질(식) 아들(자) 다리(족) 윗(상) 불(화)
다급할 경우 제 몸부터 구한 다음 남을 돌보게 된다는 말.

제 배부르면 종 배고픈 줄 모른다
厥腹果然 不察奴饑 궐복과연 불찰노기
그(궐) 배(복) 과실(과) 그럴(연) 아닐(불) 살필(찰) 종(노) 주릴(기)
자기의 형편이 좋으면 남의 어려운 사정을 이해하지 못한다는 뜻.

제 버릇 개 줄까
渠所習不以與狗 거소습불이여구
도랑(거) 처(소) 익힐(습) 아닐(불) 써(이) 줄(여) 개(구)
못된 버릇은 여간해서 고치기가 힘들다는 뜻.

제 복을 개 주랴
渠福給犬乎 거복급견호
도랑(거) 복(복) 줄(급) 개(견) 어조사(호)
제게 주어진 복을 남에게 주기는 힘들다는 말.

제상의 떡도 커야 귀신이 좋아한다
祭壇上擺的餻 鬼神也高興 제단상파적고 귀신야고흥
차례(제) 단(단) 윗(상) 벌일(파) 어조사(적) 흰떡(고) 귀신(귀) 귀신(신) 어조사(야) 높을(고) 흥성할(흥)
무엇이나 후하게 대접해 주어야 상대편이 좋아한다는 뜻.

제 얼굴 더러운 줄 모르고 거울만 나무란다
不知自己長的丑 反而怨鏡子 불지자기장적축 반이원경자
아닐(불) 알(지) 자기(자) 몸(기) 클(장) 어조사(적) 지지(축) 돌아올(반) 너(이) 미워할(원) 거울(경) 아들(자)

자기의 잘못을 깨닫기는커녕 남만 탓한다는 뜻.

종로에서 뺨 맞고 한강에 가 눈 흘긴다
鐘路逢頰 漢江睨眼 종로봉협 한강예안
쇠북(종) 길(로) 만날(봉) 뺨(협) 한수(한) 물(강) 흘겨볼(예) 눈(안)

욕을 당한 그 자리에서는 말 못하고 다른 데서 화풀이 한다는 뜻.

좋은 일에는 친구요, 궂은 일에는 일가다
吉事有朋 凶維親屬 길사유붕 흉유친속
길할(길) 일(사) 있을(유) 벗(붕) 흉할(흉) 벼리(유) 친할(친) 붙일(속)

좋은 일이 있을 때는 모르는 체하다가 궂은 일을 당하게 되면 일가친척을 찾아다닌다는 말.

죄는 지은 데로 가고, 선한 일은 선한 일로 간다
惡有惡報 善有善報 악유악보 선유선보
악할(악) 있을(유) 악할(악) 고할(보) 선할(선) 있을(유) 선할(선) 고할(보)

모든 일은 원인에 따라 순리적으로 이루어진다는 뜻.

주인 모르는 공사 없다
主人不知 公事存乎 주인부지 공사존호
임금(주) 사람(인) 아닐(부) 알(지) 공평할(공) 일(사) 있을(존) 어조사(호)

모든 일에는 주도하는 사람이 있다는 뜻.

주인이나 종이나 같은 솥밥 먹는다
主尊奴婢 炊猶共鼎 주존노비 취유공정
임금(주) 높을(존) 종(노) 여종(비) 불땔(취) 같을(유) 한가지(공) 솥(정)

사람의 근본은 평등하다는 말.

죽기는 쉽지 않으나 늙기가 서럽다
死了不悲傷 老了倒傷 사료불비상 노료도상
죽을(사) 마칠(료) 아닐(불) 슬플(비) 다칠(상) 늙을(노) 마칠(료) 이를(도) 근심할(상)
죽는 것은 어쩔 수 없는 일이니 포기하고 늙는 것이 안타깝다는 말.

죽어 석 잔 술이 살아 한 잔 술만 못하다
死後大卓 不如生前一杯酒 사후대탁 불여생전일배주
죽을(사) 뒤(후) 큰(대) 높을(탁) 아닐(불) 같을(여) 날(생) 앞(전) 한(일) 술잔(배) 술(주)
살아 있을 때 잘해 주어야 한다는 뜻.

죽으려 해도 땅이 없다
欲死無地 욕사무지
하고자 할(욕) 죽을(사) 없을(무) 땅(지)
어떤 일을 하려 해도 여건이 안되어 할 수 없다는 뜻.

죽은 고양이 보고 산 쥐가 죽은 체한다
貓則眞殪 鼠猶佯斃 묘즉진에 서유양폐
고양이(묘) 곧(즉) 참(진) 죽을(에) 쥐(서) 같을(유) 거짓(양) 죽을(폐)
죽은 고양이는 아무짓도 못하는데도 살아 있는 쥐가 미리 경계한다는 말. 상대를 몹시 두려워 한다는 뜻.

죽은 자식 나이 세기
亡子計齒 망자계치
망할(망) 아들(자) 셀(계) 이(치)
이미 그릇된 일은 생각하여도 아무 소용이 없음을 이르는 말.

죽은 풀려도 솥 안에 있다
饘粥雖解 咸在鼎內 전죽수해 함재정내
죽(전) 미음(죽) 비록(수) 풀(해) 다(함) 있을(재) 솥(정) 안(내)
손해를 본듯하나 따지고 보면 손해될 것이 없다는 말.

중매를 잘못 서면 뺨이 석 대
誤媒者 三次批頰 오매자 삼차비협
그릇(오) 중매(매) 놈(자) 석(삼) 버금(차) 칠(비) 뺨(협)

중매는 잘하면 술이 석 잔이지만 잘못하면 뺨을 맞는다는 말로, 중요한 일은 신중하게 처리하라는 말.

쥐도 되고 새도 된다
蝙蝠之役 편복지역
박쥐(편) 박쥐(복) 어조사(지) 부릴(역)

박쥐를 이르는 말로, 자기 이익을 쫓아 이리 붙고 저리 붙고 하는 줏대 없는 행동을 이르는 말.

쥐 불알 같다
鼠本牙見壓 서본아견압
쥐(서) 근본(본) 어금니(아) 볼(견) 누를(압)

보잘 것 없는 것을 이르는 말.

지렁이도 밟으면 꿈틀거린다
斃蜿掉尾 폐완도미
죽을(폐) 꿈틀거릴(완) 흔들(도) 꼬리(미)

보잘 것 없고 힘이 약한 사람이라도 너무 업신여기면 가만 있지 아니한다는 말.

지성이 지극하면 돌에도 꽃이 핀다
精誠所至 石上開花 정성소지 석상개화
정할(정) 정성(성) 곳(소) 이룰(지) 돌(석) 윗(상) 열(개) 꽃(화)

정성이 지극하면 불가능한 일도 이루어진다는 뜻.

질그릇 깨고 놋그릇 장만하다
碎了陶器 得了銅器 쇄료도기 득료동기
부서질(쇄) 마칠(료) 질그릇(도) 그릇(기) 얻을(득) 마칠(료) 구리(동) 그릇(기)

대단찮은 것을 잃고 더 좋은 것을 얻게 되었음을 이르는 말.

집안 좁은 건 살아도, 마음 좁은 건 못산다
屋子窄還能過 心眼窄活不了 옥자착환능과 심안착활불료

집(옥) 아들(자) 좁을(착) 돌아올(환) 능할(능) 넘칠(과) 마음(심) 눈(안) 좁을(착) 활기(활) 아닐(불) 마칠(료)

집안이 가난한 건 견딜 수 있으나 속이 좁아 쩨쩨하게 구는 사람하고는 생활하기 힘들다는 뜻으로, 집안이나 집단이 화목해야 함을 이르는 말.

짚신에 분칠한다
草鞋塗粉 초혜도분

풀(초) 신(혜) 칠할(도) 가루(분)

짚신에 분을 바르는 것처럼 서로 맞지 않는 일을 하다. '개발에 편자'라는 말과 같은 뜻.

짝사랑에 즐거워한다
隻愛獨樂 척애독락

외짝(척) 사랑(애) 홀로(독) 즐길(락)

상대편에서는 아무런 반응도 없는데 혼자서만 마음 씀을 이르는 말.

차 치고 포 친다
殺車打包 살차타포

죽일(살) 수레(차) 때릴(타) 쌀(포)

무슨 일이나 당당하게 잘해내는 수완이 좋다. 또는 어떤 일을 거푸 해결한다는 뜻.

찰떡에 콩가루 붙듯
黏在穤米餻上的黃豆粉 점재나미고상적황두분

차질(점) 있을(재) 찰벼(나) 쌀(미) 흰떡(고) 윗(상) 어조사(적) 누를(황) 콩(두) 가루(분)
이득이 있는 곳에 너도나도 모여드는 것을 비유한 말.

참새가 방앗간을 그냥 지나가랴
未有瓦雀 虛過搗舍 미유와작 허과도사
아직(미) 있을(유) 기와(와) 참새(작) 빌(허) 지날(과) 찧을(도) 집(사)
관심사와 이권은 쉽게 포기할 수 없다는 뜻.

처갓집과 뒷간은 멀수록 좋다
妻家與厠 愈遠愈好 처가여측 유원유호
아내(처) 집(가) 더불(여) 기울(측) 나을(유) 멀(원) 나을(유) 좋을(호)
처가와 왕래가 잦으면 아내가 재산을 빼돌릴 수 있으니 멀리 있어야 하고, 변소는 냄새가 나니 역시 멀리 있어야 좋다는 뜻.

처삼촌 묘 벌초하듯
爲妻子的 叔父掃墓 위처자적 숙부소묘
할(위) 아내(처) 아들(자) 어조사(적) 아재비(숙) 아비(부) 치울(소) 산소(묘)
일을 건성으로 대강대강 하는 것을 이르는 말.

천 길 물속은 알아도 한 길 사람 속은 모른다
千丈深水易測 一個人心難量 천장심수이측 일개인심난량
일천(천) 한길(장) 깊을(심) 물(수) 쉬울(이) 잴(측) 한(일) 낱(개) 사람(인) 마음(심) 어지러울(난) 헤아릴(량)
사람의 속마음은 알 수 없다는 뜻.

천릿길도 한 걸음부터
適千里者 一步可規 적천리자 일보가규
마침(적) 일천(천) 마을(리) 놈(자) 한(일) 걸음(보) 옳을(가) 법(규)
아무리 큰 일이라도 그 시작은 작은 것에서 비롯된다는 말.

철 나자 망령난다
忌覺始矣 老妄旋至 기각시의 노망선지

꺼릴(기) 깨달을(각) 처음(시) 어조사(의) 늙을(노) 망녕될(망) 돌(선) 이를(지)
어떤 일을 시작하려고 하자 때가 지나버렸다는 뜻.

초록은 동색이다
草綠同色 초록동색
풀(초) 초록빛(록) 한가지(동) 빛(색)
비슷한 처지에 있는 사람들끼리 어울리게 된다는 뜻.

초상집의 개
喪家之犬 상가지견
상사(상) 집(가) 갈(지) 개(견)
관심을 끌지 못하고 떠도는 신세를 풍자한 말.

촌닭 관청에 잡혀 온 것 같다
村鷄入縣 촌계입현
마을(촌) 닭(계) 들(입) 고을(현)
경험 없는 일을 당하여 어리둥절 한다는 뜻.

취중에 진담 나온다
醉中眞談 취중진담
취할(취) 가운데(중) 참(진) 말씀(담)
술에 취한 척하면서 속에 있는 말을 한다는 뜻.

친구는 옛친구가 좋고, 옷은 새옷이 좋다
朋友是舊的好 衣服是新的好 붕우시구적호 의복시신적호
벗(붕) 벗(우) 바를(시) 옛(구) 어조사(적) 좋을(호) 옷(의) 옷(복) 바를(시) 새(신) 어조사(적) 좋을(호)
오래 사귄 친구일수록 우정이 두텁다는 뜻.

친구따라 강남 간다
隨友去江南 수우거강남
따를(수) 벗(우) 갈(거) 큰내(강) 남쪽(남)
아무 줏대 없이 남이 하는 대로 따라 흉내만 낸다. 혹은 친구를 신뢰하는 마음이 크다는 뜻.

ㅋ

칼에 찔린 상처는 쉬 나아도, 말에 찔린 상처는 낫기 어렵다
刀瘡易好 惡語難消 도창이호 악어난소
칼(도) 종기(창) 쉬울(이) 좋을(호) 모질(악) 말씀(어) 어려울(난) 사라질(소)
육신의 상처는 쉽게 아물어도 마음의 상처는 오래 남는다는 뜻.

콩심은 데 콩 나고 팥심은 데 팥 난다
種豆得豆 종두득두
종자(종) 콩(두) 얻을(득) 콩(두)
일의 결과는 행한 대로 될 수밖에 없다는 말.

콩으로 메주를 쑨다 해도 곧이듣지 않는다
謂菽合醬 人或不信 위숙합장 인혹불신
이를(위) 콩(숙) 합할(합) 간장(장) 사람(인) 혹(혹) 아닐(불) 믿을(신)
당연한 일을 말하여도 믿지 않을 때, 또는 신뢰할 수 없음을 이르는 말.

ㅌ

탐관의 밑은 안반 같고, 염관의 밑은 송곳 같다
貪官本案盤 廉官本銳錐 탐관본안반 염관본예추
탐할(탐) 벼슬(관) 근본(본) 편안(안) 소반(반) 청렴할(렴) 벼슬(관) 근본(본) 날쌜(예) 송곳(추)
부패한 관리는 재물을 모아 살이 찌고, 청렴한 관리는 청빈하여 몸이 여위었다. 겉모습만으로도 그 사람의 성향을 짐작할 수 있다는 뜻.

탐하지 않는 것으로써 보배를 삼는다
以不貪爲寶 이불탐위보

써(이) 아닐(불) 탐할(탐) 할(위) 보배(보)
욕심을 부리지 않고 겸허하게 산다는 말.

토끼가 죽으니 여우가 슬퍼한다
兎死狐悲 토사호비
토끼(토) 죽을(사) 여우(호) 슬플(비)
같은 무리의 불행을 슬퍼함을 이르는 말.

티끌 모아 태산
塵合泰山 진합태산
티끌(진) 모을(합) 클(태) 뫼(산)
아주 작은 것이라도 많이 모이면 큰 것이 될 수 있다는 뜻.

프

팔대 독자 외아들이라도 울음소리는 듣기 싫다
哪怕八代獨子 其哭聲依然心煩 나파팔대독자 기곡성의연심번
어조사(나) 두려워할(파) 여덟(팔) 이을(대) 홀로(독) 아들(자) 그 기(其) 울음(곡) 소리(성) 기댈(의)
그럴(연) 마음(심) 번거로울(번)
상황에 관계 없이 자기가 싫은 건 싫다는 뜻.

팔이 안으로 굽지 밖으로 굽으랴
臂不外曲 비불외곡
팔(비) 아닐(불) 바깥(외) 굽을(곡)
가까운 사람의 편을 들게 된다는 뜻.

푸줏간에서 소 잡지 말란다
屠門戒殺 도문계살
백장(도) 문(문) 경계할(계) 죽일(살)
당연한 일을 하지 못하게 한다는 말.

풀방구리에 쥐 드나들 듯
鼠近糊盆 乍出乍入 서근호분 사출사입
쥐(서) 가까울(근) 풀(호) 동이(분) 잔깐(사) 날(출) 잠간(사) 들(입)

쥐가 풀(죽)을 먹기 위해 풀그릇(풀방구리)에 드나드는 것 같다. 왕래가 뻔질나게 잦다는 뜻.

풍년 거지가 더 섧다
豊年乞人尤悲 풍년걸인우비
풍성할(풍) 해(년) 빌(걸) 사람(인) 더욱(우) 슬플(비)

남들은 다 잘 사는데 자기만 어렵게 지냄이 더 서럽다는 뜻.

ㅎ

하늘이 무너져도 솟아날 구멍이 있다
天雖崩牛出有穴 천수붕우출유혈
하늘(천) 비록(수) 산무너질(붕) 소(우) 날(출) 있을(유) 구멍(혈)

아무리 어려운 일이 닥쳐도 해결할 수 있는 방법은 있다는 말.

하던 지랄도 멍석 펴놓으면 안 한다
常爲之癎 網席不爲 상위지간 망석불위
항상(상) 할(위) 어조사(지) 간기(간) 그물(망) 자리(석) 아닐(불) 할(위)

어떤 일이 필요하여 계속하라고 하면 반대로 하지 않을 때를 말한다.

하룻강아지 범 무서운 줄 모른다
一日之狗 不知畏虎 일일지구 부지외호
한(일) 날(일) 어조사(지) 개(구) 아닐(부) 알(지) 두려워할(외) 범(호)

철 모르고 아무에게나 함부로 덤비는 사람을 두고 하는 말.

하룻밤을 자도 만리장성을 쌓는다
一夜築萬里長城 일야축만리장성

한(일) 밤(야) 쌓을(축) 일만(만) 마을(리) 긴(장) 성(성)
잠깐 사귀어도 정을 깊이 쌓는다는 말.

한 노래로 긴 밤 새울까
一歌達永夜 일가달영야
한(일) 노래(가) 사무칠(달) 길(영) 밤(야)

한 가지 일로 세월을 다 보낼 수 없다. 즉 마땅한 때가 되면 새로운 일을 해야 한다는 뜻.

한 말등에 두 안장 지울까
一馬之背 兩鞍難載 일마지배 양안난재
한(일) 말(마) 어조사(지) 등(배) 두(량) 안장(안) 어려울(난) 실을(재)

말 한 마리에 안장을 둘 얹을 수는 없다. 즉, 한 사람이 동시에 두 가지 일을 할 수 없다는 말.

한술 밥에 배부르랴
才食一匙 不救腹飢 재식일시 불구복기
재주(재) 밥(식) 한(일) 숟가락(시) 아닐(불) 건질(구) 배(복) 주릴(기)

한술 밥으로 배를 채우지 못한다. 즉, 힘을 조금 들이고 많은 효과를 기대할 수 없다는 말.

한 어미 자식도 아롱이다롱이
一母子 迂儂拙儂 일모자 우농졸농
한(일) 어미(모) 아들(자) 멀(우) 나(농) 졸할(졸) 나(농)

한 어미에게서 난 자식도 각각 다르다는 뜻으로, 세상일은 무엇이나 똑같은 것이 없다는 말.

한 입으로 말하기 어렵다
一口難說 일구난설
한(일) 입(구) 어려울(난) 고할(설)

너무나 많고 복잡하여 무어라고 말하기 힘들다. 혹은 번복할 수 없다는 뜻.

한 잔 술에 눈물 난다
由酒一盞 或淚厥眼 유주일잔 혹루궐안
말미암을(유) 술(주) 한(일) 잔(잔) 혹(혹) 눈물(루) 그(궐) 눈(안)
사람의 감정은 사소한 일에 차별을 두는 데서도 섭섭한 생각이 생길 수 있다는 말.

한강에 돌 던지기
漢江投石 한강투석
한수(한) 강(강) 던질(투) 돌(석)
아무리 많이 주어도 효과가 없다. 즉, 효과가 없는 헛일이라는 뜻.

행랑 빌리면 안방까지 든다
旣借堂 又借房 기차당 우차방
이미(기) 빌(차) 집(당) 또(우) 빌(차) 방(방)
행랑에 세 들다가 안방 차지하게 된다. 처음에는 삼가다가 차차 도가 넘게 됨을 비유하는 말.

행수, 행수하면서 짐 지운다
稱行首 使擔負 칭행수 사담부
일컬을(칭) 행할(행) 머리(수) 하여금(사) 멜(담) 질(부)
위하는 척하면서 일을 떠맡긴다.
※행수 : 한 무리의 우두머리

허공에 쏘아도 과녁에 맞는다
仰射空 革貫中 앙사공 관혁중
우러를(앙) 쏠(사) 빌(공) 꿸(관) 가죽(혁) 가운데(중)
크게 힘들이지 않았는데 일이 잘 들어맞을 경우를 이르는 말.

헛간 기둥에다 입춘
假家柱立春榜 가가주입춘
거짓(가) 집(가) 기둥(주) 설(입) 봄(춘)

격에 맞지 않는 행위를 비꼬는 말.

혀 아래 도끼 들었다
舌底有斧 설저유부
혀(설) 밑(저) 있을(유) 도끼(부)
말을 잘못하면 화를 불러 일으키니 말을 늘 삼가라는 뜻.

호랑이가 죽으면 여우가 춤춘다
虎死狐舞 호사호무
범(호) 죽을(사) 여우(호) 춤(무)
무서운 상급자가 사라지면 그 밑의 사람들이 좋아한다는 뜻.

호랑이는 가죽을 아끼고, 군자는 입을 아낀다
虎豹愛皮 君子愛口 호표애피 군자애구
범(호) 표범(표) 사랑(애) 가죽(피) 임금(군) 아들(자) 사랑(애) 입(구)
각자에게 중요한 것은 소중하게 취급한다는 말.

호랑이는 죽어서 가죽을 남기고, 사람은 죽어서 이름을 남긴다
虎死留皮 人死留名 호사유피 인사유명
범(호) 죽을(사) 머무를(유) 가죽(피) 사람(인) 죽을(사) 머무를(유) 이름(명)
사람은 죽은 뒤에도 뭇사람의 칭송을 들을 수 있게 가치 있는 일을 해야 한다는 뜻.

호랑이도 제 말 하면 온다
談虎而來 담호이래
말(담) 범(호) 이를(지) 어조사(이) 올(래)
다른 사람에 관한 이야기를 하는데 공교롭게 그 사람이 나타나는 경우를 이르는 말.

호랑이를 길러 화를 받는다
養虎憂患 양호우환
기를(양) 범(호) 근심(우) 근심(환)

스스로 화근을 길러서 큰 피해를 입게 된다는 뜻.

호랑이에게 개를 꾸어 준다
莫持狗貸與虎 막지구대여호
말(막) 가질(지) 개(구) 빌릴(대) 더불어(여) 범(호)
돌려받을 가망이 없다는 말.

호랑이에게 고기 달란다
虎前乞肉 호전걸육
호랑이(호) 앞(전) 빌(걸) 고기(육)
전혀 기대할 수 없거나 이루어질 수 없는 어리석은 행동을 한다는 뜻.

호랑이에게 물려갈 줄 알면 누가 산에 갈까
早知遇虎 孰肯之山 조지우호 숙긍지산
이를(조) 알(지) 만날(우) 범(호) 누구(숙) 즐길(긍) 갈(지) 뫼(산)
불행한 일이 생길 줄 알았다면 그 일을 하지 않았을 것이라는 말.

혼자 사는 동네 이장이 면장
手下無人 里長只好兼 수하무인 이장지호겸
손(수) 아래(하) 없을(무) 사람(인) 마을(리) 어른(장) 다만(지) 좋을(호) 겸할(겸)
경쟁자가 없으면 혼자 독차지할 수 있다는 말.

홍두깨에 꽃이 핀다
鬨獨价花開 홍독개화개
싸울(홍) 홀로(독) 클(개) 꽃(화) 열(개)
뜻밖에 좋은 일을 만남을 이르는 말.

화살 떨어진 곳에 과녁 세운다
矢落處立的 시락처입적
살(시) 떨어질(락) 곳(처) 설(립) 밝을(적)
일을 억지로 짜 맞춘다는 뜻.

홧김에 화냥질한다
一氣之下 偸漢子 일기지하 투한자
한(일) 기운(기) 어조사(지) 아래(하) 훔칠(투) 놈(한) 아들(자)

홧김에 분별없이 행동하여 차마 못할 짓을 저지른다는 뜻.

황소같이 벌어서 다람쥐같이 먹어라
千活要學黃牛持家了學小松鼠 천활요학황우 지가요학소송서
일천(천) 부저란할(활) 구할(요) 배울(학) 누를(황) 소(우) 지킬(지) 집(가) 마칠(요) 배울(학) 작을(소) 소나무(송) 쥐(서)

근검절약하라는 뜻.

효령대군의 북가죽
孝寧大君鼓皮 효령대군고피
효도(효) 편안할(령) 큰(대) 임금(군) 두드릴(고) 가죽(피)

효령대군이 신문고를 두드린 일에서 유래한 말로, 억울한 사람을 위해 일을 한다는 뜻. 혹은 부들부들하고 질긴 것을 일컫는 말.

훌륭한 목수에게 버릴 나무는 없다
良工無棄木 양공무기목
어질(량) 장인(공) 없을(무) 버릴(기) 나무(목)

유능한 사람은 어떤 일이든지 잘 처리한다는 뜻.

흐르는 물은 썩지 않는다
流水不腐 유수불부
흐를(유) 물(수) 아닐(불) 썩을(부)

늘 움직이는 것은 썩지 아니함을 이르는 말. 즉, 현실에 안주하지 말라는 뜻.

흘러가는 물도 떠주면 공이라
流水酌給亦爲德 유수작급역위덕
흐를(유) 물(수) 술(작) 줄(급) 또(역) 할(위) 큰(덕)

쉬운 일도 거들어 주면 덕이 된다는 말.

2. 일상생활 속의 고사성어

ㄱ

가가대소 呵呵大笑 : 큰소리로 껄껄 웃다.
가급인족 家給人足 : 집집마다 넉넉하고 사람마다 풍족함.
가동주졸 街童走卒 : 길거리의 철없는 아이. 주견 없는 하류배.
가담항설 街談巷說 : 항간에 떠도는 근거 없는 소문.
가렴주구 苛斂誅求 : 세금을 무리하게 거두고 재물을 빼앗음. 가혹한 정치를 이르는 말.
가롱성진 假弄成眞 : 실없이 한 말이 참말이 되다.
가빈사현처 家貧思賢妻 : 집안이 가난해지면 어진 아내를 생각함.
가인박명 佳人薄命 : 미인은 생명이 짧다는 뜻.
가화만사성 家和萬事成 : 집안이 화목하면 모든 일이 잘 됨을 말함.
각골난망 刻骨難忘 : 은혜가 뼈에 깊이 새겨져 잊지 못함.
각자무치 角者無齒 : 뿔이 있는 자는 이빨이 없다. 필요한 것을 다 갖출 수는 없다는 뜻.
간두지세 竿頭之勢 : 어려움이 극에 달해 꼼짝 못할 형편임.
간성지재 干城之材 : 나라를 지키는 믿음직한 인재.
갈이천정 渴而穿井 : 목이 말라야 비로소 샘을 판다. 미리 준비하는 것이 중요하다는 뜻.

감개무량 感慨無量 : 지난 일을 회고하여 감회에 젖음.
감불생심 敢不生心 : 감히 생각할 수도 없음.
감언이설 甘言利說 : 달콤한 말. 이로운 조건으로 남을 꾀는 것.
감정지와 坎井之蛙 : 우물 안 개구리. 견문이 넓지 못함.
감탄고토 甘吞苦吐 : 달면 삼키고 쓰면 뱉음.
갑론을박 甲論乙駁 : 서로 논란하고, 반박함.
강개무량 慷慨無量 : 한탄하고 분개함이 끝이 없음.
개과천선 改過遷善 : 지난 날의 허물을 고치고 옳은 길로 들어섬.
개세지재 蓋世之才 : 세상을 놀라게 할 만큼 뛰어난 재주.
거두절미 去頭截尾 : 앞뒤의 잔말을 뺌.
거안사위 居安思危 : 편안하게 살면서도 늘 위험할 때를 생각함.
건곤일척 乾坤一擲 : 흥망을 걸고 온 힘을 다하여 승부를 겨룸.
건곤일색 乾坤一色 : 천지가 온통 같은 빛깔임.
격세지감 隔世之感 : 시대가 크게 변하여 딴 세상 같은 낯설은 느낌이 들 때 쓰는 말.
견강부회 牽强附會 : 말을 억지로 끌어다가 이치에 맞도록 함.
견문발검 見蚊拔劍 : 모기를 보고 칼을 빼어든다는 뜻으로, 사소한 일에 발끈 성을 내는 소견 좁은 사람을 비유하는 말.
견물생심 見物生心 : 물건을 보면 욕심이 생김.
견원지간 犬猿之間 : 개와 원숭이처럼 사이가 나쁜 관계를 뜻함.
견위수명 見危授命 : 나라의 위태로움을 보고 자기 목숨을 바침.
결자해지 結者解之 : 묶은 사람이 푼다는 말로, 처음에 일을 시작한 사람이 그 일을 끝맺는다는 뜻.
결초보은 結草報恩 : 풀을 묶어서라도 은혜를 꼭 갚는다는 뜻.

겸양지덕 謙讓之德 : 겸손한 태도로 남에게 사양하는 덕.

경거망동 輕擧妄動 : 가볍게 행동하고 망령되게 행동함. 즉, 경솔하게 행동하는 것을 이르는 말.

경국지색 傾國之色 : 임금이 미혹되어 국정을 소홀히 할 만큼 빼어난 미인.

경산조수 傾山釣水 : 산에서 밭을 갈고 물에서 고기를 낚는다는 말로, 속세를 떠난 마음을 뜻함.

경세제민 經世濟民 : 세상을 다스리고 백성을 구제함.

경전하사 鯨戰鰕死 : 고래싸움에 새우등 터진다는 말로, 엉뚱한 사람이 피해를 본다는 뜻.

경천근민 敬天勤民 : 하늘을 공경하고 백성을 돌봄.

경천동지 驚天動地 : 하늘이 놀라고 땅이 흔들린다는 말로, 세상을 몹시 놀라게 하거나 기적 같은 일이 일어남을 뜻함.

계명구도 鷄鳴狗盜 : 비굴하게 남을 속이는 하찮은 재주, 또는 그런 재주를 가진 사람.

계구우미 鷄口牛尾 : 닭의 부리와 소의 꼬리란 뜻으로, 작은 집단의 우두머리보다 큰 집단의 실무자가 낫다는 것을 비유함.

고굉지신 股肱之臣 : 임금이 가장 믿고 중히 여기는 신하.

고군분투 孤軍奮鬪 : 홀로 많은 수의 적군과 용감하게 잘 싸움.

고량진미 膏粱珍味 : 기름진 고기와 좋은 곡식으로 만든 맛있는 음식.

고립무원 孤立無援 : 고립되어 구원받을 데가 없음.

고육지계 苦肉之計 : 제 몸을 상해가면서까지 꾸며낸 계책이라는 뜻으로, 어려운 상태를 벗어나기 위해 어쩔 수 없이 꾸며내는 계책.

고식지계 姑息之計 : 일시적으로 편안하고자 생각해낸 계책.

고장난명 孤掌難鳴 : 한쪽 손바닥으로는 소리를 내지 못한다는 말로, 혼자 힘으로는 어떤 일을 이루기 어려움을 뜻하는 말.

고중작락 苦中作樂 : 괴로움 속에서도 즐거움이 있음.

고진감래 苦盡甘來 : 고생 끝에 낙이 옴.

곡부득이소 哭不得已笑 : 울어야 할 자리인데 부득이 웃는다는 뜻.

곡학아세 曲學阿世 : 바른 길에서 벗어난 학문. 세속에 아부하여 출세하려는 태도나 행동을 가리키는 말.

곤궁이통 困窮而通 : 궁하면 통하는 길이 있다는 뜻.

골육상잔 骨肉相殘 : 가까운 친척끼리 서로 죽이고 싸움.

공생공사 共生共死 : 함께 살고 함께 죽음.

공수래공수거 空手來空手去 : 빈손으로 왔다 빈손으로 감. 인생은 허무하다는 뜻으로 욕심을 경고한 말.

공산명월 空山明月 : 사람 없는 빈 산에 외로운 달이 밝다는 말로, 뛰어난 밤의 풍광을 이름.

공중누각 空中樓閣 : 공중에 떠 있는 누각이라는 말로, 근거나 토대가 없는 것을 뜻함.

공평무사 公平無私 : 공평하여 사사로움이 없음을 말함.

교언영색 巧言令色 : 남에게 아첨하는 말과 표정.

교외별전 教外別傳 : 경전이나 말이 아닌 마음으로 법을 전한다는 뜻의 불교 용어.

교토삼굴 狡兔三窟 : 영리한 토끼는 굴을 세 개나 가지고 있어 만약의 경우라도 살아남을 수 있다는 뜻.

과유불급 過猶不及 : 정도가 지나치면 모자란 것보다 못하다는 뜻.
관과지인 觀過知仁 : 군자의 과오는 후한 데서 오고, 소인의 과오는 박덕한 데서 온다는 뜻.
구곡간장 九曲肝腸 : 굽이굽이 서린 창자란 뜻으로, 시름이 쌓인 마음속을 비유적으로 이르는 말.
구국간성 救國干城 : 나라를 지키는 방패와 성이라는 뜻.
구로지은 劬勞之恩 : 자기를 낳아 기른 어버이의 은덕.
구미속초 狗尾續貂 : 개꼬리로 담비꼬리를 잇는다는 말로, 처음엔 좋게 시작했으나 나중에는 되는 대로 끝맺는 것을 말함.
구사일생 九死一生 : 간신히 살아 남음.
구상유취 口尙乳臭 : 입에서 아직 젖내가 남. 하는 짓이 유치함.
구절양장 九折羊腸 : 매우 꼬불꼬불하고 험한 길.
구화지문 口禍之門 : 입은 재앙을 불러들이는 기초이므로 입을 조심하라는 말.
군맹무상 群盲無象 : 장님 코끼리 만진다는 뜻. 자기의 좁은 소견으로 판단함.
군사부일체 君師父一體 : 임금과 스승 그리고 아버지는 동격으로 중요하다는 뜻.
궁여지책 窮餘之策 : 마지막으로 짜낸 계책.
권선징악 勸善懲惡 : 착한 일을 권장하고 악한 일을 징계함.
귤화위지 橘化爲枳 : 회남의 귤을 회북에 심으면 탱자가 됨. 사람이 환경에 따라 변화할 수 있음을 비유.
극기복례 克己復禮 : 개인의 욕망을 극복하고 예의를 지킴.
근묵자흑 近墨者黑 : 먹을 가까이 하면 먹물이 묻어 검어짐. 곧 나쁜 사람과 어울리면 좋지 못한 행실에 물든다는 말.

금과옥조 金科玉條 : 금이나 옥같이 몹시 귀중한 법률이나 규정.

금란지교 金蘭之交 : 벗 사이의 깊은 우정. 진정한 사귐을 향기로운 난초에 비유한 말.

금의환향 錦衣還鄕 : 비단옷을 입고 고향에 돌아옴. 즉, 타향에서 성공하여 고향으로 돌아오는 것을 말함.

금지옥엽 金枝玉葉 : 집안의 귀한 자손을 비유한 말.

기고만장 氣高萬丈 : 펄펄 뛸 만큼 기운이 뻗침.

기호지세 騎虎之勢 : 호랑이를 타고 달리는 형국이라는 뜻으로, 중도에 그만 둘 수가 없음을 이르는 말.

기사회생 起死回生 : 죽을 뻔하다가 살아남.

ㄴ

낙화유수 落花流水 : 떨어지는 꽃과 흐르는 물. 즉, 저물어가는 봄날의 정경. 혹은 남녀 간의 사모하는 정.

난공불락 難攻不落 : 공격하기가 힘들어 좀처럼 함락되지 않음.

난중지난 難中之難 : 어려운 일 가운데서도 가장 어려운 일.

난형난제 難兄難弟 : 서로 비슷해서 우열을 가리기 힘듦.

날이불치 捏而不緇 : 검은 것에 물들이려 해도 물들지 않음.

남가일몽 南柯一夢 : 한때의 헛된 꿈.

남대문입납 南大門入納 : 서울 남대문으로 보내주었다는 말로, 간 곳이 묘연하여 도무지 찾을 수 없음을 비유하는 말.

남부여대 男負女戴 : 남자는 등에 지고, 여자는 머리에 인다는 뜻으로, 가난한 사람들이 떠돌아다님을 비유적으로 이르는 말.

남행북주 南行北走 : 남으로 가고 북으로 달린다는 뜻으로 바삐 돌아다님을 이르는 말.

내우외환 內憂外患 : 나라 안팎의 여러 가지 근심 걱정.

내유외강 內柔外剛 : 겉은 강하나 속은 부드러운 성품.

노류장화 路柳墻花 : 길가의 버들이나 담장의 꽃처럼 아무나 꺾어 가질 수 있는 것으로 기생이나 창부를 비유적으로 이르는 말.

노마지지 老馬之智 : 늙은 말의 지혜라는 뜻으로, 연륜이 깊으면 나름의 장점과 특기가 있음을 이르는 말.

노심초사 勞心焦思 : 애쓰면서 속을 태움.

노어해시 魯魚亥豕 : 글자를 구분 못하고 혼돈한다는 말.

녹수청산 綠水靑山 : 푸른 물과 푸른 산. 즉, 아름다운 자연경관.

노이무공 勞而無功 : 애는 썼으나 효과가 없다는 말.

녹음방초 綠陰芳草 : 푸르게 우거진 나무 그늘과 향기로운 풀이라는 뜻으로, 여름철의 자연경관을 말함.

녹의홍상 綠衣紅裳 : 연두저고리에 다홍치마. 곱게 차려 입은 젊은 여자의 옷차림.

논공행상 論功行賞 : 공적의 유무와 대소를 따져 각각 알맞은 상을 내리는 일.

누란지위 累卵之危 : 달걀을 쌓아 올린 듯한 위태로움이라는 뜻.

눌언민행 訥言敏行 : 말은 느려도 실제 행동은 재빠르고 능란함.

능지처참 陵遲處斬 : 머리, 몸통, 팔, 다리를 토막내 죽이던 옛 극형의 한 가지.

ㄷ

다다익선 多多益善 : 많으면 많을수록 좋음.
다문박식 多聞博識 : 견문이 넓고 학식이 많음.
단금지교 斷金之交 : 친구 사이의 깊은 우정.
단도직입 單刀直入 : 한 칼로 거침없이 쳐들어간다는 뜻으로, 군말을 빼고 바로 본론으로 들어가는 것을 말함.
단사표음 簞食瓢飮 : 도시락과 표주박 물. 청빈한 생활에 만족하는 것을 뜻함.
단순호치 丹脣皓齒 : 붉은 입술과 흰 치아라는 뜻으로, 미인을 나타낼 때 쓰는 말.
단표누항 簞瓢陋巷 : 한 표주박의 도시락과 누추한 거리란 뜻으로, 소박한 시골 살림, 혹은 선비의 청빈한 생활을 뜻함.
대경실색 大驚失色 : 크게 놀라 얼굴빛이 변함.
대기만성 大器晚成 : 큰 인물은 오랫동안 공을 들여야 이루어짐.
대동소이 大同小異 : 조금씩 차이는 있으나 대개 비슷하거나 같음.
대우탄금 對牛彈琴 : 소를 앞에 두고 가야금을 연주한다는 뜻으로, 어리석은 사람에게 깊은 이치를 말해 주어도 깨닫지 못하는 것을 비유한 말.
대의멸친 大義滅親 : 큰 도리를 지키느라 부모 형제를 돌보지 못함.
대의명분 大義名分 : 마땅히 지켜야 할 도리, 혹은 어떤 일을 꾀하는 데 있어서의 구실.
독서망양 讀書亡羊 : 독서에 정신이 쏠려 기르는 양을 잃었다는 말로, 마음이 다른 데 쏠려 하던 일을 잃었다는 뜻.

도비순설 徒費脣舌 : 입술과 혀만 헛되이 놀린다는 말로, 말만 많고 보람이 없다는 뜻.

독서삼매 讀書三昧 : 책 읽기에 골몰한 모습을 두고 말함.

독수공방 獨守空房 : 아내가 남편 없이 혼자 지냄을 말함.

독야청청 獨也靑靑 : 홀로 푸르다는 말로, 굳은 절개를 뜻함.

동가식서가숙 東家食西家宿 : 먹을 곳과 잘 곳이 일정하게 정해지지 않아 이리저리 떠돌아다니며 생활하는 것.

동가홍상 同價紅裳 : 같은 값이면 다홍치마. 같은 조건이라면 좀 낫고 편리한 것을 택한다는 뜻.

동량지재 棟梁之材 : 한 나라, 또는 한 집안의 기둥이 될 큰 인물.

동문수학 同門修學 : 한 스승 밑에서 같이 배움.

동문서답 東問西答 : 엉뚱하게 대답함.

동병상련 同病相憐 : 같은 병을 앓는 사람끼리 서로 가엾게 여김.

동분서주 東奔西走 : 이리저리 바쁘게 돌아다님.

동상이몽 同床異夢 : 같은 침상에 누워 다른 꿈을 꾼다는 말로, 겉으로는 하나의 일을 추구하는 듯하지만 속으로는 딴 뜻을 품고 있음.

동호직필 董狐直筆 : 사실을 숨기지 아니하고 그대로 씀.

두문불출 杜門不出 : 집에 틀어박혀 밖에 나가지 않음.

득어망전 得魚忘筌 : 고기를 잡으면 통발을 잊어버린다는 말로, 목적이 달성되면 그에 수고한 사람은 잊어버린다는 뜻.

등고자비 登高自卑 : 높은 데 오르려면 얕은 곳에서부터 올라가야 하듯이 무슨 일이든 순서를 밟아야 한다는 뜻.

등하가친 燈下可親 : 등잔불을 가까이하여 독서하기에 좋은 시기라는 뜻으로, 가을철이 책 읽기에 적당한 계절임을 말함.
등하불명 燈下不明 : 등잔 밑이 어둡다는 뜻으로, 가까이에 있는 물건이나 사람을 잘 찾지 못함을 이르는 말.

ㅁ

마이동풍 馬耳東風 : 귀담아 듣지 않고 흘려버림.
만단개유 萬端改諭 : 여러 가지로 타이름.
만사형통 萬事亨通 : 모든 일이 뜻하는 대로 잘 되어감.
만사휴의 萬事休矣 : 모든 것이 헛수고로 돌아감을 이르는 말.
만수무강 萬壽無疆 : 아무 탈 없이 오래 살기를 바람.
만시지탄 晩時之歎 : 기회를 놓쳐 안타까워함.
만신창이 滿身瘡痍 : 온몸이 다쳐 흠집투성이가 됨.
망양지탄 亡羊之歎 : 학문의 길이 여러 갈래라서 길을 잡기 어렵다는 것을 한탄한 말.
망운지정 望雲之情 : 자식이 부모를 그리는 정.
맹귀우목 盲龜遇木 : 눈먼 거북이 물에 뜬 나무를 만났다는 말로, 어려운 때 우연히 좋은 일을 만나게 됨을 이르는 말.
맹인모상 盲人摸象 : 소경이 코끼리를 만지며 그 형상을 말하듯 전체를 모르면서 내는 좁은 소견.
면장우피 面張牛皮 : 소가죽을 얼굴에 둘러쓴 듯 뻔뻔스럽다는 뜻.
면종복배 面從腹背 : 눈앞에서는 복종하나, 뒤에서는 배반함.
명경지수 明鏡止水 : 밝은 거울과 정지된 물이라는 뜻으로, 고요하고 깨끗한 마음을 가리키는 말.

명실상부 名實相符 : 이름과 실상이 서로 부합함.
명약관화 明若觀火 : 불빛을 보는 것처럼 더할 나위 없이 분명한 것.
목불식정 目不識丁 : 고무래를 보고도 정자를 알지 못한다는 뜻으로
　　　　　　　　일자무식인 사람을 가리키는말.
목불인견 目不忍見 : 차마 눈 뜨고 볼 수 없는 상황.
목후이관 沐候而冠 : 옷은 훌륭하나 마음은 사람답지 못함.
묘두현령 猫頭縣鈴 : 고양이 목에 방울 달기. 실행할 수 없는 공론.
무골호인 無骨好人 : 줏대가 없이 두루뭉술하고 순하여 남의 비위를
　　　　　　　　다 맞추는 사람.
무상무념 無想無念 : 일체의 잡념을 떠나 담담한 상태.
무인지경 無人之境 : 사람이 눈에 띄지 않는 적막한 곳.
무위도식 無爲徒食 : 아무 하는 일 없이 지내는 생활.
문방사우 文房四友 : 종이, 붓, 먹, 벼루의 네 가지의 문방용품.
문일지십 聞一知十 : 한가지를 들으면 열가지를 미루어 안다는 뜻.
문전성시 門前成市 : 대문 앞에 방문객이 많아 시장같다는 뜻.
물경소사 勿輕小事 : 작은 일이라도 경솔하게 처리하지 말라는 뜻.
미사여구 美辭麗句 : 아름다운 말로 좋게 꾸민 글귀.

ㅂ

박이부정 博而不精 : 넓게 알고 있으나 자세하지 못하다는 뜻.
박장대소 拍掌大笑 : 손뼉을 치며 크게 웃음.
반목질시 反目嫉視 : 눈을 흘기면서 서로 미워함.
반상낙하 半上落下 : 처음에는 잘하다가 중도에 그만둠.

반신반의 半信半疑 : 반쯤은 믿고 반쯤은 의심함.

발노축석 發怒蹴石 : 성이 나서 발로 돌을 차다. 이성적이지 못하고 감정적으로 일을 처리하면 자신만 손해라는 뜻.

발본색원 拔本塞源 : 폐단의 근원을 아주 뽑아 없애 버림.

배산임수 背山臨水 : 산을 등지고 물을 바라보는 지형.

백골난망 白骨難忘 : 죽어 해골이 되어도 은혜를 잊지 못한다는 뜻.

백년지객 百年之客 : 한 평생을 두고 맞는 손님.

백년하청 百年河淸 : 아무리 기다려도 물이 맑아지지 않다. 즉, 일이 이루어지지 않는다는 뜻.

백년해로 百年偕老 : 부부가 평생 동안 사이좋게 함께 늙어감.

백면서생 白面書生 : 글만 읽고 세상 일에 경험이 없는 사람.

백전노장 百戰老將 : 여러 차례 큰 싸움을 치른 늙은 장군. 즉, 세상일에 경험이 많아 못하는 일이 없는 사람.

백절불굴 百折不屈 : 실패를 거듭해도 뜻을 굽히지 않음.

백중지세 伯仲之勢 : 우열을 가릴 수 없을 정도로 막상막하임.

백척간두 百尺竿頭 : 백 자의 높은 장대 끝. 즉, 매우 위태로운 상황.

병가상사 兵家常事 : 전쟁의 승패는 흔히 있는 일이므로 낙심할 일이 아니라는 뜻.

병입고황 病入膏肓 : 병이 중하여 고치기 어렵게 됨.

보거상의 輔車相依 : 수레의 바퀴처럼 서로 돕고 의지하는 깊은 관계를 이르는 말.

복배지수 覆背之水 : 엎질러진 물이라는 뜻으로, 이미 글러 바로잡기 어렵게 된 경우를 뜻함.

복심지우 腹心之友 : 마음이 맞는 극진한 친구.

부윤옥 덕윤신 富潤屋 德潤身 : 재물은 집을 윤택하게 하고, 덕은 몸을 윤택하게 한다.

부전자전 父傳子傳 : 그 아버지에 그 아들. 부자지간에 모습이나 행동 등이 닮았을 때 하는 말.

부창부수 夫唱婦隨 : 남편의 주장에 따라 아내가 따라감. 전통적인 부부 화합의 도를 일컫는 말.

부화뇌동 附和雷同 : 줏대 없이 남이 하는 대로 따라 함.

분골쇄신 粉骨碎身 : 뼈가 가루가 되고 몸이 부서져라 열심히 노력함을 말함.

불가사의 不可思議 : 사람의 생각으로 도저히 판단할 수 없는 이상야릇한 일.

불가항력 不可抗力 : 인간의 힘으로 어찌할 수 없음.

불립문자 不立文字 : 불교에서 법을 전할 때, 문자나 말이 아닌 마음과 마음으로 전한다는 뜻.

불세출 不世出 : 좀처럼 세상에 나타나기 힘든 뛰어난 인물.

불치하문 不恥下問 : 자기보다 못한 사람에게 묻는 것을 부끄럽게 여기지 않음.

붕정만리 鵬程萬里 : 멀고도 먼 곳으로 떠남.

비몽사몽 非夢似夢 : 꿈인지 생시인지 어렴풋한 상태.

비일비재 非一非再 : 한두 번이 아니고 많음.

빈계지신 牝鷄之晨 : 암탉이 새벽을 알리느라고 먼저 운다는 말로, 여자가 남편을 제쳐놓고 일을 마음대로 처리한다는 말.
  빈계사신牝鷄司晨.

빈자소인 貧者小人 : 가난한 사람은 남에게 굽신거리는 일이 많아 소인이 된다는 말.

빈즉다사 貧則多事 : 가난한 집안에 쓸데 없는 잔일로 번거로움.

빈천지교 불가망 貧賤之交 不可忘 : 가난하고 천할 때에 사귄 벗을 잊는 것은 옳지 않다.

빙탄지간 氷炭之間 : 얼음과 숯은 그 성질이 상반되어 조화를 이룰 수 없다는 데에서 나온 말. 서로 화합할 수 없는 사이.

사고무친 四顧無親 : 사방을 둘러보아도 친한 사람이 없음. 부모 형제 등이 없어 의지할 곳이 없음.

사기종인 舍己從人 : 지금까지의 자신을 버리고 선행을 함.

사기포서 使驥捕鼠 : 천리마를 가지고 겨우 쥐를 잡게 한다는 말로 사람을 쓸 줄 모르는 것을 비유하는 말.

사면춘풍 四面春風 : 항상 좋은 얼굴로 남을 대하여 누구에게나 호감을 줌.

사발통문 沙鉢通文 : 호소문·격문 등에서 누가 주모자인지 알지 못하게 이름을 사발모양으로 빙 돌려가며 적은 통문.

사상누각 沙上樓閣 : 모래 위에 세운 누각이란 뜻으로, 기초가 견고하지 못한 일을 일컫는 말.

사생유명 부귀재천 死生有命 富貴在天 : 죽고 사는 것이 천명에 있고, 부와 귀는 하늘에 있다.

사양지심 辭讓之心 : 사양할 줄 아는 마음.

사자후 獅子吼 : 사자의 울부짖는 소리. 크게 열변을 토함. 불교에서는 부처의 설법에 뭇 악마가 엎드려 귀의함을 뜻함.

사통오달 四通五達 : 길이 이리저리 사방으로 통함. 혹은 사람이 여러 가지 방면에 재주가 있을 때 쓰는 말.

사필귀정 事必歸正 : 무슨 일이든지 마지막에 가서는 올바른 길로 돌아가기 마련이라는 뜻.

산고수장 山高水長 : 산이 높고 물길이 길다는 말로, 군자의 덕이 높고 맑음을 뜻함.

산자수명 山紫水明 : 산이 푸르고 물이 맑다는 말로, 산천의 경치가 매우 아름답다는 뜻.

산전수전 山戰水戰 : 산과 바다에서 싸웠다는 말로, 세상 살이의 온갖 경험을 다 했음을 비유한 말.

산해진미 山海珍味 : 산과 바다에서 나오는 진귀한 재료로 잘 차린 좋은 음식.

삼고지우 三顧之遇 : 손윗사람이 손아랫사람에게 예를 다하여 의뢰하는 것을 말함.

삼고초려 三顧草廬 : 세 번이나 풀집에 찾아가 고개를 숙였다는 말로, 인재를 모시기 위해 최선을 다했다는 뜻.

삼라만상 森羅萬象 : 세상 온갖 것의 일체.

삼성오신 三省吾身 : 날마다 세 번씩 자신을 반성함.

삼인성호 三人成虎 : 세 사람이면 호랑이도 만든다는 말로, 근거 없는 말도 여러 사람이 하면 곧이듣게 된다는 뜻.

삼종지의 三從之義 : 여자가 지켜야하는 도리. 어려서는 아버지를 섬기고, 시집가서는 남편을, 남편이 죽은 후엔 아들을 섬겨야한다는 뜻. 삼종지탁三從之托, 삼종지도三從之道

상통하달 上通下達 : 아랫사람의 뜻이 윗사람에게 통하고, 윗사람의 뜻이 아랫사람에게 잘 전하여짐.

생면부지 生面不知 : 만나본 적이 전혀 없는 사람.

생자필멸 生者必滅 : 사람은 반드시 죽는다는 말.

서제막급 噬臍莫及 : 사향노루가 자신이 사람들에게 잡혀가는 것은 사향 때문이라고 해서 배꼽을 물어뜯음. 일이 일어난 뒤에 후회해도 소용없다는 뜻.

석고대죄 席藁待罪 : 거적을 깔고 엎드려 벌을 기다림.

선견지명 先見之明 : 일을 미리 짐작하는 밝은 지혜.

선풍도골 仙風道骨 : 신선의 풍채와 도인의 골격. 보통 사람보다 뛰어나게 잘 생긴 사람의 모습.

설상가상 雪上加霜 : 눈 위에 또 서리가 내린다는 뜻으로, 불행이 연속해서 닥침을 말함.

설왕설래 說往說來 : 말로 옥신각신 다툼.

섬섬옥수 纖纖玉手 : 갸날프고 고운 여자의 손을 말함.

성문실화 앙급지어 城門失火 殃及池魚 : 성문이 불에 타니 재앙이 연못 물고기에까지 미친다. 까닭 없이 재난을 당함을 이르는 말로, 졸지에 영문도 모르고 화를 입게 된다는 뜻.

성즉군왕 패즉역적 成則君王 敗則逆賊 : 성공하면 군왕이 되고, 패하면 역적으로 몰린다. 성공하면 정권을 잡아 임금이 될 수 있지만, 실패하면 역적으로 몰리게 된다는 말.

성하지맹 城下之盟 : 성 아래에서 맹세한다는 뜻으로, 굴욕적으로 조약을 맺는 것을 말함.

소탐대실 小貪大失 : 작은 이익을 탐하다가 큰 손실을 봄.

소문만복래 笑門萬福來 : 웃으면 많은 복이 찾아온다는 말.

속수무책 束手無策 : 손을 묶여 어쩔 수 없다는 말로, 어떤 일을 처리할 방법이 없음.

송구영신 送舊迎新 : 묵은 해를 보내고 새해를 맞음.

수복강녕 壽福康寧 : 오래 살며, 행복하고, 건강하며, 마음이 평안함.

수수방관 袖手傍觀 : 어떤 일에 관여하지 않고, 보고만 있는 것.

수불석권 手不釋卷 : 손에서 책을 놓지 않고 늘 글을 읽음.

수서양단 首鼠兩端 : 쥐의 머리가 양쪽으로 오간다는 말로, 마음을 정하지 못함.

수어지교 水魚之交 : 물과 물고기처럼 서로 친밀해서 뗄래야 뗄 수 없는 사이.

수신제가 修身齊家 : 유교의 덕목 중 하나. 몸과 마음을 닦은 후 집안을 다스림.

수오지심 羞惡之心 : 유교의 사단四端 중의 하나. 자기의 잘못을 부끄러워하고 남이 착하지 못함을 미워하는 마음.

수즉다욕 壽則多辱 : 나이가 많으면 좋지 않은 일을 많이 겪게 됨.

슬양소배 膝집搔背 : 무릎이 가려운데 등을 긁는다는 말로, 도리에 어긋남을 비유함.

시문서화 詩文書畵 : 시와 산문과 글씨와 그림.

시종여일 始終如一 : 처음과 끝이 한결같음. 처음 시작할 때처럼 끝까지 한결같이 나아감.

시종일관 始終一貫 : 처음부터 끝까지 태도가 한결같음.

시시비비 是是非非 : 옳고 그른 것.

식자우환 識字憂患 : 글자를 아는 게 도리어 근심이 된다는 말.

신진화멸 薪盡火滅 : 땔나무가 다하여 불이 꺼지는 것처럼 점차로 쇠하여 짐.
신출귀몰 神出鬼沒 : 귀신처럼 자유자재로 출몰하여 그 변화와 행동 반경을 헤아릴 수 없음.
실사구시 實事求是 : 사실에 토대하여 진리를 탐구하는 일.
심기일전 心機一轉 : 마음을 완전히 바꾸고 새롭게 시작함.
심산유곡 深山幽谷 : 깊은 산속의 으슥한 골짜기
십시일반 十匙一飯 : 열 숟가락의 밥이 한 사발의 밥이 됨. 여러 사람이 힘을 합하여 한 사람을 돕는 것을 의미함.

아가사창 我歌査唱 : 내가 부를 노래를 사돈이 부른다는 뜻. 책망을 들어야 할 사람이 도리어 책망한다는 뜻.
아비규환 阿鼻叫喚 : 불교에서 말하는 8대 지옥에서 겪는 고통. 견디기 어려워 울부짖음.
아전인수 我田引水 : 자기 논에 물 대기라는 뜻으로, 자기에게만 좋도록 생각하거나 행동함을 이르는 말.
악어이시 惡語易施 : 못된 말이나 남의 잘못은 말하기 쉬움.
안면박대 顔面薄待 : 잘 아는 사람을 면대하여 푸대접함.
안하무인 眼下無人 : 방자하고 교만하여 모든 사람을 업신여김.
안빈낙도 安貧樂道 : 가난한 처지에도 편안히 도를 즐김.
암중모색 暗中摸索 : 어둠 속에서 더듬어 찾듯, 일의 실마리나 해결책을 찾으려고 노력함.

야가무식도 冶家無食刀 : 대장장이 집에 식칼이 없다는 뜻. 마땅히 있어야 할 물건이 없다는 말.

약관 約款 : 남자 나이 20세를 말함.

약방감초 藥房甘草 : 한약에 꼭 들어가는 감초. 어느 자리에나 꼭 참석해 간섭하거나 재미를 북돋워주는 사람.

양상도회 梁上塗灰 : 대들보에 회를 바름. 여자 얼굴에 지나치게 화장한 것을 말함.

양약고구 良藥苦口 : 좋은 약이 입에 쓰다. 즉, 바른 충고가 귀에는 거슬린다는 뜻.

어부지리 漁父之利 : 어부의 이익이라는 말로, 양자가 다투고 있는 사이에 제 삼자가 이익을 본다는 뜻.

어불성설 語不成說 : 말이 이치에 맞지 않음.

억조창생 億兆蒼生 : 수많은 백성.

언감생심 焉敢生心 : 감히 그런 마음을 먹을 수 없다는 뜻.

언어도단 言語道斷 : 어이가 없어 말문이 막힘.

엄처시하 嚴妻侍下 : 아내에게 잡혀 사는 사람을 조롱하는 말.

여리박빙 如履薄氷 : 얇은 얼음을 밟는 것 같이 조심스러움.

여민동락 與民同樂 : 임금이 백성과 함께 즐김.

여측이심 如厠二心 : 뒷간에 갈 적 마음 다르고, 올 적 마음 다르다는 말. 다급히 굴다가 일이 끝나면 변한다는 뜻.

역발산기개세 力拔山氣蓋世 : 산을 뽑아 던질 만큼 힘이 세고, 세상을 덮을 만큼 기개와 웅대함이 있음.

역지사지 易地思之 : 처지를 바꾸어서 생각함.

연목구어 緣木求魚 : 나무 위에 올라가서 고기를 잡으려 함. 불가능한 일을 무리하게 하려는 것을 비유.

염량세태 炎凉世態 : 세력이 있을 때는 아첨하고, 권세가 다하면 푸대접하는 세상 인심을 두고 하는 말.

염화미소 拈華微笑 : 석가모니가 영산회상에서 제자 마하가섭에게 꽃을 들어 법을 전했다는 이야기에서 유래. 마음으로 법을 전함을 말함. 이심전심以心傳心, 염화시중拈華示衆.

영고성쇠 榮枯盛衰 : 성하기도 하고, 쇠하기도 함.

예승측이 禮勝則離 : 예절이 너무 지나치면 도리어 친화감이 없어진다는 말.

오거지서 五車之書 : 다섯 수레에 실을 만큼 많은 책.

오매불망 寤寐不忘 : 자나 깨나 잊지 못함.

오불관언 吾不關焉 : 자기는 그 일에 관여하지 않음.

오비이락 烏飛梨落 : 까마귀 날자 배 떨어진다는 말로, 공교롭게 남의 의심을 받게 됨을 말함.

오조사정 烏鳥私情 : 까마귀가 길러준 어미의 은혜를 갚는다는 뜻. 자식이 효도한다는 말.

온고지신 溫故知新 : 옛 것을 익히고 새 것을 안다는 말.

외유내강 外柔內剛 : 겉은 부드러우나 안은 강한 성품.

요령부득 要領不得 : 말이나 글의 주요 내용을 알 수 없음.

요산요수 樂山樂水 : 인자仁者는 산을 좋아하고, 지자智者는 물을 좋아한다는 뜻.

욕속부달 欲速不達 : 일을 서두르면 오히려 그르친다는 말.

우도할계 牛刀割鷄 : 닭 잡는 데에 어찌 소 잡는 칼을 쓰랴.

우로풍상 雨露風霜 : 비와 이슬, 바람과 서리라는 말로, 온갖 경험을 뜻함.

우이독경 牛耳讀經 : 소귀에 경 읽기.

우화등선 羽化登仙 : 번데기가 날개가 있는 벌레로 변한다는 말.

우후송산 雨後送傘 : 비 온 뒤에 우산을 보낸다. 일이 끝난 뒤에는 필요했던 것을 준비해서 보내도 쓸 데가 없다는 뜻. 사후약방문死後藥房文.

우후죽순 雨後竹筍 : 비가 온 뒤에 솟는 죽순처럼 어떤 일이 한꺼번에 일어남을 말함.

욱일승천 旭日昇天 : 아침 해가 하늘로 오름.

운니지차 雲泥之差 : 구름과 진흙의 차이란 뜻으로 매우 큰 차이를 일컬음.

원교근공 遠交近攻 : 먼 나라와 친교를 맺고, 가까운 나라를 공격함.

원족근린 遠族近隣 : 먼 친척보다 가까운 이웃이 낫다는 뜻.

월만칙식 月滿則食 : 달이 차면 곧 기움. 월도칙식月盈則食.

월하빙인 月下氷人 : 혼인을 맺어주는 중매인을 뜻함.

위편삼절 韋編三絶 : 책 끈이 세 번 끊어질 정도로 책을 많이 읽음. 종이가 발견되기 전 고대 중국에서는 대나무에 글씨를 쓰고 가죽 끈으로 엮어서 책을 만들었는데, 공자는 책을 많이 읽어서 그 가죽 끈이 세 번씩이나 끊어졌다고 한다.

유구무언 有口無言 : 입이 있어도 할 말이 없다는 뜻.

유능제강 柔能制剛 : 부드러운 것이 능히 강한 것을 제압함.

유방백세 流芳百世 : 꽃다운 이름을 후대에 길이 남김.

유명무실 有名無實 : 이름만 높고 실속은 없음.

유비무환 有備無患 : 미리 준비해 두면 근심할 것이 없음.

유시필종 有始必終 : 시작이 있으면 반드시 끝이 있다.
유아독존 唯我獨尊 : 석가모니가 탄생했을 때 자신을 유일하게 존귀한 자라고 칭했다는 말에서 유래. 오늘날엔 자신 밖에 모르는 오만 무례한 태도를 말함.
유야무야 有耶無耶 : 있는듯 없는듯 흐지부지함.
유언비어 流言蜚語 : 근거 없이 널리 퍼진 소문.
유유자적 悠悠自適 : 아무 속박 없이 한가롭고 편하게 삶.
유종지미 有終之美 : 끝마무리를 잘해야 한다는 뜻.
유지자 사경성 有志者事竟成 : 뜻이 있는 자는 마침내 일을 이룬다.
육두문자 肉頭文字 : 음담패설. 욕설.
은인자중 隱忍自重 : 마음속으로 참고 견디며 몸가짐을 조심함.
음풍농월 吟風弄月 : 맑은 바람과 밝은 달을 시로 읊음.
의중지인 意中之人 : 마음속으로 정한 사람.
이고위감 以古爲鑑 : 옛것을 오늘의 거울로 삼는다는 뜻.
이구동성 異口同聲 : 여러 사람의 말이 한결같음을 이르는 말.
이란투석 以卵投石 : 계란으로 돌을 친다는 뜻으로, 무모함을 비유.
이여반장 易如反掌 : '손바닥 뒤집기'라는 뜻으로, 몹시 쉬운 일을 비유하는 말.
이열치열 以熱治熱 : 열은 열로써 다스려야 한다는 말. 더울 때는 더운 것으로 더위를 이겨야 한다는 뜻.
이율배반 二律背反 : 서로 모순 되는 주제가 동시에 동등한 권리를 가질 때를 말함.
인과응보 因果應報 : 원인을 제공하면 결과로써 반드시 그 댓가를 받게 된다는 말.

인면수심 人面獸心 : 사람의 탈을 쓰고 짐승같이 잔혹한 행동을 함.

인명재천 人命在天 : 사람의 목숨은 하늘에 달려 있음.

인산인해 人山人海 : 사람들이 산처럼 많이 군집해 있음.

인자요산 仁者樂山 : 어진 사람은 산을 좋아한다는 말.

인자무적 仁者無賊 : 어진 사람은 적이 없음.

일각여삼추 一刻如三秋 : 짧은 시간이 마치 세 번의 가을을 보낸 듯 하다는 말로 기다림의 애타는 심정을 말함.

일구월심 日久月深 : 날이 오래되고, 달이 깊어간다는 말로 세월이 흐를수록 더하다는 말.

일기당천 一騎當千 : 한 사람이 천 사람을 당해냄.

일망무제 一望無際 : 아득하게 넓어 끝이 보이지 않는 정경.

일사불란 一絲不亂 : 질서정연하여 조금도 흐트러짐이 없는 모습.

일사천리 一瀉千里 : 일이 거침없이 순조롭게 진행됨을 이르는 말.

일어탁수 一魚濁水 : 한 마리의 물고기가 물을 흐리게 한다는 말로 한 사람의 잘못으로 여러 사람이 피해를 입을 때 하는 말.

일이관지 一以貫之 : 한 이치로 모든 것을 꿰뚫음.

일자천금 一字千金 : 한 글자가 천금의 값어치를 가지고 있음. 고서화古書畵 등 값비싼 책을 두고 하는 말.

일장춘몽 一場春夢 : 인생이 한바탕 꿈과 같다는 말.

일취월장 日就月將 : 나날이 발전해 감.

일패도지 一敗塗地 : 여지없이 패하여 다시 일어설 수 없게 됨.

일촉즉발 一觸卽發 : 조금만 닿아도 곧 폭발할 듯한 위험한 상태.

일촌광음 一寸光陰 : 매우 짧은 시간.

일필휘지 一筆揮之 : 글씨를 단숨에 시원하고 힘차게 씀.

입산기호 入山忌虎 : 산에 들어가 범을 꺼려한다. 즉, 피할 여지가 없는데 피하려고 한다는 말.

입추지지 立錐之地 : 송곳 하나 세울 수 없이 좁음. 사람이 많이 모여 조금도 빈틈이 없는 것을 가리킨다.

ㅈ

자가당착 自家撞着 : 자기의 언행이 전후가 맞지 않음. 모순矛盾.

자수삭발 自手削髮 : 스스로 머리털을 깎음. 즉, 자기 뜻에 따라 중이 됨. 어려움을 혼자 힘으로 감당함을 이르는 말.

자승자박 自繩自縛 : 제 몸을 제가 묶는다는 뜻으로, 자신의 언행으로 말미암아 자신을 망치게 되는 경우를 말함.

자포자기 自暴自棄 : 자기 자신을 스스로 버려서 돌보지 않음.

작심삼일 作心三日 : 마음을 작정한 지 사흘도 못 간다는 말로, 마음먹은 일이 오래 계속되지 못한다는 뜻.

장삼이사 張三李四 : 장씨 셋에 이씨 넷. 성명이나 신분이 뚜렷하지 못한 평범한 사람들.

장수선무 長袖善舞 : 소매가 길면 춤추기가 좋다. 여건이 좋으면 성공하기가 쉽다는 뜻.

장주지몽 莊周之夢 : '나비가 된 꿈'이라는 뜻으로, 물아일체의 경지, 또는 인생무상을 비유하는 말.

적반하장 賊反荷杖 : 도둑이 도리어 매를 들고 대든다는 말로, 잘못한 사람이 잘한 사람에게 큰소리를 친다는 뜻.

적재적소 適材適所 : 일에 꼭 맞고 적합함.

전광석화 電光石火 : 극히 짧은 시간이나 동작.

전대미문 前代未聞 : 이제까지 들은 적이 없음.

전무후무 前無後無 : 과거에도 없었고 앞으로도 없음.

전전긍긍 戰戰兢兢 : 매우 두려워 조심함.

전전반측 輾轉反側 : 이리저리 뒤척거리며 잠을 못 이룸.

전화위복 轉禍爲福 : 나쁜 일이 바뀌어 도리어 복이 됨.

절치부심 切齒腐心 : 몹시 분하여 이를 갈고 속을 썩임.

점입가경 漸入佳境 : 일이 점점 흥미있게 진행되어 감.

정문일침 頂門一鍼 : 정수리에 놓는 침. 남의 결점을 똑바로 찌른 따끔한 비판을 말함.

정심수기 正心修己 : 마음을 바르게 하고 몸을 닦음.

조령모개 朝令暮改 : 아침에 내린 명령을 저녁에 바꾼다는 뜻으로, 법령이 빈번하게 바뀜을 일컫는 말.

조로인생 朝露人生 : 인생은 아침 이슬과 같다. 초로인생草露人生.

조문도석사가의 朝聞道夕死可矣 : 아침에 도를 들었으면 저녁에 죽어도 좋다는 뜻.

조삼모사 朝三暮四 : 아침에 세 개, 저녁에 네 개라는 말로, 꾀로 속이고 희롱함을 이르는 말.

조족지혈 鳥足之血 : '새 발의 피'라는 말로, 대수롭지 않다는 뜻.

족불이영 足不履影 : 스승의 옆을 지날 때는 그림자도 밟지 않음.

좌정관천 坐井觀天 : 우물 속에 앉아 하늘을 본다는 말로, 좁은 소견을 뜻함.

종고시행 宗古施行 : 옛날에 하던 대로 행함.

종두득두 種豆得豆 : 콩을 심어 콩을 거둔다는 말.

주경야독 晝耕夜讀 : 낮엔 일하고 밤엔 열심히 공부함.
주마가편 走馬加鞭 : 달리는 말에 채찍질한다는 말로, 열심히 일하는 사람을 더욱 편달한다는 뜻.
주마간산 走馬看山 : 말을 타고 달리면서 산천의 경치를 구경한다는 뜻으로, 사물의 겉만 훑어보고 속에 담긴 내용이나 참된 모습을 바르게 알아내지 못함을 의미.
주위상책 走爲上策 : 불리하면 달아나는 것이 상책이라는 말. 일단 살고 보자는 뜻.
죽장망혜 竹杖芒鞋 : 대나무 지팡이에 짚신이란 말로, 여행을 떠날 때의 간편한 차림을 말함.
주야불식 晝夜不息 : 아침 저녁으로 쉬지 않고 열심히 일함.
중과부적 衆寡不敵 : 적은 군사로 많은 군사를 대적하지 못함.
중소성다 衆小成多 : 적은 것도 여럿이 모이면 많은 양이 됨.
중언부언 重言復言 : 했던 말을 여러 번 반복해서 말함.
지기상합 志氣相合 : 두 사람의 뜻이 서로 맞음.
지리멸렬 支離滅裂 : 갈기갈기 찢기고 흩어져 갈피를 잡을 수 없음.
지란지교 芝蘭之交 : 난처럼 깨끗하고 고상한 벗 사이의 교제.
지록위마 指鹿爲馬 : 사슴을 가리켜 말이라 함. 사실이 아닌 것을 속여 권세를 부림을 뜻함.
지성감천 至誠感天 : 정성이 지극하면 하늘도 감동한다. 정성을 다하면 어려운 일도 순조롭게 풀려 좋은 결과를 맺는다는 말.
지자요수 智者樂水 : 슬기로운 사람은 사리에 밝아 막힘이 없는 것이 흐르는 물과 같으므로 물을 좋아함.
진수성찬 珍羞盛饌 : 잘 차린 맛 좋은 음식

진퇴양난 進退兩難 : 후퇴와 전진을 반복하는 어려운 상황. 이러지도 저러지도 못하는 매우 난처한 처지를 말함.
진합태산 塵合泰山 : 티끌모아 태산. 작은 것이 모이면 크게 됨.

ㅊ

차일피일 此日彼日 : 오늘, 내일 하고 자꾸만 미룸.
찰찰불찰 察察不察 : 너무 살피는 것이 도리어 살피지 못한 것이 될 수 있음. 곧 너무 세밀한 것이 실수가 될 수 있음.
창해상전 滄海桑田 : 푸른 바다가 뽕밭이 됨. 상전벽해 桑田碧海
창해일속 滄海一粟 : 넓은 바다에 있는 한 알의 좁쌀. 극히 작은 존재를 비유하는 말.
천금매소 千金買笑 : 천금을 주고 사랑하는 여자의 웃음을 삼.
천방지축 天方地軸 : 행동이 얌전하지 못하고 소란스러움을 말함.
천석고황 泉石膏肓 : 자연을 사랑함이 지나쳐 고질병과 같음.
천생연분 天生緣分 : 하늘에서 정해준 남녀 간의 연분.
천우신조 天佑神助 : 하늘이 도와 주고 귀신이 도움.
천인공노 天人共怒 : 하늘과 사람이 함께 노한다는 뜻으로, 누구나 분노할 만큼 도저히 용납할 수 없음을 이르는 말
천자만홍 千紫萬紅 : 꽃이 울긋불긋 만발함.
천장지구 天長地久 : 하늘과 땅처럼 영구히 변하지 않음.
천재일우 千載一遇 : 다시 만나기 힘든 좋은 기회.
천진무구 天眞無垢 : 아무 흠이 없이 천진함.
천편일률 千篇一律 : 사물이 한결같이 비슷함.

천학비재 淺學非才 : 학문이 얕고, 재주가 변변치 못함.

철두철미 徹頭徹尾 : 처음부터 끝까지 철저하고 정확함.

철천지원 徹天之寃 : 하늘에 사무치는 크나큰 원한.

청경우독 晴耕雨讀 : 맑은 날에는 밭을 갈고, 비오는 날에는 책을 읽음.

청산유수 靑山流水 : 청산에 물 흐르듯 막힘없이 말을 잘함.

초근목피 草根木皮 : 풀뿌리와 나무껍질. 가난하여 보잘것 없는 음식으로 연명할 때를 비유.

초로인생 草露人生 : 풀잎의 이슬처럼 덧없는 인생을 말함.

초미지급 焦眉之急 : 눈썹이 타면 급히 끄지 않을 수 없다는 뜻으로, 매우 다급한 일을 일컬음.

초지일관 初志一貫 : 처음 계획한 뜻을 이루려고 끝까지 밀고 나감.

추풍낙엽 秋風落葉 : 가을 바람에 떨어지는 낙엽처럼 어떤 일이 급속히 쇠약해짐.

춘치자명 春雉自鳴 : 봄이 오면 꿩이 스스로 운다. 묻지 않는 일을 스스로 발언하거나 때가 되면 일이 저절로 이루어 짐을 일컫는 말.

출가외인 出嫁外人 : 시집간 딸은 남이나 다름 없다는 말.

출호이자 반호이 出乎爾者 反乎爾 : 자기에게서 나간 것이 자기에게로 돌아온다.

충언역어이 忠言逆於耳 : 좋은 충고는 귀에 거슬릴 수 있다는 말.

취생몽사 醉生夢死 : 술에 취한 듯 살다가 꿈을 꾸는 듯 죽는다는 말로, 한평생을 아무 의미 없이 살아가는 것.

칠거지악 七去之惡 : 옛날 아내를 내쫓을 수 있는 7가지 악행. 불효, 무자식, 음란, 질투, 질병, 말 많음, 도둑질 등을 말함. 이에

반하여 삼불거三不去라 해서 예외가 있었는데, 부모의 삼년
상을 같이 했거나 시집온 후 고생 끝에 살림을 일구었거나
내쫓아도 갈 곳이 없을 때는 저버려서는 안된다 했음.

침소봉대 針小棒大 : 바늘을 몽둥이라고 하는 것처럼 작은 일을 부풀려 말함.

칠종칠금 七縱七擒 : 일곱 번 놓아주었다가 일곱 번 붙잡는다는 말로, 사람을 자유자재로 다룸을 의미.

ㅋ

쾌도난마 快刀亂麻 : 칼로 자르듯이 시원스럽게 일을 처리함.

ㅌ

타산지석 他山之石 : 다른 산의 거친 돌도 나의 구슬을 가는 데 도움이 됨. 즉, 다른 사람의 작은 언행도 자기에게 도움이 될 수 있다는 뜻.

타초경사 打草驚蛇 : 풀을 쳐서 뱀을 놀라게 함. 즉, 갑을 경계하여 을을 깨우침.

탁상공론 卓上空論 : 현실성이 없는 허황된 논의.

탐관오리 貪官汚吏 : 부패한 관리.

태연자약 泰然自若 : 어떤 일에도 평온하고 천연스러움.

토각귀모 兎角龜毛 : 토끼의 뿔과 거북의 털이라는 말로 현실성이 없음을 의미.

토사구팽 兎死拘烹 : 토끼가 죽으면 사냥개도 필요 없게 되어 삶아

먹힌다는 말로, 쓸모가 없어지면 사정없이 처단됨을 말함.

ㅍ

파란곡절 波瀾曲折 : 생활이나 일에서 겪게 되는 많은 변화와 복잡한 사정.
파안대소 破顔大笑 : 얼굴을 환히 열고 크게 웃음.
파죽지세 破竹之勢 : 대나무를 쪼개는 기세. 힘이 강대하여 거침없이 뻗어나감을 의미.
패가망신 敗家亡身 : 집안과 자신의 몸을 망침.
평지풍파 平地風波 : 뜻밖에 큰 일이 일어남을 비유적으로 이르는 말.
포복절도 抱腹絶倒 : 배를 움켜쥐고 쓰러질 정도로 크게 웃음.
풍우대상 風雨對狀 : 바람과 비가 서로 마주 대하다. 즉, 형제가 서로 만나는 것을 비유한 말.
풍전등화 風前燈火 : 바람 앞의 등불이라는 말로 일이 위급함을 뜻하는 말.
풍찬노숙 風餐露宿 : 바람과 이슬을 맞으며 들에서 잠. 떠돌아 다니면서 모진 고생을 한다는 말.
피골상접 皮骨相接 : 피부와 뼈가 붙을 정도로 몸이 몹시 말랐음.
필부지용 匹夫之勇 : 소인의 혈기에서 나오는 용기. 경솔함을 의미.
필부필부 匹夫匹婦 : 평범한 남녀를 일컫는 말.
필유곡절 必有曲折 : 반드시 무슨 까닭이 있음.

ㅎ

하석상대 下石上臺 : 아랫돌을 빼서 윗돌을 괴고, 윗돌을 빼서 아랫돌을 괸다는 말. 임시변통으로 이리저리 짜맞춤.

학수고대 鶴首苦待 : 학처럼 목을 길게 늘이고 몹시 애타게 기다림.

학이지지 學而之知 : 배워서 앎.

함구무언 緘口無言 : 입을 다물고 말을 하지 않음.

해로동혈 偕老同穴 : 부부의 금슬이 좋아서 살아서는 같이 늙고, 죽어서는 한 무덤에 묻히고자 함을 뜻한다.

행운유수 行雲流水 : 떠가는 구름과 흐르는 물이란 말로, 일이 막힘이 없을 때, 혹은 마음씨가 시원스러울 때나 사물이 일정한 형태가 없이 변할 때 쓰는 말.

허장성세 虛張聲勢 : 실속 없이 과장되게 떠는 허풍.

현하구변 懸河口辯 : 거침없이 유창하게 말을 잘함.

혈기방장 血氣方壯 : 피와 기운이 한창 씩씩함.

형설지공 螢雪之功 : 반딧불과 눈(雪)빛으로 글을 읽었다는 고사.

호가호위 狐假虎威 : 여우가 호랑이의 위세를 빌려 위엄을 삼는다는 말.

호구지책 糊口之策 : 겨우 먹고 사는 방책.

호사다마 好事多魔 : 좋은 일엔 꼭 나쁜 일이 있기 마련이라는 말.

호사유피 인사유명 虎死留皮 人死留名 : 호랑이는 죽어서 가죽을 남기고, 사람은 명예를 남긴다는 뜻.

홍로점설 紅爐點雪 : 화로 위의 눈송이. 큰 일을 하는데 작은 일은 아무 소용이 없음, 혹은 어떤 의혹이 일시에 없어짐.

화사첨족 畵蛇添足 : 뱀 그림에 다리를 그렸다는 뜻으로 쓸데없이 군

일을 하다가 일을 그르침을 말함. 사족蛇足이라고도 함
화중지병 畵中之餠 : 그림의 떡.
화촉동방 華燭洞房 : 첫날 밤, 신랑 신부가 자는 방.
환골탈태 換骨奪胎 : 얼굴이 전보다 아름다워짐을 말하거나, 신분이 상승되었을 때, 혹은 문장을 개작해서 새롭게 만들었을 때를 말함.
회자인구 膾炙人口 : 회와 구운 고기라는 뜻으로, 어떤 일이 뭇 사람들의 입에 오르내림을 의미.
회자정리 會者定離 : 만나면 반드시 헤어짐. 만유무상을 나타내는 말.
횡설수설 橫說竪說 : 조리 없이 함부로 늘어놓는 말.
후안무치 厚顔無恥 : 뻔뻔스러워 부끄러움을 모른다는 말.
흥망성쇠 興亡盛衰 : 흥하고 망하고 성하고 쇠함.
흥진비래 興盡悲來 : 즐거운 일이 다하면 슬픈 일이 온다는 말로, 세상의 기쁨과 슬픔이 돌고 돎을 말함.
희대미문 稀代未聞 : 지극히 드물어서 좀처럼 듣지 못함.
희색만면 喜色滿面 : 기쁜 빛이 얼굴에 가득함.

3. 우리나라 역사 연대

환국 - 환인시대

B.C. 7199년 1대 환인
      2대 혁서
      3대 고시리
      4대 주우양
      5대 석제임
      6대 구을리
    3898년 7대 지위리

배달국 - 환웅시대

※ 괄호( ) 안은 재위 기간임.

B.C. 3898년 1대 거발환(94년)
    3804년 2대 거불리(86년)
    3718년 3대 우야고(99년)
    3619년 4대 모사라(107년)
    3512년 5대 태우의(93년)
    3419년 6대 다의발(98년)
    3321년 7대 거련(81년)
    3240년 8대 안부련(73년)
    3167년 9대 양운(96년)
    3071년 10대 갈고(100년)
    2971년 11대 거야발(92년)
    2879년 12대 주무신(105년)
    2774년 13대 사와라(67년)
    2707년 14대 자오지(109년)
    2598년 15대 치액특(89년)
    2509년 16대 축다리(56년)
    2453년 17대 혁다세(72년)
    2381년 18대 거불단(48년)

고조선국 삼한의 단군시대

진한(辰韓 : 12국)

B.C. 2333년 1대 왕검(93년)
    2240년 2대 부루(58년)
    2182년 3대 가륵(45년)
    2137년 4대 오사구(38년)
    2099년 5대 구을(16년)
    2083년 6대 달문(36년)
    2047년 7대 한속(54년)
    1993년 8대 우서한(8년)
    1985년 9대 아술(35년)
    1950년 10대 노을(59년)
    1891년 11대 도해(57년)
    1834년 12대 아한(52년)
    1782년 13대 흘달(61년)
    1721년 14대 고불(60년)
    1661년 15대 대음(51년)
    1610년 16대 위나(58년)
    1552년 17대 여을(68년)
    1484년 18대 동엄(49년)
    1435년 19대 구모소(55년)
    1380년 20대 고홀(43년)
    1337년 21대 소태(52년)
    1285년 22대 색불루(48년)
    1237년 23대 아홀(76년)
    1161년 24대 연나(11년)
    1150년 25대 솔나(88년)
    1062년 26대 추로(65년)
     997년 27대 두밀(26년)
     971년 28대 해모(28년)

943년 29대 마휴(34년)
909년 30대 나휴(35년)
874년 31대 등올(25년)
849년 32대 추밀(30년)
819년 33대 감물(24년)
795년 34대 오루문(23년)
772년 35대 사벌(68년)
704년 36대 매륵(58년)
646년 37대 마물(56년)
590년 38대 다물(45년)
545년 39대 두홀(36년)
509년 40대 달음(18년)
491년 41대 음차(20년)
471년 42대 을우지(10년)
461년 43대 물리(36년)
425년 44대 구물(29년)
396년 45대 여루(55년)
341년 46대 보을(46년)
295년 47대 고열가(58년)

마한(馬韓 : 54국)

B.C. 2333년 1대 웅백다(55년)
2278년 2대 노덕리(49년)
2229년 3대 불여래(50년)
2179년 4대 두라문(4년)
2175년 5대 을불리(39년)
2136년 6대 근우지(28년)
2108년 7대 을우지
  -    8대 궁호
1993년 9대 막연(55년)
1938년 10대 아화(15년)
1923년 11대 사리(118년)
1805년 12대 아리(90년)

1715년 13대 갈지(83년)
1632년 14대 을아(82년)
1550년 15대 두막해(54년)
1496년 16대 독로(125년)
1371년 17대 아루(84년)
1287년 18대 아라사(2년)
1285년 19대 원흥(53년)
1232년 20대 아실(110년)
1122년 21대 아도(31년)
1091년 22대 아화지(36년)
1055년 23대 아사지(121년)
934년 24대 아리손
  -   25대 소이
754년 26대 사우(77년)
677년 27대 궁홀
  -   28대 동기
588년 29대 다도(79년)
509년 30대 사라
  -   31대 가섭라
  -   32대 가리
425년 33대 전내
  -   34대 전을래
366년 35대 맹남

변한(弁韓 : 12국)

B.C. 2333년 1대 차두남(82년)
2251년 2대 낭야(13년)
2238년 3대 물길(51년)
2187년 4대 애친
  -   5대 도무
2098년 6대 호갑(26년)
2072년 7대 오라(57년)
2015년 8대 이조(40년)

1975년 9대 거세(15년)
1960년 10대 자오사(14년)
1946년 11대 산신(53년)
1893년 12대 계전(49년)
1844년 13대 백전(18년)
1826년 14대 중전(56년)
1770년 15대 소전(43년)
1727년 16대 사엄
　－　17대 서한
1664년 18대 물가(64년)
1600년 19대 막진(46년)
1554년 20대 진단(36년)
　⋮
1285년 30대 서우여(61년)

변한(기자조선)

B.C. 1122년 1대 문성왕(40년)
1082년 2대 장혜왕
1057년 3대 경효왕(27년)
1030년 4대 공정왕(30년)
1000년 5대 문무왕(28년)
972년 6대 태원왕(4년)
968년 7대 경창왕(11년)
957년 8대 홍평왕(14년)
943년 9대 철위왕(18년)
925년 10대 선혜왕(29년)
896년 11대 의양왕(53년)
843년 12대 문혜왕(50년)
793년 13대 성덕왕(15년)
778년 14대 도희왕(2년)
776년 15대 문열왕(15년)
761년 16대 창국왕(13년)
748년 17대 무위왕(26년)

722년 18대 정경왕(19년)
703년 19대 락성왕(28년)
675년 20대 효종왕(17년)
　⋮
290년 38대 현문왕(39년)
251년 39대 장평왕(19년)
232년 40대 종통왕(12년)
220년 41대 애왕(26년)

북부여 해모수 시대(후 삼한시대)

북부여

B.C. 239년 1대 해모수(45년)
194년 2대 모수리(25년)
169년 3대 고해사(49년)
120년 4대 고우루(34년)
108년 5대 고두막(49년)
59년 6대 고무서(2년)

중마한(월자국)

B.C. 86년 1대 해부루(39년)
47년 2대 금와(41년)
6년 3대 대소(28년)

변한(후마한)

B.C. 194년 1대 무강왕(1년)
193년 2대 강왕(4년)
190년 3대 안왕(32년)
157년 4대 혜왕(13년)
144년 5대 명왕(31년)
113년 6대 효왕(40년)
73년 7대 양왕(15년)
58년 8대 원왕(26년)

32년 9대 계왕(40년)

삼국시대
고구려

B.C.　37년 1대 동명왕(18년)
　　　19년 2대 유리왕(36년)

A.D.　18년 3대 대무신왕(26년)
　　　44년 4대 민중왕(4년)
　　　48년 5대 모본왕(5년)
　　　53년 6대 태조왕(93년)
　　146년 7대 차대왕(19년)
　　165년 8대 신대왕(14년)
　　179년 9대 고국천왕(18년)
　　197년 10대 산상왕(30년)
　　227년 11대 동천왕(21년)
　　248년 12대 중천왕(22년)
　　270년 13대 서천왕(22년)
　　292년 14대 봉상왕(8년)
　　300년 15대 미천왕(31년)
　　331년 16대 고국원왕(40년)
　　371년 17대 소수림왕(13년)
　　384년 18대 고국양왕(7년)
　　391년 19대 광개토왕(22년)
　　413년 20대 장수왕(79년)
　　491년 21대 문자왕(27년)
　　519년 22대 안장왕(12년)
　　531년 23대 안원왕(14년)
　　545년 24대 양원왕(14년)
　　559년 25대 평원왕(31년)
　　590년 26대 영양왕(28년)
　　618년 27대 영류왕(24년)
　　642년 28대 보장왕(27년)

백제

B.C.　18년 1대 온조(45년)

A.D.　28년 2대 다루왕(49년)
　　　77년 3대 기루왕(51년)
　　128년 4대 개루왕(38년)
　　166년 5대 초고왕(48년)
　　214년 6대 구수왕(20년)
　　234년 7대 사반왕(1년)
　　234년 8대 고이왕(52년)
　　286년 9대 책계왕(12년)
　　298년 10대 분서왕(6년)
　　304년 11대 비류왕(40년)
　　344년 12대 계왕(2년)
　　346년 13대 근초고왕(29년)
　　375년 14대 근구수왕(9년)
　　384년 15대 침류왕(1년)
　　385년 16대 진사왕(7년)
　　392년 17대 아신왕(13년)
　　405년 18대 전지왕(15년)
　　420년 19대 구이신왕(7년)
　　427년 20대 비유왕(28년)
　　455년 21대 개로왕(20년)
　　475년 22대 문주왕(2년)
　　477년 23대 삼근왕(2년)
　　479년 24대 동성왕(22년)
　　501년 25대 무령왕(21년)
　　523년 26대 성왕(31년)
　　554년 27대 위덕왕(44년)
　　598년 28대 혜왕(1년)
　　599년 29대 법왕(1년)
　　600년 30대 무왕(41년)
　　641년 31대 의자왕(21년)

신라

B.C. 57년 1대 혁거세(60년)

A.D. 4년 2대 남해왕(20년)
24년 3대 유리왕(33년)
57년 4대 탈해왕(23년)
80년 5대 파사왕(32년)
112년 6대 지마왕(22년)
134년 7대 일성왕(20년)
154년 8대 아달라왕(30년)
184년 9대 벌휴왕(12년)
195년 10대 내해왕(35년)
230년 11대 조분왕(17년)
247년 12대 첨해왕(14년)
261년 13대 미추왕(23년)
284년 14대 유례왕(14년)
298년 15대 기림왕(12년)
310년 16대 흘해왕(46년)
356년 17대 내물왕(46년)
402년 18대 실성왕(15년)
417년 19대 눌지왕(41년)
458년 20대 자비왕(21년)
479년 21대 소지왕(21년)
500년 22대 지증왕(14년)
514년 23대 법흥왕(26년)
540년 24대 진흥왕(36년)
576년 25대 진지왕(3년)
579년 26대 진평왕(53년)
632년 27대 선덕여왕(15년)
647년 28대 진덕여왕(7년)
654년 29대 무열왕(7년)
661년 30대 문무왕(20년)
681년 31대 신문왕(11년)

692년 32대 효소왕(10년)
702년 33대 성덕왕(35년)
737년 34대 효성왕(5년)
742년 35대 경덕왕(23년)
765년 36대 혜공왕(15년)
780년 37대 선덕왕(5년)
785년 38대 원성왕(14년)
799년 39대 소성왕(1년)
800년 40대 애장왕(9년)
809년 41대 헌덕왕(17년)
826년 42대 흥덕왕(11년)
836년 43대 희강왕(3년)
838년 44대 민애왕(1년)
839년 45대 신무왕(1년)
839년 46대 문성왕(18년)
857년 47대 헌안왕(4년)
861년 48대 경문왕(14년)
875년 49대 헌강왕(11년)
886년 50대 정강왕(2년)
887년 51대 진성여왕(10년)
897년 52대 효공왕(15년)
912년 53대 신덕왕(5년)
917년 54대 경명왕(7년)
924년 55대 경애왕(3년)
927년 56대 경순왕(9년)

가야

A.D. 42년 1대 수로왕(157년)
199년 2대 거등왕(60년)
259년 3대 마품왕(32년)
291년 4대 거질미왕(55년)
346년 5대 이시품왕(61년)
407년 6대 좌지왕(14년)

421년 7대 취희황(30년)
451년 8대 질지왕(41년)
492년 9대 감지왕(29년)
521년 10대 구형왕(11년)

발해

A.D. 699년 1대 고왕(20년)
719년 2대 무왕(18년)
737년 3대 문왕(56년)
793년 4대 폐왕(1년)
794년 5대 성왕(1년)
795년 6대 강왕(14년)
809년 7대 정왕(3년)
812년 8대 희왕(5년)
817년 9대 간왕(1년)
818년 10대 선왕(12년)
830년 11대 이진왕(28년)
858년 12대 건황왕(12년)
870년 13대 경왕(31년)
901년 14대 애왕(26년)

후고구려

A.D. 901년 1대 궁예(17년)

후백제

A.D. 892년 1대 견훤(44년)
936년 2대 신검(1년)

고려

A.D. 918년 1대 태조(26년)
943년 2대 혜종(2년)
945년 3대 정종(4년)
949년 4대 광종(26년)

975년 5대 경종(6년)
981년 6대 성종(16년)
997년 7대 목종(12년)
1009년 8대 현종(22년)
1031년 9대 덕종(3년)
1034년 10대 정종(12년)
1046년 11대 문종(37년)
1083년 12대 순종(1년)
1083년 13대 선종(11년)
1094년 14대 헌종(1년)
1095년 15대 숙종(10년)
1105년 16대 예종(17년)
1122년 17대 인종(24년)
1146년 18대 의종(24년)
1170년 19대 명종(27년)
1197년 20대 신종(7년)
1204년 21대 희종(7년)
1211년 22대 강종(2년)
1213년 23대 고종(46년)
1259년 24대 원종(15년)
1274년 25대 충렬왕(34년)
1308년 26대 충선왕(5년)
1313년 27대 충숙왕(17년)
1330년 28대 충혜왕(14년)
1344년 29대 충목왕(4년)
1348년 30대 충정왕(3년)
1351년 31대 공민왕(23년)
1374년 32대 우왕(14년)
1388년 33대 창왕(1년)
1389년 34대 공양왕(4년)

조선

A.D. 1392년 1대 　태조(6년)
　　 1398년 2대 　정종(2년)
　　 1400년 3대 　태종(18년)
　　 1418년 4대 　세종(32년)
　　 1450년 5대 　문종(2년)
　　 1452년 6대 　단종(3년)
　　 1455년 7대 　세조(13년)
　　 1468년 8대 　예종(1년)
　　 1469년 9대 　성종(25년)
　　 1494년 10대 연산군(12년)
　　 1506년 11대 중종(38년)
　　 1544년 12대 인종(1년)
　　 1545년 13대 명종(22년)
　　 1567년 14대 선조(41년)
　　 1608년 15대 광해군(15년)
　　 1623년 16대 인조(26년)
　　 1649년 17대 효종(10년)
　　 1659년 18대 현종(15년)
　　 1674년 19대 숙종(46년)
　　 1720년 20대 경종(4년)
　　 1724년 21대 영조(52년)
　　 1776년 22대 정조(24년)
　　 1800년 23대 순조(34년)
　　 1834년 24대 헌종(15년)
　　 1849년 25대 철종(14년)
　　 1863년 26대 고종(43종)
　　 1907년 27대 순종(4년)

일제식민지시대

A.D. 1910년 1대 테라우치寺内正毅(6년)
　　 1916년 2대 하세가와長谷川好道(3년)
　　 1919년 3대 사이토齋藤實(8년)
　　 1927년 4대 야마나시山梨半造(2년)
　　 1929년 5대 사이토齋藤實(2년)
　　 1931년 6대 우가키가즈시케宇垣一成(5년)
　　 1936년 7대 미나미 지로南次郎(6년)
　　 1942년 8대 고이소小磯國昭(2년)
　　 1944년 9대 아베노부유키阿部信行(1년)

한반도 속의 남북시대

대한민국

A.D. 1948년 1~3대　이승만 (12년)
　　 1960년 4대　　윤보선 (3년)
　　 1963년 5~9대　박정희 (16년)
　　 1979년 10대　　최규하 (1년)
　　 1980년 11~12대 전두환 (8년)
　　 1988년 13대　　노태우 (5년)
　　 1993년 14대　　김영삼 (5년)
　　 1998년 15대　　김대중 (5년)
　　 2003년 16대　　노무현 (5년)
　　 2008년 17대　　이명박

조선인민공화국

A.D. 1948년 1대 김일성(46년)
　　 1994년 2대 김정일

※ 한국정신문화선양회 〈한국 역대 제왕표〉 참조.

4. 우리나라 역대 왕 일람

고조선 古朝鮮

단군왕검檀君王儉

우리 민족의 시조인 고조선의 초대 임금. 천제天帝 환인桓因의 손자이며 환웅桓雄의 아들. B.C. 2333년에 나라를 세워 평양에 도읍을 정하고 국호를 조선朝鮮이라 했다. 단군은 1500년 동안 나라를 다스리다가 기자箕子에게 왕위를 물려주고 장당경(藏唐京 : 황해도 신천군)으로 옮겼다. 그후 다시 아사달阿斯達로 가서 산신이 되니 그의 나이 1,908세였다.

단군 숭배 사상은 고려 때에 이르러 민족의 시조로 등장하여, 조선 세종 때 평양에 단군 사당을 짓고 고구려 동명왕과 함께 국조로 받들었다.

구월산에 환인, 환웅, 단군을 모시는 삼성사三聖祠가 있고, 조선 후기에 대종교大倧敎가 생겨났다.

고구려 高句麗

제1대 동명왕東明王 (재위 B.C. 37~B.C. 19)

고구려의 시조로 성은 고高, 휘는 주몽朱蒙. 그에 대한 설화가 전해 온다.

동부여의 왕 해부루解夫婁가 죽고 금와金蛙가 즉위하여 하백河伯의 딸 유화柳花를 부인으로 삼았으나, 그녀가 천제의 아들인 해모수와 가까이했다는 이야기를 듣고 궁실에 유폐되었다. 유화는 햇빛을 받고 임신하여 알 하나를 낳았는데, 그 알에서 나온 이가 곧 주몽이다. 금와의 아들 7형제는 모두 재주가 주몽만 못하였다.

이를 시기한 장남 대소大素가 여러 형제와 신하들과 같이 주몽을 죽이려고 하자, 이를 피하여 졸본에 도읍을 정하고 국호를 고구려라 하였다.

제2대 유리왕琉璃王 (재위 B.C. 19~A.D. 18)

동명왕의 맏아들. 어머니는 예禮씨이며, 비는 송松씨. 부여에서 아버지를 찾아 고구려로 왔다가 태자에 책립되었다. B.C. 9년에는 선비鮮卑를 정복하고, A.D. 3년에는 도읍을 국내성으로 옮겼다. A.D. 13년 부여군이 침입해오자 왕자 무휼撫恤을 시켜 격퇴하였다. 이듬해에는 양맥梁貊을 쳐서 멸망시키고, 한나라의 고구려현高句麗縣을 빼앗았다.

제3대 대무신왕大武神王 (재위 18~44)

유리왕의 셋째 아들. 어머니는 송松씨. 22년에 동부여왕 대소帶素와 싸워 승리하고 국토를 살수 이북까지 확대했으며, 한漢나라와 국교를 열어 사신의 왕래가 빈번했다.

제4대 민중왕閔中王 (재위 44~48)

이름은 해색주解色朱. 대무신왕의 아우. 대무신왕이 돌아간 후 태자(5대 모본왕 해우)가 어려서 즉위하였다.

제5대 모본왕慕本王 (재위 48~53)

이름은 해우解憂. 대무신왕의 아들. 성품이 사납고 어질지 못하며 정사를 돌보지 않아 백성들의 원성을 들었다. 결국 두로杜魯에게 피살되었다.

제6대 태조왕太祖王 (재위 53~146)

이름은 궁宮. 유리왕의 손자, 7세에 왕이 되어 태후가 섭정하였다. 영토를 크게 확장하고 부족국가적 형태에서 중앙집권의 기초를 확립했다. 말년에는 차대왕에게 양위하고 별궁으로 은퇴하여 태조왕이라 하였다.
119세로 죽어 고구려 역대 왕 중 가장 장수한 왕이다.

제7대 차대왕次大王 (재위:146~165)

이름은 수성遂成. 태조왕의 동생. 풍환馮煥, 요광姚光, 채풍蔡諷 등이 침략해오자 이를 물리치고 군국정사軍國政事를 맡았다. 146년에 왕위를 찬탈하고자 하니 이 기세를 짐작한 태조왕이 양위함으로써 즉위하게 되었다. 148년에는 태종왕의 원자 막근莫勤을 살해하자 그 동생 막덕莫德도 화가 미쳐 자살했다. 이후 왕은 나날이 횡포해지고 신하의 간언을 듣지 않을뿐더러 백성을 혹사하여 원망의 소리가 높더니, 165년 명림답부明臨答夫에게 살해되었다.

제8대 신대왕新大王 (재위:165~179)

이름은 백고伯固 또는 백구伯句. 태조왕의 계제季弟. 둘째 형인 차대왕이 횡포무도해서 피신하여 있었으나 차대왕이 피살되자 77세로 왕에 추대되었다. 168년 한漢나라 태수 경림耿臨에게 항복했으나, 172년에는 무난히 격퇴시켰다.

제9대 고국천왕故國川王 (재위:179~197)

이름은 남무男武. 신대왕의 둘째 아들. 왕비는 우소于素의 딸. 관용과 용맹을 갖추었다. 을파소乙巴素를 국상으로 등용하여 어진 정치를 하였으며, 194년 진대법賑貸法을 제정해 백성들을 구휼하였다.

제10대 산상왕山上王 (재위:197~227)

이름은 연우延憂·이이모伊夷摸. 고국천왕의 동생. 고국천왕이 자손 없이 죽자 왕비 우于씨는 왕의 유명遺命이라 사칭하여 그를 왕으로 추대했다. 그러자 형 발기發岐가 분노하여 군사를 동원해 왕궁을 포위했으나 싸움에서 패하여 결국 자살했다. 209년에는 도읍을 환도丸都로 옮겼다

제11대 동천왕東川王 (재위:227~248)

산상왕의 아들. 242년에는 위나라 요동의 서안평을 급습했다. 243년에는 아들 연불然弗을 태자로 책립하였고, 245년에는 신라를 침공하였다. 246년에 위나라 장수 관구검이 환도성으로 쳐들어와 동천왕은 남옥저南沃沮로 피했다. 후에 장군 유유紐由의 계획으로 국토를 회복하였으나 환도성이 파괴되었으므로 247년에 수도를 동황성東黃城으로 옮겼다. 248년에는 신라

와 화친하였다.

제12대 중천왕中川王(재위 248~270)

일명 중양왕中壤王. 동천왕의 장남. 왕비는 연椽씨. 즉위하자 동생 예물預物과 사구奢句가 반란을 일으켰으나 이내 진압했다. 259년에 위나라의 침입을 격퇴하였다.

제13대 서천왕西川王(재위 270~292)

일명 서양왕西壤王. 중천왕의 둘째 아들. 왕비는 서부西部의 대사자 우수의 딸이다. 280년에 숙신국을 쳐 항복시켰다.

제14대 봉상왕烽上王(재위 292~300)

서천왕의 태자. 의심이 많아 동생 돌고咄固를 죽였다. 296년에 연나라 모용외가 침입해왔으나 고노자高奴子가 격퇴시켰다. 298년 국내에 흉년이 계속되었으나 왕이 궁실을 증축하고 사치에만 빠져 국사를 돌보지 않자 창조리倉助利에게 폐위당해 자살했다.

제15대 미천왕美川王(재위 300~331)

일명 호양왕好壤王. 서천왕의 손자이며, 돌고의 아들. 봉상왕이 아버지인 돌고를 죽이자 민간에 숨어 화를 면했다. 국상國相 창조리 등이 봉상왕을 폐하자 왕이 되었다. 302년에 현도군을 공격 8천 명을 사로잡았고, 311년에 낙랑군을 쳐서 멸망케 하였다. 이듬해에는 대방군을 침공하여 고구려의 영토로 삼았다.
또한 요동의 모용치와도 자주 싸웠으며, 낙랑·대방의 2군을 합치는 등 고구려의 영토 확장에 큰 공을 세웠다.

제16대 고국원왕故國原王(재위 331~371)

일명 국강상왕國罡上王. 미천왕의 맏아들. 336년 진晉에 사신을 보내고, 342년에는 환도성으로 도읍을 옮기고 국내성을 쌓았다. 같은 해 연燕나라의 모용왕이 침입하여 미천왕의 묘를 파헤쳤으며, 환도성에 불을 지르고 왕모王母와 왕비를 납치해갔다. 343년 연나라에 사신을 보내고 도읍을 평양의 동황성으로 옮겼으나, 후에도 자주 연나라의 침공을 받았다. 371년 백제의 근초고왕과 평양성에서 싸우다가 전사하였다.

제17대 소수림왕小獸林王(재위 371~384)

고국원왕의 아들. 372년 진왕秦王 부견苻堅이 승려 순도順道와 불상·경문을 보내자 이를 받아들였다. 같은 해 태학太學을 세워 제자를 가르쳤으며 이듬해 율령律令을 반포하였다. 375년에 초문사肖門寺를 지어 순도를 머물게 하고, 이불란사伊弗蘭寺를 지어 아도阿道를 주지로 삼으니, 이것이 우리나라 불교의 시초가 되었다. 그해 백제를 쳐서 수곡성水谷城을 점령했고, 377년 백제가 평양성을 침공하니 이를 역습하였다.

그 후 거란의 내침이 있었으나 물리쳤다. 왕세자가 없으므로 동생 이련伊連에게 대를 물렸다.

제18대 고국양왕故國壤王(재위 384~391)

소수림왕의 아우. 요동을 습격하여 모용지를 멸했다. 그리고 현도 2군을 점령했고 신라와 화친을 맺어 실성實聖이라는 왕족을 볼모로 데려왔다. 불교를 널리 펴서 문화를 발전시켰으며, 종묘를 수리하는 등 국가체제를 확립했다.

제19대 광개토왕廣開土王(재위 391~413)

즉위한 뒤의 연호는 영락永樂이며 생존 시의 칭호는 영락대왕이었다. 392년 백제의 북쪽을 쳐서 석현성을 비롯한 10여 개의 성城을 함락시켰다. 396년에는 친히 수군水軍을 거느리고 백제를 정벌하여 58성을 함락하고 왕제王弟를 볼모로 잡아갔다. 400년에 연나라의 2성을 점령하였고, 일본이 신라를 침공하므로 보기병 5만을 보내어 신라를 도와 이를 격퇴시켰다. 405년 이후에는 연의 침입을 두 차례나 받았으나 이를 격퇴시켰으며, 408년에 연왕과 수호를 맺어 동부여를 쳐서 64성을 격파하였다.

재위 22년 동안 국토를 확장하는데 크게 성공하였고, 39세에 승하하였다. 생전의 흔적을 기록한 능비陵碑는 현재 만주 봉천성 즙안현에 있다.

제20대 장수왕長壽王(재위 413~491)

광개토왕의 아들. 중국의 진晉·송宋·위魏 등과 국교를 맺었다. 427년에는 도읍을 국내성에서 평양으로 옮기고 남하정책을 추진하였다. 475년 스스로 군사를 거느리고 백제의 수도인 한성漢城을 함락시키고 개로왕을 죽여 선대의 원한을 풀었다.

480년에는 신라의 고명성孤鳴城 등 7성을 함락하였다. 영토가 점점 확장되어 남쪽은 아산만牙山灣에서 동쪽의 죽령竹嶺에 이르렀으며, 서북쪽은 요하遼河에서 만주의 대부분을 포함한 큰 나라를 건설하여 고구려의 전성기를 이루었다. 또한 종전의 부족제도部族制度를 지방제도地方制度로 고쳐 5부를 신설하는 등 민정에도 큰 개혁을 하였다.

제21대 문자왕文咨王(재위 491~519)

일명 명치호왕明治好王. 장수왕의 손자. 조다助多의 아들로 세자인 아버지가 일찍 죽자 즉위하였다. 494년 부여국을 쳐 항복을 받고, 신라와 백제를 자주 침공하여 국위를 떨쳤다.

제22대 안장왕安藏王(재위 519~531)

이름은 흥안興安. 문자왕의 맏아들. 양梁·위魏나라와 수교를 맺었다. 두 차례에 걸쳐 백제와 싸워 승리했다. 아들이 없기 때문에 동생 보연寶延이 왕위를 계승하였다.

제23대 안원왕安原王(재위 531~545)

이름은 보연寶延. 안장왕의 동생. 540년 백제가 쳐들어와 우산성牛山城을 포위하였으나 기병 5천을 보내 물리쳤다.

제24대 양원왕陽原王(재위 545~559)

일명 양강상호왕陽崗上好王. 안원왕의 맏아들. 548년에 백제의 독산성獨山城을 공격하였으나 신라 장군 주진朱珍의 내원으로 실패했으며, 550년에는 도살성을 백제에게 빼앗겼다.

이때부터 고구려는 세력이 점점 약해졌다. 551년 돌궐의 침입을 격퇴하였으나, 신라 · 백제에게 한강 유역을 빼앗겼다.

제25대 평원왕平原王 (재위 559~590)

양원왕의 아들. 진陳 · 수隋 · 북제北齊 · 후주後周 등 모든 나라와 수교하였으며, 586년에 장안성(長安城:평양)으로 천도하였다.

제26대 영양왕嬰陽王 (재위 590~618)

일명 평양왕平陽王. 평원왕의 아들. 589년 말갈족을 이끌고 요서지방을 선공하였다. 이에 수나라 문제文帝가 쳐들어왔으나 실패하고 돌아갔다. 612년 수나라 양제煬帝가 대군을 거느리고 쳐들어왔으나, 을지문덕乙支文德 장군의 전략으로 살수에서 대패하고 돌아갔다. 이로 인하여 수나라 스스로 멸망하는 원인이 되었다.

제27대 영류왕營留王 (재위 618~642)

영양왕의 이복동생. 618년 수나라 양제가 피살되고 당唐나라가 서자 사신을 보내와 친선을 꾀하였다. 622년 당나라 고조高祖의 요청으로 살수대첩 때의 고구려 포로와 고구려에 있는 중국 포로들을 교환하였다. 625년 당나라에 사람을 보내어 불교와 도교의 원리를 연구하게 하였다. 629년에는 신라 김유신의 낭비성 공격이 있었고, 631년 동북 부여성으로부터 동남해에 이르는 천리장성千里長城을 쌓기 시작했다. 638년 신라 북변의 칠중성을 침공했다가 패퇴하였다. 연개소문이 독재권을 확립하는 과정에서 그의 손에 죽었다.

제28대 보장왕寶藏王 (재위 642~668)

영류왕의 아우. 연개소문이 영류왕을 죽이고 왕위에 앉혔다. 당나라에 사신을 보내 도교道敎를 구하였고, 숙달叔達 등 도사道士 8명과 함께 처음으로《노자도덕경老子道德經》을 받아들였다. 645년에 당 태종이 10만 대군을 이끌고 공격해왔으나 연개소문과의 안시성安市城 싸움에서 대패하고 돌아갔다. 연개소문이 죽은 뒤 장남 남생男生이 막리지莫離支가 되었으나, 아우인 남건男建 · 남산男産과의 사이에 불화가 일어나 남생은 당에 투항하였다. 그후 당에 구원을 청하니 고종이 이세적을 보내어 나당羅唐연합군으로 쳐들어와 마침내 평양이 함락되어 마지막 왕이 되었다.

백제百濟

제1대 온조왕溫祚王 (재위 B.C. 18~A.D. 28)

　백제의 시조. 고구려의 시조 동명왕(주몽)의 셋째 아들. 동명왕이 졸본부여에서 비류와 온조 두 아들을 두었는데 북부여에서 낳은 유리가 내려오자 온조는 신변에 위협을 느껴 형 비류와 함께 남하하였다.
　그러나 두 형제는 도읍 문제로 의견이 대립되어 형 비류는 미추홀(인천)에, 온조는 위례성(경기도 광주)에 제각기 도읍을 정하였고, 국호는 십제十濟라 하였다. 비류가 죽은 후 그 백성들이 위례성에 모여들자 국호를 백제라 고쳤다.
　즉위한 그해(B.C. 18)에 아버지 동명왕의 묘를 세웠고, 말갈의 침입을 받은 한때 남산에 천도하기도 하였으나(왕 14년 B.C. 5), 마한을 병합하여(왕 29년) 국위를 선양, 국가체계 확립에 노력하였다. 그러나 일반적으로 13대 근초고왕 때부터 국가체제를 갖춘 것으로 보고 이전의 사실은 신빙성이 적은 것으로 보고 있다.

제2대 다루왕多婁王 (재위 28~77)

　온조왕 28년에 태자로 책봉되어 백제의 2대왕으로 즉위하였다. 말갈족의 침입을 격파하고 농사를 장려하는 등 백성의 생활안정을 위하여 노력하였다. 말갈의 침입에 대패하여 우곡성을 쌓았다. 신라왕과 화합하기를 청했으나 거절당하자 다음해 신라를 공격하였다. 그러나 전공을 거두지 못하였다.

제3대 기루왕己婁王 (재위 77~128)

　다루왕의 맏아들. A.D. 77년 다루왕이 죽자 즉위하였다. 왕 29년(105)에 신라에 사절을 파견하여 화친할 것을 청하였고, 왕 49년(125)에는 신라가 말갈의 침입을 받게 되자 구원병을 보냈다.

제4대 개루왕蓋婁王 (재위 128~166)

A.D. 128년 기루왕이 사망하자 아들 개루가 즉위였다. 왕 5년(132)에 북한산성을 쌓았고, 왕 36년(165)에 신라의 아찬 길선이 모반을 꾀하다 실패하여 백제로 달아나자 그의 망명을 허락함으로써 백제와 신라 양국간의 평화적 교류가 끊어졌다.

제5대 초고왕肖古王 (재위 166~214)

개루왕의 맏아들. 소고왕 또는 속고왕이라고도 한다. 여러 차례 신라의 서변西邊을 공격하였고, A.D. 170년에 신라 원산향과 요차성을 습격하였으나 신라군에게 대패하고 말았다.

제6대 구수왕仇首王 (재위 214~234)

초고왕의 장자. 귀수왕貴須王이라고도 한다. 222년(왕 9년) 신라 우두진을 공격, 충훤忠萱의 군대를 격파했다. 한재旱災와 수재水災에 대비해 제방을 쌓고 민생의 안정을 꾀했다.

제7대 사반왕沙伴王 (재위 234)

구수왕의 장자로 234년 즉위하였으나 어리고 무능하였으므로 폐위되고, 초고왕의 아우 고이왕이 대신 왕위에 올랐다. 그러므로 사반왕은 왕 서열에 넣지 않기도 한다.

제8대 고이왕古爾王 (재위 234~286)

개루왕(4대왕)의 둘째 아들. 초고왕(5대왕)의 동생. 백제의 국가적 체계를 확립한 왕으로 알려져 있다. 260년(왕 27년)에 관제를 제정하여 16품을 두었고 법을 제정하였다.

백제조에 시조구태묘始祖仇台廟라는 기록이 있다. 구태仇台는 구이로 발표되는바 고이왕이 구이로 표기된 것으로 보고 고이왕이 실제 시조가 아닌가 하는 설도 있다.

제9대 책계왕責稽王(재위 286~298)

고이왕의 아들로 왕이 죽자 A.D. 286년에 즉위하여 백제 9대왕이 되었다. 청계, 책찬이라고도 한다. 왕비는 대방왕의 딸 보과로 체구가 장대하고 의리가 굳세었다.

고구려가 대방帶方을 칠 때 대방을 도와줌으로써 고구려와 원수가 되자 아차성, 사성을 쌓아 대비하던 중 왕 13년 한족漢族이 맥인貊人과 함께 쳐들어왔을 때 적병에게 살해되었다.

제10대 분서왕汾西王(재위 298~304)

대방왕녀 소생으로 책계왕의 장자. 왕이 죽자 A.D. 289년에 즉위하여 A.D. 304년(왕 7년)에 낙랑군의 서현을 점령하여 영토를 확장했으나, 낙랑군의 태수가 보낸 자객에게 살해되었다.

제11대 비류왕比流王(재위 304~344)

구수왕의 둘째 아들. 분서왕이 죽자 동생인 비류가 왕위에 올랐다. 그는 오랫동안 민간에 살았기 때문에 민간의 사정을 잘 알아 선정을 베풀었다.

제12대 계왕契王(재위 344~346)

분서왕의 맏아들. 분서왕의 뒤를 이어 즉위할 것이었으나 나이가 어려서 숙부인 비류왕이 먼저 왕위에 올랐다. A.D. 344년 비류왕이 죽은 후 비로소 즉위하였다. 활쏘기와 말타기를 잘하였다.

즉위 기간은 3년에 불과했다.

제13대 근초고왕近肖古王(재위:346~375)

비류왕의 둘째 아들. 마한과 대방을 병합시키고, 평양성을 점령하여 고국원왕(고구려 16대 왕)을 전사시켰다. 지금의 경기, 충청, 전라도 전부와 강원, 황해도 일부를 차지하는 강력한 고대국가 기반을 마련하고, 한산(漢山:서울)으로 도읍을 옮겨 한성漢城이라 하였다.

문화적으로는 동진東晉과 국교를 열어 남조문화를 수입하여 이를 일본에 전했으며, 아직기와 왕인을 일본에 보내 학문과 문화를 전파하였다. 박사 고흥에 의해 백제 국사 《서기書記》가 편찬되었고, 이때부터 부자 상속에 의한 왕위계승이 시작되었다.

제14대 근구수왕近仇首王(재위 375~384)

근초고왕의 맏아들. 길수왕吉須王 혹은 근귀수왕近貴須王이라고도 했다. 비는 아이부인. 부왕인 근초고왕의 유업을 이어받아 백제의 발전에 공헌하였고, 고구려와도 용감히 싸워 국력을 신장하였다. 일본·중국과 국교를 열어 중국의 문물을 일본에 전하는데 크게 공헌하였다.

제15대 침류왕枕流王(재위 384~385)

근귀수왕의 맏아들. 어머니는 아이부인. 즉위하자 진晉나라에 사신을 보내 조공을 바쳤으며, 호승胡僧 마라난타가 동진에 들어오자 왕궁으로 영접함으로써 불교 전래의 시초가 되었다. 다음해인 385년에는 한산에 불사佛寺를 창건하였다.

제16대 진사왕辰斯王(재위 385~392)

근귀수왕의 둘째 아들. 침류왕의 아우. A.D. 386년(왕 2년)과 389년, 390년에 연이어 고구려와 싸웠고 말갈족과 충돌하였다. 392년에 고구려 광개토대왕의 침공으로 한강 이북지역을 잃고 관미성이 함락되자 구원에 나가 수복을 계획하였으나, 뜻을 이루지 못하고 행궁에서 병사하였다.

제17대 아신왕阿莘王(재위 392~405)

일명 이방왕·아화왕. 침류왕(15대 왕)의 맏아들. 침류왕이 A.D. 385년에 죽자 나이가 어려 숙부 진사왕이 왕위에 올랐다가 8년 만에 죽자 뒤를 이어 즉위하였다. 왜수, 관미성, 수곡성에서 고구려와 싸웠으나 관미성에서는 고구려 군사들이 성을 굳게 지켜 되돌아왔고, 수곡성과 태수에서는 대패하였다(393년).

A.D. 397년(왕 6년)에 일본과의 화친을 위해 태자 전지를 볼모로 일본에 보냈다. A.D. 399년(왕 8년) 고구려를 정벌하기 위해 병마를 징발하자 백성들이 신라로 도망가곤 하여 이를 중지시켰으나 A.D. 403년(왕 12년)에는

신라 변경을 침공하는 등 계속적인 침략을 하였다.

제18대 전지왕腆支王 (재위 405~420)

아산왕의 태자. 왕비는 팔수부인, 직지왕直支王이라고도 한다. 396년(왕 6년)에 일본에 인질로 가 있었는데 부왕이 죽자 귀국하는 도중, 막내 동생 혈례가 가운데 동생 훈해를 죽이고 왕위를 찬탈하려 한다는 소식을 듣고 해도에 머물렀다. 그러자 백성들이 집례를 죽이고 그를 왕으로 추대하였다.

제19대 구이신왕久爾辛王 (재위 420~427)

전지왕의 태자로 8년간 왕위에 있었으며 어머니는 판수부인이다.

제20대 비유왕毘有王 (재위 427~455)

구이신왕의 맏아들. 또는 전지왕의 서자라는 설이 있다. 고구려가 평양으로 천도한 해인 427년에 즉위하여 다음해인 428년에는 백제 4부를 돌아보고 빈곤한 백성에게 곡식을 하사하였으며, 신라에 좋은 말과 흰 매를 보내주자 신라는 보답으로 황금과 명주옥을 주는 등 신라와 송에 사신을 보내 왕래하기도 하였다.

제21대 개로왕蓋鹵王 (재위 455~475)

비유왕의 장자. 근개루왕이라고도 한다. 북위에 사신을 보내 고구려의 남하를 호소하고 원병을 요청하였으나 거절당했다. 고구려에서 첩자로 보낸 승려 도림道琳을 가까이하여 국가의 기밀을 누설하였고, 도림의 꾐에 빠져 토목공사를 일으켜 재정을 탕진하였다. 475년 고구려가 침입하자, 영토의 일부와 수도 한성을 빼앗기고 왕은 전사했다.

제22대 문주왕文周王 (재위 475~477)

개로왕의 장자. 문주汶洲라고도 한다. 상리평의 벼슬에 있으면서 왕을 보좌하다가 신라군과의 싸움에서 왕이 전사하자, 수도를 웅진으로 옮기고 탐라국으로부터 조공을 받았다. 성품이 온화하고 결단력이 있어 백성들로부터 두터운 신망을 받았으나, 불행히 병관좌평 해구에게 살해되었다.

제23대 삼근왕三斤王 (재위 477~479)

문주왕의 태자. 477년 해구가 문주왕을 죽이고 삼근왕을 세웠으나, 해구에 의해 정치가 좌우되자 478년(왕 2년) 진로를 시켜 그를 죽였다.

제24대 동성왕東城王 (재위 479~501)

문주왕의 아우인 좌평 곤지의 아들. 485년(왕 7년) 신라에 사신을 보내 수교하였다. 493년(왕 15년) 결혼동맹을 맺어 신라의 이찬 비지의 딸을 비妃로 맞이하고, 494년부터 495년까지 신라와 연합하여 고구려와 싸웠다. 500년에는 국내가 혼란하여 도둑이 들끓는데도 궁전 임류각을 짓고 방종과 사치에 흘러 신라의 충언을 듣지 않다가 가림성주 좌평 백가에게 살해되었다.

제25대 무령왕武寧王 (재위 501~523)

동성왕의 둘째 아들. 즉위한 후 양梁나라와 친교를 맺으며 국내안정에 힘쓰는 한편 국방에 힘을 기울였다. 1972년 7월 공주 송산에 있는 왕릉이 발견되어 많은 유물이 나왔다. 왕과 왕비의 두 왕관을 위시하여 금팔지·금귀걸이 등 순금제 3kg의 정교한 금세공품과 도자기, 철기 등 총 88종 2천 5점이 출토되어 백제문화의 생생한 자료를 제시해 주었다.

제26대 성왕聖王 (재위 523~554)

무령왕의 아들. 성명왕이라고도 한다. 즉위 2년에 양나라 고조로부터 백제왕으로 인정받았다. 고구려와 충돌이 심해지자 수도를 웅진에서 사비로 천도하고 국호를 남부여라 부르기도 했다. 554년 신라와 힘을 합해 고구려로부터 한강유역의 땅을 다시 찾았으나, 신라 진흥왕에게 빼앗겨 버리자 나·제동맹이 깨져 일본에 구원병을 요청하는 한편, 왕자 여창과 함께 친히 신라를 쳤으나 관산성(옥천)에서 싸우다가 전사하였다.

제27대 위덕왕威德王 (재위 554~598)

성왕의 맏아들. 즉위한 554년에 고구려의 침공을 물리치고 중국 각조에 조공을 바쳐가며 상교相交하였고, 부왕의 폐사를 갚기 위하여 신라와 자주 싸웠다. 598년에 죽자 둘째 아들 혜왕이 즉위했다.

제28대 혜왕惠王 (재위 598~599)

성왕의 둘째 아들. 위덕왕의 뒤를 이어 즉위하였다가 이듬해에 죽었다.

제29대 법왕法王 (재위 599~600)

혜왕의 맏아들. 불교를 신봉하여 살생을 금하는 명을 내렸고 왕흥사를 짓기 시작했다.

제30대 무왕武王 (재위 600~641)

이름은 장璋. 어릴 때는 서동이라 불렸다. 법왕이 승하하자 A.D. 600년에 즉위하여 왕흥사를 창건하기 시작했다. 신라 서쪽 국경을 여러 번 침공하였고, 고구려를 토벌하기 위해 수나라에 조공을 바치며 여러 번 원병을 청했다.

수나라가 망하고 당나라가 들어서자 624년(무왕 25년) 당에 사신을 보내 조공을 바침으로써 당 고조로부터 백제왕으로 책봉 받았다. 사비궁을 새로이 고치고 왕흥사를 창건하였다. 고승高僧 관륵觀勒 등을 일본에 보내 천문, 지리, 역본 등의 서적과 불교를 전달하였다. 만년에는 사치와 유흥에 빠져 백제 멸망의 원인이 되었다.

제31대 의자왕義慈王 (재위 641~660)

백제의 마지막 왕. 무왕의 맏아들. 태자 때부터 효성과 형제간의 우애가 지극하여 해동증자海東曾子라 불리었다. 즉위 후 신라를 공격하여 신라에 큰 타격을 주고 국위를 떨쳤으나, 만년에 이르러 사치와 방종에 빠져 충신 성충과 흥수의 간언을 듣지 않고 오히려 이들을 투옥하였다. 국정을 돌보지 않다가 660년 나·당연합군의 침공을 맞게 되었다. 소방정이 거느린 당군은 백강을 건너오고, 계백의 황산벌 방어도 실패로 돌아가 사비성은 나·당연합군에게 포위되었다. 왕은 웅진성으로 태자와 도망갔다가 항복하였고, 둘째 아들 태泰가 사비성을 고수하다가 그 역시 패하고 말았다.

왕과 태자 등 1만 2천여 명이 소정방에게 끌려 당나라로 압송되었다가 그곳에서 병사하였다. 그 후 3년간 백제 재건의 저항이 산발적으로 계속되었으나 성공하지 못하고 백제는 개국한 지 31대 678년 만에 망했다.

신라新羅

제1대 박혁거세朴赫居世 (재위 B.C. 57~A.D. 4)

신라의 시조. 성은 박朴, 이름은 혁거세. 비는 알영부인. 박혁거세의 탄생설화를 살펴보면, 경주 지방에 6촌이 있었는데 고허촌장 소벌공이 양산 중턱에 있는 나정蘿井 옆 숲속에서 나는 말 울음소리를 듣고 찾아갔더니, 말은 없고 큰 알이 있었는데 그 알 속에서 한 아이가 나왔다. 이 아이를 데려다 키우니 10여 세에 기골이 준수하고 큰 사람이 될 기풍이 있어 6부 사람들이 임금으로 추대하였다.

B.C. 53년에 왕비를 맞고 백성들에게 농사와 누에 치는 것을 권장하니, 사람들이 그들을 2현賢이라 하였다.

박혁거세는 신라의 개국 신화에 나오는 전설적인 왕이다.

제2대 남해왕南解王 (재위 4~24)

박혁거세의 맏아들. 남해차차웅·남해거서간이라고도 하였다. 알영부인의 소생이며, 비는 운제부인雲帝夫人. 6년에 시조의 묘를 세웠고 8년에는 탈해脫解가 뛰어난 인물이란 말을 듣고 그를 불러 사위로 삼았다. 10년에는 탈해를 대보大輔로 삼아 나라를 맡겼다.

제3대 유리왕儒理王 (재위 24~57)

남해왕의 태자. 유리이사금이라 부르기도 한다. 어머니는 운제부인이며, 비는 일지갈문왕日知葛文王의 딸. 이사금이란 치리治理를 뜻하는 것으로 이빨의 금을 뜻하여 그 후 박·석·김 3성姓이 이빨의 수에 따라 왕으로 추대되었다. 32년에 4부의 이름을 고쳐 성姓을 내리고 17관등을 정하였다. 신라 가악歌樂의 기원인 <도솔가>와 <희소곡>을 만들었다.

제4대 탈해왕脫解王 (재위 57~80)

성은 석昔씨이며 남해왕의 사위. 비는 아효부인阿孝夫人.

탈해왕은 원래 다파니국 출생으로 그 나라는 일본의 동북쪽으로 천리나 되는 곳에 있었다. 그곳의 왕이 여인국女人國의 왕녀를 아내로 맞았는데, 임신한 지 7년 만에 큰 알을 하나 낳으니 왕이 알을 버리게 하였다. 그래서 왕녀가 비단에 알을 싸서 궤짝 속에 넣어 물에 띄우니 이 궤짝이 진한 아진포에 이르렀는데, 한 노파가 건져 보니 옥동자가 그 속에서 나와 이를 데려가 기르니 키가 9척이나 되고 용모가 뛰어났으며 지식이 풍부했다.

성과 이름을 알 수 없어 궤짝을 건질 때 까치가 울었다 하여 까치 작鵲에 한쪽을 떼어 석昔씨라 하고 알에서 나왔다 하여 탈해라 했다.

제5대 파사왕婆娑王 (재위 80~112)

유리왕의 둘째 아들이라는 설과 유리왕의 아우 내로奈老의 아들이라는 설이 있다. 비는 허루갈문왕의 딸 사성부인 김씨.

파사왕은 겸손하고 절약하는 백성을 사랑하던 현군이었다. 96년에 남비를 습격하고 101년에 월성月城을 쌓고 그곳에 옮겨 살았으며, 102년에 음집벌·실직·압독 세 나라를 병합하고, 106년 가야를 공격했으며, 108년에 비자·다벌·초팔을 합병하는 등 나라의 힘을 널리 떨쳤다.

제6대 지마왕祇摩王 (재위 112~134)

파사왕의 맏아들. 성은 박朴씨. 왕비는 애례부인 김씨.

115년에 가야가 침범하여 황산에서 싸웠는데 이때부터 두 나라 사이에 싸움이 그치지 않았다. 121년에는 동변에 왜구가 넘나들어 123년에 왜국과 강화를 맺었고, 125년에는 말갈족의 북변 침입이 있어 백제의 도움을 얻어 물리쳤다.

제7대 일성왕逸聖王 (재위 134~154)

유리왕의 맏아들이라고도 하고 일지갈문왕의 아들이라고도 한다. 왕비는 박씨. 139년 말갈이 장령에 침범하여 백성을 괴롭혔고, 144년에는 농본국農本國의 정책을 수행하여 제방을 쌓고 땅을 개간하고 금·은·주·옥 등 백성들의 사치를 금했으며, 146년에는 압량押梁의 반란을 평정하였다.

제8대 아달라왕阿達羅王 (재위 154~184)

일성왕의 맏아들. 어머니는 지소례왕의 딸 박씨. 왕비는 지마왕의 딸 내례부인 박씨. 156년 계립령鷄立嶺과 158년 죽령竹嶺의 길을 닦았다. 모반을 꾀하다가 백제로 망명한 아찬 길선의 송환을 요구했으나 백제가 응하지 않아 두 나라 사이가 매우 나빠졌다. 174년에 왜국의 여왕 비미호(卑彌呼 : 히미코)가 사신을 보내왔다.

제9대 벌휴왕伐休王 (재위 184~195)

성은 석昔씨. 발휘왕이라고도 한다. 탈해왕의 아들 구추각간의 아들이며 어머니는 내례부인 김씨. 185년 처음으로 좌우군주左右軍主를 두어 군주의 이름이 이때부터 시작되었다.

제10대 내해왕奈解王 (재위 195~230)

벌휴왕의 손자로 내례부인의 소생. 왕비는 조분왕의 누이동생 석씨.
195년에 왕위에 오르고 백제와 말갈의 침략을 받아 나라가 불안하였으나 그 후 209년에는 포상팔국이 가락을 침입하려고 하자 가락과 손잡고 팔국장군을 무찔러 6천 명의 포로를 얻었으며 224년에는 백제를 무찌르고 봉산성을 새로 축조했다.

제11대 조분왕助賁王 (재위 230~247)

성은 석昔씨. 제귀왕諸貴王이라고도 하며 벌림왕의 손자이다. 어머니는 옥모부인玉帽夫人 김씨이며, 왕비는 내해왕의 딸 아마부인.
231년에 감문국을 정복하여 군郡으로 만들고, 233년에는 왜병이 침입했고, 236년에 골벌국骨伐國의 항복을 받았다. 240년 백제가 침입, 245년에는 고구려가 침입해왔다.

제12대 첨해왕沾解王 (재위 247~261)

성은 석昔씨. 조분왕의 동생. 249년에 사량벌국을 쳐서 신라와 통합시켰다. 248년에 고구려에 사신을 보내 서로 화친하고, 255년에 달벌성을 축조하였다.

제13대 미추왕味鄒王 (재위 261~284)

성은 김씨. 호는 미추 · 미조迷照 · 미소未召로 김알지의 후손이다. 왕비는 조분왕의 딸 석昔씨. 김씨 왕의 시조로 첨해왕이 아들 없이 죽자 왕이 되었다. 농사를 장려하였으며, 백제의 봉산성 · 괴곡성 공격을 격퇴하였다. 아버지는 김구도이다.

제14대 유례왕儒禮王 (재위 284~298)

조분왕의 장남. 어머니는 박씨. 297년에 이서국伊西國이 금성에 침공하자 죽엽군의 후원으로 격퇴시켰다.

제15대 기림왕基臨王 (재위 298~310)

조분왕의 손자. 300년에 일본과 수교하였으며 노인과 가난한 사람을 구제하는 등 좋은 정치를 하였다.

제16대 흘해왕訖解王 (재위 310~356)

내해왕의 손자. 각간 우로于老의 아들. 기림왕이 아들 없이 죽자 신하들의 추대로 왕이 되었다. 330년에 벽골제를 쌓아 농사를 장려하였다.

제17대 내물왕奈勿王 (재위 356~402)

각간 김말구의 아들. 미추왕의 조카이고 사위이기도 하다.
373년에 백제의 독산성주가 남녀 300여 명을 거느리고 항복해 왔고, 381년에는 위도를 전진왕 부견에게 보내어 사이좋게 한 후 중국의 문물을 수입하였다. 392년에는 고구려 광개토왕의 침입으로 사신과 실성實聖을 볼모로 보냈다. 397년에는 흉년이 들어 백성들에게 1년 동안 세금을 거두지 않았다.

제18대 실성왕實聖王 (재위 402~417)

미추왕의 동생인 각간 대서지大西知의 아들. 실주왕 · 실금왕이라 부르기도 한다. 어머니는 이리부인伊利夫人. 412년에 내물왕의 아들인 복호卜好를 고구려에 볼모로 보내고, 417년에는 내물왕의 아들인 눌지訥祇를 죽이려

했다가 도리어 죽고 말았다.

제19대 눌지왕訥祗王 (재위 417~458)

내물왕의 아들. 왕비는 실성왕의 딸. 438년에 우거법牛車法을 만들었고, 455년에 백제와 동맹을 맺었다. 이때에 묵호자가 신라에 불교를 전했다.

제20대 자비왕慈悲王 (재위 458~479)

눌지왕의 장남. 어머니는 실성왕의 딸인 아로부인이며, 왕비는 미사흔의 딸 김씨. 459년 왜인들의 침범을 격퇴하고, 474년 고구려가 백제를 침범하자 백제의 요청으로 나제동맹을 맺고 백제에 군사를 보냈으나 시기를 놓쳐 그대로 돌아왔다.

제21대 소지왕炤知王 (재위 479~500)

자비왕의 맏아들. 소지왕을 조지왕·비처왕이라 부르기도 한다. 왕비는 선혜부인. 487년에 처음으로 각 지방에 우편역을 설치하고 도로를 수리했으며 시장을 열기도 했다.

제22대 지증왕智證王 (재위 500~514)

내물왕의 증손자이며 갈문왕 습보習寶의 아들. 소지왕이 후사 없이 죽자 대신들의 추대로 즉위하였다. 농사를 장려하여 우경법을 만들고 국호를 사로·사라에서 신라로 정했다. 또 마립간 등의 칭호를 폐지하고 왕이라는 칭호도 처음 사용하였다. 512년에는 이사부를 시켜 우산국을 정벌하였다.

제23대 법흥왕法興王 (재위 514~540)

성은 김씨, 이름은 원종. 지증왕의 아들. 어머니는 연제부인이며, 부인은 보도부인 박씨. 517년에 처음으로 병부를 설치하고 520년에 율령을 반포했으며 불교를 국교로 삼았다. 536년 건원建元이라는 연호를 사용했다.

제24대 진흥왕眞興王 (재위 540~576)

지증왕의 손자이며 갈문왕 입종의 아들. 어머니는 법흥왕의 딸 식도부인이며, 왕비는 사도부인 박씨. 7세에 왕이 되어 태후가 섭정했다.
　국토를 확장하여 한강 유역을 차지하였고 새로 개척한 땅에는 순수비를 세워 창녕·북한산·황초령·마운령의 비가 지금까지 전해진다. 576년 화랑제도를 두어 삼국통일의 기초를 마련했다. 545년에는 이사부에게 명하여 국사國史를 정리하게 하였고, 546년에 중이 되었다. 551년 우륵을 후대하여 음악을 보급했다.

제25대 진지왕眞智王(재위 576~579)

　진흥왕의 둘째 아들. 어머니는 사도부인. 상대 등 거칠부에 나랏일을 맡기고 진나라에 조공을 바치며 수교했다.

제26대 진평왕眞平王(재위 579~632)

　성은 김씨, 이름은 백정. 진흥왕의 손자이며, 태자 동륜의 아들. 어머니는 갈문왕 김현종의 딸 만호부인. 고구려 침공에 대항하여 수나라와 수교를 했으며, 594년 수나라 황제로부터 상개부 낙랑군공 신라왕에 봉해졌다. 수나라가 망하자 621년 당나라와 수교했고 위화부·선부서·예부 등의 관청을 설치하였다.

제27대 선덕여왕善德女王(재위 632~647)

　성은 김씨, 이름은 덕만. 호는 송조황고. 진평왕의 맏딸로 어머니는 마야부인 김씨. 진평왕이 아들 없이 죽자 백성들에 의해 왕이 되었다. 김유신, 김춘추, 알천 등의 보필로 좋은 정치를 하다가 647년에 죽었다.
　첨성대, 황룡사 9층탑 등을 세우고 불교를 도입했다.

제28대 진덕여왕眞德女王(재위 647~654)

　성은 김씨, 이름은 승만. 진평왕의 어머니 동생인 갈문왕 국반의 딸로 어머니는 월명부인 박씨.
　648년에 김춘추를 당으로 보내어 백제의 공격을 위한 군사 원조를 받고, 650년에 법민을 당나라에 보내어 친히 지은 <태평송>을 바치고 당나라 연호 영휘를 사용하는 등 사대事大의 예를 갖추어 환심을 샀다. 한편 국내에서는 국력의 충실을 꾀하여 삼국통일의 토대를 마련하였다.

제29대 태종무열왕太宗武烈王 (재위 654~661)

성은 김씨, 이름은 춘추. 이찬 용춘의 아들이며, 어머니는 진평왕의 딸 천명부인 김씨. 왕이 되기 전에는 김유신과 함께 선덕·진덕의 두 여왕을 보필하여 삼국통일의 대업을 도모하고 여러 차례 당나라를 오가며 외교적·군사적으로 도움을 받아 삼국통일의 기초 작업을 진행시켰다. 신라 최초의 진골 출신 왕이다.

660년 나·당연합군을 만들었고, 왕자 법민(문무왕)과 김유신 등에 5만의 군사를 주어 백제를 공격하여 멸망시켰다.

661년 당나라가 고구려 정벌을 위해 군사를 보냈으나 삼국통일을 보지 못한 채 죽고 말았다.

제30대 문무왕文武王 (재위 661~681)

이름은 법민. 태종무열왕의 맏아들. 어머니는 문명왕후이고, 왕비는 파진찬 선품의 딸 자의왕후. 660년에 김유신과 함께 당군과 연합하여 백제를 격멸하였다. 668년에 고구려를 멸망시키고 당나라 군사를 북으로 추방시켜 삼국을 통일하였다.

제31대 신문왕神文王 (재위 681~692)

이름은 정명, 명지. 자는 일초日. 문무왕의 맏아들. 어머니는 자의왕후이며, 왕비는 김흠돌의 딸.

665년(문무왕 5년)에 태자로 책봉되었다가 왕이 된 후, 반란을 일으킨 김흠돌을 죽이고 황비를 폐위시켰다. 682년 국학國學을 세우고 9주를 설치했으며, 689년에 관리에게 주던 녹읍제祿邑制를 폐지하여 조租로써 대치했고, 문화부흥에 힘써 설총·강수 같은 대학자를 배출하는 등 신라의 전성시대를 이루었다.

제32대 효소왕孝昭王 (재위 692~702)

성은 김씨, 이름은 이홍·이공. 신문왕의 맏아들. 691년(신문왕 11년) 태자로 책봉되고 즉위하여 모든 관제를 정비하고 당·일본 등과 수교하였다. 693년 처음으로 의학박사를 두었으며, 695년 서시전과 남시전을 설치하고 699년 창부를 두었다.

제33대 성덕왕聖德王 (재위 702~737)

이름은 흥광. 효소왕의 친동생. 왕비는 성정왕후 김씨. 계비인 김순원의 딸 소덕왕후에게서 승경(효성왕), 헌영(경덕왕)의 두 왕자를 낳았다. 718년 처음으로 누각을 만들었고, 732년 발해를 정벌하려 했으나 뜻을 이루지 못했다.

제34대 효성왕孝成王 (재위 737~742)

성은 김씨이며 이름은 승경. 성덕왕의 둘째 아들이며 왕비는 이찬 순원順元의 딸 혜명부인 김씨. 740년 후궁이 왕비의 질투로 살해된 것에 분개한 후궁의 아버지인 파진찬 영종永宗이 역모를 꾀하자 이를 잘 처리했다. 죽은 후 유언에 따라 법류사 남쪽에 화장하여 그 뼛가루를 동해에 뿌렸다.

제35대 경덕왕景德王 (재위 742~765)

이름은 헌영. 효성왕의 동생. 왕비는 이찬 순정의 딸 김씨와 서불한 김의충金義忠의 딸인 만월부인. 혜공왕은 만월부인의 소생이다. 당나라의 문화를 수입하여 신라 문화의 황금시대를 이루었으며, 불교 중흥에 힘써 황룡사의 종鐘을 만들고 당나라와 친교를 굳혔다.

제36대 혜공왕惠恭王 (재위 765~780)

경덕왕의 맏아들. 성은 김씨. 8세에 왕이 되어 태후가 섭정하였다. 왕위에 있을 때 흉년이 들어 민심이 좋지 않았으며, 왕은 사치와 방탕을 일삼아 정치가 문란했다. 여러 차례 반란이 일어났으며, 780년 이찬 김지정의 반란으로 왕비와 함께 반란군에게 살해당했다.

제37대 선덕왕宣德王 (재위 780~785)

성은 김씨, 이름은 양상. 내물왕의 후손 효방의 아들. 어머니는 성덕왕의 딸 사소부인이며, 왕비는 각간 양품의 딸 구족부인. 764년 이찬으로 시중이 되었고 774년 이찬으로 상대등이 되었다. 780년 이찬 김지정이 반란을 일으키자 이찬 김경신(원성왕)과 함께 살해하고 왕위에 올랐다.

선덕왕은 785년에 죽었는데 그의 유언에 따라 불법으로 화장하여 뼈를 동해에 뿌렸다.

제38대 원성왕元聖王 (재위 785~798)

성은 김씨, 이름은 경신. 780년 이찬으로 있을 때 상대등 김양상(선덕왕)과 함께 김지정의 난을 평정하고 상대등에 올랐다. 왕이 되어 독서출신과를 두어 인재를 등용하였고, 790년에 벽골제를 증축하여 농사를 장려했다.

제39대 소성왕昭聖王 (재위 798~800)

이름은 준. 원성왕의 태자인 인겸의 아들. 어머니는 정목왕후 김씨.

아버지 인겸이 왕위에 오르지 못하고 일찍 죽어 왕세손으로 왕위에 올랐으나 2년 만에 죽으니 그 후부터 신라는 왕위쟁탈전이 벌어지게 되었다.

제40대 애장왕哀莊王 (재위 800~809)

이름은 청명, 중희. 소성왕과 계화부인의 아들. 13세에 왕이 되어 숙부인 언승이 정치를 했다. 801년에 태종무열왕과 문무왕의 묘당廟堂을 세우고 해인사를 창건했다. 일본과도 친선을 맺어 사신이 자주 왕래했다. 809년 숙부 언승과 제옹의 반란으로 살해되었다.

제41대 헌덕왕憲德王 (재위 809~826)

성은 김씨, 이름은 언승. 791년 제공의 반란을 진압하고 795년에 재상에 올랐다. 809년 조카인 애장왕을 죽이고 왕이 되었으며, 819년 당나라 헌종의 요청으로 군사 3만 명을 파견했으며, 300리에 달하는 폐강장성을 쌓기도 하였다.

제42대 흥덕왕興德王 (재위 826~836)

이름은 경휘. 원성왕의 손자이고 아버지는 김인경. 즉위하여 당나라에 사신을 보내 신라왕으로 책봉되고, 828년 대아찬 김우징(신무왕)을 시중에 임명하고 장보고를 청해진 대사로 삼아 해적을 막게 하였다.

829년 당나라에서 차의 씨를 가져와서 재배했고, 죽은 뒤에 유언에 따라 안강현 북쪽 장화부인의 능에 합장되었다.

제43대 희강왕僖康王 (재위 836~838)

성은 김씨, 이름은 제륭. 원성왕의 손자이고 김헌정의 아들. 흥덕왕이 죽자 김헌정의 동생 김균정과 왕위 다툼을 하다 김명(민애왕), 이홍의 도움으로 왕이 되었다. 이에 김명을 상대등, 이홍을 시중에 임명했으나 838년 김명과 이홍이 반란을 일으키자 스스로 목을 매어 자결했다.

제44대 민애왕閔哀王 (재위 838~839)

성은 김씨, 이름은 명明. 원성왕의 증손이며, 대아찬 충공의 아들. 836년 제륭(희강왕)과 균정이 왕위다툼을 할 때, 제륭을 도와 왕이 되게 하고 자신은 상대등이 되었다. 838년 이홍과 함께 희강왕을 협박, 자살하게 하고 왕위에 올랐다. 왕이 된 지 2년 만에 김양의 부하 김우징(신무왕)에게 살해되었다.

제45대 신무왕神武王 (재위 839)

이름은 우징. 원성왕의 증손이며 상대등 김균정의 아들. 김명(민애왕) 등과 반란을 일으켜 희강왕을 죽이고 김양과 함께 아버지 김균정을 왕이 되게 하려다 실패하였다. 장보고의 힘을 얻어 김명을 죽이고 839년 4월에 왕이 되었으나, 같은 해 7월 병사했다.

제46대 문성왕文聖王 (재위 839~857)

이름은 경응. 어머니는 정계부인. 왕위에 있는 동안 자주 반란이 일어나 혼란한 시대를 다스렸다. 846년(문성왕 8년)에 장보고가 반란을 일으키자 염장을 보내 죽이게 했다.

제47대 헌안왕憲安王 (재위 857~861)

성은 김씨. 이름은 의정 또는 우정. 859년 전국에 흉년이 들자 백성들의 어려움을 살폈고 제방을 쌓아 농사를 장려했다. 아들이 없자 왕족인 응렴(경문왕)을 맏사위로 삼아 그에게 왕위를 물려주었다. 죽은 후 경주 공작지에 묻혔다.

제48대 경문왕景文王 (재위 861~875)

이름은 응렴. 희강왕의 손자. 화랑 출신으로 왕위에 올랐다.

제49대 헌강왕憲康王 (재위 875~886)

이름은 정晸. 경문왕의 아들. 처용무가 크게 유행했고 사회적으로 사치와 환락이 심해지는 등 이때부터 신라는 국운이 점차 쇠퇴하기 시작했다.

제50대 정강왕定康王 (재위 886~887)

이름은 황晃. 경문왕의 아들이며, 헌강왕의 아우. 이찬 김요의 반란을 막고 왕이 된 지 2년 만에 죽자 누이동생인 진성여왕이 왕위를 이었다.

제51대 진성여왕眞聖女王 (재위 887~897)

성은 김씨, 이름은 만원. 경문왕의 딸이자 정강왕의 누이동생. 888년 각간 위홍과 대구화상에게 명하여 향가집《삼대목三代目》을 편찬하게 했으나 전하지는 않는다.

진성여왕은 품행이 좋지 못하였다. 북원의 양길梁吉과 궁예弓裔가 반란을 일으켰으나 다스리지 못했고, 이듬해에는 완산에서 견훤이 일어나 후백제를 세워 후삼국시대가 이루어졌다. 895년 헌강왕의 서자인 요를 태자로 삼아 897년 태자에게 왕위를 물려준 다음 그해에 죽었다.

제52대 효공왕孝恭王 (재위 897~912)

정강왕의 서자. 895년 태자로 책봉되고 897년 진성여왕이 죽자 왕이 되었다. 898년 궁예에게 패서도浿西道와 한산주 관내의 30여 성을 빼앗기고, 900년 서남쪽의 땅을 견훤에게 빼앗겼다. 결국 궁예와 견훤이 각각 나라를 세워 후삼국 시대가 시작되었다.

제53대 신덕왕神德王 (재위 912~917)

성은 박씨, 이름은 경휘. 아버지는 박예겸, 어머니는 정화부인. 왕비는 의성왕후 김씨. 효공왕이 자식 없이 죽자 아달라왕의 손자이며 헌강왕의 사위인 신덕왕이 백성들의 추대로 왕이 되었다. 견훤과 궁예의 침입을 맞아 싸웠으나 기울어 가는 국운을 회복하지 못하고 917년에 죽었다.

제54대 경명왕景明王 (재위 917~924)

이름은 승영昇英. 신덕왕의 아들. 918년(경명왕 27년) 왕건이 궁예를 누르고 고려를 건국하자 고려와 손잡고 대야성大耶城을 침략한 견훤을 물리쳤으나 국력이 쇠퇴하였고, 후당後唐에 군사를 요청했으나 뜻을 이루지 못한 채 죽었다.

제55대 경애왕景哀王 (재위 924~927)

이름은 위응. 신라 말기 전란시대의 왕으로 땅의 많은 부분을 견훤에게 빼앗겼고, 경애왕 4년 포석정에서 연회를 하다가 견훤의 습격으로 포로가 되자 그 자리에서 자살했다.

제56대 경순왕敬順王 (재위 927~935)

이름은 부. 문성왕의 6대손으로 신라의 마지막 왕. 경애왕이 죽은 후 견훤의 도움으로 왕이 되었다. 경순왕은 후백제의 공격으로 국력이 쇠약해진데다 고려가 강대해지자 왕건에게 항복하였다. 시호는 경순공敬順公.

발해 渤海

제1대 고왕高王 (재위 699~719)

이름은 대조영大祚榮. 고구려 유민으로 요하 서쪽에서 살았으나 당의 지나친 억압정책에 반항, 고구려 유민을 모아 당군과 싸워 격파하고 말갈족을 모아 세력을 키워 699년 만주·동모산에 나라를 세워 국호를 진震, 연호를 천통이라 한 후 왕위에 올랐다. 영역은 5천 리에 10여만 호와 수만의 정병을 가진 큰 나라였다. 713년 국호를 발해로 바꾸고 신라와 국교를 열었으며, 당나라와 내왕이 빈번했다.

제2대 무왕武王 (재위 719~737)

연호를 천통에서 인안이라 고치고 일본과 수교하여 문물을 교환하는 한편, 무력을 길러 당나라, 등추를 공격하였다(727년). 이듬해 7월 당은 발해 정벌을 꾀하였으나 눈이 많이 와서 싸우지도 못하고 돌아갔다.

제3대 문왕文王 (재위 737~793)

연호는 대흥. 상경용천부에 천도하고 당나라 제도를 본받아 관직제도를 제정, 주지감을 세워 학문·교육을 장려하였으며, 당과 교역하여 재정을 강화하였다. 50년의 재위 기간으로 가장 오랫동안 왕위에 있었으며, 문치文治를 펴 한자로 된 경서를 깊이 익히고 불교와 유교사상을 강조하였다. 수도 상경은 당나라의 장안을 모방한 것으로 이는 당나라 문화의 영향을 많이 받았음을 보여준다.

제4대 폐왕廢王 (재위 793~794)

3대 문왕이 죽자 발해의 4대왕으로 즉위하였으나(793년) 다음해인 794년에 피살되었다.

제5대 성왕成王 (재위 794~795)

대굉림의 아들. 폐왕 대원의가 포악하여 그를 폐하고 옹립되었다. 연호를 중흥이라고 고치고, 상경에 도읍을 정했으나 다음해에 죽고 말았다.

제6대 강왕康王 (재위 795~809)

3대 문왕의 아들. 연호를 정력正曆이라 고치고, 일본과 교류를 하는 한편 당에도 사신을 보내 문물을 교환하였다.

제7대 정왕定王 (재위 809~812)

강왕의 아들로 812년(정왕 4년)에 신라의 사신을 접견하고 연호를 영덕이라 고쳤다.

제8대 희왕僖王 (재위 812~817)

연호를 주작이라 고치고 당나라와 교통하여 문물과 제도를 수입하였으며 5년간 재위하였다.

제9대 간왕簡王 (재위 817~818)

이름은 대명충. 강왕의 아들이며 희왕의 아우. 연호를 태시라고 했으나 즉위 1년 만에 죽었다.

제10대 선왕宣王 (재위 818~830)

이름은 대인수大仁秀. 대조영의 아우인 대발야의 증손으로 9대 간왕의 종부. 연호를 건흥建興이라 했다. 발해 중흥의 대업을 이루었으며 당나라의 영향을 받아 국명을 해동성국이라고 불렀다. 여러 부족을 토벌하여 국토를 개척하고 전국을 5경 16부 62주로 고치고, 학술을 진흥시키는 등 전성기를 이루었다.

제11대 이진왕彝震王 (재위 830~858)

선왕의 손자. 선왕이 죽자 즉위하여 연호를 화함和咸으로 고치고 28년간 발해를 다스렸다.

제12대 건황왕虔晃王 (재위 858~870)

이진의 아들. 연호를 새로 만들지 않고 부왕 때 쓰던 연호를 그대로 사용하였다.

제13대 경왕景王 (재위 870~901)

이름은 대현석大玄錫. 당·일본과 사신을 교환하면서 서로의 문물을 주고받았다.

제14대 애왕哀王 (재위 901~926)

이름은 대인선大諲譔. 926년(애왕 26년) 부여성에서 거란의 야율아보기耶律阿保機에게 포위되어 패배하니, 발해는 14대 228년 만에 멸망하였다. 세자 광현은 백성 수만호를 이끌고 고려로 귀순했다.

고려高麗

제1대 태조太祖 (재위 918~943)

이름은 왕건王建. 아버지는 왕융王隆, 어머니는 위숙왕후 한씨. 900년에 궁예를 섬겨 광주·충주·청주 등을 공격하여 아찬의 벼슬에 올랐고 경상도와 전라도지방에서 견훤의 군사를 격파하였다. 그리고 정벌한 지방의 구제사업에 힘써 백성의 신망을 얻었고 시중의 벼슬을 지냈다.

918년에 민심을 잃은 궁예 대신에 홍유, 배현경 등이 추대하여 왕이 된 후 국호를 고려라 하고 수도를 송악으로 옮겼다. 융화·북진·숭불 정책을 3대 건국이념으로 삼았다. 935년 신라 경순왕敬順王을 맞아 평화적으로 신라를 통합하고, 936년에 후백제를 공격하여 마침내 후삼국을 통일했다.

제2대 혜종惠宗 (재위 943~945)

태조의 맏아들. 태조를 따라 후백제를 쳐서 공을 세우고 왕위에 오른 후 여러 차례 왕규에게 살해될 뻔했으나 이를 처치하지 못하고 항상 신변 보호에 힘쓰다가 죽었다.

제3대 정종定宗 (재위 945~949)

이름은 요堯, 자는 의천義天. 태조의 둘째 아들. 신명왕후 유劉씨의 소생. 혜종의 뒤를 이어 945년 왕위에 오르자 왕규를 처형하고 난을 평정했다. 불법佛法을 믿고 도참설에 미혹되어 도읍을 서경으로 옮기려다 뜻을 이루지 못하고 세상을 떠났다.

제4대 광종光宗 (재위 949~975)

이름은 소昭, 자는 일화日華, 시호는 대성大成. 정종의 친동생이자 태조의 셋째 아들. 비는 태조의 셋째 딸 대목황태후 황보皇甫씨. 즉위한 뒤에 권신, 부호의 세력을 누르고 근친결혼을 장려하여 외척의 폐를 없애려 하였다. 노비안검법을 만들어 귀족세력을 약화시키고 노비를 많이 해방시켰으며, 958년(광종 9년)에는 주나라로부터 귀화한 쌍기의 건의를 받아들여 처음으로 과거제를 실시하여 인재를 등용하였다. 또한 불교를 독신하였으며 동북·서북면의 개척에 주력하여 많은 치적을 남겼으나 만년에는 무고한 살육이 많았다.

제5대 경종景宗 (재위 975~981)

이름은 전, 자는 장민. 광종의 차남. 즉위하자마자 전시과를 제정하였지만 정치에 힘쓰지 않고 여색에 탐닉하여 소인小人을 가까이하고 군자를 멀리했다.

제6대 성종成宗 (재위 981~997)

이름은 치治, 자는 온고溫故. 태조의 손자. 981년 경종이 위독하자 왕위에 올라 최승로 등 유학자들의 관제를 개편하고, 숭불의 폐단을 고려하여 팔관회 등 불교적인 행사를 금하고, 유교주의를 채택하였으며 서울과 지방에 학교를 세우고 학문과 농업을 장려하였다.

제7대 목종穆宗 (재위 997~1009)

이름은 송이며 자는 효신. 경종의 장자. 문·무 양반의 전시과를 개정하고 학문을 장려하는 등 업적이 많았으나, 아들이 없어 모후 천추태후가 외족인 김치양과 간통하여 아들을 낳고 그를 왕으로 삼으려고 음모를 꾸미며,

후계자인 왕의 당숙 대량원군 순(현종)을 중을 만들어 해치려 하였다.
이를 왕이 알아차리고 대량원군을 모시려고 강조에게 호위를 명령했으나, 강조는 도리어 목종을 폐위하고 대량원군을 왕으로 삼고 김치양 일당을 살해했다. 왕은 쫓겨나 충주로 가는 도중 살해되었다.

제8대 현종顯宗 (재위 1009~1031)

이름은 순詢, 자는 안세. 12세 때 김치양과 사통私通으로 태어난 아들을 왕위에 올리려는 천추태후의 강요로 중이 되었다가 1009년 강조의 옹립으로 즉위했다. 그러나 강조의 목종 살해를 구실로 거란의 성종이 침략하자 강조를 보내어 이를 막게 했으나 참패당하여 남으로 피란했다. 그 후 친조(親朝: 조정을 직접 이끎)를 조건으로 화의가 성립되었으나 친조를 하지 않아 소배압이 침입했다. 그러자 강감찬이 섬멸했다. 대장경 제작을 시작하고 개경의 외경을 쌓는 등 거란의 침략으로 어수선한 정세를 안정시켜 문물의 재흥을 기함으로써 덕종, 정종조의 황금시기를 마련하였다.

제9대 덕종德宗 (재위 1031~1034)

이름은 흠欽, 자는 원량元良. 현종의 장남. 즉위한 뒤 거란에 억류된 고려인의 송환을 요구하였다. 압록강 입구로부터 영원 등 14성을 거쳐 동해안의 도련포에까지 천리를 석축으로 장성을 쌓았다. 동·여진인과 거란인들의 투항자가 많았으며 현종 때 시작한 국사편찬 사업도 왕성하였다.

제10대 정종靖宗 (재위 1034~1046)

이름은 형亨, 자는 신조申照. 현종의 둘째 아들로 덕종의 동생. 덕종의 유명으로 즉위하여 1037년 거란의 침입을 받은 후 북방 경비에 전력을 기울여 1044년 천리장성을 완성시켰다.

제11대 문종文宗 (재위:1046~1083)

이름은 휘, 자는 촉유. 현종의 셋째 아들. 왕위에 즉위하자 최충에게 명하여 법률 개정에 착수하고 불교를 독실히 믿어 사찰을 건립했다. 한편 유학도 장려함으로써 최충의 9재를 비롯하여 사학이 일어나는 등 문운의 융성시대를 일으켰다. 외교와 국방정책에서 동·여진에게는 회유책을 쓰고, 송과는 국교를 열어 친선을 도모했다. 학문을 좋아하고 서도에 능하였다.

제12대 순종順宗 (재위 1083)

이름은 훈, 자는 의공. 문종의 장자로 1054년 왕태자에 책봉하여 1083년 즉위했으나 그해에 죽었다.

제13대 선종宣宗 (재위 1083~1094)

이름은 운. 문종의 둘째 아들이자 순종의 친동생. 어려서부터 총명하고 지식이 넓어 경사經史에 밝았다. 재위 기간 중 처음으로 승과를 설치하는 등 불교진흥에 힘썼다.

제14대 헌종獻宗 (재위 1094~1095)

이름은 욱. 선종의 원자. 어려서부터 서화에 능하고 총명했으며 즉위하자 이자의 난을 평정하고, 다음해 신병으로 숙부 계림공 희(숙종)에게 양위한 뒤 후궁에 있었다.

제15대 숙종肅宗 (재위 1095~1105)

이름은 옹, 자는 천상. 문종의 3남이자 순종의 아우. 조카인 헌종이 어려서 왕위에 오르자 왕위를 빼앗아 1095년에 즉위하였다.
고려의 황금시대로서 국내가 평안하였고 해동통보와 은병을 주조하였고 많은 불회를 열었다. 1104년 여진족인 완안부의 우야소가 침입하자 임간을 보내어 방어하게 하였으나 실패하자 다시 윤관을 보내어 화약和約을 체결했다. 윤관의 건의로 군비확충에 착수하려 했으나 서경에 행차하다가 병을 얻어 돌아오던 도중에 죽었다.

제16대 예종睿宗 (재위 1105~1122)

이름은 우, 자는 세민世民. 숙종의 태자로 윤관에게 명하여 여진을 치게 하고 9성을 쌓게 하였다.

제17대 인종仁宗 (재위 1122~1146)

이름은 해, 자는 인표. 예종의 맏아들로 어머니는 순덕왕후 이李씨.

1126년(인종 4년) 이자겸에게 옹립되어 즉위했다. 이자겸의 난이 일어나자 척준경 등을 시켜 난을 평정하고 이자겸을 귀양보냈다. 묘청의 서경천도, 금국정벌론에 찬성했으나 김부식 일파의 반대로 좌절되었고, 1135년 묘청이 반란을 일으키자 김부식으로 하여금 평정케 하였다.

어려서부터 재주가 있었고 음률·서화에 능하여 문운文運을 일으켰으며, 김부식에게 명하여《삼국사기》를 편찬하게 하였다.

제18대 의종毅宗 (재위 1146~1170)

이름은 현晛, 자는 일승日升. 인종의 맏아들. 행동이 좋지 못하여 문신들과 매일같이 호사스러운 연회를 베풀면서 무신을 경멸하였다.

1170년 정중부의 반란으로 폐위되어 거제도로 쫓겨났다가 감보당의 복위운동이 실패한 뒤 살해되었다.

제19대 명종明宗 (재위 1170~1197)

인종의 셋째 아들이자 의종의 친동생. 1170년 정중부의 추대로 왕이 되었다. 무신들을 제거하기 위해 김보당, 조위총 등의 난이 일어났으며, 뒤이어 전주에서 농민반란이 일어나는 등 국내 정치가 극도로 어수선했다.

1197년에 최충헌에 의해 왕위에서 쫓겨났다.

제20대 신종神宗 (재위 1197~1204)

이름은 탁. 인종의 다섯째 아들. 1197년 최충헌에 의해 왕에 옹립되었다. 즉위한 해 5월에 만적의 난에 이어 진주·경주·합천의 난, 경주·광주의 난 등 반란이 해마다 일어났다. 1204년 병이 심하여 태자에게 왕위를 물려주었다.

제21대 희종熙宗 (재위 1204~1211)

신종의 맏아들. 권신·최충헌의 횡포가 심하자 왕준명과 함께 그를 죽이려다 실패하고 도리어 최충헌에 의해 폐위되어 강화로 쫓겨났다가 1215

년 교동에 옮겨졌다. 1227년 복위 음모가 있다는 무고로 다시 교동에 유배되어 죽었다.

제22대 강종康宗 (재위 1211~1213)

명종의 맏아들로 1197년 최충헌에게 쫓겨 부왕과 함께 강화도로 갔다가 1210년에 소환되었다. 이듬해 희종을 폐하고 최충헌에게 옹립되어 왕위에 올랐다.

제23대 고종高宗 (재위 1213~1259)

이름은 철. 강종의 맏아들. 1212년 태자로 책봉되고 이듬해 강종의 뒤를 이어 즉위하였지만 최씨의 무단정치로 실권을 잡지 못하다가 1258년에 최의가 살해되자 정권을 되찾았다. 재위 기간 중 거란·몽고 등 북방민족의 침입으로 타격이 컸지만 8만대장경을 조판하는 등 문화적인 업적을 남겼다.

제24대 원종元宗 (재위 1259~1274)

이름은 식, 자는 일신. 고종의 장자. 태자에 책봉된 후 원나라에 들어가 조정에 참여케 하고 고종이 죽자 다음해에 즉위했다. 권신·임연에 의해 폐위되었다가 원나라의 질책으로 복위되었다. 1270년 삼별초의 난이 일어났고 원의 일본 정벌을 돕기 위해 전함 300척을 만들게 하였으나 일본 원정을 보지 못하고 죽었다.

제25대 충렬왕忠烈王 (재위 1274~1308)

이름은 거이며 원종의 장자. 1271년 원나라에 가서 원세조의 딸과 결혼하고 살다가 1274년 원종이 죽자 돌아와 왕위에 올랐다. 즉위한 10월 원나라 세조의 강요로 일본 정벌을 위한 군사를 파견했다가 태풍으로 피해를 입고, 1281년 김방경이 원병과 같이 2차 일본 정벌을 단행하였으나 또 실패했다. 원나라의 문물과 제도를 받아들이고 원의 간섭이 많아 자주성을 잃기도 하였다.

제26대 충선왕忠宣王(재위 1308~1313)

이름은 장璋이며 충렬왕의 아들로 어머니는 원나라 세조의 딸 제국대장 공주이다. 비는 원나라 진왕 감마라의 딸 계국대장 공주. 1277년 세자에 봉해지고 1297년 충렬왕의 측근에서 횡포가 심하던 궁인 무비無比와 도성기, 최세연을 죽여 기강의 확립을 기도했다.

1308년 심양왕에 봉해졌고 1313년 원나라에 가서 만권당을 세우고 본국에 가서 이제현을 불러 조맹부 등과 교류하게 하는 등 문화 교류에 크게 이바지 했다.

제27대 충숙왕忠肅王(재위 1313~1330)

충선왕의 둘째 아들. 1313년 강릉대군으로 있다가 즉위했다. 아버지 충선왕은 상왕으로 있으면서 조카 연안군 고를 삼양왕 세자로 삼아 양위하고 원나라 양왕의 딸을 맞게 하자 삼양왕이 왕위를 노리게 되었다. 이리하여 1329년 원에게 양위할 것을 정하고 다음해에 양위하니 이가 충혜왕이다.

제28대 충혜왕忠惠王(재위 1330~1344)

충숙왕의 세자. 원나라에 있다가 1330년 충숙왕의 양위로 왕위에 올랐다. 1331년 충숙왕이 다시 왕이 되자 충혜왕은 다시 원나라로 갔다. 왕이 음란하여 원나라 사신들이 들어와 왕을 붙잡아서 귀양 보내니 1344년 귀양 가던 도중 악양에서 죽었다.

제29대 충목왕忠穆王(재위 1344~1348)

이름은 흔. 충혜왕의 태자. 8세에 왕위에 올라 전조의 폐정을 고칠 것을 선언하고 세력 있는 사람들 손에 독점되어 있던 녹과전을 주인에게 돌려주었다.

제30대 충정왕忠定王(재위 1348~1351)

충혜왕의 서자로 원제의 명으로 12세에 즉위했다. 외척 윤시우와 배전 등이 권세를 부려 정치를 문란하게 하였고 밖으로는 왜구의 침입이 심하였다. 충혜왕의 동생 기가 원나라 위왕의 딸인 노국공주와 결혼하고 세력을 얻어 재위 3년 만에 폐위되고 공민왕이 즉위했다.

제31대 공민왕恭愍王 (재위 1351~1374)

　충숙왕의 둘째 아들. 1341년 원나라에 가서 위왕의 딸 노국공주를 아내로 맞아 충정왕을 폐위하고 왕위에 올랐다. 원나라를 배척하고자 해서 원나라의 황실과 인척관계로 권세를 부리던 귀족 기씨 일파를 숙청하고 쌍성총관부를 폐지하는 한편 요동에 남아 있는 원의 세력을 소탕하였다. 또 동녕부와 정방을 폐지한 후 신돈을 기용해서 정치의 개혁을 단행하였다.

　그러나 공민왕 9년과 10년에 홍건적과 왜구가 쳐들어와 국운이 기울고 노국공주가 죽자 왕비만을 추모한 나머지 불심에만 전념하여 나랏일을 신돈에게 맡기니 그의 횡포가 나라를 더욱 어지럽게 했다.

　결국 최만생에게 암살당했다. 공민왕은 글씨와 그림에 능숙해 그의 〈천산대렵도〉가 덕수궁 미술관에 보관되어 있다.

제32대 우왕禑王 (재위 1374~1388)

　신돈의 첩 반야의 소생이라고 하지만 이는 이성계가 조선을 건국하기 위한 계략으로 보는 견해도 있다. 공민왕이 승하한 후 열 살의 어린 나이로 왕이 되었으나 점차 성장해감에 따라 음탕한 생활을 하였다. 이 시기에 왜구의 침입이 극성하였고 나라의 기강이 극도로 문란했으므로 차츰 이성계가 두각을 나타내었다.

　1388년 배명정책을 세워 최영과 요동정벌을 하고자 했으나 이성계의 위화도 회군으로 구세력의 몰락과 함께 이성계에 의해 경산부에 안치되고 그의 친척과 일당은 귀양 또는 처벌을 받았다.

제33대 창왕昌王 (재위 1388~1389)

　우왕의 아들로 이성계가 우왕을 내쫓은 뒤 이색, 조민수 등이 창왕을 내세웠다.

　그러나 왕王씨가 아니고 신씨라 하는 이성계의 고집으로 재위 1년 만에 강화도로 쫓겨나 열 살 때 피살되었다.

제34대 공양왕恭讓王 (재위 1389~1392)

신종神宗의 7대손. 이성계 일파를 반대한 정몽주가 살해당하자 조준·정도전·남은 등은 이성계를 왕으로 추대하고, 공양왕은 원주로 추방된 후 공양군으로 강등되었다가 삼척에서 피살되었다.

조선朝鮮

제1대 태조太祖 (재위 1392~1398)

이름은 이성계李成桂. 함경도 영흥에서 이자춘의 아들로 태어났다. 어려서부터 지혜롭고 용맹스러웠으며 특히 활을 잘 쏘았다.

1356년 원나라의 쌍성총관부를 공격하여 이때부터 이름을 떨치기 시작하였다. 1361년에는 홍건적, 1380년에는 왜군을 황산에서 크게 무찔렀다. 우왕 때 우군통도사가 되어 요동 정벌을 명받았으나 이에 반대하고 위화도에서 돌아와서 최영·정몽주 등을 몰아내고 새로운 나라를 지금의 서울인 한양에다 세우고 나라 이름을 '조선'이라 하였다.

숭유배불정책과 농사를 중히 여기는 중농정책, 국제적 평화를 유지하기 위해 명나라를 잘 섬기는 사대교린정책을 썼다. 또 관청제도, 병사제도, 토지제도 등을 정비하여 나라의 기반을 튼튼히 마련하기에 힘썼다.

그러나 왕위를 계승하려는 아들들의 피비린내 나는 싸움으로 방석과 방번 형제가 죽자 정치에 뜻을 잃고 왕위를 둘째 아들 방광에게 물려주고 고향인 함흥으로 내려가 74세로 세상을 떠났다.

제2대 정종定宗 (재위 1398~1400)

이름은 방과. 태조의 둘째 아들. 성품이 인자하고 용맹과 지혜가 뛰어나 고려 때에는 장상까지 지냈다.

조선이 세워지자 연안군에 봉해졌다. 1398년 제1차 왕자의 난으로 세자가 되고 태자의 뒤를 이어 왕위에 올랐다가, 1400년 제2차 왕자의 난이 일어나자 동생 방원을 세자로 삼았다. 관청제도를 개선하고 서울 5부에는 학교를 세웠다.

제3대 태종太宗 (재위 1400~1418)

이름은 방원. 태조의 다섯째 아들. 아버지 이성계 밑에서 활약하여 선진 세력의 기반을 닦는데 큰 역할을 하였다. 조선이 개국되자 정안군에 봉해졌으며, 제1·2차 왕자의 난을 통하여 1400년에 왕이 되었다.

사병제를 폐지하고 병권을 일원화하였으며, 불교를 배척하고 유교를 숭상하는 정책을 강화하여 절들을 정리하고 사찰에 소속된 토지와 노비를 몰수하였다. 또한 지금의 주민등록증과 같은 '호패법' 제도를 실시하였으며, 구리로 된 '계미자'라는 새 활자를 만들었다. 국방에도 힘을 써 여진족(야인)을 격파시키고, 신문고 제도를 실시하고 '저화'라는 종이돈을 만들어 내는 등 국정 전반에 안정을 기했다.

제4대 세종世宗 (재위 1418~1450)

이름은 도. 태종의 셋째 아들. 어려서부터 총명하고 영리하였으며 22세의 나이로 왕이 되어 궁중에 집현전을 설치(1420년)하고 학문 연구에 힘썼다.

정인지·성삼문·신숙주 등 집현전의 유능한 젊은 학자들과 같이 훈민정음(한글)을 만들어(1443년) 3년간의 시험 끝에 1446년에 반포하여 온 백성이 쉽게 배우고 쓸 수 있게 하였다.

또한 책을 발간하는데 필요한 활자와 인쇄술을 개량하여 경자자, 갑인자, 병진자 등의 구리활자를 만들어, 친히 지은 《월인천강지곡》, 《고려사》, 《삼강행실도》, 《치평요람》, 《농사직설》, 《8도지리지》, 《의방유취》 등을 펴냈다. 그리고 박연으로 하여금 악기·악보 등을 종합·정리하게 하였고, 장영실, 이천 등에게 명하여 해시계·물시계·측우기 등의 전문 기계를 발명하게 하였다.

한편, 김종서를 시켜 두만강 방면에는 6진을, 최윤덕을 시켜 압록강 방면에는 4군을 설치해 야인(여진족)을 물리쳤고, 군사훈련과 무기제조, 병선개량에 힘썼다.

1419년에는 이종무로 하여금 왜구의 소굴인 쓰시마섬을 정벌하게 하였으나, 왜(일본)가 무역해 줄 것을 애원하여 삼포(제포·부산포·염포)를 개항하였다. 세종은 32년 동안 왕위에 있으면서 정치·외교·문화 등에 크게 이바지하여 우리나라 역대 임금 가운데 가장 찬란한 업적을 남겼다.

제5대 문종文宗 (재위 1450~1452)

이름은 구. 세종의 아들. 1421년 세자에 책봉되어서 20년 동안 세자로 있으면서 선왕을 도왔다. 학문에 밝고 인품이 너그러웠으며, 인재를 고르게 등용하고 세종의 뜻을 받들어 서적 편찬과 군제 개편 등 정치의 안정에 힘썼으나, 몸이 허약하여 왕이 된 지 3년 만에 병으로 죽었다.

제6대 단종端宗 (재위 1452~1455)

이름은 홍위. 문종의 아들. 문종이 일찍 죽자 1452년 12세의 어린 나이로 왕이 되었으나, 1455년 권남·한명회의 강요로 왕위를 수양대군에게 물려주고 상왕이 되었다. 1456년 사육신이 그의 복위를 꾀하다가 발각되어 죽음을 당하자 영월로 유배되어 일반 서민의 신분으로 직위가 내려갔으며, 17세의 어린 나이로 세조에 의해 자살을 강요당했다.

제7대 세조世祖 (재위 1455~1468)

세종의 둘째 아들이며 문종의 동생. 성격이 호탕하고 활쏘기에 능했으며 병법에 밝았다. 문종이 일찍 죽고 단종이 12세의 어린 나이로 즉위하자, 1453년 계유정난을 일으켜 많은 신하들을 죽이고 1455년 왕이 되었다.

1458년에는 상평창제도를 실시하여 빈민을 구제하였으며, 1460년에는 《잠서》라는 한글본을 펴내기도 하였다.

1464년에는 《금강경언해》등을 편찬하고, 팔방통보를 만들어 평상시에는 돈으로, 전쟁 때에는 화살촉으로 쓰게 하였다. 또한 불교에 관심을 갖고 1465년 서울에 원각사를 세우고 《원각경》을 편찬하였다.

세조는 무력으로 왕이 되긴 하였지만 왕위에 있는 14년 동안 정치·외교·국방·서적 간행·병기 제조·토지제도 및 관제의 개혁 등 눈부신 업적을 쌓아 조선 초기의 왕권 확립에 크게 공헌하였다.

제8대 예종睿宗 (재위 1468~1469)

이름은 광. 세조의 둘째 아들. 처음에는 해양대군에 봉해졌다가 1457년 (세조 3년) 세자로 책봉되었다. 1468년 세조가 위독하자 왕이 되었다. 왕이 되자 직전수조법이란 것을 제정하였으며, 관제를 개혁하고 최항 등 여러 학자들에게 《경국대전》을 편찬하게 하였다. 왕이 된 지 1년 만에 죽었기 때문에 치적이 별로 없다.

제9대 성종成宗 (재위 1469~1494)

세조의 손자이며 추존왕追尊王 덕종의 아들. 덕종이 왕이 될 예정이었으나 일찍 죽어 그의 아들 혈娎이 13세의 나이로 왕위에 올랐다. 7년간 세조비 정희대비가 보필해주었으며, 1476년부터 직접 정치하기 시작하였다.

학문을 좋아하고 정치를 잘하여 조선의 초창기를 융성하게 만들었다. 또한 법령을 정리하여 기본 법전인 《경국대전》을 완성하였으며 《대전속록》,《동국여지승람》,《동국통감》 등 많은 책을 펴냈다.

홍문관을 넓히고 독서당과 양현고를 설치하는 등 교육과 문화의 발전에도 힘썼다.

제10대 연산군燕山君 (재위 1494~1506)

성종의 아들로 1483년(성종 14년)에 세자로 책봉되었으며 서거정에게 학문을 배웠다. 왜군을 격퇴하고 여진족을 토벌하는 등 국방에 힘썼으며, 사창(흉년이 들었을 때 곡식을 꾸어 주는 기관)과 상평창(물가조절기관)을 설치하고 《국조보감》,《동국명가집》 등을 간행하였으며 《속 국조보감》,《여지승람》을 완성하는 등 즉위 초에는 선정을 베풀었다. 그러나 어머니 윤씨가 사약을 받고 죽은 사실을 알게 된 후부터는 향락과 횡포를 일삼고 많은 실정을 저질렀다.

1498년 무오사화와 1504년 갑자사화를 일으켜 많은 선비와 충신들을 학살하였고 언문교육을 금지하였으며, 사간원과 경연을 폐지하였다. 연산군의 횡포가 심해지자 성희안, 박원종 등이 난을 일으켜 그의 동생인 진성대군(중종)을 왕으로 추대하였다. 강화에 유배되었다가 죽었다.

제11대 중종中宗 (재위 1506~1544)

성종의 둘째 아들이며 연산군의 동생. 연산군이 포악한 정치를 하여 폐위되자 왕으로 추대되었다. 부패한 정치를 개혁하기 위하여 미신을 타파하고 《소학》과 《이륜행실》 등을 간행하였으며, 《경국대전》과 《대전속록》

을 발행하여 법률제도를 확실히 하였고 주자도감을 설치하였다.

1515년부터 조광조를 등용하여 이상 정치를 하려고 하였으나, 신진세력의 과격한 개혁에 훈구파의 반발을 사 1519년 남곤·심정 등의 모함으로 기묘사화를 일으켜 많은 사림파 선비들을 죽였다.

1540년에는 역대 실록을 등사했고, 1545년에는 훈구파의 횡포가 극심하여 을사사화를 일으켰다.

제12대 인종仁宗 (재위 1544~1545)

중종의 맏아들로 어머니는 장경왕후. 1520년(중종 15년) 세자에 책봉되었으며, 1544년 즉위하여 이듬해 기묘사화로 없어진 현량과를 다시 설치했다.

제13대 명종明宗 (재위 1545~1567)

중종의 둘째 아들이며 인종의 동생. 12세로 왕위에 올라 어머니 문정왕후의 섭정을 받았다. 그러자 문정왕후의 동생 윤원형의 소윤 일파가 을사사화를 일으켜 정권을 잡았다. 그리고 문정왕후와 가깝던 승려 보우가 세력을 얻어 불교를 중흥시켰다.

1565년 문정왕후가 죽자 윤원형 일파를 몰아내고 권문세가들의 토지를 몰수하여 다시 분배하였고,《경국대전주해》등을 편찬하게 하고《경국대전》의 원전과 그 속전을 간행했다. 또 을사사화로 몰락한 선비들을 다시 등용하여 선정을 하려 했으나 뜻을 이루지 못하고 죽었다.

제14대 선조宣祖 (재위 1567~1608)

덕흥대원군의 셋째 아들. 하성군에 봉해졌다가 1567년 명종이 뒤를 이을 아들이 없이 죽자 왕위에 올랐다. 이황, 이이 등 많은 인재를 등용하여 어진 정치를 베풀려고 노력했으나, 당파싸움이 벌어져 동인과 서인으로 갈리고, 동인이 다시 남북으로 갈리는 등 당쟁에 휘말려 국력이 쇠약해졌다. 그 틈을 타 1583년과 1587년 두 차례에 걸쳐 야인의 침입을 받았다.

1592년 임진왜란이 일어나자 의주로 피난하여 명나라에 원병을 청했으며, 남해에서는 이순신이 일본 수군을 격파하여 1593년 10월에 환도했으나, 1597년 왜군이 다시 침략하는 등 전후 7년에 걸친 전란에 흉년이 거듭되어 국력이 극도로 쇠퇴해졌다. 전후에도 당파싸움은 그치지 않아 전화와 당파싸움의 시련 속에서 재위 41년간을 보냈다.

제15대 광해군光海君 (재위 1608~1623)

이름은 혼. 선조의 둘째 아들. 남인 이원익을 영의정에 등용하고《동의보감》과《신증동국여지승람》을 편찬하고 간행하였다. 당파싸움을 수습하려고 노력했으나 별다른 성과를 보지 못하고 오히려 왕 자신이 당쟁에 휘말리고 말았다.

그리하여 1613년에는 영창대군을 죽이고 계모인 인목대비마저 내쫓았으며, 많은 신하들을 귀양보내는 등 수십 명의 궁녀들을 데리고 문란한 생활을 하면서 포악한 정치를 하였다. 이에 참다못한 신하들이 인조반정을 일으켜 강화도로 귀양보냈다가 다시 제주도로 보내 그곳에서 죽었다.

제16대 인조仁祖 (재위 1623~1649)

이름은 종, 호는 송창. 선종의 손자. 즉위한 이듬해 이괄의 난을 평정하였으며, 1627년 청나라가 3만의 군사를 이끌고 쳐들어와 평화조약을 맺어 수습했는데 이것이 정묘호란이다.

그런데 1636년 청나라가 다시 쳐들어와 남한산성으로 피난을 갔다. 이때는 소현세자와 봉림대군을 볼모로 보낼 것을 약속하고 항복했는데 이것이 바로 병자호란이다. 이 두 차례의 호란으로 인하여 나라는 다시 어지러워졌고 당파싸움이 격심하였다.

인조는 이러한 어려움을 겪으면서도 나라를 위해 새로운 군사 진영을 만들어 국방에 힘썼고, 토지제도를 정비하여 대동법을 실시하고, 많은 학자들을 등용시켜 성리학의 전성기를 이루었다.

제17대 효종孝宗 (재위 1649~1659)

이름은 호이며 인조의 둘째 아들. 병자호란 때 소현세자와 함께 청나라에 잡혀가 8년간이나 볼모생활을 했다. 귀국하여 소현세자가 일찍 죽자 1649년 왕위에 올랐다. 그는 청나라를 정벌할 북벌계획을 세워 군사제도를 고치고 병사들을 훈련시키며 성도 다시 고쳐 쌓았다. 그러나 청나라의 힘이 더욱 강해져 북벌의 기회를 잡지 못했다.

충청도와 전라도에 대동법을 실시하였으며 김육의 건의로 상평통보를 만들어 사용했다. 그리고 《농가집성》과 《선조수정실록》 등을 간행하게 했다.

제18대 현종顯宗 (재위 1659~1674)

효종의 아들. 병자호란 후 아버지(봉림대군 뒤에 효종)가 볼모로 가 있던 청나라 선양에서 태어났다. 1644년 귀국하여 아버지가 왕위에 오르자 세자가 되었다. 왕위에 있는 동안 당파싸움이 심하여 나라 안이 어지러워지고 국력이 약화되었으며, 백성들은 질병으로 많은 고생을 하였다. 전라도에 대동법을 실시하였고, 두만강을 침입해 오는 여진족을 물리쳤다.

농업을 발전시키고자 토지측량사업을 하는 등 많은 노력을 기울였으나, 당파싸움과 우유부단한 성격으로 정치를 제대로 하지 못했다.

제19대 숙종肅宗 (재위 1674~1720)

현종의 아들이며, 어머니는 명성왕후. 왕위에 있는 동안 전쟁은 없었으나 당파싸움은 그칠 날이 없었다. 쟁쟁한 학자들이 많이 등용되어 조선후기 성리학의 전성기를 이루었으며 대동법과 토지개혁을 실시하였다.

1712년엔 백두산정계비를 세워 국경선을 확정시켰으며 《대전속록》과 《신증동국여지승람》 등이 편찬되었다. 1720년 병으로 돌아갔다.

제20대 경종景宗 (재위 1720~1724)

숙종의 아들. 어머니인 장희빈은 궁녀였는데, 숙종의 비 인현왕후에게 아들이 없자 1690년(숙종 16년) 장희빈에게서 태어난 경종을 3세 때 세자로 책봉하였다. 그러나 몸에 병이 있어 세자책봉을 둘러싸고 많은 당파싸움이 있었다.

1720년 왕이 된 경종은 제대로 정치도 못하다가 4년 후 병으로 죽었다. 이때가 당쟁의 최절정기였다.

제21대 영조英祖 (재위 1724~1776)

이름은 금, 호는 양성헌. 숙종의 넷째 아들이자 경종의 이복동생. 1699년 경종에게 자식이 없어 왕이 된 영조는 당쟁을 없애기 위해 탕평책을 마련했고, 가혹한 형벌을 고쳐 인권을 존중하였으며, 신문고 제도를 되살려 백성의 억울한 일을 직접 고하게 했다. 또 농업을 장려하여 백성들 살림의 안정에 힘썼고, 굶주린 백성의 구제사업을 했으며, 균역법을 실시하여 세금제도를 합리화하였다.

북방의 군사들에게 조총훈련을 시키는 등 국방대책에도 힘썼고, 인쇄술을 개량하여 《속대전》과 《동국문헌비고》 등 많은 서적을 발간하였으며, 유능한 학자들을 발굴하여 실학의 계통을 수립하게 했다.

1762년 아들 사도세자가 공부를 게을리하고 장난이 지나치다 하여 뒤주에 가두어 살해한 비극도 있었으나, 조선의 역대 왕 중 가장 긴 52년간이나 왕위에 있었고, 사회・문화・산업・예술 등 각 방면에 부흥의 기틀을 마련한 훌륭한 왕이다.

제22대 정조正祖 (재위 1776~1800)

호는 홍재. 사도세자의 아들이며, 어머니는 혜경궁 홍씨. 1762년 아버지 사도세자가 죽자 영조의 뒤를 이어 1777년에 왕이 되었다. 영조의 정치를 본받아 탕평책을 써 당파싸움을 막았으며 규장각을 설치하여 역대 서적을 보관하게 하였다. 또 새로운 활자를 만들어 인쇄술을 발달시켰다.

1791년 신해사옥을 일으켜 천주교를 탄압하였으나 서적 편찬에 힘을 기울였다. 제도개혁에도 힘써 악형을 금지시키고 빈민을 구제하는 법도 제정하였다. 특히 실학을 발전시켜 조선후기 문화의 황금기를 이루었다.

제23대 순조純祖 (재위 1800~1834)

호는 순재. 정조의 둘째 아들. 11세의 나이로 왕위에 오르니 영조의 계비인 정순대비가 정권을 잡았는데, 1801년에는 천주교 교인 200여 명을 학살하는 신유사옥을 일으켰다. 1804년부터 순조가 정치하였으나 천주교에 대한 박해는 계속되어 세 차례에 걸쳐 천주교인을 학살하고 탄압하였다.

왕비 순원왕후의 아버지인 김조순을 비롯한 안동 김씨의 세도가 결정에 달했으며, 1811년 홍경래의 난이 일어나는 등 나라가 어지러워지자, 1827년 세자에게 대신 정치를 하게 하고 안동 김씨의 세력을 꺾으려 했으나 실패하였다.

제24대 헌종憲宗 (재위 1834~1849)

호는 원헌. 순조의 손자. 1834년 순조가 죽자 8세의 어린 나이로 왕이 되어 순조의 비인 순원왕후가 정치를 맡아 했다. 안동 김씨와 풍양 조씨가 서로 정권을 잡으려고 싸움을 벌였고, 순조 때와 같이 계속해서 천주교를 탄압하였다. 1841년 안동 김씨의 정권이 무너지자 현종이 직접 정치하였으나 나라 안팎은 더욱 문란해졌다.《동국사략》을 편찬하고 각 도에 둑을 쌓는 등의 업적을 남겼다.

제25대 철종哲宗 (재위 1849~1863)

정계대원군의 셋째 아들이며, 형은 회평군. 1849년(헌종 15년) 헌종이 후계자가 없이 죽자 순원왕후의 명으로 야인생활을 청산하고 궁중에 들어와 왕위에 올랐다. 1851년 김문근의 딸을 왕비로 맞음으로써 김씨의 세도정치가 시작되었다.

1852년부터 왕이 직접 정치를 하였으나 정치에 어둡고, 안동 김씨의 세도로 정치가 극도로 문란해졌다. 백성들은 굶주림에 참다못해 진주·제주·함흥 등지에서 민란이 일어났다. 또한 이때 동학이 창시되어 새로운 세력으로 확대되었다.

재위 14년 동안 세도정치의 소용돌이 속에서 정치를 바로 하지 못하였다.

제26대 고종高宗 (재위 1863~1907)

호는 성헌. 흥선대원군의 둘째 아들. 철종이 자식이 없이 죽자 12세의 어린 나이로 왕위에 올랐다. 아버지인 흥선대원군이 정치에 관여하였으므로 10년 동안이나 실권을 잡지 못했다. 대원군은 쇄국정책을 내세워 병인양요와 신미양요를 일으켰다. 대원군이 물러난 뒤 고종의 비妃인 명성황후와 그 일족의 세도정치가 시작되었고, 그 뒤에는 일본의 내정간섭이 시작되었다. 왕이면서도 왕의 행세를 제대로 하지 못한 불운의 왕이었다.

제27대 순종純宗 (재위 1907~1910)

고종의 둘째 아들, 어머니는 명성왕후 민씨. 1895년(고종 12년) 세자로 봉해졌다가 1897년(광무 1년) 황태자로 되었으며, 1907년(융희 1년) 헤이그 밀사사건의 책임을 묻는 일본의 압력과 이완용 등의 강요로 고종이 양위하자 그 뒤를 이어 즉위하였다. 그해 일본은 한일 신협약을 맺어 우리나라의 군대를 해산하였으며, 1908년 동양척식회사를 설립하고, 이듬해 사법권을 일본에게 빼앗김으로써 점차 일본에 그 실권이 넘어갔다.

1910년 한일합방을 체결함으로써 조선왕조는 27대 518년 만에 종말을 맞았다.

5. 인명색인

한 국

ㄱ

가도치加都致 39
갈문왕葛文王 114
강감찬姜邯贊 241, 476
강구려康仇儷 63
강궁진姜弓珍 241
강명길康命吉 547
강수强首 814
강조康兆 589
강진해姜鎭海 219
강회중姜淮中 199
강희맹姜希孟 403, 644
강희보姜希輔 699
강희열姜熙悅 699
개금蓋金 760
개로왕蓋鹵王 384
개루왕蓋婁王 177
거칠부居柒夫 471
건품乾品 383
검군劍君 571
검모잠劒牟岑 436
견훤甄萱 45, 99, 131, 209, 257, 804
경덕왕景德王 327, 658, 750
경문왕景文王 98, 509
경순왕敬順王 209, 257, 805
경애왕景哀王 131, 257, 805
경조慶組 327
경종景宗 756
경허鏡虛 674
계백階伯 68, 619, 666
계석啓明 509
고경명高敬命 18, 738

고국양왕故國壤王 117
고국원왕故國原王 117
고국천왕故國川王 101, 460, 625
고노자高奴子 330
고도령高道寧 708
고비姑比 47
고시高矢 70
고인후高因厚 738
고종高宗(고려) 235, 239, 318
고종高宗(조선) 281, 340, 539, 588, 767
고종후高從厚 699, 738
고주몽高朱蒙 34
고천상高天祥 199
고천우高天佑 198
공민왕恭愍王 297, 361, 821
공양왕恭讓王 193
공직龔直 47
공혜왕후恭惠王后 742
공훤公萱 47
곽리자고霍里子高 84
곽재우郭再祐 18, 810
관창官昌 69, 619
광개토왕廣開土王 117, 120
광덕光德 612
광종(고려)光宗 348
광해군光海君 339, 609, 783
교체郊彘 462
구근仇近 474
구도具道 67
구문仇文 571
구종직丘從直 160
구치관具致寬 425
궁예弓裔 98, 130, 147, 567, 805
권경희權景禧 812

권극지權克智 179	김맹유金孟鍒 94
권근權近 137	김명원金命元 698, 800
권남權擥 742	김무알金武謁 60
권도온權道醞 228	김문량金文亮 328
권엄權欕 547	김법민金法敏 28
권율權慄 56, 273, 698, 798	김병연金炳淵 573
권중현權重顯 387	김병하金炳河 573
귀산貴山 382	김봉휴金封休 258
근구수왕近仇首王 758	김부金傅 46
근량近郎 572	김사용金士用 285
근초고왕近肖古王 118, 259	김서현金舒玄 558
금강金剛 47	김선기金善基 465
금성대군錦城大君 490	김선달金先達 78
금와金蛙 34, 148	김선종金善宗 201
기대승奇大升 88, 399	김성만金成萬 224
기훤箕萱 99	김성일金誠一 810
길사훈吉師舜 326	김세우金世愚 584
길원진吉元進 325	김수金晬 810
길재吉再 297, 325	김수로왕金首露王 558
김개시金介屎 609	김수온金守溫 403
김견명金見明 379	김숙자金叔滋 326
김경손金慶孫 139	김순고金淳高 39
김굉필金宏弼 337, 389, 524	김시민金時敏 696
김구金絿 332, 713	김시습金時習 553, 746
김규金虬 584	김식金湜 713
김기석金基錫 668	김안국金安國 389
김기종金起宗 20	김안로金安老 408
김노경金魯敬 744	김알지金閼智 66
김달복金達福 779	김양金陽 296
김대성金大城 327	김언필金彦必 379
김동준金東準 207	김여물金汝岉 18
김락金樂 46, 132	김여준金礪準 677
김만기金萬基 32	김영경金英景 46
김만기金萬基 704	김영윤金令胤 666
김만덕金萬德 215, 263	김용희 188
김만중金萬重 704	김우항金宇杭 228

김유성金有聲 ················· 20
김유신金庾信 ········ 28, 68, 371, 437,
        468, 474, 781
김윤중金允中 ················· 371
김익겸金益兼 ················· 704
김익순金益淳 ················· 573
김익훈金益勳 ················· 338
김인기金仁奇 ················· 198
김일손金馹孫 ················· 337
김장득金長得 ················· 219
김장생金長生 ················· 716
김재곤金在坤 ················· 432
김정金淨 ···················· 713
김정호金正浩 ················· 188
김정희金正喜 ············ 216, 744
김제남金悌男 ·················· 73
김제상金提上 ··················· 61
김종서金宗瑞 ········ 463, 551, 748
김종수金鍾秀 ········ 233, 500, 772
김종직金宗直 ······ 276, 337, 389, 524
김좌명金左明 ················· 714
김준金浚 ····················· 19
김준민金俊民 ············ 699, 739
김중온金中溫 ················· 319
김진문金振門 ················· 198
김진양金震陽 ················· 297
김질金礩 ················ 551, 553
김창시金昌始 ················· 285
김창집金昌集 ················· 339
김처선金處善 ················· 721
김천일金千鎰 ········ 698, 739, 798
김춘추金春秋 ············ 222, 760
김학성金學性 ················· 645
김한金閑 ···················· 318
김홍도金弘道 ················· 231
김홍집金弘集 ················· 282

김효원金孝元 ················· 336
김흔공金昕公 ················· 195
김흠운金歆運 ················· 779

ㄴ

낙랑공주樂浪公主 ········ 210, 259
남곤南袞 ··············· 133, 712
남무男武 ···················· 625
남사고南師古 ················· 115
남이공南以恭 ················· 339
남이흥南以興 ·················· 19
남치근南致勤 ·················· 39
남해왕南解王 ············ 66, 113
남효온南孝溫 ················· 554
납의衲衣 ···················· 149
내물왕奈勿王 ······ 59, 165, 471, 779
내해왕奈解王 ················· 796
노례왕弩禮王 ················· 113
노수신盧守愼 ················· 338
노한盧閈 ···················· 752
노힐부득弩肹夫得 ·············· 306
논개論介 ···················· 777
눌지訥祗 ··············· 59, 708
능예能乂 ····················· 47
능환能奐 ····················· 48

ㄷ

다미공多美公 ················· 468
단군檀君 ··············· 122, 534
단종端宗 ······ 299, 460, 490, 551,
        553, 743, 819
달달박박怛怛朴朴 ·············· 306
담덕談德 ···················· 117
담릉淡凌 ···················· 438
대소帶素 ··············· 35, 182
대원군大院君 ················· 340

부록 1013

덕원군德源君 143
덕종德宗 159, 793
덕흥군德興君 270
도림道琳 384
도미都彌 177
도성기陶成器 604
돌고咄固 153
동명성왕東明聖王 34, 122, 148, 498
동천왕東川王 103, 462

ㅁ

마려馬黎 498
마의태자麻衣太子 210, 258
막고해莫古解 758
만공滿空 342, 674
만명부인萬明夫人 222, 558
만세萬歲 48
만춘萬春 316
만화萬化 341
맹사성孟思誠 76, 527, 748
맹호상孟好誠 199
명림답부明臨答夫 171
명종明宗 38, 87, 104, 115, 164,
  321, 332, 370, 584, 725
모둔곡毛屯谷 149
모례毛禮 708
모용희慕容熙 119
목종穆宗 598
목호룡睦虎龍 126
무관랑武官郎 166
무리굴武梨屈 383
무비無比 604
무열왕武烈王 27, 223, 779
무왕武王 363
무은武殷 383
무학대사無學大師 211, 251, 290, 323

문기방文紀房 89
문김생원文金生員 266
문대文大 319
문명왕후文明王后 204, 223
문명회文明會 89
문무왕文武王 204, 612
문무대왕文武大王 264, 436, 474
문성국文聖國 266
문익점文益漸 89, 270
문종文宗 551, 553, 555, 793
문희文姬 222
물계자勿稽子 796
물력勿力 471
미사흔未斯欣 59
미승味勝 306
미천왕美川王 117, 153, 331
미추未鄒 67
민대생閔大生 394
민무구閔無咎 753
민제閔霽 752

ㅂ

박문수朴文秀 763, 775
박분朴奮 551
박사람朴娑覽 59
박상길朴相吉 465
박서朴犀 319
박성간朴聖榦 285
박순朴淳 211, 289
박순朴珣 551
박승휘朴承輝 464
박안신朴安信 76
박양유朴良柔 349
박응서朴應犀 72
박이종朴伊宗 21, 315
박자초朴自超 323

1014

박정영朴定陽	280
박제상朴堤上	61
박제순朴齊純	387
박중림朴仲林	551, 553
박태환朴太煥	465
박팽년朴彭年	300, 551, 553, 743
박헌朴憲	551
박혁거세朴赫居世	67
박홍朴泓	18
반굴盤屈	666
발기發岐	460
배현경裵玄慶	100, 130, 147, 568
백결百結	174, 296
백고伯固	172
백수광부白首狂夫	84
백이정白頤正	336
범마梵摩	306
법민法敏	28
법흥왕法興王	260, 325, 708
변숙邊肅	198
변영로卞榮魯	777
보희寶姬	222
복지겸襄玄慶	100, 130, 147, 568
복호卜好	60
봉림대군鳳林大君	580, 677
봉상왕烽上王	153, 330
봉완奉琓	341
부달富達	48
부傅	257
부흥復興	123
비류沸流	181
비리야比梨耶	383
비유왕毗有王	384

ㅅ

사기斯紀	758
사다함斯多含	21, 165
사도세자思悼世子	170
산상왕山上王	102, 460
상귀相貴	47
상달尙達	47
서거정徐居正	503, 644
서경덕徐敬德	390
서동薯童	365
서림徐林	39
서예원徐禮元	699
서유대徐有大	565
서중보徐仲輔	198, 199
서현舒玄	222
서희徐熙	349
석주釋誅	555
석총釋聰	100
선거이宣居怡	798
선덕여왕善德女王	223, 263
선덕진宣德鎭	319
선비鮮卑	182
선조宣祖	26, 74, 89, 123, 183, 274, 301, 303, 336, 346, 378, 580, 609, 634, 655, 777, 783, 806, 825
선종宣宗	316
선종善種	98
선필善弼	257
선화공주善花公主	363
설총薛聰	814
성국공주成國公主	708
성담수成聃壽	554
성덕왕聖德王	371, 405
성삼문成三問	425, 551, 553, 743
성석린成石璘	76, 211
성종成宗(고려)	348

성종成宗(조선) ······· 143, 156,159, 488, 501, 742, 812	신검神劍 ····················· 47, 805
성혼成渾 ························ 399, 531	신광보살神光菩薩 ················ 100
세조世祖 ················ 153, 159, 271, 463, 819	신규申珪 ····························· 199
세종世宗 ······· 17, 96, 160, 214, 326, 394, 490, 492, 527, 551, 553	신대왕新大王 ················ 171, 625
	신덕神德 ······························· 47
소달小達 ····························· 48	신돈辛旽 ···························· 174
소서노召西奴 ······················ 181	신명화申命和 ······················ 427
소수림왕小獸林王 ················ 117	신문왕神文王 ················ 666, 814
소우蕭友 ······················ 154, 331	신사임당申師任堂 ······· 427, 446, 482
소현세자昭顯世子 ············ 580,676	신수근(권)愼守勤 ···················· 393
손병희孫秉熙 ······················ 664	신숙주申叔舟 ················ 404, 425
손영숙孫永叔 ························ 55	신숭겸申崇謙 ······· 46, 100, 130, 147, 568
솔거率居 ···························· 817	신여로申汝櫓 ······················ 123
송도암宋道巖 ······················ 342	신용개申用漑 ······················ 276
송립宋岦 ···························· 735	신종호申從濩 ······················ 501
송명흠宋明欽 ······················ 503	신혜왕후神惠王后 ············ 147, 570
송병준宋秉畯 ······················ 282	신혼申琿 ····························· 199
송상현宋象賢 ······················ 123	실복悉伏 ···························· 667
송시열宋時烈 ········ 271, 338, 582, 660, 716	실성왕實聖王 ························ 59
	심덕부沈德符 ······················ 803
송익필宋翼弼 ······················ 717	심원부沈元符 ······················ 198
송준길宋浚吉 ······················ 716	심유경沈惟敬 ······················ 698
송질宋軼 ···························· 311	심의겸沈義謙 ······················ 336
송흠宋欽 ···························· 344	심충겸沈忠謙 ················ 337, 551
쇠복衰福 ····························· 47	
수로부인水路夫人 ················ 405	ㅇ
수류首留 ····························· 67	아도阿都 ····························· 67
수범修梵 ···························· 306	아사녀阿斯女 ······················ 260
수양대군首陽大君 ················ 551	아사달 ······························ 260
수조의水藻衣 ······················ 149	아자개阿慈介 ······················ 804
숙종肅宗 ············· 91, 125, 228, 354, 615	안견安堅 ···························· 482
	안두기安斗基 ······················ 292
순정공純貞公 ······················ 406	안성安省 ···························· 361
순조純祖 ······················ 51, 573	안승安勝 ···························· 436
	안유晏留 ···························· 625

안중근安重根	621
안평대군安平大君	332, 551
안필백安必伯	451
알영부인閼英夫人	113
알천閼川	264
양검良劍	47
양길梁吉	99
양녕대군讓寧大君	359, 410
양만고楊萬古	332
양사언楊士彦	332
엄장嚴莊	612
여옥麗玉	85
연개소문淵蓋蘇文	439
연곡蓮谷	341
연산군燕山君	524, 649, 721, 743
연우延優	460
열기裂起	474
열한熱漢	67
염희도廉喜道	615
영경英景	46
영규靈圭	275
영순英順	47
영양왕嬰陽王	268
영조英祖	106, 170, 237, 266, 339, 410, 455, 503, 512, 517, 547, 565, 738, 763
영창대군永昌大君	72, 378
예씨禮氏	181
예종睿宗	159, 304, 440
오간烏干	498
오연총吳延寵	440
오재두吳再斗	82
옥견玉堅	490
옥보고玉寶高	751
온달溫達	505
온조溫祚	181
완기完基	273
왕건王建	99, 130, 146, 348, 567, 754, 805
왕왕신王往信	46
왕융王隆	146
왕철王鐵	258
요신堯信	273
용검龍劍	47
우계牛溪	399
우군칙禹君則	284
우덕훈禹德淳	621
우불憂弗	153
우성전禹性傳	338
우소于昭	264
우신禹信	273
우왕禑王	193
우재영禹在永	522
우헌迂軒	198
우현보禹玄寶	200
욱부郁部	67
운제부인雲帝夫人	113
원광법사圓光法師	382
원균元均	26, 273
원술元述	437
원호元昊	554
원효元曉	379, 613, 814
월장月藏	306
위계정魏繼廷	316
유관柳寬	494
유괴琉瑰	498
유검필庾黔弼	47
유덕민劉德敏	474
유동하劉東夏	621
유렴裕廉	257
유류孺留	181
유리왕儒理王	29
유리왕琉璃王	85, 181

유석庾碩 610
유성룡柳成龍 338, 800, 825
유숭인柳崇仁 697
유인우柳仁雨 250
유자광柳子光 393
유정惟政 183
유진동柳辰仝 163
유천궁柳天弓 567
유팽로柳彭老 738
유학권柳學權 284
유화柳花 34, 148
유성원柳誠源 300, 551
유응부兪應孚 300, 551, 553
윤관尹瓘 440
윤금손尹金孫 369
윤비尹妃 743
윤상도尹尙度 745
윤서안尹庶顔 348
윤선도尹善道 609
윤지선 692
윤원형尹元衡 337, 370, 429
윤지임尹之任 369
윤회尹淮 151
윤후길尹厚吉 86
은천殷川 242
을불乙弗 154, 331
을지문덕乙支文德 268
을파소乙巴素 625
응렴膺廉 509
의문義文 437
의상義湘 49
의자왕義慈王 68
이개李塏 300, 551, 553
이건영李建令 339
이건필李建弼 224
이경李境 199

이경함李慶涵 671
이공수李公遂 270
이관명李觀命 97
이괄李适 192, 590, 735
이국보李國輔 517
이규보李奎報 239
이근수李根秀 412
이근택李根澤 387
이덕형李德馨 74, 278, 377, 783
이리벌伊梨伐 383
이맹전李孟專 554
이면李葂 656
이몽린李夢麟 39
이몽전李蒙戰 349
이무李武 582
이문원李文原 517
이발李潑 338
이방과李芳果 788
이방원李芳遠 298, 326
이복남李福男 89
이사부異斯夫 165
이산해李山海 338
이상의李尙毅 771
이상재李商在 280, 387
이색李穡 297, 634
이서우李瑞雨 354
이서李曙 143
이성계李成桂 137, 174, 193, 198,
    211, 250, 289, 297, 323
이수광李晬光 431
이수일李守一 590
이순신李舜臣 18, 23, 272, 590,
    655, 681, 698
이순李純 750
이승보李承輔 412
이승훈李承薰 168, 547

이억근李億根 38
이억재李億載 346
이언적李彦迪 389, 524
이연경李延慶 87
이열李悅 656
이완용李完用 387
이완李浣 139
이완李莞 590
이요신李堯臣 23
이우신李寓臣 23
이울李蔚 25
이원수李元秀 427, 447
이원익李元翼 339, 346, 682
이윤경李潤慶 87
이의민李義旼 725
이이李珥 271, 321, 338, 110, 399, 430, 446, 482, 717
이이장李彛章 170
이이첨李爾瞻 72, 339, 609
이익李瀷 167
이인임李仁任 301
이일李鎰 18
이자개李慈介 45
이자견李自堅 163
이자겸李資謙 304
이자춘李子春 193, 301
이잠李潛 700
이장곤李長坤 389
이장렴李章濂 545
이장직李長稙 280
이정귀李廷龜 179
이정귀李庭龜 543
이정李貞 23
이제마李濟馬 668
이제현李齊賢 287, 821
이종인李宗仁 699

이준경李浚慶 87
이중환李重煥 431, 595
이지광李趾光 410
이지용李址鎔 387
이지함李之菌 634
이직李稷 488
이진형李鎭衡 512
이차돈異次頓 708
이천보李天輔 517
이충李沖 609
이항복李恒福 279, 791
이해李邂 337
이현운李鉉雲 599
이호민李好閔 377
이황李滉 271, 321, 389, 448, 524, 825
이회李洄 609
이효헌李曉憲 285
이후백李後白 104
이희신李義臣 23
이희저李憘著 284
이희적李希勣 319
이희택李義宅 280
인조仁祖 19, 86, 179, 192, 336, 590, 676, 692, 714, 735
인종仁宗 207
일연一然 379
임경업林慶業 676
임꺽정林巨正 38, 652
임사홍任士洪 393
임선미林先味 199
임제林悌 531
임충서林忠恕 531
임한호林漢浩 51
임형수林亨秀 248
임환林煥 531

잉숙仍宿 471

ㅈ

자비왕慈悲王 295
자순대비慈順大妃 832
자운아紫雲兒 53
자의왕후慈儀王后 204
자장滋藏 201
자초自超 323
자충慈充 113
장수왕長壽王 59, 120, 384
장순손張順孫 649
장순왕후章順王后 742
장윤張潤 699
장춘랑長春郎 27, 28
장한종張漢宗 643
재모再牟 153
적득狄得 780
전봉준全琫準 767
전신全信 198
전지全知 779
전창혁全彰赫 768
점개漸開 325
정경달丁景達 681
정도전鄭道傳 594
정명공주貞明公主 179, 541
정몽주鄭夢周 213, 260, 297
정발鄭撥 123
정병조鄭丙朝 628
정상윤 739
정성왕후貞聖王后 237
정시수鄭始守 284
정시鄭蓍 574
정약용丁若鏞 167, 547
정여창鄭汝昌 337, 389, 524
정운관鄭云瓘 297

정응태鄭應泰 181
정이오鄭以吾 138
정인익鄭寅翼 628
정인홍鄭仁弘 72, 530
정재원丁載元 167
정저鄭著 285
정조正祖 231, 500, 563
정종定宗 289, 326, 756
정천익鄭天益 270
정철鄭澈 399
정탁鄭琢 26, 273
정탁鄭擢 529
정판기丁判其 32
정호鄭澔 660
정희대비貞熹大妃 156, 464
제국대공주齊國大公主 541
조광조趙光祖 133, 326, 337, 389, 524, 712
조대림趙大臨 76
조도선曺道先 621
조문명趙文命 106
조병갑趙秉甲 768
조불祖弗 154, 331
조숙창趙淑昌 318
조식曹植 529
조신調信 195
조여趙旅 554
조온潮溫 41
조종영趙種永 285
조지겸趙持謙 338
조충趙沖 318
조치규趙雉圭 53
조태채趙泰采 125
조헌趙憲 18, 274
조희생趙羲生 199
종훈宗訓 47

주가周苛 64
주몽朱蒙 148, 181
주세붕周世鵬 662
주열朱悅 235
중상仲商 782
중종中宗 87, 94, 276, 369, 832
지귀志鬼 683
지대로智大路 314
지몽智夢 756
지은知恩 690
지도로智度路 314
지족선사知足禪師 390
지증왕智證王 21, 314
지철로智哲路 314
진덕여왕眞德女王 223
진묵당震默堂 207
진사왕辰斯王 119
진성여왕眞聖女王 805
진정眞定 49
진지왕眞智王 473
진평왕眞平王 263, 363, 571,
        666, 786
진호眞虎 46
진흥왕眞興王 21, 165, 558, 817

ㅊ

차대왕次大王 172
차차웅次次雄 113
창왕昌王 193
창조리倉助利 154, 330
채귀화蔡貴河 198
채송년菜松年 319
채제공蔡濟恭 216, 238, 563, 744
처용處容 724
천관天官 558
철종哲宗 191, 340

최경창崔慶昌 806
최경회崔慶會 698, 739
최량崔亮 349
최만호崔萬戶 173
최명길崔鳴吉 580
최무선崔茂宣 136, 801
최비崔斐 725
최석崔奭 344
최세보崔世輔 725
최세연崔世延 604
최술崔述 714
최시형崔時亨 664
최영崔瑩 173, 193, 250
최우崔瑀 319
최원직崔元直 173
최윤덕崔潤德 96
최이崔怡 610
최총진崔聰進 754
최충崔冲 793
최충헌崔忠獻 319, 725
최치원崔致遠 114, 814
최필崔弼 47
최항崔恒 743
최해산崔海山 137
추항箒項 382
충녕대군忠寧大君 359, 410
충렬왕忠烈王 604
충선공忠宣公 271
충선왕忠宣王 605, 823
충숙왕忠肅王 823
치희稚姬 182

ㅍ

파사婆娑 67
평강공주平康公主 505
평원왕平原王 505

품석品釋 ················· 760, 782
품일品日 ······················· 619
필탄弼呑 ······················· 264

ㅎ

하백河伯 ······················· 148
하위지河緯地 ········ 299, 551, 553
한남대군漢南大君 ················ 490
한명회韓明澮 ··················· 742
한봉완韓奉玩 ··················· 341
한석봉韓錫奉 ··················· 688
한영숙韓英淑 ··················· 342
한용운韓龍雲 ··············· 341, 778
한음漢陰 ························ 74
한호韓濩 ······················· 332
한호韓濩 ······················· 688
한효순韓孝純 ··················· 609
해모수解慕漱 ·············· 34, 148
해부루解夫婁 ·············· 34, 148
행호幸浩 ······················· 145
향덕向德 ······················· 750
향득向得 ······················· 658
허기許麒 ······················· 198
허욱許頊 ······················· 798
허웅許邕 ······················· 198
허적許積 ······················· 619
헌강왕憲康王 ··············· 509, 723
헌안왕憲安王 ···················· 98
헌종憲宗 ················· 340, 633
혁거세왕赫居世王 ················ 113
현룡見龍 ······················· 484
현종顯宗 ················· 598, 793
혜량법사惠諒法師 ················ 471
혜종惠宗 ······················· 756
홍경래洪景來 ·············· 284, 573
홍경주洪景舟 ·············· 526, 712

홍계관洪契寬 ··················· 449
홍계훈洪啓薰 ··················· 769
홍기섭洪耆燮 ··················· 632
홍랑洪娘 ······················· 806
홍만종洪萬宗 ·············· 256, 644
홍서봉洪瑞鳳 ·············· 580, 773
홍순복洪舜福 ····················· 94
홍순언洪純彦 ··················· 301
홍언필洪彦弼 ··················· 312
홍영식洪英植 ··················· 280
홍유洪儒 ············ 106, 130, 147, 568
홍재룡洪在龍 ··················· 633
홍총각洪總角 ··················· 285
홍효손洪孝孫 ··················· 303
화희禾姬 ······················· 182
환웅桓雄 ······················· 534
환인桓因 ······················· 534
황대중黃大中 ··················· 681
황보인皇甫仁 ··················· 463
황사영黃嗣永 ··················· 168
황손승黃孫承 ··················· 420
황순승黃順承 ··················· 630
황정욱黃正彧 ··················· 302
황진이黃眞伊 ··················· 390
황진黃進 ················· 699, 739
황치우黃致宇 ··················· 522
황현黃玹 ······················· 175
황희黃喜 ············ 76, 174, 469, 528, 737, 748
효공왕孝恭王 ··················· 691
효렴孝廉 ························ 46
효령대군孝寧大君 ················ 359
효성왕孝成王 ··················· 750
효종랑孝宗郎 ··················· 691
효종孝宗 ············ 139, 336, 372, 592, 829

효천曉天 437	마부태馬夫太 676
훈겸訓謙 47	모용성慕容盛 117
훈신訓信 760	모용외慕容廆 330
휴정休靜 55, 183	무왕武王 122
흠춘欽春 666	부여륭夫餘隆 436
흥선대원군興宣大院君 191, 539, 547, 588, 641	살리타撒禮塔 318
	석성石星 302
흥안군興安君 490	설연총薛廷寵 408
희신義信 273	설인귀薛仁貴 436
희택義宅 280	성제成帝 499
	성종成宗 598
일 본	소배압蕭排押 476
	소손녕蕭遜寧 348
가와카미川上俊彦 621	소정방蘇定方 27, 68, 468, 666
가토 기요마사加藤淸正 ... 17, 185, 698	송응창宋應昌 180, 544
게다니무라 로쿠스케毛谷村大助 700	신농神農 271
고니시 유키나가小西行長 18, 698	안융진安戎鎭 350
구로다 나가사마黑田長政 18	양견楊堅 147
도요토미 히데요시豊臣秀吉 17	양제煬帝 268
도쿠가와德川家康 185	염복閻復 822
모리森泰二郎 621	오고타이(태종太宗) 821
미나미 지로男次郞 342	오잠吳潛 822
우키타宇喜多秀家 799	옹방강翁方綱 745
요시가와吉川廣家 799	완원阮元 745
이시다石田三成 799	요수姚燧 822
이토 히로부미伊勝博文 ... 282, 621	용골대龍骨大 676
하세가와 도오고로長谷川藤五郎 ... 696	우문술宇文述 268
현소玄蘇 17	우중문宇仲文 268
히라요시平義智 124	유방劉邦 64
	유사룡劉士龍 268
중 국	유정劉綎 698
	유청신柳淸臣 822
걸왕桀王 751	이여매李如梅 800
경림耿臨 171	이여송李如松 75
구천句踐 69, 619	이원李元 802
누르하치奴兒哈赤 676	저고여著古與 318
당 고종唐高宗 68	
당 태종唐太宗 263	

부록 1023

조맹부趙孟傅 822
주紂 130
주가周苛 64
주난우朱鸞塢 671
주왕紂王 751
진시황秦始皇 377
청 태종淸太宗 677
칭기즈칸成吉思汗 821
테무진鐵木眞 821
하두강賀頭綱 477
항우項羽 64
한석지韓錫地 669
현창玄彰 708
후직后稷 271

기 타

가섭迦葉 459
교진여橋陣如 459
대가섭大伽葉 587
마명보살馬鳴菩薩 459
바부婆敷 459
바제婆堤 459
석가모니釋迦牟尼 459
아습비阿濕毘 459

후기

《한국 고사성어》를 엮고 나서

한국 고사성어를 풀어 쓰면 '한국韓國'은 우리 선인들을 의미하고, '고사故事'는 옛이야기거리를 말하며, '성어成語'는 이야기가 만들어진 경위나 배경을 뜻한다. 그런데 지금까지 '고사성어' 하면 중국을 떠올렸다. 우리나라도 한자 문화권에 속해 있어 관련 자료들이 많이 있음에도 이렇다 할 고사성어가 묶여지지 못했었다.

서문에서도 밝혔듯이 《삼국사기》나 《삼국유사》 그리고 《조선사》 등의 풍부한 사료가 있는데도 소홀하지 않았나 싶다. 오천년의 장구한 역사 속에는 굽이굽이에 숱한 이야기가 영롱하게 서려 있어 잘 익은 과일처럼 매달려 있는데도 말이다. 우리 생활에서 쓰는 낱말의 7할이 한자로 이루어져 있어 고사성어를 묶는데 용이했을 텐데도 그저 편리하다는 이유로 한글에만 관심을 쏟다 보니 그렇게 되지 않았는지 생각해볼 일이다.

이번에 《한국 고사성어》를 엮으면서 깊이 느낀 점은 길가에 굴러다니는 돌맹이처럼 하찮게 여겼던 역사적인 사건들이 우리 역사의 정신적 기둥이 되고 굄돌이 되며, 사악한 무리들이 함부로 발을 들여 놓지 못하게 하는 담벽을 쌓는 귀중한 재료임을 깨닫게 되었다.

《한국 고사성어》 발행을 계기로 좀 더 깊은 안목을 가진 재인才人들이 우리 역사에 눈을 돌려, 역사를 새롭게 조명한다면 엄청난 내용이 발췌되리라 믿는다. 그렇게 발췌된 사료 가운데 진주알 같은 내용들을 꿰어 보배로 만든다면 얼마나 가치 있는 일이겠는가?

그렇다면 반만년의 역사가 더욱 찬란히 빛날 것이며, 아낙네의 손 바느질을 통하여 추위와 더위를 막는 의복과 같이 작금의 디지털화 된 우리 문화가 세계에 이바지하는 역사로 우뚝 서게 될 것이라 믿는다.

역사를 더듬어 보면 한글 이전에는 한자가 선조들 간에 의사소통의 기호역할을 해왔다. 그래서 선조들의 역사적 기록이 한자임에도 정제하는 일에 소홀했던 지난날을 부정할 수 없다. 한 코만 잡으면 그물 전체를 떠 올릴 수 있는 벼리가 한자이며, 가닥만 추리면 줄줄이 이어져 고사성어로 엮어 내놓을 수 있는데도 말이다.

본서를 엮으면서 필자는 한없는 감흥에 젖었다. 우리 선조들의 의로운 사상과 해맑은 정신, 그리고 준엄한 역사 인식을 이 시대를 살아가는 현대인들에게 생생하게 보여 줄 수 있었기 때문이다. 우리 선조들이 남긴 '고사성어'를 후손인 우리가 전하지 않는다면 누가 전할 것인가?

어느 역사학자는 '역사는 현재를 비추는 거울'이라고 했다. 내 모습을 그대로 비춰주는 역사가 내 몸 안에 그대로 프로그래밍 되어 남아 있기 때문이다.

묵은 된장처럼, 곰삭은 김치처럼 깊은 맛과 향을 풍기는 우리 고사성어와 마주하노라면 우리 선조들의 올곧은 정신과 지혜를 느낄 수 있다. 여기에 실린 고사성어는 한 귀퉁이를 찍어낸 파편에 불과하다. 때문에 이제부터라는 생각으로 묶어 내놓으면서 독자 재현의 아낌없는 성원을 기다린다.

오월의 싱그러움을 바라보면서
편저자 씀